中国社会科学院创新工程学术出版资助项目

世界社会保障法律译丛
（卷三）

美国社会保障法

（下）

中国社会保险学会
中国社会科学院世界社保研究中心
中国证券投资基金业协会
—— 组织翻译 ——

中国社会科学出版社

图书在版编目（CIP）数据

美国社会保障法. 下／中国社会保险学会，中国社会科学院世界社保研究中心，中国证券投资基金业协会组织翻译. —北京：中国社会科学出版社，2017.10

（世界社会保障法律译丛）

ISBN 978 - 7 - 5161 - 9104 - 0

Ⅰ.①美…　Ⅱ.①中…②中…③中…　Ⅲ.①社会保障法—研究—美国　Ⅳ.①D971.221.82

中国版本图书馆 CIP 数据核字（2016）第 241747 号

出 版 人	赵剑英
责任编辑	王 衡
责任校对	朱妍洁
责任印制	王 超

出　　版	中国社会科学出版社
社　　址	北京鼓楼西大街甲 158 号
邮　　编	100720
网　　址	http://www.csspw.cn
发 行 部	010 - 84083685
门 市 部	010 - 84029450
经　　销	新华书店及其他书店

印　　刷	北京明恒达印务有限公司
装　　订	廊坊市广阳区广增装订厂
版　　次	2017 年 10 月第 1 版
印　　次	2017 年 10 月第 1 次印刷

开　　本	710×1000　1/16
印　　张	46.5
插　　页	2
字　　数	758 千字
定　　价	160.00 元

序一　社会保障法律的国际视野

　　社会保障是现代社会不可缺少的制度安排，是人民群众的"安全网"、社会运行的"稳定器"和收入分配的"调节器"，在促进经济发展、维护社会公平、增进国民福祉、保障国家长治久安等方面具有重要作用。改革开放以来，我国社会保障事业取得了显著成就，基本医疗保险实现全覆盖，基本养老保险参保率超过80％，覆盖城乡居民的社会保障体系基本建立，这些对于保障人民群众的基本生活、促进人民群众更加公平合理地分享经济社会发展成果发挥了重要作用。在改革开放的大背景下，随着我国计划经济体制逐步向社会主义市场经济体制的根本转变，我国社会保障制度实现了由政府和企业保障向社会保障、由职工保障向城乡全体居民保障的重大制度性变革，基本形成了社会保障、社会救助、社会福利和慈善事业相衔接的总体制度框架。在充分肯定成绩的同时，还必须看到，目前社会保障制度设计和运行还存在一些深层次的矛盾和问题，风险隐患不容忽视；以往改革实践中所呈现出来的制度碎片化，以及相关制度不能有效协同的现象，表明我国社会保障体系建设中面临的客观困难、观念障碍、机制约束仍然很深刻，极其需要从理论上理清是非曲直，在制度选择上实现统筹布局，在发展战略上分清轻重缓急。社会保障制度是最具有政治经济意义的一项社会制度，需要我们特别用心、特别用功，还要特别"用情"，就是说，我们要始终满怀深厚、热烈的感情，帮助那些特别需要帮助的困难群众。

　　制度建设贯穿于社会保障体系的方方面面，而法制建设在其中起着引领和基础性的作用。法治是治国理政不可或缺的重要手段，法制化是社会保障事业持续良性发展的根本保障。用法律保护多元主体的社会保障权利，从法治上提供解决社会保障问题的制度化方案，是中国法制建设和社会保障事业发展的必由之路。2010 年，《社会保险法》问世，这是新中国成立以来中国第一部社会保险制度的综合性法律，也是一部在中国特色社会主义法律体系中起支架作用的重要法律。这部法律的制定实施，标志着我国社会保险制度建设进入法制化轨道，有力地促进了社会保险各项事业的持续、稳定、健康发展。但是，社会保险只是社会保障的一部分，仅仅一部《社会保险法》远不能涵盖社会保障领域的所有问题。同时，《社会保险法》实施7年多来，又出现了不少新情况，加上一些原有矛盾的激化，都迫切要求对这部法律加以修订和完善。例如，机关事业单位的养老保险制度已经出台，亟须在《社会保险法》中加以明确和补充；基本养老保险全国统筹仍然步履维艰，劳动力跨地区、跨部门转移社会保险关系存在障碍；补充社会保险的政策支持还未到位；"三医联动"机制尚待完善；生育保险和医疗保险即将合并、社会保险连续降低费率等实践已经突破现有法律的规定，等等。我们在立足国情，总结历史经验，将多年积累形成的有效政策做法提炼上升为法律制度的同时，也要多做国际比较，重视国际经验的学习借鉴。因为社会保障制度作为人类应对自身风险的科学机制，面对的风险具有相通性，尽管各国所采取的对策可能因国情不同会有所差别，但必然都要符合一定的客观发展规律。在我国社会保障制度变革从试验性状态走向定型、稳定、可持续发展的关键阶段，特别需要树立社会保障历史观和国际视野，以开放的心态吸取他国的智慧。

德国是现代社会保障制度的起源国。19世纪末，世界第一部社会保险法律在德国诞生，经过百年发展，推动德国成为社会保险体系最健全、机制运行最有效的福利国家之一。社会组织是德国社会保障的管理主体，16家养老保险经办机构、134家医疗保险经办机构构成了高密度的管理体系，也正是得益于健全的法制，方能良性运转、高效运营。美国的《社会保障法》出台较晚，但内容详尽，自1935年面世以来，美国各项社会保障事业无不遵循该法确立的自我维持、自我发展的宗旨，尽管社会保障制度随经济社会变化不断调整，但始终未脱离这一原则，确保了美国远离福利陷阱。英国等一些国家则采用平行法制模式，如自1908年颁布《老年年金保险法》、1911年颁布《失业保险和健康保险法》，此后相继出台覆盖全民的《国民年金法》、覆盖特殊群体的《妇女儿童保护法》《寡妇孤儿及老年年金法》《家庭津贴法》《工伤保险法》《健康服务法》《救助法》等。此外，瑞典是名义账户制的"权威"，丹麦是主权养老金投资的"典范"，澳大利亚是第二支柱养老金的"标杆"，韩国是第一支柱养老金的亚洲的"范例"，智利是养老金私有化和市场化改革的"开拓者"，新加坡与马来西亚是账户制管理的"先行者"，加拿大是公务员退休金管理的"模版"，等等。这些国家在世界社会保障改革创新方面做了有益探索，其社会保障法律体系经过不断修订更趋完整，可以为我们构建中国特色的社会保障法律体系提供重要参考。

多年来，我国理论学术界围绕中国社会保障体系的建立和完善开展了大量研究，取得了重要的成果，做出了重大的贡献。略感缺憾的是，在国际比较方面，以前还没有人将国外社会保障法律体系完整地介绍给国内，导致社会保障法律研究资料不足，引用资料也有失偏颇，很大程度上制约和影响了我国社会保障制度改革的学术研究。令人高兴的是，中国社会科学院世界社保研究中心用时8年，组织翻译出版了《世界社会保障法律译丛》。目前出版的六卷500多万字的巨作，是我国第一部全面完整引入国外社会保障法律的译丛，填补我国社会保障法律研究的空白，使我国社会保障改革和社会保障法律的研究基础更加扎实。这是一项重要的学术贡献，再次体现了我国社会保障学界心系国家发展、心系人民福祉的责任与担当。

党的十八届三中全会提出"建立更加公平可持续的社会保障制度"，在社会保障方面有许多理论突破，例如"完善个人账户制度""坚持精算平衡原则""降低社会保险费率""制定渐进式延迟退休年龄政策"等，其中有很多提法已经超出了现有法律所涵盖的内容；十八届四中全会提出"全面推进依法治国"，要求"加快保障和改善民生、推进社会治理体制创新法律制度建设"；十八届五中全会进一步提出"建立更加公平更可持续的社会保障制度"。这就要求我们必须将社会保障法制建设摆到更加突出的位置，以法治化引导和规范社会保障制度的改革与创新，加快构建起中国特色的社会保障体系。我相信，在社会各界特别是学术界的共同努力下，我国社会保障理论研究一定会更加繁荣，社会保障法制化的进程一定会加速推进，为实现我国社会保障体系的全面建成和更加公平更可持续的发展做出重要的历史贡献。

华建敏

第十一届全国人大常委会副委员长

原国务委员兼国务院秘书长

序二　社会保障法治的鸿篇巨制

前些时日，收到中国社会科学院世界社保中心翻译的《世界社会保障法律译丛》，看着这部鸿篇巨制，敬佩之情油然而生。8 年时间，500多万字，作为一名社会法学研究工作者，我深知这需要付出多少心血和努力。拜读之后，更为本套译丛内容之浩渺、体现精神之深邃所震撼。当郑秉文教授邀请我为本套译丛作序的时候，我不愿也不能推托，因为这套译丛不仅凝聚着世界社保中心多年来的心血，也和中国法学会、中国社会法学研究会一贯以来促进社会法学研究的宗旨深深切合。

法律法规是社会利益与社会行为的规范，劳动关系是最基本、最重要的社会关系，社会保障法律体系不仅涉及最重要的社会关系，也涉及方方面面的利益。社会保险法、社会保障法、劳动法、劳动合同法等，均属于社会法学中的核心内容，相对于民法学、刑法学、行政法学等，社会法学研究的人数较少，学科不是很发达，与国外的学科研究规模差距也大一些，与中国社会保障事业发展和广大劳动民众的需求相比，存在的差距就更大了。应当讲，社会保障法律这个中国社会保障研究与法学研究的交叉领域，整体水平尚待提升。现有的社会保障法律相关著作数量偏少，而且往往偏重于一隅，缺乏社会保障和法学研究的融合。学界甚至有人认为在国内目前还未完全形成社会法的完整的学科体系。

这部鸿篇巨制的适时出版，可以弥补国内社会法学领域的严重不足。至今，国内还没有系统完整地翻译过国外的社会保障法律，从教学到科研，从政策建议到法规制订，从理论到实践，都急迫地期待一套较为系统完整的社会保障法律的原滋原味的译著，以满足国内社会保障事业、社会法学发展的需求。

展开译丛，可以清晰地感受到不同法系国家社会保障法律历史与现状在眼前流淌：美国社会保障法律占据四卷，从《1935 年社会保障法》到现今影响极大的《2006年养老金保护法》，在具体的机构职能、流程、管理与监督条文的变化中，80余年法律的传承和制度的变革的融合静静展现在读者面前。

英国的《1977年社会保障管理（欺诈）法》《1998年公共利益信息披露法》《2001年社会保障欺诈法》和《2004年养老金法》，这些法规充分体现了海洋法系注重延续性的特征。加拿大、澳大利亚与新加坡历史上是英国的殖民地，这些国家社会保障法律规定与宗主国之间的差异更是值得我们关注。尤其是澳大利亚超级年金相关法律，已成为世界范围内研究企业年金立法的重要参照之一。

在大陆法系国家方面，德国是现代社会保障制度的发源地，法国的社会保障制度也独具一格，译丛中也不乏韩国、新加坡等亚洲国家与智利等拉丁美洲国家国的社会保障法律。智利养老体系的3500号律令首创了养老保险制度的个人账户模式；日本的《养老金公积金经营基本方针》为我国基本养老金投资运营提供了可资借鉴之经验；韩国《国民年金法》包括从1986年到2005年一系列的修订，条文无声的体现着法律变更的动因所在。

本套译丛中还包括了丹麦、瑞典等典型福利的社会保障法律，他们构建福利国家的努力以及再改革，都在书中呈现。此外，还有俄罗斯、马来西亚等卓有特色的法律规章。这套译丛，不仅是实用的工具，也是不同的社会保障制度、模式与道路的发展和演化的缩影，堪称世界社会保障比较法治的一个丰富的智库。中国的社会保障制度自建立以来，尤其是自20世纪90年代以来取得了举世瞩目的成就，但是相关的法律发展却相对滞后，亟待构建完整的中国社会保障法律体系。目前，中国经济进入新常态，社会保障事业的发展也步入了关键的变革时期。机关事业单位养老保险制度已经建立，劳动力跨地区、跨部门转移社会保险关系仍存在障碍，关于法定退休年龄调整以及十八届五中全会提出的"实现职工基础养老金全国统筹，划转部分国有资本充实社保基金，全面实施城乡居民大病保险制度""深化医药卫生体制改革，理顺药品价格，实行医疗、医保、医药联动，建立覆盖城乡的基本医疗卫生制度和现代医院管理制度"的各个目标明确，以上新老问题交织叠加在一起，在实践中已触碰到了现有法律的边界。

在这种情势下，落实贯彻十八届四中全会精神，"坚持立法先行，发挥立法的引领和推动作用"，"坚持立改废释并举，增强法律法规的及时性、系统性、针对性、有效性"，以立法促进制度改革已刻不容缓。这也是实现十八届三中全会要求，"建立更加公平可持续的社会保障制度"的关键所在。

一个国家的社会保障法制毫无例外的都具有本国特色和适合本国国情。但像其他事物一样，社保法制具有自身发展的规律性和特点。这些规律和特点，是人类的共同财富，是社会保障法制设立、发展的基础和支撑。从立法工作角度看，中国在立法过程中，一直坚持科学立法、民主立法，而开门立法是做到科学、民主立法的最重要方法；因此几十年来一贯注重吸收借鉴国际相关经验。在中国社会保障法制发展的关键时刻，《世界社会保障法律译丛》的出版发行，为系统了解世界社会保障立法情况提供了最宝贵的一手资料。这套译丛全面覆盖了不同法系国家、不同福利制度国家以及不同社会保障制度模式国家的相关法律资料，其翔实丰富程度是前所未有的。

最后，我再次向本书的译者们表示敬意，他们用了 8 年的时间，为完善中国的社会保障法律体系带来了一套完整的第一手资料，在这里我衷心希望，这套译丛能够在完善中国社会保障法律体系乃至社会保障制度改革中发挥更大的作用；希望这套著作尽快地普及开来，成为每一个法学界、社会保障学界人士手边的工具。

张鸣起

第十二届全国人大法律委员会副主任委员

中国法学会副会长，中国社会法学研究会会长

前全国总工会副主席、书记处书记

序三　他山石　攻我玉

　　2009 年年底，我国《社会保险法》草案经过全国人大常委会三读审议，接近面世，但还有一些难题在深入讨论；企业年金市场化运营已经 3 年了，也遇到进一步完善监管法规制度的问题。这些都亟须在更好总结自身经验的同时，更多参考国际经验。于是，当时担任中华人民共和国人力资源和社会保障社部副部长分管社会保险工作的我，责成当时的社会保障基金监督司尽快搜集国外相关法规资料，为我所用。后来得知，中国社会科学院世界社保研究中心承接了这项任务，2010 年组织翻译了十多部计 70 多万字的外国社会保障法律，满足了当时的急迫需求，应该说，这项工作的及时完成，对我国《社会保险法》的出台和企业年金监管制度的健全是做出了贡献的。

　　我以为，这件事至此就算过去了。直到不久前，该中心郑秉文主任告诉我，他们在那 70 万字的基础上，又经过 5 年努力，翻译了 500 多万字，编成了一部六卷的《世界社会保障法律译丛》。这确实令我惊讶。早年间，由于工作需要，我自己也曾尝试翻译过国际劳工组织有关社会保障的一些公约，深知翻译法律文件是最吃力、最枯燥的事情。该中心锲而不舍、孜孜以求，把当年我提出的"一件事"用 8 年心血演绎成"一项事业"，值得敬佩。

　　我敬佩此举，不仅出于赞赏这种做事的精神，更在于这部译著的现实和历史价值。回想我从事社会保障工作 20 多年，正是我国改革开放不断深化、社会保障事业蓬勃发展的时段，立足国情、勇于创新，同时又广泛借鉴国际经验是我们屡试不爽的成功之道。但客观地说，也不乏这样的尴尬情景：有时讨论起一个问题来，各方缺乏对基本事实的共同认知，都声言自己在国外考察时亲眼所见、亲耳所闻某种情况（政策、标准、处置方式等），引用的资料也出入甚大，并据此坚持己见、互不退让，结果往往使本应理性的论辩变成一场根本不在同一事实基础上的无谓争吵。这着实令人烦恼！如果那时有网络可以大量、方便、快捷地搜集相关信息，如果那时有经过翻译的成熟的国外法规集作相对准确的参照，而不是过度局限于个人体验，我们将减少多少时间和精力的消耗，并或许可以由此找到解决问题的更加经济有效的方法。我不是法学专家，在外语方面造诣亦浅，所以无从评价这部译著的质量；但我从它提供了诸多国家社会保障现行法律状态的基本事实的角度，足以肯定其价值：它不仅是一个可随时查阅的实用工具——对某国某项制度规定认知不清，查一查该国法规资料即可；更是为社会保障专业人士的科学比较、论证、辨识、借鉴乃至批判提供了事实基点，从而有助于摆脱这一领域或多或少的"盲人摸象"的困境。

我肯定这部译著的价值，还在于其广泛的包容性——所翻译的几十部外国法律，不是单一的模式，而是各式各样、多姿多彩的，甚至体现着不同的社会保障理念：美国的社会保障制度结构，政府提供直接援助较少，更多通过市场机构依法运作，反映了这个国度高度尊崇自由市场经济原则；德国这类雇佣双方缴费、由公法指定社会组织管理的社会保险模式，其法律规制体现着100多年来始终秉持的社会团结、代际赡养理念；曾被称为"第三条道路"典型的北欧丹麦、瑞典等国的社保法律，践行着贝弗里奇"从摇篮到坟墓"的梦想；韩国、新加坡、马来西亚等国的社保法规，可以让我们更多感受到东亚文化的基因……如此色彩纷呈、各具千秋的社保法规展示的"画廊"，使人很容易记起那个著名的感悟——我们不能照抄照搬外国某种模式！也实在是无法照抄照搬，因为外国也是多种模式并存的。我们由此也更明了，"立足国情"原来并非是我国的独有理念，实际上各国都在作这样的选择。

我肯定这部译著的价值，又在于其所译各国社保法律反映出内在的生命律动——单独看各部法律，充满了冷冰冰、硬邦邦的"法言法语"，似乎是僵化的；但多部法律彼此联系，就可以从中看出变异、发展、演进。例如，美国有《1935年社会保障法》与《2006年养老金保护法》的延展关系；英国以1942年为中点，其前后的社会保障法律要旨差别明显，体现出贝弗里奇报告对重构制度体系的深刻影响；加拿大、澳大利亚这些前英殖民地的社会保障法律，隐隐透出对宗主国既继承又发展的关联；所翻译的智利社会保障法规集中于20世纪80年代后，反映了那一时期包括养老金在内的一大批公共品私有化的国际风潮。触摸着时间流动冲刷下的印痕，我们也很容易记起耳熟能详的那句话——与时俱进！几十年来，国际政治、经济大格局发生了翻天覆地的变化，各国在国际大棋局中的绝对或相对位置都今非昔比，各国面对的国内主要矛盾和发展任务也随之变化，没有哪个治国理政者可以靠固守多年前的法规而获得进步。这也再次印证了不能照抄照搬外国理论和制度的必然性，因为人家也在变。如果说有什么共同规律，最本质的便是——法随势易、令因时变。所以，研究国外资料获取的真正价值，不是熟知或死抠哪个法条是如何规定的，而是明白他们在什么背景和条件下做出了这样的规定。如果研究国外法律、制度、经验能够达到"知其然，更知其所以然"的境界，就说明我们更加成熟了。

郑秉文主任邀我为《世界社会保障法律译丛》作序，这本非我擅长之事，但想到自己毕竟与这部译著还有些渊源，便不好推托，写下以上实话、实感、实情聊充序言。如果可以加一点对未来的期许之语，那就是：我希望有一天，中国的社会保障法律也被外国广泛翻译、引用和研究，那时就是中国更深融入世界，并对世界做出更大贡献的时候。

胡晓义

第十二届全国政协委员

中国社会保险学会会长

中华人民共和国人力资源和社会保障部原副部长

目　　录

第十八编[*]　　老年人和残疾人健康保险（下）

第 E 部分　　各种规定

服务的定义、机构、ETC[①]

第 1861 条【《美国法典》第 42 编第 1395x 条】 根据本编的宗旨：

患病期

（a）"患病期"就个人来说是指下列连续时期：

（1）始于第一天（不包括之前生病的期间）（A）患者享受住院患者的医院服务，住院患者的重症通道医院服务或者扩展护理服务，以及（B）该个人在享有第 A 部分规定的津贴的月份之内生病；

（2）结束于 60 个连续日的第一时期的最后一天，根据第 1819 条第（a）款第（1）项或第（y）款第（1）项的规定，自此之后该个人不是医院的住院患者，不是重症通道医院的住院患者，也不是服务机构的住院患者。

医院住院患者的服务

（b）"医院住院患者的服务"是指医院为住院患者提供的下列项目或

---

[*] *Compilation of the Social Security Laws*(*Volume* Ⅰ & Ⅱ)分为上、下两卷，上卷为 1935 年 8 月 14 日颁布、2009 年 1 月 1 日修订的《美国社会保障法》(*The Social Security Act*)原文全文，收录在《公法》第 74—271 期(《美国联邦法律大全》第 49 编第 620 条)。下卷是《美国社会保障法》涉及的相关法律、法规(*Administration of the Social Security Act*)。本书翻译自 *Compilation of the Social Security Laws* (*Volume* Ⅰ),正文脚注中出现的第 2 卷(Vol. Ⅱ)指的是 *Compilation of the Social Security Laws* (*Volume* Ⅱ),综合考虑翻译所需要的时间以及不同法律翻译所涉及的专业知识的难度,*Compilation of the Social Security Laws*(*Volume* Ⅱ)没有翻译,但是在翻译 *Compilation of the Social Security Laws* (*Volume* Ⅰ)时保留了原文的表述,方便读者进一步查阅。——译者注

[①] 关于基金账目中应当包括卫生部部长的年度报告的规定,参见第 2 卷《公法》第 94—437 期,第 403 条。

服务［除第（3）项的规定之外］：

（1）食宿；

（2）为护理和治疗住院患者和医院的使用，由医院提供日常的护理及其他相关服务，包括医疗设施的使用、医疗社会服务，以及药物、生物制品、配备、器械和机器设备等；

（3）由医院或者其他由医院做出的安排提供诊断治疗项目或者服务，因为通常住院患者的服务不是由医院提供就是由这样安排的其他人提供的；

但是，还包括：

（4）由医师、住院医生，或者实习生提供的医疗或者外科手术服务、第（s）款第（2）项第（K）目规定的服务、持证助产护士的服务、合格心理医生的服务以及持证加入麻醉师的服务；

（5）私人护士或者私人服务人员的服务；

第（4）项的规定不应当适用于由医院下列人员提供的服务：

（6）美国医学会医学教育理事会批准的教育项目规定的实习生或者实习住院医生，或者就美国骨科协会的职业教育局的医院委员会批准的骨科医院，或者就美国牙医学会的牙医教育理事会批准的由医院或者整骨医院的实习生或者实习住院医生在牙科领域提供的服务，或者就美国足部医学协会的足部医学教育理事会批准的由医院或者整骨医院的实习生或者实习住院医生在足科领域提供的服务；

（7）或者，根据第（6）项的规定拥有已批准的教育项目的医院的医生，如果（A）医院决定接收为上述服务的合理费用应得的任何补偿；以及（B）上述医院的所有医生都不同意支票支付上述医院向根据本节规定的保险项目下的被保险个人提供的专业服务的费用。

精神病医院住院患者的服务

（c）"精神病医院住院患者的服务"是指精神病医院向其住院患者提供的医疗服务。

提供者

（d）"提供者"是指除非文中另有所指依据本编规定的提供服务或其他医疗项目的医生或者其他操作人员、医疗设施或其他主体（不包括服务务的提供者）。

医院

（e）"医院"［除根据第 1814 条第（d）款、第（f）款和第 1835 条第（b）款，该条第（a）款第（2）项，该款第（7）项，以及该条第（i）款的宗旨之外］是指该机构：

（1）按照医生的监督，主要从事向患者提供（A）诊疗服务（为了对伤者、残疾人或患者进行医学诊断、治疗和护理）；或者（B）康复服务（为了伤者、残疾人或患者的康复）。

（2）保持所有患者的诊疗记录。

（3）地方法对其全体医生都有法律效力。

（4）要求除了接受合格心理医生服务［见第（ii）节的定义］的患者之外，这些服务都是在州法允许的范围之内，由临床心理学家提供的照护。凡是根据本节可获得补偿的患者都必须接受医生的治疗。

（5）由专业注册护士提供 24 小时的护理服务或者在其监督之下进行护理服务，并且无论在何时都有一个有执照的熟练护士或者专业注册护士值班；不同于到 1979 年 1 月 1 日为止，就在上述与由专业注册护士提供的或者在其监督之下提供的护理服务有关的相关规定的范围之内的任何机构来说，卫生部部长都有权在一年期内豁免本条的规定，卫生部部长发现下列情况，在机构内可以立即先行适用上述的一年期规定：

（A）上述机构处于农村地区，并且在上述区域内提供的医疗服务并不能满足当地居民的需求；

（B）对于上述主体来说，如果上述机构不能获得医院资格将会严重减少上述服务的可获得性；

（C）上述机构依据本项规定设立并且诚实遵守本项规定，但是上述主体在上述区域缺乏护理部分的资格将会影响其遵守上述规定。

（6）（A）满足第（k）款条件就医审查计划生效；（B）满足第（e）款条件的出院计划程序生效。

（7）就根据州或可适用的地方法规定的获取执照的医院所在的任何一州内的机构来说：（A）根据上述法律法规获取执照；或者（B）经上述州的行政部门或者负责获取执照的医院的地方行政部门批准，满足为获取上述执照而规定的条件。

（8）满足第（z）款条件的整个计划和预算具有法律效力。

（9）满足上述卫生部部长认为对于得到机构服务的个人的健康和安全来说必不可少的其他要求，根据第（a）款第（2）项的宗旨，上述术语包括满足本款第（1）项规定的要求的任何机构。根据第 1814 条第

（d）款和第 1835 条第（b）款（包括根据上述条款的宗旨决定该个人是否接受了住院服务或者诊断服务），第 1814 条第（f）款第（2）项，以及本项第（i）节的宗旨，上述术语包括任何机构：（i）满足本款第（5）项和第（7）项规定的要求的；（ii）非主要从事提供第 1861 条第（j）款第（1）项第（A）目规定的服务的；以及（iii）由第 1861 条第（r）款第（1）项所述的人员的监督下主要从事向住院患者提供医学诊断的诊断服务和疗法服务，治疗伤、残患者的护理，或者伤、残患者康复过程中的康复服务。根据第 1814 条第（f）款第（1）项的宗旨，上述术语包括：（i）为了第 1814 条第（d）款和第 1814 条第（f）款第（2）项和第 1835 条第（b）款的规定的医院；以及（ii）经医院认证协会的联合委员会认证的，或经上述机构所在国家的项目进行认证或者批准认证的如果卫生部部长证实上述项目的认证或者同等的批准标准实质上等于医院认证协会的联合委员会的标准①。不管本款前面如何规定，除了第（a）款第（2）项的规定之外，上述术语不应当包括主要从事精神疾病的治疗和护理的机构，除非它是精神病院［见第（f）款的定义］。"医院"的含义也包括宗教人士的非医疗保健机构［见第（ss）款第（1）项的定义］，根据上述机构日常向住院患者提供的项目和服务，以及可以在上述服务机构中、上述范围内并且在符合第 1821 条规定的上述情形、限制和要求（包括根据其他规定可适用的替代性情形、限制和要求）下提供的上述服务进行付款。在经认可的机构的情况下，上述要求被推定为满足。"医院"也包括拥有少于 50 个床位并且位于卫生部部长认为其满足本款第（5）项第（A）目规定的农村地区的定义的区域之内以及满足本款的其他要求的服务机构，除了：

（A）关于 1978 年 12 月 31 日之后开始适用的护理服务的要求，上述要求应当规定暂时豁免要求，在卫生部部长认为适当的期间内，据此：（i）服务机构未完全遵守要求可归因于服务机构所在的区域内暂时缺少合格的护理工作人员；（ii）登记的专业护士应当具有在轮换期内在医院

---

① 《公法》第 110—275 期，第 125 条第（b）款第（2）项，修订第（e）款，在第四句中，适用于自第 110—275 期生效之日（2008 年 7 月 15 日）后的 24 个月（2010 年 1 月 15 日）或者之后授权的医院认证。生效日期和过渡规则，参见第 2 卷《公法》第 110—275 期，第 125 条第（d）款。

所表现出的提供或者监督所提供的护理服务；以及（ⅲ）卫生部部长认定在上述期间内由上述服务机构雇用上述护理工作人员不会对患者的健康和安全产生不利影响。

（B）关于第（9）项规定的健康和安全要求，上述要求应当对由卫生部部长以此种方式定义的服务机构适用以确保工作人员的要求考虑了服务机构所在的区域内的技术工作人员及其教育机会的可获得性，以及上述服务机构提供的服务范围；并且，按照规定，卫生部部长应该为上述工作人员的要求还未完全满足的情况提供持续的参与机会，在卫生部部长认定的上述期间内：（ⅰ）服务机构正在尽全力以完全遵守工作人员要求；（ⅱ）由该服务机构雇用的上述工作人员可以进入该服务机构不会对患者的安全和健康产生不利影响；以及（ⅲ）如果卫生部部长由于本子节所规定的服务机构的免责权已经认定该服务机构应当限制其服务范围以便不对服务机构的患者的安全和健康产生不利影响，该服务机构按照上述规定限制其提供的服务的范围。

（C）关于第（9）项规定的防火和安全要求，卫生部部长在其认为适当的期间内：（ⅰ）可以豁免具体规定的要求，但是这些要求必须满足如果严格执行将会导致上述服务机构陷入不合理的困境，如果不执行，也不会严重危害患者的健康和安全；以及（ⅱ）如果卫生部部长认定上述州已经有生效的为适当保护患者由州法强制规定的防火和安全法。可以接受该服务机构遵守了州法关于防火和安全的适用规定而代替该服务机构遵守第（9）项规定的防火和安全要求。"医院"的含义不包括，另有规定除外，关键可及性医院［见第1861条第（mm）款第（1）项的定义］。

精神病医院

(f)"精神病医院"是指一个机构：

（1）主要从事根据监督管理，为诊断和治疗精神病患者提供精神病治疗服务；

（2）通过满足第（e）款第（3）项到第（9）项的要求；

（3）保留所有患者的临床记录，并且要保留依据第A部分规定为享有医院保险津贴的个人的记录，这些记录是卫生部部长认定该个人所享受治疗等级和程度所必需的；

（4）满足该类人员配备要求：卫生部部长认为有必要为在该机构服务的个人提供积极的治疗方案。

就一个机构而言，它满足前述中第（1）项和第（2）项并且还包括满足第（3）项和第（4）项所述的差异部分，这一不同的部分就被认定是"精神病医院"。

门诊职业治疗服务

（g）"门诊职业治疗服务"源于第（p）款中的"门诊理疗服务"，但是，并不是"职业疗法"对"理疗"在每一处的替换。

延续护理服务

（h）"延续护理服务"是指通过专业护理服务机构对在该机构中的住院患者提供下列护理项目和服务：

（1）在专业注册护士的照护下提供护理服务；

（2）食宿有护理系统相衔接；

（3）由专业护理服务机构或者该机构安排的其他的理疗、职业治疗或语言治疗服务；

（4）医疗社会服务；

（5）成熟照护机构所用的药物、生物制品、用品、用具以及设备通常是用来对该机构中的住院患者进行照护和治疗；

（6）由某一医院（该医院已经达成了转让协议）的实习生提供的医疗服务；

（7）通常由专业护理服务机构或者由该机构安排的其他对住院患者提供一些其他对康复必要的服务。

出院后续护理服务

（i）"出院后续护理服务"是指转移出一家医院（在该患者离开该转移医院之前，他在该医院住院不到3个后续服务期）之后的个人所享受到的后续的治疗服务。依据前面所提到的，如果一名患者：（A）在他离开医院之日起30天内，已进入一家专业照护机构；或者（B）在这段时间之内，依据特定情况进行一个积极的治疗程序被认为是适当的医疗活动，例如，一名患者的情况是：在离开医院的30日之内专业护理服务机构提供了不合理的医疗照护。那么自该患者转移出该医院之日起，该患者医疗项目和服务应被认为已经完成，并且该患者在转移出该医院之前，应仍被视为该医院的住院患者；并且，如果一名患者在他离开一家专业护理服务机构30天之内，他被该类机构或者其他专业护理服务机构所接收，那么该患者不能被认为是已经离开了专业护理服务机构。

专业护理服务机构

（j）"专业护理服务机构"的定义参见第 1819 条第（a）款给出的含义。

就医审查

（k）医院或者专业护理服务机构的就医审查被认为是必需的应满足以下两个条件：首先，该审查适用于上述机构对患者（该患者享受本编规定的保险津贴）提供的服务；其次，该审查还包括：

（1）（A）根据医疗的必要性的服务，以及（B）为促进对可获得的健康机构和服务的更加合理的利用的目的，基于某一模式或者原则，提供该机构的接诊审查、住院期以及所提供的专业服务（包括药物和生物制品）；

（2）由：（A）该机构的工作人员组成的两个或更多的医生［根据本条第（r）款第（1）项规定应至少有两名内科医生］，其他专业人员可有可无，或者（B）该机构之外的某一组织，并且该组织（ⅰ）由当地医疗学会以及该地的部分或全部医院和专业护理机构所组成，或者（ⅱ）如果（并且，只要）尚未建立服务这类机构的组织，而是由卫生部部长批准的其他方式所组成的组织；

（3）在病程延长的持续期内，患者的住院服务或后续服务。根据在该阶段内（可能不同于该例中的其他类别）的监管规定，审查应该越快越好，并且审查日期不应晚于该服务产生的一周内；

（4）该委员会或组织中的内科医生成员应该立即向医疗机构、患者以及该患者的主治医生告知在医院或者照护机构内的延期治疗都是不允许的。

审查委员会必须由第（2）项第（B）目中规定的医院和专业护理机构组成，由于机构空间狭小并且缺少有组织的医疗队伍，或者其他方面的原因，这类机构并不能发挥本款中所述的审查委员会的作用。如果卫生部部长认为第十九编中的审查程序的效果要超过本编中的审查程序，他可能会在他认为合适的范围内采取第十九编中的程序而不是本编中的审查程序。

专业护理机构和医院之间进行转院的协议

（l）如果医院和专业护理机构之间签署了协议或者由控制该医院和专业护理机构的人或团体签署了转院协议，医院和专业护理机构之间的转院协议都应被认为已生效，合理保证：

（1）无论何时，只要该患者的主治医生认为该转院是符合医学规律的，患者在医院和专业护理机构之间的转院就应该得到执行；

（2）转院患者的治疗和照护，或者决定该患者是否应在这一机构进行照护而不是在其他机构的这些有用和必要的信息的医学交流。依据第1864条，该协议致力于使医院和护理机构之间的关系更为紧密，并且使医院和护理机构之间的患者进行转院变得更加可行，使上述第（2）项提到的信息变得更加畅通，任何没有签署该协议但是由州（该医疗机构所在的州）机构提供资金的医疗机构，如果该类州机构认为转院符合公共利益，并且是为了保证患者（该患者是本条中所规定的服务的付款主体）享受的后续照护服务所必需，那么这些专业护理机构均被视为已签署该协议。

家庭健康服务

（m）"家庭健康服务"是指根据既定计划提供给个人的医疗项目和服务，该个人享受由家庭健康机构或者由该机构安排的项目所提供的内科医生照护，该计划由内科医生定期审查，审查内容主要包括除了第（7）项所述医疗项目和服务之外的依据该个人家庭访谈而提供的服务。

（1）由注册专业护士提供或者进行监督的小时或者间歇性护理；

（2）理疗及职业治疗或者语言医疗服务；

（3）依据医生的主治方向所提供的医疗社会服务；

（4）在规定所允许的范围内，已经成功完成卫生部部长所批准的培训计划的家庭健康助手的兼职和间歇性服务；

（5）该计划中的医疗用品｛包括导管、导管用品、造瘘袋、造口护理的相关用品，以及治疗骨质疏松症的药物［见第（kk）款定义］，但是不包括其他药品和生物制品｝和耐用医疗设备；

（6）如果是附属于或受控于医院的家庭康复机构，根据第（b）款中最后一句所描述的根据医院批准的教学计划实习或受培训市民所提供的医疗服务；

（7）依据与家庭康复机构的协议，在门诊提供的任一上述项目和服务，该医院或专业护理机构或者在康复中心必须符合相关监管规定的标准，并且：（A）机构设备以及包括项目和服务特性的设备的使用不能轻易在住所提供给每个人，或者（B）在他收到任何第（A）目中所述的在该机构中提供的项目和服务时；但是不换手个人和任一项目和服务联系而产生的交通方式；

然而，如果已经向医院的患者提供了不包括在第（b）款中的服务或项目，则不含上述项目。根据第（1）项和第（4）项的规定，"兼职"或"间歇性服务"指的是专业护理机构和家庭健康援助服务在每周中的几天每天少于 8 小时并且每周少于 28 小时（或者，根据照护的需要逐一接受检查，每天少于 8 小时并且每周少于 35 小时）。根据第 1814 条第（a）款第（2）项第（C）目以及第 1835 条第（a）款第（2）项第（A）目的规定，"间歇性"是指，专业护理机构提供每周少于 7 天或者在 21 天期每天少于 8 小时的服务。（当对于需要额外的照护并且是确定时，可延长）。

耐用医疗设备

（n）"耐用医疗设备"是指无论是租赁还是购买，包括铁肺（德林氏人工呼吸器）、氧气帐篷、病床、轮椅（包括动力操作车轮，它比普通轮椅更容易使用，但是，该动力车轮的使用必须根据患者的医疗和身体情况，并且该车轮必须满足卫生部部长规定的安全标准）等在患者家中使用的医疗设备，并且还包括糖尿病患者的血液测试条和血糖检测仪，无论该患者是Ⅰ型或Ⅱ型糖尿病还是使用胰岛素的患者（依据卫生部部长和相关组织协商之后做出的决定）；这些设备中不包括由使用者使用之后再提供的，对于特定设备的演示和使用。

居家护理服务机构

（o）"居家护理服务机构"是指下列公共机构或者私人组织或者上述机构或者组织的分支机构：

（1）主要从事提供专业护理服务以及其他治疗服务；

（2）由专业人士团队制定政策（与机构和组织相关）以管理其所提供的服务［见第（1）项所指］并且规定对医生或注册专业护士提供的上述服务进行监督，上述团队包括一个或更多的医生和一个或多个注册专业护士；

（3）保存所有患者的临床记录；

（4）机构或组织在任何国家或地方法律可以为这种性质的机构或组织提供许可的情况下：（A）是根据该法律授权，或者（B）是由该机构批准，这些国家或地区的许可证，作为满足对这种性质的机构或组织许可证规定的标准；

（5）总体规划和满足第（z）款规定的预算；

（6）满足第 1891 条第（a）款规定下的特定条件和其他参与的条件，以及卫生部部长认为符合患者（这类组织和机构向患者提供服务）安全和健康利益的其他条件；

（7）提供给卫生部部长的保证金：（A）在4年（由卫生部部长指定）或4年期间或之后居家护理服务机构的所有人或控股人变更，卫生部部长认为合规的额外期限（该期限不应超过自所有人或控股人变更之日起的4年）都应该有效，（B）由卫生部部长指定的形式，以及（C）由卫生部部长估计的，按本款和该年度第19条的规定，在一年期内，为在第（A）目所述的金额少于5万美元或总金额的10%付给居家护理服务机构；

（8）满足卫生部部长认为为使该项目有效和高效运行的其他额外条件（包括卫生部部长认为为了该项目的财政安全所必需的有关托管账户设立的条件），除了根据第A部分的宗旨，上述术语不应当包括任何主要从事精神病的护理和治疗机构或组织。根据第（7）项的规定，根据州法提供了类似保证金的机构或组织，卫生部部长可免收保证金。

门诊理疗服务

（p）"门诊理疗服务"是指由理疗服务的提供者、诊疗、康复机构或公共健康机构，或由上述主体安排并且监督的其他组织或机构向门诊患者提供的服务，该患者：

（1）受内科医生［见第1861条第（r）款第（1）项、第（3）项和第（4）项定义］的照护。

（2）已经享受到由内科医生（见定义）或者由内科医生定期考核的理疗师提供的处方类型、药量、理疗治疗期的计划。

（3）不包括第（b）款规定的已提供给住院患者的治疗项目和服务。

（4）任何此类服务：

（A）如果由某一诊所或者康复机构，或者由该诊所以及康复机构安排的其他项目提供，除非该诊所或康复机构：

（ⅰ）为门诊患者的理疗服务提供充足的方案，并且有需要此方案的设施和人员以及对该方案的监管。这些需要是按照卫生部部长的要求制定的；

（ⅱ）有运作他们所提供的服务的政策，这些政策是由一批专业人才制定的，包括一个或多个医生（在诊所或者康复机构）、一个或多个合格的理疗师；

（ⅲ）保存所有患者临床记录；

（ⅳ）如果州或者州法向位于该州的诊所或者护理机构提供了关于这

种性质的机构许可，那么该诊所或者护理机构：（Ⅰ）得到了关于该法律的授权，或者（Ⅱ）该诊所或护理机构得到了由该州或者当地负责发放该性质机构许可证的机构的批准，上述两点符合批准的标准；

（Ⅴ）满足卫生部部长认为必要的其他有关个人（在门诊得到该类诊所或护理机构提供的服务）健康和安全的条件，并且按照卫生部部长规定的形式向卫生部部长提供持续的数额不低于 5 万美元的保证金。

（B）或者，如果由公共健康机构提供，除非该机构满足卫生部部长认为必要的其他有关个人（在门诊得到该类诊所或护理机构提供的服务）健康和安全的条件。

"门诊理疗服务"还包括，如果理疗服务的提供满足卫生部部长认为必要的有关健康和安全的条件，根据规定满足由卫生部部长制定的许可标准和其他标准的理疗师，而不是由服务的提供者、诊所、康复机构或者公共健康组织的安排或监督，向个人提供的理疗服务（在该理疗师的工作地或者患者家中）。同时，"门诊理疗服务"还指除了向医院或者后续照护机构的住院患者提供的服务之外的满足本款第一条规定的理疗服务。"门诊理疗服务"还包括符合本款规定条件的由服务提供者、诊所、康复机构或者公共健康机构提供或者由上述主体安排并且监督的其他向门诊患者所提供的语言医疗服务。

医师服务

（q）"医师服务"是指由医师提供的专业服务，包括手术、咨询和家庭、办公室和机构的电话服务〔但是不包括第（b）款第（6）项所述的服务〕。

医生

（r）在与专业方向和专业技能综合考虑时，"医生"是指：（1）由国家合法授权从事内科和外科手术的具备相关专业技能〔包括符合第 1101条第（a）款第（7）项所述〕的内科或骨科医生；（2）由国家合法授权从事牙科治疗的具备相关专业技能的内科牙医和外科牙医；（3）根据第（k）款、第（m）款，第（p）款第（1）项以及此条第（s）款，以及第 1814 条第（a）款，第 1832 条第（a）款第（2）项第（F）目第（ⅱ）节和第 1835 条，由州政府合法授权仅从事有关足病并具有相关专业技能的足病医生；（4）仅依据第（p）款第（1）项的宗旨，根据第（s）款所描述的关于验光师的医疗项目和服务，由州法合法授权从事验光工作并具有相关专业技能的验光师，或者（5）仅限于 1861 条第（s）款第（1）项和第 1861 条第（s）款第（2）项的规定，并且只考虑由州政府或者提供治疗的相关权力机关授权的手工脊椎矫正（治疗半脱位）治疗，由州政府（或者不具备颁发按摩师资格的州，而由相关按摩师认证机构颁发该按摩师所具备的专业资质）颁发相关许可资格并且符合卫生部部长颁布的统一的最低标准的按摩师。依据第 1862 条第（a）款第（4）项之目的和前面所提到的条件和限制，医生一词还包括前文所述的技能类之中的医生，在一国内为住院患者提供服务的医院，该医生依法从事该类服务。

医疗及其他健康服务

（s）"医疗及其他健康服务"是指下列的任意一款或服务：

（1）医生服务。

（2）（A）作为一类特定事件，由医生的专业服务提供服务和必需品（包括通常不能由患者自己进行管理的控制的药物和生物制品），这类服务通常是在医生的办公室里完成的，并且该类服务通常是无付费账单，或者包括在医生的账单中［或是曾包括在其中但是适用于第 1847 条第（B）目］；

（B）医生对门诊患者提供的医疗服务（包括通常不能由患者自己进行管理的控制的药物和生物制品），以及该类服务中的部分住院治疗服务；

（C）诊断服务：（ⅰ）该类服务由医院向门诊患者提供，或者由医院安排的其他机构提供，以及（ⅱ）基于诊断研究的目的，通常由这类医院（或者医院安排的其他机构）向其门诊患者提供该类服务；

（D）门诊患者的理疗服务和手术治疗服务；

（E）乡村健康诊所服务和联邦合规健康中心服务；

（F）家庭透析设备、自我照护型家庭透析支持服务，以及慈善机构的透析服务和设备，以及在 2011 年 1 月 1 日或之后提供的有关肾透析服务的项目或服务［见第 1881 条第（b）款第（14）项第（B）目①的定义］；

---

① 《公法》第 110—275 期，第 153 条第（b）款第（3）项第（B）目，以及就 2011 年 1 月 1 日及之后提供的项目和服务，肾透析服务［见第 1881 条第（b）款第（14）项第（B）目的定义］，2008 年 7 月 15 日生效。

（G）医生准备的抗原（符合卫生部部长规定的数量限制），如第1861条第（r）款第（1）项所述，对于一名已经先于其他合规人员带有抗体的患者来说；

（H）（ⅰ）根据第1876条下的合同对由医生助理或是由专业护士［见第（aa）款第（5）项的定义］组成的合格组织的规定完成的服务，且该服务或设施是作为其服务的伴随物而产生的，如果该服务或设施由医生或是医生的服务的伴随物产生，则不属于本部分所述情况，（ⅱ）根据第1876条第（g）款对风险分担合同的规定，该服务由临床心理医生（卫生部部长所述的）或是由临床社工［第（hh）款第（2）项所述］组成的有资格的组织完成，并且这种服务和设备是作为临床心理学家或临床社会工作者对该成员的服务相伴随而产生的，如果该服务由医生或医生服务的伴随物而产生，则不属于该部分所述情况；

（I）关于凝血因子，对于无须医疗监督或其他方面监督的有权利用该因子来控制出血的血友病患者，以及与该凝血因子有关的其他医疗项目，为使凝血因子得到有效的利用，卫生部部长必须控制该因子的使用；

（J）根据本编，为获得器官移植而支付费用的患者提供的免疫手术的处方药。

（K）（ⅰ）如果是由医生提供的，以及该服务是由医生［见第（r）款第（1）项的定义］和专业护士或临床护理专家［见第（aa）款第（5）项的定义］与医生［见第（r）款第（1）项的定义］共同提供的［见第（aa）款第（6）项的定义］，并且该专业护士或临床护理专家是由实施该服务的州合法授权履行其中的服务，那么该服务将是医生的服务，如果该服务是医生专业服务的伴随物，则这些是第（A）目涵盖的服务，但只有在没有设施或者有关这些服务的提供没有供应商付费或者支付任何款项，（ⅱ）如果是由某位医生［见第（r）款第（1）项的定义］完成的服务以及由执业护士或临床护理专家［见第（aa）款第（5）项的定义］和医生［见第（r）款第（1）项的定义］共同完成［见第（aa）款第（6）项的定义］的服务，该执业护士或临床护理专家依法实施联邦政府所允许的服务，并且如果该服务和项目的提供作为该医生的专业化服务，其应该是在第（A）目中的服务，但是仅是在如果没有其他机构或服务的供应商来为完成该服务所支付款项的条件下；

（L）认证的助产护士服务；

（M）合格的心理医师服务；

（N）临床社工服务［如第（hh）款第（2）项所述］；

（O）红细胞生成素，根据该药物的用药规则，在没有医疗或其他关于该药物管理的监督的情况下，透析患者有权使用该药物。为了安全和有效地使用该药物，卫生部部长应制定管理该药物的方法和标准，以及涉及管理该药物的条款；

（P）前列腺癌筛查［如第（oo）款所述］；

（Q）依据给定的指示和含有的活性成分，口服药物可以作为抗癌化疗剂使用，如果药物无法自我管理，相同的指示和活性成分（或成分）作为药物的决定将涵盖在第（A）目、第（B）目中；用于在特定情况下的作为一种抗癌化疗制剂的一种口服药（由联邦药物和食品管理局审核通过），该药物包含一种（或多种）活性成分，该药物与药品运营商决定的涵盖在第（A）目或第（B）目中的药物（如果该药物不能够被自我管理）具有相同的一种（或多种）活性成分；

（R）结、直肠癌筛检［见第（pp）款的定义］；

（S）糖尿病门诊患者的自我管理培训服务［见第（qq）款的定义］；

（T）如果该药物是由医生管理（或是由医生开出的处方）用于下列情况时，则口服药物处方（联邦食物和药物管理局批准的）用于急性防吐的处方（抗癌化疗方案的一部分）：（ⅰ）在抗癌化疗制剂使用后的48小时之内立即使用，以及（ⅱ）作为反吐治疗的完全替代物，否则则是静脉治疗；

（U）对青光眼高风险个体的青光眼筛查，对有青光眼家族遗传史的个体的青光眼筛查，对糖尿病患者的青光眼筛查；

（Ｖ）医疗营养治疗服务［见第（vv）款第（1）项的定义］在患有糖尿病或肾脏疾病的患者：（ⅰ）在没有收到由卫生部部长决定的一段时间内的糖尿病自我管理培训门诊服务，（ⅱ）不接受第1881条规定的维持性血液透析的支付情况，（ⅲ）满足在由营养师或营养专业组织建立的协议审议之后，由卫生部部长决定的其他标准；

（W）初步预防性体检［见第（ww）款的定义］；

（Ｘ）心血管疾病验血筛查［见第（xx）款第（1）项的定义］；

（Y）糖尿病筛查［见第（yy）款的定义］；

（Z）用于家庭中治疗原发性的免疫缺陷疾病的静脉注射免疫球蛋白［见第（zz）款的定义］①；

（AA）为下列患者进行的腹主动脉瘤［见第（bbb）款的定义］超声波检查：（ⅰ）作为最初的预防性体检［见第1861条第（ww）款第（1）项的定义］而收到超声筛查转诊的个人，（ⅱ）之前没有被提供过本编规定的超声波检查的个人，（ⅲ）下列人士：（Ⅰ）有家族遗传腹主动脉瘤病史的，或者（Ⅱ）显现出风险因素，包括基于腹主动脉瘤由美国预防服务工作组对推荐的受益人类别进行的筛查②；

（BB）③ 额外的预防服务［见第（ddd）款第（1）项的定义］；

（CC）④ 心脏康复计划［见第（eee）款第（1）项的定义］或肺康复计划［见第（fff）款第（1）项的定义］提供的项目和服务⑤；

（DD）⑥ 重症心脏病康复计划提供的项目和服务［见第（eee）款第（4）项的定义］⑦；

（EE）⑧ 肾脏疾病教育服务［见第（ggg）款的定义］。

（3）X射线诊断检查（包括在医生监督下的测试），如果这种测试性能达到卫生部部长认为必要的有关卫生和安全等条件，则可在患者居住的地方，例如在家中使用，如果设施已根据《公共健康服务法》第354条⑨规定签发的证书（或临时证书）使用，则还包括乳腺诊断、诊断化验，

---

① 《公法》第110—275期，第101条第（a）款第（1）项第（A）目第（ⅰ）节，废除"和"。

② 《公法》第110—275期，第101条第（a）款第（1）项第（A）目第（ⅱ）节，插入"和＊"。

③ 《公法》第110—275期，第101条第（a）款第（1）项第（A）目第（ⅲ）节，增加第（BB）目，**适用于自2009年1月1日及以后提供的服务**。

④ 《公法》第110—275期，第144条第（a）款第（1）项第（A）目第（ⅱ）节，增加第（CC）目，**适用于自2010年1月1日及之后提供的项目和服务**。

⑤ 《公法》第110—275期，第144条第（a）款第（1）项第（A）目第（ⅱ）节，增加第（DD）目，**适用于自2010年1月1日及之后提供的项目和服务**。

⑥ 《公法》第110—275期，第152条第（a）款第（1）项第（A）目第（ⅰ）节，删除"和"，**自2010年1月1日开始生效**。

⑦ 《公法》第110—275期，第152条第（a）款第（1）项第（A）目第（ⅱ）节，增加"和"，**自2010年1月1日开始生效**。

⑧ 《公法》第110—275期，第152条第（a）款第（1）项第（A）目第（ⅲ）节，增加第（EE）目，**适用于自2010年1月1日及之后提供的项目和服务**。

⑨ 参见第2卷《公法》第78—410期，第354条。

以及其他诊断测试。

（4）Ｘ射线、镭同位素和放射性治疗，包括材料和技术人员的服务。

（5）医用敷料和夹板、石膏，以及其他用于减少骨折和脱位的设备。

（6）耐用医疗设备。

（7）依据个人的条件，用于其他运输方法的急救服务是禁止的，但只是在条例规定的范围。

（8）用于置换全部或部分身体内部器官（包括结肠造口手术袋和直接关系到结肠造口手术护理的用品）的假体装置（除了牙齿），包括该类装置的替换，也包括插入人工晶体的每一个白内障手术之后的常规眼镜或隐形眼镜。

（9）腿、胳膊、后背和颈箍，以及人工腿、胳膊和眼睛，包括其他的因为患者身体条件需要的代替品。

（10）（Ａ）肺炎球菌疫苗和其管理，以及根据《1987 年综合预算调整法》第 4071 条第（b）款①规定流感疫苗和其管理；以及（Ｂ）乙肝疫苗及其管理，提供给感染高度或中度乙肝风险的个人（部长依据规定决定）。

（11）认证注册的护士麻醉师的服务［如第（bb）款条所述］。

（12）根据《1987 年综合预算调整法》第 4072 条第（e）款②规定，为糖尿病患者提供直入式加深鞋或者直入式定制模压鞋，如果：

（Ａ）管理个人糖尿病症状的医生（ⅰ）证明该个人周围神经病变有愈合组织迹象的，有溃疡性愈合组织的病史，以前有溃疡病史，足部畸形，或以前截肢，或血液循环不良的病史，以及（ⅱ）证明该个人需要关于该个人的糖尿病条件的总体的治疗计划中的鞋子；

（Ｂ）由一个足科医生或其他合格的医师（卫生部部长指定的）指定的特定类型的鞋子；

（Ｃ）由一个足科医生或其他不是第（Ａ）目规定的合格的个人（由卫生部部长指定的，例如脚病鞋制造厂家或矫正器修配者），除非卫生部

---

① 参见第 2 卷《公法》第 100—203 期，第 4071 条第（b）款。

② 《公法》第 100—203 期，第 4072 条第（e）款，规定不迟于 1993 年 4 月 1 日发布最终报告并且第 4072 条第（e）款的修正案应当在上述报告提交给国会之日后的第一个月第一天（1993 年 5 月 1 日）生效。

部长发现该医生是本地区唯一合格的人。

（13）乳房摄影筛检［见第（jj）款的定义］。

（14）宫颈抹片检查和骨盆测试检查。

（15）以及骨质量测量［见第（rr）款的定义］。

任何诊断测试都不得在实验室进行，其中包括像作为农村卫生诊所一部分的实验室，或应在列入第（3）项规定的医院［根据本节规定，该医院是指一个第1814条第（d）款所认定的医院］中的实验室，除非该实验室：

（16）位于一州，该州或当地法律提供了这种性质的机构许可，（A）是根据该法律授权；或者（B）由该州的机构或当地负责提供这种性质的机构许可的机构，以此为符合该类许可证的设立标准。

（17）（A）符合《公共健康服务法》第353条①认证要求的规定；以及（B）符合有关个人健康和安全方面的其他条件，对于该类人群的测试，卫生部部长认为是必需的。

如果该类服务属于医院提供给住院患者的服务，那么将排除第（2）项第（C）目任一条款所指明的诊断服务［第（1）项中提到的服务除外］，这些服务不属于第（b）款中的服务。在本款上述条款［除了第（1）项和第（2）项第（A）目］中没有提及的项目和服务都将被涵盖，除非该类其他条件符合卫生部部长认为与个人健康和安全而提供的服务和项目是必要相关的，该条款是基于第1814条第（d）款关于符合对医院的界定的机构向患者提供的服务。

药品和生物制品

（t）（1）除第（m）款第（5）项和第（2）项所述之外，"药品"和"生物制品"，只包括分别纳入（或批准列入）《美国药典》《国家处方集》《美国顺势疗法药典》，或在《新药物》或《接受性牙科疗法》（除了其中一些不利评估的药品和生物制品）的药品（包括造影剂）和生物制品，或经由药店和药物治疗委员会（或同类委员会）的医务人员批准这个医院使用的这种药物和生物制品。

（2）（A）根据第（1）项，"药物"还包括根据医院的医疗指示［如第（B）目所述］用于抗癌化疗方案的药物和生物制品。

---

① 参见第2卷《公法》第78—410期，第353条。

（B）在第（A）目中，从药物的使用方面，"医学公认指示"包括被食品和药品监督局批准的该药物的任何使用方式，以及该药物满足下列条件的其他使用方法：

（ⅰ）如果该药物被食品和药品监督局批准；

（ⅱ）（Ⅰ）该类药物的使用的引文出自（或批准列入）下列一部或多部典籍中的：《美国医院处方服务药品信息》《美国医学会药物评价》《美国药典药品信息》等，除非卫生部部长已确定在使用医学上不再是适当的或该使用被确定为不在以上的一个或多个汇编中显示，或者（Ⅱ）依据卫生部部长对运营商有关决定使用该药物的指导，所涉及的运营商确定对该类药物的使用在医学上是可以的，上述决定基于由卫生部部长根据本次节的规定确定的医学文献中出现的同行评议可支持的临床证据。

当对于确定医学公认指示使用该药物是合适的时候，卫生部部长可以修改第（ⅱ）节第（Ⅰ）次节中的典籍列表。自 2010 年 1 月 1 日起，任一典籍都不包括在这一次节的典籍列表中，除非该典籍有一个评估治疗和确定潜在的利益冲突的公开的透明程序①。

服务供应者

（u）"服务供应者"是指医院、具有严格入院标准的医院、专业的护理设备、综合门诊康复设施、家庭健康机构、临终关怀计划或是第 1814 条第（g）款和第 1835 条第（e）款规定的基金。

合理费用

（v）（1）（A）任何服务的合理费用应是实际产生的费用，不包括因有效地提供所需要的健康服务而产生的成本的任何部分，并且该合理费用是按照正在制定的方法以及已经使用的方法的规则和应该包括的项目来确定的，除在第（2）项或第（3）项适用的任何情况下，该款中规定涉及的服务的付款金额应当被视为此类服务的合理成本。在前一条规定所述的处方规定，除了其他事情，适用于国际组织或者已建立的预付组织（该组织建立了该原则）的原则，卫生部部长认为，按照该原则计算支付额时，费用的计算应该按照人头而不是按照服务量来计算，该服务的费用应该提供给为患者提供服务的提供者。该条例阐述了在每日津贴、单位、平

---

① 《公法》第 110—275 期，第 182 条第（b）款，增加本句，**2008 年 7 月 15 日生效**。

均每人加班或其他基础上确定的服务费用，阐述了可以在不同情况下使用不同的方法，阐述了对特定物品或服务的成本进行估算，根据为有效地为本节规定的保险项目的参保者提供所需的健康服务而产生的必需成本的估算，阐述了对直接或间接的整体费用或具体项目或服务或群体的项目或服务的建立限制被视为是合理的，阐述了全部或部分费用的使用，这种方法可以合理地反映出成本。这些法规：（ⅰ）应考虑到服务提供者的直接和间接费用（不涉及由此而产生的任何费用，包括根据本编所建立的保险项目中为有效递送服务而产生的一些不必要的备用成本），根据费用确定方法，为本编中保险项目的覆盖人群递送服务而产生的必要费用不应由非覆盖人群承担，同样，非保险覆盖人群的费用也不应由本保险项目承担；（ⅱ）在服务提供商的任何财政周期，应提供合适的追溯调整对通过确定成本的方法产生的总的补偿进行纠正，以确定是不足还是过度。

（B）在延续护理服务的情况下，根据第（A）目的规定不得包括关于对资本收益的具体识别规定。

（C）对于医院和医学院安排医学院的老师在医院提供服务，该服务的价格不应超过医学院该类服务的合理成本，并且该服务价格应包括确定提供下列服务的医院的合理成本：

（ⅰ）该服务根据第A部分的规定支付，但前提是：（Ⅰ）根据安排，该服务费用已根据第A部分的规定向提供该服务的医院进行了支付，以及（Ⅱ）该医院向医学院进行的支付金额至少应该是该医学院提供该类服务的合理成本；

（ⅱ）或者，可以根据第B部分的规定进行支付，但前提是，该医院向医学院进行的支付金额至少应该是该医学院提供该类服务的合理成本。

（D）对于：（ⅰ）医生提供第（b）款第（7）项规定的住院服务（包括与该医院讲授的课程一致的服务）或是第1832条第（a）款第（2）项第（B）目第（ⅰ）节第（Ⅱ）次节授权的服务；以及（ⅱ）该医院（或是该医院设置的医学院校）在提供这些服务时不会产生实际的成本，这类服务的合理费用应被视为医院或医学院支付给提供这些服务的医生的工资相当于所有受雇于这些医院的医生的平均工资（或者，如果上述雇佣关系不存在，或者在该类医院中属于少数）。

（E）对任一州的护理机构，依据第十九编对按照州计划中规定的对护理机构服务费用进行支付，法规规定了位于一州内的护理机构的费率（并且，该使用率还可以由卫生部部长依据护理机构的规模和等级进行增加，也可以在本条中参考不超过 10% 的地理因素来根据一些确定和需要的项目或服务进行增加，该州使用率不计算在内），如果卫生部部长认为，该费率是与在该州的可比设施的照护费用的分析具有合理的相关性（但不一定仅限于此）。尽管前面有规定，关于专业护理设施的规定应考虑到这类设施与第 1819 条第（b）款、第（c）款和第（d）款（包括在进行助理护士培训和进行能力评估计划时所产生的费用）的要求一致的费用（包括根据本条每一个居民都有资格享受到的需要达到或保持最高标准的身体、精神以及心理福祉的服务所产生的费用）。

（F）这些条例要求每个服务（不是基金）提供商向卫生部部长报告第 1121 条第（a）款所述的与该供应商类型报告制度统一的信息。

（G）（ⅰ）如果向住院患者提供的后续照护服务是由成熟的护理机构或是品质管制的护理机构提供，并且经同行评审组织决定，认为从医学角度来讲对该患者的住院服务是不必要的，但是对该患者的出院后续护理服务又是必需的，并且对该患者的后续护理服务的提供应经过同行评审委员会的同意，那么医院提供给住院患者的服务就构成了出院后续照护服务。在上述情况下，依据本编，在以下范围内，对该患者服务费用，应该依照第（ⅱ）节中的费率继续进行支付：（Ⅰ）从医学角度来讲，该患者的出院后续护理服务是必需的而不是另外提供给患者的（如决定所述）；（Ⅱ）从医学角度来讲，患者的已不需住院服务；以及（Ⅲ）根据这一条款，个人有权有出院后付款的期限，除了护理服务，如果卫生部部长确定这些医院没有病床过剩，在该地区医院也没有病床过剩，这些款项应在缴纳的基础数额内，而不是第 A 部分对住院患者医院服务的规定的可支付的数额。

（ⅱ）（Ⅰ）除第（Ⅱ）次节的规定之外，在第（ⅰ）节中提到的缴费率应该基本等同于按照第十九编规定的根据位于该州的护理院根据州计划向该州每个平均每天提供付费所需费用的平均值，或者依据第十九编，如果某护理院所在的州没有州计划，那么该费率就基本等同于依据本条规定该州内每个患者住院后续服务平均每天可允许花费的平均值。

（Ⅱ）如果医院有一个专业的护理设施团队，第（ⅰ）节所指的缴费率就要低于第（Ⅰ）次节规定的缴费率或是该团队依据本节提供后续照护服务实际产生的费用。

（ⅲ）根据本目任何个人为接受的住院服务进行支付的日期，根据本法（不是本目）的规定，被视为是个人接受住院服务的日期。

（ⅳ）根据第（ⅰ）节规定，以公立医院为例，有关该区域内的医院是否还有病床应该只能由公立医院决定（包括医院），该公立医院是该区域内的医院，并拥有该医院的所有权。

（H）关于家庭保健机构合理成本的确定方面，卫生部部长认为该成本可能不包括：

（ⅰ）因第（o）款第（7）项所要求的保证金和第（o）款第（8）项为金融安全考虑的由该类组织建立或挂钩的代管账户而产生的费用；

（ⅱ）依据第（o）款第（7）项所述的保证金的要求和第（o）款第（8）项所述的金融安全的要求，家庭健康机构收取的任何费用由该机构与借款偿还根据本机构多付的款项做出标题连接这样一个机构的利益，但这些费用可以在合理的成本之内，如果卫生部部长决定，该机构是真诚地使用借款的数额；

（ⅲ）在本目颁布之日前，与家庭机构签订合同，为使由该机构提供的服务或代表该机构提供的服务，该机构依据合约（该合约为期超过 5 年）产生的任何费用；

（ⅳ）在本目①颁布之日前，与家庭健康机构签订合同，为使由该机构提供的服务或者代表该机构提供服务，在该费率超过了代表该机构提供的服务的合理价值的范围内，由该机构依据合约产生的任何费用，这一合约规定了依据报销比例或是对该机构提供服务的报销的索赔由家庭健康机构进行支付的金额。

（I）在确定合理成本时，卫生部部长认为该成本可能不包括服务提供上的有关服务而产生的成本，该服务主要包括与根据本编进行的支付的相关事项的连接和完成服务的提供者和分包商之间自本目实施之后才签订的合同，本项中所述的是历经 12 个月内 1 万美元或以上，除非在合同中包含一个条款，并且该条款：

（ⅰ）直到该服务的提供的合同期满 4 年之后，根据卫生部部长的要求，或总审计长的要求，或者以上两者正式授权的代表的要求，分包商应

---

①　1980 年 12 月 5 日（第 96—499 期；《美国联邦法律大全》第 94 编第 2599 条）。

该提供为证明该成本的性质和数额的合同、账簿、文件和记录；

（ⅱ）如果分包商与相关组织以 1 万美元或超过 12 个月通过分款合同完成了合同中规定的义务，该合同应包括一个条款，该条款直到该服务提供的合同期满 4 年之后，根据卫生部部长的要求，或总审计长的要求，或者以上两者正式授权的代表的要求，相关组织应该提供为证明该成本的性质和数额的合同、账簿、文件和记录。

卫生部部长必须对用于获取根据本目规定的合同和分款合同的账簿、文件和数据的标准和步骤进行调控。

（J）该规定可能不会提供不同于医院和护理医院报销费用的常规住院津贴费用。

（K）（ⅰ）在可行的范围内，卫生部部长应当颁布相关规定，该规定提供了有关对医院［除第（ⅱ）节中定义的真正紧急服务］或者诊所（除农村卫生所）的门诊患者以及医生使用该类门诊设施的合理服务费用的限制，这些服务费用在成本基础上或在相关费用的基础上进行报销。该限制与医生在同一领域提供的相似服务的费用是相关的。依据本编，在享有福利方面的个人，在相似服务不在医生办公室提供时，该条例将会规定这种限制的例外情况。

（ⅱ）根据第（ⅰ）节的规定，"真正的紧急服务"是指因非常严重的急性症状（包括剧烈疼痛）的突然发病之后由医院急诊室提供的服务，如果上述情况得不到及时的医学治疗将会导致：（Ⅰ）严重危及患者的健康；（Ⅱ）严重损害身体机能；或者（Ⅲ）某些身体器官或部位的严重功能障碍。

（L）（ⅰ）根据本编，在确定由家庭健康机构提供的服务的费用的支付额时，对于某一机构提供的此类服务，在某种程度上，这些成本超过（在总的机构）了以下成本报告期的开始期间或之后，卫生部部长可以认为该成本是不合理成本（为有效递送此类服务）：（Ⅰ）1985 年 7 月 1 日至 1986 年 7 月 1 日，劳动相关者或非劳动者对独立家庭保健机构咨询费用平均值的 120%；（Ⅱ）1986 年 7 月 1 日至 1987 年 7 月 1 日，该费用平均值的 115%；（Ⅲ）1987 年 7 月 1 日至 1997 年 10 月 1 日，该费用平均值的 112%；（Ⅳ）1997 年 10 月 1 日至 1998 年 10 月 1 日，劳动相关者或非劳动者对独立家庭保健机构每次咨询费用的中位数的 105%；或者（Ⅴ）1998 年 10 月 1 日，该费用中位数的 106%。

（ⅱ）该成本报告在开始或1986年7月1日之后生效，这种限制将适用于该机构汇总的基础上，而不是在特殊原则的基础上。卫生部部长可以在合适的情况下提供豁免和特例①。

（ⅲ）不晚于1991年7月1日，并且此后每年（但是包括在1994年7月1日到1996年7月1日之间的费用报告期以及1997年7月1日到1997年10月1日的费用报告期），卫生部部长通过调查［第1886条第（d）款第（3）项第（E）目］该地区的工资指数，来制定成本报告阶段的起止时间的限制，并且决定使用有关某一地区（家庭健康服务在该地区完成）的医院的工资或与工资相关费用的调查的最新数据［该决定不用考虑该医院是否已按照第1886条第（d）款第（8）项第（B）目的规定、第1886条第（d）款第（10）项的医疗地理分级审查委员会的决定或是卫生部部长的规定已重新归类到新的地区］。

（ⅳ）根据本目，在确定1997年9月30日之后开始的费用报告的限制的时候，卫生部部长不用考虑家庭保健市场的变化。

（ⅴ）对于在1997年10月1日或之后开始的有关家庭健康机构提供的服务的费用报告，依据第（ⅷ）节第（Ⅰ）次节，卫生部部长应该出台一个有关限制期限的临时系统，支付数额不应超过本目上述规定的费用，或者，如果低于，则：（Ⅰ）指定机构每个受益人每年的产品是根据该机构在结束于1994财政年度的12个月的成本报告期的98%的合理成本的75%来计算的，并且是按照该制定机构普查部门有关这类成本在标准地区的98%的平均值的25%来计算的，作为引入该计算方式的机构，对于在1994财政年度之内结束的费用报告，该费用是随着家庭保健市场篮子指数不断更新的；以及（Ⅱ）对于受限制的成本报告期，患者（依据本条受益）在该机构享受到的产品的普查不重复计数。

（ⅵ）对于在1997年10月1日或之后开始到由家庭健康机构提供服务的费用报告，适用于以下规则：

（Ⅰ）对于新加入的提供商以及依据第（ⅷ）节第（Ⅱ）次节和第（ⅷ）节第（Ⅲ）次节规定在1994财政年度结束没有提供12个月费用报告的供应商，每个受益人的保额限制将会等于这些由卫生部部长决定的适

---

①　关于建立限制的考虑规定，参见第2卷《公法》第99—509期，第9315条第（b）款；关于总审计局（GAO）报告的规定，参见第（c）款。

用于其他家庭医疗公司的限制的中位数。据此，一家改变其公司结构或是公司名称的家庭健康机构不应被当作新加入的供应商。

（Ⅱ）对于享受多家家庭健康机构所提供的服务的受益人，每个受益限制应在上述机构之间按比例分配。

（ⅶ）（Ⅰ）1998 年 1 月 1 日及以前，卫生部部长应该建立 1998 财政年度访问限制的适用情况，并且在 1998 年 4 月 1 日之前，卫生部部长应该根据第（ⅴ）节第（Ⅰ）次节，建立针对 1998 财政年度的受益人保额限制。

（Ⅱ）每年 8 月 1 日之前（从 1998 年开始），卫生部部长应该根据这一次节针对在这一年 10 月 1 日开始的财政年度提供的服务，指定限制的适用情况。

（ⅷ）（Ⅰ）一个 12 个月的费用报告结束于 1994 财政年度的服务供应商，如果对开始于 1999 财政年度之内或 1999 财政年度之后的费用报告期根据第（ⅴ）节所加的限制少于第（ⅵ）节第（Ⅰ）次节所述的中位数，否则，对该供应商和报告期依据第（ⅴ）节增加的限制要提高 1/3。

（Ⅱ）根据第（Ⅳ）次节的规定，对于新的供应商以及那些没有结束于 1994 年的 12 个月的费用报告的供应商，但是，对于第一份费用报告期在 1994 财政年度之前开始，对于费用报告期开始在 1994 财政年度之内或之后，则第（ⅵ）节第（Ⅰ）次节规定的每个受益人的保额限制将会等于该条中规定的中位数［在第（ⅴ）节中，任何涉及 98% 的都视作 100%］。

（Ⅲ）依据第（Ⅳ）次节，如果新加入的供应商的第一份费用报告是开始于 1999 年之内或之后，则第（ⅵ）节第（Ⅰ）次节（只针对该类供应商）中的保额限制是该条所述中位数的 75%。

（Ⅳ）对于新加入的供应商以及没有结束于 1994 财政年度的 12 个月费用报告的供应商，第（Ⅱ）次节［而不是第（Ⅲ）次节］适用于家庭健康机构。

（Ⅴ）每一个在第（Ⅰ）次节到第（Ⅲ）次节中明确规定的数额是第（ⅲ）节中对不同地区工资变化的反映而调整的。

（ⅸ）尽管第（ⅷ）节规定了对每位受益人的保额限制，如果对在 2000 财政年度之内或之后开始的费用报告阶段对第（ⅴ）节（在决定时不用考虑此条）所述的对保额的限制少于第（ⅵ）节第（Ⅰ）次节［但是，在确定时任何在第（ⅴ）节涉及的 98% 均被视为 100%］所述保额的中位数，第（ⅴ）节规定的对供应商的保额的限制将增加 2%。

（Ⅹ）除了其他的规定，这一次节中任何通过对在 2000 年、2002 年和 2003 年开始时期的费用报告家庭医疗市场购物篮指数升级的限制，提供的升级将会减少 1.1 个百分点。关于费用报告在 2001 财政年度内的开始时期，这一分款下更新的限制将会成为家庭健康市场购物指数。

（M）这些规定应该提供由服务供应商提供的治疗的费用，从而根据《公共健康服务法》① 第Ⅵ卷或第ⅩⅥ卷确保供应商对无力支付该服务的人提供了合理的服务量，这些费用不会被认为是合理费用的一部分。

（N）在确定合理费用的过程中，与影响员工响应工会组织的直接相关的活动所产生的费用可能不包括其中。

（O）（ⅰ）对于已完成产权变更的服务的提供商的资产，可对其资本贬值和资本负债利息进行适当的补贴，在建立适当的折旧免税额和关于改变所有权的服务供应商的负债资本利息的时候，此类规定应当提供资产评估在改变所有权之后，除第（ⅲ）节外，资产评估应是该资产的历史成本，根据这一条款的认同，并减去所有者自《1997 年平衡预算法》② 颁布之日起的折旧额的记录。

（ⅱ）在提供合理医疗服务的情况下，因对之前已经支付过的资产（通过收购或兼并）的买卖谈判而产生的费用（包括法律费用、会计和管理费用、交通费用，以及研究费用），本编规定认为，该类费用不能算作合理费用的一部分。

（ⅲ）如果一家医院由国有变为与金钱无关的非营利组织所有，对于新所有者而言，基础资本免税额应当是转移的国有医院的账面价值。

（P）如果该规定有对股本资本回报率的支付，为确定在费用报告期完成的服务的合理费用，应被偿还的费率应该等于在费用报告期阶段的每月的平均利率，如果该规定提供支付偿还净值资产，则偿还的比例会被认可，对于决定在费用报告期间提供的服务的合理成本，将等于利率的平均

---

① 第 78—410 期。

② 1997 年 8 月 5 日（第 105—33 期；《美国联邦法律大全》第 111 编第 251 条）。

值，对于每一个月的包括在这一时期内的任何部分，关于联邦医院保险信托基金的购买责任。

（Q）除另有明确授权，卫生部部长无权限制已批准的医疗教育活动的允许花费的增长率。

（R）在确定该类合理成本时，由代表一个受益人的服务供应商在申请第 1869 条第（b）款规定的决定不成功的情况下引致的成本，将不会被视为合理的成本。

（S）（ⅰ）该节规定不包括有关门诊资产回报率的任何特定认证的条款。

（ⅱ）（Ⅰ）在确定本编中有关门诊医院服务的所有与资本相关的费用的支付时，该规定认为，卫生部部长或者根据本编，应该减少在 1990 财政年度费用报告期的部分费用的支付的 15%，在 1991 财政年度费用报告期的部分费用的支付的 15%，1992—1999 财政年度费用报告期的部分费用支付的 10%，并且直到第 1833 条第（t）款规定的潜在的支付系统的第一个日期生效。

（Ⅱ）卫生部部长应该减少门诊服务（不是该服务的资产相关的成本）的合理费用，另外根据第 1833 条第（a）款第（2）项第（B）目第（ⅰ）节第（Ⅰ）次节的决定，5.8% 的支付发生在 1991—1999 财政年度费用报告阶段，并且直到第 1833 条第（t）款规定的潜在的支付系统的第一个日期在 2000 年 1 月 1 日之前生效。

（Ⅲ）第（Ⅰ）次节和第（Ⅱ）次节中的规定不适用于对由单独社区［见 1886 条第（d）款第（5）项第（D）目第（ⅲ）节所述］医院或者紧急通道医院［见第 1861 条第（mm）款第（1）项］所述提供的门诊服务的费用的支付。

（Ⅳ）在第（Ⅰ）次节和第（Ⅱ）次节适用于支付以第 1833 条第（i）款第（3）项第（A）目第（ⅱ）节或第 1833 条第（n）款第（1）项第（A）目第（ⅱ）节规定的混合数量为支付基础的服务的时候，则关于第 1833 条第（i）款第（3）项第（B）目第（ⅰ）节第（Ⅰ）次节和第 1833 条第（n）款第（1）项第（B）目第（ⅰ）节第（Ⅰ）次节分别所述的数量的费用将会依据该次节的规定相应减少。

（T）在确定医院的合理费用的时候，第 1833 条第（t）款第（8）项第（B）目规定的共同支付的下调将不会被视为坏账，否则被视作合规费用（归属于免赔额和共同保险金额）的坏账：

（ⅰ）在费用报告阶段开始在 1998 年的时候，应减少该数量的 25%；

（ⅱ）在费用报告阶段开始在 1999 年的时候，应减少该数量的 40%；

（ⅲ）在费用报告阶段开始在 2000 年的时候，应减少该数量的 45%；

（ⅳ）在费用报告阶段开始在最近的财政年的时候，应减少该数量的 30%。

（U）在确定 1998、1999 及 2000 财政年度 1 月 1 日之前提供的救护车服务［见第（s）款第（7）项所述］的合理费用的时候，以一财政年度的救护车每一趟的服务费用作为合理费用，如果超出这一费用，卫生部部长将不会认同，卫生部部长将不会认同将额外的成本作为之前财政年度提供救护车服务的合理成本，按比例增加消费额度对所有的城市消费者由卫生部部长评估的在 12 个月的阶段内完成的财政年度费用会减少 1 个百分点。对于在 1998 年 7 月 30 日之后提供的救护车服务，根据卫生部部长制定的编码系统，卫生部部长规定要求这些服务必须包括一个（或多个）代码，这些代码可以检测服务的完成情况。

（V）在确定有关费用报告期在 2005 年 10 月 1 日或之后开始的护理院的合理费用时，对同属共同保险金额的坏账以及除此之外的合规费用，对于根据第 A 部分有权享受该保险在决定费用报告开始阶段或在 2005 年 10 月 1 日之后的专业的护理场所的合理成本的时候，坏账的数额将不会被视为允许的成本，属于这一条规定下的根据第 A 部分受益的权利个人共同保险数额，以及：（ⅰ）但不符合第 1935 条第（c）款第（6）项第（A）目第（ⅱ）节所述的参保者，其可报销费用应减少 30%；（ⅱ）符合该条所述，则不减少。

（2）（A）如果食宿作为住院服务（包括结核病患者住院服务和精神病患者的住院服务）或者是后续治疗服务的一部分比半私人住宿贵的话，根据本节关于该服务支付的数额可能不会超过由半私人住宿所提供的该类服务的费用，除非由于医疗需求而产生的更贵的住宿要求。

（B）依据本编，一个拥有合同的服务的提供商对患者所提供的项目或服务高于依据第 A 部分或第 B 部分中的项目或服务，作为这种情况，只有在该项目或服务的费用进行了支付时①，根据情况，卫生部部长才应

---

① 关于废除私人房屋补贴的规定，参见第 2 卷《公法》第 97—248 期，第 111 条。

考虑向此次服务的提供者支付此类服务的费用。

（3）如果作为住院服务或后续治疗服务的一部分的食宿服务除了半私人住宿但是不比半私人住宿贵并且除了半私人住宿的其他住宿既不是因为患者的要求也不是卫生部部长认为的与本条目的相一致的其他原因，依据第 A 部分，该食宿服务的支付额应该是由半私人住宿提供的食宿服务在本条中所述的应付金额减去医院或者护理院的对半私人住宿和私人食宿费用的差额。

（4）如果一个服务的供应商向患者提供的项目或服务超过了有效递送必需的医疗服务量并且比其昂贵，按照第 1866 条第（a）款第（2）项第（B）目第（ⅱ）节对这一更加昂贵的项目或服务进行收费，并且对于第 1866 条第（a）款第（2）项第（B）目第（ⅱ）节允许的更加昂贵的项目或服务，则在任何财政阶段该类项目或服务的支付费用的数额将会按该支付加上对于该类项目或服务在财政年度阶段超过实际成本的费用的一定比例而减少。

（5）（A）正如卫生部部长依据法规确定为适用，按照第（p）款第一条的规定［包括第（g）款中的规定］，根据与服务的提供者或是组织达成的协议提供物理治疗服务、手术治疗服务、语言治疗服务，或是其他以及与个人健康相关的在服务提供商或其他组织的安排之下完成治疗服务（除医生之外），对本条中提到的服务提供商或组织的支付的合理费用不能超过以下两个费用的和，一是对于该类服务的提供商或组织存在就业关系的具体执行这些服务的工作人员支付的合理工资（还要加上服务提供商和组织所产生的额外费用）；二是这些人员的其他费用（包括合理的旅行补贴和为提供这种治疗而采用的一些可接受的方法的相关的合理花费）。

（B）尽管第（A）目如此规定，如果一个服务供应商或是第 1861 条第（p）款指定的其他组织需求有限的兼职的治疗师的服务，或者仅仅是间歇的治疗服务，卫生部部长可以按照每单位服务的合理费率进行支付，即使该费率要比按照时间提供服务所支付的工资高，这是因为，他发现，总的来看，这些过高的支付要低于如果该类组织雇用一个全职或兼职治疗师所应支付的工资。当卫生部部长在发现更高的支付，在总数上，少于被支付给该组织以全职或是兼职的待遇聘请的医生的数额的地方，他可以以合理的服务的单元比例为基础进行支付，即使该比例高于与工资相关的数额。

（6）根据本款的宗旨，"半私人住宿"是指在住所内有两张、三张或四张床的住宿条件的住所。

（7）（A）对于限制联邦参与和国家或者是大范围的代理公司的全部的计划不一致的资产消耗规定，见第1122条。

（B）对住院服务的合理费用的更多的限制以及手术费用支付数额的决定以及特定州的弃权条款，见第1886条。

（C）依据特定的某些安排，对供应商医疗服务的支付限制，见第1887条。

（D）对护理院常规服务费用的支付的决定，以及合理费用的更多的限制，见第1888条第（a）款到第（c）款。

（8）与患者治疗无关的项目。合理成本将不包括以下几种情形：

（ⅰ）娱乐活动，包括运动和其他的娱乐活动的门票；

（ⅱ）礼物或捐赠物；

（ⅲ）自用的机动交通工具；

（ⅳ）违反国家的、州的或当地法律所交的罚金；

（ⅴ）配偶或其他依靠服务供应商，以及供应商的员工和合作伙伴的教育经费。

特定服务的安排

（w）（1）"安排"仅限于由医院、紧急通道医院、专业护理机构、家庭护理机构或者临终关怀计划（无论是视为自己的权利还是代理人的要求）所出资的账单中的安排，就个体在本编中要对其所享受的服务进行支付而言，该安排免去了该个体或其他人对服务的支付费用。

（2）为医院和临时医院所处的地区设计的质量控制和审查组织，与根据关于由医院和临时医院提供给本编第A部分、第B部分授权支付这项服务的或第十九编规定的各州计划批准的患者的《社会保障法》第十一编第B部分的规定建立的项目的要求一致的联合审查活动，根据这类医院或是临时医院与医院或是临时医院有责任付款给该组织的这类组织之间的协议，活动将被视为被组织的，作为一个支付根据这一条款或是国家的规定提供医院服务的医院或是临时医院的审查条件，在组织关于由医院或是临时医院提供给患者的服务的审查活动的时候，该数额是合理的并且是符合组织要求（如卫生部部长决定的规则）的。

州和国家

（x）"州"和"国家"的含义分别见第 210 条第（h）款和第（i）款的规定。

宗教非医学健康护理机构的后续护理

（y）（1）"专业护理机构"也包括宗教的非医疗的健康治疗组织［见第（ss）款第（1）项的定义］，［不包括第（a）款第（2）项的宗旨］。通常情况下，住院患者的服务和治疗项目都由这一类机构提供，并且就该类机构所提供的或者在该机构可以享受到的服务而言，对于这些服务的支付应在规定中所述的特定范围、特定情况以及要求（以及别的适当地对这些情境、限制或要求的替代）下进行。

（2）除了其他规定，第 A 部分规定的支付额可以不支付给个人根据第（1）项的规定在专业的护理机构提供的服务，除非是该个人选择的，依据规定，对于被视为院外后续治疗服务的长期治疗疾病的治疗服务，并且第 A 部分规定的支付额不可以作为后续医疗程度治疗服务。

（A）根据第（1）项的规定在专业的护理机构，在疾病持续的时间段内由个人提供的服务，在此之后：（ⅰ）在疾病持续时间内，在该护理机构已经对患者提供了 30 天的治疗服务，或者（ⅱ）在专业的护理场所并在疾病持续时间段内被提供给他的这类服务不适用于此项；

（B）或者，在专业的护理机构并在疾病持续时间段内被提供给他的这类服务适用于此项之后不适用于第（1）项关于在专业的护理场所并在疾病持续时间段内被提供给他的这类服务的规定。

（3）第 A 部分规定的针对由个人在第（1）项规定的专业的护理机构并在疾病持续阶段提供的后续医疗程度治疗服务应付的数额应减去共同保险的数额，该数额等于在疾病持续阶段他在专业护理机构享受服务 31 天之前的每天住院费用的 1/8［在本项中减免的数额均可以第 1813 条第（a）款第（3）项中的任意减免代替］。

（4）根据第（i）款的规定，有关是否服务由第（1）项所述的机构提供此类服务（院外后续治疗服务），应该根据或者依据规定中所提到的情境、限制以及需求而定。

机构计划

（z）一个关于医院、专业的护理场所、综合门诊康复机构或是家庭护理机构的整体计划和预算应被充分地考虑，如果它：

（1）提供每年运营预算，该预算包括所有与项目（根据一般计算规则，被视为收入和花费的项目）有关的预期收入和花费。

（2）（A）提供至少 3 年期的资产消耗计划，在这期间的计划主要包括和识别有关任意预期花费超过 60 万美元［或者根据第 1122 条第（g）款第（1）项由该医院所在州设立的少于该数额］的活动的资金流向和这些活动的主要目的，这些活动都是有关收购土地、建筑以及设备的升级，建筑和设备的替换、现代化以及扩展，根据一般计算规定，这些也被归为资金项目；

（B）提交该计划给第 1122 条第（b）款指定的代理公司，或者如果没有指定的代理机构，可以提交给这个州合适的健康计划机构［但是此目不适用于因第 1122 条第（j）款免于审查的机构］。

（3）提供至少每年一次的审查和更新。

（4）根据机构或公司的管理主体的指示，由可以代表管理主体的一个委员会、管理人员以及该机构或公司的医疗人员准备的计划。

农村卫生门诊服务和联邦合格护理中心服务

（aa）（1）"农村卫生门诊服务"是指：

（A）医生的服务和第 1861 条第（s）款第（2）项所包含的服务的提供，如果第 1861 条第（s）款第（10）项所规定的项目和服务作为医生的专业服务已经被提供的话；

（B）由助理医生或是实习护士［第（5）项所述］，由临床心理医生（卫生部部长指定的）或是临床社工［第（hh）款第（1）项所述］提供的服务，并且该服务和服务的提供属于医生的服务范围；

（C）在农村卫生门诊的所在区域内，并且该区域内缺乏家庭护理机构、兼职或间歇的护理以及相关健康提供服务（不仅是药物和生物制品），上述服务都是由注册专业护士或是有护士资格证书的护士为闲居的个人提供的，这是基于下列两项的治疗计划所做出的安排：（ⅰ）是第（2）项第（B）目中的医生制定并定期审查，或者（ⅱ）在第（2）项第（B）目中，当对一句患者提供的服务是农村卫生门诊服务，由实习护士或医生助理制定并且由医生审查和审批通过。

（2）"农村卫生门诊"是指该机构：

（A）主要致力于提供第（1）项第（A）目和第（B）目所述的门诊服务；

（B）如果不在医生指示的诊所之列的机构，根据由这些医生定期更新的关于由助理医生以及实习护士提供的服务的条款，与一个或多个医生［如第（r）款第（1）项所述］签订协议，医生对于助理医生和实习护士的监督和指导，对于临床患者护理和治疗秩序的准备被视为必要的，这些医生及在处理紧急事故时的建议和帮助对于患者的就诊是必需的，如果该诊所是医生指示的，并与一个或是多个医疗人员根据协议完成了活动；

（C）保持所有患者的临床记录；

（D）与一个或多个医院有协议，根据第1866条生效的协议，涉及和批准患者对于住院服务或者该类诊断或者其他特殊服务，但是上述服务在门诊提供不了的；

（E）制定政策，该政策是发展一组专业人员的政策，该组织包括一个或多个医生以及一个或多个助理医生或实习护士，去管理第（1）项规定提供的服务；

（F）该机构中的医生、助理医生或实习护士应执行第（E）目以及诊所服务中的相关规定；

（G）直接提供日常诊断服务，包括按照卫生部部长规定的临床实验服务，以及在满足此编要求的机构中提出的对于额外诊断服务的办法；

（H）遵从州和联邦法律，该机构拥有至少管理诊所中患者的由卫生部部长认定的是用于急诊（见定义）情况下的药品或生物制品，并且该机构可以通过适当的程序或步骤对上述药品或生物制品进行存储、管理以及处方；

（I）根据卫生部部长的指示，有质量评估和性能提高项目以及对于临床复查具有合理的程序；

（J）该机构的实习护士、助理医生或是合格的助产士［第（gg）款所述］向患者提供不少于临床手术时间的50%的护理服务；提供给患者的护理服务不少于临床手术时间的50%；

（K）从患者健康的角度和在该诊所接受治疗的患者的安全的角度出发，该机构还要满足卫生部部长认为必需的其他要求。

根据此编，该项目只包括满足以下条件的机构：（i）该机构不在城市范围内，并且该区域内缺少急需的全科保健医生（数量由卫生部部长决定),以及在过去 4 年间①,已被国家首席行政主任指定和被卫生部部长认定为个人保健服务不足的地区,或已被卫生部部长:(Ⅰ)根据《公共健康服务法》第 330 条第(b)款第(3)项或者第 1302 条第(7)项指定为个人健康服务不足的地区,(Ⅱ)因缺乏主要医疗照护人力而被认为是《公共健康服务法》第 332 条第(a)款第(1)项第(A)目所述的专业健康护理短缺区域,(Ⅲ)根据《公共健康服务法》第 329 条第(a)款第(5)项的规定,被指定为高影响的区域,(Ⅳ)被指定为一个包括由卫生部部长决定的人口群体,其中包括根据《公共健康服务法》第 332 条第(a)款第(1)项第(B)目②的规定保健人力资源短缺的地区;(ⅱ)已提交给卫生部部长的协议中规定不向任何个人和他人收取医疗项目和服务费用,除了根据第 1833 条第(a)款及第(b)款中任何绝对免赔的数额和在这些方面的项目或服务(不超过按照惯例支付给该诊所的项目和服务的数额)上增加的共同保险金额;(ⅲ)聘请了执业助理医师或护士;以及(ⅳ)不是一个康复机构或主要不是为照顾和治疗精神疾病的机构。一个正在运作的,并且根据本编或第十九编的规定具有农村卫生诊所资格的,根据本编或第十九编的规定随后不满足第(ⅰ)节的规定的机构将会被纳入考虑范围,根据本编和第十九编之宗旨,根据卫生部部长在规定中的细节,如果该机构被认为在递送基础医疗照护服务方面是必需的,且在该区域内必须由该诊所提供该服务,则该机构仍可被认为满足了该条款中的要求。如果一个政府机构根据第 1864 条第(a)款规定,某一场所是农村卫生室且该机构作为诊所向卫生部部长申请批准,卫生部部长应在国家机构裁定或申请之日后不超过 60 日向该机构通知申请结果。

(3)"联邦合格护理中心服务"是指:

(A)第(1)项第(A)目到第(C)目规定的服务以及第(qq)款和第(vv)款规定的服务;

(B)根据《公共健康服务法》第 330 条③规定,预防中心须提供基层健康服务预防性措施;

---

① 《公法》第 110—355 期,第 7 条第(a)款,废除"3 年间"并且修改为"4 年间",自 2008 年 10 月 8 日开始生效。

② 参见第 2 卷《公法》第 78—410 期,第 329 条、第 330 条、第 332 条,以及第 1302 条第(7)项。

③ 参见第 2 卷《公法》第 78—410 期,第 330 条。

根据该宗旨，当联邦合格健康中心向一名门诊患者提供服务，且任何第（2）项第（B）目规定的相关的村卫生室或相关医生都被认为是分别与联邦合格健康中心签订合同的专业护理中心和该中心医生保持一致。

（4）"联邦合格护理中心"是指这样的实体：

（A）（ⅰ）根据《公共健康服务法》第 330 条接收拨款；或者（ⅱ）（Ⅰ）收到来自该项拨款的接受方的基金，以及（Ⅱ）满足《公共健康服务法》第 330 条对于接受拨款的要求。

（B）在符合《公共健康服务法》中对保健资源的推荐和服务管理的基础上，该实体是卫生部部长为了满足接收该项拨款的要求而决定设立的。

（C）根据第 B 部分的规定，在 1990 年 1 月 1 日，该实体被卫生部部长视为联邦综合基础保健中心。

（D）或者，该实体是一个门诊护理项目或护理机构，该机构根据印第安自治法律运营，或根据《印第安健康护理促进法》第五编①之规定通过当地印第安组织接受资金。

（5）（A）根据本编规定，"助理医生"和"实习护士"是指助理医生和实习护士遵从联邦法律（或者由联邦法律规定的管理机制）实行（在美国医生和护士要做的服务）相关服务，并且该类人员要满足卫生部部长规定的相关培训、教育及工作经验的要求（或者由此相联系的）。

（B）"临床护理专家"是指，根据本编规定：（ⅰ）是注册护士或是有资格参加该州的临床专业护理服务的个人；以及（ⅱ）具有官方认可的教育机构中临床护理学士学位的个人。

（6）"合作"是指一名执业护士和一名医生在行医的专业领域递送健康护理服务的过程，在该过程中，伴随医学指导和合理的监督作为双方共同遵守的规范或者遵守由联邦法律规定的其他机制。

（7）（A）根据第（2）项规定，农村卫生室聘用助理医师、实习护士、助产士或职业护士或者该诊所需要上述人员至少在诊所运营时间的50% 内提供服务，不管通过何种努力，如果该诊所认为其在之前的 90 天内无力雇用一名助理医师、实习护士、助产士或执业护士，该诊所要求免除其税收，则卫生部部长应该免除其一年期的税收。

---

① 参见第 2 卷《公法》第 94—437 期，第五编。

（B）如果对某一机构的税收免除在期满之后不足 6 个月，该机构仍要求继续免除，或者该机构还没有满足作为一个村卫生室的要求［包括第（2）项第一句第（J）目］，卫生部部长不应对上述机构进行免除。

（C）根据本项中所有的税收免除都应被执行，除非该免除要求是在收到之后 60 日之内被卫生部部长否决的。

具有职业资格的麻醉师服务

（bb）（1）"具有职业资格的麻醉师服务"是指具有职业资格的麻醉师［见第（2）项定义］提供的麻醉服务或相关服务，麻醉师依照政府授权实施相关服务。

（2）"具有职业资格的麻醉师服务"是指一名具有职业资格的麻醉师通过达到卫生部部长规定的教育、培训以及其他与麻醉服务相关和相关照护的要求而取得了政府规定的资格证书。在制定该标准时，卫生部部长使用了国际组织对麻醉师资格认证的标准。根据卫生部部长的要求，该属于还包括麻醉学者助理。

综合门诊康复设施服务

（cc）（1）"综合门诊康复设施服务"是指以下由医生或是其他有资格的专业人员根据医生设立和定期更新的计划提供给综合门诊康复场所患者的项目和服务：

（A）医生的服务；

（B）物理治疗、手术治疗、语言病理学服务以及呼吸治疗；

（C）假肢和矫形器，包括测试、装配，以及假肢和矫形器使用的培训；

（D）社会及心理服务；

（E）在注册专业护士的监督之下或由专业护士提供照护服务；

（F）根据相关规定的决定，不能自行购买或者管理的药物或生物制品；

（G）耐用医疗设备和供应；

（H）其他对于患者的康复所必要的以及通常由综合门诊康复机构所提供的项目和医疗服务；

但是，如果该服务或项目是提供给医院中的住院患者，根据第（b）款则不包括。在物理治疗、手术以及语言治疗当中，如果依据该计划提供了治疗项目或服务，并且其费用不是根据本编向相关医疗项目或服务进行支付的，则该医疗项目或服务将不会被要求其提供必须在一个独立的固定地点。

（2）"综合门诊康复机构"是指该机构：

（A）主要从事为门诊伤残以及病患提供（在医生的监督之下）诊断、治疗和康复性服务；

（B）至少提供以下综合性门诊康复服务：（ⅰ）医生的服务［由该机构中的全职或兼职医生提供，见第 1861 条第（r）款第（1）项］，（ⅱ）物理治疗，以及（ⅲ）社会和心理服务；

（C）保持患者的所有临床记录；

（D）有由专业团队制定的政策，包括一个或多个第（r）款第（1）项指定的医生去管理综合门诊康复服务，以及由第（B）目第（ⅰ）节指定的全职或是兼职的医生实行这些政策；

（E）要求每个患者必须得到医生的照护；

（F）在任一州的该机构；

（G）依据卫生部部长制定的规则，有行之有效的复查计划；

（H）有符合第（z）款所要求的一整套计划和预算；

（I）以卫生部部长指定的方式提供基础保证金并且数额不少于 5 万美元；

（J）满足卫生部部长认为是对个人的安全和健康有益的其他参与条件，该类机构向其提供医疗服务，包括关于该类个体在此机构的资格条件的限制，卫生部部长认为在健康和被这个机构提供服务的个人的安全是必要的同时，也应满足其他的参加条件，包括这些机构中的人员的合格条件。

善终服务、善终项目

（dd）（1）"善终服务"是指下列提供给身患绝症的人或是其他签订协议的人的项目和服务，这些项目和服务是由患者的主治医生和医疗主任定期检查和制订基于书面计划（为了向个人提供这种照护）的临终关怀计划项目提供或是由其他项目提供：

（A）由注册专业护士或是在其监督之下提供的护理服务；

（B）物理或是手术治疗，或是语音语言病理学服务；

（C）在医生指导下的医疗社会服务；

（D）（ⅰ）成功地完成了培训方案并由卫生部部长批准的家庭医疗

助手提供的服务，以及（ⅱ）家庭主妇服务；

（E）医疗供应（包括药物和生物制剂）和医疗设备的使用；

（F）医生的服务；

（G）满足卫生部部长认为适合提供照护服务的住院机构所提供的短期住院服务（包括临时护理以及止疼和急慢性病症的管理），但是这种临时护理只能是在间歇的、偶尔的和非常规提供的基础上连续提供不能超过5天；

（H）针对身患绝症的人的辅导服务（包括饮食辅导）和他健康状况的考察；

（I）计划规定的其他项目或服务以及在本编之中的另外的付款项目。

第（A）目和第（D）目所述的治疗和服务只会提供24小时，只有在危急情况（符合卫生部部长规定的条件）下才会被连续提供以及只有在家的身患绝症的患者才可以连续提供。

（2）"善终项目"是指公立的或是私人的机构：

（A）（ⅰ）主要致力于提供第（1）项规定的治疗和服务以及制定24小时可行的服务和为丧亲的家庭直接的辅导服务以及第1812条第（a）款第（5）项所述的服务；

（ⅱ）在门诊，短期住院期间，直接或者在机构的安排之下在患者家中提供该类护理和服务除了：（Ⅰ）机构必须经常直接提供第（A）目、第（C）目以及第（1）项第（H）目中的每一项服务，第（5）项中的规定除外，以及（Ⅱ）不由该机构或组织提供且不属于第（1）项所述的其他服务，不论该机构的位置或是所提供的服务，该机构或组织必须对患者所提供的服务进行专业化的管理；

（ⅲ）向卫生部部长提供第（1）项第（G）目所述在12个月之内患者确切的住院治疗的天数汇总，根据第1812条第（d）款就该机构或组织不超过在此期间的总天数20%之上的选举，并且该选举对于该类患者是有效的。

（B）拥有一个跨学科的人员小组：

（ⅰ）至少包括：（Ⅰ）一个医生［见第（r）款第（1）项的定义］，（Ⅱ）一个注册职业护士，以及（Ⅲ）一个社工；

以上人员受雇于机构或与机构签订合同，在第（Ⅰ）次节所述医生的情况下，通常还包括至少一名牧师或其他顾问；

（ⅱ）提供（或者监督提供）第（ⅰ）节所述的照护和服务；

（ⅲ）构建相关政策用于监管该类照护或服务的提供。

（C）保留所有患者的中央临床记录。

（D）向无力支付服务费用的患者提供不间断的临终关怀服务。

（E）（ⅰ）利用志愿者以符合卫生部部长要求的标准提供护理和服务，该标准必须保证一个可持续的努力水平去利用这些志愿者的服务；以及（ⅱ）对这些志愿者的服务以及通过志愿者而使费用节约、护理和服务的扩展都要有所记录。

（F）任一州的机构或组织，在该州内，或者适用于当地的法律提供这种性质的机构或组织的许可。

（G）满足卫生部部长认为对患者（由机构或组织为该患者提供护理和服务）的安全和健康利益来说是必不可少的其他要求。

（3）（A）如果患者医疗预期的平均寿命只有6个月或更少，则该患者被认为是"病危患者"。

（B）相对于患者来讲，"主治医师"是指，参与临终关怀计划的医生（或见习护士），当患者在接受临终关怀时，他们在决定患者的照护和向患者提供照护时，扮演着重要的角色。

（4）（A）为了临终关怀计划的认证，除临终关怀之外的服务的提供主体应该符合第（2）项的要求，这同样也是对其他类型服务提供者的要求。在可行的范围内，卫生部部长根据本条应该协调调查以提供服务主体的同步调查，该主体寻求成为临终关怀项目的提供者并且成为其他类型服务的提供者。

（B）任何临终关怀项目和其他类型服务的提供者，根据第1866条，应具有独立的供应商协议，并且基于临终关怀照护和提供其他项目和服务所产生的费用，根据本条，应提交独立的成本报告。

（5）（A）根据第（1）项第（A）目中关于护理服务的全部或部分描述，如果某一机构或组织出现下列情况，则卫生部部长应该豁免第（2）项第（A）目第（ⅱ）节第（Ⅰ）次节对该机构或组织的要求：（ⅰ）该机构所在区域为非城镇区域（见人口普查局的定义）；（ⅱ）该机构于1983年1月1日或之前已经开始运营；（ⅲ）该机构已经表现出非常真诚的努力（标准由卫生部部长决定）去雇用大量的护士直接提供照护服务。

（B）任何以这种形式并且包含卫生部部长需要的信息的这种特权以及任何在第（A）目或第（C）目中机构或组织需要的特权都应该被准许，除非该豁免要求是在收到后 60 日之内被卫生部部长拒绝。根据第（A）目或第（C）目对于相关豁免的批准不能妨碍其他给予任何后续请求的豁免。

（C）如果机构或组织符合下列情况，基于第（1）项第（B）目所述服务以及第（1）项（H）目的饮食咨询服务，卫生部部长可以豁免第（2）项第（A）目第（ⅰ）节和第（2）项第（A）目第（ⅱ）节对于该机构或组织的要求：（ⅰ）该机构所在区域为非城镇区域（见人口普查局的定义）；（ⅱ）不管如何努力，该机构一直无法招收到令卫生部部长满意的人员。

（D）在特殊、紧急或其他非常规的情况下，比如患者人数超出负荷的意外时期，疾病或其他事故造成的人员短缺，患者临终关怀项目的服务范围之外的临时旅行，按照第（2）款第（A）目第（ⅱ）节第（Ⅰ）次节，临终关怀程序可以通过服务的其他程序安排与另一临终关怀计划提供。

（E）临终关怀计划提供第（1）项第（A）目所述的服务，如果服务是由注册专业护士的高度专业化的服务以及非常规并且不经常提供以至于这些服务的直接提供不可行或是非常昂贵，则临终关怀计划不包含此类服务。

出院计划程序

（ee）（1）如果出院计划程序适用于医院向有权享有本编规定的津贴的人士提供的服务并且如果满足卫生部部长根据第（2）项的规定制定的指南和标准，则医院的出院计划程序被认为是充分的。

（2）为确保及时而平稳过渡到最佳类型的出院或者康复保健设施，卫生部部长应当为出院计划程序制定指南和标准。指南和标准应当包括下列内容：

（A）在住院期间的早期，医院必须确认，那些可能因缺乏足够的出院计划而出院遭受不利健康后果的患者。

（B）对于第（A）目规定的患者，医院必须对其提供出院评估，对于其他患者，医院须在患者、患者代理人或患者的医生的要求下开具出院评估。

（C）应当及时进行出院计划评估，以确保能在出院之前合理安排出院后的治疗并且避免在出院过程中出现不必要的延误。

（D）出院计划的评估应当包括对患者可能需要适当的出院后的服务安排的评估，上述服务包括临终关怀护理和出院后的延伸护理服务以及上述服务的可获得性，包括由参加了本编规定且服务于患者所居住的区域的项目的人士和组织提供的居家护理服务的可获得性，并且要求医院明确列出可获得的服务，以及就可能需要出院后的延伸护理服务的人士来说，由加入了本编规定且服务于患者所居住的区域的项目的服务机构提供的上述服务的可获得性。

（E）出院计划评估应包括医疗记录以作为建立合适的出院计划之用，并且评估的结果要与患者（或患者的代理人）商议。

（F）应患者医生的要求，医院必须为患者安排制订并初步实施出院计划。

（G）应当由注册的专业护士、社会工作者，或者其他具有适当资格的人士制定或者监督制订本项规定的任何出院计划评估或者出院计划。

（H）根据第1802条的规定，出院计划应当：（ⅰ）不指定或者以其他方式限制可以提供出院后的居家护理服务的合格供应者；以及（ⅱ）确定（按照卫生部部长规定的方式和形式）医院向相关人员或单位做出财政披露［见卫生部部长根据第1866条第（a）款第（1）项第（S）目做出的具体规定］，或在医院与该组织在医院有财政利益。

（3）就注册了"医疗保险＋选择"计划下的"医疗保险＋选择"组织且享有与上述组织签订合同的医院提供的住院服务的人士来说，其出院计划：

（A）根据第（2）项第（D）目，出院计划评估不要求包括通过未与组织签订合同的个人或组织的可获得的家庭健康服务的可获得性的信息；

（B）除第（H）目第（ⅰ）节的规定，根据计划，可以指定或限制出院后家庭健康服务或其他出院后服务。

额外门诊住院混合服务

（ff）（1）"额外门诊住院混合服务"是指由医生开具的第（2）项描述的项目和服务，并且该项目和服务是在个性化得到医生的监督之下根据第（3）项所述的项目提供的，由医生进行治疗和定期审查的书面计划（与参与上述项目的适格人员进行协商），上述计划详细说明医生的诊断、类别、金额、频次，以及计划规定应提供的项目和服务的持续期间和计划规定的治疗目标。

（2）本项规定的项目和服务是：

（A）由医生或者心理医生提供的个体或团体治疗（或者在一定程度上由州法授权的其他精神健康专业诊疗人士）；

（B）要求具有合格的职业诊疗师技能的职业治疗；

（C）社会工作者，经培训后的精神科护士以及其他培训后的与精神病患者共同工作的人员；

（D）用于治疗的目的药品和生物制品（不能自我管理，由法律法规进行规定）；

（E）不是主要为修养或者转移注意力的患者活动的治疗；

（F）家庭咨询（主要目的是为患者个体状况的治疗）；

（G）患者的培训和教育（在一定程度上进行与患者的护理和治疗密切相关的培训和教育活动）；

（H）诊断服务；

（I）卫生部部长提供的其他项目和服务（但是不包括餐饮和交通）；

以上服务对于患者的健康状况的诊断和积极治疗，对患者身体状况身体机能促进和维持并且防止复发和住院都是合理和必需的，并且上述服务的提供是根据服务的频率和持续时间相关的指导原则而提供的，正如卫生部部长所制定的规则所述的那样（基于可接受的医疗实践的形式和患者康复的合理预期）。对提高或维持患者的健康情况有合理的预期，为防止旧病复发或住院，并且决定依照与卫生部部长根据法律规定的服务期限和频次相关的指南提供，根据人士的健康状况进行的合理而必要的诊断以及积极的治疗。

（3）（A）本项所述的服务项目是指医院向门诊患者提供的项目或者社区精神健康中心［见第（B）目的定义］提供的项目，且这种服务是不超过24小时的日常护理的独特的有组织的高效的门诊服务。

（B）根据第（A）目的宗旨，"社区精神健康中心"是指下列组织：

（i）（I）提供《公共健康服务法》第1913条第（c）款第（1）项所述的精神健康服务，或者（Ⅱ）由州政府控制的被法律禁止的提供本条第（E）目规定的服务的组织来说，提供根据与已批准的组织或团体签订的合同规定的服务（由卫生部部长规定）；

（ⅱ）符合所在州对社区精神健康中心规定的可适用的营业执照或许可证的条件；

（ⅲ）符合一些额外情况，以使卫生部部长确保：（Ⅰ）经提供上述服务确保患者的健康和安全，（Ⅱ）有效和高效地提供上述服务，以及（Ⅲ）上述组织遵守《公共健康服务法》第1931条第（c）款第（1）项规定的标准。

持证助产士的服务

（gg）（1）"持证助产士的服务"是指由持证助产士［见第（2）项的定义］提供的服务并且该服务和服务的供给，作为助产士的一项服务，如果该服务是由医生提供或作为医生的一项伴随服务，则助产士根据州法（或者州法规定的州内行政法规机制）提供上述服务。

（2）"持证助产士"是指成功完成项目以及诊所实践经验的学习并且符合卫生部部长规定标准的临床经验，或者已通过卫生部部长认可的机构的认证的注册护士。

临床社会工作者、临床社会工作者的服务

（hh）（1）"临床社会工作者"是指：

（A）拥有社会工作专业的硕士或博士学位；

（B）在获得上述学位之后监督临床社工至少两年；

（C）（ⅰ）作为社会福利工作者，由进行服务的州颁发营业执照或许可证，或者（ⅱ）就那些不向社会工作者提供营业执照或许可证的州来说：（Ⅰ）作为社会福利工作者，在适当的情形下（由卫生部部长决定），在硕士水平的社会福利工作者的监督下完成至少2年或3000小时的硕士后学历应进行的诊所社会福利的监督实践工作，以及（Ⅱ）满足卫生部部长规定的其他标准。

（2）"临床社会工作者的服务"是指诊所社会福利工作者［见第（1）项的定义］根据实施服务的州法（或者由州法规定的监管机制）的授权为提供精神疾病的诊断和治疗服务［除了医院的住院服务以及除了专业护理机构（该机构需要提供参与这项服务的必要条件）提供的住院服务］，否则上述服务将被医生的服务所包含或者作为医生服务的附随服务。

合格心理医生的服务

（ii）"合格心理医生的服务"是指由诊所的心理医生（由卫生部部长定义）提供的上述服务以及心理医生依据合法授权实施州法（或者州法规定的州内行政法规机制）的规定所提供的心理医生服务的附随服务或供给，否则上述服务将被医生的服务所包含或者作为医生服务的附随服务。

乳腺影像

（jj）"乳腺影像"是指为及早发现乳腺癌对妇女实施的一种放射程序并且包含医生对该程序结果的说明。

可报销范围内的骨质疏松治疗药物

（kk）根据卫生部部长颁布的法规，如果出现下列情况，由家庭护理机构为绝经后骨质疏松症的患者提供的一种注射药物。"可报销范围内的骨质疏松治疗药物"是指由居家护理机构经批准为治疗绝经后更年期骨质疏松症人士，提供的一种血管注射药物，需符合卫生部部长制定的下列规章：

（1）患者的护理医生书面证明该患者因绝经后骨质疏松症而引起骨折，并且该患者不具备管上述药物的能力，或者从生理和心理方面不能够自我管理上述药物的使用；

（2）患者囿于家中［除接受第（m）款第（7）项制定的项目和服务之外］。

语言病理学服务、听力服务

（ll）（1）"语言病理学服务"是指由合格的语言病理学家在合法授权之下实施州法（或者州法规定的州内行政法规机制）的规定提供的说话、语言及相关功能的评估和复原服务，医生也可提供上述服务。

（2）①"对门诊提供的语言病理学服务"的定义参见第（p）款规定的"对门诊提供的精神治疗服务"的定义，下列情况除外：

（A）"语言病理学"应被"精神治疗"所替换；

（B）"语言病理学家"应被"精神诊疗师"所替换。

---

①　参见《公法》第110—275期，第143条第（a）款第（2）项，增加第（2）项的规定，适用于 **2009 年 1 月 1 日及之后提供的服务**。

(3)① "听力学服务"是指由合格的听力学家在授权之下实施州法(或者州法规定的州内行政法规机制)的规定提供的说话、语言及相关功能的评估和复原服务,医生的服务中也包含上述服务。

(4)② 在本款中:

(A)"合格的语言病理学家"是指在语言病理学领域获得硕士或博士学位的专家:(i)由该专家进行服务所在的州颁发的病理学家的营业执照;或者(ii)如果语言病理学家所在服务的州不提供营业执照,则该专家在获得了语言病理学或者相关领域的硕士或者博士学位之后,成功完成了350小时的受监督的诊所实习项目(或者在上述受监督的诊所经验的累积过程中),进行了不少于9个月的受监督的全职语言病理学服务,并且成功通过了卫生部部长批准的国家级语言病理学考试。

(B)"合格的听力学家"是指在听力学领域获得硕士或博士学位的人员:(i)由其所在服务的州颁发听力学家的营业执照;或者(ii)如果其所在的州不提供营业执照,在获得了听力学或相关领域的硕士或博士学历之后,成功完成了350个小时的受监督的诊所实习项目(或者在上述受监督的诊所经验的累积过程中),进行了不少于9个月的受监督的全职语言病理学服务,并且成功通过了卫生部部长批准的国家级语言病理学考试。

急诊医院、急诊医院的服务

(mm)(1)"急诊医院"是指由卫生部部长依据第1820条第(e)款规定认证通过的作为急诊医院的服务机构。

(2)"急诊医院患者的服务"是指由上述服务机构向急诊医院的住院患者提供的项目和服务,如果是医院向其住院患者提供的则是住院服务。

(3)"急诊医院的门诊服务"是指由上述服务机构向急诊医院的门诊患者提供的医疗或其他保健服务。

子宫颈抹片的筛查、盆腔的筛查

(nn)(1)"子宫颈抹片的筛查"是指如果患者在之前规定的2年内

---

① 参见《公法》第110—275期,第143条第(a)款第(1)项,将之前的第(2)项规定改为第(3)项规定,**自2009年1月1日开始适用。**

② 参见《公法》第110—275期,第143条第(a)款第(1)项,将之前的第(3)项规定改为第(4)项规定,**自2009年1月1日开始适用。**

或者就第（3）项规定的妇女来说在之前的 1 年内，未进行下列检查，为及早发现宫颈癌或阴道癌而对妇女实施的包含对脱落细胞检查的实验室诊断，并且该检查还包括医生对上述诊断结果的说明。

（2）"盆腔的筛查"是指如果所涉妇女在之前规定的 2 年内或者就第（3）项规定的妇女来说在之前的 1 年内，未进行下列检查：向妇女提供的盆腔检查并且包括诊所内的乳房检查。

（3）本项规定的妇女是指下列妇女：

（A）处于生育年龄期并且在之前的 3 年内接受过本款所述中的检查，并且检查结果显示其患有宫颈癌或阴道癌以及其他病变；

（B）或者，有极高的风险患上宫颈癌或阴道癌（根据卫生部部长确认的因素进行判断）。

前列腺癌的筛查

（oo）（1）"前列腺癌的筛查"是指为及早发现 50 岁以上男士并且在此之前未做过此项检查的，对其进行包含第（2）项规定任一（或者所有）程序的检查。

（2）本项规定的程序如下：

（A）直肠指检。

（B）前列腺特异性抗原血检。

（C）自 2002 年开始之后的几年里，基于在医疗实践技术和水平、可及性、效用、费用以及卫生部部长认为适当的其他的变化，为了及早发现前列腺癌，卫生部部长认为合适的上述其他程序。

大肠癌的筛查

（pp）（1）"大肠癌的筛查"是指为及早发现大肠癌，向患者提供的下列程序：

（A）粪便隐血筛查测试。

（B）软式乙状结肠镜筛查。

（C）结肠镜筛查。

（D）在上述频次和支付限制的范围内，只要卫生部部长认为合适的，与适合的组织进行协商的其他的检查或程序以及在本款规定下检查和程序的修改。

（2）"大肠癌高风险患者"是指因家族病史，癌症的前期病历或瘤状息肉的前兆，长期的消化疾病史（包括炎症性肠病、克隆氏病或者溃疡性结肠炎），有大肠癌的基因印记，或者其他易感染因素而倒追的具有较高风险患有大肠癌的患者①。

糖尿病患者的自理训练服务

（qq）（1）"糖尿病患者的自理训练服务"是指由满足第（2）项第（B）目规定的质量标准的个体或组织根据门诊的情况由持证的服务者［见第（2）项第（A）目的规定］向糖尿病患者提供的教育培训服务（根据卫生部部长认为适当的次数进行），但是只有管理糖尿病患者的健康状况的医生书面证明是为确保疗效或者向患者提供参与管理自身健康状况所必需的技能和知识，对糖尿病患者的健康状况的全面治疗计划而需要上述服务。

（2）在第（1）项中：

（A）"持证服务者"是指医生或者卫生部部长指派的其他个体或者组织额外提供糖尿病患者的自理培训服务，提供本编规定的可享有支付的项目或服务；

（B）医生，或者上述人士或者组织，满足本项规定的质量标准，如果医生或者人士或者组织，满足了卫生部部长规定的质量标准，除了被视为满足上述标准的医生或者人士或者组织，如果医生或者人士或者组织满足了由国家糖尿病咨询委员会最初规定的可适用的标准以及参加上述委员会制定的标准的组织其后进行的审查，或者由满足提供服务标准的糖尿病患者的代表组织认定的。

骨量测量

（rr）（1）"骨量测量"是指为了确认骨量或者发现骨质流失或者判断骨质量，经食品药品管理署批准向合格的个体进行的放射性或放射性同位素程序或其他治疗程序，并且包括医生这一治疗过程的结果的说明。

（2）根据本款的宗旨，"合格的主体"是指下列主体（与卫生部部长制定的规章相一致）：

（A）缺乏雌性激素并且面临骨质疏松症临床风险的主体；

（B）骨关节异常的主体；

（C）长期接受糖皮质类固醇治疗的主体；

---

① 关于公布钡灌肠检查的保险决定的最终期限的规定，参见第 2 卷《公法》第 105—133 期，第 4104 条第（a）款第（2）项。

（D）患有初级甲状旁腺机能亢进的主体；

（E）或者，受监督以评估已批准的骨质疏松症药物治疗的反应和效力的主体。

（3）根据本编，按照合格主体享受到骨量检测的好处的频率，卫生部部长应该制定相关标准。

宗教非医疗保健机构

（ss）（1）"宗教非医疗保健机构"是指该机构：

（A）是《1986年国内税收法》第501条第（c）款第（3）项①规定的并且免除该条第（a）款规定的税收。

（B）是根据所有可适用的联邦、州和地方法律以及规章进行合法经营。

（C）仅提供非医学的护理项目和服务，专门为选择仅仅通过宗教方式进行治疗以及所进行的医学治疗与其信仰的宗教不一致的患者提供。

（D）通过具有护理上述患者身体需求经验的非医学护理人士提供上述非医学项目和服务。

（E）24小时向住院患者提供上述非医学项目和服务。

（F）根据宗教信仰，不通过它的工作人员或其他方式为它的患者提供上述医疗项目和服务（包括任何医学筛查、检查、病情诊断、病状诊断、治疗，或者药物管理）。

（G）（ⅰ）不属于或者不存在所有者权益的共同拥有的医疗治疗或服务的提供者；（ⅱ）不是下列机构的分支机构：（Ⅰ）医疗或者服务的供应者，或者（Ⅱ）与上述医疗或者服务的供应者存在所有权利益关系的主体。

（H）就医审查计划：

（ⅰ）提供上述机构的准入审查，存续期限审查，重新订立限期审查和上述机构提供的项目和服务审查；

（ⅱ）要求机构内的合格委员会进行上述审查；上述委员会应当包括负责总体行政规划以及监督机构内护理人员的员工；

（ⅲ）提供包括会议、决定和上述委员会行动的记录；

（ⅳ）满足卫生部部长认为对制订一个有效的就医审查计划来说必不

---

① 参见第2卷《公法》第83—591期，第501条第（c）款第（3）项。

可少的其他条件。

（I）向卫生部部长提供其实施第 1821 条的规定时所需的信息，具体包括与护理质量以及确认的保险范围相关的信息。

（J）满足卫生部部长认为对于机构内患者的健康和安全利益来说必不可少的其他条件。

（2）在一定程度上，卫生部部长根据州、地区或者全国性代理机构或者协会提供的已满足或者超过第（1）项规定的任一或者所有条件的保证授予机构合格证书，卫生部部长可以视上述机构已满足条件或者满足了卫生部部长认为的条件。

（3）（A）（i）为执行第 1821 条和本款的规定，如果下列患者（或患者的法定代理人）因为宗教信仰的缘故反对医学治疗，卫生部部长不应当要求宗教非医疗保健机构内的任何患者进行医学筛查、检查、病情诊断、病状诊断，或者治疗或者接受其他任何医疗保健服务。

（ii）第（i）节的规定不应当被解释为：禁止卫生部部长要求第1821 条第（a）款第（2）项规定的与患者健康状况有关的信息，作为接受第 A 部分津贴和上述机构提供服务的条件。

（B）（i）为实施第 1821 条和本款的规定，只要下列医学监督、管理或者控制与该机构工作人员的宗教信仰相违背，卫生部部长不应当要求任何宗教非医疗保健机构或者它的工作人员进行任何医学监督、管理或者控制。

（ii）第（i）节不应当作为禁止卫生部部长在决定上述服务项目是否在第 A 部分的报销范围之内或存在欺诈行为而必须审查的范围之内，卫生部部长审查上述机构的收费服务和项目的理由。

（4）（A）根据第（1）项第（G）目第（i）节的宗旨，不应当考虑少于 5% 的所有权利息。

（B）根据第（1）项第（G）目第（ii）节的宗旨，下列不应视为创设的分支机构：

（i）宗教非医疗保健机构的无偿赔付主管、信托人、官员或者其他管理机构成员。

（ii）和与医疗或者服务的供应者有关（或者存在产权利息）的人士存在亲属关系的宗教非医疗保健机构的信托人、官员、雇员以及工作人员。

（ⅲ）作为向医疗和服务的提供者和宗教非医疗照护机构的供应商提供商品和服务的个体或组织。

（tt）（1）"出院后居家护理服务"是指：

（A）如果家庭护理服务是在出院日之后 14 天内开始，则向出院之前在医院住院连续 3 天的患者在出院之后提供居家护理服务；或者（B）如果家庭护理服务是在出院日之后 14 天内开始，则向在专业护理机构享受后续医疗照护服务的出院患者提供居家护理服务。

（2）就患者来说，"享有家庭保健的生病期间"是指下列连续时期：

（A）始于（不包括之前享有家庭保健的生病期间）（ⅰ）患者享有出院后的家庭保健服务的第一天，以及（ⅱ）该人士在享有第 A 部分规定的津贴的月份之内生病；

（B）结束于 60 个连续日的第一阶段的最后一天，根据第 1819 条第（a）款第（1）项或者第（y）款第（1）项的规定，自此之后该患者既不是医院或应急医院的住院患者，也不是第 1819 条第（a）款第（1）项或者第（y）款第（1）项中所述医疗机构的患者，也享受居家护理服务。

（uu）"青光眼的筛查"是指为及早发现青光眼，由验光师或眼科医生依据合法授权实施州法（或者州法规定的州内行政法规机制）的规定所提供或者进行监督的扩张性眼睛检查，包括眼压测量和直接检眼镜检查或者睫状体脱离的超声生物显微镜观察，否则上述服务将被医生的服务所掩盖或者作为专业医生服务的附随服务，如果所涉的上述主体在此前未进行过上述检查。

医学营养治疗服务、注册营养师或专业营养师

（vv）（1）"医学营养治疗服务"是指出于疾病管理的目的，由注册营养师或营养专业师［见第（2）项定义］根据医生推荐信［见第（r）款第（1）项定义］提供的营养诊断、治疗以及咨询服务。

（2）根据第（3）项的规定，"注册营养师或专业营养师"是指下列人士：

（A）完成了营养学或者饮食学项目的学术要求而获得美国区域认证的学院或者大学授予的学士学位或者更高学位，根据本款规定经卫生部部长认定的适当的国家级认证组织的认证；

（B）在注册营养师或专业营养学人士的监督之下完成了至少 900 个小时的受监督的营养学实践；

（C）（ⅰ）由实施服务所在的州颁发营养师或专业营养学人士的营业执照或者许可证，或者（ⅱ）就实施服务所在的州不颁发营养师或专业营养学人士的营业执照或者许可照的人士来说，满足卫生部部长规定的上述其他条件。

（3）在该款生效之日，第（2）项第（A）目和第（B）目的规定不适用于获得实施医学营养学疗法服务的州认证的营养学家或者营养专业师。

初始预防体检

（ww）（1）"初始预防体检"是指为促进健康和发现疾病，所进行的由体检（包括测量身高、体重、身体质量指数①，以及血压②），包括教育、咨询和推荐筛查以及第（2）项描述的其他预防性服务以及与患者③签订的协议中规定的寿命末期计划所构成的医生的服务，但是不包括临床实验室诊断。

（2）本项规定的筛查以及其他预防性服务包括以下各项：

（A）肺炎、流行性感冒、肝炎以及第（s）款第（10）项规定的管理。

（B）第（jj）款定义的乳腺癌筛查。

（C）第（nn）款定义的宫颈抹片筛查和盆腔筛查。

（D）第（oo）款定义的前列腺癌筛查。

（E）第（pp）款定义的直肠癌筛查。

（F）第（qq）款第（1）项定义的糖尿病患者自理培训服务。

（G）第（rr）款定义的骨量测量。

（H）第（uu）款定义的青光眼筛查。

（I）第（vv）款规定的医学营养疗法服务。

（J）第（xx）款第（1）项定义的心血管疾病的血项检测筛查。

（K）第（yy）款定义的糖尿病筛查。

---

① 参见第110—275期，第101条第（b）款第（1）项第（A）目第（ⅰ）节，插入"体重指数"，适用于自2009年1月1日及以后提供的服务。

② 参见第110—275期，第101条第（b）款第（1）项第（A）目第（ⅱ）节，废除"，以及心电图"，适用于自2009年1月1日及以后提供的服务。

③ 《公法》第110—275期，第101条第（b）款第（1）项第（A）目第（ⅲ）节，插入"以及根据与个人鉴定的协议制定的临终规划［见第（3）项］的定义"，适用于自2009年1月1日及以后提供的服务。

（L）① 第 1861 条第（bbb）款定义的主动脉瘤的超声波筛查。

（M）② 心电图。

（N）③ 其他预防服务［见第（ddd）款第（1）项的定义］。

（3）④ 根据第（1）项的宗旨，"寿命末期计划"是指出于下列原因的口头的或者书面信息：

（A）受伤或者疾病导致患者没有能力做出健康护理的决定，患者的预设医疗指示的能力；

（B）无论医生是否愿意遵循患者在预立指示中表达的意愿。

心血管疾病的血项检测筛查

（xx）（1）"心血管疾病的血项检测筛查"是指为及早发现心血管疾病（或者与患有心血管疾病的较高风险相关的异常）由所进行的下列血象检查：

（A）胆固醇的水平以及其他脂类或者甘油三酯的水平。

（B）其他与患有或者有较高风险患有（卫生部部长批准所有患者或者就一些人士来说，卫生部部长认定其有较高风险患有心血管疾病）的心血管疾病相关的征兆，包括无创检测的测试结果。除非美国预防服务特别小组推荐患者进行血液测试，否则卫生部部长不能对任何患者批准第（B）目的指示。

（2）卫生部部长应当与适当的组织进行协商之后就每种心血管疾病的血项检测筛查的频次制定标准，每两年一次的除外。

糖尿病筛查检测

（yy）（1）"糖尿病筛查检测"是指为及早发现糖尿病，向具有患糖尿病风险的人士［见第（2）项的定义］提供的测试，包括：

（A）评估空腹血糖；

---

① 参见第 109—171 期，第 5512 条第（b）款，增加第（L）目，适用于自 2007 年 1 月 1 日及以后提供的服务。

② 参见第 110—275 期，第 101 条第（b）款第（1）项第（B）目，增加第（M）目，适用于自 2009 年 1 月 1 日及以后提供的服务。

③ 参见第 110—275 期，第 101 条第（b）款第（1）项第（B）目，增加第（N）目，适用于自 2009 年 1 月 1 日及以后提供的服务。

④ 参见第 110—275 期，第 101 条第（b）款第（1）项第（C）目，增加第（3）项，适用于自 2009 年 1 月 1 日及以后提供的服务。

（B）上述其他测试，以及变更测试，卫生部部长经与适当的组织进行协商之后认为合适的。

（2）根据第（1）项的宗旨，"具有患糖尿病风险的人士"是指具有下列患糖尿病的风险因素之一的人士：

（A）高血压。

（B）血脂障碍。

（C）肥胖症，定义为体重指数超过或者等于 $30kg/m^2$。

（D）早期确诊为严重的空腹血糖受损。

（E）早期确诊为糖耐量低减。

（F）包括下列至少两个特征的风险因素：

（ⅰ）过重，定义为体重高于 $25kg/m^2$，但是少于 $30kg/m^2$。

（ⅱ）有家族糖尿病史。

（ⅲ）患有妊娠糖尿病史或者分娩的婴儿体重超过 9 磅。

（ⅳ）65 岁及以上。

（3）卫生部部长应当与适当的组织进行协商之后就糖尿病检测筛查的频次制定标准，上述频次不可能超过上述主体进行最近的糖尿病检测筛查之后的 12 个月内两次的除外。

丙种免疫球蛋白

（zz）"丙种免疫球蛋白"是指，如果医生认为在患者家中管理衍生物在医学上来看是合适的，用于在患者家中向原发性免疫缺陷的患者提供的一种经批准的汇集血浆衍生物，但是不包括与管理衍生物相关的项目或服务。

宗教非医疗保健机构的延续服务

（aaa）（1）"居家护理机构"也包括宗教非医疗保健机构〔见第（ss）款第（1）项的定义〕，但是仅就上述机构向患者在其家中提供的项目或服务来说，与那些不是宗教非医疗保健机构的居家护理机构向人士提供的项目或服务来说是同等的。

（2）（A）根据第（B）目的规定，就上述机构按照与第 1821 条相一致的规定在一定程度上或在一定条件、限制或者要求下（包括或代替其他适用的条件、限制和要求）应提供的服务来说，可以进行支付。

（B）不管本编的其他任何规定，根据第（A）目规定，出现下列情况，不进行支付：（ⅰ）在一年之内提供的上述支付超过 70 万美元；以及（ⅱ）自 2006 年 12 月 31 日之后。

主动脉瘤的超声波筛查

（bbb）"主动脉瘤的超声波筛查"是指：

（1）为尽早发现主动脉瘤提供的使用超声波（或者由卫生部部长具体规定的其他使用替代技术的同等准确性和成本的程序）的一种程序；

（2）包括医生对上述程序的结果的解释。

长期护理医院①

（ccc）"长期护理医院"是指：

（1）该医院主要致力于通过医生或在医生的监督之下向医疗保险的受益人（这些患者的复杂的病情需要长期护理医院提供长期住院和照护项目）提供住院服务。

（2）该医院的住院患者的平均住院长度（由卫生部部长规定）超过 25 天，或者满足第 1886 条第（d）款第（1）项第（B）目第（ⅳ）节第（Ⅱ）次节规定的条件。

（3）该医院要满足第（e）款规定的条件。

（4）满足下列设施标准：

（A）机构有患者审查程序（这一程序记录在患者的病历中），该程序主要包括：在进入或者允许进入长期护理医院之前筛查患者，满足进入长期护理医院标准的患者在入住的 48 小时之内进行身份验证，对患者住院获得长期护理医院的持续治疗进行日常评估，并且当患者不再满足上述持续住院标准时评估可行的出院计划；

（B）按照卫生部部长的规定，医院在患者经有组织的医疗团队治理期间应当有积极的医生互动，在每日的患者的康复检查过程中，医生要在现场进行指导治疗，可以通过电话咨询医生以及医生在一段稳定的时期内在患者身旁陪伴；

（C）机构有多学科治疗团队为每位患者提供个性化的治疗方案，这一团队要求医护人员，包括医生，都是跨学科的。

---

① 《公法》第 110—173 期，第 114 条第（a）款，增加第（ccc）款，2007 年 12 月 29 日生效。

宗教非医疗保健机构的延续服务①

（ddd）（1）"附加预防服务"是指非本编以其他方式规定的服务，这些服务可以鉴定医学状况或者健康风险，卫生部部长规定为：

（A）为预防或者及早发现疾病或者残障来说是合理且必需的；

（B）由美国预防服务特别工作小组推荐的 A 级或 B 级；

（C）适用于享受第 A 部分或第 B 部分覆盖的患者。

（2）参考新服务的保险，根据第（1）项的规定做出决定时，根据本编规定卫生部部长应当使用国家级保险决定的程序［见第 1869 条第（f）款第（1）项第（B）目的定义］。作为使用上述程序的一部分，卫生部部长可以就预期结果和上述服务费用之间的关系进行评估并且参考上述评估结果做出决定。

心脏病的康复项目、重症心脏病的康复项目②

（eee）（1）"心脏病的康复项目"是指一项提供第（3）项规定的项目和服务，即医生—监督项目［见第（2）项的定义］。

（2）本项规定的康复项目是指下列项目：

（A）本康复项目中的项目或者服务实施于：（ⅰ）医生的办公室；（ⅱ）以门诊为基础的医院；或者（ⅲ）卫生部部长认为其他适合的地点。

（B）能够立即获得医生的医疗咨询以及无论何时都能获得本项目规定的医疗急诊项目和服务，除此之外，就医院的上述项目提供的项目和服务来说，这样的可用性可以推定。

（C）个性化治疗应当提供书面计划，由医生每隔 30 天进行制定、审查以及签署，并且应当包括：（ⅰ）患者的诊断；（ⅱ）该计划所提供的项目和服务的种类、金额、频次和持续时间；以及（ⅲ）该计划为患者制定的康复目标。

（3）本项规定的项目和服务是：

（A）医生制定的锻炼；

---

① 《公法》第 110—275 期，第 101 条第（a）款第（1）项第（B）目，增加第（ddd）款，适用于自 2009 年 1 月 1 日及之后提供的服务。关于解释规则的规定，参见第 2 卷《公法》第 110—275 期，第 101 条第（a）款第（4）项。

② 《公法》第 110—275 期，第 144 条第（a）款第（1）项第（B）目，增加第（eee）款，2009 年 1 月 1 日生效。

（B）减轻心脏病的风险因素，包括教育、咨询和行为监督（上述教育、咨询和行为监督在一定程度上是与适合于患者的治疗密切相关的并且是针对患者的需要而设置的）；

（C）心理评估；

（D）结果评估；

（E）卫生部部长可以决定的其他项目和服务，但是这些项目和服务必须是：（ⅰ）对于诊断和积极治疗患者的健康状况来说是合理且必需的，（ⅱ）对提高或者维持患者的健康水平有合理的预期，以及（ⅲ）根据医学实践的可接受的范式和患者健康状况提升的合理预期，按照卫生部部长制定的与上述项目和服务的频次以及持续期间相关的指南提供上述服务。

（4）（A）"重症心脏病的康复项目"是指在同行评审给出的研究报告中，提供第（3）项所述的项目和服务一项在医生监督之下的项目，并且该项目能够达到：

（ⅰ）下列中的一个或者多个：（Ⅰ）对冠心病的进展产生积极影响；或者（Ⅱ）减少心脏搭桥手术的需要；或者（Ⅲ）减少皮冠状动脉介入治疗的需要。

（ⅱ）从患者在接受心脏病康复手术之前到接受服务之后，下列 5 项或更多指标有明显的减轻：下列 5 个或者更多的水平量在接受心脏病康复服务之前和接受心脏康复服务之后有可统计的减少：

（Ⅰ）低密度脂肪蛋白；

（Ⅱ）甘油三酯；

（Ⅲ）体重指数；

（Ⅳ）心脏收缩压；

（Ⅴ）心脏舒张压；

（Ⅵ）或者，缓和胆固醇、血压和糖尿病的需要。

（B）有资格享有重症心脏病的康复项目的人士，必须：

（ⅰ）在之前的 12 个月里患有急性心肌梗死；

（ⅱ）做过心脏搭桥手术；

（ⅲ）稳定性心绞痛；

（ⅳ）心脏瓣膜修复或更换；

（ⅴ）做过经皮腔内冠状动脉成型手术（PTCA）或心脏支架手术；

（ⅵ）或者，做过心脏或心肺移植。

（C）重症心脏病的康复项目应当按照 72 小时的阶段的方式提供［见第 1848 条第（b）款第（5）项的定义］，每天最多 6 个阶段，整个疗程持续 18 周。

（5）卫生部部长应当制定标准以确保在该州内由具有专业知识的医生来管理心脏病患者，并且该州还提供心脏病康复项目（或者重症心脏病康复项目，如果有的话）上述医生具有行医资格：

（A）对上述项目负责；

（B）经与适当的工作人员进行协商，参与项目中的患者康复的实质性指导。

肺病的康复项目①

（fff）（1）"肺病的康复项目"是指一项医生的监督项目［就本款规定的项目来说见第（eee）款第（2）项的定义］，提供第（2）项规定的项目和服务。

（2）本项规定的项目和服务是指：

（A）医生制定的锻炼；

（B）教育或培训（教育和培训在一定程度上与患者的治疗密切相关的，并且专门针对每个患者的个人需要而制定）；

（C）心理评估；

（D）结果评估；

（E）卫生部部长可以决定的其他项目和服务，但是该项目和服务必需是：（ⅰ）对于诊断和积极治疗患者的身体状况来说是合理且必需的，（ⅱ）对提高或者维持患者的健康情况和功能水平有合理的预期，以及（ⅲ）基于医疗实践中的可接受的形式和对提供患者身体状况的合理预期，该项目必须按照卫生部部长制定的有关项目和服务的频率和持续时间的规则进行提供。

（3）卫生部部长应当制定标准以确保在该州内有专门的医生来管理呼吸生理性疾病的患者，该医生具有行医资格，而且：

（A）对上述项目负责；

（B）经与适当的工作人员进行协商，参与项目中的患者康复的实质

---

① 《公法》第 110—275 期，第 144 条第（a）款第（1）项第（B）目，增加第（fff）款，2009 年 1 月 1 日生效。

性指导。

肾病的教育服务①

（ggg）（1）"肾病的教育服务"是指该教育服务：

（A）根据卫生部部长确认的公认的医疗指南，向患有Ⅵ级慢性肾病的要求透析或者肾脏移植的患者提供。

（B）根据控制患者肾脏状况的医生的推荐书，由合格主体提供［见第（2）项的定义］。

（C）该服务设计用于：

（ⅰ）就下列提供全面信息［与第（3）项制定的标准相一致］：（Ⅰ）治疗并发症，包括为了延缓透析需要，（Ⅱ）预防尿毒症并发症，以及（Ⅲ）肾更换手术（包括在家和在中心进行的血液透析和腹膜透析，也包括血管穿刺和移植）的每一个选择；

（ⅱ）确保患者有积极参与到疗法的选择中；

（ⅲ）调整以满足所涉人士的需要。

（2）（A）"合格主体"是指：

（ⅰ）其提供的服务可以提供第1848条规定的收费计划中享有支付的医生［见第1861条第（r）款第（1）项的定义］或者助理医生、执业护士，或者医疗护理专业人士［见第1861条第（aa）款第（5）项的定义］；

（ⅱ）农村地区的服务供应者［见第1886条第（d）款第（2）项第（D）目的定义］。

（B）上述术语不包括服务供应者［除了第（A）目第（ⅱ）节规定的服务供应者］或肾透析的服务机构。

（3）卫生部部长应当与第1881条第（c）款第（2）项所述的健康专家、健康教育者、专业组织、经认证的组织、肾病患者组织、透析服务机构、移植中心、网络组织以及其他专业人士咨询之后就第（1）项第（C）目第（ⅱ）节规定的应提供信息的内容制定标准，在可能的范围内，卫生部部长应当咨询前文中提到的没有收到来自药品或者生物制品制造商以及透析机构的工业基金、人或组织，除了透析服务机构。

---

① 《公法》第110—275 期，第152 条第（b）款第（1）项第（B）目，增加第（ggg）款，适用于自 2010 年 1 月 1 日及之后提供的服务。

（4）根据本编，任何患者所享受的肾病教育服务不得超过 6 次。

二次医保支付的例外情况①

第 1862 条 【《美国法典》第 42 编第 1395y 条】（a）不管本编其他条款的任何规定，不能用于支付第 A 部分或第 B 部分中所述的下列服务或项目产生的费用：

（1）（A）对于诊断或治疗疾病或伤患或者对于提高畸形身体的功能来说并非合理且非必需的，但是下一目规定的项目和服务除外；

（B）就第 1861 条第（s）款第（10）项规定的项目和服务来说，对于预防疾病来说是非合理且非必不可少的；

（C）就临终护理来说，对于缓和或者减轻不治之症来说非合理且非必不可少；

（D）就根据卫生部部长的同意提供的医疗保健项目和服务或者基于合同由医疗保险支付咨询委员会所进行的研究和实验，对于贯彻执行第 1886 条第（e）款第（6）项的宗旨来说是不合理且非必需的；

（E）就根据第 1142 条进行的研究来说，对于实施该条的宗旨来说非合理且非必不可少的；

（F）就乳腺摄影筛查来说，实施的比第 1834 条第（c）款第（2）项规定的还要频繁或者不是由第 1834 条第（c）款第（1）项第（B）目规定的服务机构进行检查的，就宫颈抹片筛查和盆腔筛查来说，实施的比第 1861 条第（nn）款规定的更加频繁的，对于青光眼筛查，其频率超过了第 1861 条第（uu）款中的规定；

（G）就前列腺癌筛查测试〔见第 1861 条第（oo）款的定义〕来说，实施的比该节规定的还要频繁的；

（H）就直肠癌筛查测试来说，实施的比第 1834 条第（d）款规定的还要频繁的；

（I）居家护理服务的频次和持续期间超过卫生部部长根据规章制定的规范性指南；

（J）就第 1847A 条第（c）款第（6）项第（C）目规定的药品或者

---

① 关于国家保险裁决名单的年度公布的规定，参见《公法》第 2 卷第 108—173 期，第 953 条第（b）款。

生物制品来说，根据第 B 部分的规定进行支付且根据第 1847B 条的规定，在竞争区域提供的上述药品或者生物制品来说，不是由本节规定的合同下的组织提供的；

（K）就初始预防性体检来说，超过①第 B 部分规定的人士最初保险期开始之日后的 1 年②实施的；

（L）就心血管疾病的血项检测筛查［见第 1861 条第（xx）款第（1）项的定义］来说，实施的比第 1861 条第（xx）款第（2）项的规定还要频繁的；

（M）就糖尿病检测筛查［见第 1861 条第（yy）款第（1）项的定义］来说，实施的比第 1861 条第（yy）款第（3）项规定的更加频繁的③；

（N）就主动脉瘤的超声波筛查来说实施的比第 1861 条第（s）款第（2）项第（AA）目规定的更加频繁的④；

（O）⑤就肾病的教育服务［见第 1861 条第（ggg）款第（1）项的定义］来说，提供的阶段超过了第（4）项规定的数目。

（2）就享有上述项目或者服务的患者来说没有支付的法律义务，并且其他人（因为上述主体享有预付项目或者其他项目的会员资格）也不具有提供或者支付上述费用的法律义务，联邦法定康复中心的服务除外。

（3）由联邦组织直接或间接进行支付（除了根据本法或者根据为上述组织的雇员设立的健康津贴或保险计划），除了第 1861 条第（aa）款第（1）项的农村地区的医疗保健服务，第 1861 条第（aa）款第（3）项的联邦法定健康中心服务，第 1880 条第（e）款的规定进行的支付的服

---

① 《公法》第 110—275 期，第 101 条第（b）款第（4）项，废除"不迟于"并且修改为"超过"，适用于自 2009 年 1 月 1 日及之后提供的服务。

② 《公法》第 110—275 期，第 101 条第（b）款第（3）项，废除"六个月"并且修改为"一年"，适用于自 2009 年 1 月 1 日及之后提供的服务。

③ 《公法》第 110—275 期，第 152 条第（b）款第（1）项（D）目第（ⅰ）节，废除"以及"，**2010 年 1 月 1 日生效**。

④ 《公法》第 110—275 期，第 152 条第（b）款第（1）项（D）目第（ⅱ）节，废除分号并且修改为"，以及"，**2010 年 1 月 1 日生效**。

⑤ 《公法》第 110—275 期，第 152 条第（b）款第（1）项（D）目第（ⅲ）节，增加（O）条，**2010 年 1 月 1 日生效**。

务，以及卫生部部长具体规定的其他情形。

（4）不在美国境内提供的［除了在第 1814 条第（f）款规定的情形下在美国之外的领域享有的住院服务，以及根据本编所规定条件、限制、要求，与住院服务相关的向患者提供的医生服务和急救服务，但是仅限于患者在享受住院服务期间］。

（5）作为战争结果的要求，或者在战争的过程中，发生在患者享有的本部分规定的现有保险的有效日期之后。

（6）是患者舒适服务项目的构成部分［除了就临终护理来说根据第（1）项第（C）目规定的其他方式］。

（7）常规体检所产生的费用，眼镜［除了第 1861 条第（s）款第（8）项规定的护目镜］或者为验光、配镜或者换镜进行的眼睛检查、实施的判断眼镜屈光度的程序（在眼镜检查的任何阶段），助听或者因此进行的检查，或者免疫法［除了第 1861 条第（s）款第（10）项允许的其他方式之外］以及第（1）项第（B）目、第（F）目、第（G）目、第（H）目或第（K）目的规定。

（8）矫正鞋或者其他脚步辅助器材产生的费用，除了根据第 1861 条第（s）款第（12）项的规定提供的其他鞋子。

（9）监护费用［就临终护理来说，除了第（1）项第（C）目规定的其他方式］。

（10）整容手术或者与之相关的服务产生的费用，除了意外伤害的急救需要和身体部分畸形的功能恢复。

（11）上述费用包括上述患者的直系亲属或者家庭成员所构成的费用。

（12）牙齿的护理、治疗、补充、拔除或牙齿替换以及直接辅助牙齿的装置产生的费用，由于患者所享受的医疗条件和临床水平或者由于其牙齿疾病的严重程度，如果患者要求与提供此类服务相联系的住院医疗服务，不包括第 A 部分中与牙齿服务相关的住院服务所产生的费用。

（13）下列情形产生的费用：

（A）治疗扁平足以及因此开出的辅助装置；

（B）治疗足部半脱位；

（C）或者，常规足部护理（包括切除鸡眼和硬结、修剪趾甲，以及其他常规卫生保健)。

(14) 是医生服务 (见为本项的宗旨专门制定的定义),第 1861 条第 (s) 款第 (2) 项第 (K) 目规定的服务,持证助产士的服务,合格的心理医生的服务,持证的登记的麻醉护理师的服务,以及由非医院或者应急医院向医院或者应急医院的人士提供的服务以外的服务,除非上述组织根据医院或者应急医院的安排提供的服务。

(15) (A) 白内障手术中的外科助理 (包括随后植入的人工晶体) 的服务,除非基于一个复杂的医疗装置,在手术实施之前,第 1842 条中的适当利用和质量控制同行评审组织 (见第十一编第 B 部分的规定) 或载体就已经批准在手术过程中使用外科助理①;

(B) 或者,适用第 1848 条第 (i) 款第 (2) 项第 (B) 目规定的外科助理的服务。

(16) 根据《1997 年安乐死资助限制法》的规定,就该基金来说,不能用于上述项目和服务。

(17) 由组织在竞争性购买区域 [根据第 1847 条第 (a) 款的规定由卫生部部长制定] 提供的服务或者项目产生的费用,上述组织除了为了能够在上述区域提供上述项目或者服务根据第 1847 条第 (b) 款的规定与卫生部部长签订协议的组织之外,除非卫生部部长发现因紧急需要的情形产生的费用,或者其他卫生部部长具体规定的情形。

(18) 第 1888 条第 (e) 款第 (2) 项第 (A) 目第 (i) 节规定的由除熟练护理的服务机构之外的组织提供的,在保险覆盖范围之内的专业护理机构的服务以及向居住在专业护理机构内的患者在享有被保险的出院后延续护理服务 [或者,享有第 1861 条第 (s) 款第 (2) 项第 (D) 目规定的服务,其提供给上述主体时可不考虑上述期限] 的期间内提供的服务,由除熟练护理的服务机构之外的组织提供的,除非该服务是由上述组织按照专业护理服务机构的安排 [见第 1861 条第 (w) 款第 (1) 项的定义] 进行提供的。

(19) 根据第 1802 条第 (b) 款规定的私人协议提供的项目或者服务。

(20) 就作为门诊职业治疗服务或者医生专业服务 [见第 1861 条第

---

① 关于视为批准的规定,参见第 2 卷《公法》第 99—514 期,第 1895 条第 (b) 款第 (16) 项第 (C) 目。

(s) 款第 (2) 项第 (A) 目的规定] 的附随而提供的门诊理疗服务①来说，未满足第 1861 条第 (p) 款第二句规定 [或者根据该句实施第 1861 条第 (g) 款②] 的标准和条件 (除了卫生部部长具体规定的任何登记要件之外)，上述标准和条件将适用于临床医生提供的上述医疗服务。

(21) 居家护理服务产生的费用 [包括第 1861 条第 (m) 款第 (5) 项规定的医疗设备，但是不包括在一定程度上根据该节提供的耐用性医疗设备]，上述居家护理服务提供给享有居家护理机构的医疗计划的人士，如果上述机构没有就上述服务的费用提起请求的话③。

(22) 根据第 (h) 款的规定，请求应当以卫生部部长规定的电子形式之外的其他形式进行提交④。

(23)⑤ 就由供应商 [见第 1861 条第 (d) 款的定义] 提供第 1834 条第 (e) 款第 (1) 项第 (B) 目规定的高级影像诊断服务的技术组成部分来说，根据第 1848 条第 (b) 款规定的收费计划进行支付，如果上述供应商未经过第 1834 条第 (e) 款第 (2) 项第 (B) 目规定的卫生部部长指派的认证组织的认证的话⑥。

(24)⑦ 或者，就肾透析服务 [见第 1881 条第 (b) 款第 (14) 项第 (B) 目的定义] 产生的费用来说，按照该条的规定进行支付，除非根据该条向服务的供货商或者肾透析服务机构就上述服务进行支付。

---

① 《公法》第 110—275 期，第 143 条第 (b) 款第 (7) 项第 (A) 目，废除 "门诊患者疗法服务或者门诊物理疗法服务" 修改为 "门诊物理疗法服务、门诊语言病理学服务或者门诊职业疗法服务"，适用于自 2009 年 1 月 1 日及以后提供的服务。

② 《公法》第 110—275 期，第 143 条第 (b) 款第 (7) 项第 (B) 目，废除 "第 1861 条第 (g) 款" 修改为 "第 1861 条第 (g) 款或者第 (ll) 款第 (2) 项"，适用于自 2009 年 1 月 1 日及以后提供的服务。

③ 《公法》第 110—275 期，第 135 条第 (a) 款第 (2) 项第 (A) 目第 (i) 节，废除 "或者"，自 2012 年 1 月 1 日及以后开始适用。

④ 《公法》第 110—275 期，第 135 条第 (a) 款第 (2) 项第 (A) 目第 (ii) 节，废除期限并且插入 "；或者 *"。

⑤ 《公法》第 110—275 期，第 135 条第 (a) 款第 (2) 项第 (A) 目第 (iii) 节，增加第 (23) 项，适用于 2012 年 1 月 1 日及以后提供的预诊影像服务。

⑥ 《公法》第 110—275 期，第 135 条第 (a) 款第 (2) 项第 (B) 目，废除期限并且插入 "；或者"。

⑦ 《公法》第 110—275 期，第 135 条第 (a) 款第 (2) 项第 (C) 目，增加第 (24) 项，2008 年 7 月 15 日生效。

第 (7) 项的规定不适用于第 1861 条第 (aa) 款第 (3) 项第 (B) 目规定的联邦法定健康中心服务。在做全国性保险 [见第 1869 条第 (f) 款第 (1) 项第 (B) 目的定义] 的决定时，卫生部部长应当遵循分款 (1) 的规定确保公众在卫生部部长的决定执行之前获得对决定进行评论的通知和机会；与咨询委员会就决定进行的会议应当记录；在做决定时，卫生部部长应当就决定的主要事项考虑可适用的信息（包括医疗经验和医学上、技术上，以及科学上的证据）；并且在该决定中，就决定的依据（包括对已收到的公众评论的回应）提供清晰的说明、依据的假设，以及公众可以获得做出决定过程中考虑的数据（除私人数据之外）。

(b) 作为二次付款人的医疗保险。

(1) 团体健康计划的条件。

(A) 老龄工作团体健康计划。

(ⅰ) 总则。团体健康计划：（Ⅰ）可以不考虑凭借个人目前的就业状况和雇主所享受的第 226 条第 (a) 款规定的津贴而被保险的人士；以及（Ⅱ）应当提供给 65 岁或者更老的人士（以及任何人士的 65 岁或者更老的配偶），由于该人士的现时雇佣地位，其雇主在同等条件下有权享有与 65 岁的上述人士（或者配偶）相同的计划下津贴。

(ⅱ) 小雇主团体健康计划的除外条款。第 (ⅰ) 节不适用于团体健康计划，除非该计划是由于在当前年份或之前年份的每 20 个或者更多日历周内的每个工作日有 20 个或者更多雇员的雇主的计划，或者由上述雇主进行赞助的计划。

(ⅲ) 综合雇主养老基金计划或者多雇主养老基金计划的例外情形。第 (ⅰ) 节的规定同样不适用于注册了综合雇主养老基金计划或者多雇主养老基金计划的个人，如果该个人由于现时雇佣地位享有计划下的保险，其雇主在当年的日历年或者之前日历年的每 20 个或者更多日历周内的每个工作日没有 20 个或者更多的当前享有雇用地位的个人；除了本节规定的例外情形应当仅适用于如果计划选择本款规定的处理。

(ⅳ) 患有晚期肾病的个人的例外情形。如果在该月内，患者享有（不考虑第 226 条的授权）或按照程序享有第 226A 条所述的津贴，则第 (C) 目的规定应当代替第 (ⅰ) 节用于 1 个月内向该个人提供的项目或者服务。

(ⅴ) 团体健康计划的定义。在本子节中，以及第 (C) 目中，"团体健康计划"的含义与《1986 年国内税收法》第 5000 条第（b）款第（1）项①给出的上述术语的含义一致，不考虑该法第 5000 条第（d）款的规定。

（B）**大团体健康计划中的残疾人士**。

（ⅰ）**总则**。大团体健康计划［见第（ⅲ）节中的定义］可以不考虑根据计划因其现时的雇用地位而享受的第 226 条第（b）款规定的津贴。

（ⅱ）**患有晚期肾病人士的例外情形**。如果在该月内，患者享有或者按照程序享有第 226A 条中所述的津贴，则第（C）目的规定应当代替第（ⅰ）节适用于一个月内向人士提供的项目或者服务。

（ⅲ）**大团体健康计划的定义**。在本目中，"大团体健康计划"的含义与《1986 年国内税收法》第 5000 条第（b）款第（2）项给出的上述术语的含义一致，不考虑该法第 5000 条第（d）款的规定。

（C）**患有晚期肾病的人士**。团体健康计划［见第（A）目第（ⅴ）节的定义］：

（ⅰ）可以不考虑在 12 个月内根据第 226A 条的规定享有该条规定的津贴的人士，上述 12 个月的期限始于该人士享有第 226A 条规定的第 A 部分的津贴的第一个月，或者如果更早的话，想要获得第 226A 条规定的第 A 部分的津贴的上述人士提交申请津贴的第一个月；

（ⅱ）可以不在患有晚期肾病的人士和以患有晚期肾病，需要肾透析，或者其他方式为基础享有上述计划中的保险的其他人士之间区分津贴，当患者在第（ⅰ）节规定的 12 个月的期限之后享有第 226A 条规定的津贴时，除第（ⅱ）节不应禁止计划支付辅助津贴。对 1991 年 2 月 1 日或者之后以及《1997 年平衡预算法》②（于 1990 年 2 月 1 日或者之后开始的时期内）生效之前提供的项目或服务生效，就本编中"12 个月"出现的每个地方都应当用"18 个月"代替。《1997 年平衡预算法》生效之日或者之后提供的项目或者服务生效（就在上述日期之前的 18 个月或者之后开始的时期内），就第（ⅰ）节和第（ⅱ）节中出现的"12 个月"的每一个地方都应当用"30 个月"代替。

---

① 参见第 2 卷《公法》第 83—591 期，第 5000 条。

② 1997 年 8 月 5 日（第 105—133 期；《美国联邦法律大全》第 111 编第 329 条）。

（D）**宗教团体中某些成员的治疗**。在本款中，个人不应当被视为被雇用，或者成为一个雇员，就进行服务的宗教团体中的成员来说，只有《1986 年国内税收法》第 3121 条第（r）款规定的由宗教团体进行的选举才能视为雇用。

（E）**一般规定**。根据本款的宗旨：

（ⅰ）**总则**。

（Ⅰ）所有按照《1986 年国内税收法》第 52 条第（a）款或第（b）款规定的个体雇主应当视为个体雇主。

（Ⅱ）分支服务机构［见第 414 条第（m）款的定义］中的所有雇员应当被视为由一个雇主雇佣的。

（Ⅲ）租赁雇员［见第 414 条第（n）款第（2）项的定义］应当被视为提供服务的人员，在一定程度上遵守第 414 条第（n）款的规定。

根据本款适用于《1986 年国内税收法》的规定，卫生部部长应当就上述条款参照财政部部长的行政规定以及决定。

（ⅱ）**现时雇佣地位的定义**。如果该个体是一名雇员，那么"现时雇佣地位"的雇员是雇主的雇员，或者与雇主有商业关系。

（ⅲ）**作为雇主的自雇人**。"雇主"包括自我雇佣人员。

（F）**受益人责任的限制**。有权享有本编规定的津贴并且其所享受到的项目和服务不是按照本项中所规定的对这些津贴进行赔付除非上述津贴已经实际支付给该个人了。

（2）**医疗保险的次级支付人**。

（A）**总则**。除按照第（B）目的规定之外，在下列情况下，就任何项目或服务来说，不应当进行本编规定的支付：

（ⅰ）根据第（1）项所要求的项目和服务来说，可以进行支付，或者能够合理预期支付；

（ⅱ）或者，根据美国或州的《工人补偿法》，机动车或责任险政策或计划（包括自我保险计划），或者无责任保险进行支付或者能够进行合理预期支付。

在本款中，"初级计划"是指团体健康计划或者大团体健康计划，在一定程度上适用于第（ⅰ）节的规定，以及《工人补偿法》或者计划，机动车或者责任保险政策或者计划（包括自我保险计划）或者无责任保险，在一定程度上适用于第（ii）节的规定。从事商业、贸易，或者专门行业的组织应当被视为由自我保险计划，如果它承担自己全部或者部分的风险（无论是未获得保险，或者是其他情况）的话。

（B）**有条件的支付。**

（i）**授权进行有条件的支付。** 如果第（A）目第（ii）节规定的初级计划没有就上述项目或者服务及时（按照与规章一致的规定）进行支付或者进行合理预期支付，卫生部部长可以按照项目和服务，根据本编进行支付。根据本款后面的规定，卫生部部长进行的上述任何支付都应当视为有条件地偿还相应的信托基金。

（ii）**偿还条件。** 一个初级计划，并且一个接受了初级计划的支付的组织，如果证明上述初级计划现在或者曾经有义务支付上述项目或服务，应当就卫生部部长根据本条为项目或者服务做出的任何支付退还相应的信托基金。初级计划的上述支付义务应当由谈判进行证明。对上述项目或者服务的有条件支付应当根据接受者的妥协、豁免，或者免除（无论是否有决定或者承认了责任），包括针对初级计划或者初级计划的投保人提起的诉讼，或者以其他方式。如果在 60 日（60 日期限始于通知初级计划有上述支付义务的相关信息之日或者其他信息传达之日）的截止日期之前没有退还相应的信托基金的，卫生部部长可以就退还金额收取利息（自通知或者其他信息传达之日起）直至退还为止（利率应当由卫生部部长根据财政部部长的行政规章规定的进行决定）。

（iii）**美国政府提起诉讼。** 为收取根据本编应当向项目或者服务做出的支付，美国政府可以对任一或者所有现在或者过去符合要求的或者有责任的组织（直接的，作为保险公司或者自保公司、第三方管理人，或者作为团体健康计划的负责人或者赞助人的雇主，或者大团体健康计划，或者其他）提起诉讼，要求其就初级计划项下的同等项目或者服务做出支付。美国政府可以根据第（3）项第（A）目的规定向上述任何组织收取双倍赔偿。此外，美国政府可以根据本节请求任何接受了初级计划支付的组织或者初级计划支付给任何组织的实收款项的赔偿。在下列情况下，美国政府根据本节不可以请求第三方管理人做出赔偿：第三方管理人不能偿还与雇主或者团体健康计划之间存在争议的金额，或者在美国政府发起偿还之诉的时候根据与雇主或者团体健康计划的协议还未被雇用，或者仅为雇主或者计划就偿还能力或者破产相关事项提供管理服务的。

（ⅳ）**代位求偿权**。美国政府可以根据本编代位（根据本编的规定在一定程度上就上述项目或者服务做出支付）任何就初级计划项下的上述项目或者服务做出支付的个人或者组织行使求偿权。

（ⅴ）**豁免权**。卫生部部长可以就个体诉讼取消本目规定的适用（全部或部分）如果卫生部部长认为豁免符合本编建立项目的最佳利益。

（ⅵ）**起诉期间**。不管雇主团体健康计划中存在的提起诉讼的任何时限性规定，美国政府可以根据本目的规定设法取得有条件支付的赔偿，在提供上述项目或者服务之日起的 3 年之内，向根据本款的规定对初级计划的项目或者服务（或者其任何部分）具有责任的组织提交支付请求。

（C）**调查问卷的处理**。根据第（A）目的规定，卫生部部长不可以不进行支付仅根据该个人没有完成与初级计划相关的调查问卷。

（3）**执行**。

（A）**私人诉由**。就根据第（1）项和第（2）项第（A）目的规定没有提供初次赔偿（或者相应退还）来说，对上述损害（除另有规定外应当双倍赔偿）建立私人诉由。

（B）**非一致性团体健康计划的特许权税的参照规则**。就非一致性团体健康计划的特许权税的强制性适用规定，参见《1986 年国内税收法》第 5000 条①。

（C）**经济性原因未注册团体健康计划或者大团体健康计划的禁止性规定**。任何雇主或组织向享有本编规定的津贴的个人提供金钱的或者其他激励让其不去注册（或者注销）团体健康计划或者大团体健康计划都是不合法的，上述计划（就上述注册来说）将成为初级计划［见第（2）项第（A）目的定义］。任何组织一旦违反了前款的规定将对其每一次的违法行为承担不超过 5000 美元的民事罚金。第 1128A 条的规定［除了第（a）款和第（b）款的规定之外］应当适用于前句规定的民事罚金并且上述条款以同样的方式适用于第 1128A 条第（a）款规定的处罚或者诉讼。

（4）**津贴的协调**。初级计划就项目或者服务的支付少于上述项目或

---

① 参见第 2 卷《公法》第 83—591 期，第 5000 条。

者服务应收取的金额或者没有全额支付的，上述费用的剩余部分可以根据本编的规定进行支付（不考虑本编规定的年度初付费和自付百分比），但是：

（A）如果第（2）款第（A）目的规定不适用于支付规则，本编规定的支付不应当超过上述项目或者服务根据本编的规定应当支付的金额。

（B）当与初级计划规定的应支付金额合并时，本编规定的支付，不可以超过：

（ⅰ）就本编决定的以合理费用（或者其他与费用相关的基础）或者第1886条的规定为基础的项目或者服务，本编规定的应支付的金额以上述规定为基础；

（ⅱ）根据本编授权进行支付的项目或者服务在其他基础上：（Ⅰ）应当根据初级计划规定的应支付的金额（不考虑上述计划规定的年度初付费和自付百分比），或者（Ⅱ）合理的费用或者其他根据本编规定应支付的费用（不考虑本编规定的年度初付费和自付百分比），数额可能更大。

（5）**次级支付人条件的确认。**

（A）**要求匹配信息。**

（ⅰ）**社保委员会**。社保委员会应当不少于一年一次，向财政部部长提交名单和医疗保险受益人的 TINs［参见《1986年国内税收法》第6103条第（1）款第（12）项①的定义］并且要求财政政部长向社保委员会披露该条第（A）目规定的信息。

（ⅱ）**管理人**。医疗保险以及医疗救助服务中心的管理人应当要求，不少于一年一次，社保部门的委员向管理人披露《1986年国内税收法》第6103条第（1）项和第（12）项第（B）目规定的信息。

（B）**向金融中介机构或者组织披露信息**。根据本编除向金融中介机构或者组织提交的上述信息之外，管理人应当向上述金融中介机构或者组织（或者卫生部部长指定的单独的金融中介机构或组织）披露为实施本款的目的根据第（A）目的规定获取的信息。

（C）**联系雇主。**

---

① 参见第2卷《公法》第83—591期，第6103条第（1）项和第（12）项。

（ⅰ）**总则**。就由合格的雇主［见下述法律，第 6103 条第（1）款第（12）项第（E）目第（ⅲ）节①的定义］根据《1986 年国内税收法》第 6051 条②的规定提供书面说明的个人来说，根据第（B）目第（ⅰ）节的规定应当对其做出信息披露的金融中介机构或者组织应当联系雇主以便判断在何时期内雇员或者雇员的配偶可能获得（或者已经获得）雇主的团体健康计划的保险以及计划规定的保险性质（包括姓名、地址以及计划的验证码）。

（ⅱ）**雇主回应**。自收到询问的 30 天内，雇主应当通知金融中介机构或者组织对上述询问的回复以便其做出第（ⅰ）节规定的判断。蓄意或者多次不及时精确地提供前款规定的信息的雇主（除了联邦或其他政府组织之外）应当就每人每次的答复承担不超过 1000 美元的民事罚金。第 1128A 条的规定［除了第（a）款和第（b）款的规定之外］应当适用于前款规定的民事罚金并且上述条款以同样的方式适用于第 1128A 条第（a）款规定的处罚或者诉讼。

（D）**自受益人处获得信息**。在个人申请第 A 部分规定的津贴或者申请注册第 B 部分之前，管理人应当向该人士邮寄一份调查问卷以获取该个人是否享有初级计划以及该计划下提供的保险性质的信息，包括姓名、地址以及计划的验证码。

（6）**供应者条件筛查**。

（A）**总则**。不管本编的其他款项的任何规定，不应当对第 B 部分规定的任何项目或者服务进行支付除非提供上述项目或者服务的组织完成了（上述信息均属事实并且以从享有项目或者服务的个人处获取的信息为基础）与其他健康津贴计划的可获得性相关的索赔部分。

（B）**处罚**。明知蓄意并且多次不完成第（A）目规定的索赔形式或者提供与其他健康津贴计划的可获得性相关的上述子节规定的索赔形式的不准确信息的组织应当就上述每一次情形承担不超过 2000 美元的民事罚金。第 1128A 条的规定［除了第（a）款和第（b）款的规定之外］应当适用于前款规定的民事罚金并且上述条款以同样的方式适用于第 1128A 条第（a）款规定的处罚或者诉讼。

---

① 参见第 2 卷《公法》第 83—591 期，第 6103 条第（1）款第（12）项。

② 参见第 2 卷《公法》第 83—591 期，第 6051 条。

（7）① **团体健康计划按规定应提交的信息。**

（A）要求。 自本节规定生效之日起 1 年后的第一日开始的第一个日历季的第一天或者之后，作为保险公司或者团体健康计划的第三方管理人的组织，见第（1）项第（A）目第（ⅴ）节的定义，以及，就自保或者自理的团体健康计划来说，计划管理人或者财产受托人，应当：（ⅰ）保证从计划的负责人以及计划的参与者处获得卫生部部长为确认团体健康计划处于何种情况或者本编规定的项目是否为初级计划应当规定的上述信息；以及（ⅱ）按照卫生部部长具体规定的形式和方式（包括频次）向卫生部部长提交上述信息。

（B）执行。

（ⅰ）**总则。** 组织、计划管理人或者第（A）目规定的财产受托人，没有遵守本目的要求，每一个主体根据本目的规定应当提交信息的一天没有遵守的，每人每天应当承担 1000 美元的民事罚金。第 1128A 条第（e）款和第（k）款的规定应当适用于前款规定的民事罚金并且上述条款以同样的方式适用于第 1128A 条第（a）款规定的处罚或者诉讼。本节规定的民事罚金应当作为法律规定的其他处罚的附加刑并且就个人来说作为本编规定的医疗保险次级支付人诉讼中的附加处罚。

（ⅱ）**收取金额的储蓄。** 根据第（ⅰ）节规定收取的任何金额都应当存入第 1817 条规定的联邦医院保险信托基金中。

（C）信息共享。 不管其他法律条款的任何规定，根据卫生部部长规定的术语和情形，卫生部部长：

（ⅰ）应当根据本节规定与组织、计划管理人，以及第（A）目规定的财产受托人共享第 A 部分权利以及注册了第 B 部分的信息；

（ⅱ）可以与不在前款规定范围之内的组织和个人共享第（ⅰ）节规定的权利信息以及注册信息；

（ⅲ）为实施适当的津贴协调所必需，可以根据本节的规定共享收集到的信息。

（D）执行。 不管其他法律条款的任何规定，卫生部部长可以通过项

---

① 《公法》第 110—173 期，第 111 条第（a）款，2007 年 12 月 29 日生效。关于解释规则的规定以及第 111 条第（c）款，关于实施第（7）项的规定，参见第 2 卷《公法》第 110—173 期，第 111 条第（b）款。

目说明或者以其他方式执行本款规定。

　　(8)① **由或者为了责任保险（包括自保）、无责任保险，以及《工人补偿法》和计划的利益按照要求提交信息。**

　　(A) **要求。** 自本项规定生效之日起 18 个月后的第一日开始的第一个日历季的第一天或者之后，可适用的计划应当：（ⅰ）判断原告（包括任何诉讼没有解决的个人）是否在何种基础下都享有本节规定的项目下的津贴；以及（ⅱ）如果该原告确认是享有权利的，按照卫生部部长规定的形式和方式（包括频次）向卫生部部长提交与该原告有关的第（B）目规定的信息。

　　(B) **需要的信息。** 本目规定的信息是：（ⅰ）根据第（A）目规定确认的原告的身份；以及（ⅱ）为能够使得卫生部部长做出利益协调包括可适用的赔偿诉讼的合理决定，卫生部部长规定的其他信息。

　　(C) **时限。** 在诉讼通过和解、判决、裁定或者其他支付解决之后（不考虑是否有决定或者承认了责任）。应当在卫生部部长具体规定的时间内提交第（A）目第（ⅱ）节规定的信息，

　　(D) **原告。** 根据第（A）目的宗旨，"原告"包括：（ⅰ）直接就可适用的计划提起诉讼的个人；以及（ⅱ）就可适用的计划保险或者承保的个人或者组织提起诉讼的个人。

　　(E) **执行。**

　　(ⅰ) **总则。** 不符合第（A）目的要求的适用性计划，就不遵守上述计划的原告，应当承担每人每天 1000 美元的民事罚金。第 1128A 条第（e）款和第（k）款的规定应当适用于前款规定的民事罚金并且上述条款以同样的方式适用于第 1128A 条第（a）款规定的处罚或者诉讼。本节规定的民事罚金应当作为法律规定的其他处罚的附加刑，并且就个人来说作为本编规定的医疗保险次级支付人诉讼中的附加处罚。

　　(ⅱ) **收取金额的储蓄。** 根据第（ⅰ）节规定收取的任何金额都应当存入第 1817 条规定的联邦医院保险信托基金中。

　　(F) **可适用的计划。** 在本项中，"可适用的计划"是指下列法律、计

---

　　① 《公法》第 110—173 期，第 111 条第（a）款，增加第（8）项，2007 年 12 月 29 日生效。关于解释规则的规定以及第 111 条第（c）款，关于实施第（7）项的规定，参见第 2 卷《公法》第 110—173 期，第 111 条第（b）款。

划或者其他安排，包括财产受托人或者管理人对上述法律、计划或者安排：

（ⅰ）责任保险（包括自保）。

（ⅱ）无过错保险。

（ⅲ）《工人补偿法》或者计划。

（G）**信息共享。**为适当协调相关利益所必需，卫生部部长可以根据本节的规定共享收集到的信息。

（H）**实施。**不管其他法律条款的任何规定，卫生部部长可以通过项目说明或者以其他方式实施本项规定。

（c）**根据第 B 部分的规定就下列产生的费用不应当进行支付。**

（1）药品：

（A）《1962 年药品法修正案》第 107 条第（c）款第（3）项①规定的；

（B）仅根据处方进行分配的；

（C）因为卫生部部长认定在其标签上规定，劝告或者建议的所有使用情况下将会减损药效，因此将要撤回对上述药品的申请批准，就该决定来说，应当按照《联邦食品、药品和化妆品法》第 505 条第（e）款②的规定发布提供听证计划的通知的；

（D）卫生部部长未确认就其医疗需要有强制性判决的。

（2）其他：

（A）与第（1）项规定的药品相同、相关或者类似的（根据《美国联邦法规》第 21 编第 3106 条③的规定进行确认）药品；

（B）卫生部部长未确认其具有令人信服的医疗需求的理由的药品；

直到卫生部部长撤回上述在议命令为止。

（d）根据第（a）款第（1）项第（A）目的宗旨，就根据第 1867 条的要求向享有本编津贴的个人提供的任何项目或服务来说，关于项目和服务是否合理且必不可少的判断应当在治疗医生或者开业医生订购或提供上述服务时（并且不是在患者的主要诊断时间内）在可获得信息（包括患者现在的症状和投诉）基础上做出。当做出与上述项目或者服务相关的

---

① 参见第 2 卷《公法》第 87—781 期，第 103 条第（c）款第（3）项。

② 参见第 2 卷《公法》第 75—171 期，第 505 条第（e）款。

③ 参见第 2 卷《公法》《美国联邦法律大全》第 21 编第 3106 条。

决定时，卫生部部长不应当考虑住院之前或者之后向患者所提供的项目或者服务的频次。

（e）（1）根据本编就下列人士提供的任何项目或者服务（除了急诊项目或者服务，不包括医院的急救室提供的项目或者服务）不应当进行支付：

（A）由个人或者组织在上述个人或者组织根据第1128条、第1128A条、第1156条或第1842条第（j）款第（2）项的规定被排除本条规定的项目之外时期；

（B）或者，根据医生的医学指示或者处方在该医生根据第1128条、第1128A条、第1156条或第1842条第（j）款第（2）项的规定被排除在本条规定的项目之外时期且该提供项目或者服务的个人已经知道或者已经被排除（向该人提供合理通知之后的合理期限后）。

（2）享有本编规定的津贴的资格主体，就根据第1128条、第1128A条、第1156条、第1160条（生效于1982年9月2日）、第1842条第（j）款第（2）项、第1862条第（d）款（自《1987年医疗保险和医疗辅助患者和项目保护法》①生效之日起生效），或者第1866条的规定被排除在本编规定的项目之外的个人或者组织提供的项目或者服务提起诉讼，且上述受益人不知道或者有理由知道上述个人或者组织已经被排除，然而，本编在一定程度上允许（不考虑上述排除条款）应当就上述服务或者项目进行支付。在每一条上述情况下，卫生部部长应当通知向受益人提供项目或者服务的被排除的个人或者组织。在卫生部部长通知了受益人上述个人或者组织已经被排除之后的合理时间（见卫生部部长在规章中的规定）之后，上述被排除的个人或者组织提供的项目或者服务不应当再对受益人进行支付。

（f）与第（a）款第（1）项第（A）目的规定一致，根据第A部分或第B部分的规定就居家护理服务产生的费用，卫生部部长应构建适用的就医指南以判断是否应进行支付，并且应当通过中介机构的选择性事后支付保险审查程序或者以其他方式来实施上述指南。

（g）在根据第（a）款第（1）项和第（9）项的规定做出决定时，为促进提供家庭服务的效率，有效性以及经济性，并且为促进根据本编应

---

① 1987年8月18日（第100—193期；《美国联邦法律大全》第101编第680条）。

当进行支付的服务的质量，卫生部部长应当根据该法第十一编第 B 部分的规定与就医和质量控制同行审查组织签订协议。

（h）（1）卫生部部长：

（A）就下列情形应当取消第（a）款第（22）项中的规定：（i）没有适用于以电子形式提交诉讼的可用的方法，或者（ii）提交诉讼的组织是小服务供应商或者供货商；

（B）在卫生部部长认为合适的非常规状况下，可以免除上述规定；

（2）或者，根据本款的宗旨，"小服务供应商或者供货商"是指：

（A）拥有少于 25 个全职员工的服务的供应商；

（B）或者，拥有少于 10 个员工的医生、开业医生、服务机构或供应商（除了服务供应商）。

（i）为了补助第 1886 条第（e）款规定的医疗保险支付咨询委员会进行的对新的和已经存在的医疗程序安全、效力和成本效益进行评估活动，卫生部部长可以实施、授权或者签订合约实施，第 1886 条第（e）款第（6）项第（E）目第（ii）节规定的原始研究和实验的种类，如果卫生部部长发现下列情形：

（1）上述程序经研究证明不具备充分的商业价值，并且由商业组织进行研究；

（2）与上述程序相关的研究或者实验并不是适合研究所、分支机构或者国家健康研究局进行的种类；

（3）上述程序在治疗过程中比起现在的使用情形来说更具潜在的成本有效性。

（j）（1）指派向卫生部部长就第（a）款第（1）项进行解释、适用或者实施的内容进行建议的任何咨询委员会应当确保在咨询委员会协商的时候无投票表决权的成员全部参与，并且向无投票表决权的成员提供咨询委员会内投票表决权成员能够获得的所有信息和数据，除了下列信息：

（A）根据《美国法典》第 5 编第 552 条第（a）款①的规定免于披露的，根据该条第（b）款第（4）项的规定（与商业秘密有关的）；

（B）或者，卫生部部长认为有上述无投票表决权成员之间的利益冲

---

① 参见《美国法典》第 5 编第 552 条。

突的。

（2）如果第（1）项中所述的咨询委员会根据咨询委员会考虑的项目或者服务的分类组织成立了专业小组，上述任何专家小组都可以就上述项目或者服务直接向卫生部部长提交建议报告，而不必事先通过咨询委员会或者咨询委员的执行委员的批准。

（k）（1）根据第（2）项的规定，向有权享有本编规定的服务的个人提供附加或者次级保险的团体健康计划［见第（a）款第（1）项第（A）目第（Ⅴ）节的定义］作为根据健康团体计划就上述津贴做出诉讼判决的条件，对于就第（a）款第（12）项所排除的牙科的患者，不得要求医疗保险索赔。

（2）在涉及或者似乎涉及住院患者的医院牙齿服务或者依照卫生部部长提起的诉讼，根据本编团体健康计划可以要求诉讼判决。

（1）**国家或者地方保险裁决程序**。

（1）**用于做出国家保险裁决的因素和证据**。卫生部部长应当向公众提供用于确认国家保险范围的因素，确认项目或者服务是否合理且必需。卫生部部长应当制定指引性文件以实施本项的规定并且以《联邦食品、药品和化妆品法》①［《美国法典》第21编第371条第（h）款］第701条第（h）款规定的制定指引性文件相类似的方式进行。

（2）**做出国家保险裁决的请求的决定的时间框架**。就国家保险裁决的请求来说：

（A）不需要进行外部组织的技术评估或者与医疗保险咨询委员会进行协商，不迟于提交请求之日后的6个月应当就该请求做出决定；

（B）或者，要求上述评估或者协商但是不要求医学实验的，不迟于提交请求之日后的9个月应当就该请求做出决定。

（3）**国家保险裁决的公众评论程序**。

（A）**在决定期间**。不迟于国家保险裁决请求做出之日起的6个月［或者根据第（2）项第（B）目规定的请求之日起的9个月］，卫生部部长应当通过医疗保险以及医疗辅助中心的网站或者其他合适的方式向公众告知请求拟定的决定草案。

（B）**30日公众评论期间**。根据第（A）目的规定获得卫生部部长拟

---

① 《公法》第75—717期。

定的在决定颁布的草案之日起，卫生部部长应当为公众提供 30 天的期限就上述草案进行评论。

（C）**60 日最终决定期间**。第（B）目规定的 30 天期限结束后不迟于 60 日，卫生部部长应当：（ⅰ）就该请求做出终局决定；（ⅱ）在上述终局决定中包括接收到的公众评论以及对上述评论的回复的摘要；（ⅲ）当决定与医疗保险咨询委员会的建议不同时，向公众提供用于做出决定的医学证据或者其他数据；以及（ⅳ）就第（ⅰ）节中允许国家保险裁决请求的终局决定来说，卫生部部长应当分配一个临时的或者永久性代码（无论是公开的还是机密的）并且实施代码更换。

（4）**在特定的国家保险范围内与外部专家协商**。就医疗保险咨询委员会未审查的国家保险范围的请求来说，卫生部部长应当与适合的外部医学专家进行协商。

（5）**地方保险裁决程序**。

（A）**促进保险决定一致性的计划**。卫生部部长应当制订一个新计划来评估地方保险范围，以决定在全国范围内采用的决定以及在何种程度上更好地在一个区域内达成地方保险裁决的一致性。

（B）**协商**。卫生部部长应当要求在同一区域内提供服务的金融中介机构或者组织就该区域内所有新的地方保险裁决进行协商。

（C）**传播信息**。卫生部部长应当在金融中介机构或者组织与地方保险裁决之间传递信息，以减少重复性工作。

（6）**国家和地方保险裁决的定义**。根据本款的宗旨：

（A）**国家保险裁决**。"国家保险裁决"是指由卫生部部长根据本条的规定就一项特殊项目或服务是否在全国范围内享有保险做出的决定。

（B）**地方保险裁决**。"地方保险裁决"的定义见第 1869 条第（f）款第（2）项第（B）目给出的含义。

（m）**与使用 A 类器械的临床实验相关常规费用的保险**。

（1）**总则**。就享有第 A 部分规定的津贴，或者注册了第 B 部分，或者同时享受第 A 部分和第 B 部分两种津贴的患者，同时又参加了 A 类临床实验，卫生部部长不应当根据第（a）款第（1）项的规定不向试验中的上述人士支付因治疗产生的常规费用（见卫生部部长的定义）的保险。

（2）**A 类临床实验**。根据第（1）项的宗旨，"A 类临床实验"是指使用医疗器械的实验如果：

（A）实验使用《美国联邦法规》（2003 年 9 月 1 日生效）第 42 编的临床试验/研究（A 类）医疗器械［参见第 405.201 条第（b）款规定的定义］；

（B）实验满足卫生部部长为确保实验遵守适当的科学和伦理规范而制定的标准；

（C）就 2010 年 1 月 1 日之前开始的实验来说，实验所用的器械可以由卫生部部长决定用于诊断、监督或者治疗有生命危险的急性病或情形。

与州的机构或者其他组织协商制定服务供应商参与的条件

第 1863 条 【《美国法典》第 42 编第 1395z 条】（a）关于根据第 1861 条第（e）款第（9）项，第（f）款第（4）目，第（j）款第（15）目，第（o）款第（6）项，第（cc）款第（2）项第（I）目以及第（dd）款第（2）项的规定的服务的提供者或者第 1832 条第（a）款第（2）项第（F）目第（i）节规定门诊手术中心的决定的参与条件，为实施其职能，卫生部部长应当与适当的州机构或者公认的国家机构或者经认证的主体进行协商，或者可以与适当的地方机构进行协商。上述条款规定的上述条件在不同的区域或者不同的机构或者机关之间可以存在差异，并且根据州政府的要求，该州可以制定比其他州更高的条件；除此之外，按照第一编、第十六编或第十九编批准的州计划，作为该计划中机构购买服务（或者特定的指定服务）的条件，还可以对其施加更高的要求，卫生部部长应当制定一样的条件作为支付上述州或者分部的上述机构提供的服务（或者由州或者分部具体规定的服务）的条件。

通过州机构去判断享有参与条件的服务供应商是否守法[①]

第 1864 条 【《美国法典》第 42 编第 1395aa 条】（a）卫生部部长应当与任何一个有能力且有意愿这么做的州签订协议，按照该协议，卫生部部长可以利用州健康机构或者其他适合的机构（或者当地的适合的机构）的服务来决定该机构是否具有医院或者专业护理机构的条件，或者该机构

---

① 关于助理护士培训和能力评估的规定，参见第 2 卷《公法》第 101—508 期，第 4008 条第（h）款第（1）项第（A）目。

是否具有家庭健康机构的条件，或者该机构是否具有临终关怀计划或者第1861条第（aa）款第（2）项所述的成为农村卫生所的条件，第1861条第（mm）款第（1）项中的应急医院，或者是否是第1861条第（cc）款第（2）项所述的综合院外康复机构，或者是否是符合满足了第1861条第（s）款第（16）项以及第（17）项规定的要求的实验室或者符合第1861条第（p）款第（4）项第（A）目或第（B）目条件的诊所、康复机构或者公共健康机构，或者是否是符合第1832条第（a）款第（2）项第（F）目第（i）节规定的标准门诊手术中心。卫生部部长在一定程度上认为合适的，卫生部部长可以认定上述州（或者地方）机构证实该组织或者机构为医院、专业护理服务机构、农村地区的健康诊所、门诊的综合康复服务机构、居家护理机构，或者临终医院（上述术语的定义参见第1861条的规定）。签订上述协议的任何州机构可以（根据卫生部部长的批准）向专业护理服务机构提供，经上述服务机构的合理请求之后，上述服务机构的专门的咨询服务（上述机构能够并且愿意按照卫生部部长满意的方式提供的）需要满足第1819条第（a）款规定的一个或者多个条件。由州机构提供的上述任何服务应当视为根据上述协议提供的。在本款第一句中所述的由合适的州或者地方机构的任一健康保健服务机构、门诊手术中心、农村地区的健康诊所、门诊的全面康复服务机构、实验室、诊所、机构所完成的任一调查的90日内，卫生部部长应当以即可获得形式或者地点向公众公开，并且要求（就专业护理服务机构来说）在患者（或者患者的代理人）立即可见的地方张贴海报，及时发现上述每一个调查中与上述机构（指上述健康护理服务机构，门诊手术中心、农村地区的健康诊所、门诊的全面康复服务机构、实验室、诊所、机构，或者组织）是否符合：（1）本编规定的法定参与条件；以及（2）卫生部部长认为对于在上述机构（指上述健康护理服务机构、门诊手术中心、农村地区的健康诊所、门诊的全面康复服务机构、实验室、诊所、机构，或者组织）中享受服务的患者的健康和安全来说所必要的其他主要的附加条件。本款的任何协议应当规定合适的州或者地方机构提供长途免费热线电话用于：（1）收集、维护，并且持续更新位于该州或者地方经证实参与了本条规定的项目的居家护理机构有关的信息（上述信息应当包括州机构最近进行的证实调查中就患者护理发现的重大不足或者第1865条规定的私人认证机构就居家护理机构进行的认证调查，当调查完成时，是否采取或者制定矫正措施，并且处罚，如果有，就上述机构来说根据本条规定进行）；以及（2）接受对位于该州或者地方的居家护理机构的投诉（并且回答问题）。上述任何协议应当规定上述州或者地方机构成立一个调查投诉的部门，该部门有执行权，能够进行调查并且获得证明报告，以及第 1865 条规定的卫生部部长利用的私人认证机构收集的信息，以及消费者医疗报告（但是仅在消费者同意或者他或者他的法定代理人同意的情况下）。

（b）如协议中规定的那样（并且可以就先前多付的金额或者少付的金额进行调整），卫生部部长应当提前或者通过退还的方式向上述州支付为实行第（a）款中所述的功能所产生的合理的费用，在执行协议和其他类似于第 A 部分中所述的进行支付的活动，或者与提供这种服务所需的相关的机构或个人的活动，或者与为提高服务质量而相关的活动的过程中，归属于规划和其他与协调活动直接相关的工作所产生的向联邦医院信托基金所支付的公平的费用份额。

（c）卫生部部长有权按照合适的州后地方机构和任何州政府签订协议，据此实施第（a）款规定的经认证的职能，并且根据第 1865 条第（a）款或者第（b）款第（1）项的规定①，在选择性样本的基础上对服务提供者组织进行调查（卫生部部长认为调查是合适的，因为如果发现现在存在有实质性的证据证实存在重大缺陷或者缺陷将对患者的健康和安全产生不利影响），这被视为符合本编规定的条件和要求，卫生部部长应当按照第（b）款规定的方式对上述服务进行支付。

（d）根据本条规定，卫生部部长不可以与州政府就判断其内部的机构是否是专业护理服务机构签订协议，除非该州满足了第 1819 条第（e）款以及第 1819 条第（g）款规定的条件并且根据第 1819 条第（h）款第（2）项第（B）目和第 1819 条第（h）款第（2）项第（C）目的规定建立了救济机制（与建立或者适用救济相关）。

（e）不管法律的其他任何条款的规定，卫生部部长不可以，或者要求州，因与上述服务机构或者组织是否守法相关的决定或者调查，向符合

---

① 《公法》101—275 期，第 125 条第（b）款第（3）项，废除"根据第 1865 条第（a）款或者第（b）款第（1）项的规定"并且修改为"根据第 1865 条第（a）款第（1）项的规定"，根据第 125 条第（d）款的规定，**自 2010 年 7 月 15 日开始适用**。

第（a）款决定的任何服务机构或者组织，或者任何符合第 1881 条第
（b）款第（1）项条件的肾透析服务机构收取任何费用（除了与《公共
健康服务法》第 353 条①相关的任何费用）。

认证的效力②

第 1865 条【《美国法典》第 42 编 1395bb 条】（a）③ 除第 1863 条第
二句和第（b）款的规定之外，如果：

（1）一个机构经医院认证协会的联合委员会认证为医院；

（2）（A）上述机构授权委员会根据卫生部部长的要求（或者卫生部
部长划定的该州的机构）向卫生部部长提供由上述委员会对上述机构进
行的最近的认证调查的复印件，连同卫生部部长要求的调查直接相关的其
他信息（包括矫正行动计划），（B）上述委员会向卫生部部长提供上述复
印件或者其他任何信息；

之后，上述机构应当被视为满足了第 1861 条第（e）款编号各项规
定的条件；除了：

（3）其中第（6）项的规定；

（4）卫生部部长根据其中第（9）项的规定制定的任何标准，该标准
高于上述委员会规定的认证条件的。

作为医院认证的条件，如果上述委员会要求就医审查计划（或者为
同样的目的规定的另外的条件），要求出院计划程序（或者为同样的目的
规定的另外的条件），或者制定卫生部部长认为与其根据该条第（4）项
的规定制定的标准至少同等的标准，根据具体情况，卫生部部长有权调查
由上述委员会进行认证的所有机构遵守了第 1861 条第（e）款第（6）项
第（A）目或者第（B）目的规定或者遵守了上述第（4）项规定的标准，

---

① 参见第 2 卷《公法》第 78—410 期，第 353 条。

② 关于授权认证联合委员会作为国家认证主题的规定，参见第 101—275 期，第 125 条第
（c）款；关于生效日期，参见第 125 条第（d）款；关于过渡时期规则的修正案的规定，参见第
101—275 期，第 125 条。

③ 参见第 101—275 期，第 125 条第（a）款第（1）项，废除第（a）款以及第 125 条第
（a）款第（2）项，将第（b）款、第（c）款、第（d）款和第（e）款分别修改为第（a）款、
第（b）款、第（c）款和第（d）款，**适用于自第 101—275 期（2008 年 7 月 15 日）生效之日起
的 24 个月或者之后授权的医院认证。关于生效日期和过渡规则，参见第 2 卷《公法》第 110—
275 期，第 125 条第（d）款。**

视具体情况而定。

（b）（1）此外，如果卫生部部长证实经美国整骨协会或者其他全国性认证主体对供应组织［见第（4）项定义］的认证证明满足或者超过了本条所有的可适用条件或者要求［除了第1834条第（j）款的要求或者第1881条第（b）款的条件和要求］：

（A）就第（3）项第（B）目规定之外的供应组织来说，根据卫生部部长的调查，卫生部部长应当视上述组织满足了上述条件或者要求；

（B）或者，就第（3）项第（B）目规定的供应组织来说，根据卫生部部长的调查，卫生部部长可以视上述组织满足了上述条件或者要求。

（2）在进行上述调查时，除了要考虑到国家认证机构的一些因素之外，卫生部部长还应当考虑它的认证条件，它的调查程序，它提供适当资源以实施法定调查和提供为实施活动之用的信息的能力，它对经调查未遵守条件和要求的供应组织的监督程序以及它向卫生部部长提供的验证所需的一些必要数据的能力。

（3）（A）除了第（B）目的规定之外，不迟于收到第（1）项规定的调查的书面请求之日后的60日（附有就该请求做出决定的任何必要文档），卫生部部长应当发布通知确认做出请求的全国性认证主体，描述请求的性质，并且应规定至少30日的公示期以使公众对上述请求进行评论。自该认证请求收到之后的210日之内（附有文档），卫生部部长应当批准或者否决上述调查请求，并且应当就上述批准或者否决发布通知。作为卫生部部长指定的发布的通知，上述批准在卫生部部长在当日或之后（不可以迟于批准公布之日）做出裁定后生效。

（B）第（A）目的210天以及60天截止期限的规定不能用于下列认证的适用于第1819条和第1861条第（j）款规定的条件和要求的供应组织的任何调查请求。

（4）根据本条的宗旨，"供应组织"是指服务供应商、供货商、服务机构、诊所、机构或者实验室。

（c）卫生部部长不可以披露医院认证协会的联合委员、美国整骨协会，以及其他全国性认证主体提交给他的由上述主体进行认证的组织的任何认证调查（除了与居家护理机构有关的调查之外），除卫生部部长在上述调查和信息一定程度上与卫生部部长采取的执行活动有关时可以披露上述调查和信息。

（d）不考虑本编其他条款的任何规定，如果卫生部部长调查发现供应组织有重大缺陷（见与健康和安全相关的定义），在上述组织接到上述调查通知之后并且在行政规章具体规定的期限内，该组织被视为不符合其曾经遵守的第（a）款或者第（b）款第（1）项规定的条件和要求。

（e）满足适用于第（a）款或者第（b）款第（1）项规定的条件和要求的组织的调查效力的参照规则，见第1864条第（c）款的规定。

与服务供应商的协议、注册程序①

第1866条【《美国法典》第42编第1395cc条】（a）（1）② 任何服务商［除了为了第1814条第（g）款和第1835条第（e）款的规定指派的基金之外］根据本编的规定，都有资格参与并且都有资格领取，如果他与卫生部部长签订了下述协议：

（A）（ⅰ）除第（2）项的规定之外，不向任何个人或其他任何人员（根据本节这些人员应该进行支付）收取服务和项目费用［或者如果上述服务供应商遵守了本规定的或者按照本条规定遵守了程序性或者其他要求的，他就享有的上述权利或者根据第1814条第（e）款的规定就上述服务或者项目向上述服务供应商进行支付的］；以及（ⅱ）不收取第1902条第（n）款第（3）项禁止的任何费用。

（B）不向任何个人或其他任何人员（根据本编这些人员不应该进行支付）收取服务和项目费用，因为根据第1862条第（a）款第（1）项或者第（9）项的规定上述项目或服务产生的费用可以不进行支付，但只有在：（ⅰ）上述主体在上述费用产生的过程中无过错；以及（ⅱ）卫生部部长裁定本不应就上述服务或者项目服务进行的支付却在上述主体收到与上述支付有关的通知之后的第3年后进行了支付的；除非卫生部部长将上述3年期缩减为不少于1年期，条件是如果他证实了上述缩减与本条的目的相一致。

---

① 关于居家护理机构的规定，参见第2卷《公法》第105—133期，第4312条第（f）款第（2）项。

关于劳动部监察长办公室对医疗保险中相应的文化和语言服务（CLAS）的国家标准的执法和守法的报告的规定，参见第2卷《公法》第110—275期，第187条。

② 关于私人部门审查不从受益人处获得补偿的动议和限制的规定，参见第2卷《公法》第97—248期，第119条。

（C）应当就返还（或者其他储蓄，按照卫生部部长根据行政规章做出的规定）上述主体或者其他人士误付的任何金额制定相应条款。

（D）在进行雇用的年份内的任何时间，应当及时通知卫生部部长与供应商有关的金融中介服务机构或者组织（为第 A 部分或第 B 部分的宗旨，或者两者都有，根据本编的规定）雇用的经理人员、会计人员、审计人员或类似职能人员（见卫生部部长根据行政规章做出的决定）。

（E）在必要时，根据与卫生部部长按照第九编第 B 部分的规定签订合同的组织的请求发布与上述服务供应商的患者相关的数据：（ⅰ）允许上述组织实施合同规定的职能；或者（ⅱ）允许组织实施任何该组织与其他私人或者公共机构签订的合同中规定的类似审查职能，上述私人或者公共机构就为上述目的授权发布信息的患者在同一领域支付保健医疗。

（F）（ⅰ）就提供住院服务并且根据第 1886 条第（b）款、第（c）款和第（d）款的规定支付上述服务的医院来说，与专业的标准审查组织（如果医院所在地有上述组织的）或在医院所在地，根据第九编第 B 部分的规定与卫生部部长签订了协议的就医和质量控制同行审查组织之间签订协议的，组织可以据此实施该部分的职能来审查上述医院提供的诊断信息的合法性、提供的治疗的完整性、准确性和质量、住院和出院的正当性，根据第 1886 条第（d）款第（5）项的规定额外支付的治疗的正当性，根据本编第 A 部分的规定进行支付的住院服务（并且根据本编规定的支付的目的），上述协议给医院造成的费用应当被视为上述医院提供第 A 部分规定的住院患者服务产生的费用，并且：（Ⅰ）为了上述医院的利益，应当由卫生部部长根据其制定的每一利率审查规定直接向上述组织进行支付，（Ⅱ）应当从联邦医院保险信托基金中划转，不考虑根据拨款法之前划拨的金额，就上述服务的支付进行的划转以同样的方式直接支付给受益人，以及（Ⅲ）每一财政年度内的上述审查的直接费用或者行政费用的总额不应当少于 1988 年支出的财政总额（根据通货膨胀和后几个财政年度内增加的审查功能产生的直接费用或者行政费用进行调整）；

（ⅱ）就医院、应急医院、专业护理服务机构、家庭康复机构，与就医和质量控制同行审查组织（在医院，服务机构或者机构位于的区域内的，根据第十一编第 B 部分的规定与卫生部部长签订了协议的）签订协议以实施第（3）项第（A）目规定的职能的。

（G）就提供住院服务并且根据 1886 条第（b）款或第（d）款的规

定支付上述服务的医院来说，不应当向根据第 A 部分的规定有权支付住院患者医院服务的任何主体或者其他人士收取费用除非根据第 1886 条第（f）款第（2）项的规定拒绝或减少支付。

（H）（ⅰ）提供服务且根据本编规定支付上述服务的医院以及提供应急医疗服务的应急医院的所有项目和服务［除了根据第 1862 条第（a）款第（14）项的宗旨在行政规章中定义的医生服务，并且除了第 1861 条第（s）款第（2）项第（K）目规定的服务，持证助产士的服务，合格心理医生的服务，以及持证登记护理麻醉师的服务］：（Ⅰ）是向医院中的住院患者提供的，并且（Ⅱ）患者根据本条的规定应该支付上述服务，上述服务是由医院或者其他根据医院做出的协调安排［见第 1861 条第（w）款第（1）项的定义］提供的；

（ⅱ）就专业护理服务机构提供的保险范围之内的专业护理服务机构的服务来说：（Ⅰ）在患者享有被保险的出院后续扩展服务期间内［或者，第 1861 条第（s）款第（2）项第（D）目规定的服务，不考虑上述期限向上述人士提供的］，向在专业护理服务机构内的患者提供，以及（Ⅱ）根据本条规定，患者应该支付由专业护理机构所提供的项目和服务的费用，［除了第 1888 条第（e）款第（2）项第（A）目第（ⅱ）节规定的服务］或者由专业护理机构做出的安排［见第 1861 条第（w）款第（1）项的定义］的其他费用。

（I）就医院或者应急医院来说：（ⅰ）制定并实施一定政策以确保遵守第 1867 条规定的要求并且满足上述条款规定的条件；（ⅱ）在转院之日起的 5 年内保存转入或者转出的患者的医疗或者其他记录；以及（ⅲ）在初次诊治之后保存当日值班医生的名单以对急症患者提供必要的治疗稳定其情况。

（J）就提供住院服务并且根据本编的规定支付上述服务的医院来说，根据《美国法典》第 10 编第 1079 条或第 1086 条①或者第 38 编第 613 条②规定，因与任一健康计划签约而成为合约型医疗服务供应商，在执行《美国法典》第 10 编第 1079 条或者第 1086 条的规定时，卫生部部长与国

---

① 参见第 2 卷《美国法典》第 10 编第 1079 条和第 1086 条。

② 《公法》第 85—857 期，第 14 编第 47 条，废除《美国法典》第 38 编第 613 条，关于 1959 年 1 月 1 日之前规定的权利和义务，招致的罚金责任和没收财产，开始的诉讼程序。

防和交通运输部部长联合制定的规章中规定准入实践、支付方式以及支付金额。

（K）不应当向接受项目或者服务的下列主体或者其他任何人士收取费用，根据第1154条第（a）款第（1）项第（B）目的决定按照第1154条第（a）款第（2）项的规定否决了上述主体或者其他任何人士根据本条对上述项目或者服务应进行的支付。

（L）就提供住院服务并且根据本编的规定支付上述服务的医院来说，根据《美国法典》第38编第613条规定与任一健康计划签约而成为合约型参与医疗服务供应商，在执行上述规定时，由卫生部部长与退伍军人事务部部长联合制定的规章中规定的准入实践支付方式以及支付金额。

（M）就医院来说，享有第A部分津贴的患者（或者代表上述患者利益的个人）在或者大约在该患者成为医院的住院患者时，向其提供书面说明（包括卫生部部长为与本节的规定保持一致规定的上述语言）用于解释：（ⅰ）该患者有权就本条规定的住院服务以及出院后的服务享有津贴；（ⅱ）上述患者继续住在医院所应承担或者不承担费用的情形；（ⅲ）上述患者有权就停止了持续的住院服务的津贴提起上诉，包括通过实际步骤提起上述上诉；以及（ⅳ）如果上诉维持了否决书，上述患者有义务支付服务，并且按照卫生部部长的规定提交上述附加信息。

（N）就医院和应急医院来说：（ⅰ）在医院或者应急医院服务区的患者可获得合约医生的名单［按照第1842条第（h）款第（4）项的规定公布］；（ⅱ）如果医院工作人员（包括急诊或者门诊部门的工作人员）向患者推荐了非合约医生在门诊基础上进行进一步的治疗，该工作人员必须告知患者该医生是非合约医生，并且在任何时候，必须确保患者可以从上述至少一个目录中列出的合格的合约医生处接受必要的服务；（ⅲ）在任何急诊部门的明显处张贴标志（根据卫生部部长具体规定的形式），说明根据第1867的规定，急性患者和劳动妇女在检查和治疗过程中所享受到的相关的权；（ⅳ）在显眼处（根据卫生部部长具体规定的形式）张贴信息告知该医院是否与第十九编批准的州计划下的医疗辅助项目签订了合约。

（O）就根据本编被保险的服务接受全额支付并且将服务提供给注册了下列项目的人士，注册了第C部分规定的医疗保险＋选择组织，1894年或1934年规定的PACE医疗服务供应商，或者根据第1876条规定，第

1876 条第（i）款第（2）项第（A）目（生效于 1985 年 2 月 1 日），《1967 年社会保障法修正案》第 402 条第（a）款①的规定，或者《1972 年社会保障法修正案》第 222 条第（a）款②的规定签订了风险分摊合同的资格组织，该组织没有就向组织成员或者参加 PACE 供应商的享有 PACE 项目的资格主体提供的服务收取费用规则签订合同的（或者 PACE 供应商，合同或协议），如果上述主体没有参加的话，根据本编应当全额支付［少于第 1886 条第（d）款第（11）项以及第 1886 条第（h）款第（3）项第（D）目规定的任何支付］。

（P）就向享有第 A 部分的津贴并且要求导尿管、导尿管设备、人工造口袋以及与造口车相关的设备的人士提供居家护理服务的居家护理机构，向上述主体提供上述设备作为他们提供的居家护理服务的一部分。

（Q）就医院、专业护理服务机构、居家护理机构，以及临终医院，应当遵守第（f）款的要求（制定预立指示相关的书面政策和程序）③。

（R）在该医疗保健票据交换所按要求遵守标准或者规则之日或者之后，与满足了每一标准并且执行了第十一编第 C 部分建立的实施标准的医疗保健票据交换所签订合同。

（S）就与根据第 1861 条第（ee）款第（2）项第（H）目第（ii）节的规定推荐给个人组织存在经济利益（由卫生部部长在行政规章中具体规定）的医院来说，或者上述组织与医院存在上述经济利益的，或者另外的组织与上述医院或者上述组织有上述经济利益的（直接的或间接的），应当向卫生部部长披露（按照卫生部部长规定的形式和方式）下列信息：（i）上述经济利益的性质；（ii）出院后经确认需要居家护理服务的患者人数；以及（iii）从上述医疗服务供应商处接收到上述服务的人数的百分比（或者另外的上述供应商）。

（T）就医院和应急医院来说，当卫生部部长根据第 1886 条第（d）款第（12）项第（E）目的规定认为是合适的时候，应当向卫生部部长提供上述信息以实施上述条款的规定。

（U）就提供住院服务并且根据本编的规定支付上述服务的医院来说，

---

①　参见第 2 卷《公法》第 90—248 期，第 402 条第（a）款。

②　参见第 2 卷《公法》第 92—603 期，第 222 条第（a）款。

③　关于州法效率的规定，参见第 2 卷《公法》第 101—508 期，第 4206 条第（c）款。

要成为合约型医疗保健服务的供应商：（ⅰ）基于该计划向资格主体提供的项目和服务，首先在由印第安健康服务组织、印第安部落或者部落组织（上述术语参见《印第安卫生保健改进法》第 4 条的定义）资助并且运营的健康服务计划签订的合同；以及（ⅱ）根据卫生部部长就准入实践、支付方法以及支付利息（包括认可上述支付的利息不超过全额支付上述项目或者服务时的利息）制定的行政规章，符合根据由印第安健康服务组织赞助并且由城市地区的印第安组织实施的于合格的城市印第安人可以购买的项目或者服务有关（上述术语参见上述第 4 条的定义）的任何项目的规定。

（Ⅴ）就《1970 年职业安全和健康法》［或者的规定经上述法第 18 条第（b）款批准的州安全和健康计划］规定的医院来说，应当遵守《美国联邦法规》第 29 编第 1910 条、第 1030 条规定的血源性病原体标准（或者其后再次制定的）。

就与第（F）目中所述的组织（该组织与卫生部部长按照第十一编第 B 部分签署的合同在 1984 年 10 月 1 日或之后已被终止）事实上签订了协议的医院来说，该医院在合同终止之日开始的 6 个月内，不能被认为是没有遵守该分款中的要求。

（2）（A）服务供应商可以向上述主体或者其他人士收取费用：（ⅰ）就上述项目和服务来说，根据第 1813 条第（a）款第（1）项，第（a）款第（3）项，第（a）款第（4）项的规定，第 1833 条第（b）款的规定或者第 1861 条第（y）款第（3）项的规定为任何年度初付费或者共同保险自付费用（不应当超过上述服务供应商就上述服务和项目惯常收取的费用）；以及（ⅱ）就根据第 B 部分的规定进行支付的上述项目和服务或者由居家护理服务机构提供的长期医疗设备来说为合理费用（不应当超过上述服务供应商就上述服务和项目惯常收取的费用的 20%）的 20%（但是就向患有晚期肾病的人士提供的项目和服务来说，为在卫生部部长规定的基础上计算出的约数的 20%）。就第 1833 条第（c）款规定的项目和服务来说，第（2）项前一句的规定应当适用下列替换规则：20% 的规定应以适合该目规定的比例进行替换。根据第 1861 条第（s）款第（10）项第（A）目规定的项目和服务以及根据第 B 部分的规定进行支付的临床实验室诊断检查来说，根据该目第一句的规定服务供应商不可以收取费用。不管该目的第一句做出何种规定，就第 1834 条第（a）款的规定进行支付的被保险项目来说，居家护理服务机构可以向上述主体或者其他人士收取第 1833 条第（b）款规定的任何年度初付费以及第 1834 条第（a）款第（1）项第（B）目规定的支付底数的 20%。就根据第 1833 条第（t）款规定的预付制度的规定按照第 B 部分的规定进行支付的项目和服务来说，第（ii）节第一句中的合理费用的 20% 应当适用"第 1833 条第（t）款规定的可适用的定额手续费"的替代性规则。就根据第 1834 条第（k）款的规定按照第 B 部分的规定进行支付的第 1833 条第（a）款第（8）项或者 1833 条第（a）款第（9）项规定的服务来说，第（ii）节第一句中的上述服务产生的合理费用的 20% 应当适用"少于上述服务产生的实际费用或者金额适用标准收费金额的 20%（见上述条款的定义）"的替代性规则。

（B）根据上述主体的要求，服务供应商提供的项目或者服务超出根据本编规定进行支付的项目或者服务或者比其更加昂贵，上述服务供应商也可以向上述主体或者其他人士就更加昂贵的项目或者服务收取一定程度的费用。按照要求提供的项目和服务惯常收取的费用要超过根据本编的规定进行支付的项目和服务惯常收取的费用。

（C）服务供应商根据医学习惯也可以向需要全血（或者等量的库存悬浮红细胞，见行政规章中的定义）的患者收取适当费用，上述人士根据第 1813 条第（a）款第（2）项的规定应支付年度初付费，除了：（i）收取的超出上述供应商提供全血（或者等量的库存悬浮红细胞，见上述定义）产生的费用的部分根据本编应当从对上述供应商进行支付的部分中扣除；（ii）不可以就上述血液（或者等量的库存悬浮红细胞，见上述定义）的管理收取上述任何费用；以及（iii）在上述血液（或者等量的库存悬浮红细胞，见上述定义）在一定程度上已经按照上述人士的利益输送给他或者为了他的利益已经做好了输血的安排的，不应当对此收取上述费用。根据第（C）目的宗旨，提供给上述主体的全血（或者等量的库存悬浮红细胞，见上述定义）应视为，当服务机构获得一品脱的血就将这一品脱的血（或者等量的库存悬浮红细胞，见上述定义）提供给上述患者时，上述患者根据第 1813 条第（a）款第（2）项的规定应支付年度初付费。

（D）服务供应商惯常提供的项目或者服务超出根据本编规定进行支付的项目或者服务或者比其更加昂贵，根据第 1866 条第（a）款第（2）

项第（B）目第（ⅱ）节的授权，上述供应商，不管本编前几条条款如何规定，根据本编规定不可以就上述项目或服务向上述主体或者其他人士收取超过以其他方式就上述项目或服务可收取的金额。

（3）（A）根据第（1）项第（F）目第（ⅱ）节规定的协议的内容，同行审查组织必须实施第 1154 条第（a）款第（4）项第（A）目第 3 句的规定以及第 1154 条第（a）款第（14）项规定的职能［除了第（1）项第（F）目第（ⅰ）节规定的协议中被保险的部分］，就医院、应急医院、服务机构或所涉的机构提供的服务，上述服务可以根据本编规定进行支付。

（B）根据本编规定的支付的宗旨，该协议中医院、应急医院、服务机构或者机构产生的费用应当视为它们根据本编提供被保险的服务过程中产生的费用并且应当由卫生部部长根据其制订的计划为它们的利益直接向上述同行审查组织进行支付。

（C）上述支付：

（ⅰ）应当从联邦医院保险信托基金和联邦附加医疗保险信托基金中划转适当比例，不参照根据拨款法的规定提前划拨的金额，就上述服务的支付进行的划转以同样的方式直接支付给受益人；

（ⅱ）每一财政年度的总额不应当少于：（Ⅰ）就医院来说，第（1）项第（F）目第（ⅰ）节第（Ⅲ）子节规定的金额，以及（Ⅱ）就服务机构，应急医院和机构来说，卫生部部长根据第十一编第 B 部分中与上述服务机构、应急医院或者机构相关的规定认为可充分支付上述组织实施第（A）目规定的活动产生的费用的金额。

（b）（1）根据本条的规定，服务供应商可以在行政规章具体规定的时间和向卫生部部长和公众做的通知的基础上终止与卫生部部长签订的协议，不应超过 6 个月的通知的要求不包含在内。

（2）根据本条的规定，卫生部部长可以拒绝签订协议，或者在行政规章中具体规定的向供应商和公众做出合理通知的基础上，可以拒绝重新订立或者终止上述协议在卫生部部长做出下列行为之后：

（A）认定供应商未能实质性遵守协议的规定，或者其中的条款以及行政规章，或者第 1886 条第（f）款第（2）项第（B）目规定的矫正行为；

（B）认定供应商未能实质性满足第 1861 条的可适用性条款；

（C）根据第 1128 条或第 1128A 条的规定已经排除了供应商参加该条规定的项目；

（D）或者，确认就其犯下的卫生部部长认为有损于项目或者项目的受益人的最佳利益的罪行根据联邦或者州法已经受到了重罪判决。

（3）根据本款规定终止协议或者拒绝续订协议应当自排除服务商参加该条的项目根据第 1128 条第（c）款的规定生效之日起以同样的方式生效。

（c）（1）根据本编规定卫生部部长终止或者不再续订与服务供应商签订的协议，根据本编上述供应商不可以提交另外的协议除非卫生部部长证实终止或者不再续订的原因已经不存在并且合理确信不会再发生。

（2）根据本编规定卫生部部长终止或者拒绝续展与服务供应商签订的协议，卫生部部长应当及时向管理或者监督经第十九编批准的计划的各个州机构通知终止或者停止续约。

（d）如果卫生部部长不能及时就医院内的长期住院情况进行第 1861 条第（k）款规定的实质性审查时，就在他规定的一段期间之后住院的任何人士来说，代替终止与上述医院的协议，卫生部部长可以决定在 20 天的持续服务期之后，对于本编中所述的住院服务（包括住院患者的精神科服务不用进行支付）。按照规定，上述决定仅在上述通知到达医院和公众之日后可以生效，并且在卫生部部长证实生效的原因已经消除了并且合理确信不会再发生终止效力。在上述因此而受影响的组织或机构收到合理的通知和听证会机会之前，卫生部部长不能做出任何决定。

（e）根据本条的宗旨，"服务供应商"应当包括：

（1）诊所、康复机构或公共健康机构，就诊所或康复机构来说，如果上述诊所或者机构满足了第 1861 条第（p）款第（4）项第（A）目规定的要求［或者满足了该条为实施第 1861 条第（g）款的规定做出的要求①］，或者，如果就公共健康机构来说，上述机构满足了第 1861 条第（p）款第（4）项第（B）目规定的要求［或者满足了该条为实施第 1861

---

① 《公法》第 110—275 期，第 143 条第（b）款第（8）项第（A）目，废除"第 1861 条第（g）款"并且修改为"第 1861 条第（g）款或者第（ll）款第（2）项"，适用于自 2009 年 1 月 1 日及之后提供的服务。

条第（g）款的规定做出的要求①］，但是仅就提供门诊物理疗法服务②来说或者仅就提供门诊专业疗法服务③来说；

（2）社区精神健康中心［见第 1861 条第（ff）款第（3）项第（B）目的定义］，但是仅指提供额外门诊住院混合服务［见第 1861 条第（ff）款第（1）项的规定］。

（f）（1）根据第（a）款第（1）项第（Q）目，以及第 1819 条第（c）款第（2）项第（E）目，第 1833 条第（s）款，第 1855 条第（i）款，第 1876 条第（c）款第（8）项，以及第 1891 条第（a）款第（6）项的宗旨，该款的要求是指与通过服务供应者或组织而接受医疗照护的所有成年患者保有书面协议政策和程序的服务供应商，医疗保险＋选择组织，或者预付或者合格组织（视具体情形而定）：

（A）向每个上述患者提供与下列有关的书面信息：（ⅰ）根据州法（无论是成文法还是州法院确认的）个人在上述医疗照护中做出决定所享有的权利，包括接受或者拒绝医疗或者外科治疗的权利以及制定预立指示［见第（3）项的定义］的权利，以及（ⅱ）执行上述权利的服务供应商或组织的书面政策；

（B）记录患者目前医疗记录中最重要的部分无论该人是否已经签署预立指示；

（C）不能按照患者是否签署预立指示，而对其不进行照护或者对其进行照护；

（D）就组织或者供应商的服务机构内签署的预立指示做出的要求，确保遵守了州法（无论是成文法还是州法院确认的法规）；

（E）就预立指示这一问题向相关的工作人员和社区进行（单独或者与他人一起）教育。

---

① 《公法》第 110—275 期，第 143 条第（b）款第（8）项第（A）目，废除"第 1861 条第（g）款"并且修改为"第 1861 条第（g）款或者（ll）款第（2）项"，适用于自 2009 年 1 月 1 日及之后提供的服务。

② 《公法》第 110—275 期，第 143 条第（b）款第（8）项第（B）目，废除"定义）或者"并且修改为"定义），"，适用于自 2009 年 1 月 1 日及之后提供的服务。

③ 《公法》第 110—275 期，第 143 条第（b）款第（8）项第（C）目，插入"，或者［通过实施第 1861 条第（ll）款第（2）项的规定］关于提供门诊语言病理学服务的规定"，适用于自 2009 年 1 月 1 日及之后提供的服务。

第（C）目的规定不应当被解释为：要求与预立指示相冲突的医疗条款。

（2）应当向成年人士提供第（1）项第（A）目规定的书面信息：

（A）就医院来说，在该人成为其住院患者时；

（B）就专业护理服务机构来说，在该人成为其居住者时；

（C）就居家护理服务机构来说，在患者获得该机构的护理之前；

（D）就临终医院来说，在该人初次接受项目下的临终护理时；

（E）就有权组织［见第 1876 条第（b）款的定义］或者根据第 1833 条第（a）款第（1）项第（A）目的规定进行支付的组织或者医疗保险＋选择组织来说，在该人注册上述组织时。

（3）在本款中，"预立指示"是指书面指示，例如在患者无能力时，根据州法（无论是成文法还是州法院确认的法规）以及其他与上述治疗相关的条款，生前遗嘱或者就医疗保健做出的律师授权委托书。

（4）与本款规定相关的解释，参见《1997 年安乐死资助限制法》第 7 条①的规定（参见扶助自杀、安乐死以及无痛致死的分类）。

（g）除按照第（a）款第（2）项的规定允许之外，明知或者蓄意提交，或者因其他原因被提交，不符合第（a）款第（1）项第（H）目规定的协调的支付请求或者违反了上述协议的要求的支付请求的人士应当承担最多 2000 美元的民事罚金。第 1128A 条的规定［除了第（a）款和第（b）款的规定之外］应当适用于前款规定的民事罚金并且上述条款以同样的方式适用于第 1128A 条第（a）款规定的处罚或者诉讼。

（h）（1）除第（2）项的规定之外，非服务供应商的组织或者机构对卫生部部长做出的决定或者第（b）款第（2）项规定的决定不服，应当有权据此在第 205 条第（b）款规定的范围之内享有卫生部部长举行的听证（在合理的通知之后），并且在第 205 条第（g）款规定的上述听证结束之后对卫生部部长的终局决定提起司法审查，除此之外，就其中适用的上述条款以及适用的第 205 条第（l）款的规定，社保委员会或者社保行政部分就此适用的任何参照规则应当分别视为卫生部部长或者美国卫生和福利保障部的参照规则。

---

① 关于解释第 1866 条第（f）款的规定，参见第 2 卷《公法》第 105—112 期，第 7 条。

（2）根据第 1128 条以及与在同样的基础实施或者论点上做出的一个或者多个决定有关的该条规定，组织或者机构无权单独通知和召开听证会。

（i）（1）如果卫生部部长根据本条认定与本条有过协议的精神病院不再满足精神病院的要求并且进一步证实医院存在下列缺陷：

（A）即刻威胁到患者的健康和安全，卫生部部长应当终止上述协议；

（B）或者，非即刻威胁到患者的健康和安全，卫生部部长可以终止上述协议，或者规定在调查生效之日后住院的人士不进行本条规定的支付，或者两个方法均可以。

（2）如果精神病院，被证实存在第（1）项第（B）目规定的缺陷，未遵守本编规定的要求：

（A）在上述医院被证实未遵守上述要求之日起的 3 个月内，卫生部部长应当规定不为在上述 3 个月期限结束后入住上述医院的人士进行本编规定的支付；

（B）或者，在上述医院被证实未遵守上述要求之日起的 6 个月内，可以不为医院内的人士进行本编规定的支付直到卫生部部长证实该医院遵守了本条的规定。

（j）**服务供应商和供货商的登记程序。**

（1）**登记程序。**

（A）**总则。**卫生部部长应当根据行政规章为本编规定的服务供应商和供货商制定登记程序。

（B）**截止日期。**卫生部部长应当根据行政规章制定程序，其中含有申请登记活动的截止日期（并且，如果可适用的，重新登记）。在符合本目规定的截止日期内，卫生部部长应当监督医疗保险承包商的行政绩效。

（C）**改变服务商进入形式之前应进行协商。**在改变服务的供应商或提供者有权提交有关本编中所述支付的要求的登记格式之前，卫生部部长应当与服务供应商以及提供者进行协商。

（2）**就否决或者不再续约进行听证的权利。**本编规定的进行登记（或者，如果可适用的，重新进入）申请被否决的服务供应商或者提供者可以根据程序，根据第（h）款第（1）项第（A）目的规定，对卫生部部长的决定不满的服务商，就上述否决进行听证以及司法审查。

适用于合伙开业的医生规模增加的示范①

第 1866A 条【《美国法典》第 42 编第 1395cc－1 条】（a）示范项目的授权。

（1）**总则**。卫生部部长应当实施示范项目以尝试，并且如果证明有效的话，对参加了本编规定的项目的医疗保健团体的激励进行推广：

（A）鼓励根据第 A 部分和第 B 部分的规定由组织以及其他供应商、开业医生以及医疗保健服务和项目的对患者提供的照护进行协调；

（B）鼓励对监管结构和程序进行投资以确保提供有效率的服务；

（C）对促进了健康的医生进行奖励。上述计划关注于在合伙开业的背景下提供服务的效率与其他医疗保健输送系统提供服务的效率之间的比较。

（2）**根据合同规定进行管理**。除另有规定之外，卫生部部长根据第 1866B 条的规定对该条规定的项目进行管理。

（3）**定义**。根据本条的宗旨，以下术语的意思是指：

（A）**医生**。除卫生部部长可以另行规定之外，"医生"是指提供服务且该服务可以作为本编规定的医生服务进行支付的人士。

（B）**医疗保健团体**。"医疗保健团体"是指根据本编规定，至少部分是因为提供本编规定的医生服务而组建的医生［见第（A）目定义］团体。由医生至少部分为提供本编规定的医生服务的目的而组建的团体，卫生部部长认为合适的，医疗保健团体可以包括提供按本编规定的方式进行支付的项目或者服务的医院以及其他人士或者组织，上述医院以及其他人士或者组织根据结构化安排为医疗保健机构的分支机构，以便上述主体或者组织与本条规定的示范项目签约并且分享第（d）款中赚取的分红。

（b）**资格标准**。

（1）**总则**。卫生部部长有权为有资格参与本条规定的示范项目的医疗保健团体制定标准，包括与拥有医疗保健专业人士的数目，团体服务的患者数，提供服务的范围以及治疗的质量有关的标准。

---

① 关于第 1866A 条规定的示范项目的总审计局（GAO）报告的规定，参见第 2 卷《公法》第 106—554 期，第 412 条第（b）款。

（2）**支付方式**。参与本条规定的示范项目的医疗保健团体应当就在示范范围之内［见第（c）款的规定］的受益人提供的服务同意：

（A）在按项目付费的基础上进行支付；

（B）就所有医疗保健团体的成员向受益人提供的上述服务来说，应当（见卫生部部长的相应规定）向一个单独的组织进行支付。

（3）**数据报告**。为了监督和评估本节规定的示范项目，参与本条规定的示范项目的医疗保健团体应当根据卫生部部长要求的时间和要求的形式向卫生部部长报告上述数据。

（c）**在示范范围内的患者**。

（1）**总则**。为了适用第（d）款的规定并且为了评估团体的效率满足本条规定的目标，卫生部部长应当根据本条的规定制定标准，以确认医疗保健团体中的患者应当在本条规定的示范范围之内。

（2）**其他标准**。卫生部部长应当就本条规定的示范内包含的受益人制定额外的标准，上述标准可包括与团体内的医生接触的频次或者卫生部部长认为合适的其他因素或者标准。

（3）**通知要求**。就与特殊医疗保健团体相关的本条规定的示范项目范围内的每一个受益人来说，卫生部部长应当确保通知上述受益人激励规则以及根据上述说明可使用于上述团体的任何保险或者支付方面的豁免规则。

（d）**激励**。

（1）**实施目标**。卫生部部长应当为与本条规定的示范项目签约的每一个医疗保健团体制定：

（A）基准费用额，等于在卫生部部长规定的基准年内在按服务付费的基础上就医疗保健团体向患者提供的服务根据第 A 部分和第 B 部分的规定收取的总额的平均数；

（B）就确认在示范范围内的患者来说应当收取年度人均费用，表现为经风险和预期增长率调整的基准费用额。

（2）**激励分红**。卫生部部长应当每年向每一个合约型医疗保健团体支付示范项目规定的红利，并且该红利等于上述年份里与实施目标相关的节省费用比例。

（3）**为改善程序和结果提供的额外分红**。在卫生部部长认为证据充足做出上述相应的标准时，卫生部部长应当也向合约型医疗保健团体

［见第（4）项的定义］支付年额外分红，数额等于卫生部部长可以根据本编规定的项目指派的因上述团体的活动使得程序以及患者的结果得以改善而节省的费用。

（4）**限制**。卫生部部长在必要时应当限制进行本编规定的支付以确保与在示范范围内的患者有关的合计金额（包括支付的分红）不超过卫生部部长估计的数额如果本条规定的示范项目未实施的话。

示范项目管理规定

第 1866B 条【《美国法典》第 42 编第 1395cc - 2 条】（a）一般管理权。

（1）**受益人资格**。除卫生部部长另有规定之外，个人按照第 1866A 条（在该条参见"示范项目"的规则）的规定应仅有资格接受项目下的津贴如果上述主体：

（A）进入了第 B 部分的项目并且有权享有第 A 部分的津贴；

（B）未进入第 C 部分规定的医疗保险＋选择计划，根据第 1876 条的规定合同下的资格组织（或者示范项目主管部门控制的组织），根据第 1833 条第（a）款第（1）项第（A）目的规定协议下的组织，或者第 1894 条规定的 PACE 项目。

（2）**卫生部部长就项目范围的自由裁量权**。卫生部部长可以限制示范项目的实施：

（A）根据项目宗旨卫生部部长指定的地理区域，依据卫生部部长认为适当的标准；

（B）卫生部部长认为为有效且高效地实施上述项目，根据参与者的数量而选出的受益人或者提供项目和服务的个人或组织的一个（或多个）子群；

（C）卫生部部长认为适于实施的一个（或者多个）项目因素；

（D）或者，从第（A）目到第（C）目规定的任一限制的任一组合。

（3）**自愿接受项目和服务**。向个人提供的示范项目下的项目和服务只有在该人选择时方可。

（4）**协议**。卫生部部长有权与向示范项目的受益人提供医疗保健项目和服务的个人以及组织签订协议。

（5）**项目标准**。卫生部部长为示范项目制定实施标准（如适用），包括医疗保健项目和服务的质量标准、成本有效性标准、受益人满意标准以及其他卫生部部长认为合适的因素。个人或者组织就初始奖励、续签以及重新订立提供项目下规定的医疗保健项目和服务的协议的资格应当有限制，至少要符合或者超过上述实施标准。

（6）**对提供服务的个人以及组织产生影响的决定进行行政审查**。在示范项目中，提供服务的个人或者组织应当有权就未签订，或者终止，或者拒绝更新上述组织提供项目下的医疗保健服务的协议的决定提请项目管理人（如果卫生部部长未与项目管理人签订合同，由卫生部部长）进行审查。

（7）**卫生部部长对销售材料进行审查**。与提供示范项目下服务的个人或者组织签订的协议中应当规定该人士或者组织应当保证未经卫生部部长审查和批准之前不得分配销售项目下的项目或者服务的材料。

（8）**全额支付**。

（A）**总则**。除第（B）目的规定之外，根据示范项目下的合同或者协议的规定接受卫生部部长支付的个人或者组织应当在全额支付时同意接受上述支付，并且上述支付应当代替否则根据本编规定该个人或者组织有权进行支付的任何支付。

（B）**收取年度初付费和共同保险自付费**。上述个人或者组织可以向受益人收取任何可适用的年度初付费或者共同保险自付费。

（b）**项目管理合同**。

（1）**总则**。根据本款规定，卫生部部长可以通过与项目管理人签订契约管理示范项目。

（2）**项目管理合同的范围**。卫生部部长应签订地区性、地域性或者全国性的合同。

（3）**合同相对人的资格**。卫生部部长可以与以下组织就项目管理订立合同：

（A）根据第1816条规定的合同项下的，决定根据本编规定提供的医疗保健项目和服务的数量和支付的组织；

（B）或者，任何其他具有管理上述相关项目的实质性经验的组织。

（4）**合同授予、效力，以及更新**。

（A）**总则**。本款规定的合同期限就原始条款来说长达3年，就更新的附加条款来说长达3年。

（B）**与管理第 A 部分或第 B 部分的支付的组织所进行的合同授予或者合同更新**。根据本款规定，不管《美国法典》第 41 编第 5 条的要求，卫生部部长可以与第（3）项第（A）目规定的组织签订或者更新协议。

（5）**联邦采购规则的适用**。根据本款规定，联邦采购规则应当适用于项目管理合同。

（6）**实施标准**。卫生部部长应当为项目管理合同制定实施标准（如适用），包括被管理项目的质量和成本有效性标准，以及其他卫生部部长认为合适的因素。个人或者组织就初始的合同授予、续签以及重新订立提供项目下规定的医疗保健项目和服务的协议的资格应当有限制，至少要符合或者超过上述实施标准。

（7）**项目管理人的职能**。根据卫生部部长的规定，项目管理人应当履行下列一项或所有职能：

（A）**与提供医疗保健服务的组织签订协议**。认定想要就提供示范项目下的服务签订协议或者重新订立协议的组织的资格，并且代表卫生部部长的利益在适当的时候签订或者更新（或者拒绝签订或者更新）上述协议。

（B）**规定付款率**。经卫生部部长的批准、协商或者以其他方式规定，上述被保险的医疗保健的项目和服务的付款率。

（C）**索赔或费用的支付**。该项目中所提供的项目和服务的管理费用。

（D）**支付奖金**。使用卫生部部长制定的上述指南，并且经卫生部部长的批准，根据第（c）款第（2）项第（B）目的规定向提供按照项目规定进行支付的项目或者服务的组织支付奖金。

（E）**监督**。监督个人或组织遵守该协议项目中的参与条件。

（F）**行政审查**。根据第（a）款第（6）项的规定就不利决定进行行政审查。

（G）**市场资料审查**。就实施项目下的服务的组织建议的市场资料进行审查。

（H）**其他职能**。根据卫生部部长的规定行使其他职能。

（8）**责任限制**。根据本款规定，第 1157 条第（b）款的规定应当适用于合同相对人及其职员、雇员以及代理人根据合同进行的活动。

（9）**信息共享**。不管第 1106 条以及《美国法典》第 5 编第 552a 条的如何规定，卫生部部长有权根据本款规定向签订项目管理合同的组织披露与接受项目下的项目和服务的人士有关的信息当上述组织要承担它的合同责任时。

（c）**对项目协议和项目管理合同都适用的规则。**

（1）**记录、报告和审计。**在卫生部部长为了执行、监督和评估上述项目以及个人或者组织实施上述协议或者合同的效率提出要求时，卫生部部长有权要求协议提供示范项目下的医疗保健项目或者服务的组织，以及第（b）款规定的签订了项目管理合同的组织，保存适当的记录，向卫生部部长提供获取上述记录的方式（包括为审计之需），并且提供上述数据以及其他材料（包括经审计的财政报表以及性能参数）。

（2）**额外支付。**除根据第（B）目第（ⅱ）节的规定，不管法律的其他条款的任何规定，卫生部部长可以通过联邦健康保险信托基金和联邦附加医疗保险信托基金支付示范项目中的额外部分进行支付，按照下列项目，支付金额不超过项目授权金额：

（A）**向项目管理人进行支付。**卫生部部长可以向项目管理人就项目下的额外部分进行支付。

（B）**向提供服务的组织进行支付。**

（ⅰ）**总则。**根据第（ⅱ）节的规定，卫生部部长向提供按照示范项目规定进行支付的项目或者服务的和个人或者组织进行额外支付，或者授权项目管理人根据卫生部部长制定的上述指南且经卫生部部长批准后进行额外支付。

（ⅱ）**限制。**在达到上述效力的标准、照护程序或结果的改进，以及其他卫生部部长认为合适的因素的过程中，卫生部部长应就上述支付限定条件。

（3）**反歧视限制。**卫生部部长不应当与提供示范项目规定的医疗保健项目或者服务的组织，或者管理项目的组织签订协议，除非根据《公共健康服务法》第2702条第（a）款第（1）项中所述任何健康状况相关性因素，上述组织保证将不会就项目规定的保险或者津贴条款拒绝、限制或者向上述项目的享受主体限制条件。

（d）**限制司法审查。**就示范项目做出的下列决定或者处理不应当接受司法审查或者行政审判：

（1）根据第（a）款第（2）项的规定限制项目的实施。

（2）根据第（a）款第（5）项的规定项目签约标准与提供项目规定的医疗保健项目和服务的组织签署的协议否决或终止，或者拒绝重新订立。

（3）根据第（b）款第（6）项的规定项目管理合同的实施标准，根据第（b）款第（4）项第（B）目的规定拒绝重新订立项目管理合同，或者非竞争性奖励或者重新订立项目管理合同。

（4）根据项目协议或者项目管理合同，通过协商或者其他方式规定付款率。

（5）与项目有关的决定［根据项目负责人的特殊授权或者根据第（c）款第（2）项的规定］：

（A）关于是否实现了成本节约，以及节省费用的金额；

（B）或者，关于是否支付、向谁支付以及额外支付多少。

（e）**第 A 部分和第 B 部分的规定的限制适用规则。**本条或示范项目的任何条款都不适用于第 C 部分规定的项目。

（f）**向国会报告。**不迟于本条生效之日后的 2 年，并且此后的 6 年内，卫生部部长应当每两年一次向国会报告示范项目的授权使用情况。每次报告应当适用上述授权对费用使用，以及本编规定的项目的质量产生的影响。

医疗保健质量的示范项目

第 1866C 条【《美国法典》第 42 编第 1395cc – 3 条】（a）**定义。**在本条中：

（1）**受益人。**"受益人"是指享有第 A 部分规定的津贴并且参加了第 B 部分的个人，包括进入了第 C 部分的联邦医疗保险优势计划的个人。

（2）**医疗保健团体。**

（A）**总则。**"医疗保健团体"是指：（ⅰ）由一群医生至少部分是为提供本节规定的医生服务的目的而组建的团体；（ⅱ）通过协调医院、诊所、居家护理服务机构、当日手术中心、专业护理服务机构、康复服务机构和诊所，以及被雇佣的、独立的，或者签订契约的医生提供完整的医疗保健服务输出系统；（ⅲ）第（ⅰ）节或第（ⅱ）节所述的，代表区域团体联合的组织或者系统联合的组织。

（B）**包含。**只要卫生部部长认为合适的，医疗保健团体就可以提供包括按本节规定的方式进行支付的项目或者服务的医院以及其他人士或者组织，上述组织和个人是结构化的协调安排之下的团体健康护理组织的附属，以便上述主体或者组织与本条规定的示范项目。

（3）**医生**。除卫生部部长另有规定之外，"医生"是指提供服务且该服务可以作为本节规定的医生服务进行支付的人士。

（b）**示范项目**。卫生部部长应当制定一个 5 年期的示范项目，据此卫生部部长批准示范项目健康输送因素，鼓励高质量的患者医疗服务的提供，包括：

（1）激励性条款以促进提供给受益人的医疗的安全性；

（2）合理利用服务商的最佳做法指南以及受益人的服务；

（3）在利用和整合服务，以及结果测量和研究的过程中，通过不同的检查减少输送医疗的科学不确定性；

（4）鼓励供应商与患者之间共享决定机制；

（5）激励性条款以提高医疗的质量和安全性并且实现有效率地分配资源；

（6）合理使用文化上和伦理上比较敏感的医疗保健服务方式；

（7）改变医疗输送的激励并且改变资源的分配对医疗保健市场产生的金融影响。

（c）**通过合同进行管理**。

（1）**总则**。除本条另有规定之外，卫生部部长可以通过与根据第 1866B 条规定对第 1866A 条规定的示范项目进行管理的方式相同或者类似的方式管理本条规定的示范项目。

（2）**变更支付系统**。就在上述帮助下实施的示范计划来说，接受本条辅助的医疗保健团体，建议使用替代性支付系统，这一支付系统的目的是为了：

（A）在完成第（b）款规定的目标时鼓励高质量医疗服务的输送；

（B）简化文件和报告条件以及本编规定的其他内容。

（3）**津贴**。就在上述帮助下实施的示范计划来说，接受本条辅助的医疗保健团体，包括根据第 A 部分或第 B 部分中的原始的按项目付费的一揽子医疗保险项目或者第 C 部分中的医疗保险优势计划中可获得一揽子津贴的变更本条中的示范项目用于评估结果或者决定最佳做法指南，以及激励的标准不应当作为根据患者的年龄或者预期的寿命或者患者目前或者有迹象表明的残疾、药物依赖程度或者生活质量违背患者的意愿（或者如果患者是无行为能力人，违背其法定代理人的意志的）拒绝给予示范项目中的医疗保险津贴的依据。

（d）**资格标准**。有资格接受本条规定的辅助的组织应当：

（1）属于医疗保健团体；

（2）符合卫生部部长规定的质量标准，具体包括：（A）实施持续质量提高机制，集中在以整体性社区为基础的辅助服务、主诊断以及推荐诊疗，（B）实施可以增加向受益人提供医疗的输送效率的活动，（C）鼓励患者做出以偏好为基础的决定，（D）实施鼓励医疗服务输送的协调和整合的活动，（E）进行下列活动以测量和记录改变医疗保健输送激励和改变资源分配对医疗保健市场所产生的金融影响；

（3）符合卫生部部长规定的上述其他条件。

（e）**豁免权**。为了实施本条规定的示范项目，在必要的时候，卫生部部长可以取消第十一编和第十八编的上述要求。

（f）**预算中立**。就根据第（b）款规定的示范项目的5年期来说，根据本编规定，如果本条规定的项目未执行，上述时期的合计费用不应当超过本节规定的扩展的合计费用。

（g）**通知要求**。就接受按本条规定实施的示范项目下的医疗保健项目或者服务的患者来说，卫生部部长应当确保，作为上述患者参加本项目的结果，上述患者收到了关于豁免规则和支付条件的通知。

（h）**联邦行政机构的参与和帮助**。为实施本条规定的示范项目，卫生部部长可以指示：

（1）国家卫生研究所的主任推广该所的成果以评估当前的医疗技术并且改善循证实践的基础；

（2）卫生保健研究与质量局的行政负责人，在可能并且合适的情况下，将本条规定的项目用作质量提高策略研究的实验并且评估、监督以及传播与上述项目相关的信息；

（3）医疗保险和医疗辅助服务中心的行政负责人以及医疗照顾选择中心的行政负责人按照《1996年医疗保险移植和问责法》的可适用规则，支持从合约型医疗保健团体处获得的与登记信息有关的医疗数据，与接受上述团体服务的受益人团体之间的联系。

急诊病情以及女性劳工的检查和治疗①

第 1867 条【《美国法典》第 42 编第 1395dd 条】（a）**医学筛查要求。**就有急诊部门的医院来说，如果患者（不管是否享有本编规定的津贴）来到急诊部门根据自身利益要求就病情进行检查或者治疗的，医院必须在医院的急诊部门的能力范围之内提供适当的医学筛查，包括从急诊部门可获得的常规辅助服务，以判断是否患有急诊病情［在第（e）款第（1）项的含义之内］。

（b）**对急诊患者以及劳工进行必要的稳定治疗。**

（1）**总则。**如果该患者（不管是否享有本编规定的津贴）来到急诊部门并且医院判断该人已经患有急诊病情的，医院必须提供下列服务：

（A）医院可获得的员工和设备条件下，提供进一步的医学检查和上述治疗以便可以按要求稳定病情；

（B）或者，根据第（c）款的规定将患者转到其他医疗服务机构。

（2）**拒绝同意治疗。**如果医院向该人提供了该节规定的进一步检查和治疗并且告知了该患者（或者为该人的利益进行活动的人士）上述检查和治疗的风险与好处，则医院视为满足了第（1）项第（A）目规定的与上述患者有关的条件，但是该患者（或者为代表该患者利益的人）拒绝同意检查或者治疗。医院应当采取合理的步骤以确保获得该患者（或者上述人士的）拒绝上述检查和治疗的书面知情同意书。

（3）**拒绝同意转院。**如果医院根据第（c）款的规定决定该患者转到其他医疗服务机构并且告知了该人（或者为该人的利益进行活动的人士）上述转院的风险与好处，医院视为满足了第（1）项规定的与上述人士有关的条件，但是该患者（代表该患者利益的人）拒绝同意转院。医院应当采取合理的步骤以确保获得该患者（或者上述人士的）拒绝上述转院的书面知情同意书。

（c）**在患者病情稳定之前限制转院。**

（1）**规则。**如果在医院的患者具有未稳定的急诊病情［在第（e）款第（3）项第（B）目的含义之内］，医院不可以转诊该患者除非：

———————————

① 关于急救医疗和劳工法技术咨询小组的规定，参见第 2 卷《公法》第 108—173 期，第 945 条；关于向未登记的外国人提供的急救医疗服务进行联邦补偿额规定，参见第 1011 条。

（A）（ⅰ）根据本条规定，在得到医院义务以及转院风险的通知之后的患者（或者代表患者利益的法定责任人），书面请求转到其他医疗服务机构，（ⅱ）根据在当时可获得的信息，医生［在第 1861 条第（r）款第（1）项规定的含义之内］签署了证明书以证明另一家合规的医疗机构所提供的医疗服务的合理预期的医疗效果要大于患者（比如说工人或者未出生的婴儿）在转院过程中所造成的附加风险，或者（ⅲ）如果在患者转院时医生并未身在急诊部门，由合格的医疗人士（见卫生部部长在行政规章中的定义）在医生已经做出本条所述的决定之后，经过与相关人员协商，签署了第（ⅱ）节规定的证明书，并且在后来联署该证明书；

（B）转院应当是适当转到［在第（2）项规定的含义之内］的上述服务机构。第（A）目第（ⅱ）节或第（ⅲ）节规定的证明书应当包括据以做出证明书的风险和收益的摘要。

（2）**适当转院**。适当转到医疗服务机构是指转到：

（A）在其能力范围之内提供医疗的转诊医院，该能力在于最小化患者（比如女性劳工和未出生的婴儿）的健康风险；

（B）接受转诊的服务机构：（ⅰ）有适当的空间和合格的专业人士治疗患者，以及（ⅱ）同意接受转诊患者并且对其进行适当的医疗。

（C）转诊医院应当向接受转诊的服务机构提供所有与患者表现出的急诊病情相关的在转院时可以获得的医疗记录（或者其复印件），包括与患者的急诊病情、症状或体征观察、初步诊断记录、接受过的治疗、检查结果相关的记录以及第（1）项第（A）目中规定的知情同意书或者证明书（或者其复印件），以及提供在必要的稳定治疗的合理期间内拒绝或者没有出现在线医生的名字和住址［见第（d）款第（1）项第（C）目的规定］；

（D）通过合格的个人和运输设备，使转院有效，根据要求包括在转院过程中使用的必要的以及相应的医疗生命维持措施；

（E）根据转院患者的健康和安全利益，满足卫生部部长认为必要的上述其他要求。

（d）**执行**。

（1）**民事罚金**。

（A）因疏忽违反了本条规定的要求的合约型医院应当就上述每次违法行为承担不超过 5 万美元的民事罚金（或者就少于 100 个床位的医院来

说不超过 2.5 万美元)。第 1128A 条的规定〔除了第（a）款和第（b）款的规定之外〕应当适用于前款规定的民事罚金并且上述条款以同样的方式适用于第 1128A 条第（a）款规定的处罚或者诉讼。

（B）根据第（C）目的规定，在合约型医院中对患者的检查、治疗，或者转院负责的医生，包括随叫随到的护理医生，以及因疏忽违反了本条规定的要求的医生，包括：

（ⅰ）签署了第（c）款第（1）项第（A）目中规定的证明书证明根据另一服务机构的适当医疗的规定合理预期的医疗收益大于患者在转院过程中所增加的风险，如果上述医生已经知道或者应当知道该利益不超过风险；

（ⅱ）或者，错误陈述该人的病情或者其他信息，包括本条规定的医院义务；

应当就上述每次违法行为承担不超过 5 万美元的民事罚金，并且如果是重大的，公然的或者多次违反，应当将该医生排除在参与本条以及州健康护理项目之外。第 1128A 条的规定〔除了第（a）款第一句和第二句和第（b）款的规定之外〕应当适用于本目规定的民事罚金以及禁止并且上述条款以同样的方式适用于第 1128A 条第（a）款规定的罚金、禁止或者诉讼。

（C）在初步检查之后，如果医生判断该患者需要医院列出的在线医生名单〔第 1866 条第（a）款第（1）项第（I）目要求提供的〕上的医生的服务并且通知了随叫随到医生且该医生在合理期间内没有或者拒绝出现，并且医生命令该患者转院因为医生断定在没有医生的服务时转院的利益大于风险，医生批准转院不应当承担第（B）目规定的罚金。但是，前款规定不适用于医院或者未露面或者拒绝露面的随叫随到的医生。

（2）**民事执法。**

（A）**人身伤害。**直接因合约型医院违反本条的规定而遭受人身伤害的患者可以就该合约型医院提起民事诉讼，包括根据医院所在州的法律规定就人身伤害可获得的赔偿，以及就上述情形可获得的适当的公平的救济。

（B）**给其他医疗服务机构造成的财政损失。**直接因合约型医院违反本条的规定而遭受财政损失的其他医疗服务机构，可以就该合约型医院提起民事诉讼，包括根据医院所在州的法律规定就人身伤害可获得的赔偿，以及就上述情形可获得的适当的公平的救济。

（C）**限制诉讼**。根据本项的规定，在上述违法行为发生之日起两年后，不应当再提起任何诉讼。

（3）**与同行审查组织进行协商**。就因违反本条规定而对其进行的第（1）项规定的制裁和本编所述的终止医院的参与的断言，卫生部部长应当要求适合的就医和治疗控制同行审查组织（根据第十一编第 B 部分规定的合同）评估是否所涉主体有未稳定的急诊病情并且就其调查结果出具报告。除延误对患者的安全或者健康产生重大危害的情形之外，卫生部部长应当在第（A）目规定的处罚生效之前要求进行上述审查并且规定至少 60 天的审查期。除延误对患者的安全或者健康产生重大危害的情形之外，卫生部部长应当在做出合规决定之前还应当要求进行上述审查，并且应当就上述审查规定不少于 5 日的期限，上述合规决定作为终止医院签署的本编规定合同的程序的一部分，上述终止程序因违反医疗筛查的正当性、稳定性治疗或者本条要求的适当转院而做出的。卫生部部长应当向医院或者医生根据第 B 部分向组织规定的保密条件提供组织报告的复印件。

（4）**结束调查的通知**。当本条规定的调查结束时，卫生部部长应当制定程序以通知医院和医生。

（e）**定义**。在本条中：

（1）"急诊病情"是指：

（A）病情通过足够严重（包括剧痛）的急性病症表现出来的上述情况若不进行及时的医护经合理预期可能导致下列结果：（ⅰ）将个人健康（或者就怀孕的妇女来说，健康的妇女或者未出生的婴儿）置于严重风险中，（ⅱ）严重损害身体机能，或者（ⅲ）身体器官或者部分的严重功能失调；

（B）或者，就签订转院合同的怀孕妇女来说：（ⅰ）在分娩之前不确定的时间可能对安全转院产生的影响，或者（ⅱ）转院对妇女或者未出生的婴儿的健康或者安全产生威胁。

（2）"合同型医院"是指签订第 1866 条规定的供应商协议的医院。

（3）（A）"稳定"是指，就第（1）项第（A）目规定的急诊病情来说，在必要时就上述病情提供上述医疗以确保在合理的医学可能性区间内，在患者转院过程中不会导致或者发生病情恶化，或者就第（1）项第（B）目规定的急诊病情来说，进行分娩（包括胎盘）。

（B）"稳定性"是指，就第（1）项第（A）目规定的急诊病情来说，在合理的医学可能性区间内，在患者转院过程中不会导致或者发生病情恶化，或者就第（1）项第（B）目规定的急诊病情来说，不会使分娩情况恶化（包括胎盘）。

（4）"转诊"是指根据在医院（或者其直接的或者间接的分支机构或者关联机构），雇员离开医院的服务机构的活动，但是不包括下列患者的活动：（A）宣告死亡；或者（B）未经任何人士的允许就离开该服务机构的。

（5）"医院"是指应急医院［见第 1866 条第（mm）款第（1）项规定的定义］。

（f）**优先权**。本条规定不优先于任何州或地方法律规定，除在一定范围内直接与本条规定相冲突的规定。

（g）**不得歧视**。具有专业能力或者服务机构的合同型医院［比如烧伤科、创伤性休克科、新生儿重症科，或者（就农村地区来说）卫生部部长在行政规章中规定的区域性转诊中心］如果该医院有相应的治疗能力，患者需要上述医院提供的专业能力和专业服务，该医院不能拒绝接受上述转院患者。

（h）**不延误检查或者治疗**。合同型医院不能因探寻患者的支付方式或者保险状态而延误了第（a）款规定的适当的医学筛查或第（b）款规定的进一步医学检查以及治疗。

（i）**举报者保护**。由于医生或者第（c）款第（1）项第（A）目第（iii）节规定的合格的医学人士因患者的急诊病情不稳定而拒绝批准转院，或者医院雇员对本条的违反规定进行了报告，该合同型医院不能对上述人士进行惩罚或者采取对其不利的行动。

执业医生咨询委员会、技术创新委员会

第 1868 条【《美国法典》第 42 编第 1395ee 条】（a）**执业医生咨询委员会**。

（1）根据代表医生的医学组织提交的提名，卫生部部长应当任命，由 15 名医生组成的执业医生咨询委员会（在本款中指"委员会"），每人在前一年根据本编就医服务已提交了至少 250 个索赔请求。委员会中至少 11 名成员应当为第 1861 条第（r）款第（1）项规定的医生并且委员会的成员应当包括执业医师和非执业医生以及在农村和缺医少药的市区的执业

医师。

（2）委员会应当每一个日历季度召开一次会议，谈论由卫生部部长确认的运营商指导手册和行政规章中的一些变动。在一定灵活性和法定期限的范围内，上述咨询应当在上述决策变更公布之日前进行。

（3）咨询委员会的成员应当有权接受退换费用并且用每日津贴代替最低生活费并且以同样的方式向卫生部部长指派的其他咨询委员会的成员提供本编规定的上述退换以及每日津贴。

（b）**技术创新委员会**。

（1）**设立**。卫生部部长应当在医疗保险和医疗辅助服务中心（在本条中指"CMS"）内部设立技术创新委员会。

（2）**构成**。委员会应当由 CMS 的高级工作人员和临床医生组成，并且应当由技术创新的执行协调员〔根据第（4）项的规定进行指派的或者委派的〕进行管理。

（3）**职责**。委员会应当就新的医学技术和医生方法在保险、编码以及支付方式之间进行协调，包括新的药物疗法，并且应当在 CMS 和其他可做出类似决定的组织之间协调交流与新技术有关的信息。

（4）**技术创新的执行协调员**。卫生部部长应当指派（或者委派）非职业人员〔见《美国法典》第 5 编第 3132 条第（a）款第（7）项的定义〕做技术创新的执行协调员。上述执行协调员应当向 CMS 的行政负责人报告，管理委员会监督其履行其职务，并且应当就与保险、编码以及本节规定的程序有关的外部团体或者组织来说作为合同的单点负责人。

决定、上诉

第 1869 条【《美国法典》第 42 编 1395ff 条】（a）初始决定。

（1）**制定规章**。卫生部部长应当制定规章并且根据规章就第 A 部分或第 B 部分规定的津贴做出下列初始决定：

（A）初始决定该人是否有权享有上述部分规定的津贴。

（B）初始决定该人根据上述部分的规定可获得的津贴数额。

（C）就针对上述部分规定的津贴提出的索赔来说的任何初始决定，包括由卫生部部长初始决定不进行支付，或者不再进行支付，就上述部分规定的项目或者服务来说，由就医和质量同行审查组织根据第 1154 条第（a）款第（2）项的规定做出的初始决定，以及为执行本编或第十一编的规定由与卫生部部长签订合同（或者第1852条规定的合同）的组织做出的初始决定。

（2）**做出初始决定的截止期限**。

（A）**总则**。根据第（B）目的规定，在根据第（1）项的规定制定的行政规章中，按照具体情况，应当在不迟于金融中介机构或者组织，接受第（1）项规定的个人提出的津贴索赔之日开始后的45日内做出初始决定。应当在上述45日的期限结束之前向提出索赔的个人邮寄上述决定的通知。

（B）**净索赔**。第（A）目的规定不应当适用于第1816条第（c）款第（2）项或者1842条第（c）款第（2）项规定的任何索赔。

（3）**重新决定**。

（A）**总则**。在根据第（1）项的规定就初始决定制定的行政规章中，上述行政规章应当规定金融中介机构或者组织就经全部否决或者部分否决的津贴索赔重新做出决定。

（B）**限制**。

（ⅰ）**上诉权**。根据第（b）款的规定不应当对初始决定进行复议或者上诉除非金融中介机构或者组织已经根据本项规定对初始决定重新做出了决定。

（ⅱ）**决策者**。不应当由涉及初始决定的人士重新做出决定。

（C）**截止期限**。

（ⅰ）**提请重新决定**。在不迟于该个人接受第（2）项规定的初始决定之日起后的120日的期限之内向卫生部部长提交请求重新做出决定的通知，第（A）目规定的重新决定生效。

（ⅱ）**重新决定的最终期限**。应当在不迟于金融中介机构或者运营商，视具体情况而定，接受重新决定的请求之日开始后的60日内重新做出决定。应当在上述60日的期限结束之前向提出索赔的个人邮寄上述决定的通知。

（D）**解释**。根据本条之后的条款的规定，本项规定的重新决定应当被视为初始决定的一部分。

（4）**通知决定的要求**。就否决津贴索赔的初始决定来说：

（A）该决定的书面通知应当包括：（ⅰ）决定的缘由，包括已应用的无论是地方医疗审查还是地方保险裁决，（ⅱ）获取与决定相关的额外信息的程序，包括第（B）目规定的信息，以及（ⅲ）通知进行重新决定或者另外就决定提起上诉的权利和如何发起本节规定的重新决定的说明；

（B）应当以印刷的形式和书面的方式提供上述书面通知，该方式可以被认为享有第 A 部分规定的津贴或者参加了第 B 部分或者两者兼而有之的患者能够理解上述通知；

（C）获取上述书面通知的人士可以获取，根据请求，与用于做出决定的政策、手册或者规章的特殊条款有关的信息。

（5）**通知重新决定的要求**。就否决津贴索赔的重新决定来说：

（A）该重新决定的书面通知应当包括：（ⅰ）重新决定的具体事由，（ⅱ）正当的，用于做出重新决定的临床的或者科学的总结，（ⅲ）记录获取与重新决定有关的额外信息的程序，以及（ⅳ）通知进行重新决定或者另外就决定提起上诉的权利和如何发起本节规定的上诉的说明；

（B）应当以印刷的形式和书面的方式提供上述书面通知，该方式可以被认为享有第 A 部分规定的津贴或者参加了第 B 部分或者两者兼而有之的人士能够理解上述通知；

（C）获取上述书面通知的人士可以获取，根据请求，与用于做出重新决定的政策、手册或者规章的特殊条款有关的信息。

（b）**上诉权**。

（1）**总则**。

（A）**初始决定的复议**。根据第（D）目的规定，任何不满意第（a）款第（1）项规定的初始决定的人士应当有权对决定提出复议，并且根据第（D）目以及第（E）目的规定，在同等程度上根据第 205 条第（b）款的规定由卫生部部长就此举行的听证，以及根据第（2）项的规定，在根据第 205 条第（g）款的规定举行的上述听证之后对卫生部部长的最终决定提出司法审查。根据前几款规定的宗旨，在第 205 条第（g）款或第 205 条第（1）款中使用的任何"社保委员会委员"或"社保行政部门"的参照规则应当分别视为"卫生部部长"或"卫生与公众福利服务部"的参照规则。

（B）**由供应商或者提供者代理**。

（ⅰ）**总则**。第 206 条第（a）款、第 1102 条，以及第 1871 条的规定不应当解释为：授权卫生部部长禁止服务或者项目的提供者直接或间接地向个人提供服务，仅仅依据该人士向个人提供上述服务或项目。

（ⅱ）**受益人支付的法定豁免权**。任何向个人提供服务或者项目的人士根据本条的规定就第 1879 条第（a）款第（2）项规定的争端来说不可以代理该个人除非上述人士已经豁免了要求受益人支付上诉所涉及的服务或者项目的权利。

（ⅲ）**禁止为代理付费**。如果任何向个人提供服务或者项目的人士，并且根据本节的规定成为该个人的代理人，该人士不可以向上述个人施加上述代理相关的金钱责任。

（ⅳ）**对受益人的代理人的条件**。第 205 条第（j）款以及第 206 条〔除了该条第（a）款第（4）项之外〕中有关索偿者的代理规定适用于本条个人的代理问题，本条中的个人代理的申诉方式与上述条款中所述的申诉方式相同。

（C）**指派过程中的继承权**。本条规定的个人就项目或服务享有的上诉权可以根据其使用卫生部部长为授权书规定的标准制定的书面同意书授权给服务供应商或者项目或者服务的提供者。

（D）**提起上诉的时限**。

（ⅰ）**复议**。只要在不迟于第（A）目规定的个人接受第（a）款第（3）项规定的重新决定之日起后的 180 日的期限之内，或者在卫生部部长另有规定的期限内，向卫生部部长提交请求做出复议的通知，则视为第（A）目规定的复议生效。

（ⅱ）**由卫生部部长举行听证**。根据第 205 条和第 206 条的规定，卫生部部长应当在行政规章中规定提出由卫生部部长举行听证的请求的时限。

（E）**争议金额**。

（ⅰ）**总则**。根据本节规定如果争议金额少于 100 美元，则不应举行听证（由卫生部部长举行），个人不应当获得听证（由卫生部部长举行）如果争议金额少于 100 美元，同时，如果争议金额少于 1000 美元，不应对个人进行司法审查。

（ⅱ）**合并诉讼请求**。在判断争议数额时，根据行政规章的规定，卫生部部长，应当允许合并两个或者多个诉求如果诉求涉及：（Ⅰ）由一个或者多个服务供应商或者提供者向同一个主体提供相似或者相关的服务；或者（Ⅱ）由一个或者多个服务供应商或者提供者向两个或者多个主体提供服务中存在相同的法律事由或者法律事实。

（ⅲ）**金额调整**。在 2004 年后提出的听证请求或者进行的司法审查，第（ⅰ）节规定的金额应当等于随着城市消费者的医保消费者指数增加的百分比而增加的上述数额。前几句规定的任何金额都不是 10 美元的倍数，应当四舍五入为 10 美元的最近倍数。

（F）**快速程序**。

（ⅰ）**快速决定**。就收到服务供应商的通知的个人来说上述供应商计划：（Ⅰ）终止向个人提供服务并且医生证明不继续上述服务条款可能置个人的健康于重大风险中；或者（Ⅱ）不向患者提供服务，患者可以书面或者口头请求做出简易决定，或者根据第（a）款第（1）项的规定做出的初始决定的简易重新决定，并且视情况，卫生部部长应当做出上述简易决定或者简易重新决定。

（ⅱ）**快速听证**。在卫生部部长根据本条规定举行的听证中，其中动议方称事实的观点没有实质性争议的，卫生部部长应当快速决定上述事实是否存在争议，如果不存在，应当快速做出判决。

（G）**重启或修订决议**。卫生部部长可以根据其在行政规章中制定的规则重启或者修正本款规定的任何初始决定或者复议决定。

（2）**快速进入司法审查**。

（A）**总则**。卫生部部长应当制定程序据此提供项目或者服务的服务供应商或者提供者或者享有第 A 部分规定的津贴或者参加了第 B 部分或者二者兼而有之的根据第（1）项的规定提起了上诉［除根据第（1）项第（F）目第（ⅰ）节的规定提起的上诉之外］请求上诉的个人，当审查组织［见第（D）目］主动或者应上诉者的要求认定上诉委员会无权认定与争议实施有关的法律或者行政规章的问题并且无权认定争议事实有无实质性争议。就争议的具体事项的法律或者行政规章的问题来说，上诉人仅可提出一次上诉请求。

（B）**及时决定**。在正当地提出行政听证的请求之时或者之后，如果上诉人要求通过合规的审查组织做出决定认为上诉委员会无权认定与争议事实有关的法律或者行政规章的问题并且无权认定争议事实有无实质性争议，并且如果上述请求附有适合的审查组织为做出上述决定应当要求具备的文件和材料，上述审查组织应当在接到上述请求以及上述附随文件和材料之日后的 60 日内对该请求做出决定。上述审查组织做出的决定应当视为终局决定并且不再受卫生部部长的审查。

（C）**进入司法审查**。

（i）**总则**。如果合规的审查组织：（Ⅰ）认定纠纷事实无实质性争议并且应当判罚的唯一争议是上诉委员会无权决定的法律或者行政规章的问题；或者（Ⅱ）在第（B）目规定的期限之内未做出上述决定的，然后上诉人按照本目的规定提起民事诉讼的。

（ii）**提起诉讼的截止日期**。在下列条款规定的情形下，应提起上诉：（Ⅰ）第（i）节第（Ⅰ）次节规定的，在自该款规定的决定之日起的60日内；或者（Ⅱ）第（i）节第（Ⅰ）次节规定的，在该款规定的决定期限结束之后的60日内。

（iii）**审判地点**。上述诉讼应当由上诉人所在的司法管辖地（或者，就多个上诉人联名提起的诉讼来说，由绝大多数上诉人所在的司法管辖地）的美国区法院或者哥伦比亚特区的区法院进行审理。

（iv）**争议金额的利息**。就服务供应商或者提供者根据本项的规定的授权享有的司法审查来说，争议的数额（如果有的话）应当按照在自根据第（ii）节的规定做出决定之日起的60日期限之后的第一个月的第一天开始计算利息并且利率等于在经本项的规定授权的民事诉讼开始之日所在的月份内由联邦附加医疗保险信托基金购买的争议义务的利率，利息应由审查法院根据胜诉方的利益进行判决。根据本编规定判决的利息不应当被视为偿还服务供应商的费用或收入。

（D）**审查组织的定义**。根据本项的宗旨，"审查组织"是指拥有达到3名审查员的组织，上述审查员或者是行政法法官或者是为了做出本节的决定选拔出来的上诉委员会的成员。

（c）**由独立承包商进行的复议**。

（1）**总则**。卫生部部长应当与合格的独立承包商签订合同以对第（a）款第（1）项第（B）目和第（C）目规定的初始决定进行复议。本条规定的合同期限就原始条款来说长达3年，每3年之后更新合同。

（2）**合格的独立承包商**。根据本款的宗旨，"合格的独立承包商"是指独立于任何根据与卫生部部长签订的合同做出第（a）款第（1）项规定的初始决定的组织的团体或者组织，并且满足根据第（3）项的规定卫生部部长制定的要求。

（3）**要求**。根据本款规定与卫生部部长签订合同的合格的独立承包商应当满足下列要求：

（A）**总则**。合格的独立承包商应当履行上述职责和职能并且假定卫生部部长规定的上述责任是卫生部部长规定的为了实施本款规定所要求的，并且该承包商应当拥有充足的医疗、法律或者其他专业知识（包括与本条规定的项目有关的知识）以及足可以做出本款规定的复议的工作人员。

（B）**复议**。

（ⅰ）**总则**。合格的独立承包商应当审查初始决定。就与项目或者服务对于病情或者伤势的诊断或者治疗来说是否是合理的且必不可少的[根据第1862条第（a）款第（1）项第（A）目的规定]相关的初始决定来说，上述审查应当包括由医生或者其他适合的医疗保健专业人士的工作小组对初始决定的事实以及条件进行审查并且任何复议决定都应当在可适用信息的基础上做出，包括临床经验（包括所涉个人的医疗记录）以及医学技术和科学方法。

（ⅱ）**国家和地方保险裁决的效力**。

（Ⅰ）**国家保险裁决**。如果卫生部部长依照第1862条第（a）款第3句规定的要求做出国家保险裁决，上述决定应当对做出本条规定的复议决定的合格的独立承包人具有约束力。

（Ⅱ）**地方保险裁决**。如果卫生部部长做出了地方保险裁决，根据本条的有关复议的规定，上述决定对合格的独立承包人不具有约束力。不管前款规定如何，合格的独立承包人应当在做出上述决定时参照地方保险裁决。

（Ⅲ）**无国家或者地方保险裁决**。在无上述国家保险裁决或者地方保险裁决的情形下，合格的独立承包人应当根据复议所依据的可适用信息做出决定，上述可适用信息包括临床经验和医学技术以及科学方法。

（C）**做出决定的截止日期**。

（ⅰ）**复议**。除第（ⅲ）节和第（ⅳ）节的规定之外，合格的独立承包人应当进行第（B）目规定的复议并且得出结论，并且在不迟于及时提交复议请求之日起后的60日期限结束之日邮寄复议裁决通知。

（ⅱ）**未满足截止日期要求的后果**。就合格的独立承包人未在第（ⅰ）节规定的期限结束之日前邮寄裁决通知或者在第（ⅲ）节规定的期限结束之日前未提供通知的情形来说，根据具体情况，请求复议或者上诉的主体可以在卫生部部长之前请求听证，根据主体的上述听证权利，不管前款有关复议决定的任何规定。

（ⅲ）**快速复议**。合格的独立承包人应当在下列情形下进行第（b）款第（1）项第（F）目规定的快速复议：

（Ⅰ）**做出决定的截止期限**。不管第216条第（j）款的规定如何并且根据第（ⅳ）节的规定，在合格的独立承包人收到上述复议请求以及上述复议需要的上述医疗或者其他记录之日起后的72小时之内，合格的独立承包人应当向个人和服务供应商以及该人的主治医生通知（电话或书面）复议决定。上述复议不考虑服务供应商或者提供者是否向个人就继续服务收取费用或者是否该人就继续服务具有支付义务。

（Ⅱ）**与受益人进行协商**。在做出上述决定的过程中，合格的独立承包人应当征求所涉个人的意见。

（Ⅲ）**出院的特殊规则**。根据本节的规定应当对按照第1154条第（e）款第（2）项、第（3）项和第（4）项的规定在该目规定生效之日之前生效的出院决定进行复议。

（ⅳ）**延长**。要求进行复议的个人根据本目的规定可以享有上述额外时限当该人请求（不超过14天）合格的独立承包人做出复议决定时。该人可以口头或者书面请求上述额外时限。

（D）**审查人的资格**。应当满足第（g）款规定的要求（与专业审查人士资格相关的）。

（E）**判决的解释**。合格的独立承包人应当以书面形式做出的复议决定，并且推定为享有第A部分规定的津贴或者参加了第B部分或者两者兼而有之的人士能够理解上述通知并且应当包括对决定的解释以及做出上述决定的相关事实和可适用的行政规章的讨论，包括上述决定的上诉权和如何发起本条规定的上诉的说明，并且还包括就与项目或者服务对于病情或者伤势的诊断或者治疗来说是否是合理的且必不可少的相关决定的医学和科学理论的解释。

（F）**通知要求**。无论何时合格的独立承包商做出了本款规定的复议决定，合格的独立承包人应当及时通知上述决定中对第A部分或第B部分规定的索赔负有支付义务的实体。

（G）**发布复议判决**。合格的独立承包商应当将上述其做出的所有复议决定提供给金融中介机构（见第1816条的规定）、组织（见第1842条的规定），同行审查组织（见第十一编第B部分的规定），第C部分中提供"医疗照护选择计划"的"医疗照护选择"组织，或者第 A 部分、第 B 部分或第十一编中的与卫生部部长签署合同做出初始决定的其他组织，以及公众的规定与卫生部部长签订合同可以做出初始决定的实体以及公众。卫生部部长应当制定一个在合格的独立承包商实施本目规定时的方法。

（H）**确保判决的一致性**。每一个合格的独立承包商应当监督它做出的复议判决以确保就类似或者相关事实的复议请求做出的判决的一致性。

（I）**数据收集**。

（ⅰ）**总则**。根据第（ⅱ）节的规定，合格的独立承包商应当收集与他的职能相关的信息，并且为实施本节的规定的目的按照卫生部部长规定的方式和形式保存并维护上述记录，并且应当根据上述目的为了按照卫生部部长的规定，获取和使用上述信息和记录。

（ⅱ）**已收集收据的分类**。每一个合格的独立承包商，为了上述目的根据卫生部部长制定的标准，应当保存做出决定的准确记录。上述记录应当在电子数据库中保存并且在下列情形下提供证明：

（Ⅰ）引起上诉的具体要求。

（Ⅱ）建议加强对服务供应商、医生或者提供者的教育的情形。

（Ⅲ）建议变更国家的或者地方的保险决定的情形。

（Ⅳ）建议变更地方保险裁决的情形。

（ⅲ）**年度报告**。每一个合格的独立承包人应当每年向卫生部部长（或者在卫生部部长要求的时候）提交其在前一年内保存的该节规定的记录。

（J）**卫生部部长要求的听证**。合格的独立承包商应当：（ⅰ）提交对承包人的决定进行上诉需要的上述信息；以及（ⅱ）参加卫生部部长要求的上诉听证。

（K）**独立性要求**。

（ⅰ）**总则**。根据第（ⅱ）节的规定，合格的独立承包商不应当在一个案件中进行任何活动除非该实体：（Ⅰ）属于非相关主体［见第（g）款第（5）项的定义］；（Ⅱ）与上述案件中的主体无实质性的家属、财务或者工作关系的；以及（Ⅲ）与上述主体无利益冲突的。

（ⅱ）**合理赔偿的例外规则**。第（ⅰ）节的任何规定都不应当被解释为禁止合格的独立承包人接受卫生部部长就本条规定的实施情况做出的赔偿如果根据第（ⅲ）节的规定应当进行赔偿。

（ⅲ）**实体进行赔偿的限制**。卫生部部长就本节规定的审查向合格的独立承包商支付的赔偿不应当以该承包商或者任何专业审查人士做出的任何决定为依据。

（4）**合格的独立承包商的数目**。卫生部部长应当与足够数目的合格的独立承包人（但是不少于 4 个上述合格的独立承包人）签订合同以在本节规定的适用的时间框架内进行复议。

（5）**对合格的独立承包商的责任的限制**。与卫生部部长根据本款规定签订合同的独立承包人，以及被上述独立承包人雇用的或者存在信托关系的人士，或者向上述独立承包人提供服务的人士，不应当根据该款规定或者授权的任何职责、职能或者活动的实施或者根据本款规定合法签订的合同，违反了刑法，或者根据美国或者任何州（或者政府分支部门）的法律应当承担民事责任进行拘留，上述情形是为了实施上述职责、职能或者活动提供的正当救护而产生的。

（d）**卫生部部长要求的听证的截止日期、通知**。

（1）**由行政法法官举行的听证**。

（A）**总则**。除第（B）目的规定之外，行政法法官应当对合格的独立承包商根据第（c）款做出的决定进行听证并得出结论并且在及时提交上诉听证请求之日起的 90 日期限结束之日前，就上诉听证做出决定。

（B）**豁免当事人寻求听证的主体的截止期限的规定**。第（A）目规定的 90 日期限不应当适用于要求听证的主体提出的动议或者规则，就上述情形来说可以豁免上述的期限规定。

（2）**上诉委员会的审查**。

（A）**总则**。健康和人类服务部的上诉委员会应当对第（1）项规定的听证决定进行审查，并且在不迟于自及时提供上述审查请求之日起的 90 日期限结束日做出决定或者发回至行政法官重审该案。

（B）**上诉委员会的听证程序**。在审查本项规定的听证决定时，上诉委员会应当对该案重新进行审查。

（3）**未满足截止日期的规定的后果**。

（A）**行政法法官举行的听证**。就行政法法官未在第（1）项规定的期限结束之日前做出决定的情形来说，当事人可以要求健康和人类服务部的上诉委员会进行审查，尽管出于该主体权利的审查目的举行听证会的任何要求。

（B）**部门上诉委员会的审查**。部门上诉委员会在第（2）项规定的时期的截止日期前没有做出判决的情况下，当事人可要求听证会进行司法复核，不管出于该当事人审查目的举行听证会的任何要求。

（4）**通知**。行政法法官应当以书面的方式提供上述裁决通知并且该通知能够为享有第 A 部分规定的津贴或者参加了第 B 部分或者两者兼而有之的人士所理解，并且该通知应当包括：

（A）做出决定的具体事由（包括具有一定的正当性，用于做出决定的临床或者科学证据的证据目录）；

（B）获取与上述决定相关的额外信息的程序；

（C）通知对决定的上诉权和如何发起本条规定的上诉的说明。

（e）**行政规定**。

（1）**限制对一定行政规章的审查**。与第 B 部分规定的支付数额的判断方法有关的且在 1998 年 1 月 1 日之前初步公布的行政规章或者说明，不应当受到司法审查。

（2）**拓展**。在必要时，卫生部部长应当实施上述拓展活动以向享有本部分规定津贴的个人以及服务供应商或者提供者通知本编规定的上诉权和上诉程序。卫生部部长应当使用其根据第 1804 条第（b）款的规定提供的免费长途电话号码提供与上述上诉权有关的信息并且回答与上诉情况有关的询问。

（3）**合格的独立承包商以及行政法法官的继续教育要求**。在于社保委员会协商之后，卫生部部长应当向每一个合格的独立承包商和行政法官提供初始决定的复议判决或者其他决定或判决，关于本编中和卫生部部长关于第十一编第 B 部分政策中的保险项目和服务的继续教育，对于合格的独立承包商和行政法官在做出有关申诉的决定的时候是必需的。

（4）**报告**。

（A）**向国会进行年度报告**。卫生部部长应当向国会提交年度报告，包括之前一年内的上诉案件数，确认需要行政或者立法诉讼的争议，并且包括卫生部部长就上述处理做出的任何建议。卫生部部长应当在上述报告中加入合格的独立承包人做出的与决议不一致的决定进行的分析以及对上述不一致的原因进行的分析。

（B）**调查**。卫生部部长应当至少每 5 年一次对享有本编赋予的权利并依本条规定提出裁决请求的人、服务的提供者和产品供应商进行有效的抽样调查，确定这些个人和单位对本条中规定的适用于诉诸裁决的程序和卫生部部长所提供的关于此项程序的教育和培训活动的满意程度。卫生部部长应就此调查的结果向国会提交一份报告，报告中应包括卫生部部长对于行政和立法行为提出其认为是适当的建议。

（f）**对保险决定的审查**。

（1）**国家保险裁决**。

（A）**总则**。对国家保险裁决进行的任何审查应当遵守下列限制：

（ⅰ）上述决定不应当由行政法法官进行审查。

（ⅱ）根据《美国法典》第5编第553条[①]的规定或第1871条第（b）款的规定的因不满而进行的联邦登记的公布或者公众评论机会有关的请求的决定不能非法进行也不能搁置不顾。

（ⅲ）根据受损的一方提起的申诉，上述决定应当由健康和人类服务部的部门上诉委员会进行审查。在实施上述审查时，上诉委员会：（Ⅰ）应当审查记录并且应当允许调查并采用证据评估决定的合理性，如果委员会认为证据不完备或者缺乏支持决定合法性的相关信息；（Ⅱ）在适当的时候，可以与相应的科学的和临床的专家进行协商；以及（Ⅲ）应当仅依据合理的事实调查结果、合理的法律解释，以及卫生部部长就事实制定的合理适用的法律。

（ⅳ）卫生部部长应当在收到上述决定的30日内执行上诉委员会的决定。

（ⅴ）部门上诉委员会的决定构成最终的行政处理并且应受司法审查。

（B）**国家保险裁决的定义**。根据本条的宗旨，"国家保险裁决"是指由卫生部部长是否根据本编的规定在全国范围内被保险做出的决定，但是不应当包括分配给根据本编规定被保险的项目或者服务的编码，如果有的话，有关的决定或者与上述被保险的特殊项目或服务的支付数额有关的决定。

（2）**地方保险裁决**。

（A）**总则**。对地方保险裁决进行的任何审查应当遵守下列限制：

---

① 参见第2卷《美国法典》第5编第553条。

（ⅰ）就受损的一方提起的申诉，上述决定应当由行政法法官进行审查：

（Ⅰ）如果委员会认为证据不完备或者缺乏足够的信息来支持该决定的有效性，行政法法官应当审查记录并且应当允许调查并采用证据评估决定的合理性，如果委员会认为证据不完备或者缺乏足够的信息来支持该决定的有效性决定合法性的相关信息；

（Ⅱ）在适当的时候，行政法法官可以与相应的科学和临床专家进行协商；

（Ⅲ）行政法法官应当仅依据合理的事实调查结果、合理的法律解释以及卫生部部长就事实制定的合理适用的法律。

（ⅱ）就受损的一方提起的申诉，行政法法官根据第（ⅰ）节的规定做出的决定应当由卫生与公众福利服务部的上诉委员会进行审查。

（ⅲ）卫生部部长应当在收到上述决定的 30 日内执行行政法法官或者上诉委员会的上述决定。

（ⅳ）上诉委员会的决定为终局行政处理并且应受司法审查。

（B）**地方保险裁决的定义**。根据本条的宗旨，"地方保险裁决"是指根据第 1862 条第（a）款第（1）项第（A）目的决定，依据该部分规定的中介机构或者中介组织是否包括特殊的项目和服务，在可适用的范围内，由第 A 部分或第 B 部分规定的金融中介机构或者组织做出的决定。

（3）**就事实没有实质性争议**。就可能根据第（1）项第（A）目第（ⅲ）节或者第（2）项第（A）目第（ⅰ）节规定进行审查的决定来说，动议方称：

（A）就事实没有实质性争议；

（B）唯一的法律争议是该节的合宪性，或者卫生部部长制定的行政规章、决定不合法，动议方可以寻求有司法管辖权的法院进行审查，而无须提起该节规定的申诉并且从另外角度来寻找其他行政救济。

（4）**未决的国家保险裁决**。

（A）**总则**。如果卫生部部长没有就特殊种类的项目或服务做出国家保险裁决或者非保险决定，受害人［见第（5）项的规定］可以向卫生部部长提交请求依据上述项目或服务做出决定。在不迟于卫生部部长收到上述请求［在上述 90 日期限内不管卫生部部长收到的任何新证据（如果有的话）］之日后的 90 日期限的结束之日，卫生部部长应当提出下列诉讼之一：

（ⅰ）不管有无限制，提请国家保险裁决。

（ⅱ）提请非国家保险裁决。

（ⅲ）在上述项目或服务的国家保险的上述 90 日期限结束之日提请国家保险或非国家保险的正当的决定。

（ⅳ）提请通知说明卫生部部长对国家保险裁决的请求未做出审查并且该通知包括对卫生部部长审查程序的剩余步骤的说明以及卫生部部长将完成审查并且采取第（ⅰ）节、第（ⅱ）节和第（ⅲ）节规定的处理措施的截止日期。

（B）**视为卫生部部长提起了诉讼**。就第（A）目第（ⅳ）节规定的诉讼来说，如果卫生部部长未在根据该款由卫生部部长规定的截止期限之前参照该款的规定提起诉讼的，那么应当视为卫生部部长在截止日期采取了按照第（A）目第（ⅲ）节规定的诉讼。

（C）**决定的解释**。当根据第（A）目的规定发布决定时，卫生部部长应当规定以决定为基础的解释。按照第（A）目［除了第（ⅳ）节的规定］提起的诉讼根据第（1）项第（A）目规定的审查的宗旨应当视为国家保险裁决。

（5）**起诉权**。根据本款规定寻求对国家保险裁决或者地方保险裁决进行审查的诉讼仅可以由享有第 A 部分规定的津贴或者参加第 B 部分或者二者兼而有之的需要享有服从保险决定的项目或者服务的人士发起。

（6）**通过网络公布卫生部部长的听证决定**。卫生部部长的每一个与国家保险裁决有关的听证决定应当向公众公布，并且卫生部部长应当通过人类与健康服务部的医疗保险网站公布每一个决定。卫生部部长的上述决定不应当涉及与个人、服务供应商或者提供者的身份有关的信息。

（7）**国家保险裁决的年度报告**。

（A）**总则**。自 2001 年开始，不迟于每年的 12 月 1 日，卫生部部长应当向国会提交报告，详细阐释在前一个财政年就不享有本条规定的保险津贴的项目、服务，或者医疗器械做出的国家保险裁决的实际确切的必需时间期限，包括就每一个新的项目、服务或者医疗器械来说，卫生部部长用于做出和执行必要保险、编码，以及支付决定的时间的说明，包括用于完成制定和执行上述决定程序中的每一个重要步骤的时间。

（B）**通过网络公布报告**。卫生部部长应当通过人类和健康服务部的医疗保险网站公布按照第（ⅰ）节的规定应当提交的每一份报告。

（8）**解释**。本款的任何规定都不应当被解释为允许根据本条的规定对按照其他法律规定命令禁止或者限制的情形下进行行政或司法审查。

（g）**审查者的资格**。

（1）**总则**。根据本条规定审查决定时，合格的独立承包商应当确保：

（A）每一个进行审查的人士应当满足第（2）项规定的要求；

（B）由承包商向每一个上述审查者进行的赔偿应当符合第（3）项的规定；

（C）就第（c）款第（3）项第（B）目规定的由医生或者其他医疗保健人士（在本款中指"专业审查人员"）组成的小组进行的审查来说，专业审查人员满足了第（4）项的规定，并且就对医生（疗法或者整骨疗法）提供的治疗或者医生（疗法或者整骨疗法）提供的项目或者服务条款提出的索赔来说，专业审查人员应当是医生（疗法或者整骨疗法）。

（2）**独立性**。

（A）**总则**。根据第（B）目的规定，每一个对案件进行审查的人员应该是：（ⅰ）非相关主体［见第（5）项的定义］；（ⅱ）与上述案件中的主体无实质性的家属、财务，或者工作关系的；以及（ⅲ）与上述主体无利益冲突的。

（B）**例外情形**。第（A）目的任何规定不应当被解释为：

（ⅰ）仅依据与金融中介机构、组织，或者其他合同相对人签订的参与协议，禁止该个人作为专业审查人员，如果：（Ⅰ）该个人并未涉及审查案件中的项目或者服务条款，（Ⅱ）上述协议事实已经披露给卫生部部长并且该个人或者上述主体的授权代理人享有第 A 部分规定的津贴或者参加了第 B 部分或者二者兼而有之，并且无任何人反对该人或者其代理人，以及（Ⅲ）该个人并非上述中介服务机构、组织或者合同相对人的雇员，并且不代表上述中介服务机构、组织或者合同相对人提供排他性的或主要的服务；

（ⅱ）禁止在所涉的医疗发生组织内拥有的员工权利的人士作为审查员仅依据拥有员工权利如果上述权利的存在已经披露给卫生部部长并且无任何主体反对上述人士（或者授权代理人）；

（ⅲ）或者，禁止专业审查人员接收承包商做出的赔偿，如果该赔偿是根据第（3）项的规定进行的。

根据本项的宗旨，"参加协议"是指与个人提供的医疗保健服务条款相关的协议并且不包括本条规定的审查员服务条款。

（3）**对审查员进行赔偿的限制**。由合格的独立承包人向审查人就本条规定的审查做出的赔偿不应当以审查员做出的决定为条件。

（4）**许可证和专业能力**。每一个专业审查人员应当是：

（A）医生，该医生应该具有由一个或者多个州授予提供医疗保健服务的相应资格证书或者许可证，并且在争议项目或者服务的执业领域内，有专业的医学知识；

（B）或者，医疗保健专业人士，他经一个或者多个州政府合法授权（根据州法或者州法规定的州内的规则机制），提供健康护理项目和服务，并且具有上述项目或者服务相应执业领域的专业医学知识。

（5）**相关主体的定义**。根据本条的宗旨，就本编规定的与享有第 A 部分规定的津贴或者参加了第 B 部分或者二者兼而有之的特殊主体有关的案子来说，"相关主体"是指下列人士：

（A）卫生部部长，所涉的医疗保险行政合同相对人，或者任何财产受托人、官员、主管，或者卫生与公众福利部的雇员，或者上述合同相对人。

（B）个人（或者授权代理人）。

（C）提供案件中涉及的项目或者服务的医疗保健专业人士。

（D）提供案件中涉及的项目或者服务（或者治疗）的机构。

（E）药物或者包括案件中涉及的项目或者服务的其他项目的制造商。

（F）根据任一行政规章的规定与所涉的案件有实质性利益的其他主体。

（h）**就一定项目和服务来说的事前裁决程序**。

（1）**制定程序**。

（A）**总则**。就根据第 1874A 条的规定签订合同并且为医生服务［见第 1848 条第（j）条第（3）项的定义］进行本编规定的支付的医疗保险行政合同相对人来说，卫生部部长应当制定满足本款规定的事前裁决程序并且该程序应当在符合条件的申请者的情况下适用于上述合同相对人。

（B）**符合条件的申请者**。根据本款的宗旨，下列人员都应当是符合条件的申请者：

（ⅰ）合同型医生，但是仅与向个人提供的医生服务有关的，上述个人享有本编规定的津贴并且同意医生根据本款规定请求进行医生服务。

（ⅱ）享有本编规定的津贴的人士，但是仅与由医生向接到第 1879 条第（a）款规定的提前受益人通知书的人士提供的医生服务有关的。

（2）**卫生部部长的机动性**。卫生部部长应当通过行政规章规定医生服务的合理限制，优先保险决定可以根据本款规定请求的上述限制。在制定上述限制时，卫生部部长可以考虑与医生服务、行政费用和负担以及其他相关因素有关的金额。

（3）**请求做出事前裁决**。

（A）**总则**。根据第（2）项的规定，在提供医生服务之前，按照本款规定的程序符合条件的申请人可以向合同相对人提交做出决定的请求，以便了解关于本编规定的被保险的医生服务是否符合第 1862 条第（a）款第（1）项第（A）目的可适用要求（与医疗需求相关的）。

（B）**附随文件**。卫生部部长可以要求附有医生服务的说明，与医生服务的医疗需求有关的支持性文件的请求应该完成，以及其他适合性文件。在第（1）项第（B）目第（ⅱ）节中规定的符合条件的申请人提交的请求来说，卫生部部长可以要求附有所涉及的提前受益人通知书的复印件的请求应该完成。

（4）**回复请求**。

（A）**总则**。在上述程序下，卫生部部长应当向符合条件的申请人就下列事项提供书面通知书：（ⅰ）医生服务在保险范围内；（ⅱ）医生服务不在保险范围内；或者（ⅲ）合同相对人缺乏用以做出与医生服务有关的保险决定的充分信息。

（B）**通知对某些内容的确定**。

（ⅰ）**未保险**。如果合同相对人做出了第（A）目第（ⅱ）节规定的决定，合同相对人应当在通知书中包含以决定为基础的简短解释，包括决定依据什么国家保险或者地方保险或者非保险决定（如果有的话），以及对第（a）款规定的任何可适用的权利的说明。

（ⅱ）**不充分信息**。如果合同相对人做出了第（A）目第（ⅲ）节规定的决定，合同相对人的通知书中应当包含做出保险决定需要的额外信息的说明。

（C）**回应的截止日期**。上述通知应当在可适用于合同相对人就第（a）款第（2）项第（A）目规定的津贴索赔做出初始决定做出通知的同一时间期限内做出。

（D）**与医生请求有关的知情受益人**。就合同型医生根据第（1）项第（B）目第（i）节的规定进行的请求来说，程序应当规定向根据建议享有医生服务的人士通知第（A）目第（ii）节规定的任何决定（与非保险决定相关的）以及获取医生服务以及就医生服务提起索赔诉讼的权利［参见第（6）项第（B）目的规定］。

（5）**肯定性决定的约束力**。如果合同相对人根据第（4）项第（A）目第（i）节的规定做出决定，上述决定应当在没有合同相对人收到的事实没有欺诈和错误申诉的证据时对合同相对人产生约束力。

（6）**进一步审查的限制**。

（A）**总则**。第（4）项第（A）目第（i）节或者第（4）项第（A）目第（ii）节规定（与服务前索赔诉讼有关的）合同相对人的决定，不应当受到本条或者其他条款规定的进一步的行政上诉或者司法审查。

（B）**不寻求事前裁决或者否定性裁决的决定不应当对获取服务的权利、寻求报销的权利或者上诉权产生影响**。本款的任何规定都不应当解释为对下列人士的权利产生影响：

（i）就医生服务来说决定不寻求本款规定的事前裁决；

（ii）或者，寻求上述裁决并且已经收到第（4）项第（A）目第（ii）节规定的裁决，通过获取（并且提起索赔诉讼）上述医生服务并且通过根据本条的其他可适用的条款对上述索赔获得了行政或者司法审查。就医生服务并未寻求本款规定的事前裁决的不应当考虑上述行政或者司法审查。

（C）**收到服务之后无事前裁决**。一旦个人收到医生服务，就上述医生服务来说无本款规定的事前裁决。

（i）**地方保险裁决的调解程序**。

（1）**制定程序**。卫生部部长应当通过使用医疗保险以及医疗辅助服务中心雇用的受过调解训练的医生制定本款规定的调解程序。

（2）**调解员的责任**。根据第（1）项规定的程序，上述调解员应当在代表服务供应商，提供者［见第 1861 条第（d）款的定义］和医疗保险行政合同相对人的医疗主管的集团之间的纠纷在所涉的区域行政负责人（见卫生部部长的定义）裁定上述团体对上述主管的决定有周期模式的大量的投诉或者咨询委员会的联合主席对与争议有关的上述区域行政负责人有投诉的任何时候进行调解。

为个人的利益溢缴以及为去世人员的津贴索赔的解决方案

第1870条【《美国法典》第42编第1395gg条】（a）任何就提供给个人的项目或者服务向服务供应商或者其他人士进行的本编规定的支付应当视为上述个人的支付。

（b）在下列情况下：

（1）超过根据本编规定的就提供给个人的项目或者服务支付给服务供应商或者其他人士的争取数额的部分并且卫生部部长在规定的期限之内裁定：（A）超过正确数额的部分不能从上述服务供应商或者其他人士手中收回，或者（B）上述服务供应商或者其他人士就超额支付来说并无过错；

（2）或者，根据第1814条第（e）款的规定就个人提供的项目和服务向服务供应商或者其他人士进行的任何支付；

根据卫生部部长制定（经与铁路职工退休管理委员会协商之后）的行政规章，应当进行适当的调整，根据其后减少的支付数额；

（3）情况可以是，支付给《1974年铁路退休法》[①] 规定或者该法第二章规定的享有权利的人士；

（4）或者，如果上述人士在调整完成之前去世的，向《1974年铁路退休法》规定或者该法第二章规定的享有权利的其他任何人士，如果情况可以的话，与薪水、自我雇佣收入或者根据该法第二章的规定构成对上述已逝人士的津贴基础的赔偿。

在第（3）项或者第（4）项规定的调整被裁定为必需之后，根据本条、第1817条第（g）款，以及第1841条第（f）款的宗旨，卫生部部长应当证实（向铁路职工退休管理委员会如果调整是根据《1974年铁路退休法》规定的其后减少的支付数额进行的）溢缴的数额就进行调整的支付数额已经完成。根据第（1）项第（B）目的宗旨，在无相反证据的情况下，上述服务供应商或者其他人士应当视为无过错，如果卫生部部长裁定本不应就上述服务或者项目服务进行的支付却在上述主体收到与上

---

① 第75—162期（经第93—445期修订）。

述支付有关的通知之后的第 3 年后进行了支付的；除非卫生部部长将上述 3 年期缩减为不少于 1 年期，如果他证实了上述缩减与本编的目的相一致。

（c）下列情况不应当进行第（b）款规定的调整（也没有恢复）：就无过错人士来说做出的误付［包括第 1814 条第（e）款规定的支付］或者向根据第（b）款第（4）项的规定享有权利的无过错人士按照减少的支付数额做出的调整（或者恢复原状），如果上述调整（或者恢复）将会违反第二编或第十七编的目的或者将会违反公平以及善良风俗。违反无过错人士的意愿对错误支付（或者卫生部部长裁定不符合本条的宗旨的错误支付中的一部分）进行调整或者恢复应当视为违反公平和善良风俗如果：（A）对根据第 1862 条第（a）款第（1）项或第（9）项的规定不应当进行本编规定的支付的项目或者服务进行的错误支付；以及（B）卫生部部长裁定本不应就上述服务或者项目服务进行的支付却在上述主体收到与上述支付有关的通知之后的第 3 年后进行了支付的；除非卫生部部长将上述 3 年期缩减为不少于 1 年期，如果他证实了上述缩减与本编的目的相一致。

（d）核证人或者出纳主管不应当为其向服务供应商或者其他人士支付或者核证的数额负责在上述数额的调整或者恢复原状根据第（c）款的规定已经得到豁免的情况下或者在第（b）款规定的调整于享有调整的津贴的所有人士死亡之前没有完成的情况下。

（e）如果个人死亡，收到上述个人根据本编的规定进行支付的服务的，并且为上述服务的支付（除了根据本编的规定），并且个人根据本编的规定由他进行的与上述服务有关的任何支付已经完成，应当就相应数额（包括任何非协商支票的数额）进行支付：

（1）如果由除了已逝人员的人士进行支付的上述服务（在该人死亡之前或者之后），应当向卫生部部长根据行政规章确认的一个或者多个人士支付上述服务，或者如果上述服务由已逝人员在其死亡之前进行了支付，那么应当向上述已逝人士的法定遗产继承人支付，如果有的话；

（2）如果该人并未满足第（1）项规定的条件，支付给经卫生部部长确认为已逝人士的抚养配偶的人士（如果有的话），并且该人在已逝人士死亡的时候与其居住在同一个家庭之内或者自已逝人士死亡的月份起在与已逝人士相同的薪水或者自我雇用收入的基础上有权享有月津贴的；

（3）如果该人并未满足第（1）项或第（2）项规定的条件，或者如果满足了上述条件的人士在本编规定的由他进行的支付完成之前死亡，应当支付给已逝人士的一个子女或者多个子女（如果有的话），自已逝人士死亡的月份起在与已逝人士相同的薪水或者自我雇用收入的基础上有权享有月津贴的（并且，如果有一个以上上述子女，上述子女应当均分份额）；

（4）如果该人并未满足第（1）项、第（2）项或第（3）项规定的条件，或者如果满足了上述条件的人士在本编规定的由他进行的支付完成之前死亡，应当支付给已逝人士的一个父母亲或者多个父母亲（如果有的话），自已逝人士死亡的月份起在与已逝人士相同的薪水或者自我雇用收入的基础上有权享有月津贴的（并且，如果有一个上述父母，上述父母应当均分份额）；

（5）如果该人并未满足第（1）项、第（2）项、第（3）项或第（4）项规定的条件，或者如果满足了上述条件的人士在本编规定的由他进行的支付完成之前死亡，应当支付给经卫生部部长确认为已逝人士的扶养配偶，如果有的话；

（6）如果该人并未满足第（1）项、第（2）项、第（3）项、第（4）项或第（5）项规定的条件，或者如果满足了上述条件的人士在本编规定的由他进行的支付完成之前死亡，应当支付给经卫生部部长确认为已逝人士的子女的人士（并且，如果有一个上述子女，上述子女应当均分份额）；

（7）如果该人并未满足第（1）项、第（2）项、第（3）项、第（4）项、第（5）项或第（6）项规定的条件，或者如果满足了上述条件的人士在本编规定的由他进行的支付完成之前死亡，应当支付给已逝人士的父母亲（并且，如果有一个上述父母亲，上述父母亲应当均分份额）；

（8）或者，如果该人并未满足第（1）项、第（2）项、第（3）项、第（4）项、第（5）项、第（6）项或第（7）项规定的条件，或者如果满足了上述条件的人士在本编规定的由他进行的支付完成之前死亡，向已逝人士的法定财产继承人，如果有的话。

（f）① 如果接受了医疗或者其他健康服务并且上述服务根据第 1832 条第（a）款第（1）项的规定进行支付的个人死亡，并且上述个人在死亡之前没有就上述服务的支付权做出任何指示，上述服务不应当进行支付；

（1）如果享有服务的人士同意第 1842 条第（b）款第（3）项第（B）目第（ⅱ）节就上述服务规定的转让条款，就上述服务来说应当向上述一个或者多个人士进行支付；

（2）如果享有服务的人士不同意第 1842 条第（b）款第（3）项第（B）目第（ⅱ）节就上述服务规定的转让条款，就上述服务来说应当在逐项列出的发票的基础上向同意承担对上述服务进行支付的法律义务的人士进行支付并且提起支付请求（附有行政规章中规定的上述法律义务已经附有的上述证据）；

但是仅在上述数额并且根据可适用的上述情形下如果接受服务的人士没有死亡的话。

（g）如果一个主体死亡，参加了《社会保障法》第 1818 条第（c）款的规定或者第 1837 条的规定的，并且在该人死亡之后的任何一个月份内收到的该人的参保保费的，上述保费应当退还给经卫生部部长根据行政规章确认已经支付了保费的人士或者如果在已逝人士死亡之前支付了上述保费的，退还给上述已逝人士的法定财产继承人，如果有的话。如果该人士并未满足前款中关于保费的规定，应当按照第（e）款第（2）项或第（7）项的规定比例退还给上述一个或者多个人士。

（h）不管第（f）款或者其他法律的其他任何规定，卫生部部长应当允许服务供应商或者提供者就卫生部部长关于本编规定的与向随后死亡的个人提供服务有关的裁决进行上诉，如果没有其他主体可以就上述裁定提起上诉。

行政规章

第 1871 条【《美国法典》第 42 编第 1395hh 条】（a）（1）卫生部部长应当在必要时制定行政规章以对本编规定的保险项目实施管理。在本节

① 关于适用于医疗保险项目的特殊规则的规定，参见第 2 卷《公法》第 99—177 期，第 256 条。

中使用时，"行政规章"是指，除非另有规定之外，由卫生部部长制定的行政规章。

（2）规定或者变更与津贴范围、服务支付，或提供服务或者接受服务或者本编规定的津贴的个人、实体，或者组织的资格有关的实质性法律标准的规则、要求，或者政策声明不应当生效除非它是由卫生部部长根据第（1）项的规定制定的。

（3）（A）经与行政管理和预算局局长协商之后，卫生部部长应当制定和颁布最终行政规章的时限，上述最终行政规章应当在之前公布的行政规章提案或者过渡时期的最终行政规章的基础上做出。

（B）上述时限可以依照不同行政规章之间的复杂程度，收到的评论的数量和范围，以及其他相关因素的不同而各不相同，但是除例外情形之外不应当超过3年。如果卫生部部长想要根据最终公布的行政规章而制定不同的时间限制，卫生部部长应当在不迟于之前的行政规章中规定的时限在联邦登记局颁布通知不同的时限。上述通知应当包含上述不同的正当性的简短解释。

（C）就过渡时期的最终行政规章来说，一旦本项中规定的公布最终行政规章的常规时限已经截止并且已经过了公众评论，过渡时期的最终行政规章应当停止生效除非卫生部部长颁布了（常规时限结束时，并且如果可适用，在每一个之后的一年期结束时）该行政规章继续生效的通知，在通知中应当包含对不遵守常规时限规定的解释。如果颁布了上述通知，公布最终行政规章的常规时限（或者根据该节规定之前延长的上述时限）应当被视为已延长了1年。

（D）卫生部部长应当每年向国会提交报告，报告中应当描述卫生部部长未在该项规定的可适用的常规时限内颁布最终行政规章的情形并且对上述情形进行解释。

（4）如果卫生部部长公布的最终行政规章中包含非之前颁布的行政立法的议案或者过渡时期的最终规则的逻辑结果的条款，上述条款应当视为行政规章提案并且不应当生效，直到进一步进行公众评论并且作为最终行政规章的条款公布为止。

（b）（1）除第（2）项的规定之外，在颁布第（a）款规定的各种最终行政规章的形式之前，卫生部部长应当在联邦登记局发布行政规章提案的通知并且就此规定不少于60日的公众评论期。

（2）第（1）项的规定不应当适用于下列情形：

（A）法律专门规定的以过渡时期的最终形式颁布的行政规章或者更短的公众评论期；

（B）法律规定实施条款的具体截止日期并且该截止日期不少于包含截止日期的法律生效之日后的150天；

（C）或者，《美国法典》第5编第553条第（b）款[①]的规定根据该款第（B）目的规定不应当适用。

（c）（1）卫生部部长应当不少于每3个月一次在联邦登记局发布，下列所有手册说明、解释性规则、政策声明，或者一般可适用性规则的指南的名单：（A）上述规则是为实施本编的规章制定的；但是（B）未根据第（a）款（1）项的规定颁布并且之前未在该款规定的名单中予以颁布。

（2）自1998年6月1日开始生效的，每一个金融中介机构或者组织就延伸护理服务，出院后延伸护理服务、居家护理服务，以及长期医疗设备提出的本条规定的津贴，公众应当获得与上述津贴的支付有关的解释性材料、指南和政策说明。

（3）卫生部部长应当根据一定的灵活性就卫生部部长进行的自动收集数据和检索进行变更，并且对根据第1816条的规定签订协议的金融中介机构进行变更以使卫生部部长或者其他相应的组织能够方便地进入能够公平及时地反映本条就延伸护理服务，出院后延伸护理服务和居家护理服务规定的津贴规则的数据库，包括津贴否决、上诉结果，以及其他相关因素，上述项目以及金融中介机构选择的服务供应商和区域。

（e）[②]（1）（A）规定的行政规章、手册说明、解释性规则、政策声明，或者一般可适用性规则的实质性变更不应当追溯适用（根据类推适用法或其他方式）于上述变更条款生效之日前提供的项目和服务，除非卫生部部长认定：（ⅰ）为遵守法律规定的要求必须追溯适用上述变更条款；或者（ⅱ）上述变更条款若不追溯应用将不利于公众利益。

（B）（ⅰ）除第（ⅱ）节的规定之外，第（A）目所指的实质性变更，视具体情况，在卫生部部长发布或者颁布上述实质性变更条款之日开

---

① 参见第2卷《美国法典》第5编第553条的规定。

② 如原文所述。第（d）款的规定不再生效。

始的 30 日期间的截止日期之前不具有效力。

（ⅱ）卫生部部长可以规定上述实质性变更条款在第（ⅰ）节规定的 30 日期间结束之前生效如果卫生部部长证实为了遵守法律规定的要求必须豁免 30 日期间的规定或者适用 30 日期间的规定不利于公众利益。如果卫生部部长根据本节的规定在较早的生效日期颁布上述变更性条款，卫生部部长应当在发布或者颁布实质性变更条款时在首句说明上述结果，并且对上述结果的原因进行简短的说明。

（C）不应当因为服务供应商或者提供者在上述变更未生效之日前提供的项目或者服务违反了上述实质性变更条款的规定对其提起诉讼。

（2）（A）如果：

（ⅰ）服务供应商或者提供者遵守了卫生部部长或者在合同相对人的合同授权范围之内活动的医疗保险合同相对人［见第 1889 条第（g）款的定义］制定的书面指南（可以以电子的形式送达），与提供的项目或者服务以及就上述供应商或者提供者提供的上述项目或者服务提起的津贴索赔有关的规定；

（ⅱ）卫生部部长裁定服务供应商或者提供者准确地陈述了与上述项目、服务有关的情况，并且书面向合同相对人提出了索赔；

（ⅲ）指南是错误的；

服务供应商或者提供者根据本编的规定或者第十一编的规定或者与上述项目或者服务或者上述索赔诉讼有关的其他章节的规定获得任何处罚或者任何好处（包括第 1893 条规定的退还计划中的利息或者其他方式）如果服务供应商或者提供者合理地信赖上述指南。

（B）第（A）目的规定不应当解释为禁止与溢缴有关的退还或者偿还，若上述溢缴在工作人员或者技术操作错误造成的范围之内。

（f）（1）在不迟于本款规定生效之日起的 2 年，并且自此之后每隔 3 年，卫生部部长应当向国会提交报告，报告关于本编规定的实施以及与之前的法律或者行政规章的规定存在不一致或者冲突的部分。

（2）在准备第（1）项规定的报告时，卫生部部长应当收集：

（A）从下列主体处获得与不一致性或者冲突的地方有关的信息，这些主体包括享有第 A 部分规定的津贴，参加了第 B 部分或者二者兼而有之的人员、服务供应商、提供者，以及医疗保险受益人；

（B）从医疗保险合同相对人处获得用来分析书面或者电话询问的性质的信息。

（3）第（1）项规定的报告应当包括卫生部部长为减少上述不一致性或者冲突所做出的努力，以及卫生部部长为进一步减少上述不一致性或者冲突做出的认为合适的立法或者行政诉讼的建议。

第二编特定条款的适用规则

第 1872 条【《美国法典》第 42 编第 1395ii 条】 第 206 条和第 216 条第（j）款，以及第 205 条第（a）款、第（d）款、第（e）款、第（h）款、第（i）款、第（j）款、第（k）款、第（l）款的规定应当也适用于本编在其适用于第二编的范围之内，除此之外，在本编中使用上述条款时，其中社保委员或者社保行政管理机构使用的参照规则分别应当视为卫生部部长或者卫生和公众福利部的使用的参照规则。

根据名字委派组织或者公法人

第 1873 条【《美国法典》第 42 编第 1395jj 条】 本编规定的根据名字委派任何非政府组织或者公法人不应当受该非政府组织或者公法人名字变更的影响，并且对于根据卫生部部长确认符合进行上述委派的目的的继任组织或者公法人来说应当依然适用。

行政管理

第 1874 条【《美国法典》第 42 编第 1395kk 条】（a）除本编以及《1974 年铁路退休法》①另有规定之外，本编规定的保险项目应当由卫生部部长进行管理。卫生部部长可以直接或者通过合同根据本编的规定行使其职能，以提供其认为是必需的预付或者报销方式。

（b）卫生部部长可以与任何人士、机构或者团体签订合同以在可补偿的基础上获取上述特殊数据、精确信息或者其他对于其实施本编规定的职能来说必不可少的信息。

（c）在其根据本编的规定授权进行的任何听证、调查或者其他诉讼程序中，卫生部部长可以管理宣誓和证词。

---

① 《公法》第 75—162 期（经第 93—445 期修订）。

(d)① **联邦付费征税项目中的医疗保险服务商以及提供者规则。**

(1) **总则。**医疗保险以及医疗补助服务中心应当采取一切必要的措施尽快加入《1986 年国内税收法》第 6331 条第 (h) 款规定的联邦付费征税项目中并且确保:

(A) 在该条生效之日起后的 1 年之内至少通过上述项目获取第 A 部分以及第 B 部分规定的所有支付额的 50%;

(B) 在上述日期的 2 年之内至少通过上述项目获取第 A 部分以及第 B 部分规定的所有支付额的 75%;

(C) 最迟于 2011 年 9 月 30 日之前通过上述项目获取第 A 部分以及第 B 部分规定的所有支付额。

(2) **补助金。**财务管理服务中心和国内税收服务中心应当向医疗保险以及医疗补助服务中心提供补助金以确保第 (1) 项规定的所有支付额在该款规定的截止日期之前都进入联邦支付征税项目中。

与医疗保险行政合同相对人签订合同②

第 1874A 条【《美国法典》第 42 编 1395kk - 1 条】 (a) 授权。

(1) **授权签订合同。**卫生部部长可以与符合资格的主体签订合同使其成为医疗保险行政合同相对人以行使第 (4) 项规定任一或者全部或者部分职能 (或者在合同规定的范围之内, 确保其他主体行使其中的职能)。

(2) **主体资格。**有资格签订合同以行使第 (4) 项规定的特殊职能的主体只有:

(A) 证明有能力行使上述职能的主体;

(B) 遵守了一般适用于联邦采购和采办的利益冲突标准的主体;

(C) 有足够的资产可以在财政上支持行使上述职能的主体;

(D) 满足卫生部部长规定的其他强制性要求的主体。

(3) **医疗保险行政合同相对人的定义。**根据本编以及第十一编的

---

① 《公法》第 110—275 期, 第 189 条第 (a) 款, 增加第 (d) 款, 2008 年 7 月 15 日生效。

② 关于过渡时期规则的规定, 参见第 2 卷《公法》第 108 - 173 期, 第 911 条第 (d) 款; 关于适用于第十一编或第十八编规定的金融中介机构或者组织的参照规则的规定, 参见第 911 条第 (e) 款。

宗旨：

（A）**总则**。"医疗保险行政合同相对人"是指机构、组织或者其他签订本条规定的合同的人士。

（B）**合适的医疗保险行政合同相对人**。关于执行与享有第 A 部分规定的津贴，参加了第 B 部分或二者兼而有之的个人、特定的服务供应商或者提供者有关的特殊职能，"合适的"医疗保险行政合同相对人是指那些关于行使与个人、服务供应商或者提供者，或者服务供应商或者提供者阶层有关的特殊职能已经签订了本节规定的合同的医疗保险行政相对人。

（4）**职能的规则**。第（1）项和第（2）项所指的职能是付款职能〔包括做出地方保险裁决的职能，见第 1869 条第（f）款第（2）项第（B）目的定义〕，服务供应商职能，以及与向享有第 A 部分津贴，或者参加了第 B 部分或者二者兼而有之的个人提供的服务有关的职能，如下：

（A）**支付数额的决定**。决定（根据第 1878 条的规定和卫生部部长规定依据合同进行的上述审查）根据本编的规定应支付给服务供应商，提供者和个人的金额。

（B）**进行支付**。进行第（A）目规定的支付（包括进行上述支付时的收据、垫付和基金）。

（C）**受益人教育和帮助**。向享有第 A 部分规定的津贴，或者参加了第 B 部分或者二者兼而有之的人士进行教育和宣传，并且向上述主体就特殊争议、事项，或者问题进行帮助。

（D）**服务商咨询服务**。向团体、机构或者其他人士提供咨询服务使他们能够根据本编的宗旨建立和保存必要的财政记录以及其他证明服务供应商或者提供者资格的记录。

（E）**与服务商进行沟通**。与服务供应商和提供者及时沟通卫生部部长向医疗保险行政相对人提供的任何信息或者说明，并且促进卫生部部长和服务供应商以及提供者之间的沟通。

（F）**服务商教育和技术支持**。行使与服务商教育、培训和技术支持有关的职能。

（G）**其他职能**。行使其他职能，包括为实施上述本编规定的宗旨来说是必需的〔根据第（5）项的规定〕第 1893 条规定的医疗保险整合项目规定的职能。

（5）**医疗保险整合合同有关的规则**。

（A）**不重复实施的职责**。在签订本条规定的合同时，卫生部部长应当确保行使下列职能：实施第 A 部分和第 B 部分规定的活动的医疗保险行政合同相对人不根据第 1893 条规定的医疗保险整合项目规定签订的合同规定重复实施活动。前款规定不应当适用于第 1893 条第（b）款第（5）项规定的活动［与提前授权第 1834 条第（a）款第（15）款规定的长期医疗设备的特定项目有关的］。

（B）**解释**。该主体不应当仅依据其与卫生部部长签订了第 1893 条规定的合同就视为医疗保险的行政合同相对人。

（6）**联邦采购规则的适用**。除在一定程度上与本条规定的特定要求不一致的规则之外，联邦采购规则适用于本条规定的合同。

（b）① **合同要求**。

（1）**使用竞争程序**。

（A）**总则**。除一般性可适用于联邦采购和采办的法律规定或者第（B）目的规定之外，卫生部部长在考虑了执法质量、价格以及其他因素后应当在与医疗保险行政合同相对人按照本条规定签订合同时使用竞争程序。

（B）**续签合同**。卫生部部长可以逐条续期其与医疗保险行政合同相对人签订的合同条款，而不必考虑《美国法典》第 41 编第 5 条的规定，或者其他任何要求竞争的法律规定，除卫生部部长应当规定在上述合同中的竞争程序不少于每隔 5 年一次，如果医疗保险行政合同相对人已经满足或者超出了可适用于合同和合同相对人的实施要求。

（C）**职能转移**。卫生部部长可以按照本项规定在医疗保险行政合同相对人之间转移职能。卫生部部长应当确保在上述转移的过程中充分考虑了执法质量。卫生部部长应当就上述转移（包括对上述转移的职能的描述，因上述转移受到影响的服务供应商和提供者的描述，以及所涉的合同相对人的联系方式）发布公众通知（无论在联邦登记局还是在其他地方）。

（D）**质量激励**。卫生部部长应当向医疗保险行政合同相对人提供激励以促进其提高服务质量以及效率。

---

① 关于合并当前法律标准的原因的规定，参见第 2 卷《公法》第 108—173 期，第 911 条第（a）款第（2）项。

（2）**遵守要求**。不应当与医疗保险行政合同相对人签订本条规定的任何合同，除非卫生部部长证实上述医疗保险性质合同相对人将会有效地履行其合同义务并且满足与财政责任、法律授权、服务质量，以及卫生部部长认为有关的其他事项有关的上述要求。

（3）**履行要求**。

（A）**制定具体的履行要求**。

（ⅰ）**总则**。卫生部部长应当制定合同履行要求以实施本编中可适用于第（a）款第（4）项规定的职能的具体要求并且制定标准用以衡量合同相对人在何种程度上满足了上述要求。

上述要求应当包括医疗保险行政合同相对人的医疗保险主管分内应具体履行的职责，包括与专业人士有关的要求以及对在其司法管辖权范围内的上述合同相对人进行医疗裁决活动的医疗保险主管的可获得性。

（ⅱ）**协商**。在制定上述履行要求和衡量标准时，卫生部部长应当就上述履行要求与服务供应商，代表本编规定的受益人的组织，以及履行对于实施本条的宗旨来说必要的职能的组织和机构进行协商。

（ⅲ）**公布标准**。卫生部部长应当向公众公布上述履行要求和衡量标准。

（B）**考虑因素**。卫生部部长应当根据第（A）目的规定制定的标准中，包含服务商或者受益人满意标准。

（C）**例如合同的内容**。在卫生部部长和适合的医疗保险行政合同相对人签订的合同中阐明所有合同相对人的履行要求。上述履行要求：（ⅰ）应当反映第（A）目中规定的应公布的履行要求，但是可以包括其他履行要求；（ⅱ）应当用于评估合同中规定的合同相对人的履行情况；以及（ⅲ）应当遵守合同中规定的与工作有关的书面声明。

（4）**信息要求**。卫生部部长不应当与医疗保险行政合同相对人签订合同，除非合同相对人同意：

（A）及时向卫生部部长提供卫生部部长认为对于其履行本编规定的职能来说必不可少的信息和报告；

（B）保存上述记录并且在卫生部部长认为必要的时候提供有关的机会，确认第（A）目规定的信息和报告的正确性和证明力以及其他为实施本编的宗旨应进行的活动。

（5）**保证金**。与医疗保险行政相对人根据本条的规定签订的合同可以规定医疗保险行政合同相对人，以及根据合同的规定核证付款或者垫付基金的职员或者雇员，或者在执行合同时的其他参与者，都要向美国政府支付卫生部部长认为合适的保证金。

（c）**条款和条件**。

（1）**总则**。根据本条规定与医疗保险行政合同相对人签订的合同可以包括卫生部部长认为必要的或者合适的条款以及条件并且也可以向根据第（a）款第（4）项第（B）目的规定进行支付的医疗保险行政合同相对人在基金之前进行支付。

（2）**禁止特定数据收集的命令**。卫生部部长不可以将下列要求作为签订或者续签本条规定的合同的条件之一，要求医疗保险行政合同相对人将非从本编规定的活动中获取的信息与用于本编规定的行政管理中的信息相匹配，用来确认第1862条第（b）款可以适用的情形。

（d）**医疗保险行政合同相对人以及特定职员的责任限制**。

（1）**核证人**。在不存在轻率漠视个人义务或者意图欺诈美国政府的情形下，根据本条合同的规定被委派为核证人的人士不应当对由该个人根据本条规定进行核证的付款负责。

（2）**出纳员**。在不存在轻率漠视个人义务或者意图欺诈美国政府的情形下，出纳员不应当对本条规定的该职员进行的任何付款负责，如果支付根据本款第（1）项的规定被委派为核证人的授权（满足了美国审计总长规定的可适用的内部控制条件）进行。

（3）**医疗保险行政合同相对人的责任**。

（A）**总则**。医疗保险行政合同相对人不应当向美国政府就核证人或者出纳员进行的支付负责，除非与支付相关的医疗保险行政合同相对人行事鲁莽，忽视了其在医疗保险行政合同中的义务或者存在蓄意欺瞒美国政府的行为。

（B）**虚假索赔行为的有关规定**。本款的任何规定都不应当被解释为限制违反了《美国法典》第31编第3729—3731条①的规定的行为责任。

（4）**卫生部部长的保障**。

（A）**总则**。根据第（B）目和第（D）目的规定，就医疗保险的行政合同相对人（上述合同相对人的医疗保险主管、职员、雇员或合同相

---

① 参见第2卷《美国法典》第31编第3729—3731条的规定。

对人雇用直接参与索赔的行政程序的人员）成为由本编规定的行政程序索赔引起的或与其直接相关的司法或者行政程序中的主体的情形来说，在卫生部部长认为合适的且根据与合同相对人签订的合同的规定，卫生部部长可以对合同相对人和上述人士进行赔偿。

（B）**条件**。卫生部部长不可以就在由司法程序或者卫生部部长裁定为犯罪、欺诈或者重大过失行为直接引起的费用范围之内产生的责任进行第（A）目规定的赔偿。如果上述费用是卫生部部长由上述行为引起的裁定做出之前向合同相对人进行赔偿的，合同相对人应当向卫生部部长退还赔偿费。

（C）**赔偿范围**。第（A）目规定的卫生部部长进行的赔偿可以包括诉讼费用、和解费用［见第（D）目的规定］、应得报酬以及其他费用（包括合理的法律支出）。

（D）**书面批准和解申请**。第（A）目规定的合同相对人或者其他人士若未经卫生部部长事前书面批准协商和解的，不可以就该目规定的诉讼提起协商和解。第（A）目规定的与该目规定的诉讼的和解中支付的数额有关的赔偿应当以卫生部部长在最终和解的事前书面批准为条件。

（E）**解释**。本节的任何规定不应当解释为：（ⅰ）变更普通法中可以适用于医疗保险行政合同相对人或者第（A）目规定的人士的豁免规则；或者（ⅱ）允许就联邦采购规则规定的可允许的、合理的，或者可分担的费用之外的其他费用进行支付。

（e）**信息安全的要求**。

（1）**制定信息安全项目**。履行第（a）款第（4）项第（A）目和第（B）目所指的职能（与裁定和进行支付有关的）的医疗保险行政合同相对人应当执行合同相对人信息安全项目，为合同相对人实施或者评估本编规定的上述职能提供信息安全。本节规定的信息安全项目应当满足《美国法典》第44编第3544条第（b）款第（1）项到第（8）项规定［除该条第（5）项第（B）目、第（5）项第（A）目、第（2）项第（D）目第（ⅰ）节规定的要求之外］的联邦机构为信息安全项目制定的强制性要求。

（2）**独立审计**。

（A）**实施年度评估**。每一年履行第（a）款第（4）项第（A）目和第（B）目中的职能（与裁定和进行支付有关的）的医疗保险行政合同相对人应当对合同相对人的与本编规定的上述职能有关的信息安全进行评估。评估应当：（ⅰ）由符合健康和人类服务部的检察长制定的独立性要求的机构进行；以及（ⅱ）检查与本编规定的职能有关的相应的合同相对人信息系统集［参见《美国法典》第 44 编第 3502 条第（8）项的定义］的信息安全控制技术的有效性以及对遵守本款规定的要求和相关的信息安全政策、程序、标准和指南，包括预算管理局的行政长官制定的政策和程序以及《美国法典》第 40 编第 113331 条规定的可适用的信息安全标准进行的评估。

（B）**初步评估的截止日期。**

（ⅰ）**新合同相对人。** 就根据本款规定被保险的医疗保险的行政合同相对人此前从未作为第 1816 条或第 1842 条规定的金融中介机构或者组织履行第（a）款（4）项第（A）目和第（B）目所指的职能（与裁定和进行支付有关的）的情形来说，根据第（A）目的规定进行的第一次独立性评估应当在开始上述职能之前完成。

（ⅱ）**其他合同相对人。** 就根据本款规定被保险但是不在第（ⅰ）节规定的范围之内的医疗保险的行政合同相对人来说，根据第（A）目的规定进行的第一次独立性评估应当在合同相对人开始本条第（ⅰ）节中所指的职能之日后的 1 年内完成。

（C）**评估报告。**

（ⅰ）**向健康和人类服务部。** 第（A）目规定的独立性评估结果应当及时提交给健康和人类服务部的检察长以及卫生部部长。

（ⅱ）**向国会。** 卫生和公众福利部的检察长应当每年向国会提交上述评估结果的报告，包括评估范围和上述评估的充分性。

（ⅲ）**机构报告。** 卫生部部长应当按照《美国法典》第 44 编第 3544 条第（c）款规定的要求对上述报告中的评估结果进行解释。

（f）**促进合同相对人进行服务商教育和宣传的激励。** 卫生部部长应当在处理或者审查医疗保险索赔的过程中使用具体的医疗保险行政合同相对人的索赔支付错误率或者类似方法，为了激励上述合同相对人向服务供应商和提供者提供有效教育和宣传。

（g）**与受益人、服务供应商和提供者进行沟通。**

（1）**沟通策略。** 卫生部部长应当制定与享有第 A 部分规定的津贴或者注册了第 B 部分或者二者兼而有之的受益人，以及本编规定的服务供应商和提供者进行沟通的策略。

（2）**回复书面询问**。对于那些向合同相对人提起索赔程序的服务供应商和提供者以及为提起上述索赔程序的享有 A 部分规定的津贴或者注册了第 B 部分或者二者兼而有之的个人，对于索赔人提出的索赔处理，每一个医疗保险行政合同相对人应当向提出了与本编规定的项目有关的询问的服务供应商、提供者和享有第 A 部分规定的津贴或者注册了第 B 部分或者二者兼而有之的个人在收到上述请求之日后的 45 个营业日内就上述请求以清楚、简洁、准确的方式做出一般性书面回复（可以通过电子的方式传达）。

（3）**回复免费长途热线电话**。卫生部部长应当确保每一个医疗保险行政合同相对人，对于那些向合同相对人提起索赔程序的服务供应商和提供者以及为提起上述索赔程序的享有第 A 部分规定的津贴或者注册了第 B 部分或者二者兼而有之的个人，对于索赔人提出的索赔处理，卫生部部长应当确保每一个医疗保险行政合同相对人提供免费长途电话号码，使上述个人、服务供应商和提供者能够通过电话获取与收费、编码、索赔、保险有关的信息以及其他本编规定的相应信息。

（4）**监督合同相对人的回复**。

（A）**总则**。在遵守卫生部部长根据第（B）目的规定制定的标准的情况下，每一个医疗保险行政合同相对人应当：（ⅰ）建立一个系统以确认提供第（2）项、第（3）项所指的信息的人员的身份；以及（ⅱ）监督按照上述规定提交的信息的准确性、一致性和及时性。

（B）**制定标准**。

（ⅰ）**总则**。卫生部部长应当制定并且公布标准用来监督回复本款规定的书面或电话请求时所提供的信息的准确性、一致性和及时性。上述标准应当遵守第（b）款第（3）项规定的履行要求。

（ⅱ）**评估**。对医疗保险行政合同相对人进行评估时，卫生部部长应当考虑根据第（A）目规定并参照第（ⅰ）节规定的履行要求标准进行监督的结果。经与服务供应商、提供者，以及享有第 A 部分规定的津贴或者注册了第 B 部分或者二者兼而有之的个人的代表进行协商，卫生部部长应当制定关于按照上述规定提供信息的准确性、一致性和及时性的标准。

（C）**直接监督**。本项的任何规定都不应当被解释为禁止卫生部部长直接监督按照上述规定提供信息的准确性、一致性和及时性。

(5) **划拨授权**。有权划拨实施本款规定之必要数额。

(h) **进行预付款审查**。

(1) **进行随机预付款审查**。

(A) **总则**。仅是在为了制定相对人范围内的或者项目范围内的索赔付款错误率或者根据经与服务供应商和提供者协商制定的行政规章规定的其他情形下,医疗保险行政合同相对人可以进行随机付款前审查。

(B) **进行预付款审查的时候使用标准规约**。当医疗保险行政合同相对人在进行随机预付款审查时,合同相对人可以仅依据卫生部部长为随机预付款审计制定的标准规约进行上述审查。

(C) **解释**。本项的任何规定都不应当被解释为根据随机预付款审查的规定禁止对索赔支付的否决进行实际审查。

(D) **随机预付款审查**。根据本款的宗旨,"随机预付款审查"是指就索赔来说无原因地要求提交记录或者文件。

(2) **非随机预付款审查的限制**。

(A) **启动非随机预付款审查的限制**。医疗保险行政合同相对人不可以依据不当收费职业的服务供应商或者提供者的初始决定向服务供应商或者提供者提起非随机预付款审查,除非根据第 1893 条第(f)款第(3)项第(A)目的规定存在支付错误的高稳定可能性。

(B) **非随机预付款审查的终止**。卫生部部长应当发布与终止有关的行政规章,包括非随机预付款审查的终止日期。上述行政规章中就截止日期的规定可以根据触发付款前审查的具体情形的不同而各不相同。

研究和建议

第 1875 条【《美国法典》第 42 编第 1395ll 条】(a)卫生部部长应当从事相关研究并且向国会不定期地提交与老年人和残疾的医疗保健有关的建议,包括:(1)根据第 A 部分和第 B 部分规定的项目宗旨现存医疗保健工作人员和服务机构的充足性;(2)可以代替住院治疗的建设方法,用于鼓励进一步发展有效且经济的医疗保健形式;以及(3)免赔额和共同保险条款对受益人、提供医疗服务的人士,以及项目的财务产生的影响。

(b)卫生部部长应当就本编规定的实施和行政管理进行持续研究

［包括医院认证协会的联合委员会的认证程序的合法性①，《1972 年社会保障法修正案》第 226 条②授权的管理式医疗保险机构的实施和管理，《1967 年社会保障法修正案》第 402 条③授权的示范项目和实验以及《1972 年社会保障法修正案》第 222 条第（a）款授权的示范项目和实验］，并且应当每年向国会提交与上述项目实施有关的报告。

向健康维护组织以及竞争医疗保险计划进行付款④

第 1876 条【《美国法典》第 42 编第 1395mm 条】（a）（1）（A）卫生部部长应当每年决定，并且应当在 9 月 7 日之前宣布（按照向利益主体进行通知的方式进行）下列事项：（ⅰ）根据本条规定加入了资格组织并且享有第 A 部分规定的津贴和参加了第 B 部分的一类人士的人均付款率，上述资格组织指签订了风险分摊合同的组织；以及（ⅱ）加入了上述组织且仅参加了第 B 部分的一类人士的人均付款率。

根据本条的宗旨，"风险分摊合同"是指根据第（g）款的规定签订的合同，"合理费用退还合同"是指根据第（h）款的规定签订的合同。

（B）卫生部部长应当根据年龄、残疾程度，以及其他卫生部部长认为适合的因素，定义相应的成员类别，以确保精算等值。卫生部部长可以增加、修改或者替换上述分类，如果上述变更将会促进精算等值的决定，卫生部部长可以增加、修改或者替换上述分类。

（C）每一个类别的年度人均付款率都应当等于该类人均成本的调整后均值［见第（4）项的定义］的 95%。

（D）就签订了风险分摊合同的符合条件的组织来说，卫生部部长应当按照第（C）目规定的比率并且除了第（g）款第（2）项的规定之外，每月提前向该组织为了根据本条规定进入了该组织的每一个主体进行支付。

（E）（ⅰ）本项规定的支付数额在决定提前支付数时可以考虑根据本

---

① 《公法》第 110—275 期，第 125 条第（b）款第（4）项，废除"医院认证的联合委员会，"并且修改为"第 1865 条第（a）款规定的国家认证主体"，根据第 125 条第（d）款的规定，**自 2010 年 7 月 15 日开始适用。**

② 参见第 2 卷《公法》第 92—603 期，第 226 条。

③ 参见第 2 卷《公法》第 90—248 期，第 402 条。

④ 关于注销的规定，参见第 2 卷《公法》第 99—509 期，第 9312 条第（h）款。

条的规定进入该计划的实际人数与上述人士的估计人数之间的不同进行追溯调整。

（ⅱ）（Ⅰ）根据第（Ⅱ）次节的规定，卫生部部长可以考虑对在下列时期中加入的个人进行第（ⅰ）节规定的追溯调整，上述时期起始于该人加入由该人的现任雇主或前任雇主（或者该人配偶的现任雇主或前任雇主）实施的、赞助的或者捐助的健康津贴计划下的符合条件的组织（签署了本条规定的风险分摊合同）之日，结束于该人进入了本条规定的项目，除了为了进行本节规定的追溯调整的目的，上述时期不得超过90日。

（Ⅱ）就个人没有证实在其加入组织时组织向其提供了第（c）款第（3）项第（E）目规定的解释的情形，不得根据第（Ⅰ）次节规定进行任何调整。

（F）（ⅰ）一年内（自1991年开始发布）进行第（A）目规定的发布之前的至少45天，卫生部部长应当向符合条件的组织提供有关建议修改的提案或者受益面假设的提案以及之前使用的假设的提案并且应当向上述组织提供就上述变更的提案进行评论的机会。

（ⅱ）在一年内（自1991年开始发布）按照第（A）目的规定发布的每一个声明中，卫生部部长应当足够详细地对假设（包括任何津贴保险假设）以及用于声明中的方法的变更进行解释以便符合条件的组织能够计算出每一类人士的人均付款率，上述人士位于那些全部或者部分在上述组织的保险区域的县内。

（2）就签订了合理费用退还合同的资格组织来说，应当根据第（h）款第（2）项的规定而不是第（1）项的规定向上述计划进行支付。

（3）根据第（c）款第（2）项第（B）目和第（c）款第（7）项的规定，根据合同规定向第（1）项或者第（2）项的规定的符合条件的组织进行的支付应当代替第1814条第（b）款和第1833条第（a）款规定的应支付数额，就组织提供的或者通过组织提供的服务向根据本条规定加入了该组织的人士进行支付。

（4）根据本条的宗旨，"人均费用调整后的均值"是指卫生部部长预先估算的（在实际花费的基础上，或者根据足够的样本和其他信息数据做出的追溯精算等值，在资格组织保险服务的地理区域或者类似区域，为确保精算等值进行的适当调整）在一个合同有效年内就第A部分和第B

部分规定的保险服务，或者仅第 B 部分规定的保险服务应当支付的人均费用的均值（包括第 1816 条和第 1842 条规定的组织产生的行政费用），如果由非合格组织提供的服务，或者仅根据第 1861 条第（s）款第（2）项第（H）目的规定被保险的服务，如果由医生提供的服务或者作为医生服务的附随服务。

（5）为根据本条规定加入该组织并且享有第 A 部分规定的津贴且参加了第 B 部分的个人向本条规定的符合条件的组织进行的支付，应当通过联邦医院保险信托基金和联邦附加医疗保险信托基金进行，上述每一基金每月应当向组织支付的部分应当由下列项目决定：

（A）关于签订风险分摊合同的符合条件的组织产生的费用来说，每年应当由卫生部部长根据每一基金中的收益额调整后的均值的这一相对权重进行分配。

（B）关于根据合理费用偿还合同的规定进行操作的符合条件的组织产生的费用来说，应当根据计划最近的预算进行初始分配，上述可根据需要进行调整，费用结算应当反映出真实费用的分配。

上述分配的剩余部分应当由之前的信托基金支付。

（6）根据第（c）款第（2）项第（B）目和第（c）款第（7）项的规定，如果个人根据本条规定加入了签订了风险分摊合同的符合条件的组织中，仅该符合条件的组织有权根据本编的规定就其向上述人士提供的服务收取卫生部部长的付款①。

（b）根据本条的宗旨，"符合条件的组织"是指根据任一州的法律组建的下列公的或者私的实体（可能是管理式医疗保险机构或者竞争医疗保险计划），该实体是：

（1）合格的管理式医疗保险机构［参见《公共健康服务法》第 1310 条第（d）款②的定义］。

（2）或者，满足下列条件：

（A）该实体向入会成员至少提供下列医疗保健服务：

（i）由医生实施的医生服务［见第 1861 条第（r）款第（1）项的

---

① 关于可适用于医疗保险项目的特殊规则，参见第 2 卷《公法》第 99—177 期，第 256 条。

② 参见第 2 卷《公法》第 78—410 期，第 1310 条第（d）款。

定义]。

（ⅱ）医院住院服务。

（ⅲ）实验室、X射线、急诊和预防性服务。

（ⅳ）超区域保险。

（B）该实体通过定期支付其向入会成员提供的医疗保健服务的准备金进行赔偿而不管其医疗保健服务的日期并且这种赔偿是固定的不管其提供服务的频次、程度或者实际提供给会员何种医疗保健服务。

（C）该实体提供医生的服务主要：（ⅰ）直接通过医生，该医生或者是上述组织的雇员或者是上述组织的合伙人；或者（ⅱ）通过与私人医生或者一个或多个医生团体（在合伙执业或者个人执业的基础上组建的）签订合同。

（D）该实体在可预见的基础上对第（A）目列出的医疗保健服务的准备金承担全部的金融风险，除上述实体：（ⅰ）就向其入会成员提供第（A）目列出的医疗保健服务条款产生的且一年总计超过5000美元的费用来说，获得保险或者做出其他协调安排；（ⅱ）就非通过该实体向其入会成员提供第（A）目列出的医疗保健服务条款产生的费用来说，上述费用因在会员通过该实体能够获得抢救之前条款要求的医疗需求产生的，获得保险或者做出其他协调安排；（ⅲ）就在一个财政年度内费用超出收入115%的数额中不超过90%的部分，可以获得保险或者做出其他协调安排；以及（ⅳ）在医生或者其他医疗专业人士、医疗保健机构，或上述个人或者组织的集合之间进行协调使它们在可预见的基础上就由医生或者其他医疗专业人士或者机构提供的基本医疗服务的准备金来说承担全部或者部分的金融风险。

（E）该实体应当准备足够的使卫生部部长满意的准备金以抵御偿付能力风险。

第（2）项第（A）目第（ⅱ）节的规定不适用于就服务（除了医院住院服务之外）的准备金与管理根据第十九编的规定已批准的州项目的单独州机构签订合同的实体，上述服务在预付风险的基础上提供给根据1970年之前的有权享有上述州计划服务的个人。

（c）（1）卫生部部长不可以与符合条件的组织签订本条规定的合同，除非其入会成员满足了本款和第（e）款规定的要求。

（2）（A）通过满足本编以及第十一编第A部分规定的可适用条件的

服务供应商和其他人士，该组织必须向本条规定的入会成员提供下列服务：

（ⅰ）仅本编第 A 部分和第 B 部分规定的被保险的那些服务，向那些有权享有第 A 部分规定的津贴并且参见了第 B 部分的会员；

（ⅱ）或者，向仅进入了上述部分的那些会员提供仅第 B 部分规定的被保险的那些服务；

居住在组织服务的地理区域的个人可以获得上述服务，除非：（Ⅰ）该组织可以向上述会员提供其他可供他们选择的医疗保健服务，根据他们的选择，享有保险服务；以及（Ⅱ）就签订了风险分摊合同的组织来说，该组织可以向其会员提供经卫生部部长批准的其他医疗保健服务。卫生部部长应当批准该组织建议向其会员提供的任何其他医疗保健服务，除非卫生部部长确认包含上述附加服务将会严重挫伤参保者加入该组织的积极性。

（B）如果在下列卫生部部长计划的期间做出的国家保险裁决将会导致支付津贴组织的费用产生重大变动，上述期间开始于第（a）款第（1）项第（A）目规定的声明之日，结束于该款规定的下一声明发布之日，上述津贴应当遵守国家保险裁决。并且不是上述期间开始之日做出的声明中包含的人均付款率的裁决的组成部分：（ⅰ）上述裁决不应当适用于本条规定的风险分摊合同直到上述期间结束之后的第一个合同生效年为止；以及（ⅱ）如果上述裁决规定了其他津贴保险或者在其他情形下的保险，第（a）款第（3）项的规定不应当适用于上述其他津贴或者在上述其他情形下提供的津贴的支付直到上述期间结束之后的第一个合同生效年为止，除非法律另有其他规定。

（3）（A）（ⅰ）每一个符合条件的组织对本条规定的加入者，应该提供一个每年至少为期 30 日的开放注册时间，并且包括第（ⅱ）节具体规定的一个或者多个时期的注册时间，并且规定在上述期限内的任何进入都应当被接受，组织会尽其容纳能力（见卫生部部长的规定）接受会员并且不受限制，除非这么做将会使其不再满足第（f）款规定的要求或者将会导致该组织服务的地理区域内的人口中的实质非典型会员的进入，按照卫生部部长行政规章中的规定。

（ⅱ）（Ⅰ）如果本条规定的风险分摊合同没有续签或者由于其他原因终止，签订了本条规定的风险分摊合同并且其服务区域与已终止的合同的服务区域相同的符合条件的组织应当为在终止通知之日加入该终止合同的个人提供开放注册时期。如果本条规定的风险分摊合同以居住在服务区内的个人终止保险相同的方式进行了续签，签订了本条规定的风险分摊合同的符合条件的组织和居住在服务区内的入会人士可以为在中止保险通知之日根据合同规定加入居住在服务区内的个人要求提供开放注册时间。

（Ⅱ）第（Ⅰ）次节规定的开放注册期间应当为期 30 日并且应当自卫生部部长公布上述要求的通知之日起的 30 日内开始。

（Ⅲ）本节规定的加入应当为上述开放注册期间结束之日后的 30 个有效日，或者如果卫生部部长认为上述日期不灵活，卫生部部长可以规定其他日期。

（B）个人可以根据本条的规定以行政规章规定的方式加入符合条件的组织并且可以在请求终止做出之日后的第一个日历月的第一天与他加入的符合条件的组织之间终止关系（或者就组织的金融偿付能力来说，按照行政规章的规定），或者就签订了合同费用偿还合同的上述组织来说，按照行政规章的规定，就终止加入的个人来说，组织应当向该个人提供终止加入书面请求的复印件以及个人继续加入该组织按照本编的规定不可以接受除通过组织之外获得津贴的时期的书面解释。

（C）卫生部部长可以指定程序和条件，据此与卫生部部长签订了合同的符合条件的组织根据本款规定可以通知资格主体根据本节规定加入组织或者可以组织主动要求上述主体加入。组织不应当向根据本节规定有资格进入该组织的个人发放（或者为使用之目的）小册子、申请表，或者其他宣传或者信息资料，除非：（ⅰ）在发放之前的至少 45 日，该组织已经向卫生部部长提交了审查资料；以及（ⅱ）卫生部部长不同意发放材料。卫生部部长应当对所有已提交的资料进行审查并且如果卫生部部长认为，在卫生部部长的自由裁量权内，该资料实际上并不准确或者存在误导或者实际上是错误陈述，应当不批准上述资料。

（D）该组织必须向卫生部部长保证它不得因为个人的身体健康状况、医疗保健服务排除，或者拒绝上述主体的再次加入，并且它将会在主体加入时告知其上述事实。

（E）每一个符合条件的组织在加入者加入时，并且此后不少于每年一次，应当向加入者解释本条规定的加入者的权利，包括下列解释：（ⅰ）加入者享有从组织获取津贴的权利；（ⅱ）对本编中非由或者通过组织提供的服务进行限制；（ⅲ）由组织提供的超区域保险；（ⅳ）急诊服务和紧急救护治疗的组织保险；（ⅴ）加入者的上诉权。

（F）每一个根据本条规定的合同提供项目和服务的组织应当向卫生部部长保证，如果该组织停止提供上述项目和服务，组织应当在任何一个排他期间内向所有进入了组织并且接受了本编的津贴的个人，在少于6个月或者上述期间的持续期内提供或者安排与之前存在的情况有关的本编规定的附加保险津贴。

（G）（ⅰ）根据本条规定签订了风险分摊合同的符合条件的组织应当通知有权加入本节规定的符合条件的组织的个人以及加入本节规定的组织的个人：（Ⅰ）该组织根据法律的授权终止或者拒绝续签合同；以及（Ⅱ）终止或者拒绝续签可能会导致加入本条规定的组织的个人终止加入。

（ⅱ）第（ⅰ）节规定的通知应当包括：（Ⅰ）第（C）目规定的由符合条件的组织向有权加入本条规定的组织的个人发放的市场资料；以及（Ⅱ）组织根据第（E）目的规定向入会者提供的解释。

（4）组织必须：

（A）使第（2）项规定的服务（及用户订购的其他此类医疗服务）：（ⅰ）在组织的服务区域内使每个这种用户能够合理快捷地并能以保证连续性的方式获得，以及（ⅱ）在医疗需要的情况下1天24小时、1周7天都能获得；

（B）规定关于第（A）目规定的及非通过该组织向用户提供的服务的退款内容，如果：（ⅰ）这些服务是医疗需要的并且是不可预见的疾病、伤害或其他状况急需的；以及（ⅱ）这种服务没有通过组织被合理给予。

（5）（A）组织应当制定有效的程序以听取和解决该组织（包括任何组织通过其提供医疗保健服务的个人或者实体）和根据本条规定加入了该组织的个人之间的抱怨。

（B）根据本条规定加入了符合条件的组织的成员因未收到其认为自己有权享有的任何医疗服务而感到不满的，并且认为其应当支付的费用不应当超过他的权限的，如果争议数额超过100美元，可在第205条第（b）款规定的范围内由卫生部部长举行听证，并且在上述任何听证中，卫生部部长应当追加符合条件的组织为其中的主体。如果争议数额超过

1000 美元，在通知其他主体之后，个人或者符合条件的组织应当有权根据第 205 条第（g）款的规定就卫生部部长的最终决定提起司法审查，并且该个人和该组织都应当成为该司法审查中的参加主体。根据本节的规定适用于第 205 条第（b）款和第 205 条第（g）款的规定时，以及由此适用于第 205 条第（l）款的规定时，任何"社保委员会委员"或者"社保行政部门"使用的与此相关的参照规则应当分别视为"卫生部部长"或者"健康和人类服务部"的参照规则。第 1869 条第（b）款第（1）项第（E）目第（ⅲ）节的规定应当以其适用于第 1869 条第（b）款第（1）项第（E）目第（i）节规定的美元数额相同的方式适用于本目第 2 句中规定的美元数额。

（6）该组织应当根据卫生部部长制定的行政规章的规定就现行的其向上述个人提供的医疗保健服务的质量保证项目做出安排，该项目：（A）重视医疗结果；以及（B）由参与上述医疗保健服务准备金附随程序的医生或者其他医疗保健专业人士进行审查。

（7）本条规定的风险分摊合同应当规定，就从第（d）款规定的医院［见第 1886 条第（d）款第（1）项第（B）目的定义］处收到的医院住院服务的个人在下列有效期限内：

（A）个人根据本条规定注册符合条件的组织：（i）直到出院为止的上述服务应当按照本编的规定进行支付如果该患者未加入组织，（ⅱ）该组织对该患者出院后的上述服务部应当负有财政责任，（ⅲ）就本条规定应当向组织付款的应当向组织进行全额支付；

（B）或者，个人根据本条规定终止加入符合条件的组织：（i）组织应当对上述日期之后及个人出院之前的上述服务负有财政责任，（ⅱ）住院期间的上述服务不应当根据第 1886 条第（d）款的规定进行支付，（ⅲ）该组织不应当根据本条的规定就该个人未加入时期收取任何付款。

（8）① 本条规定的合同应当规定符合条件的组织满足第 1866 条第（f）款的要求（与保存关于预先指示的书面政策和程序有关的规定）。

（d）根据第（c）款第（3）项的规定，每一个享有第 A 部分规定的津贴并且参加了第 B 部分或者仅加入了第 B 部分的个人（除了医学诊断为患有晚期肾病的个人）应当有权加入本条规定的任何符合条件的组织，

---

① 关于州法效力的规定，参见第 2 卷《公法》第 101—508 期，第 4206 条第（c）款。

上述组织是与卫生部部长根据本条规定签订了合同且服务于该个人居住的地理区域的符合条件的组织。

（e）（1）在任何情况下：

（A）符合条件的组织的保险费率部分和向根据本条规定加入了组织并且有权享有第 A 部分规定的津贴并且参加了第 B 部分的个人收取年度初付费，共同保险自付费和定额手续费部分的精算值；

（B）或者，符合条件组织的保险费率部分和向根据本条规定加入了组织并且仅参加了第 B 部分的个人收取年度初付费，共同保险自付费和定额手续费部分的精算值超过了可适用于个人的共同保险自付费和年度初付费的精算均值，如果他们不是上述组织的成员，上述个人根据本条规定加入了组织（或者，如果卫生部部长证明不能获得足够的数据以确定保险精算值，适用于该区域内、州内、美国内的个人的共同保险自付额和年度初付费的保险精算均值，或者其他相关数据）并且享有第 A 部分规定的津贴并且参加了第 B 部分或者只参加了第 B 部分。

（2）如果符合条件的组织向根据本条加入该组织的会员提供服务以及本编第 A 部分和第 B 部分规定的被保险服务，上述额外服务［除非卫生部部长根据第（c）款第（2）项的规定已批准了上述服务］的保险应当由上述成员进行选择并且上述组织应当向上述会员提供与保险费率以及可适用于上述额外服务的其他费用有关的信息。在任何情况下的总和：（A）上述组织就额外服务向根据本条规定加入该组织的会员收取的保险费率的部分；以及（B）就上述服务向上述会员收取的年度初付费，共同保险自付费和定额手续费部分的精算值不超过上述服务的调整社区费率。

（3）根据本条的宗旨，一项或者多项服务的"调整社区费率"是指，根据符合条件的组织的选择，或者：

（A）卫生部部长每年决定可适用于根据本条规定加入了符合条件的组织的个人的一项或者几项服务的付款率如果付款率根据"社区制定费率系统"［参见《公共健康服务法》第 1302 条第（8）项①的定义，除了第（C）目］；

（B）或者，卫生部部长每年认为可适用于根据本条规定加入了符合条件的组织的个人的一项或者几项服务的上述加权保费总额部分，卫生部

---

① 参见第 2 卷《公法》第 78—410 期，第 1302 条第（8）项。

部长每年认为可归于上述一项或者多项服务。

但是可以根据本条规定加入了资格组织的成员的就医特征与其他组织的就医特征的不同而进行调整（或者，如果卫生部部长证明不能获得足够的数据以调整上述差异，加入符合条件的组织的成员在其他组织，或者该区域内、该州内或者国内的个人加入了符合条件的组织的就医特征分别与其他未加入组织在区域内、州内或者国内的就医特征的不同之处）。

（4）不管其他法律的任何规定，符合条件的组织可以（就根据本条规定加入的服务规定来说，据此成员可以享有《工人补偿法》或州或美国计划，或者机动车或者责任保险政策或者计划，包括自我保险计划，或者无责任保险的津贴）根据上述法律或者政策允许的费用收取或者授权服务供应商收取费用：

（A）保险中介组织、雇主或者其他上述法律、计划或者计划规定的应当支付上述服务的实体；

（B）或者，上述会员在一定程度上根据上述法律、计划或者政策已经为上述服务进行了支付。

（f）（1）对于自 1999 年 1 月 1 日开始的合同有效期，在上述合同的有效期内，每一个与卫生部部长根据本条规定签订了合同的符合条件的组织应当拥有 1/2 以上的不享有本编规定的津贴的会员。

（2）根据第（4）项的规定，卫生部部长仅在以下情况下可以修改或者豁免第（1）项的强制性规定：

（A）组织服务区域内 50% 以上的人口由享有本编规定的或者根据第十九编规定经批准的州计划的津贴的个人组成；

（B）或者，就由政府所有或者控制的符合条件的组织来说，仅在该组织根据本条规定首次签订合同之日起的 3 年期间之内，并且只要该组织已尽合理努力让不享有本编规定的或者根据第十九编规定经批准的州计划的津贴的个人加入。

（3）如果卫生部部长认定符合条件的组织未遵守本款规定的要求，在卫生部部长通知组织未守法之日后①。卫生部部长可以规定本条规定的个人中止加入或者中止向本条规定的组织就该个人新加入的组织进行

---

① 关于处理豁免权人的规定，参见第 2 卷《公法》第 99—509 期，第 9312 条第（c）款第（3）项第（C）目。

付款。

（4）对于自 1999 年 12 月 31 日开始的合同有效期，卫生部部长认为属于公共利益的范围之内，卫生部部长可以豁免或者修改第（1）项的强制性规定。

（g）（1）卫生部部长可以与任何符合条件的组织签订风险分摊合同，见第（b）款的定义，该组织至少有 5000 名会员，除了卫生部部长可以与有更少会员的符合条件的组织签订上述合同，如果该组织主要服务居住在城市地区之外的会员。

（2）每一个风险分摊合同应当规定：

（A）如果向根据本条规定加入了组织并且享有第 A 部分规定的津贴，并且参加了第 B 部分的会员提供的第 A 部分和第 B 部分规定的服务的调整社区费率（减去那些部分规定的共同保险自付额和年度初付费的保险精算值），见第（e）款第（3）项的定义；

（B）或者，如果向根据本条规定进入了组织且仅享有第 B 部分规定的津贴的会员提供的第 B 部分规定的服务的调整社区费率（减去该部分规定的共同保险自付额和年度初付费的保险精算值）；

分别少于根据第（a）款第（1）项的规定应当进行付款的人均费率的均值，在年度合同有效期开始之时，就根据本条规定加入了组织并且享有第 A 部分规定的津贴并且参加了第 B 部分或者仅进入了第 B 部分的会员来说，符合条件的组织应当向根据本条规定加入了签订风险分摊合同的组织并且享有第 A 部分规定的津贴并且参加了第 B 部分或者仅进入了第 B 部分的会员分别提供第（3）项规定的额外津贴，上述津贴由符合条件的组织进行选择并且经卫生部部长证实至少应当等于人均付款均值和调整社区费率（已进行上述扣减）之间的差值；除了本项规定不应当适用于任何下列组织，上述组织选择接受较少的付款在一定程度上使人均付款均值和调整社区费率（已进行上述扣减）之间不再有差值并且除了组织（经卫生部部长的批准）可以规定根据第（5）项的规定上述额外津贴被卫生部部长扣留或者储备的部分。如果卫生部部长证实没有足够的参保经验以确定在合同有效期间开始时根据第（a）款第（1）项的规定进行的付款的人均付款率均值，卫生部部长可以根据依照本条规定签订的其他合同的进入经验来确定上述均值。

（3）第（2）项所指的额外津贴是：（A）就组织向根据本条规定进

入的会员提供的服务来说，保险费率的扣减或者其他应当收取的费用；或者（B）其他健康津贴的准备金，或者以上两个。

（4）【已废除①】

（5）根据本条规定签订了风险分摊合同的组织可以（经卫生部部长的批准）提供额外津贴的一部分或者在第（2）项的规定之下提供由卫生部部长在联邦医院保险信托基金和联邦附加医疗保险信托基金扣留和保留的津贴（卫生部部长认为合适的比例），在之后的每年合同有效期间内，在一定程度上根据第（3）项的规定要求稳定和阻止由组织在随后的期间内提供的额外津贴的不正当波动。在上述期间结束之前根据第（3）项的规定未向组织成员提供的额外津贴的任何上述值，应当归于上述信托基金的使用。

（6）（A）本条规定的风险分摊合同应当要求符合条件的组织就根据上述合同向个人提供的服务和供给提起的索赔进行及时付款［与第1816条第（c）款第（2）项和1842条第（c）款第（2）项的规定相一致］，如果服务或者供给并不是根据组织和服务供应商或者提供者之间的合同提供的。

（B）就卫生部部长认为，在通知和听证机会之后未按照第（A）目规定的金额进行付款的组织来说，卫生部部长可以向依照合同向根据本条规定参保的个人提供上述保险服务的服务供应商或提供者直接支付所欠数额。如果卫生部部长直接支付上述付款，卫生部部长应当就根据本条规定向组织进行支付的数额进行适当的扣减以反映卫生部部长的付款数额（以及卫生部部长进行上述支付产生的费用）。

（h）②（1）如果：

（A）卫生部部长并不认为符合条件的组织有能力承担本条规定的风险分摊合同中规定的潜在损失的风险；

（B）或者，符合条件的组织进行上述选择或者其会员人数缺少不足以签订风险分摊合同；

---

①　参见第100—203期，第4012条第（b）款；《美国联邦法律大全》第101编第1330—61条。

②　关于与合理费用合同有关的总审计局研究和报告的规定，参见第2卷《公法》第110—275期，第167条第（d）款。

如果他另外认为符合条件的组织能够充分有效地履行它的合同义务，卫生部部长可以决定依照第（3）项规定的向上述组织在其合理费用［见第1861条第（v）款的定义］的基础上以退还的方式与上述组织签订合同。

（2）根据上述组织的选择，本款规定的合理费用退还合同可以规定卫生部部长：

（A）将向医院以及专业护理服务机构或者退还合理费用［见第1861条第（v）款的定义］或者退还根据第1886条的规定向加入了上述组织的个人提供的第（d）款中的服务的支付款；

（B）将会从另外向上述组织进行支付的数额中扣除上述退还数额。

如果上述符合条件的组织直接向医院或专业护理服务机构付款，支付数额不应当超过服务的合理费用［见第1861条第（v）款的规定］或者根据第1886条规定决定的数额，如果适用的话，除非上述组织证明卫生部部长履行的上述超额付款部分以上述组织获得的利益为基础是正当的。

（3）向签订了合理费用退还合同的组织进行的付款应当在每一个合同有效年末进行适当的追溯校准调整以便确保上述组织收到了实际产生的合理费用（除了被证明为有效提供健康服务所不必要产生费用的一部分）或者根据第1886条的规定决定的数额，就向第（a）款第（1）项规定的个人提供本编规定的保险服务来说支付的除退还之外的本编规定的其他种类的费用。

（4）根据本款规定与符合条件的组织签订的任何合理费用偿还合同应当按照卫生部部长要求的规定，在符合条件的组织的每一会计报告期满之后的上述时间内（并且上述方式和上述内容）他可以规定：

（A）组织应当在已独立审核的财务报表中向他报告以就提供第（a）款第（1）项规定的服务进行支付的除退还之外的本编规定的其他费用的组成部分的种类为基础的人均费用，其中包括：根据之前卫生部部长规定的会计程序，在根据本条规定加入的个人和加入了上述组织的其他个人之间分配费用的方式；

（B）未按照要求报告上述信息的可以视为在进行了适当的收费的基础上构成了可能溢缴的证据；

（C）在符合条件的组织与其他组织通过普通法所有权或者控制而相关的任何情形下，应当提交合并财务报表并且上述组织的成本开支范围不可以包括除退还之外的本编规定的其他费用的种类，超出根据卫生部部长发布的行政规章（为限制退还成本而制定而不是为了由相关的组织或者所有人向资格组织收费而制定的）的规定被认定为合理成本的部分；

（D）在符合条件的组织进行的赔偿实质上超出了由相似的执业医生就类似的服务通常收取的费用（不管赔偿的方式）的任何情形下，上述赔偿可以在适当的时候被视为构成了利润分配。

（5）（A）在本项规定生效之日后，卫生部部长不可以签订任何本款规定的合理费用退还合同（如果合同未在上述日期生效的），除非之前刚签订上述合同的符合条件的组织的合同存在根据 1833 条第（a）款第（1）项第（A）目的规定生效的协议。

（B）根据第（C）目的规定，卫生部部长应当批准本条规定的合理费用合同的修改申请以便扩展上述合同的服务区域，如果：（ⅰ）在 2003 年 9 月 1 日或者之前向卫生部部长提交了上述申请；以及（ⅱ）卫生部部长认定签订了合同的组织持续满足可适用于上述组织和本条规定的合同的条件。

（C）（ⅰ）根据第（ⅱ）节的规定，可以明确地延期或者续签本款规定的合理费用退还合同。

（ⅱ）在 2009 年 1 月 1 日[①]或者之后开始的期间内，不可以就服务区域延期或者续签本款规定的合理费用退还合同，在之前的一整年内的上述服务区域应在下列服务区域的范围之内：（Ⅰ）第（ⅲ）节规定的两个或者更多 MA 区域计划，规定不应当由同一医疗保险优先照顾组织提供上述所有计划[②]；或者（Ⅱ）第（ⅲ）节规定的两个或者更多 MA 地方计划，规定不应当由同一医疗保险优先照顾组织[③]提供上述所有计划。

（ⅲ）本节规定的一年内的服务区域的计划是第 1851 条第（a）款第（2）项第（A）目规定的计划如果该年内的服务区域满足最低进入条件：

（Ⅰ）就在超过 25 万人的都市统计区域内的所涉地域的部分以及与

---

① 《公法》第 110—173 期，第 109 条，废除"2008 年 1 月 1 日"并且修改为"2009 年 1 月 1 日 *"，2007 年 12 月 29 日生效。

② 《公法》第 110—275 期，第 167 条第（b）款，插入"，规定不应当由同一个医疗保险有限照顾组织提供所有上述计划"，2008 年 7 月 15 日生效。

③ 《公法》第 110—275 期，第 167 条第（b）款，插入"，规定不应当由同一个医疗保险有限照顾组织提供所有上述计划"，2008 年 7 月 15 日生效。

上述都市统计区域相毗邻但是不在另外一个超过 25 万人的都市统计区域内①的县城来说，5000 人。如果该服务区域包含 1 个以上超过 25 万人的都市统计区域内的部分，就上述每一个都市统计区域（以及上述可适用的与都市统计区域相毗邻的县城）来说都应当做出前款规定的最低加入决定②。

（Ⅱ）就上述区域的其他部分来说，1500 人。

（i）（1）根据卫生部部长的规定，本条规定的合同应当持续至少一年的有效期间并且在当前期间结束后无意终止的任意一方的通知可以自动地延展期限；除非依据第（9）项制定的程序，卫生部部长可以随时终止上述合同或者可以根据第（6）项第（B）目或者第（6）项第（C）目的规定向符合条件的组织施加中间制裁如果卫生部部长认定该组织：

（A）实质上未实施合同规定；

（B）实质上未按照本条规定的有效力且有效率的行政管理方式实施合同的规定；

（C）或者，实质上不再满足第（b）款、第（c）款、第（e）款和第（f）款规定的可适用的条件。

（2）根据本条规定签署的任何合同的生效日期应当在合同中具体规定。

（3）本条规定的每一个合同：

（A）应当规定卫生部部长，或者其他由其委派的任何人士或组织：

（i）应当有权检查或者以其他方式评估：（Ⅰ）合同规定应当提供的服务的质量、正当性和时限，以及（Ⅱ）组织的服务机构（当有合理的证据需要进行上述检查时）；

（ii）有权审计和检查符合条件的组织的任何账册和记录关于：（Ⅰ）组织承担潜在金融损失的风险的能力，或者（Ⅱ）合同规定的应当提供的服务以及应付款的决定。

（B）应当要求签订了风险分摊合同的组织在合同终止之前向每一个根据本条规定加入了该组织的个人提交（并且支付）书面通知，以及对

---

① 《公法》第 110—275 期，第 167 条第（c）款第（1）项，插入"不在另外一个超过 25 万人口的都市统计区"，2008 年 7 月 15 日生效。

② 《公法》第 110—275 期，第 167 条第（c）款第（2）项，增加本句，2008 年 7 月 15 日生效。

获取本编规定的津贴的替代方案的说明。

（C）（ⅰ）应当要求该组织遵守《公共健康服务法》第 1318 条第（a）款和第（c）款①的规定（与一定财务信息的披露相关）以及该法第 1301 条第（c）款第（8）项规定的要求（与保护会员的责任安排有关）；

（ⅱ）应当要求该组织提交信息［见第 1866 条第（b）款第（2）项第（C）目的规定］，并且上述信息应当以该条规定的提交方式进行提交；

（ⅲ）应当要求该组织向卫生部部长通知该组织与分包商、分支机构以及其他相关主体之间进行的借贷和其他特殊财务安排。

（D）应当包括与本条规定不一致（包括要求组织向卫生部部长提交上述信息）但是卫生部部长认为必要且合适的其他条款和条件。

（4）如果在之前的 5 年之内，应组织的要求，之前签订的风险分摊合同已经终止，卫生部部长不可以与符合条件的组织签订风险分摊合同除非根据卫生部部长的规定在批准特殊事由的情形下。

（5）当卫生部部长认为与深化本编的宗旨不相符合时，行使本条规定的卫生部部长的授权可以不考虑美国的合同的订立，履行，增补或者修改有关的上述法律或者行政规章的规定。

（6）（A）如果卫生部部长认定根据本条规定签订了合同的符合条件的组织：

（ⅰ）实质上未提供按规章应当向合同规定被保险的个人提供（根据法律或者合同的规定）的医疗必需的项目和服务，如果该种情形对个人产生了不利影响（或者有产生不利影响的实质可能性）；

（ⅱ）向根据本条规定加入的个人收取的保费超过了允许的保费；

（ⅲ）违反本条的规定意图排除或者拒绝个人的重新加入；

（ⅳ）从事经合理预期对否决或打消资格主体加入该组织的念头产生影响，上述主体的病情或者病史显示该人实际上需要将来的医疗服务；

（ⅴ）向下列人士提供虚假陈述或者伪造信息：（Ⅰ）本条规定的卫生部部长，或者（Ⅱ）本条规定的个人或者其他实体；

（ⅵ）未遵守第（g）款第（6）项第（A）目或者第（8）项规定的要求；

---

① 参见第 2 卷《公法》第 78—410 期，第 1318 条。

（ⅶ）就风险分摊合同来说，根据第 1128 条或者第 1128A 条的规定不参与为提供医疗保健、就医审查、医疗社会工作，或者管理服务工作的个人或者实体，或者为通过上述被排除的个人或者实体为提供上述服务（直接或者间接）雇佣或者签约的任何组织；

除法律授权其他任何救济之外，卫生部部长可以规定第（B）目中的任何救济。

（B）本目规定的救济是：

（ⅰ）就（A）目规定的每一次决定来说不超过 2.5 万美元的民事罚金或者，就上述子节第（ⅳ）节或者第（ⅴ）节第（Ⅰ）次节规定的决定来说，每一次决定不超过 10 万美元，以及就第（A）目第（ⅱ）节规定的决定来说，双倍违反本子节规定收取的超额费用（并且所收取的超额费用应当从罚金中扣除并且返还给涉及的个人），此外，就第（A）目第（ⅳ）节规定的决定来说，如果上述所涉行为导致的一个未参保人的罚金是 1.5 万美元；

（ⅱ）在卫生部部长通知该组织第（A）目规定的决定之日后个人根据本条规定停止参保并且直到卫生部部长证实上述决定的依据已经被矫正的并且不可能再发生；

（ⅲ）或者，在卫生部部长通知该组织第（A）目规定的决定之日后根据本条规定对参保者停止向组织付款并且直到卫生部部长证实上述决定的依据已经被矫正并且不可能再发生。

（C）就卫生部部长根据第（1）项的规定对其做出决定的符合条件的组织来说，决定的依据不符合第（A）目的规定，卫生部部长可以引用下列中间制裁：

（ⅰ）如果判断的依据的不足对组织的合同规定参保者产生了不利影响（或者有产生不利影响的实质可能性），就第（1）项规定的每一次决定来说不超过 2.5 万美元的民事罚金。

（ⅱ）就在第（1）项规定的缺乏做出判断的依据的期间内，由卫生部部长依据第（9）项的规定在程序开始后的每一周来说不超过 1 万美元的民事罚金。

（ⅲ）在卫生部部长通知该组织第（1）项规定的决定之日后并且直到卫生部部长证实上述缺乏依据的决定已经矫正并且不可能再发生，个人根据本条规定中止参保。

（D）第1128A条的规定［除了第（a）款和第（b）款的规定之外］应当适用于第（B）目第（i）节或者第（C）目第（i）节规定的民事罚金并且上述条款以同样的方式适用于第1128A条第（a）款规定的民事罚金或者诉讼。

（7）（A）根据本条规定符合条件的组织签订的每一风险分摊合同应当规定该组织将与就医和质量控制同行审查组织（与卫生部部长根据第十一编第B部分规定就资格组织位于的区域签订了合同）或者根据第1154条第（a）款第（4）项第（C）目的规定由卫生部部长选择的实体签订书面协议，据此审查组织将行使第1154条第（a）款第（4）项第（B）目和第1154条第（a）款第（14）项规定的与由符合条件的组织提供的可以根据本编的规定进行付款的服务有关的职能。

（B）根据本编规定的付款宗旨，符合条件的组织因上述协议产生的费用应当被视为服务供应商提供本编规定的保险范围之内的服务时产生的费用并且卫生部部长从上述符合条件的资格组织的利益出发，根据卫生部部长制订的进度计划向审查组织直接付款。

（C）上述付款：

（i）不管拨款法的规定中所述的提前划拨的金额，应当从联邦医院保险信托基金和联邦附加医疗保险信托基金中划转适当比例，就上述服务的支付进行的划转以同样的方式直接支付给受益人；

（ii）上述组织一财政年度的总额不应当少于卫生部部长根据第十一编第B部分中与符合条件的组织有关的规定认为可充分覆盖上述组织实施第（A）目规定的活动产生的费用的金额。

（8）（A）根据本条规定符合条件的组织签订的每一合同应当规定该组织不可以实施任何医生激励计划［见第（B）目的定义］除非满足下列条件：

（i）非根据计划直接或者间接向医生或者医生团体进行特殊付款以诱惑其减少或者限制向加入了该组织的特殊个人提供必要的医疗服务。

（ii）如果计划因非由该医生或者医生团队提供的服务将医生或者医生团队置于实质金融风险之中，该组织：（Ⅰ）根据卫生部部长制定的标准，参照该团体中处于实质性金融风险中的医生或者在该计划得到了医生或医生团体服务的参保人数，向医生或者医生团队提供足够的和适当的止损保护；以及（Ⅱ）对现在加入和之前加入的个人进行定期调查以确定上述个人获取由组织提供的服务的程度和对上述服务的满意程度。

（ⅲ）组织应当向卫生部部长提供有关计划的描述性信息，足以使卫生部部长确定是否该计划遵守了本目规定的条件。

（B）在本项中，"医生激励计划"是指符合条件的组织和医生或者医生团队之间的任何赔偿安排，上述安排直接或者间接地减少或者限制向加入了该组织的个人提供的服务的效果。

（9）卫生部部长可以根据本条规定终止与服务条件的组织的合同或者向组织施加第（6）项规定的中间制裁，根据正式调查和卫生部部长制定的守法程序据此：

（A）卫生部部长首先为组织提供合理的机会去制定和实施矫正行动计划以矫正第（1）项规定的卫生部部长决定的依据不足并且该组织未制订或者实施上述计划；

（B）在决定是否施加上述制裁时，卫生部部长考虑下列加重情节比如该组织在过去是否存在缺陷或者还没有采取行动去矫正卫生部部长使该组织注意到的不足；

（C）在证实不足和进行制裁之间没有不合理或者不必要的耽搁；

（D）卫生部部长应当在施加上述制裁或者终止合同之前向组织提供合理的通知和听证的机会（包括对初始裁定上诉的权利）。

（j）（1）（A）就由契约型医生或者服务供应商或者肾脏透析服务机构向加入了本条规定的资格组织且进入了第 B 部分的个人提供的第（2）项规定的医生服务或肾脏透析服务来说，可适用的参与型协议应当视为规定了医生或服务供应商或肾脏透析服务机构就第 B 部分规定的应当向医生或服务供应商或者肾脏透析服务机构支付的数额来说将接受来自符合条件的组织以及本部分规定的个人的全额付款，如果该个人未加入本条规定的符合条件组织。

（B）就第（2）项规定的由非契约型医生提供的医生服务来说，对除适用于第 B 部分的规定（适用于向未加入本条规定的资格组织的个人提供的服务）之外的上述服务实际收费的限制应当以同样的方式适用于向未加入上述组织的个人提供的服务。

（2）本项规定的医生服务或者肾脏透析服务是由未与该组织签订合同的医生、服务供应商或者肾脏透析服务机构向加入了本条规定的符合条件的组织中的个人提供的医生服务或者肾脏透析服务。

（k）（1）除第（2）项的规定之外：

（A）在根据第 1856 条第（b）款第（1）项的规定为医疗保险照顾选择组织和计划首次制定标准之日或者之后，卫生部部长不应当与符合条件的组织签订本条规定的风险分摊合同；

（B）在 1999 年 1 月 1 日或者之后开始的任何合同年，卫生部部长不应当续签任何上述合同。

（2）在 1998 年 12 月 31 日仅参加了第 B 部分并且加入了签署了本条规定的风险分摊合同的符合条件的组织的个人，根据第 1856 条第（b）款第（1）项规定的行政规章可以持续加入上述组织。

（3）不管第（a）款的任何规定，卫生部部长应当规定（自 1998 年 1 月开始）一年之内的月份内本条规定的风险分摊合同下的付款额应当按照下列方式进行计算：

（A）就享有第 A 部分和第 B 部分的津贴的个人来说，用第 1853 条第（a）款规定的付款率代替第 1876 条第（a）款另外规定的付款率；

（B）就仅享有第 B 部分的津贴的个人来说，用上述比率的相应比重（反映出可归于上述部分的本编规定的付款的相对比重）代替第（a）款另外规定的付款率。

（4）下列条件应当以与第 C 部分规定的医疗保险照顾选择组织的相同方式适用于签订了本条规定的风险分摊合同的符合条件的组织：

（A）第 1853 条第（a）款第（3）项第（B）目规定的数据收集要求。

（B）对收取第 1854 条第（g）款规定的保险费税的限制，关于根据本条规定向上述组织进行的付款。

（C）第 1851 条第（e）款第（6）项规定的接受在 1998 年 11 月加入的新入会者的条件。

（D）第 1857 条第（e）款第（2）项规定的付款。

限制一定的医生转诊

第 1877 条【《美国法典》第 42 编第 1395 条】（a）禁止一定的转诊。

（1）**总则。**除第（b）款的规定之外，如果医生（或者上述医生的直系家庭成员）与第（2）项规定的实体之间存在财务关系，然后：

（A）医生不可以根据本编的规定进行付款的健康医疗服务转诊到该

实体；

（B）该实体不可以根据本编规定提起或者指使其他人提起索赔或者向任何个人、第三方支付人或者其他实体，就根据第（A）目规定应禁止的转诊提供的指定健康医疗服务收取费用。

（2）**财务关系的规定**。根据本项的宗旨，本节中规定的医生（或者上述医生的直系家庭成员）与实体之间的财务关系是：

（A）除第（c）款和第（d）款的规定之外，在实体中的所有权或者投资利益；

（B）或者，除第（e）款的规定之外，医生（或者上述医生的直系家庭成员）和实体之间的赔偿安排［见第（h）款第（1）项的定义］。

第（A）目规定的所有权或者投资利益可以通过股票、债券或者其他方式实现并且包括拥有提供指定的医疗保健服务的实体的所有权或者投资利益的实体的利益。

（b）**所有权和赔偿安排的禁止性规定的一般例外**。第（a）款第（1）项的规定不应当适用于下列情形：

（1）**医生服务**。在同一个医生合伙执业团体［见第（h）款第（4）项的定义］中的其他医生作为转诊推介医生亲自（或者在其亲自监督之下）提供的医生服务［见第1861条第（q）款的定义］。

（2）**室内辅助服务**。就下列服务来说［除长期医疗设备（除输液泵之外）以及非口服和口服的营养产品、设备，以及装置］：

（A）按照下列规定进行提供：

（i）由转诊医生本人，由同一医生合伙执业团体中的医生作为转诊医生本人，或者由该医生或者医生合伙执业团体中的其他医生直接监督的人士本人；

（ii）（Ⅰ）在提供与指定的医疗保健服务的提供不相关的医生服务的转诊医生（或者作为同一医生合伙执业团体中的会员的其他医生）所在的办公楼内，或者（Ⅱ）就作为医生合伙执业团体中的成员的转诊医生来说，被医生合伙执业团体用于下列用途的其他办公楼：（aa）团体的全部或者部分的临床实验服务的提供，或者（bb）团体的指定健康医疗服务（除了临床实验服务）的集中提供，除非卫生部部长认定的其他情形和条件据此上述服务的提供不会存在项目的风险或者虐待患者。

（B）由实施或者监督服务的医生，由加入上述组织的医生，或者由全部拥有上述医生或者团体收取费用。

如果上述服务中的所有权或者投资利益满足由卫生部部长出于项目风险和防止虐待患者的需要在行政规章中做出的强制性规定。

（3）**预付计划**。就由下列组织：

（A）签订了第1876条规定的合同向加入了该组织的个人提供服务；

（B）第1833条第（a）款第（1）项第（A）目规定的向加入了该组织的个人提供服务；

（C）根据《1967年社会保障法修正案》第402条第（a）款①的规定或者《1972年社会保障法修正案》第222条第（a）款②的规定的在预付基础上收取付款的，向加入该组织的个人提供服务；

（D）合格的健康维持组织［在《公共健康服务法》第1310条第（d）款③规定的含义范围之内］，向加入了该组织的个人提供服务；

（E）或者，提供第1851条第（a）款第（2）项第（A）目规定的协调医疗计划的第C部分下的医疗保险照顾选择组织，向加入了该组织的个人提供服务。

（4）**其他可允许的例外**。就其他卫生部部长根据行政规章的规定认定的财务关系来说，不会有项目风险或者虐待患者。

（5）**电子处方**。由第1860D-3条第（e）款第（6）项规定的行政规章规定的例外。

（c）**在公开交易证券和共同基金中的所有权或投资利益的禁止性规定的一般例外**。下列所有权不应当视为第（a）款第（2）项第（A）目规定的所有权或者投资利益：

（1）投资证券的所有权（包括股份或者债券、公司债券、票据，或者其他的债权工具），可以定期购买公众一般可获得的投资证券并且是：

（A）（i）纽约证券交易所、美国证券交易所，或者其他地区的交易所在按日公布报价的基础上列出的证券，或者经认可的国外、国内，或者地区交易所在按日公布报价的基础上列出的外国证券，或者（ii）由美国券商协会操作的自动券商间的报价系统下进行交易；

---

① 参见第2卷《公法》第90—248期，第402条第（a）款。

② 参见第2卷《公法》第92—603期，第222条第（a）款。

③ 参见第2卷《公法》第78—410期，第1310条第（d）款。

（B）在公司内部，在该公司最近的财政年年末，或者在前3个财政年度内的平均水平上，公司拥有超过7500万美元的股东股权。

（2）《1986年国内税收法》① 第851条第（a）款定义的监管型投资公司中的所有者股份，如果上述公司在最近的财政年年末，或者在前3个财政年度内的平均水平上，拥有超过7500万美元的总资产。

（d）**仅与所有权或者投资禁止性规定有关的其他例外情形**。下列情形，如果非第（b）款规定的除外情形，不应当视为第（a）款第（2）项第（A）目规定的所有权或者投资利益：

（1）**在波多黎各的医院**。关于位于波多黎各的医院提供的指定医疗保健服务；

（2）**农村地区供应商**。关于由组织在农村地区〔见第1886条第（d）款第（2）项第（D）目的定义〕提供的指定医疗保健服务，如果：

（A）实质上所有由单位提供的由单位向居住在上述农村地区的人士提供的指定医疗保健服务；

（B）自《2003年医疗保险处方药、改良和现代化法》生效之日起的18个月的有效期间内，该单位不是专业医院〔见第（h）款第（7）项的定义〕。

（3）**医院的所有权**。关于由医院〔除了第（1）项规定的医院之外〕提供的指定医疗保健服务，如果：

（A）转诊推介医生有权在该医院内实施上述服务；

（B）自《2003年医疗保险处方药、促进和现代化法》② 生效之日起的18个月的有效期间内，该医院不是专业医院〔见第（h）款第（7）项的定义〕。

（C）是医院自身的所有权或者投资利益（并且不仅仅是医院的分支机构）。

（e）**与赔偿安排有关的其他例外情形**。下列情形不应当被视为第（a）款第（2）项第（B）目规定的赔偿安排：

（1）**办公空间的租金、设备的租金**。

---

① 《公法》第83—591期。

② 2003年12月8日（《公法》第108—173期；《美国联邦法律大全》第117编第2006条）。

（A）**办公空间**。由承租者向出租人付款以获得房屋的使用如果符合以下情形：

（i）租赁合同是书面签署的，经过当事人的签字，并且详细载明租赁合同中所涉及的房产；

（ii）在承租人使用办公空间期间，办公空间不得超出租约或租金的合理和必要的合法商业目的，并且只能专用于承租人，除非承租人可以为包括公共区域的使用空间付款，并且如果上述付款不超过承租人对基于承租人对整个被所有人占有的总空间（除了公共空间）的专用区域的比例所支付的费用；

（iii）租赁合同应当规定承租或者出租的时间为至少1年；

（iv）在出租期间的费用是事先商定的，应当遵循公平的市场价值，并且不应当以考虑当事人之间产生的任何参照物或者其他商业的交易额或价值的方式进行决定；

（v）租赁合同应当具有商业合理性即使在当事人之间没有任何参照；

（vi）租赁合同要满足其他需求，例如满足卫生部部长会为保护反对项目或者患者虐待所需要实施监管。

（B）**设备**。由设备的承租者向设备的出租人付款以获得设备的使用如果符合以下情形：

（i）租赁合同是书面签署的，经过当事人的签字，并且详细载明租赁合同中所涉及的设备；

（ii）在承租人使用设备期间，设备不得超出租约或租金的合理和必要的合法商业目的，并且只能专用于承租人；

（iii）租赁合同应当规定承租或者出租时间至少1年；

（iv）在出租期间的费用是事先商定的，应当遵循公平的市场价值，并且不应当以考虑当事人之间产生的任何参照物或者其他商业的交易额或价值的方式决定；

（v）租赁合同应当具有商业合理性即使在当事人之间没有任何参照；

（vi）租赁合同要满足其他需求，例如满足卫生部部长会为保护反对项目或者患者虐待所需要实施监管。

（2）**善意雇佣关系**。雇主应当向与其有善意雇佣关系的医生（或者上述医生的直系亲属）为其所提供的服务支付报酬如果符合以下情形：

（A）雇用是为了识别服务；

（B）雇用的报酬：（i）遵循服务的公平市场价值，以及（ii）不应当以考虑（直接或间接）转诊医生做出的转诊的交易额或价值的方式进行决定；

（C）根据协议提供的雇用赔偿金应当具有商业合理性，即使对于雇主来说没有参照；

（D）租赁合同要满足其他需求，例如满足卫生部部长会为保护反对项目或者患者虐待所需要实施监管。

第（B）目第（ii）节的规定不应当禁止对由医生（或者上述医生的直系家属）亲自实施的服务给付的赔偿金以效率奖金的形式进行支付。

（3）**私人服务安排。**

（A）**总则。**根据安排应当由单位给付报酬（包括为非营利性血液中心提供的特殊医生服务给付报酬）如果：

（i）安排协议是书面签署的，经过当事人的签字，并且详细载明安排协议中所涉及的服务；

（ii）安排协议包括了所有由医生（或者上述医生的直系亲属）向单位提供的服务；

（iii）合同规定的总服务不应当超过对于安排协议的合理且必要的合法商业目的；

（iv）安排协议的有效期间至少1年；

（v）在合同期间的报酬是事先商定的，不应当逾越公平的市场价值，除非就第（B）目规定的医生激励计划来说，不应当以考虑当事人之间产生的任何参照物或者其他商业的交易额或价值的方式决定；

（vi）根据安排协议实施的服务不涉及任何违反州或者联邦法律的咨询或者宣传或者商业安排或者其他活动；

（vii）租赁合同要满足其他需求，例如满足卫生部部长会为保护反对项目或者患者虐待的需要实施监管。

（B）**医生激励计划的例外规定。**

（i）**总则。**关于单位和医生之间签署的医生激励计划［见第（ii）节的定义］，可以以直接或者间接考虑当事人之间产生的商业或者其他参照的交易额或者价值的方式（通过扣缴、人头税、分红或其他方式）来决定报酬，如果计划满足下列要求：

（Ⅰ）计划中未规定直接或者间接向医生或者医生团体给予特殊付款，上述特殊付款作为减少或者限制提供给加入了该单位的个人的必要医疗服务的诱饵。

（Ⅱ）就根据第 1876 条第（i）款第（8）项第（A）目第（ⅱ）节的规定由卫生部部长决定的，将医生或者医生团体置于实质性金融风险中的计划来说，计划遵守了卫生部部长根据本条规定施加的强制性规定。

（Ⅲ）根据卫生部部长的请求，为了让卫生部部长裁决是否该计划遵守了本款的规定，单位应当向卫生部部长提供关于计划的描述性信息。

（ⅱ）**医生激励计划的定义**。根据本目的宗旨，"医生激励计划"是指由单位和医生或者医生团体之间签订的薪资安排，上述薪资安排可以直接或者间接产生减少或者限制提供给加入了该单位的个人的服务的效果。

（4）**与指定医疗保健服务无关的报酬**。医院向医生支付的与指定提供医疗保健服务无关的报酬的情况。

（5）**医生招聘**。由医院向医生支付报酬以使该医生迁徙到医院服务的地理区域以便成为该医院的医疗工作人员中的成员，如果：

（A）不要求医生将患者转诊到该医院；

（B）协议规定的报酬不可以以考虑（直接或间接）转诊医生提供的转诊的交易额或价值的方式决定；

（C）合同要满足其他需求，例如满足卫生部部长会为保护反对项目或者患者虐待所需要实施监管。

（6）**单独交易**。就单独金钱交易来说，比如一次性买卖财产或者服务，如果：

（A）该单位满足了第（2）项第（B）目和第（C）目规定的要求并且以同样的方式，上述规定适用于雇主；

（B）合同要满足其他需求，例如满足卫生部部长会为保护反对项目或者患者虐待所需要实施监管。

（7）**与医院签署的特定合伙执业的安排**。

（A）**总则**。医院与医生团体之间签署安排，由该团体提供指定医疗保健服务但是由医院收费，如果：

（ⅰ）关于提供给医院中的住院患者的服务，协议应当遵守第 1861 条第（b）款第（3）项关于住院患者服务的规定；

（ⅱ）合同于 1898 年 12 月 9 日之前生效，并且自该日起不间断生效；

（ⅲ）关于合同中涉及的指定医疗保健服务，向医院的住院患者提供的所有上述服务实际上都由该团体根据安排进行提供；

（ⅳ）合同应当遵守书面协议，该协议明确规定当事人提供的服务和根据协议提供的服务的报酬；

（ⅴ）在合同期内的报酬应当与公平的市场价值相一致，并且每个服务单元的报酬是在事先确定的，也不以考虑当事人之间产生的任何参照物或者其他商业的交易额或价值的方式决定；

（ⅵ）根据协议规定支付的赔偿应当具有商业合理性，即使该单位没有任何参照；

（ⅶ）合同要满足其他需求，例如满足卫生部部长会为保护反对项目或者患者虐待所需要实施监管。

（8）**由医生付款的项目和服务**。由医生向下列人士付款：

（A）向实验室支付以取得临床试验服务；

（B）或者，向单位其他项目或者服务的报酬，如果该项目或服务的价格基于公平的市场价值。

（f）**报告要求**。提供根据本编规定进行付款的被保险项目或者服务的每一个单位应当向卫生部部长提供与单位的所有权、投资和赔偿有关的信息，包括：

（1）由单位提供的被保险的项目和服务；

（2）与单位存在所有权或者投资利息［见第（a）款第（2）项第（A）目的定义］或者签订了报酬安排［见第（a）款第（2）项第（B）目的定义］的所有医生，或者其直系亲属与单位存在所有权或者投资利益的医生，或者签订了报酬安排的所有医生的名字和唯一的认证码。

应当按照卫生部部长规定的具体形式、方式和次数提供上述信息。本款的要求不应用于在美国之外提供的指定医疗的保健服务，或者应用于卫生部部长认为很少由本编支付报酬的服务中。

（g）**处罚**。

（1）**拒绝支付**。在本编下，不用支付给在第（a）款第（1）项违反条例中的指定医疗服务。

（2）**根据索赔要求退款**。如果违反第（a）款第（1）项的规定向个人收取任何数额，该人士应当对个人负有责任，并且向该个人及时返还所收取的数额。

（3）**民事罚金和禁止不当索赔**。蓄意或者指使别人对服务提出索赔的人士如果明知或者应当知道上述服务不应当按照第（1）项的规定进行付款或者按照第（2）项的规定进行退款的，应当就每一次上述服务承担不超过1.5万美元的民事罚金。第1128A条的规定［除了第（a）款和第（b）款的规定之外］应当适用于前款规定的民事罚金并且上述条款以同样的方式适用于第1128A条第（a）款规定的处罚或者诉讼。

（4）**民事罚金和禁止规避计划**。签署安排或者计划（例如转诊安排）的任何医生或者单位如果知道或者应当知道上述计划或者安排的主要目的是确保医生向特殊单位进行转诊推介，而如果该医生直接向上述单位进行转诊推介将会违反本条规定，上述医生或者单位应当就每一上述安排或者计划承担不超过10万美元的民事罚金。第1128A条的规定［除了第（a）款和第（b）款的规定之外］应当适用于前款规定的民事罚金并且上述条款以同样的方式适用于第1128A条第（a）款规定的处罚或者诉讼。

（5）**未提交上述信息**。按照要求应当满足但未满足第（f）款规定的报告要求的人士应当就每日报告承担不超过1万美元的民事罚金。第1128A条的规定［除了第（a）款和第（b）款的规定之外］应当适用于前款规定的民事罚金并且上述条款以同样的方式适用于第1128A条第（a）款规定的处罚或者诉讼。

（6）**咨询意见**。

（A）**总则**。卫生部部长应当发布关于与指定医疗保健服务（除了临床实验室服务）有关的转诊是否被本条禁止的书面咨询意见。由卫生部部长发布的咨询意见应当对卫生部部长和要求咨询意见的一个或多个主体具有约束力。

（B）**特定规则的适用**。在发布本项规定的咨询意见时，卫生部部长应当，在特定的可操作性下，适用第（b）款第（3）项和第（b）款第（4）项的规定并且参照根据第1128D条第（b）款第（5）项制定的行政规章。

（C）**行政规章**。为及时实施本项的规定，卫生部部长可以在通知和未决时期提供公众评论机会之后，制定在过渡时期生效的行政规章。

（D）**可适用性**。本项规定应当适用于在第1128D条第（b）款第（6）项规定的截止日之前以及本项规定的生效日期之后的90日后提出的咨询意见请求。

（h）**定义和特殊规则**。根据本条的宗旨：

（1）**赔偿安排、赔偿金**。

（A）"赔偿安排"是指涉及医生（或者上述医生的直系亲属）与单位之间关于赔偿金的安排，除了仅涉及第（C）目规定的赔偿金的安排。

（B）"赔偿金"包括直接或间接的、公开或秘密的、以现金或其他方式支付的赔偿金。

（C）本目所规定的赔偿金是指包括下列任何一种赔偿金：

（ⅰ）因不准确的测试或程序，错误实施措施或程序而产生的补偿费，或者小额收费错误的矫正费。

（ⅱ）提供项目、设备或供给仅用于：（Ⅰ）收取、运输、处理或者储存单位提供的项目、设备或者供给的样本；或者（Ⅱ）向上述单位命令或者传达测试的结果或者程序。

（ⅲ）由保险公司或者自我保险计划向医生付款以进行理赔，在按项目付费的基础上，就该医生向由保险公司的政策或者自我保险计划保险的个人提供的医疗保健服务来说，如果：（Ⅰ）根据保险公司或者计划与医生之间签署的合同或者其他安排，未提供医疗服务，并且未收取费用的；（Ⅱ）此款项是代表被保险人向医生进行的支付或者直接向上述被保险人付款；（Ⅲ）在合同期间的报酬是事先商定的，不应当逾越公平的市场价值，也不以考虑当事人之间产生的任何参照物或者其他商业的交易额或价值的方式进行决定；以及（Ⅳ）合同要满足其他需求，例如满足卫生部部长会为保护反对项目或者患者虐待所需要实施监管。

（2）**雇员**。如果满足可适用于确定雇主—雇员关系的通常的普通法规，则该人视为被单位雇用或者成为单位的雇员［根据《1986年国内税收法》第3121条第（d）款第（2）项①的宗旨进行适用］。

（3）**公平的市场价值**。"公平的市场价值"是指公平交易的价值，与一般的市场价值一致，并且关于租赁协议，为一般商业用途（不考虑扩展用途），并且对于租赁房产的价值以及就租赁空间来说，不进行调整以出租人临近或者便利出租人对预期的承租人或者出租人产生的附加价值，如果该出租人为承租人可能的转诊患者源。

---

① 参见第2卷《公法》第83—591期，第3121条第（d）款第（2）项。

（4）**团体合伙执业**。

（A）**团体合伙执业的定义**。"团体合伙执业"是指两个或者两个以上的医生合法地组成合伙、专业公司、基金会、非营利性公司、专业实习计划或者类似的协会：

（ⅰ）在此作为团体成员的医生应当全方位提供医生常规提供的服务，包括医疗护理、咨询、诊断或者治疗，通过共用的分享办公空间、设施、设备以及工作人员；

（ⅱ）作为团体成员的医生的服务实际上应当通过团体提供并且通过分配给团体的记账号码进行收费，并且按照上述规定收取的费用被视为团体的收入；

（ⅲ）在此团体的管理费用和收入应当根据之前决定的方式进行分配；

（ⅳ）除第（B）目第（ⅰ）节的规定之外，在此作为团体成员的医生不可以直接或间接接受以该医生提供的转诊的交易额或价值为基础的赔偿；

（ⅴ）在此作为团体成员的医生应当亲自进行不少于75%的团体内的医患会面；

（ⅵ）该协会应当满足卫生部部长在行政规章中制定的强制性标准。

（B）**特殊规则**。

（ⅰ）**利润和绩效奖金**。只要该利润份额或者分红不以与上述医生的转诊的交易额或价值直接相关的方式决定，合伙执业团体中的医生可以根据其亲自实施的服务或其附随服务接受全部团体利润的一部分或绩效奖金。

（ⅱ）**专业实习计划**。就与医院、较高教育水平的机构，或者具有经批准的住院医生实习期的医疗训练项目的医学院有关的专业实习计划来说，在此医生成员可以提供多种不同的专业服务并且在团体内外提供专业服务，也可以实施其他训练比如研究，第（A）目的规定应当仅适用于专业实习计划中提供的服务。

（5）**转诊、转诊医生**。

（A）**医生服务**。除第（C）目的规定之外，关于根据第B部分的规定进行付款的项目或者服务，并且由医生做出项目或者服务的要求，包括医生要求咨询另外的医生〔由其他医生（或者在其监督之下）实施的或者要求进行的任何测试或者程序］，构成由"转诊医生"进行的"转诊"。

（B）**其他项目**。除第（C）目的规定之外，由医生要求或者制定包含指定医疗服务的医疗计划构成由"转诊医生"进行的"转诊"。

（C）**关于构成特定专业人士咨询的服务的说明**。病理专家要求进行临床实验室诊断检查或者病理学检查服务、放射科医生要求进行放射诊断服务、肿瘤放射专家要求进行放射疗法，如果上述病理学家、放射科医生、肿瘤放射专家经与其他医生协商之后（或在监督之下）提供上述服务不应当构成由"转诊医生"进行的"转诊"。

（6）**指定医疗保健服务**。"指定医疗保健服务"是指下列中的任意一个项目或者服务：

（A）临床实验服务。

（B）物理疗法服务。

（C）职业疗法服务。

（D）放射服务，包括核磁共振成像、电脑断层扫描和超声波服务。

（E）辐射疗法服务和供给。

（F）长期医疗设备和供给。

（G）非口服或者口服营养品、设备和供给。

（H）修复学、正骨学，以及修复设备和供给。

（I）居家护理服务。

（J）门诊处方药。

（K）住院患者和门诊患者的医院服务。

（L）① 门诊语言病理学服务。

（7）**专科医院**。

（A）**总则**。根据本条的宗旨，除第（B）目的规定之外，"专科医院"是指第（d）款规定的主要或者专门从事下列项目的护理或者治疗的医院［见第1886条第（d）款第（1）项第（B）目的定义］：

（ⅰ）患有心脏病的患者。

（ⅱ）患有整形外科疾病的患者。

---

① 《公法》第110—275期，第143条第（b）款第（9）项，增加第（L）目，**2009年1月1日生效**。

（ⅲ）接受外科手术的患者。

（ⅳ）卫生部部长指定的其他专科服务项目，根据本条规定的不允许医生与医院存在所有权或者投资利益的宗旨。

（B）**例外情形**。根据本条的宗旨，"专科医院"不包括下列医院：

（ⅰ）由卫生部部长决定的：（Ⅰ）在2003年11月18日之前开始经营的，或者（Ⅱ）在上述日期正在建设的①；

（ⅱ）在上述日期或者之后的任何时候医生投资人数都不超过上述日期的上述投资人数；

（ⅲ）第（A）目规定的项目种类在上述日期或者之后的任何时候都与上述期间的上述项目种类没有任何不同；

（ⅳ）床位只能在该医院的主要区域的服务机构内增加，如果更多的话，并且增加数不超过2003年11月18日的医院所有床位数的50%或者5个床位；

（ⅴ）满足卫生部部长规定的其他条件。

供应商报销审查委员会

第1878条【《美国法典》第42编第1395条】（a）任何服务的供应商在行政规章具体规定的时限内按要求提交费用报告的，要由供应商报销审查委员会（此后指"委员会"）举行关于上述费用报告的听证，上述委员会应当由卫生部部长根据第（h）款的规定建立并且［除了第（g）款第（2）项的规定之外］根据第1886条第（b）款或第（d）款的规定收取费用并且在行政规章具体规定的时限内提交上述报告的医院，可以为了根据本条规定进行付款的目的，要求并且从委员会处获得关于上述报告的听证，如果：

（1）上述供应商：

（A）（ⅰ）不满意其财政中介组织根据第1816条的规定做出的终局裁决中关于欠供应商的总项目付款额，由于供应商向个人提供了在上述报告涉及的期间内可以根据本编规定进行付款的项目和服务，或者（ⅱ）不满意卫生部部长做出的第1886条第（b）款或第（d）款规定的付款额的终局裁决；

---

①　关于正在建设中的医院的例外适用规则的规定，参见第2卷《公法》第108—173期。

（B）在上述报告遵守了卫生部部长制定的关于上述报告的规则和行政规章的情形下，提交上述报告之后未收到上述中介机构及时做出的终局裁决；

（C）或者，在上述报告未遵守上述规定并且附加费用报告遵守了上述规定的情形下，提交附加费用报告之后未及时收到上述终局裁决。

（2）争议数额是 1 万美元或者更多。

（3）上述供应商在收到中介组织根据第（1）项第（A）目第（ⅰ）节的规定做出的终局裁决通知之后的 180 日内提出听证请求的，或者就第（1）项第（A）目第（ⅱ）节规定的上诉来说，在收到卫生部部长的终局裁决通知之后的 180 日内，或者就第（1）项第（B）目或者第（C）目规定的上诉来说，在上述裁定应当在已经收到之后的 180 日内如果上述裁决在及时做出的基础之上。

（b）第（a）款的规定应当适用于任何服务供应商团体如果在上述团体中的每一个服务供应商将在提起上诉的时候（不考虑 1 万美元的限制）有权获得上述听证，但是只有争议事项涉及对事实或者法律或者行政规章的解释存在共同疑问并且争议数额总计 5 万美元或者更多。

（c）在上述听证过程中，服务供应商有权会见律师、出示证据，并且询问和交叉询问证人。在任何上述听证程序中都可以接受证据，即使根据可适用于法庭程序的证据规则是不予受理。

（d）委员会的决定应当根据听证笔录做出，应当包括中介组织考虑的证据和上述其他委员会可以获得或者接受的证据，并且当笔录被视为一个整体时应当有实质性证据支撑。委员会有权确认、变更或者撤销金融中介组织就费用报告做出的终局裁决，并且可以对上述费用报告中涉及的事项进行修正（包括不利于服务供应商的修订），即使中介组织在做出终局裁决的过程中未考虑上述事项。

（e）委员会有权根据本编或者卫生部部长制定的行政规章的规定，制定对于实施和建立本条规定来说必要且正当的规则和程序。在任何听证过程中，委员会可以管理口头证言和书面证词。第 205 条第（d）款和第（e）款关于传票的规定应当适用于委员会在上述规定适用于第二编中的卫生部部长的范围内。

（f）（1）委员会的决定应当是最终的，除非卫生部部长根据其自己的动议，在服务供应商收到委员会的决定之后的 60 日内，撤销、确认或变更委员会的决定。服务供应商有权针对委员会的任何最终决定或者卫生部部长做出的任何撤销、确认或者变更，通过在收到委员会决定的通知之日或者卫生部部长做出的任何撤销、确认或者变更之日后的 60 天内提起民事诉讼的方式获取司法审查。供应商应当也有权针对金融中介机构涉及与争议事实有关的法律或者行政规章问题的处理记录，在委员会确认（根据其自己的动议或者后一款中规定的应服务供应商的请求）其无权裁决该问题时，通过在收到上述决定的通知之日后的 60 日内提起民事诉讼的方式获得司法审查。如果服务供应商可以获得第（a）款规定的听证并且已经提交了听证请求，上述服务供应商可以请求委员会依法决定与争议事项有关的法律或者行政规章的问题（附有委员会为做出上述决定的目的要求提交的上述文件或者材料）。委员会应当在收到上述请求和附随文件和资料之日后的 30 日内做出书面决定，并且该决定视为最终的并且不受卫生部部长的审查。如果委员会未在上述期间内做出决定，服务供应商可对上述听证请求中涉及的争议事项提起民事诉讼（在上述期间结束后的 60 日内）。应当在服务供应商所在的司法管辖区内的美国区法院（或者，在几个服务供应商共同提起的诉讼中，上述服务供应商中最多数的所在地为司法管辖区域）或者哥伦比亚特区的区法院提起诉讼并且根据《美国法典》第 5 编第 7 章的可适用规定进行审判，尽管其他部分在第 205 条规定。由上述服务供应商就共有权，控制或者获得第（b）款规定的听证向委员会提起的上诉或者司法审查之诉应当由涉及共同争议事项的服务供应商组成团体提起。

（2）在服务供应商根据第（1）项的规定寻求司法审查的情况下，争议的数额应当按照在根据第（a）款第（3）项的规定决定的 180 日期间之后开始的第一个月的第一天的年利率并且等于在经第（1）项规定授权的民事诉讼开始之日所在的月份内由联邦医院保险信托基金购买的争议义务的利率，由审查法院根据胜诉方的利益进行判决。

（3）为了根据本法的规定决定欠服务供应商的赔偿金的目的，根据第（2）项的规定判决的利息不应当视为收入或者费用。

（g）（1）金融中介组织证实根据本编规定不应支付向个人提供的项目或服务产生的任何费用，因为第 1862 条中列出的项目或服务不应当由委员会或由任何法院根据第（f）款规定提起的诉讼进行审查。

（2）第 1886 条第（d）款第（7）项规定的裁决或者其他决定不应当

由委员会或由任何法院根据第（f）款规定提起的诉讼进行审查。

（h）委员会应当不考虑《美国法典》第5编的规定，由卫生部部长指派的5名成员组成，管理在竞争性服务中的委派。上述成员中的两名应当为服务供应商的代表。委员会所有成员应当为服务供应商付款领域专业人士，并且其中至少1名为注册会计师。委员会的成员应当有权接收卫生部部长制定的利率条件下的报酬，但是不超过《美国法典》第5编第5332条 GS－18 级规定的利率（在所涉的服务由上述成员提供时）。任期期限为3年，除非卫生部部长为交错任职之需要指派委员会的初始成员在更短的期限内任职。

（i）当要求该委员会实施其职能时委员会有权提供上述技术辅助，此外，卫生部部长应当使该委员会获得上述部长的、职员的以及其他服务当委员会可以要求实施其职能时。

（j）在本条中，"服务供应商"包括农村地区的医疗诊所和联邦合格健康中心。

在医疗保险索赔被驳回的情况下限制受益人的责任[①]

第 1879 条【《美国法典》第 42 编第 1395 条】（a）在下列情形下：

（1）根据第 1862 条第（a）款第（1）项或第（9）项的规定或者根据第（g）款的规定的保险否决做出的决定，不由服务供应商或者其他人士根据第 1842 条第（b）款第（3）项第（B）目第（ⅱ）节规定的分配，向个人提供的项目或者服务产生的费用进行本编第 A 部分或第 B 部分中的付款；

（2）上述个人以及服务供应商或者其他人士，视情况而定，不知道并且不能预期知道，未对上述第 A 部分或第 B 部分规定的上述项目或服务进行付款；

在一定程度上，根据本编的规定，不管上述决定如何，付款应当对上述项目和服务进行支付（并且在卫生部部长规定的为实施本编规定的宗

---

① 关于对禁止从受益人处获得补偿的私人部分审查动议和限制的规定，参见第 2 卷《公法》第 97—248 期，第 119 条。

关于受益人提前通知以及对提前裁决程序报告的规定，参见第 2 卷《公法》第 108—173 期，第 938 条第（c）款。

旨的期间内），即使第 1862 条第（a）款第（1）项和第 1862 条第（a）款第（9）项的规定并不适用，并且即使第（g）款规定的保险否决并未发生。在上述情形下，卫生部部长既应当通知上述个人，也应当通知上述服务供应商或者其他人士，视具体情况而定，在对上述项目或服务进行付款的条件下，并且在下列同等情形下，上述个人或者上述服务供应商或者上述其他人士根据上述通知（或者自本条生效之日①起提供的类似通知）的原因视为知道不能为上述项目或者服务或者推定为同等的项目或者服务进行付款。如果与项目或者服务有关的索赔涉及个案、提供服务、程序或者检查的供应商或者其他人士，提供根据第 1862 条第（a）款第（1）项或第（9）项的规定或者根据第（g）款的规定的保险否决不应当进行付款的项目或服务的服务供应商或者其他人士，应当视为知道不为上述项目或者服务进行付款，上述服务供应商或其他人士已由卫生部部长（包括就医和质量控制同行审查组织的通知）通知其在过去出现的不当就医情况并且为上述服务供应商或者其他人士规定了合理期限以矫正上述不当就医。

（b）在满足了第（a）款第（1）项和第（2）项两节的规定的情形下，除非上述服务供应商或者上述其他人士，视具体情况而定，知道或者经合理预期知道，不应当对第 A 部分或第 B 部分中的上述项目或服务进行付款，然后卫生部部长应当根据在行政规章规定的上述期间内提交的申请，视具体情况而定，赔偿上述个人上述服务供应商或者其他人士为了上述项目或服务从该个人（指本项所述）处收取的付款。卫生部部长支付的作为赔偿的款项，视具体情况而定，应当视为已经支付给上述服务供应商或者上述人士，并且应视为多付的款项，根据可适用的法律规定，视具体情况而定可以从上述服务供应商或者上述人士处收回。在上述情况下，卫生部部长应当通知上述个人支付赔偿款的情况以及此后产生的关于上述个人的同等情形，上述个人或者上述服务供应商或者上述其他人士，每一个应当根据上述通知（或者自本条生效之日②起提供的类似通知），视为知道不能为上述项目或者服务或者推定为同等的项目或者服务进行付款。不应当根据本款规定向上述个人赔偿的项目或服务应当参照适用上述项目

---

① 1972 年 10 月 30 日（《公法》第 92—603 期；《美国联邦法律大全》第 86 编第 1385 条）。
② 1972 年 10 月 30 日（《公法》第 92—603 期；《美国联邦法律大全》第 86 编第 1385 条）。

和服务的数额限制并且根据本编的规定向上述个人或者为上述个人的利益进行付款。

(c) 只要满足了第 (a) 款第 (1) 项的规定不应当根据本编的规定进行付款，但是接受项目或服务的个人和提供项目或服务的服务供应商或者其他人士这两者知道或者经合理预期知道根据第 1862 条第 (a) 款第 (1) 项或者第 (a) 款第 (9) 项的规定或者第 (g) 款规定的保险否决，视具体情况而定，不应当对第 A 部分或第 B 部分中的上述项目或服务进行付款。

(d) 在第 (b) 款 (但是不考虑上述个人是否已经向上述服务供应商或者上述人士进行付款) 或者第 (c) 款规定的任何情形下，在津贴数额或者付款数额存在争议时上述服务供应商或者其他人士应当享有个人根据第 1869 条第 (b) 款和第 1842 条第 (b) 款第 (3) 项第 (C) 目的规定 (在可适用的情况下) 应当享有的同样的权利，除非在卫生部部长决定个人不应当行使上述条款上述规定的上述权利之后，由上述服务供应商或者其他人士根据行政规定的规定行使上述权利。

(e) 当为住院患者服务或者延长服务的给付没有在本编第 A 部分下代表个人有资格在上述部分下因为非故意单独获益时，或者由于错误的措施从医院向技术照料设施转诊并且由上述服务处于好意满足第 1861 条第 (e) 款或第 (j) 款时，质量控制以及统计监管组织或者财政中介，或者由服务提供者清楚的错误行政基础，部长应当在他认为有必要去修正上述错误或错误的措施时，采取上述措施对于第 (d) 款福利的给付。

(f) (1) 满足了第 (3) 项和第 (4) 项规定的可适用要求的居家护理服务机构应当视为满足了第 (a) 款第 (2) 项规定的要求。

(2) 第 (1) 项中关于特殊服务的假设应当根据第 (a) 款第 (2) 项规定的实际或者推定知道该事实的事由驳回适用，包括下列任何一种情形：

(A) 金融中介组织通知了下列事实：关于服务不可以根据本编的规定进行付款。

(B) 下列事实是清楚且明显的：服务供应商在提供服务的时候应当已经知道上述服务被排除在保险范围之外。

(3) 本项规定的要求如下：

(A) 满足了卫生部部长在本编中关于及时提交付款发票和医疗文件

的要求。

（B）当决定向患者提供或者将要提供本编规定的在保险范围之外的项目或服务时，机构项目有合理的程序以及时通知每一个患者（以及患者的医生）。

（4）（A）本项的要求是，在居家护理服务机构在前一个季度中提交的付款发票的基础上，根据第（g）款规定的保险否决决定的机构的付款发票的在居家护理服务机构拜访收费的基础上进行计算的否决率不超过 2.5% 。

（B）根据确定第（A）目规定的居家护理服务机构的发票否决率的宗旨，直到金融中介组织否决了上述发票之日起的 60 日期间届满之时，上述发票不应当视为已经否决，或者就上述机构提起复议的否决来说，应直到金融中介机构发布否决上述付款发票的决定之时。

（5）在本款中，"金融中介组织"是指，就居家护理服务机构来说，根据第 1816 条的规定与上述机构签署协议的机构或者组织。

（6）卫生部部长应当根据复议请求对居家护理服务机构提交的发票的否决率进行监督，并且应当通知国会如果经复议修正的否决比例显著提高。

（g）本款中规定的保险否决是：

（1）就个人的居家护理服务机构规定来说，未满足第 1814 条第（a）款第（2）项第（C）目或者第 185 条第（a）款第（2）项第（A）目的规定该个人：（A）现在或者曾经没有居于家中，或者（B）在间歇的基础上现在或者曾经不需要熟练的医疗护理；

（2）就个人的临终护理规定来说，判断该个人并未患有晚期疾病。

（h）若医用器械和供给物〔如本法第 1843 条第（j）款第（5）项所述〕的供应商：

（1）向受益人提供一项物品或者服务，因为本法第 1834 条第（j）款第（1）项所述的原因没有得到偿付；

（2）向受益人提供一项物品或者服务，因为本法第 1834 条第（a）款第（5）项所述的原因偿付被提前拒绝；

（3）或者，向受益人提供一项物品或者服务，因为本法第 1834 条第（a）款第（17）项第（B）目的原因没有得到偿付。

上述供应商基于分配的任务所提供给个人物品或者服务产生的任何费

用应由供应商承担。个人对上述费用不负经济上的责任，并且供应商应将所有基于以上物品和服务所收取的钱款的及时退还给个人（并应当承担个人责任）。本法第 1834 条第（a）款第（18）项适用于前文的退款，适用方法与本条相同。

印第安医疗卫生服务设施①

第 1880 条 【《美国法典》第 42 编第 1395qq 条】（a）印第安医疗卫生服务体系中的医院或者有资质的护理机构，不论是该机构是由该服务体系还是印第安部落或者部落组织（《印第安健康护理促进法》第 4 条②所定义的）营运的，应该得到该款项下的偿付，只要其符合该款项下普遍适用于医院或有资质的护理机构得到偿付的条件，可以排除适用本法第 1814 条第（c）款和第 1835 条第（d）款的规定。

（b）印第安医疗卫生服务体系中的医院或者有资质的护理机构不符合该项下所有的条件，但自本编制定之日③起 6 个月内向卫生部部长提交一份服从条件的可行方案，在方案提交后的第 1 年内，无论该方案实际履行的程度，都应视为符合条件，从而得到款项下的偿付。

（c）本编下支付给任何印第安医疗卫生体系中的医院或者有资质的护理机构的偿付都应存入一个特殊的基金，该基金由卫生部部长保管并且使用（使用规模和数目依照拨款法），专用于改善医院和护理机构使其符合该项下的条件。如果卫生部部长决定并且证实在美国该服务体系下所有的医院和护理机构实质上符合条件。前述条文将中止适用。

（d）《印第安健康护理促进法》④ 所要求的卫生部部长的年度报告应该包含医院和有资质的护理机构的现状的详细陈述（附有《印第安健康护理促进法》第 403 条专列的事项），陈述中要涉及条件的符合程度，医院和机构依本条第（b）款下提交的方案取得的进展和服从条件所取得的成果。

---

① 关于拨款的规定，参见第 2 卷《公法》第 94—437 期，第 401 条第（c）款；关于平等权利的范围，参见第 401 条第（d）款。

② 参见第 2 卷《公法》第 94—437 期，第 4 条。

③ 1976 年 9 月 30 日（《公法》第 94—437 期；《美国联邦法律大全》第 90 编第 1400 条）。

④ 关于年度报告，参见第 2 卷《公法》第 94—437 期，第 801 条。

《公法》第 102—573 期，代替原法第 701 条和第 801 条，1992 年 10 月 29 日生效。

（e）（1）（A）卫生部部长应根据第（B）目向医院或者流动诊所
（无论是资助的还是独立的）支付，该医院或诊所由印第安医疗卫生服务
体系或者印第安部落或组织运营［符合本条第（a）款规定的目的］关于
本款第（2）项描述的服务，在非由服务体系、印第安部落或者组织营运
的医院或类似医院的机构、诊所中提供的物品和服务［自 2005 年 1 月 1
日始五年内提供的，以及所有依据第（B）目下应该得到偿付的］，在相
同的情形下，符合相同的条件，同样可以得到偿付。

（B）根据第（A）目不得为服务支付付款，不符合本编规定除外。

（2）本项所指服务包括：

（A）依据第 1848 条获得偿付的服务。

（B）由第 1842 条第（b）款第（18）项第（C）目所描述的医师提
供的，根据第 B 部分收费价目表获得偿付的服务。

（C）由第 1861 条第（p）款所描述的理疗师或者职业理疗师提供的，
根据第 B 部分收费价目表获得偿付的服务。

（3）第（c）款的规定不适用于本款。

（f）有关特定印第安部落、部落组织的权利的条款，有关阿拉斯加州
当地的医疗卫生组织推选直接支付由部落或组织的医院或诊所提供的医疗
服务的条款，以及支付何种款项的条款，参见《印第安健康护理促进法》
第 405 条①（《美国法典》第 25 编第 1645 条）。

晚期肾脏疾病患者的医疗保险②

第 1881 条【《美国法典》第 42 编 1395rr 条】（a）第 A 部分和第 B
部分所述的保险金应当包括依据第 226A 条被确诊为晚期肾脏疾病患者的
保险金和本条第（d）款所规定的肾脏捐赠者的保险金。即使该编下其他
条款有规定，第 A 部分和第 B 部分所规定的关于已被确诊为肾病晚期的
患者和排除第 226A 条规定有权享有此保险金的个人的保险金的类型、期

---

① 参见第 2 卷《公法》第 94—437 期，第 405 条。

② 关于第 1881 条第（b）款第（7）项下例外情况的禁止性规定，参见第 2 卷《公法》第
106—554 期，第 1 条（a）款第（6）项［第 422 条第（a）款第（2）项］；关于 ESRO 市场
发展的规定，参见 422 条第（b）款；关于包含附加服务的综合率的规定，参见第 422 条第
（c）款；关于 ESRD 药物的观察员报告和第 623 条第（e）款的规定，以及 ERSD 服务中组合病
例的支付系统的论证，参见第 2 卷《公法》第 108—173 期，第 623 条第（c）款。

限和范围不得少于仅仅依据该条享有保险金的个人的保险金的类型、期限和范围。

（b）（1）本编下以及被归入本编下的支付给被确诊为晚期肾脏疾病患者的应当支付包括：（A）以上述患者的名义支付给医疗服务的提供者和肾脏透析器材费用，以上器材应该符合卫生部部长依规定应该为机构透析治疗和供给（包括由个人或者机构建立的自助护理透析机构的自助透析、移植器官服务、自助护理的家庭透析治疗和由医生实施的常规专业透析），在透析期间该肾病晚期患者的其他治疗基于本款第（3）项特别规定得到支付；（B）家庭透析的供给物和器械费用；以及（C）家庭透析供给物和器械提供者，该提供者既不是治疗的提供者，也不是肾脏透析机构或者负责如第 1861 条第（c）款第（2）项第（P）目所述红细胞生成素的医师，前提是卫生部部长认为接受上述提供者的药物的患者能够安全有效地控制药物（根据相关条款与秘书处设立的方法和标准相符合）。第（A）目中卫生部部长提出的要求应该包括移植的最小利用率。

（2）（A）关于本编第 B 部分下由医生或者透析机构提供给确诊为晚期肾脏疾病患者的治疗的支付，该项支付应该是第（B）目规定的 80%；关于本编第 A 部分下相关支付应该符合第 1861 条第（v）款或者第 1886 条（如果可行）的规定，并且该支付的数额不应超过从器官获取机构或者组织相容性实验室获取器官的费用。如果同意接受这样包括全部服务的付款，除了由个人支付的对基于由卫生部部长在第（B）目和由第 1833 条第（b）款部分强加的可扣除总额的估计总额的 20%，则此款项的支付应只能支付给晚期肾病设备。

（B）卫生部部长应该规定方法和程序以：（ⅰ）确定向晚期肾脏疾病患者提供透析治疗的医生和透析机构的花费；（ⅱ）确定基于花费或者其他经济并且公平的方式［包括第 1861 条第（v）款］授权并符合第（7）项公布的规定和第 B 部分下由上述个人或者机构提供的治疗费用的规定的任何方式。

（C）上述规定，在涉及由私人医生和机构（而不是医院门诊部门）提供服务的情况下，如果卫生部部长认为其可行并且合理，可以包括合理的股本回收率，该回收率不可超过第 1861 条第（v）款第（1）项第（B）目规定的回收率。

（D）以实现第 1878 条，肾脏透析机构应该被视为是服务提供者。

（3）关于晚期肾脏疾病患者提供治疗服务的医生的报酬，卫生部部长应该支付以下服务费用的 80%。

（A）基于合理的收费（或者在如此情况下，可以根据其他医生提供相似服务的费用收取的，或者于 1992 年 1 月 1 日或之后提供的基于第 1848 条收取费用的服务），除依据本目在透析治疗期间提供的不能得到偿付的常规服务外；

（B）或者，基于综合性的按月收费或者其他方式（该方式能够有效地激励透析服务的有效提供并鼓励更多的家庭透析）收取的在一段时间内（在规定中明确定义的）提供的一系列服务。

（4）（A）根据与经批准的服务提供者和肾脏透析机构达成的协议，卫生部部长可以向上述提供者和机构支付家庭透析供给物和器材的费用和自助家庭透析的支持服务，接受该服务的患者的自助家庭透析是在上述提供者或者机构的直接监督下并且该项支付是基于一个目标偿还比率［如第（6）项所述］或者第（7）项所规定的方法。

（B）卫生部部长应该向家庭透析供给物和器材的提供者支付费用，如果其家庭透析没有在经批准的服务或者肾脏透析机构的直接监督下，只要与以下书面协议相符也可得到支付：（ⅰ）患者证实其提供者是相关供给物和器材的唯一提供者；（ⅱ）提供者仅仅基于分配的任务得到支付；以及（ⅲ）提供者证实其与经批准的服务提供者或者肾脏透析机构达成书面协议，同意向患者提供所有的自助家庭透析支持服务和所有的其他必要的透析服务和供给，包括机构透析以及急救服务。

（5）与卫生部部长制定的规则相一致，本款第（4）项下所述的协议应该要求提供者或者机构：

（A）承担直接达成下列条款的全部责任：（ⅰ）由主治医生指定的必需的透析器材，（ⅱ）透析器材的保养和维修，（ⅲ）所有必需的医疗供给物的购买和配送，（ⅳ）必要时专业的家庭透析帮助服务；

（B）履行所有上述行政职责并且持有上述信息和记录以备卫生部部长可能要求证明第（A）目中的交易和协议；

（C）当卫生部部长要求有关向家庭透析患者提供的器材、供给物和服务的费用时，向卫生部部长提交相关报告、数据和信息；

（D）当卫生部部长履行上述职责时提供便利确保其能接触到上述记录、数据和信息。

（6）卫生部部长应该从 1979 年 1 月 1 日起，每年设定一个家庭透析的目标报销比例，该比例应根据家庭透析费用的地域差异适当调整。在确定比例时，卫生部部长应该考虑到：

（A）预计提供家庭透析供给物和器械的花费；

（B）一笔数目由卫生部部长决定，以支付家庭透析中提供帮助的人员的津贴；

（C）一笔数目由卫生部部长决定，以支付行政性费用和鼓励家庭透析服务的有效提供的津贴。

但［除了第（7）项规定的情况下］上述目标比率不可超过国家平均水平的 75%，该比率要根据地域作调整，并用于上一个税收年度透析服务的维持。任何依此确定的比率应该在那一年内得到应用，不得重新商议比率。在每年的最后一个季度，卫生部部长应该根据可掌握的最新的数据确定下一年度家庭透析的目标报销比率。确定本款中任一比率，卫生部部长可以使用竞标的方法，事前协商的方法，或者其他方法［包括第（7）项所述方法］，只要是卫生部部长认为合适的能够有效迅速地实施本项的规定的即可。

（7）在符合第（12）项的规定下，卫生部部长应该根据规定提供一种或几种方法，以确定未来用于支付给提供医疗服务和肾脏透析机构的费用的数目。上述一种或几种方法也应该用于确定未来每种治疗模式的比率，基于医院为基础的器械或者其他肾脏透析器械的单项综合衡量方法（此方法在机构或者家庭接受透析治疗的患者和在上述环境提供治疗的相关花费综合考虑在内），或者基于其他方法或者几种方法的综合，该方法能够区分以医院为基础的器械和其他透析器械，并且卫生部部长认为在经过详细的分析后，该方法将更有效地鼓励透析服务的到达和家庭透析的使用。除了通过单项综合衡量方法，其他方法确定的数目不得超过通过以医院为基础的器械的方法确定的一半（或者，在连续循环的腹膜透析法的情形下，130%）。在不违背《医疗保险医疗补助法》第 422 条第（a）款第（2）项和《2000 年 SHIP 利益改善和保护法》的前提下，卫生部部长应该在特殊情况下提供上述方法的例外。每名申请上述例外的申请人应该被视为被接受除非卫生部部长在提出申请日后 60 个工作日内提出异议。卫生部部长可以规定上述方法可以替代第（6）项下的设立任何目标报销比率。卫生部部长应该减少本项下每种治疗的每种综合比率的 50 美分

（符合要求的反映透析的模式而不是血液透析）并且向组织［第（c）款第（2）项指定的］提供在履行第（c）款第（2）项的职责时必要合理的行政性开销。卫生部部长应该规定根据前款内容支付的钱款应该分发给第（c）款第（1）项第（A）目描述的组织以确保网络组织受到公平的对待。卫生部部长在分发钱款给组织时应该考虑：

（A）该网络地区的地域大小；

（B）在该网络地区晚期肾脏疾病治疗服务提供者的数目；

（C）在该网络地区被确诊为晚期肾脏疾病患者的人数；

（D）在该网络地区筹集到的行政性资金的占总数的比例。

卫生部部长应该相比于 1999 年 12 月 31 日提供的透析服务，于 2001 年 1 月 1 日及之后、2005 年 1 月 1 日之前提供的服务，提升在 2000 年提供的透析服务的综合支付比率为 1.2%，相比 2000 年 12 月 31 日提供的服务，2005 年 1 月 1 日及之后的服务提升 2.4%，相比 2004 年 12 月 31 日提供的服务提升 1.6%。

（8）在本编下，"家庭透析供给物和器械"是指由在家庭（依规定）实施透析的患有晚期肾脏疾病患者在医疗上必需的供给物和器械（包括辅助性器械），包括获得、安装和维护上述器械。

（9）在本编下，"自助家庭透析辅助性服务"依据法律中所允许的程度，是指：

（A）周期性的监视患者的家庭适应性，包括合格的提供者或者器械的人员（依规定）的拜访，该行为须与事先准备的计划相符并且由包括患者的医师在内的专业团队（依规定）进行周期性的审核；

（B）透析设备的安装和维护；

（C）对水采取的测试和适当的措施；

（D）卫生部部长认为合适和可取的额外的辅助性服务。

（10）在本编下，"自助透析单位"是指经卫生部部长批准从事自助透析服务（符合本法规定）的肾脏透析机构或者该机构提供者的独立的部分，该服务向接受过自助透析训练的患者提供。一个自护透析单位必须最低限度地提供服务、器械和自助透析所需的供给物，有合适自助透析的患者—员工的比率（比全透析服务更少比例的医疗监管和辅助人员），并且达到卫生部部长针对服务的质量和成本效益提出的要求。

（11）（A）乙型肝炎疫苗及其注射，当其向确诊为晚期肾脏疾病患者提供时，不应作为透析服务被包括在任何预期费用或者本条下的综合费用里。上述疫苗和注射费用应该根据第 1833 条另行支付。

（B）红细胞生成素，当其向确诊为晚期肾脏疾病患者提供时，不应作为透析服务被包括在任何预期费用或者本条下的综合费用里，并且在不违背本条第（12）项和第（13）项下上述生成素的费用应该另行支付：

（i）在红细胞生成素由医师提供的情况下，须符合第 1833 条的规定；

（ii）在红细胞生成素由服务的提供者、透析机构或者其他家庭透析供给物和器械的供给者提供的情况下：（Ⅰ）对于 1994 年给的红细胞生成素，数量在相当于 10 美元每 1000 个单位（四舍五入到 100 个单位），（Ⅱ）对于后一年提供的红细胞生成素，数量为卫生部部长决定合适的数目，除非上述数目没能超过本条关于前一年的数目，该数目应因在国民生产总值物价指数（由商务部公布的）的比例的提升（如果有）而提升。

（C）向不是透析服务提供者，透析机构或者提供红细胞生成素的医师的家庭透析供给物和器械提供者支付的数额应该与向肾脏透析机构提供上述项目的数额同样的确定方法。

（12）（A）在符合本条第（14）项的情形下，替代第（7）项下的自 2005 年 1 月 1 日开始提供的服务的支付①，卫生部部长应当建立一个基础性的病例组合的可调的预期支付系统，该系统为由提供者和透析机构在 1 年内向机构的患者和家庭患者提供的透析服务所建立。该系统下的病例组合应该针对有限的一些的患者的特点。在该系统下，由提供者提供的在 2009 年 1 月 1 日及之后的透析服务的支付率应当与由机构提供的透析服务的支付率相同，并且在向服务提供者适用本款第（D）目的地理索引时，劳动分配比例应当基于透析机构适用的比例②。

（B）本款第（A）目中所述的系统应该包括：

---

① 参见《公法》第 110—275 期，第 153 条第（b）款第（3）项第（i）节，删去了"替代支付"并代以"在符合第（14）项的情形下，替代支付"，2008 年 7 月 15 日生效。

② 参见《公法》第 110—275 期，第 153 条第（a）款第（2）项，增加此句，2008 年 7 月 15 日生效。

（ⅰ）第（7）项下建立的构成综合率的服务；

（ⅱ）本编下独立开出的药物和生物制品（包括红细胞生成素）的费用与上述药品和生物制品的购置成本〔由《2003年医疗保险处方药、改良和现代化法》第623条第（c）款①要求的向卫生部部长提交的检察总报告所确定〕不同：（Ⅰ）自2005年开始，在2004年1月1日前账单代码规定中的上述药品和生物制品，（Ⅱ）自2007年开始，在2004年1月1日前不在账单代码规定中的上述药品和生物制品，卫生部部长认为合适可相应调整为2005年或2007年。

（C）（ⅰ）对于2005年在适用第（B）目第（ⅱ）节时，本编下上述支付数目应当用第（13）项第（A）目第（ⅲ）节指明的方法确定。

（ⅱ）对于2006年，卫生部部长应当对第（ⅰ）节下的支付做适当调整，以反映适用第（13）项第（A）目第（ⅰ）节的方法的支付与第（13）项第（A）目第（ⅲ）节中卫生部部长适用的方法确定的支付的不同。

（D）卫生部部长应当在该系统下调整支付率，卫生部部长认为合适可使用地理索引。若卫生部部长在本系统下适用地理索引与在第（7）项下的适用的索引不同，卫生部部长应当在几年的时间内逐步适用本项的索引。

（E）（ⅰ）上述系统应当设计使上述服务的费用总额（由卫生部部长估计）与若该项没有适用2005年的总额相同。

（ⅱ）第（B）目第（ⅱ）节第（Ⅱ）次节下做出的调整应当使在调整后费用总额与若该项没有适用2006年或2007年的总额相同。

（F）自2006年起，卫生部部长应当每年增加基础病例组合调整型支付的数额，数额由以下确定：

（ⅰ）适用药物和生物制品（包括红细胞生成素）的费用的增长，该药物和生物制品作为第（B）目第（ⅱ）节下基础病例组合调整系统的单独计费的组成部分；

（ⅱ）将第（ⅰ）节中确定的数额转化为适用于第（B）目下基础病例组合调整系统的增长。

---

① 参见第2卷《公法》第108—173期，第623条第（c）款。

除第（G）目规定，本项或第（14）项①都不能被解释为为第（B）目下或者第（14）项系统②下的基础病例组合调整系统组成比率的更新。

（G）卫生部部长应当为以下的透析服务提高第（B）目下基础病例组合调整系统的组成比率：

（i）于2006年1月1日或之后提供的，以及2007年4月1日之前提供的服务，比2005年12月31日提供的服务的组成比率提高1.6%③；

（ii）于2007年4月1日或之后提供的，以及2009年1月1日④之前提供的服务，比2007年3月31日提供的服务的组成比率提高1.6%⑤；

（iii）⑥于2009年1月1日或之后提供的，以及2010年1月1日之前提供的服务，比2008年12月31日提供的服务的组成比率提高1.0%；

（iv）⑦与2010年1月1日或之后提供的服务，比2009年12月31日提供的服务的组成比率提高1.0%。

（H）对于第1869条、第1878条不应进行行政或者司法审查，以及病例组合系统、相对重量、费用数额、地理调整因素，或者本款下建立的系统的更新，或者医疗护理支付数目与药物和生物制品（包括红细胞生成素）的购置成本的不同的确定。

（13）（A）在不违背第（14）项的规定的情形下，本编下一年内（自2004年起）单独计费的药物和生物制品的费用⑧包括：

（i）对于2004年提供的上述药物和生物制品（除了红细胞生成

---

①　《公法》第110—275期，第153条第（b）款第（3）项第（ii）节第（I）次节，插入"或者第（14）项"，2008年7月15日生效。

②　《公法》第110—275期，第153条第（b）款第（3）项第（ii）节第（II）次节，插入"或者在本系统下第（14）项下"，2008年7月15日生效。

③　《公法》第110—275期，第153条第（a）款第（1）项第（A）目，删去"，以及"。

④　《公法》第110—275期，第153条第（a）款第（1）项第（B）目第（i）节，插入"以及2009年1月1日之前"，2008年7月15日生效。

⑤　《公法》第110—275期，第153条第（a）款第（1）项第（B）目第（ii）节，删去句号代以分号，2008年7月15日生效。

⑥　《公法》第110—275期，第153条第（a）款第（1）项第（C）目，增加第（iii）节，2008年7月15日生效。

⑦　《公法》第110—275期，第153条第（a）款第（1）项第（C）目，增加第（iv）节，2008年7月15日生效。

⑧　《公法》第110—275期，第153条第（b）款第（3）项第（iii）节第（I）次节，删去"费用"并代以"在不违背第（14）项规定的情形下，费用"，2008年7月15日生效。

素），数目由第 1842 条第（o）款第（1）项第（A）目第（ⅴ）节确定。

（ⅱ）对于 2005 年提供的上述药物和生物制品（包括红细胞生成素），其购置成本由按《2003 年医疗保险处方药、改良和现代化法》第 623 条第（c）款要求的向卫生部部长提交的检察总报告所确定①。只要总检察官不反对，卫生部部长应当确定上述药物或生物制品的支付数额。

（ⅲ）对于 2006 年及之后的年份提供的上述药物和生物制品（包括红细胞生成素），其购置成本或者数额由卫生部部长在第 1847A 条下指定。

（B）②（ⅰ）在《2003 年医疗保险处方药、改良和现代化法》③实施前本款下单独计费的药物和生物制品（包括红细胞生成素）应当在不违反第（14）项④的前提下，在之后的时期继续单独计费。

（ⅱ）【已废除⑤】

（14）⑥（A）（ⅰ）在符合第（E）目规定的前提下，对于在 2011 年 1 月 1 日或之后提供的服务，卫生部部长应当实施支付系统，在该系统下向服务的提供者或者肾脏透析机构的服务［由第（B）目规定的］给予一个单独的支付，代替任何其他支付［包括第（12）款第（B）目第（ⅱ）节下的支付调整］和根据第（4）项提供的上述服务和物品。

（ⅱ）在实施本项下的系统时卫生部部长应当确保本编下 2011 年肾脏透析服务预计的费用总和应当为肾脏透析服务费用总和的 98%，包括第（12）项第（B）目第（ⅱ）节下的支付（若该系统未被实施，2011 年提供的服务的费用）。在确定第（Ⅰ）次节的预算时，卫生部部长应当

---

①　参见第 2 卷《公法》第 108—173 期，第 623 条第（c）款。

②　《公法》第 110—275 期，第 153 条第（b）款第（3）项第（ⅲ）节第（Ⅱ）次节第（aa）小节，删去"第（ⅰ）节"，2008 年 7 月 15 日生效。

③　2003 年 12 月 8 日（《公法》第 108—173 期；《美国联邦法律大全》第 117 编第 2066 条）。

④　《公法》第 110—275 期，第 153 条第（b）款第（3）项第（ⅱ）节第（Ⅱ）次节第（aa）小节，插入"在不违反第（14）项的前提下"，2008 年 7 月 15 日生效。

⑤　《公法》第 110—275 期，第 153 条第（b）款第（3）项第（ⅲ）节第（Ⅲ）次节第（bb）小节；《美国联邦法律大全》第 122 编第 2556 条，删去第（ⅱ）节，2008 年 7 月 15 日生效。关于之前的第（ⅱ）节，参见第 2 卷《公法》第 110—275 期，附录 J，取代条款。

⑥　《公法》第 110—275 期，第 153 条第（b）款第（1）项，增加第（14）项，2008 年 7 月 15 日生效。关于总审计局关于晚期肾病系统和质量优先的报告，参见第 2 卷《公法》第 110—257 期，第 153 条第（d）款。

使用 2007 年、2008 年或 2009 年中最低的每位患者的使用率。

（B）在本项下，"肾脏透析服务"包括：

（ⅰ）在 2010 年 12 月 31 日肾脏透析服务的综合比率内的物品和服务；

（ⅱ）提供给晚期肾脏疾病患者的红细胞生成素刺激剂和任何口头形式的药剂；

（ⅲ）其他提供给晚期肾脏疾病患者的药物和生物制品，以上的支付在本编下单独计算（在本项实施之前），以及任何口头与上述相当的药物或者生物制品；

（ⅳ）提供给晚期肾脏疾病患者的实验室诊断测试和其他第（ⅰ）节中没有提及的物品和服务。

上述不包括疫苗。

（C）本项下的系统可以向一周或者一个月内提供的基础性服务或者卫生部部长指明的其他合理的支付。

（D）上述系统：

（ⅰ）应当包括基于病例组合的支付调整，该病例组合应该将患者体重、身体质量指数、并发症、透析的时间、年龄、种族、少数民族和其他适当的因素考虑在内；

（ⅱ）应当包括由医护所需的种类的异常不同或者数量的不同，包括治疗贫血所需的红细胞生成素刺激剂的数量的不同导致得异常的高费用的调整；

（ⅲ）应当包括反映在提供肾脏透析服务时由低容量的设备（由卫生部部长定义）带来的花费超过由其他设备在提供服务时的花费的支付的调整，和 2011 年 1 月 1 日及之后、2014 年 1 月 1 日之前提供的肾脏透析服务的支付相比，上述支付的调整不应少于 10%；

（ⅳ）可以包括卫生部部长认为合理的其他支付调整：（Ⅰ）给予小儿科的服务和肾脏透析设备的提供者，（Ⅱ）通过地理索引，如第（12）项第（D）目所指的指数，卫生部部长认为合适的，以及（Ⅲ）在农村地区的服务或者肾脏透析设备的提供者。

卫生部部长在建立上述系统时应当将儿童及少年的特殊治疗需要纳入考虑范围。

（E）（ⅰ）卫生部部长应当在本项的系统下提供一个为期 4 年的逐步

实施，使支付的数额能够完全被实施到 2014 年 1 月 1 日或之后的肾脏透析服务中。

（ⅱ）服务或者肾脏透析设施的提供者可以申请一次选举以将自己排除出第（ⅰ）节的逐步实施并完全基于本款下的支付系统得到支付。上述选举应当在 2011 年 1 月 1 日之前做出，以卫生部部长指明的方式和方法，并且一旦决定即为最终的不可被废除。

（ⅲ）卫生部部长应当在本项下对几年的支付进行调整，在这些年里第（ⅰ）节的逐步实施得到了实行，使本节下预计的支付总额，包括本项下的支付，与没有逐步实施时的预计支付总额相同。

（F）（ⅰ）在不违背第（ⅱ）节的情形下，自 2012 年开始，卫生部部长应当每年增加本项下建立的支付数额，根据晚期肾脏疾病患者市场百分比增加的因素，以反映随着时间的推移一个合适的物品和包括在晚期肾病减少 1% 服务的价格上的变化。

（ⅱ）依据第（E）目的逐步实施的减分中，以下规则应当适用于基于综合比率的系统（若本款下的系统没有得到实施时）的支付的部分：

（Ⅰ）第（ⅰ）节的更新不适用。

（Ⅱ）根据晚期肾脏疾病患者市场比例的增加因素，卫生部部长应当每年增加综合比率，减 1%。

（G）不得对第 1869 条、第 1878 条进行行政性或司法审查，也不得对第（A）目下的支付数额的确定，第（C）目下合理支付单位的建立，包括在捆绑支付的透析服务的确认，第（D）目下的调整，第（E）目下逐步实施的使用和第（F）目下市场比例增加因素的建立进行行政性或司法审查。

（H）红细胞生成素刺激剂和其他药物和生物制品应当被认作处方药被分配或使用，并且只有在第 B 部分下才能适用：（ⅰ）为治疗晚期肾脏疾病向患者提供；以及（ⅱ）被包括在第（B）目中符合本项的支付目的。

（c）（1）（A）（ⅰ）为了确保本条的利益得到有效和迅速的执行，在符合其认为对于保证第（2）项中指明的责任和功能的实施所必需的准则的前提下，卫生部部长在保持应当：

（Ⅰ）建立至少 17 个晚期肾脏疾病网络区域；

（Ⅱ）在每个区域，指定一个网络行政组织，该组织在遵守卫生部部长的规定下，应当建立：（aa）在该区域的一个肾脏透析和一只设备的网络委员会，以及（bb）一个医疗审查小组，成员包括至少 1 个患者代表、医师、护士以及参与晚期肾脏疾病治疗的社工。

卫生部部长应当在与合适的专业人士和患者组织磋商后，构建每个网络区域和其决定的基础准则，在联邦公报上公布其决定的地理区域的描述。

（ⅱ）（Ⅰ）为了决定卫生部部长是否应当开始，继续或者终止与在第（ⅰ）节中指定给每个区域的网络行政组织达成的协议，卫生部部长应当建立并在《联邦公报》上发表标准、准则和评估一个申请组织的实施第（2）项中责任的能力的程序（在协议有效的情况下，实际实施能力）。卫生部部长应当基于质量和服务的范围评估每位申请者并且价格的因素在评估中所占的比重不得超过 20%。

（Ⅱ）只有在卫生部部长认为在适用上述标准和准则后，组织不能有效并迅速的承担所述的责任，才可与网络行政组织达成终止协议。如果该协议将被终止，卫生部部长应当基于竞标和有序的过渡挑选一个协议的继任者。

（B）至少一位患者代表应当作为网络委员会和医疗审查小组的成员。

（C）按规定，卫生部部长应当指定网络组织中满足：（ⅰ）拥有在提供第 1861 条第（s）款第（2）项第（F）目中的服务的机构或者供应者的所有权或者控制权的成员；或者（ⅱ）从任何上述机构或者供应者出接受了超过了构成对服务（包括与专业医疗服务相关的时间和精力）或者供给物的合理补偿的报酬的成员，并且上述要求必须提供解释、披露以及最大限度地符合有效行政，保护有关适当性、性质或患者护理的选址的决定所带来的潜在的或者实际的经济上或者专业上的利益的冲突。

（2）每个网络的网络组织除去卫生部部长指定的职责和功能外，应当为以下负责：

（A）鼓励合理的医学实践，采用能与患者的成功复健相配的治疗，以及使用专业晚期肾病康复项目的设备；

（B）建立有关患者看护的标准和规定，以及鼓励患者、机构和提供者参加专业复健项目；和有关自助环境下患者的处置以及移植的进行和准备；

（C）评估网络中机构和提供者测评患者采取提议的治疗方法的适用

性的程序；

（D）评估和解决患者不满的程序的实施；

（E）如果有需要（由医护审查小组或者卫生部部长决定），实施对机构和供给者的现场检查，由网络组织建立的以确保正确的医护的标准的实施；

（F）收集、确认，并且分析用于准备第（H）目中的标准的数据并且确保依第（7）项建立的登记处的维持；

（G）甄别不以网络组织目标为宗旨的机构和供应商，并且帮助这些机构和供应商建立合适的纠正计划并报告卫生部部长这些机构和供应商没有提供合理的医疗照护；

（H）在每年的7月1日向卫生部部长提交一份年度报告，该报告应包括该网络的目标的完全解释，其目标达成情况的数据（包括关于机构和供给者对合适的自助参加者的确认和处置、移植和鼓励参加专业复健项目的比较数据），确认长期未能达成网络目标的机构和推荐有关需要附加或替换性服务以达到网络目标的，包括自助透析训练、移植和器官获取机构。

（3）基于网络年度报告中的数据和其他可掌握的相关数据，卫生部部长决定机构或者供应者是否长期未能完成网络的计划和目标或者未能依从医护审查小组的推荐，卫生部部长可以终止或者吊销上述机构或者供应者的证书（为了向晚期肾病患者的治疗提供支付）直至卫生部部长认为机构或者供应者正在合理的努力达成计划和目标。如果卫生部部长认为机构或供应者未能达成计划和目标并未损害患者的健康或安全或为终止证书辩护，他可以在给机构或供应者及公众合理的通告后，对其采取其他制裁，可包括拒绝发还给机构或供给者通告日后机构的一部分或者所有患者的款项，和对所有患者发还款项的逐步减少。

（4）卫生部部长应当在决定是否授权附加网络内的机构或者延长已有机构的存续时间时，将网络的目标和年度报告中反映的表现考虑进去。

（5）在与合适的专业人士和规划组织探讨后，卫生部部长应当提供有关肾脏疾病服务的计划和配送的指导，该指导有助于辅助网络组织建立其网络目标，促进合适的参加者的自助透析和移植方法的最佳使用。

（6）国会希望最大限度地让医学上、社会上、心理学上合适的家庭透析的或者移植的患者得到治疗，最大限度地让合适专业复健项目的患者得到治疗并重返就业岗位。卫生部部长应该向合适的专业人士和网络组织咨询，并且考虑有关家庭透析和移植的实验，治疗方法和技术的发展。

（7）卫生部部长应当建立一个国家性的晚期肾脏疾病登记处，其目的在于收集和分析网络组织、移植中心和报告的数据，和其他所有晚期肾脏疾病患者的资源，使：

（A）准备第（g）款中要求的交给国会的年度报告；

（B）经济影响、成本效益和替代治疗的医疗功效的确认；

（C）有关资源的最合理分配和晚期肾脏疾病研究的评估；

（D）患者死亡率和发病率的确定以及发展趋势，以及其他衡量照护质量的指标；

（E）本条下有助于国会评估晚期肾脏疾病项目的相关的治疗和管理的分析。

卫生部部长应当提供数据收集活动的协调和现有晚期肾脏疾病数据系统的巩固，以有助于达到上述登记处的目的，应当确定登记处的合适的地点，并且应当指定一个专业的建议小组来辅助卫生部部长制定有关管理上述登记处的政策和程序。

（8）第1157条和第1160条应当适用于有关网络行政组织（包括医护审查小组），卫生部部长与以上组织达成了本款下的协议。

（d）尽管与第226条的内容不一致，任何捐献肾脏给移植手术的个人应当被给予本编第A部分和第B部分有关捐赠的利益。对于合理的有关肾脏捐献的费用的报销（不考虑本编下扣除条款、保险费和共同保险条款），卫生部部长应当做出规定，为所有捐献的合理的准备，手术、术后康复费用，包括但不限于若其为第A部分和第B部分下合格的个人所需的费用的报销。术后康复的费用支付应限于在实际康复的时间内的费用。

（e）（1）尽管与本编下其他任何条款不一致，根据与经批准的服务的提供者，肾脏透析机构和卫生部部长认为可以经济有效地提供设备的非营利实体（不考虑本编下的扣除条款和共同抱歉条款）达成的协议，卫生部部长可以向其返还专为家庭透析者购买、安装、维护和修理接下来的人造肾脏和自动腹膜透析及其（包括辅助设备）的费用。

（2）本款下达成的协议应当要求提供者、机构，或者其他实体将要：

（A）使器械只能为授权的家庭透析患者使用；

（B）若有需要，修理器械，使上述患者在器械的使用期内可重复使用，包括修理器械使其与研究和技术的进步一致；

（C）使卫生部部长能够完全接触所有的有关购买、维护和使用器械的记录和信息；

（D）若卫生部部长需要，向其提交有关花费、管理和器械使用的报告，数据和信息。

（3）在本条下，"辅助性器械"包括血泵、肝素泵、气泡检测器、其他预警系统和其他卫生部部长认为医疗上需要的物品。

（f）（1）卫生部部长应当在美国选定的地点，提出并实施，实验性的项目，在该项目下支付购买肾脏透析的新的或者二手的可多次使用的器械的费用，该器械提供给家庭透析开始后的晚期肾患者，并在实际购买该器械前附有试用期以确保成功适用于家庭透析。

（2）卫生部部长应当进行实验以评估削减晚期肾脏疾病项目开支的方法。上述实验应当包括（但不限于）向辅助家庭透析的护士和透析技术人员和家庭成员的支付。

（3）卫生部部长应当进行实验以评估削减晚期肾脏疾病项目开支中饮食的控制的方法，包括（但不限于）蛋白质控制的产品以延缓需求，或者减少透析的频率。

（4）卫生部部长应当进行针对提高公众肾脏或者其他器官捐献项目的参与度的方法的综合性研究。

（5）卫生部部长应当进行一个全面和完整的研究，针对本编下提供给晚期肾脏疾病患者服务的医师的支付，特别关注支付的范围，每款支付的平均数额和医师在提供在家庭、在肾脏疾病机构、在医院和其他地点提供服务的小时数。

（6）卫生部部长应当针对不能得到本编中的利益的晚期肾病患者（由于本条或者其他原因）的数目，以及上述不适合患者的经济影响进行研究。上述研究应当考虑到政府性或者其他健康计划借以建立或者修改的机制，使其得以覆盖晚期肾脏疾病的实际花费。

（7）（A）卫生部部长应当建立针对再次使用透析器过滤器以及自愿再次使用上述过滤器的提供者的协议标准和条件。

（B）对于在1988年1月1日及以后（或者在1988年7月1日或之后，有关再次使用血统的协议）提供的透析服务，任何透析机构都不可再次使用透析供给物（除了透析器过滤器之外）除非卫生部部长建立了有关再次使用前者的协议并且机构须遵循以上协议。

（C）部长应当将本项下建立的协议和第（B）目下的要求纳入第（b）款第（1）项第（A）目下的要求中，并且对未能遵循上述协议或者要求的机构不得参加本条下建立的项目，并且遵守或者违反上述协议未能提供的服务得不到支付。

（8）部长应当不迟于1979年10月1日向国会提交一份完整的关于第（1）项、第（2）项、第（3）项、第（7）项中的确定报告，以及第（4）项、第（5）项、第（6）项、第（7）项中研究的报告。报告应当包括卫生部部长认为根据实验和研究得出的必须或者可取的立法修改的建议。

（g）（1）任何情况下卫生部部长：

（A）认为肾脏透析机构没有实质意义上符合第（b）款第（1）项第（A）目中的要求；

（B）认为机构的过失没有立即危害患者的健康和安全；

（C）已经给予机构一个合理的机会以纠正其过失，部长可以，不终止该机构的许可，而是决定本编下向机构的支付只限于向通告日生效前为机构的患者接受的服务。

（2）部长在本款下限制支付的决定只有依规定向公众和机构公布通告后才有效，并且持续有效直至：（A）卫生部部长认为机构实质意义上符合第（b）款第（1）项第（A）目中的要求；或者（B）卫生部部长终止本编下与机构达成的协议。

（3）机构对部长在第（1）项中的决定不服，有权要求部长（在合理通告后）组织听证，以第205条第（b）款的规定为限，或者依据第205条第（g）款在听证后要求对卫生部部长的最终决定进行司法审查，除此之外，在适用上述条款和第205条第（1）款外，任何社会保障的政府专员或者行政部门的参考依据应当作为卫生部部长或者健康与人类服务部的参考依据。

（h）① 晚期肾脏疾病项目的质量激励。

（1）质量激励。

---

① 第110—275期，第153条第（c）款，增加第（h）款，2008年7月15日生效。

（A）**总则**。于 2012 年 1 月 1 日或之后提供的肾脏透析服务［如第（b）款第（14）项第（B）目规定］，服务的提供者或者肾脏透析机构在本年度没有达到第（B）目中的要求的情况下，本系统下依据第（b）款第（14）项给上述提供者或者机构的支付应当减少不超过 2%，具体由卫生部部长决定。

（B）**要求**。本目中的要求是提供者或者机构达到（或者超过）第（3）项中的总表现分数，该分数是卫生部部长针对第（2）项指明的标准建立的表现标准。

（C）**在后面的年份无效**。第（A）目中的减少应当仅仅适用于本年度，卫生部部长不得将第（14）项下下一年度的单笔支付数额纳入减少考虑。

（2）**措施**。

（A）**总则**。本款中指明的本年度的措施包括：

（i）贫血症控制的措施，该措施反映由食品和药品局认可的对透析充分性的管理和衡量的区分；

（ii）在可行的范围内，卫生部部长指定的患者满意的措施；

（iii）卫生部部长指定的其他措施，在可行的范围内，包括：（I）铁的管理的措施，（II）骨盐新陈代谢，以及（III）血管通路，包括最大限度的腕部建立动静脉内瘘的布置。

（B）**被认可措施的使用**。

（i）**总则**。符合第（ii）节的前提下，任何在第（A）目第（iii）节下卫生部部长指定的措施必须由在第 1890 条第（a）款中有合约的实体认可。

（ii）**例外情况**。在指定的地区或者卫生部部长认为合适的医疗主题的情形下，可行实用的措施未被第 1890 条第（a）款中有合约的实体认可，卫生部部长可以指定一项未被认可的措施，只要给予已经被卫生部部长确认的统一组织认可或采取的措施应有的考虑。

（C）**更新措施**。卫生部部长应当与相关利益群体商议建立更新第（A）目指明的措施。

（D）**考虑因素**。在第（A）目下指定措施的过程中，卫生部部长应当考虑适合儿童和青年肾脏疾病治疗独特性的措施。

（3）**表现分数**。

（A）**总表现分数**。

（ⅰ）**总则**。在符合第（ⅱ）节的前提下，卫生部部长应当在第（4）项第（D）目下建立的表现期间内（在本款中指"总表现分数"），基于针对第（2）项中选定的措施的表现标准设立一套方法来评估每个服务和肾脏透析机构的总表现；

（ⅱ）**适用**。对于不满足（或者超过）卫生部部长建立的总表现分数的服务的提供者和肾脏透析机构，卫生部部长应当确保第（ⅰ）节中设立的一套方法的适用带来第（1）项下支付分配的减少，在得到不同等级的总表现分数的提供者和机构当中对得到最低总分数的提供者和机构给予第（1）项第（A）目中最大限度地减少。

（ⅲ）**措施的评判**。在计算总表现分数时，卫生部部长应当评判分数针对第（B）目下计算的个人措施以优先反映质量进步的，例如当卫生部部长决定合适的时候，计算分数以确保服务提供者和肾脏透析机构有强烈的动机来满足或者超过贫血控制和透析充分性的表现标准。

（4）**表现标准**。

（A）**建立**。在符合第（E）目的规定下，卫生部部长应当建立一年的表现期间内［第（D）目所建立的］有关第（2）项选定的措施的表现标准。

（B）**成果和进展**。第（A）目中建立的表现标准应当包括成果和进展的不同水平，由卫生部部长决定是否合适。

（C）**时间**。卫生部部长应当在包括本年在内的表现期限的开始之前建立第（A）目下的表现标准。

（D）**表现期限**。卫生部部长应当设立一年的表现期限。该表现期限应发生在该年开始前。

（E）**特殊规定**。卫生部部长应当首先使用第（2）项第（A）目第（ⅰ）节下指定措施的表现标准：（ⅰ）提供者或者机构在本年度第（b）款第（14）项第（A）目第（ⅱ）节第二句中卫生部部长选定的措施的表现；或者（ⅱ）基于国家针对卫生部部长决定的期限内的措施的表现比率建立的表现标准。

（5）**审查的限制**。不得对第 1869 条、第 1878 条或者下列进行行政性或者司法审查。

（A）第（1）项中支付减少的数额的决定。

（B）第（4）项中表现标准和表现期限的确立。

（C）第（2）项中措施的指定。

（D）第（3）项中设立的用于计算总表现分数和个人措施表现分数的方法。

（6）**公布报告。**

（A）**总则。** 卫生部部长应当建立本款下有关表现的信息公开的程序，包括：（i）服务提供者或者肾脏透析机构在第（3）项下的总表现分数和以上两者就相关分数与国家平均值的适当的比较；以及（ii）提供者或者机构有关单个措施的表现分数。

（B）**审查的机会。** 第（A）目下建立的程序应当确保服务提供者和肾脏透析机构有机会在上述信息公布之前审查有关的即将公开的信息。

（C）**证明文件。**

（i）**总则。** 卫生部部长应当向本条下提供肾脏透析服务的提供者和肾脏透析机构提供证明文件。证明文件应指明提供者或者机构在第（3）项下取得的总表现分数。

（ii）**展示。** 每个收到第（i）节下证明文件的机构或者提供者应当在显著的位置展示其证明文件。

（D）**网络名单。** 卫生部部长应当建立一个本条下提供肾脏透析服务的提供者和透析机构的名单，指明提供者和机构取得的第（3）项下总表现分数和个人措施的分数。上述信息应当以易懂的方式公布在医疗保险和医疗辅助服务中心的网站上。

医疗保险补充性健康保险单的认可①

第1882条【《美国法典》第42编第1395ss条】（a）（1）卫生部部长应当设立一个程序，使医疗保险补充性保险单［如第（g）款第（1）项所述的］当达到第（c）款中最低的标准和要求时，可为卫生部部长认可。上述程序应当为任何保险人提供一个提交上述保险单，和卫生部部长认为需要的附加数据给卫生部部长审查并认可从而确定是否达到第（c）款中的标准和要求的机会。在符合第（k）款第（3）项、第（m）款和

① 参见第1882条第（g）款第（2）项第（A）目，本条中使用的缩写"NAIC"指全美保险业协会。

第（k）款的规定的前提下，如果保险人不迟于每年的 6 月 30 日提交给卫生部部长一份公证的声明，表示保险单继续满足上述标准和要求，并且如果卫生部部长认为需要单独确认上述公证的声明的准确性保险人提交上述附加数据，上述证书应当保持有效。若卫生部部长决定上述保险单满足（或者继续满足）标准和要求，他应当授权保险人（但仅与卫生部部长科指定的要求和条件一致）在政策上打印一个标志，该标志为卫生部部长设计的用于标明保险单已经取得了卫生部部长的认可。卫生部部长应当提供给每个州政府专员或者保险主管人一张所有取得其认可的保险单的名单。

（2）医疗补充性保险单不可在州内于第（p）款第（1）项第（C）目指明的日期的当日或之后签发，除非：

（A）在第（b）款第（1）项下州的管理项目提供相应款下［包括《1991 年全美保险业协会规则》《1991 年联邦法规》或《联邦标准》（依个案）］的标准和要求的申请和执行，在第（p）款第（1）项第（C）目指定的日期；

（B）或者，如果州项目没有提供上述标准和要求的申请和事情，保险单由卫生部部长在第（1）项下认可，在上述日期满足第（c）款（包括上述申请标准）中的标准和要求。

任何在第（p）款第（1）项第（C）目指定的日期或之后签发一份医疗补充性保险单的个人，违反本项规定者，将会受到每项违反不超过2.5 万美元的民事罚金。第 1128A 条的规定［而不是第（a）款第一句和第（b）款］应当与前述相同的适用民事罚金。

（b）（1）任何在任何州签发的医疗补充性保险单，在其州内卫生部部长决定在联邦法律下建立一个规则系统：

（A）提供标准的申请和实施，针对与全美保险业协会规范标准［由第（g）款第（2）项第（a）项规定］相同或者更严格的抱歉保险单，除非由（H）目提供；

（B）包括与第（c）款第（2）项到第（5）项描述的要求相同或者更严格的要求；

（C）提供：（ⅰ）有关上述保险单带来的保费的实际收益比率的信息将被报告给州，以符合全美保险协会已确立的形式一致的形式，或者（ⅱ）上述比率将会在项目下由卫生部部长以认可的选择性方式监督，并且每份保险单的复印件，每份保单最近一次的保费，和最近3年执行的或者在州内售出的保险单的保费的收益比率的名单，被保存并且提供给相关人士；

（D）提供第（A）目、第（B）目、第（C）目中描述的所有的医疗补充性保单［由第（g）款第（1）项规定］的标准和要求的申请和执行；

（E）提供给卫生部部长阶段性（至少为年度性）的包含每份保单的签发者的姓名和地址和每份保险单的数目（包括先前认可的、新认可的保险单，或者先前认可撤回的保险单）；

（F）在卫生部部长确定的间隔向卫生部部长报告本款下的标准和要求的实行和实施；

（G）提供有关上述保单保费的提高的许可或不许可的过程，并且建立在允许保费提高前的公众听证；

（H）在一项保险单满足第（A）目的标准时，除了保单下的利益限于由特定个体提供的物品和服务（或者由其他个体提供物品和服务是减少的利益），提供比第（t）款下的要求相同或更严格的要求；

应当被视为［在不违反第（k）款第（3）项、第（m）款和第（n）款的前提下，只要卫生部部长认为上述州规则项目继续满足本款下的标准和要求］满足第（c）款下的要求和标准。每份第（F）目下的报告应当包括在州内出售的保单的赔付率，频率和州批准的保单未能满足本款的标准和要求的情形的种类，州采取的将上述保单符合标准的做法，有关州项目实施消费者保护条款的信息，和卫生部部长与全美保险业协会商议的更深层次的信息。

（2）卫生部部长应当阶段性的审查州规则项目以确定其是否持续满足第（1）项中指定的标准和要求。如果卫生部部长认为州规则项目不再满足标准和要求，在做出最终决定前，卫生部部长应当提供给州一个采取改正计划的机会，该计划将使州继续满足标准和要求。如果卫生部部长做出最终决定，认为在上述机会后，州规则项目仍未能满足标准和要求，该项目应不再实施。

（3）尽管第（1）项有规定，一项医疗补充性保险单不应被视为满足第（c）款中的标准和要求，若其由广告宣传（不论是书面的、广播的，还是电视媒体的），除非签发保单的个体向州保险专员（或者卫生部部长确认的相关官员）提供每个广告的复印件以在州法下审核或者认可。

（c）卫生部部长应当在本条下认可任何医疗补充性保险单，仅仅在他认为上述保险单［或者针对第（3）项或第（s）款描述的要求，保单的签发者］：

（1）满足或者超过（无论是单个保单，或者在非营利医院和医疗服务机构的情况下，一个或多个签发的相互关联的保单）全美保险业协会的示范标准［除了由第（r）款规定的之外］。

（2）满足由第（r）款的要求。

（3）（A）接受第 1842 条第（h）款第（3）项第（B）目中的通告作为该保单下替代任何索赔形式，并且同意订立一份基于包括上述通告的支付决定；

（B）上述通告被接受时：（ⅰ）提供给医师或者供给者和保单下支付的受益人通告，以及（ⅱ）提供任何该保单下直接覆盖的支付给参与的医师或者供给者。

（C）提供给每位参与者在参与时一张写有保单名称和数额和一个邮寄地址使第 1842 条第（h）款第（3）项第（B）目下的通告得以送达的名单；

（D）同意支付第 1842 条第（h）款第（3）项第（B）目下有关传达给保单签发者的信息的费用；

（E）为了保单持有者的改变，至少每年提供给卫生部部长，一个使第 1842 条第（h）款第（3）项第（B）目下的通告得以送达邮寄地址。

（4）在保单签发后不少于 30 天后，可以全款返还任何支出的保费（不考虑保单的购买形式）。

（5）满足第（o）款到第（t）款的要求。

（d）（1）任何明知并故意或者导致，或者引起或意图引起，错误陈述，或者有关遵守第（c）款或者依据此款设立的规定的标准和要求的实质性事实的错误表述，或者有关卫生部部长在第（a）款下有关的标志的错误使用的个人，应在《美国法典》第 18 编下处以罚款，或者不超过 5 年的监禁，或者两者并处，并且除了或者代替上述刑事处罚，对每项禁止行为可处不超过 5000 美元的民事罚金。

（2）任何错误担任或者假装担任，或者错误代表其行为，在本编下健康保险项目或相关的权限下，或者任何联邦机构，以出售或者试图出售保险为目的，或者获取钱财、文件，或者任何有价值的物品的个人，应当

《美国法典》第 18 编下处以罚款，或者不超过 5 年的监禁，或者两者并处，并且除了或者代替上述刑事处罚，可处以每项禁止行为不超过 5000 美元的民事罚金。

（3）（A）（ⅰ）个人向在第 A 部分获取利益或者参与本编第 B 部分（包括在第 1851 条下选举医疗选择计划的个人）的个人出售或者签发下列保单是不合法的：（Ⅰ）健康保险保单，明知该保单是复制个人本应在本编或者第十九编中应享有的利益的保单；（Ⅱ）在没有选举医疗选择计划的个人的情形下，个人有权在其他医疗补充性保险单获得利益，或者在选举医疗选择计划的个人的情形下，保单复制个人本应在医疗选择计划或者其他医疗补充性保险单获得毅力的保单，或者（Ⅲ）一个健康保险保单（而不是医疗补充性保单）保单复制个人本应享有的健康利益，而不是个人依据州的要求或者联邦法律享有的利益。

（ⅱ）任何人违反第（ⅰ）节应在《美国法典》第 18 编下处以罚款，或者不超过 5 年的监禁，或者两者并处，并且除了或者代替上述刑事处罚，每项禁止行为可处以不超过 2.5 万美元的民事罚金（或者在非保单的签发者的情形下，1.5 万美元）。

（ⅲ）如果保单是依据第（B）目出售的，出售方（非健康保单的发行人）将不能被认为违反第（ⅰ）节第（Ⅱ）次节关于医疗补充保单出售项。

（ⅳ）本目的目的，一个健康保险保单（而不是医疗补充保单）提供可支付的或者不考虑其他健康利益覆盖的此类个人的利益，在本编下将不被认为健康利益的"重复"，在第十九编下，或者在健康保险单下，以及第（ⅰ）节第（Ⅰ）次节、第（Ⅱ）次节将不适用于这类保单。

（ⅴ）本目的目的，健康保险保单（或者保险合同的附文不是健康保险保单）将不会被认为"重复"健康利益在本编下或者在其他健康保险单如果它：（Ⅰ）提供医疗保健服务利益，仅适用于长期保健、家庭护理保健、家庭健康保健，或者基于社区保健，或者任何其中的结合；（Ⅱ）反对或者排除的项目和服务可提供或者支付在本编或者在其他健康保险保单下；以及（Ⅲ）出卖或者发行在开始实施《1996 年健康保险流通和责任法》90 天或之后的保单，解除这种协调或排除在保单覆盖的范围外。

本节中，"协调"是指关于与健康利益相关的保单在本编下或者在其他健康保险保单下，在其条款下的保单是次要的，或者排除在支付、条款和服务的可适用范围外或者在本编下或在其他健康保险单下支付。

（ⅵ）（Ⅰ）适用健康保险保单的个人在第 A 部分或者注册在本编第 B 部分下可享有利益［而不是在第（Ⅲ）次节中所述的保单］，应该配备一个公开的声明在第（ⅶ）节中所述的保单可适用的类型，此类声明应该作为保单补充文件的一部分（或者与其一起）配备。

（Ⅱ）任何人发行或者出售健康保险保单［不是在第（Ⅲ）次节所述的保单］给第（Ⅰ）次节中的个人，并且没有配备所要求的适当的公开声明将会受到《美国法典》第 18 编条款下的罚款，或者被判处不超过 5 年的监禁，或者两者都有，并且除此以外或者替代此类的罚款，每一次违反将受到民事罚款不超过 2.5 万美元（或者在个人而不是保单发行人的情况下是 1.5 万美元）。

（Ⅲ）在本次节所述的保单不适用于第（Ⅰ）次节和第（Ⅱ）次节是医疗补充保单，第（ⅴ）节中所述的保单，或者健康保单界定为 60 联邦注册 30880（1995 年 7 月 12 日）的不需要有公开声明。

（Ⅳ）本条任何涉及修改 NAIC 形式的规则［有关第（m）款第（1）项第（A）目］被认为是涉及如被《1994 年社会安全法修正案》（《公法》第 103—432 期）第 171 条第（m）款第（2）项修改的规则和修改替代，为了在第 16D 条第（2）项下要求的公开，适用公开声明在第（ⅶ）节第（Ⅰ）次节下的公开。

（ⅶ）本节的公开声明为一种保单类型是在本项第（D）目下特定的声明（如实行那种类型的保单之日前生效，以如下方式改变）。

（Ⅰ）在每个声明中，修正第二行需要如下：**"这不是医疗补充保险。"**

（Ⅱ）在每个声明中，剔除第三行并且插入如下：**"为医疗支付的一些保健服务也许会触发为本保单下的利益付费。"**

（Ⅲ）在每个声明中不能在第（ⅴ）次节中描述，不以黑体字开始**"本保险"**，并且所有这些下一段跟从以**"医疗"**开始。

（Ⅳ）在每个声明中不能在第（ⅴ）次节中描述，在排好版（**"在你买这份保险前"**）前插入如下**"本保单支付利益而不考虑其他健康利益覆盖，你也许享有医疗或其他保险的利益"**。

（Ⅴ）在声明中关于保单提供家庭护理和非体制覆盖兼具，关于保仅提供家庭护理，或者保单仅提供家庭保健利益，修改以"联邦法"开始的款项为"联邦法要求我们告知您在一定情况下本保险也许会支付一些医疗覆盖下的保健"。

（ⅷ）（Ⅰ）关于第（Ⅱ）次节，本目不会限制或者排除一个州规定健康保险保单的能力，包括任何在第（ⅳ）节、第（ⅴ）节，或者第（ⅵ）节第（Ⅲ）次节下所述的健康保险保单。

（Ⅱ）声明也许不申报或者特定，在法规、规则或其他健康保险保单（而不是医疗补充保单）或者不是健康保险保单的保险合约附文，在第（ⅳ），第（ⅴ）节所述，或者第（ⅵ）节第（Ⅲ）次节并且已经被出售、发行或者更新给享有第 A 部分利益的或者在第 B 部分"重复"健康利益在本编下或者在医疗补充保单下注册的个人。

（B）（ⅰ）个人发行或者出售医疗补充保单给个人享有在第 A 部分利益或者注册在第 B 部分是非法的，无论是直接还是通过邮件，或其他方式，除非：（Ⅰ）行为人从个人取得了一个由个人签字的书面的声明，作为申请或者购买保险的一部分并且以第（Ⅱ）次节的形式，个人必须最清楚，个人拥有什么健康保险保单（包括任何医疗加选择计划），和是否个人享有任何医疗协助在第十九编，是否如一个需求的医疗利益或其他；以及（Ⅱ）书面声明是和书面承认一起的，有保险出售人签字，作为收到此类声明的要求。

（ⅱ）（ⅰ）条要求的声明将被做成这种类型：（Ⅰ）声明基本上符合医疗条件的个人只需要一个医疗补充保单；（Ⅱ）声明基本上也许符合在第十九编下州医疗计划下的利益并且此类在计划下符合利益的个人通常不需要一个医疗补充保单和在任何此类保单下的利益和保费将会待定，取决于保单持有人在那一编下利益资格的期间内（不长于 24 个月）的要求，并且也许在建立失去此类资格；以及（Ⅲ）声明基本上参考州也许可行的服务来提供关于购买医疗补充保单的建议和在医疗计划下注册并且也许会为此类服务提供电话号码。

（ⅲ）（Ⅰ）除了在第（Ⅱ）次节和第（Ⅲ）次节提供以外，如果在第（ⅰ）节要求的声明不是取得或显示个人持有一个医疗补充保单或者显示个人在第十九编下具备任何医疗辅助的资格，医疗补充保单的出售将会被认为违反了第（A）目。

（Ⅱ）第（Ⅰ）次节将不适用持有医疗补充保单的个人的情况下，如果个人以书面形式显示，作为申请购买的一部分，那么被购买的保单替代其他保单并且显示出总结被取代保单的趋向，当新保单生效时并且发行人和购买人以书面的形式确定此类保单将不重复覆盖（考虑到任何此类的替代）。

（Ⅲ）如果获得第（ⅰ）节所要求的声明，并且显示个人享有在第十九编下任何医疗辅助的权利，出售保单并没有违反第（ⅰ）节（目前正如此类相关医疗辅助的条款），如果：（aa）一个州的医疗计划在此编下支付了保单的保费；（bb）在第 1905 条第（p）款第（1）项所述的符合资格的医疗受益人的情况下，保单为门诊患者处方药提供覆盖；或者（cc）个人在州计划下享有的仅有的医疗辅助是在第 1950 条第（p）款第（3）项第（A）目第（ⅱ）节下所述的医疗成本分担。

（ⅳ）任何人发行或者出售医疗补充保单违反本目规定将被根据《美国法典》第 18 编进行罚款，或者处以不超过 5 年的监禁，或者两者并罚，并且除此之外或者替代此类的刑罚处罚，对于每一项此类的违反将被处民事罚金处罚不超过 2.5 万美元（或者在出售方不是发行人的情况下为 1.5 万美元）。

（C）第（A）目将不适用于关于集体保单或者计划的出售或者发行，一个或者多个员工或者劳工组织，或者由一个或者多个员工或者劳动组织（或者在此其中的结合）所建立的信托基金的受托人，为员工或者前员工（或者在此其中的结合）或者为劳动组织的成员或者前成员（或者在此其中的结合）。

（4）（A）任何知情人员，直接或者通过代理人、邮件，或者使被邮寄的任何事项为了禁止的目的［正如在第（B）目下决定的］将被依据《美国法典》第 18 编进行罚款，或者处于不超过 5 年的监禁，或者两者并罚，并且除此以外或者替代此类的刑罚处罚，对于每一项此类的违反将处民事罚金不超过 5000 美元。

（B）第（A）目的一个被禁止的目的意思是指，广告、推销或者提供医疗补充保单的出售，或者传递此类的保单的活动，在任何此类保单不被州委员会或者保险监管人批准的州内进行。

（C）第（A）目项将不适用在个人邮寄或者导致被邮寄一个医疗补充保险保单到一个州内，如这个人被查明在邮寄给此类保单下的保险方，此类保单是基于临时的基础上通过此州的情况下。

（D）第（A）目将不适用在个人邮寄或者导致被邮寄之前发行的一个医疗补充保险保单的副本给一方（或者为了一方利益）此类保单副本已经被邮寄的情况下。

（E）第（A）目将不适用在发行人邮寄或者导致被邮寄一个保单、证明书，或者其他事情单独遵守第（q）款的要求的情况下。

（5）第1128A条的条款〔不同于第（a）款和第（b）款〕将适用民事罚金处罚在第（1）项、第（2）项、第（3）项第（A）目和第（4）项第（A）目下以相同的方式，正如此类的条款适用的罚金和程序在第1128A条第（a）款下。

（e）（1）部长应该提供所有在此编下享有利益资格的个人（并且在可行的范围内，给个人关于享有此资格）此类的信息将允许此类个人衡量医疗补充保险保单对于他们的价值和在此编下任何此类保单的关系。

（2）部长将：

（A）告知所有在此编下享有利益资格的个人（并且在可行的范围内，给个人关于享有此资格）：（ⅰ）在第（d）款下遭到制裁的行动和实践，以及（ⅱ）他们也许报告任何此类行动或实践给相关健康和人类服务部门的官员的方式（或者给相关的州官员）；

（B）发布免费电话的号码给个人，来报告对于此款的可疑的违反。

（3）部长将提供在此编下享有利益资格的个人（并且在可行的范围内，给个人关于享有此资格）州和联邦机构和办公室的地址和电话号码，这些机构提供信息和帮助个人关于医疗补充保单的选择。

（f）（1）（A）部长应当咨询过联邦和州的监管机构、国家保险联合委员会和个人承保人，及代表消费者和老年人的组织，实行一个复杂的研究并且衡量相比较的效果在各州不同的方法在医疗补充保单的规定上，在（ⅰ）限制市场和滥用代理；（ⅱ）保证本编下此类享有权利的信息传播给个人（和其他消费者）正如准许被告知的选择是必需的；（ⅲ）促进为个人提供可信的经济利益的保单；（ⅳ）降低不必要的重复覆盖的购买，（ⅴ）增加价格竞争；以及（ⅵ）构建在第（b）款所述的有效的经过检验的州管理方案。

（B）此种研究也将冠以健康保险保单的标准和证明的需要之名，不同于医疗补充保单，出售给在本编下有资格的个人。

（C）在1982年1月1日以前，部长将提交一份关于此类研究和衡量的结果的报告给议会，配合部长在结果中找到的此类推荐的依据，相关立法和行政的需要进行改变来完成在第（A）目和第（B）目所设定的目标，包括法定的联邦立法项目的需求，确保医疗补充保单的合适的类型的市场，和其他方式如也许他找到合适方式来提高此类保单的州立法的效果。

（2）部长应该不晚于 1982 年 1 月 1 日提交给议会，并且此后适当的定期报告（但是不少于每两年一次），一个衡量在本条下所构建的证明程序和犯罪处罚的效果的报告，并且应该包括分析在此类报告中：

（A）不同类型的此类程序和惩罚的影响，市场份额、价值和在本编下的医疗补充保单被部长证明的享有利益的成本；

（B）在证明程序中任何改变来提高他行政或者效果的需求；

（C）证明程序和犯罪处罚是否将被继续。

（3）部长将通过在医疗补充保单上的免费电话号码提供信息（包括在第十九编下的州计划的关系）。

（g）（1）本条的目的是，医疗补充保单是一种健康保险保单或者其他在由私人实体为在本编下享有支付权利的个人提供的健康利益计划，为包括服务费用和在本编下要求支付的项目但是因为自付额、共同保险金额或者其他强行性限制规定对于本编的适用提供补偿；但是，不包括医疗＋选择计划或者任何此类的保单或者一个或多个雇员或劳工组织，或者由一个或多个雇员或劳工组织（或两者的集合）的基金托管人的计划，因为雇员或者前雇员（或两者的集合），或者劳工组织成员或者前成员（或两者的集合），和不包括一个保单或者一个有资格组织的计划〔在第 1876 条第（b）款予以界定〕如果保单或者计划提供利益依据在第 1876 条下的合约或者一个许可的被证实的项目在《1983 年社会安全法修正案》第 603 条第（c）款所述，《1984 年赤字削减法》第 2355 条，或者《1986 年综合预算调整法》第 9412 条第（b）款，或者在第（p）款第（1）项第（C）目特定之日起并且止于 1995 年 12 月 31 日的时间段内，如果保单或者组织的计划提供利益依据在第 1833 条第（a）款第（1）项第（A）目下为本条的目的的合约，"保单"包含在相关政策规定下的此类保单。

（2）本条的目的是：

（A）"NAIC 示范标准"是指《NAIC 示范条款执行个人事故和疾病

保险法》，联邦保险联合协会于 1979 年 6 月 6 日采用，适用于医疗补充保单。

（B）"具有被认可的管理方案的州"是指州的部长在第（b）款第（1）项下做出决定的州。

（C）在州内发行保单是指：（ⅰ）在个人保单的情况下，保单持有人定居在州内；以及（ⅱ）在集体保单的情况下，主保单持有人定居在州内。

（h）部长应该规定此类在本条下也许对有效、经济和公正的证明程序的实施有必要的规则，部长将首先在 1981 年 5 月 1 日之前发布最终的规则来实施在第（a）款下建立的证明程序。

（i）（1）在 1982 年 7 月 1 日之前，医疗补充保单不能被认证并且此类保单也许不能被由部长在第（a）款下带着标志授权发行的。在此日期以前或者以后，部长认证的保单也许可以带着此类标志，包括在此日期之前发行的保单和随后被证明的，以及在通知书中和承保人也许通告保单持有人此类被证明的保单在此日期之前发行运用此类标志的。

（2）（A）部长不应该在第（a）款下执行关于保单在一个州内发行规定的证明程序，除非小组发现在 1982 年 7 月 1 日前这些州不能建立一个满足第（b）款第（1）项的标准和要求的州调整纲领。如果小组做出了此类的裁定，部长将执行在第（a）款下规定的关于医疗补充保单的证明程序，直到小组决定这类的州有程序能符合第（b）款第（1）项的标准和要求的时候。

（B）任何小组的裁定在第（A）目下将被以书面的形式传送，在 1982 年 1 月 1 日之前，给参议院财政委员会和州际和对外贸易委员会和众议院方法和手段的委员会，直到传送给在此段下议会的委员会后 60 天后生效，在计算这些天数时，任何一方委员会因为无限期休会或者超过 3 天休会的被排除在日期的计算内。

（j）在本条中不存在任何可以解释为影响任何州在监管补充医疗保险方面的权利。在条中，此类补充医疗保险被认为将在其他州发行。

（k）（1）（A）在此款①颁布开始的 90 日内，在关于最低保险金标

---

① 1988 年 7 月 1 日 [《公法》第 100—360 期，第 211 条第（d）款第（3）项；《美国联邦法律大全》第 102 编第 743 条]。

准，损失比例，公开要求以及其他需要反映《1988 年灾难性医疗保险覆盖法》变化的替代条款和要求等事项方面，如果国家保险委员会协会（在本款中，指"协会"）修订在 1979 年 6 月实施的 NAIC 示范条款（因为这与补充医疗保险有关），除了第（m）款，第（g）款第（2）项第（A）目应该应用于州并于第（B）目所述的日期当天及之后生效。正如1979 年 6 月 6 日实施的示范条款的参照是当时协会依据此款项对示范条款修正的参照。

（B）此项所述的就州而言的日期，是这该州采用的标准的较早日期。该标准与经修订的 NAIC 示范条款相当或更为严格。

（2）（A）如果协会在该款颁布开始的 90 日内没有修订在第（1）项第（A）目中所述的在 1979 年 6 月实施的 NAIC 示范条款，部长就应当在该期间截止的 60 日内公布补充医疗保险的联邦示范标准，以反映《1988年灾难性医疗保险覆盖法》[①] 的法律变化。第（g）款第（2）项第（A）目应当应用于州，并于第（B）目所述的日期当天及之后生效。正如 1979年 6 月 6 日实施的示范条款的参照是当时协会依据此款项对示范条款修正的参照。

（B）此项所述的就州而言的日期，是这该州采用某标准的较早日期或者在部长公布该标准之日 1 年后的日期。该标准与经修订的 NAIC 示范条款相当或更为严格。该标准与经修订的 NAIC 示范条款相当或更为严格。

（3）不管任何其他在此部分的款项［除了第（1）项第（m）款和第（n）款中所涉条款］：

（A）部长不得依据第（a）款认证任何补充医疗保险；

（B）依据第（a）款的任何证书不得保持有效；

（C）任何州立规范性项目不得符合或继续符合第（b）款第（1）项第（A）目所述的要求，除非这种保单符合（或者这样的项目为相当或更严格的标准服务）在修订后的 NAIC 示范条款或依据在第（1）项第（B）目或第（2）项第（B）目（视情况而定）中所述日期的联邦示范标准中所确立的标准（视情况而定）。

（1）（1）直到第（3）项所述的日期为止，在第（2）项所述的符合

---

① 《公法》第 100—360 期；《美国联邦法律大全》第 102 编第 683 条。

要求的补充医疗保险颁布的情况下：

（A）在1989年1月1日之前，如果承保方在1989年1月1日之前依照NAIC示范过渡条款发布保单（包括给订阅者发布通知和为符合国家要求，在5.B.所述的保险费调整而做文档整理），该保单视为遵守此部分；

（B）或者，在1989年1月1日当天及以后，如果承保方在保单销售日之前依照NAIC示范过渡条款发布保单，该保单视为遵守此部分。

（2）在第（1）项中，"符合要求的补充医疗保险"是指一种补充医疗保险：

（A）在一个州中发布：（ⅰ）在1989年1月1日前尚未采用与NAIC示范过渡条款相当或更严格的标准，以及（ⅱ）在1989年1月1日前尚未采用与已修订的NAIC示范条款相当或更严格的标准；

（B）依据此条而发布的（于1988年1月1日生效）。

（3）（A）在此项中所述日期是以下较早的日期：（ⅰ）在1989年1月1日后，州所采用与NAIC示范过渡条款相当或更严格的标准或者采用与已修订的NAIC示范条款相当或更严格的标准的第一日，视情况而定；或者（ⅱ）以下两项的后者，（Ⅰ）第（k）款第（1）项第（B）目中或第（k）款第（2）项第（B）目所述日期；或者（Ⅱ）在第（B）目中所述的日期。

（B）在部长发现一个州存在以下情况：（ⅰ）为了补充医疗保险符合在第（A）目第（ⅰ）节中所述标准，而要求州立法；但是（ⅱ）拥有一项立法，该法未预定于1989年考虑此类立法事项的立法会议中；

此目所述的日期是在始于1989年1月1日（或之后）第一个州立法会议第一日历季度之始的第一日，且在该立法会议中此类立法将可能被考虑。

（4）在1989年1月1日补充医疗保险有效并且在州内提供在以下日期：（A）已经采用与已修订的NAIC示范条款相当或更严格的标准（或者联邦示范标准），但是（B）尚未使采用与NAIC示范过渡条款相当或更严格的标准（或者其他要求的与5.B.所述十分相同的通知）生效；

该保单，不应视为符合第（c）款中的标准，除非在此资格下有权享有保险金和在1989年1月1日的保单持有人的每个个人以恰当的形式在不晚于1989年12月31日前收到包含以下解释的通知：

（A）依据包含在《1988年灾难性医疗保险覆盖法》中的资格所提高

的保险金；

（B）这些提高如何影响在保单中的保险金以及该保单的保险费。

（5）在本款中，"NAIC 示范过渡条款"是指包含在"为了遵守医疗项目修订而实施补充医疗保险金额和保险费用转变的过渡要求的示范法规"（于 1987 年 9 月由国家保险委员会协会实施）。

（m）（1）（A）如果在本款颁布开始的 90 日内，国家保险委员会协会［在本款和第（n）款中作"协会"］修订 NAIC 示范规章［在第（k）款第（1）项第（A）目中涉及并在 1988 年 9 月 20 日实施］，以完善此规章和其他反映依据《灾难性医疗保险覆盖范畴废止法》①　所制定的法律变化，第（g）款第（2）项第（A）目应该应用于州并于第（B）目所述的日期当天及之后生效。正如 1979 年 6 月 6 日实施的示范条款［参见第（k）款第（1）项第（A）目］的参照是当时协会依据此条［在此款和第（n）款中指"已修订的 NAIC 示范规章"］对示范规章修正的参照。

（B）此项所述的就州而言的日期，是这该州采用某标准的较早日期或者在部长公布该标准之日 1 年后的日期。该标准与经修订的 NAIC 示范条款相当或更为严格。该标准与经修订的 NAIC 示范条款相当或更为严格。

（2）（A）如果协会在第（1）项第（A）目颁布开始的 90 日内没有修订在第（1）项第（A）目中所述的在 1979 年 6 月实施的 NAIC 示范规章，部长就在时间截止之后 60 日内公布为完善此规章和其他反映依据《灾难性医疗保险覆盖范畴废止法》所制定的法律变化而修订的补充医疗保险联邦示范标准［在此款和第（n）款中指已修订的联邦示范标准］，以反映《1988 年灾难性医疗保险覆盖法》的法律变化。第（g）款第（2）项第（A）目应该应用于州，并于第（B）目所述的日期当天及之后生效。正如 1979 年 6 月 6 日实施的示范条款的参照是当时协会依据此款项对示范标准修正的参照。

（B）此项所述的就州而言的日期，是这该州采用某标准的较早日期或者在部长公布该标准之日 1 年后的日期。该标准与经修订的 NAIC 示范条款相当或更为严格。该标准与经修订的 NAIC 示范条款相当或更为严格。

---

① 《公法》第 101—234 期；《美国联邦法律大全》第 103 编第 1979 条。

（3）不管任何其他在此条，除了第（n）款中所涉条款：

（A）部长不得依据第（a）款认证任何补充医疗保险；

（B）依据第（a）款的任何证书不得保持有效；

（C）任何州立规范性项目不得符合或继续符合第（b）款第（1）项第（A）目所述的要求；

除非这种保单符合（或者这样的项目为相当或更严格的标准服务）在修订后的 NAIC 示范条款或依据在第（1）项第（B）目或第（2）项第（B）目（视情况而定）中所述日期的联邦示范标准中所确立的标准（视情况而定）。

（n）（1）直到第（4）项所述的日期为止，在第（3）项所述的符合要求的补充医疗保险颁布的情况下：

（A）在过渡截止日之前，保单视为是遵守第（b）款第（1）项第（A）目所述的标准，只有承保方发布的保单遵守在过渡条款第（2）项所述的过渡条款；

（B）或者，在过渡截止日当天或之后，保单视为是遵守第（b）款第（1）项第（A）目所述的标准，只有承保方发布的保单遵守遵守已修订的 NAIC 示范规章或者已修订的联邦示范标准（视情况而定）；

在此项中，"过渡截止日"是指协会实施修订的 NAIC 示范规章之日起 1 年或者部长颁布已修订的联邦示范标准之日起 1 年（视情况而定）。

（2）在本项中提到的过渡条款是：

（A）是为了规定恰当的过渡期，不晚于 1989 年 12 月 5 日之前，协会规定的这样的过渡条款：（ⅰ）为了恢复因在《1989 年灾难性医疗保险覆盖法》在保险金方面的变化，而不再重复保险金条款，（ⅱ）为了消除基于共同保险最开始 8 天的扩展注意服务的支付要求；

（B）或者，是为了规定在第（A）目所述的恰当过渡期，在 1990 年 1 月 1 日之前，如果协会并没有在第（A）目中所述的日期之前规定过渡期条款，正如部长将规定这样的过渡期条款。

（3）在第（1）项中，"符合要求的补充医疗保险单"是指遵守本条关于在此款颁布日之前的有效日期的规定而发布的补充医疗保险单。

（4）（A）在此条就在州内发布的保险单提到的日期是指：（ⅰ）在此款颁布日之后州实施的首日，与以经修订的 NAIC 示范条款（或者已修订的联邦示范标准）相当或更为严格的标准，视情况而定；或者（ⅱ）在第（B）目中所述的日期。

（B）在部长发现一个州存在以下情况，经与协会磋商：（i）为了补充医疗保险符合在第（A）目第（i）节中所述标准，而要求州立法；但是（ii）拥有一项立法，该法未预定于1990年考虑此类立法事项的立法会议中；

此目所述的日期是在始于1990年1月1日（或之后）第一个州立法会议第一日历季度之始的第一日。就前句的目的而言，在一个现有两年立法会议的州，此立法会议的每一年都应视为一个定期独立的该州立法会议。

（5）补充医疗保险单在1990年1月1日生效，在此情况下：该保单不应视为符合在第（C）目中所述的标准，除非在此资格下有权享有保险金和在1990年1月1日的保单持有人的每个个人以恰当的形式在不晚于1989年12月31日前收到包含以下解释的通知：

（A）依据由《灾难性医疗保险覆盖范畴废止法》①　在该标题下所实现的在保险金方面的改变；

（B）这些提高如何影响在保单中的保险金以及该保单的保险费。

（6）（A）除了在第（B）目中所规定的，就受影响的个人而言，截至或开始于1988年12月31日，与承保方签订的补充医疗保险单（作为保单持有人或者在团体保单情况下，作为执照持有人）和在此款②颁布日之前而依据此保单的个别终止范畴，任何承保方的补充医疗保险单都不得视为符合在第（c）款中所述的标准除非承保方：（i）不早于1989年12月15日并不晚于1990年1月30日，提供书面通知保单持有人或者在第（ii）节中所述提议的执照持有人（以最近可用的地址）；以及（ii）在自1990年2月1日之日起至少60日内，提议个人保单持有人重新设立承保范围（依据1990年1月1日生效的承保范围），根据以下方面：（I）尚未规定关于之前存在的条件的处理的任何等待期间，（II）规定与该终止日之前有效承保范畴实质相等的保险范畴，（III）规定保险费的分类。该保险费分类条款和原要应用于拥有永不终止的保险范畴的保单持有人和执

---

① 《公法》第101—234期；《美国联邦法律大全》第103编第1979条。

② 1989年12月13日（《公法》第101—234期；《美国联邦法律大全》第103编第1983条）。

照持有人一样，有利于保单持有人或者执照持有人。

（B）在某个人是止于或始于此款颁布日时，在另一个补充医疗保险单中的保单持有人或者执照持有人的情况下，如果（止于或始于1990年1月1日）该个人没有受到关于之前存在的条件的处理的等待期间的影响，无须要求承保方依据第（A）目第（ⅱ）节做出提议。

（o）① 此款要求如下：

（1）每个补充医疗保险应该规定与第（p）款一致的一组保险金的承保范畴。

（2）如果该补充医疗保险单规定了除了在第（p）款第（2）项第（B）目所述核心组的基础保险金之外的一组保险金的承保范畴，保单发布方应必须为该个人提供只有这样核心组的基本保险金的一个补充医疗保险单。

（3）在保险单出售之前，保险单发布方提供给该个人承保范围的大纲。该大纲运用统一语言和格式（包括排版和印刷字体）以便于补充医疗保险单之间的比较和医疗保险金之间的比较。

（4）② 补充医疗保险单发行人遵守第（s）款第（2）项第（E）目和第（x）款的规定。

（5）③ 除依据第（2）项的要求以外，保险单发布方提供至少给该个人分类分属"C""F"的保险金计划。

（p）（1）（A）在自此款颁布之日起9个月内，如果国家保险委员会协会（在此款中指"协会"）改变已修订的 NAIC 示范规章［详见第（m）款包括：（ⅰ）部分保险金上的限制。该部分保险金是依据与此款中第（2）项和第（3）项一致的补充医疗保险单所提供的；（ⅱ）统一语言和关于这样保险金所用到的定义；（ⅲ）关于这样保险金所用到的统一格式，以及（ⅳ）其他标准。该其他标准符合由《1990年综合预算调

---

① 关于报销的澄清，参见第2卷《公法》第110—275期，第104条第（c）款。
② 《公法》第110—233期，第104条第（b）款第（3）项，增加第（4）项以应用；关于医疗补充的发行者于 **2009 年 5 月 21 日之后开始的政策年度**。
关于一些过渡性条款，参见《公法》第2卷第110—233期，第104条第（d）款。
③ 《公法》第110—275期，第104条第（b）款，增加第（5）项，2008年7月15日生效。关于一些过渡条款，参见第2卷《公法》第110—233期，第104条第（d）款。

整法修正案》① 所施加的额外要求]。第（g）款第（2）项第（A）目应当运用于各州，对第（c）款中详述的日期当日及以后发布给保单持有人的保单有效。正如 1979 年 6 月 6 日实施的示范规章的参照是当时协会对已修订的示范规章修正的参照，当协会依据此条做了修改。

（B）如果协会在第（A）目所述的 9 个月内没有修改在第（1）项第（A）目中所述的已修改的 NAIC 示范规章，部长就应当在该截止期间的 9 个月内公布。规章和第（g）款第（2）项第（A）目应该运用于每个州，对第（c）款中详述的日期当日及以后发布给保单持有人的保单有效。正如 1979 年 6 月 6 日实施的示范规章的参照是当时部长依据本项（这样改变的规章指比如在本部分中的《1991 年联邦示范规章》）对已修订的示范规章修正的参照。

（C）（i）受到第（ii）节的影响，在此项中就州而言的日期，是该州实施《1991 年 NAIC 示范规章》或《1991 年联邦示范规章》或协会或者部长第一次实施这样的标准 1 年以后，上述三种日期的较早者。

（ii）在部长发现一个州存在以下情况，经与协会磋商：（Ⅰ）要求州为补充医疗保险符合《1991 年 NAIC 示范规章》或《1991 年联邦示范规章》而依次立法；除了（Ⅱ）存在一项立法未预排在 1992 年可能考虑该项立法的立法会议中；

此项所述的日期是在始于 1992 年 1 月 1 日（或之后）第一个州立法会议第一日历季度之始的第一日。就前句的目的而言，在一个现有两年立法会议的州，此立法会议的每一年都应视为一个定期独立的该州立法会议。

（D）在依此项即将公布的标准中，协会或部长应该与由补充医疗保险单发行人、消费者、医疗保险受益人和其他符合要求的个人的代表所组成工作组磋商。这样的代表应该以确保在利益集团间的代表权平衡的方式选出。

（E）如果在此编下的保险金（包括免赔额和共同保险）被修改，经与协会磋商，部长决定在《1991 年 NAIC 示范规章》或者《1991 年联邦示范规章》需要反映这类修改，此项的程序规定应当应用于之前确立的标准的修改，其修改方式和其应用于首次确立此类标准一样。

---

① 《公法》101—508 期；《美国联邦法律大全》第 104 编第 1388 条。

(2)《1991年NAIC示范规章》或者《1991年联邦示范规章》的保险金(或者保险金,意思需依据上下文)应规定:

(A)如恰当考虑在第(3)项中所详述的考虑事项和符合后续的条款的要求的这些保险金项;

(B)普遍存在于所有保险单中的基本保险金中核心项的识别;

(C)受第(4)项第(B)目的影响,可能在所有州中和所有发行人确立的不同保险金项的总数〔计算第(B)目所述的基本保险的核心项和每个可能以独立保险项出现的其他保险的总和〕不应当超过在第(11)项第(A)目中的"10+2"计划。

(3)在可能的范畴,依据第(2)项的保险金应当:

(A)规定这样一种保险金。在此款颁布后,该保险金能够为消费者提供追求市场中所具有的保险金;

(B)平衡以下目标:(i)简化市场以便于各种保险单比较,(ii)避免对立的选择,(iii)提供消费者选择,(iv)提供市场稳定,(v)促进竞争。

(4)(A)(i)除非在第(B)目或第(6)项中有规定,除非该团体会议符合可适用的《1991年NAIC示范规章》或者《1991年联邦示范规章》,依据第(b)款第(1)项拥有批准的规章项目的州不得规定或允许依据补充医疗保险单下的保险金(或者语言或有关于此类保险金的格式)的聚集。

(ii)除非在第(B)目或第(6)项中有规定,除非该团体会议符合可适用的《1991年NAIC示范规章》或者《1991年联邦示范规章》,依据第(b)款第(1)项部长不得规定或允许依据寻求部长批准的补充医疗保险单下的保险金(或者语言或者有关于此类保险金的格式)的聚集。

(B)随着州(当一个保险单拥有批准的规范性项目而在一个州发布时)和部长(任何其他保险单)的批准,除在其他遵守可适用的《1991年NAIC示范规章》或者《1991年联邦示范规章》保单中规定的保险金以外,补充医疗保险单的发行人可以提供新型保险金(或者语言或者有关于此类保险金的格式)。任何这类新型保险金可以包括那些保险金:并非其他可用的和性价比高的,并应该以符合简化补充医疗保险单目标的方式供应。

(5)(A)除非在第(B)目的前提下,在本款中不存在任何可以解释为阻止一个州限制保险金。保险金在州内可以在补充医疗保险单中提供。在本款中，此类补充医疗保险被认为将在其他州发行。

（B）州立规范性项目依据第（b）款第（1）项批准时，州不能依据第（A）目限制与在第（2）项第（B）目所述的核心保险金项一致的补充医疗保险的供应。

（6）在那些颁布此款的当天就有一个可替代的简化项目的州，部长可以免除在第（1）项第（A）目第（ⅲ）节第（Ⅰ）次节中所述的标准。

（7）此款不应被解释为阻止在其他方面符合本部分使要求补充医疗保险的发行人规定从卖者到保险单持有人或者执照持有人的折扣，该折扣是为了购买其补充医疗保险中不能包含的商品或服务。

（8）任何人贩卖或者发布补充医疗保险的人，在第（1）项第（C）目中详述的有效日期当天及之后［但是受到第（10）项的影响］，违反可使用的《1991年NAIC示范规章》或者《1991年联邦示范规章》，只要这类规章有关第（o）款［或者第（1）项第（A）目第（ⅰ）节、第（ⅱ）节、第（ⅲ）节］，将会受到不超过2.5万美元（或者1.5万美元当贩卖者不是保险单的发行人）的民事金钱处罚。第1128A条［除了第（a）款第一句和第（b）款］应当以和这条款应用于处罚或者依据第1128A条第（a）款部分的程序同样的方式，应用于依据前句的民事金钱处罚。

（9）（A）将补充医疗保险单销售给个人的任何人都应该将只有核心项目的基本保险［在第（2）项第（B）目中所述］供个人购买。

（B）将补充医疗保险单销售给个人的任何人在出售该保单之前应当提供该个人承保范畴的大纲，这个大纲阐述在该保单下的保险金。依据此款，这种大纲应当遵守与可使用的《1991年NAIC示范规章》或者《1991年联邦示范规章》一致的经州规范性项目或者部长（视情况而定）通过的标准格式。

（C）无论谁出售补充医疗保险单违反了此项，就每项违反将受到不超过2.5万美元（或者1.5万美元，当贩卖者不是保险单的发行人时）的民事金钱处罚。第1128A条的条款［除了第（a）款第一句和第（b）款］应当以和此项应用于处罚或者依据第1128A条第（a）款部分的程序同样的方式，应用于依据前句的民事金钱处罚。

（D）受第（10）项的影响，此项应运用于发生在第（1）项第（C）目中详述的有效日期当天或之后的保险单的买卖。

（10）依据第（8）项或第（9）项，出售者不是保险单的发行人任何处罚不得做出，直到国务院已经公布与第（1）项第（A）目第（i）节一致的可供销售或发布的保险金计划的种类清单。

（11）（A）为了实现第（2）项的目的，在本项中所述保险金计划如下：

（i）依据此条设立的标准划分为"F"的保险金计划，除非其具有很高的可扣除特征。

（ii）依据此条设立的标准划分为"J"的保险金计划，除非其具有很高的可扣除特征。

（B）为了第（A）目，具有很高的可扣除特征是这样一种特征：（i）该特征要求在保单开始支付保险金之前，保险受益人在第（c）款所述的支付年赔付费用（除了保险费）；以及（ii）一旦这类可扣除条件在一年中被满足，囊括100%的已包括的赔付费用。

（C）在此目中所详述的数量：（i）对于1998年和1999年是1500美元；以及（ii）对于后续的每一年，是此项所详述的数量。是前一年即以现在年份以8月结束的12个月为单位，在城镇居民（各种项目、美国平均城市）消费指数方面的增量。

如果有第（ii）节决定的任何数量不是几十美元，其应该四舍五入至最接近的整几十美元。

（q）此款的要求如下：

（1）每个补充医疗保险单应当保证能够被更新：

（A）发行人不能仅仅因为个人的健康条件取消或者反对更新保单；

（B）发行人不能因为除了不支付保险费或者材料错误陈述以外的任何理由取消或者反对更新保单。

（2）如果补充医疗保险单被集体保单持有人终止并依据第（4）项没有被取代，发行人应当提供执照持有人个人补充医疗保险单（由执照持有人选择）该保单：

（A）规定集体保单中保险金的继续；

（B）或者，规定如其他符合此部分要求的保险金。

（3）如果一个人是一个集体补充医疗保单的执照持有人，该个人终止在此集体中的成员关系，发行者应当：

（A）提供该执照持有人在第（2）项中的转化机会；

（B）或者，由集体保单持有人决定，依据此集体保单提供执照持有人继续承保。

（4）如果一个集体补充医疗保险保单被另一个由同一保险持有人购买的集体补充医疗保险保单替代，该替代保单的发行人在旧保单截止日期之前应当提供覆盖旧的集体保单上的所有人的承保范畴。

（5）（A）每个补充医疗保险保单应该提供保险金和保险费，依据该保单应保单持有人的要求应当中止一段时间（不超过 24 个月），在该期间该保单持有人已经申请或已决定基于第十九编享有医疗救助的资格，但是只有该保险持有人在有资格享有该救助之后的 90 天内通知该保单发行人。依据在第（n）款第（6）项第（A）目第（ii）节中的表述，自改资格终止时起，如果保单持有人在该资格丧失后 90 日内通知了该资格的丧失，如果该中止发生并且如果保单持有人或者支招持有人失去了该医疗救助的资格，该保单应当自动重新成立（在该资格终止时起有效）。

（B）在本条中不存在任何可以解释为影响一个州的权力依据第十九编为其他有权享有救助资格的个人购买补充医疗保险保单。

（C）任何人发行补充医疗保险保单而没有遵守此条款或者第（6）项的，将会受到每项违反不超过 2.5 万美元的民事金钱处罚。第 1128A 条除了第（a）款第一句和第（b）款应该依据此类与在第 1128A 条第（a）款下适用的罚金和程序相同条款，应用民事金钱处罚。

（6）如果保单持有人依据第 226 条第（b）款符合取得利益的资格并且被一整套健康计划涵盖［如被定义在第 1862 条第（b）款第（1）项第（A）目第（v）节部分中］，那么任何医疗补充性的保单应该提供利益和保险费当保单持有人要求暂停保险的时候。如果这样的暂停行为发生了，并且如果保单持有人或者证明书的持有人错过了一整套健康计划涵盖的范围之内，这样的保单将会自动再建立（其效果犹如没失去覆盖的时候）在第（n）款第（6）项第（A）目第（ii）节所规定的条款下，如果保单持有人在失去覆盖范围之日起 90 天内发出通知，他将会错过了这样的覆盖范围。

（r）（1）在任何情况下一个医疗补充性保单也许不会被发行或者被更新［或者除此以外在第（p）款第（1）项第（C）目提供覆盖范围］，除非：

（A）保单在这些条款的有效期之后还可以试用（如估计在整个被估

计提供覆盖的期间内，因为这种阶段和依据一套统一的方法而在这基础上带来的索赔的案例和获得的保险金，包括统一的由国家保险联合协会可发的报告标准)，从而在这种保单下以总计利得的形式反馈给保单持有人，在集体保单的情况下返回所收取保险费总数的至少75%，而在个人保单的情况下，至少为65%；

(B) 保单的发行人为发行一种成比例返还款的保单，或者一种对应未来成比例的保险费总数的信用额度做准备，基于保险费已付并且依据第 (2) 段，取得保险费的金额必须保证保险公司所支付的保险金的总数和所提供的收到的保险费总数 (除去返还款和信用额度的净额) 所成的比例遵从在第 (1) 项第 (A) 目下所得到的期望值，对待同一种类的多个保单时视为同一标准组合项下的单独保单。

仅仅为了应用项第 (A) 目，为了征集人们入保，发行保单通过邮件或者大众广告传媒 (包括打印的和广播的广告) 应该被视为单个的保单。为了累积第 (1) 项第 (B) 目中需要的返还款和信用额度为一个保单发行在第 (p) 款第 (1) 项第 (C) 目中的特定日期以前，返还款和信用额度累积必须基于提供的保险金的总数和收取的保险费的总数在所有由一个州的一个保险发行人所发行的这些保单下 (个人保单和集体保单会被分开) 并且应该仅当基于提供的保险金的总数和收取的保险费的总数在这样一种保单下，这种保单在《1994 年社会保障法修正案》第 171 条第 (m) 款第 (4) 项①明确规定的日期以后。

(2) (A) 关于每种类型保单的标准组合应该适用第 (1) 项第 (B) 目的规定，第 (1) 项第 (B) 目不应该适用于一个保单直到发行后 12 个月为止。总审计长经与国家保险联合协会磋商后，将向议会提交一份报告，报告包括提议修改在第 (1) 项第 (A) 目下的百分比数使之更为恰当。保单发行在第 (p) 款第 (1) 项第 (C) 目中的特定日期以前的情况下，第 (1) 项第 (B) 目不应该适用直到在《1994 年社会保障法修正案》第 171 条第 (m) 款第 (4) 项②规定的特定日以后一年为止。

① 《公法》第 103—432 期，第 171 条第 (m) 款第 (4) 项；《美国联邦法律大全》第 108 编第 4452 条。

② 《公法》第 103—432 期，第 171 条第 (m) 款第 (4) 项；《美国联邦法律大全》第 108 编第 4452 条。

（B）在可适用的保单所涉及的一年中的最后一天，每个发行的保单持有人应该做出在款项第（1）项第（B）目下要求的返还款和信用额度。

（C）这种的返还款和信用额度应该包括利息从所涉及的日历年的年终直到返还款和信用额的日期达到一定的价格下为止，这种价格是时常由部长为了达成不少于 13 个星期国债利率的平均价格的目的而制定的。

（D）为此项和第（1）项第（B）目的目的，应该制定返还款和信用额度相对应的应付保险费，至于一个日历年度而言，不少于所承接的日历年的 3/4。

（3）该款中的条款并没有排除各个州所要求的比第（1）项第（A）目中确定的更高的比例。

（4）部长应该在每年的 10 月份提交（从 1993 年开始）一份关于在老年医疗保险补充保单和使用奖惩附加条款的损失率报告给有关能源、商贸、众议院代表的方法与途径的委员会和有关参议院金融方面的委员会，如一个所需求的返还款或信用额度，或剔除保险费的增加，因为保单不能够达到本款的要求（涉及损失率），这样的报告应该包括一张那些没能达到规定的损失率的保单的清单。

（5）（A）部长可以①在有关适用老年医疗保险补充保单时对本款所规定的损失率执行审查，并且应该报告审查的结果给各州有关部门②。

（6）（A）没有提供第（1）项第（B）目所要求的返还款或信用额度的个人，当此类事情发生时将会受到每份发行的保单不超过 2.5 万美元的罚款。第 1128A 条［不同于第（a）款第一句话并且不同于第（B）目］应该在之前的裁决，和部分第 1128A 条第（a）款所适用的罚金和诉讼程序，适用同种方式的罚款。

（B）受到第（1）项第（B）目约束的每一个保单发行人应当对保单持有人负法律责任，或者在集体保单的情况下，对在该项中要求信用额度的保险凭证持有人负法律责任。

---

① 《公法》第 110—161 期，第 1502 条第（f）款第（1）项第（A）目，去掉"（A）总审计长应该周期性的，不少于 3 年一次"，并且替代为"部长可以"，2007 年 12 月 26 日生效。

② 《公法》第 110—161 期，第 1502 条第（f）款第（1）项第（B）目，去掉"并给部长"，2007 年 12 月 26 日生效。

《公法》第 110—161 期，第 1502 条第（f）款第（2）项，去掉第（B）目，2007 年 12 月 26 日生效。至于第（B）目，参见第 2 卷《公法》第 110—161 期，附录 J，废除条款。

（s）（1）如果一个老年医疗保险补充保单取代了另一个，那么取代方的保单发行人应当放弃在任何期间内所可以适用的既存的条件。等待新医疗保单中消除期间和试用期间，为取得相同的利益直到原有保单失效的程度为止。

（2）（A）老年医疗保险补充保单的发行人对其保单的发行或者生效均不可以拒绝或者限制条件，或者对保单的价格进行区别对待，因为健康状况、索赔经历、健康医疗收入和医疗条件的不同，依据个人的情况，进行优先提交申请或者在 6 个月期间的第一个月开始，作为 65 岁或者以上的个人被包括在第 B 部分可得利益的第一天。

（B）受第（C）目和第（D）目的条件限制，第（A）目不应当被推断为阻止一个把保单排除在外的利益。在第一个 6 个月期间，基于一个先于存在的条件保单持有人进行了一次治疗或其他的诊断在这保单生效前的这 6 个月期间。

（C）如果医疗保险补充保单或者证明书取代了同样的保单或者证明书，那么就会在 6 个月或者更长的时期后有效，取代后的保单也许不会提供任何适用先于存在条件的时间期间，为取得相同的利益须等待新医疗保单或者证明书中消除期间和试用期间。

（D）在保单发行的第（A）目所说的 6 个月期间内，在以 65 岁及以上为发行日期并且登记的申请日期有抵免保险（信用额覆盖）的持续期间［在《公共健康服务法》第 2701 条第（c）款中明确界定］，发行给个人的情况下：（ⅰ）至少 6 个月，保单可以不排除基于先于存在的条件的利益；或者（ⅱ）少于 6 个月，如果保单排除了基于先于存在的条件的利益，保单应当缩小适用个人的作为登记日被抵免保险（信用额覆盖）（如果有，均如上被界定）的期间的总计所排除的任何先于存在的条件的期间。

部长应当确定在第（ⅱ）节下缩小的方式，基于部长使用的规则可以在《公共健康服务法》第 2701 条第（a）款第（3）项中查找。

（E）[①]老年医疗保险补充保单的发行人对其保单的发行或者生效均不应当拒绝或者限制条件（包括实施任何排除基于先于存在的条件下保单

---

① 《公法》第 110—233 期，第 104 条第（a）款，增加第（E）目，**医疗保险补充保单发行人关于适用保单的时间开始于 2009 年 5 月 21 日或者之后**。

关于一些过渡条款，参见《公法》第 2 卷第 110—233 期，第 104 条第（d）款。

可得的利益)，并且不应当对保单的价格进行区别对待（包括保险费用的修改），基于个人在遗传信息有关。

(F)[①] **解释法律的原则**。在第（E）目或者第（A）目、第（B）目中没有任何内容能被理解为限制医疗保险补充保单的发行人的法律责任，这种范围除非其他题目下被许可：（i）基于能证明个人在其保单中隐瞒了疾病或者不适，对其保单的发行或者生效拒绝或者限制条件，或者增加一个雇员的保险费；或者（ii）任何发行的保单对个人增加保费是基于能证明个人在其保单中隐瞒了疾病或者不适（在这种情况下，对个人疾病或者不适的证明，不能也用在关于所在组的其他成员的基因信息中，并且也不能增加这些雇员的保费)。

（3）（A）医疗保险补充保单的发行人：

（i）对第（C）目所述的一份医疗保险补充保单的发行或者生效均不可以拒绝或者限制条件，这份保单已经被发行人提供给了一个新的加入者，并且已生效；

（ii）不能因为健康状况、索赔经历、健康医疗收入和医疗条件的不同对保单的价格进行区别对待；

（iii）不能实施任何排除基于先于存在的条件下保单可得的利益；

在第（B）目所述的保单处在第（E）目所界定的期间时寻求注册的个人，和单独申请医疗保险补充保单并提交终止或者没有注册的日期的证据的个人的这些情况下。

（B）本目所述的个人，是如下条款中所述的个人的情况：

（i）个人已经被注册在一个员工福利计划中，这项计划提供医疗福利在此条款下的补充利益，并且这个计划总结或者停止提供所有如此的补充医疗福利给个人。

（ii）个人已经注册了一个医疗+选择的组织，在第 C 部分医疗+选择的计划下，并且在第 1851 条第（e）款第（4）项的第一裁决，或者在第 1894 条，65 岁或 65 岁以上并且已被注册 PECA 提供者的个人有准许撤销个人计划选择的条件。在该条第一裁决下如果该个人被注册了一个医

---

① 《公法》第 110—233 期，第 104 条第（a）款，增加第（F）目，**医疗保险补充保单发行人关于适用保单的时间开始于 2009 年 5 月 21 日或者之后。**

关于一些过渡条款，参见《公法》第 2 卷第 110—233 期，第 104 条第（d）款。

疗＋选择的计划，在类似于可以准许撤销个人选择权的条件下，有可能许可撤销个人注册 PECA 提供者的条件。适用终止或者撤销将在 1999 年 12 月 29 日或之后。

（ⅲ）个人已经注册了一个具备资格的组织在第 1876 条下订立的合同，一个同样的组织在项目示范管理局进行运作，生效时间为 1999 年 4 月 1 日，一个在第 1833 条第（a）款第（1）项第（A）目下的组织，或者在第（t）款中所述保单下的组织，这种注册终止在第 1851 条第（e）款第（4）项部分中覆盖允许撤销个人选择同样的情况下，并且在第（t）款所述的保单的情况下，州法没有条款可以适用为持续或者转化保单的覆盖。

（ⅳ）个人在本条下已经注册了医疗保险补充保单并且这种注册终止了，因为：（Ⅰ）保单发行人破产或者无力偿还，或者其他非自愿的终止覆盖或者加入这种保单的情况，并且没有州法的条文可以适用来继续或者转变这样的覆盖；（Ⅱ）保单发行人严重违反了保单上的实质性条款；或者（Ⅲ）保单发行人（或者代理商或者从发行中得利的其他实体）在推销保单给个人的时候进行了实质性的虚假陈述。

（ⅴ）个人：（Ⅰ）被注册在本部分下的一个医疗保险补充保单；（Ⅱ）随后终止此种注册，并且第一次注册第 C 部分下的医疗＋选择计划下任何医疗＋选择的组织中，在第 1876 条下的合约下的任何有资质的组织中，在第 1894 条下的任何 PECA 提供者与项目示范管理局运作的一个相同的组织中，或者在第（t）款中所述的保单；以及（Ⅲ）在第（Ⅱ）次节下，其随后的注册被注册批准者终止了在这样的注册的第一个 12 个月内中的任何时段〔在这期间，在第 1851 条第（e）款下注册批准者被准许终止此类的随后注册〕。

（ⅵ）在第 A 部分规定下达到 65 岁的个人将首次成为利益取得合格者，注册在第 C 部分医疗＋选择的计划中或者在部分第 1894 条下在 PE-AC 项目中，和从以上计划或者项目中除名在这种注册生效之日起不超过 12 个月。

（C）（ⅰ）至于第（ⅱ）节和第（ⅲ）节，本项中的医疗保险补充保单依据第（p）款第（2）项所建立的标准被分为"A""B""C"或"F"的利益集合。

（ⅱ）只有为了在第（B）目第（ⅵ）节中所述的个人，本目所述的医疗保险补充保单和相关最近之前注册的个人的保单是一样的，如果同一个发行人可获得，或者在第（i）节所述的保单不可获得。

（ⅲ）只有为了在第（B）目第（ⅵ）节中所述的个人，本目中所述的医疗保险补充保单应该包含任何医疗保险补充保单。

（ⅳ）在州法提供利益组合的提议而不是在第（i）节下提及的分类的情况下为了适用本项，在这样的条款中提及的利益组合被认为是对州法提供的相比较的利益组合的一种参考。

（D）当第（B）目中所述的事情发生的时候，因为个人在一个合约或者约定、保单、计划下停止注册，或者失去覆盖或利益，提供合约或者约定的组织、保单的发行人、计划的管理者，应该分别通告在本段下有利益关系的个人，并且在第（A）目下医疗保险补充保单的发行人也有这项义务。

（E）在第（A）目的目的是，在本目界定的时间期限：

（i）在第（B）目第（i）节中所述的个人的情况下，期限开始于个人收到终止或者中断所有健康补充保单的利益之日起（或者如果此类的通知没有收到，通知中的声明将会被拒绝，因为终结或者停止），并且结束于自通知适用之日起 63 日后；

（ⅱ）在第（B）目中第（ⅱ）节、第（ⅲ）节、第（ⅴ）节或第（ⅵ）节所述的非自愿注册终止的个人，期限开始于个人收到终止通知之日，并且结束于适用范围覆盖结束之日起 63 日后；

（ⅲ）在第（B）目第（ⅳ）节第（Ⅰ）次节中所述的个人的情况下，开始期限将早于：（Ⅰ）个人收到终止通知的日期、发行人破产或无力偿还或者其他类似的通知，如果有，以及（Ⅱ）可适用覆盖日期已经终止且在自覆盖终止之日后 63 日结束；

（ⅳ）在第（B）目所述的第（ⅱ）节、第（ⅲ）节、第（ⅳ）节第（Ⅱ）次节、第（ⅳ）节第（Ⅲ）次节、第（ⅴ）节或第（ⅵ）节下所述的自愿除名的个人，期限开始于再除名生效之日起 60 日前，并且结束于生效之日后 63 天；

（ⅴ）在第（B）目所述的，但在其之前没有条文提及的个人的情况下，其间开始于除名生效之日并且结束于生效之日后 63 日。

（F）（i）至于第（ⅱ）节，此项的目的在于：

（Ⅰ）在第（B）目第（ⅴ）节中所述（或者依据本项视为所述）的注册在一个组织或者在第（Ⅱ）次节中所述的提供者的个人，非自愿地被终止在注册的首个 12 个月内的情况下，并且没有阻止注册，注册在另一个此类的组织或者提供者，这种随后的注册将会视为在此项中所述的首次注册；

（Ⅱ）在第（B）目第（ⅵ）节所述（或者依据本项视为所述）的注册在此条款下的一个计划或者一个项目下的个人，非自愿地被终止在此类注册的 12 个月内的情况下，并且没有阻止注册，注册在另一个此类的计划或者项目，这种随后的注册将会视为在此节中所述的首次注册。

（ⅱ）在第（B）目第（ⅴ）节和第（ⅵ）节的目的是，个人没有注册在第（ⅴ）节第（Ⅱ）次节中所述的组织或者提供者，或者在第（ⅵ）节中所述的计划或者项目中，在个人首次注册在自一个组织、提供者、计划或者项目开始之日起 2 年后，也许会在本条款下被视为首次注册。

（4）任何医疗保险补充保单的发行人没有符合本款的要求，对每一不符合项的将会受到不超过 5000 美元的罚金。第 1128A 条［不同于第（a）款第一裁决和第（b）款］的规定将会在之前的判例下，与以在第1128 条第（A）目下用同样的方式适用罚金。

（t）（1）如果医疗保险补充保单符合《1991 年 NAIC 示范规章》或者《1991 年联邦示范规章》，遵守本条的要求除了在保单下的利益被条款所限制和已配备服务的特定实体（或者减少提供利益当条款或者服务被其他实体所配备），不过保单必须符合这些标准：

（A）通过与保单提供者达成合约或合同的实体的网络，为条款或已配备的服务将提供足够的利益；

（B）其他实体因为条款或已配备的服务将提供足够的利益，如果这种服务是医疗必需的并且即时需要，因为一种不可预见的疾病、伤害或者情况，并且在所处的环境下没有可能通过网络取得服务；

（C）网络提供大量的路径；

（D）保单的发行人为通过网络条款或已配备的服务安排了持续的品质保证的项目；

（E）（ⅰ）保单的发行人在注册的时候提供给每一个入会者的解释项：（Ⅰ）在保单下付款限制出于已配备的服务而不是通过网络，（Ⅱ）在保单覆盖范围之外，（Ⅲ）保单包含急救服务和紧急需求的医疗，（Ⅳ）保单通过实体的可用性，需要符合在《1991 年 NAIC 示范规章》或者《1991 年联邦示范规章》中的标准，而没有提及本款并且此类保单被要求支付保费，以及（ⅱ）每个较早注册的注册者确认收到第（ⅰ）节下所述的解释项；

（F）保单发行人对于个人是可用的，另外本款中所述的保单，任何保单（除非在各州由发行人提供给个人）需要符合在《1991 年 NAIC 示范规章》或者《1991 年联邦示范规章》中的标准，和本款没有提及的在本条中的其他要求。

（2）如果部长决定，一个被批准的保单的发行人在第（1）项下：

（A）没有通过发行人网络持续提供医疗必需的条款和注册者寻求此类条款和服务的服务，如果这种情况给个人产生了不利影响（或者大量的类似于不利的影响）；

（B）被各州准许对注册者收取超额的保费；

（C）除了没有交保险费外的其他原因开除出一个注册者；

（D）或者，没有提供第（1）项第（E）目第（ⅱ）节中所要求的解释或者没有取得在第（1）项第（E）目第（ⅱ）节中所要求的收到确认；

发行人每一次违规行为所遭到的罚金数量不超过 2.5 万美元，第 1128A 条［不同于第（a）款第一裁决和第（b）款］在之前的判决中应该适用于罚金，与此类第 1128A 条第（a）款适用罚金或程序用同样的方式。

（3）部长也许会与一个实体签订一个合约，这个实体的保单被证明符合第（1）项或者在第（b）款第（1）项第（H）目下被一个州所认可，来决定是否合约条款或者服务（提供给个人在这个条款和保单下具有资格）不被第 1862 条第（a）款第（1）项所认可。对实体的支付应该在部长决定的数额中，考虑到估计节省在与运送和财政中介的合约下，和部长找到的合适的其他特征。实体应该适用第 1842 条第（b）款第（1）项、第（2）项第（A）目第一句、第（2）项第（B）目、第（3）项第（C）目、第（3）项第（D）目和第（3）项第（E）目。

（u）（1）个人在第（2）项中所述出卖或者发行保单是违法的，发行给得知在第 1851 条下选择 MSA 计划或医疗 + 选择私人为服务付费的计划的其他人。

（2）（A）在本目中所述的保单是一种健康保险保单［不同于在第（B）目所述的保单］，这种保单提供开销的覆盖不同于要求被计算在符合 MSA 计划下提供的符合每年减免的数量。

（B）在本目所述的保单是以下的任何一种：

（ⅰ）为事故、残疾、牙科医疗、眼科医疗或者长期治疗提供覆盖的保单（不论是否通过保险）。

（ⅱ）保险的保单大范围覆盖了所有相关：（Ⅰ）在《工人补偿法》下发生的责任；（Ⅱ）侵权行为责任；（Ⅲ）所有权或者使用权相关责任；或者（Ⅳ）部长依据法规规定的其他类似责任。

（ⅲ）保险保单为特定的疾病提供覆盖。

（ⅳ）保险保单为住院治疗每天（或其他时期）支付固定的数量。

（ⅴ）**关于附加医疗保险保单的规则提供药物处方的覆盖。**

（1）**禁止销售、发行和新保单的更新在提供药物处方方面的覆盖。**

（A）**一般来说。** 尽管法规中任何其他规定，在 2006 年 1 月 1 日或者之后，附加医疗保险 Rx 保单［正如在第（6）项第（A）目中所界定的］将不会销售、发行或更新在本条下：（ⅰ）给在第 D 部分注册的个人［在第（6）项第（B）目中界定的］；或者（ⅱ）给除了在第（B）目提供的不在第 D 部分注册的个人。

（B）**为非第 D 部分的注册者延长准许。** 第（A）目第（ⅱ）节将不适用于 2006 年 1 月 1 日发行的附加保险 Rx 保单的更新。

（C）**构建。** 如果利益组合依据第（2）项第（C）目被调整，在本款中没有规定可以推断禁止提供给在 2006 年 1 月 1 日或者之后第（2）项第（D）目第（ⅰ）节中所述的"H""I"和"J"保单。

（2）**排除第 D 部分注册的重复覆盖。**

（A）**一般来说。** 个人在附加医疗保险 Rx 保单覆盖下并且注册在第 D 部分计划中的情况下：

（ⅰ）在首次第 D 部分注册期间结束，个人可以：（Ⅰ）注册一个在第（3）项下没有药物处方覆盖的医疗保险补充保单中，或者（Ⅱ）延续保单的效力以第（C）目第（ⅰ）节中所述的修改为条件；

（ⅱ）或者，在此类期间结束，个人也许会延长保单依据此类的修改。

（B）**通告要求被提供给现有的保单持有人在附加医疗保险 Rx 保单下。** 没有医疗补充保单能被视为符合在第（c）款中所述的标准，除非发行人提供书面的通告（依据部长在咨询国家保险联合协会后建立的标准）在 60 日期间内在首次第 D 部分注册的期间之前，对于每个保单持有人或者附加保险 Rx 保单证明书持有人的个人（最近时期对于个人可用的地址）来说，以下条文：

（ⅰ）如果个人注册了一个在第 1860D1 条第（b）款第（2）项第（A）目下的第 D 部分的计划在首次注册期间，个人有选择权：（Ⅰ）持续注册个人当前的计划，但是这个计划覆盖了药物处方将被调整在第（C）目第（ⅰ）节下；或者（Ⅱ）依据第（3）项在另一个附加医疗保险注册。

（ⅱ）如果个人没有在此时期内注册在第 D 部分的一个计划下，个人也许会继续注册在个人的现在的计划中而不改变，但是（Ⅰ）依据第（3）项个人将不被允许选择注册在另一个附加医疗保险保单；（Ⅱ）如果现在的保单没有覆盖提供可信任的药物处方［正如在第 1860D－13 条第（b）款第（4）项］，通告此类的事实并且有限制在一年中的期间内，个人也许会注册在第 D 部分并且此类的注册会遭到迟延注册的惩罚。

（ⅲ）正如其他的信息部长也许会界定（与国家保险联合协会咨询），包括这类选择医疗补充保单的保险费所产生的潜在的影响。

（C）**修改。**

（ⅰ）**总则。** 在本目所述的保单修改是处方覆盖的限制，在为支付处方药发生于个人覆盖生效之日后依据计划第 D 部分，并且关于保险费合适的修改来反映这种覆盖的限制。

（ⅱ）**续保条款的持续和改变的运用。** 没有发行人的医疗补充保单将会被视为符合在第（c）款中的标准，除非发行人：（Ⅰ）持续医疗保险 Rx 保单的续保条款被发行，受到第（Ⅱ）次节的约束；以及（Ⅱ）适用在第（ⅰ）节中所述的保单改变，在第（A）目第（ⅰ）节第（Ⅱ）次节和第（ⅱ）节所述的情况下。

（D）**关于 Rx 保单。**

（ⅰ）**"H""I"和"J"保单。** 任何关于利益组合被分为如"H""I"或"J"［包括正如第（p）款第（11）项所述利益组合被分为"J"有较高的免除的特征］在第（p）款第（2）项所建立的标准下，将会被理解为包括关于利益组合在第（C）目下的调整，和此类利益组合调整将不被认为分开的利益组合在此款下。

（ⅱ）**申请书在放弃的州内。** 除了在第（C）目下提供的改变，弃权者之前在第（p）款第（2）项下生效的将持续发生效力。

（3）担保发行的替代保单的可用性。

（A）**总则**。医疗补充保单的发行人：

（ⅰ）将不会对利益组合被分为"A""B""C"和"F"的医疗补充保单的发行或者效用否认或者限定条件［正如在第（p）款第（11）项中所述，包括利益组合定为"F"，有较高的免除的特征］，在第（2）款下所建立的标准，或者在第（w）款第（2）项中第（A）目或第（B）目中所述的利益组合，并且由保单发行人提供和能够对新注册的成员发行；

（ⅱ）不能因为健康状况、索赔经历、健康医疗收入和医疗条件，对此类保单的价格进行区别对待；

（ⅲ）基于先于存在的条件不能设置排除利益，在第（B）目中所述的个人寻求注册在保单的情况下，所注册的保单在计划第 D 部分下个人的覆盖生效之日起不晚于 63 日。

（B）**个人覆盖**。在本目中所述的个人关于医疗补充保单的发行人是一个：

（ⅰ）注册在第 D 部分计划在首次第 D 部分注册期间；

（ⅱ）当这种注册被注册在一个发行人发行的医疗保险 Rx 保单时；

（ⅲ）在第（A）目下，终止注册在此类保单并且提供此类终止和申请保单的证明。

（C）**特殊法规放弃的州内**。适用本项的目的是一个州在提供利益组合而不是在第（A）目第（ⅰ）节中的提及的分类的情况下，在此类项中提及的利益组合被视为在这个州内提供的相比较的利益组合。

（4）**强制实施**。

（A）**仿造的惩罚**。在第（d）款第（3）项第（A）目第（ⅱ）节中所述的惩罚将适用于关于违反第（1）项第（A）目。

（B）**担保发行**。在第（s）款第（4）项中的条款将适用关于款项（3）的要求，在它们适用本款的要求时以同样的方式。

（5）**构建**。在本条中的任何条款或者在一个医疗补充保单相关的覆盖的保证续保将被视为符合第 D 部分相关注册，通过在第（2）项第（C）目下改变保单的持续或者在第（3）项下提供替代保单。这之前的判例将不会被认为对此类改变或者替代保单的保证续保产生影响。

（6）**定义**。本款的目的：

（A）**附加保险 Rx 保单**。"附加保险 Rx 保单"意味着一种医疗的补充性的保单：

（ⅰ）它在第（p）款第（2）项所建立的标准下具有被分为"H""I"或"J"的利益组合［如在第（p）款第（11）项中所述包括具有高可扣除性质的被分为"J"的利益组合］，而不是关于本款；

（ⅱ）对于附加保险 Rx 保单此类的标准并不适用［或者此类的标准被放弃在第（p）款第（6）项下］，但是保单为处方药提供了利益，这种期限并没有包括一种在第（2）项第（C）目第（ⅰ）节下调整的第（ⅰ）节下被区分的利益组合的保单，Rx 保单［正如被第（6）项第（A）目中界定的］也许不能销售、发行或者更新在本条下。

（B）**第 D 部分的注册者。**"第 D 部分的注册者"是指注册在第 D 部分计划下的个人。

（C）**第 D 部分计划。**"第 D 部分计划"是指一种处方药物的计划或者一种 MA－PD 计划（如界定第 D 部分的目的）。

（D）**首次第 D 部分注册期间。**"首次第 D 部分注册期间"是指首次注册在第 1860D－1 条第（b）款第（2）项第（A）目所述的期间。

（w）**医疗补充保单新标准的发展。**

（1）**总则。**部长应该在第（p）款第（1）项下的利益组合的标准下，要求国家保险联合协会来审查和修改，并且要考虑到实施医疗处分药物所产生的利益改变、提高，或修改《2003 年法》，和其他包括在法律中来提升标准反应其他变化。此类的修改将会包含在第（2）项中所述的两个利益组合的合集。此类的修改将被使得与在第（p）款第（1）项第（E）目下适用的条款一致，以《1991 年 NAIC 示范规章》为参考，正如在 1998 年 12 月 4 日发行的联邦登记时 NAIC 示范规章的一个参考一样。正如被国家保险联合协会随后提高来反映在法规［和第（V）次节］中之前的改变，和所涉及"实施此类款的日期"被视为实施医疗处方药物之日的一个参考、提高，或者修改《2003 年法》①。

（2）**新利益组合。**在本项下所述的利益组合如下（尽管本条中任何其他条款关系着一个核心利益组合）：

（A）**第一个新利益组合。**一个利益组合由以下组成：

---

① 2003 年 12 月 8 日（《公法》第 108—173 期；《美国联邦法律大全》第 117 编第 2066 条）。

（ⅰ）依据第（ⅱ）节，覆盖 50% 的费用分摊，否则适用在第 A 部分和第 B 部分下，除非应该没有第 B 部分可扣除的覆盖和任何费用分摊都 100% 的覆盖除非适用预防性的利益。

（ⅱ）覆盖所有住院患者的共同保险和超过患者住院服务的覆盖 365日有限期（如现有的核心利益组合）。

（ⅲ）每年亏损的消费在第 A 部分和第 B 部分下限制在 4000 美元，在 2006 年（或者在随后的年份中，由部长对于为上一年度增加的合适的通胀率调整此类的限制）。

（B）**第二新利益组合**。一个利益组合包括在第（A）目中描述的，除了以下：

（ⅰ）在该目第（ⅰ）节中以"50%"替代"75%"。

（ⅱ）在该目第（ⅲ）节中以"4000 美元"替代"2000 美元"。

（x）①　**限制基因测试和信息**。

（1）**基因测试**。

（A）**限制被要求的和需求的基因测试**。医疗补充保单的发行人应该不要求或者需求一个人或者此类个人的家庭成员进行基因测试。

（B）**构成的规则**。第（A）目不应该被推断为限制提供健康服务的专门健康当局要求个人进行基因测试。

（C）**关于构成的规则的付费**。

（ⅰ）**总则**。在第（A）目下没有规则应该被认为妨碍一个医疗补充保单的发行人在决定相关费用的时候取得和使用基因测试的结果（正如此类短语被定义为了适用部长宣传的规则在第十一编第 C 部分和《1996年健康保险流通和责任法》第 264 条，也许会偶尔更改），与第（s）款第（2）项第（E）目一致。

（ⅱ）**限制**。为了第（ⅰ）节的目的，一个医疗补充保单的发行人也许会要求达到目的必需的最小量的信息。

（D）**调查例外**。尽管第（A）目，一个医疗补充保单的发行人也许要求，但不需求个人或此类个人的家庭成员进行基因测试，如果以下条件

---

①　《公法》第 110—233 期，第 104 条第（b）款第（1）项，增加第（x）款，**适用关于医疗补充保单的发行人的保单年限开始于 2009 年 5 月 21 日或者之后**。

关于过渡条款，参见第 2 卷《公法》第 110—233 期，第 104 条第（d）款。

符合：

（ⅰ）依据符合《美国联邦法规》第 45 编第 46 部分的调查的要求，或者相当于联邦法规，和任何为了保护个人在调查中项目所适用州和地方法律或规则。

（ⅱ）发行人明确表明给每个个人，或者法律守卫的较小年龄的小孩的情况下，需求要求：（Ⅰ）自愿符合要求；以及（Ⅱ）不符合不会对注册地位、优先权或者供款额产生影响。

（ⅲ）在本目下将不收集或者需要基因信息，被用于承保、决定注册合格或者维持注册地位、优先等级，或者创造、更新或者替代一个计划、合约或覆盖健康保险或健康利益。

（ⅳ）发行人通知部长签发发行人导致的行动符合本项提供的除外情况，包括一个行动导致的说明。

（ⅴ）发行人依据其他条件，如部长也许依据规则要求引导性活动在本目下。

（2）禁止收集基因信息。

（A）总则。医疗补充保单的发行人将不应当要求、需求或者购买基因信息为了承保的目的〔正如在第（3）项界定的〕。

（B）禁止收集基因信息优先登记。医疗补充保单的发行人不应当在组成此类登记的保单下要求、需求或者购买基因信息关于任何个人优先登记。

（C）偶然集合。如果医疗补充保单的发行人偶然通过要求、需求或者购买关于任何个人的其他信息取得基因信息，如果此类行为不违反第（A）目的话，这种要求、需求或者购买将不被认为违反第（B）目。

（3）定义。在本款中：

（A）家庭成员。是指相对于个人，任何有关此人第一层级、第二层级、第三层级、第四层级的其他个人。

（B）基因信息。

（ⅰ）**总则。**意思是关于任何个人的如下相关的信息：（Ⅰ）此个人的基因测试；（Ⅱ）此个人的家庭成员的基因测试；以及（Ⅲ）关于第（ⅳ）节，此人的家庭成员显示出的疾病或问题。

（ⅱ）**包括基因服务和参与的基因研究。**此条包括基因服务，关于任何个人、任何要求，或收据、基因服务，或参与临床研究，本人或者其家庭成员。

（ⅲ）**排除**。"基因信息"不包括个人的性别和年龄信息。

（C）**基因测试**。

（ⅰ）**一般来说**。意思是关于个人 DNA、RNA、染色体、蛋白质或代谢物的分析，发现遗传型、突变或染色体的改变。

（ⅱ）**排除**。"基因测试"不意味：（Ⅰ）对蛋白质或者代谢物的分析，没有发现遗传型、突变或染色体的改变；或者（Ⅱ）对蛋白质或者代谢物的分析，直接关系疾病、问题或病理情况，能够合理地被受过一定训练的健康专业人员和相关医疗领域的专家显示出来。

（D）**基因服务**。"基因服务"是指：

（ⅰ）一种基因测试；

（ⅱ）基因咨询（包括取得、解释、分析基因信息）；

（ⅲ）或者，基因教育。

（E）**承保目的**。意思是关于医疗补充保单：

（ⅰ）规则或者决定在保单下投保利益资格（包括注册和续保的资格）；

（ⅱ）在保单下计算保费或定期缴款的总金额；

（ⅲ）任何先于存在的条件的申请排除在保单下；

（ⅳ）其他有关产生、更新或者替代健康保险或者健康利益的合约的行为。

（F）**医疗补充保单的发行**。包括一个第三方管理员或者其他个人为了此类发行人的利益行动。

（4）[①] **胎儿或者胚胎的基因信息**。在本部分中任何关于与个人或者个人的家庭成员有关的基因信息将：

（A）关于此类个人或者个人的家庭成员是一个怀孕的妇女，包括她怀孕的胎儿的基因信息；

（B）关于个人或者家庭成员利用一种辅助生殖技术，包括个人或其家庭成员合法的怀孕胚胎的基因信息。

---

　　① 《公法》第 110—233 期，第 104 条第（b）款第（4）项，增加（4）项，**适用关于医疗补充保单的发行人的保单年限开始于 2009 年 5 月 21 日或者之后。**

　　关于一些更换的条款，参见第 2 卷《公法》第 110—233 期，第 104 条（d）款。

延伸护理服务的医院服务者

第 1883 条【《美国法典》第 42 编第 1395tt 条】（a）（1）任何依据第 1866 条所具备的协议的医院，可能［根据第（b）款］涉及与部长的协议。其依据是其住院医疗设施可以用于提供这样的服务，如果这种服务是由专业护理设施提供，那么这种服务组成了衍生护理服务①。

（2）（A）尽管此编的其他任何条款，给基于在依据此条涉及的协议而提供服务的任何医院（除了中心医院）的支付款项应当以依据第（B）目所决定的合理服务费用为基础。

（B）（ⅰ）这些合理服务的费用由合理的日常服务费用［依据第（ⅱ）节决定］和合理的辅助服务费用［依据第（ⅲ）节决定］组成。

（ⅱ）依据此部分的协议在由医院提供的一个日历年份的合理的日常服务费用相当于以下产品：（Ⅰ）在提供服务的年份中住院的天数；以及（Ⅱ）住院的平均合理费用，该住院日的平均合理费用是最近几年平均为日常服务的平均住院日比率支付，并且花费报告数据是关于此类服务的［就后续费用报告期间和截至并包括该日历年份，由依据第 1888 条第（d）款第（2）项第（D）目专业护理设施日常服务费用支付的适用增长所引起的以复合方式增长］。

（ⅲ）合理的辅助服务费用应当由和规定了住院费用的合理的辅助服务费用同样方式决定。

（3）尽管有此编的其他规定，依据此条的协议提供的涵盖了专业护理设施服务，基于相当于 101% 该服务的合理费用［由第 1861 条第（v）款决定］，中心医院应当收到款项。

（b）部长不能与和任何医院签订基于此部分的协议，除非第（g）款有规定，除非该医院在乡村地区并且少于 100 个床位。

（c）除非依据部长的规章其他规定，依据此部分的与医院的协议应当拥有同样的期间，受到与依据第 1866 条的专业护理设施协议相同的条件限制的终止条款，和这些依据该依据第 1866 条年签订的协议的负担一

---

① 关于常规服务的合理成本，参见第 2 卷《公法》第 101—508 期，第 4008 条第（j）款第（2）项。

样，在于此部分任何条款不一致的地方，负有同样的义务、责任、条件和限制，除非和任一医院签订的这类协议在任何有效的时段生效，在该有效时段，该医院没有依据第 1866 条的有效的协议。依据此条协议已经终止的医院应该终止日 2 年以前没有资格签订新的协议。

（d）基于此条的和医院签订的任何协议都应当规定，如果这些服务依据第 1866 条的协议部分，并且已经有专业护理设施提供，服务费用的支付款项仅仅包括和出院后扩展照顾服务同样的支付款项，被提供依据此部分签订的协议而产生费用的服务的任何人，为了此编（非此条），应该视为已经接受出院后以类似方式和同样程度的扩展照顾服务，正如这些提供给他的服务已经是出院后依据第 1866 条由专业护理设施提供的扩展照顾服务。

（e）在医院基于此条拥有的有效协议的期间，为了决定住院服务费用进而在医疗费和长期照顾费见分配用日常费用，产生于来自各种长期受照顾患者（包括第十八编、第十九编和自费患者）的日常服务的总还款，应当在计算完成前，从医院的总日常费用中减去，以决定对日常医院服务的第十八编还款。

（f）依据此条与部长签订协议的医院应当符合这些用于有关清偿计划和社会服务功能（和满足此要求的员工要求）的专业护理设施的条件。这些条件依据第 1819 条由部长颁布。如果一家医院配备了专业此类设备，该医院就会组成后以议案扩展照顾义务。当该医院提供了专业护理设施，由该医院提供的服务应该受到运用于该服务的同样要求影响，除非这些部长决定的要求依据此部分在由医院提供的这些服务的情况下不合适。

（g）如果该医院在其他方面符合此条要求，部长可以依据此条基于论证和任意没有符合第（b）款第（1）项要求的医院签订协议。

为了促进未充分使用的医院设施关闭和转变的款项

第 1884 条【《美国法典》第 42 编第 1395uu 条】（a）基于此编有关关闭或者转变未充分使用的医院设施的规定，为设立过渡津贴，任何医院可以向部长提交申请（以部长要求的形式，包括数据和信息）。部长也可以设立与此部分一致的程序。依据该程序，在进行一项实际的关闭或转换一家医院设备之前，就是否将有资格要求过渡津贴医院可以依据此部分有关关闭和转变的规定决定。

（b）在考虑依据第（a）款的申请后，如果部长发现：

（1）该医院的关闭或转换：

（A）在 1981 年 9 月 30 日之后正式启动；

（B）将有利于依据本编的项目，并且是通过（ⅰ）消除多余床位，（ⅱ）停止未充分使用的服务，该服务用存在充分的替代性资源，或者（ⅲ）以一切其他需要在该领域的服务替代未充分使用的服务；

（C）与合适的健康计划部门的发现和任何可用的减少州内床位数量的州计划一致。

（2）在完全关闭该医院的情况下。

（A）该医院是一家私有非营利性医院或者当地政府性的医院；

（B）该关闭不是为了替代该医院；

部长可以包括与在第（c）款中规定相同数量（在此条是指"过渡费用"）的在医院合理费用（依据此编为了支付给医院）中的津贴费用。

（c）（1）每种设立的过渡津贴应当依据此编与之前或可预见的相关设施的使用合理关联，并且应当认定。

（A）在设施转换或关闭的情况下（并非完全关闭一家医院）：

（ⅰ）私有非营利性医院或者当地政府性的医院的情况下，医院费用的比例。为依据本编决定给医院的款项，该比例归属于该设施的资本资产。该设施已经被纳入合理费用的考虑范围；

（ⅱ）任何医院的情况下，过渡期的运作费用的增加。该增加与该转换或关闭的该运作费用超过通常可偿还的数额的程度有关。

（B）对于一家医院的完全关闭，实际债务的突出比例。实际债务之前已被认定为基于此标题对还款目的是合理的。

（2）过渡津贴应当持续一段时间。该时间有国务院详述。除非第（1）项第（B）目所述的完全关闭的情况下，部长可以规定总额津贴。在这种情况下，国务院认为这种一次性津贴更经济高效。

（3）过渡津贴应当在部长设立的日期生效，但是不早于有关关闭或转换完成的日期。

（4）在依据第（A）目第三句和本法第 1861 条第（v）款第（1）项第（L）目第（ⅰ）节，以下情况过渡津贴不应当考虑：在运用对认定为

合理费用的限制时，或者在为了依据本法第 1814 条第（b）款和第 1833
条第（a）款第（2）项决定对提供者的索取数额，决定是否该合理费用
超过惯常服务支出时。

（d）当医院不满部长关于其依据此条申请的决定时，在部长的自由
裁量范围内，该医院可以通过申请（以部长设立的形式和期间内）要求
而获得一种正式或非正式的听证。部长应当在该听证最后 1 日后的 30 日
内，就该申请做出最终决定。

对特定医疗救助提供者的拒绝支付

第 1885 条【《美国法典》第 42 编第 1935vv 条】（a）部长可以根据
此部分第 A 部分和第 B 部分，调整对依据第 1866 条与部长签订有效协议
的任何机构和基于依据第 1842 条第（b）款第（3）项第（B）目第
（ii）节的分配而已经接受支付的任何个人的支付款项。该机构或者
个人：

（1）依据基于第十九编已批准的州计划，与州部门拥有有效协议，
去完成医疗照顾和服务；

（2）州部门：（A）已经无法支付在周计划下的超额偿付，或者
（B）已经无法依据州计划，收集使其决定其对该机构或个人的超额支付
数额（如果有）的信息。

（b）部长应当通过规章为执行此条提供程序。这些程序应该：

（1）保证依此条的权利以应当显示部长满足的州部门的名义实施。
州部门已经提供充分的决定通知或者信息需要的通知，和上述该决定的机
会或提供这样的信息；

（2）决定对依据此编在不同方面享有资格的机构或个人支付的数额。
该编应被认为是对依据第十九编超额支付的抵消；

（3）确保依据此条对机构或个人在拒绝的数额的复原。该数额最终
决定于依据第十九编超过的超额支付和依据此编机构和个人不同方面享有
资格。

（c）尽管有在此法的任何其他条款，从依据第 1817 条和第 1841 条设
立的信托基金中，部长应以合适的方式支付给适当的州部门，依据此部分
覆盖的数额去抵消该州部门依据第十九编的超额支付。该支付应当由州部
门计算为依据州计划对超额支付的恢复。

因住院患者的医院服务而支付给医院的费用①

第1886条【《美国法典》第42编第1395条】（a）（1）（A）（ⅰ）部长在决定本编关于患者得到的医院服务［正如第（4）项定义的那样］的运营成本所应支付的数额的过程中，如果提供这些服务的一家医院的成本以及报表周期成本，在某种程度上这些成本超过了在可比较的时间阶段内同一组同类型医院的成本平均值的适用的百分比［根据第（ⅱ）节决定］，那么部长不应当认定这一成本数额是合理（有效地进行健康服务）。

（ⅱ）为了第（ⅰ）节之目的，报告期间的医院成本适用比例开始于：（Ⅰ）从1982年10月1日起，到1983年10月1日以前，是120%；（Ⅱ）从1983年10月1日起，到1984年10月1日，是115%；（Ⅲ）从1984年10月1日起，是110%。

（B）（ⅰ）为第（A）目的目的，部长应为所有短期的医院建立病例组合指标，并根据一般的混合病例的类型来对每个医院设置限制，对医院提供这样的服务缴款则可根据本编。

（ⅱ）部长应对一家医院的报表期间的成本作如下限制：（Ⅰ）通过全行业的医院成本的可预算的平均变化速度，来对现有的前期可用数据进

---

①　关于调整联邦保险捐助条例在 GME 公司基准年的成本的规定，参见第2卷《公法》第103—66期，第13563条第（d）款。

关于长期医院护理而分次预期支付系统的规定，参见第2卷《公法》第106—113期，第1000条第（a）款第（6）项；关于精神病学的医院的每日预期支付系统的规定，参见第2卷《公法》第106—113期，第1000条第（a）款第（6）项；关于某些实习生和居民从 VA 居住权程序中转移从而失去认证资格，对其不包括数字限制的规定，参见第2卷《公法》第106—113期，第407条第（d）款。

关于对特定癌症治疗的医院的规定，参见第2卷《公法》第106—554期，附录 D 第 B 部分第一编，第542条第（c）款。

关于农村社区医院的演示程序的规定，参见第2卷《公法》第108—173期，第410A；关于一次上诉诉求医院的工资指数分类的规定，参见第508条；关于老年居住权或奖学金项目的外初始居留期限的例外规定，参见第712条；关于为医院提供信息以计算 DSH 公式的规定，参见第951条。

关于某些医院的疗法的规定，参见第2卷《公法》第110—173期，第117条第（a）款第（2）项和第（3）项；关于在《2006年税收减免与医疗卫生法》中对于工资指数的修改申请的规定，参见第117条第（c）款。

行更新，以便立即报告期间成本；以及（Ⅱ）随着可用百分比的提高［正如第（b）款第（3）项第（B）目定义的那样］，设计成本报告的期间。

（C）依据第（A）目对任何医院建立的限制绝不能比患者获得的医院服务的正当的运营成本［正如第（4）项定义的那样］低，本编认定的这类医院以及这类医院的最后一次报表期间的成本与第一次的报表期间的成本之间的部分是有效的。

（D）第（A）目不适用报表期间的成本，自1983年10月1日生效。

（2）对于根据第（1）项第（A）目建立的限制，部长应在适当的情况下，包括那些他认为必须考虑的情况下，规定一些豁免、例外和调整：

（A）唯一的社区医院、新的医院、具有风险性的健康维护组织，以及那些提供非典型服务或者必要社区服务的医院，考虑这些医院的特殊的需要，还要考虑超出医院控制、医疗和医事辅助教育成本的特殊的情况，这些显著地影响医院服务领域的人口以及非正常劳动力成本；

（B）精神病医院以及公共的或是其他医院的特殊需要，这些其他医院为大多数有低收入或者根据本编第A部分有权享有相关利益的患者服务；

（C）对于一家医院提供的和习惯上类似医院直接提供的患者医院服务的减少，会导致患者获得医院服务的运营成本的重大扭曲。

（3）根据第（1）项第（A）目制定的限制，不能适用以下医院：

（A）坐落在标准都市统计地区的医院；

（B）（ⅰ）少于50张床的医院，以及（ⅱ）正在筹备中以及本条执行时少于50张床的医院①。

（4）在本条中，"住院患者的医院服务运营成本"包括所有常规运营成本，辅助服务的运营成本，和特殊照顾单元关于患者的医院服务运营成本，这些成本取决于每人平均准入的费用或是每人平均的花费（由部长决定）。还应包括根据本编规定的医院（或者是由医院完全拥有或运营的实体）在3天内提供给患者的所有服务应支付的费用的成本［或者，如果医院不是第（d）款规定的医院，那么应是1天之内］，如果这些服务是诊断服务（包括临床诊断实验室测试）或者是其他与准入有关服务

---

① 1982年9月3日（《公法》第97—248期；《美国联邦法律大全》第96编第324条）。

(由部长决定),那么应立即提前患者准入的日期。这一概念不包括已批准的教育活动的成本、产权资本回报、其他与资本有关的成本（正如1987年10月1日之前的时期由部长定义的那样），或者关于因个人血友病而管理血液凝结的成本。

（b）（1）尽管有第1814条第（b）款的规定，但仍应服从于第1813条的规定，如果医院［不是第（d）款的医院，而是第（d）款第（1）项第（B）目的定义的医院，也不是第（j）款第（1）项描述的复原设施］提供的住院患者的医院服务［正如第（a）款第（4）项定义的那样］的运营成本要求一个报告期间成本应服从于本项：

（A）少于或等于这一时期这家医院的目标金额［如第（3）项定义的那样］，根据第 A 部分在每人平均准入的费用或是每人平均的花费的基础上（视情况而定），关于可支付的运营成本的支付数额应当与这些运营成本的数额相当，再加上：（ⅰ）目标金额超过运营成本数额的15％，或者（ⅱ）不少于目标金额的2％；

（B）大于但是不超出目标金额的110％，根据第 A 部分在每人平均准入的费用或是每人平均的花费的基础上，关于那些可支付的运营成本的支付数额应当与目标额相当；

或者不少于；

（C）或者，大于目标金额的110％，根据第 A 部分在每人平均准入的费用或是每人平均的花费的基础上（视情况而定），关于可支付的运营成本的支付数额应当与：（ⅰ）目标金额相等，加上（ⅱ）规定成本报告期间自1991年10月1日起，在成本报告期间对这个目标金额做出任何例外规定和调整之后，额外的金额应当与超过目标金额110％的运营成本的50％相等（除非这个额外的金额没有超过目标金额的10％）；

加上金额，如果有的话，根据第（2）项规定，除了根据本编［而不是根据第（d）款的规定在诊断病症类别组的基础上决定未来的支付率］的可支付的金额关于患者的医院服务的运营成本超过可支付的金额的最大值，该最大值与根据第（a）款规定的这些成本有关。

（2）（A）除了第（E）目的规定，加上根据第（1）项的规定计算出的支付额，如果一家合格的医院［如第（B）目描述的］成本报告时间自1997年10月1日开始，根据第（1）项在每人消费的基础上支付的金额应当在较小的基础上提高：（ⅰ）运营成本的50％的金额要少于一时期的预期成本［正如第（D）目定义的］；或者（ⅱ）那一时期目标金额的1%。

（B）为了本项的目的，"合格的医院"是指成本报告时期，一个医院：（ⅰ）根据本款医院在成本报告期间之前，至少在3个完全成本报告期间内收到支付；以及（ⅱ）医院一定时期的运营成本应少于一定时期它的目标金额的最小值，它的趋势成本［正如第（C）目定义的］，或者它的预期成本［正如第（D）目定义的］。

（C）为了第（B）目第（ⅱ）节的目的，"趋势成本"是指结束于一个财政年度的报告期间的医院成本：（ⅰ）如果医院的成本报告期间结束于1996财政年度，这是它的第三或者是随后的全部申报期间成本，根据本款该医院在此期间得到的支付，对于结束于1996财政年度的成本报告期间的医院，它的运营成本或是目标金额中的较少的部分；或者（ⅱ）如果其他医院，在它根据本款据以收到支付的第三个完全成本报告周期之间，该医院的运营成本随着财政年度中市场一揽子百分比的增长而在以后的财政年度（通过涉及的财政年度）中增长（以一种复合的方式）。

（D）为了本项的目的，"预期成本"是指关于结束以一个财政年度的成本报告期间，在患者的医院服务的运营成本或者是目标金额中较少的部分。目标金额于每个先前的成本报告期间，由随着财政年度增长［正如第（3）项第（B）目第（ⅲ）节的那样］的市场一揽子百分比来更新。

（E）（ⅰ）如果一个合格的医院是一家医院或是一个具有第（ⅱ）节描述的医院联合体，可以在本目执行之前成本报告期间开始的12个月内，根据第（A）目来决定增长的数额，部长应将根据第（A）目第（ⅱ）节制定的可应用的目标金额的百分比替代为：（Ⅰ）在从2000年10月1日开始到2001年9月30日的成本报告期间，为1.5%；以及（Ⅱ）在从2001年10月1日开始到2002年9月30日的成本报告期间，为2%。

（ⅱ）为了实现第（ⅰ）节的目的，以下医院会被视为独立的一类医院：

（Ⅰ）在第（d）款第（1）项第（B）目第（ⅰ）节描述的医院，和同款的接下来的第（ⅴ）节描述的精神病机构。

（Ⅱ）本款第（ⅳ）节描述的医院。

（3）（A）除了第（C）目、后面的几项以及第（7）项第（A）目第

（ⅱ）节的规定，为了本款的目的，"目标金额"是指关于一家医院具体的 12 个月的报告期间成本：（ⅰ）如果本款第一个这样的报告期间生效，根据本编对先前 12 个月的报告期间成本的规定，患者的医院服务［正如第（a）款第（4）项定义的那样］的正当运营成本；以及（ⅱ）在近期的报告期间，前面 12 个月的成本报告期间的目标金额，在具体的成本报告期间根据第（B）目的规定，会随着合适的百分比而增长。

（B）（ⅰ）为了第（d）款和第（j）款的目的在财政年度期间的执行，"合适的百分比增长"应当是：

（Ⅰ）在 1986 财政年度，0.50%；

（Ⅱ）在 1987 财政年度，1.15%；

（Ⅲ）1988 财政年度，3.00% 分配给位于农村地区的医院，1.15% 给位于大城市地区［正如第（d）款第（2）项第（D）目定义的那样］的医院，和 1.00% 给位于其他城市地区的医院；

（Ⅳ）1989 财政年度，对于位于农村地区的医院来说，市场一揽子百分比的增长减少了 1.50 个百分点；对于大城市的医院来说，减少了 2.00 个百分点；对于其他城市地区的医院来说减少了 2.50 个百分点；

（Ⅴ）1990 财政年度，对于位于农村地区的医院来说，市场一揽子百分比的增长增加了 4.22 个百分点；对于大城市的医院来说，增加了 0.12 个百分点；对于其他城市地区的医院来说减少了 0.53 个百分点；

（Ⅵ）1991 财政年度，对于大城市的医院来说，市场一揽子百分比的增长减少了 2.00 个百分点；对于农村地区的医院来说，减少了 0.70 个百分点；

（Ⅶ）1992 财政年度，位于大城市或是其他城市的医院，市场一揽子百分比的增长减少了 1.60 个百分点；对于农村地区的医院来说，减少了 0.60 个百分点；

（Ⅷ）1993 财政年度，位于大城市或是其他城市的医院，市场一揽子百分比的增长减少了 1.55 个百分点；对于农村地区的医院来说，减少了 0.55 个百分点；

（Ⅸ）1994 财政年度，位于大城市或是其他城市的医院，市场一揽子百分比的增长减少了 2.50 个百分点；对于农村地区的医院来说，减少了 1.00 个百分点；

（Ⅹ）1995 财政年度，位于大城市或是其他城市的医院，市场一揽子百分比的增长减少了 2.50 个百分点；对于位于农村地区的医院来说，这些百分比的增长可以为农村的医院和位于市区（而不是大城市市区）的医院提供平均的标准数额，这平均的标准数额由第（d）款第（3）项第（A）目决定，农村的医院与这个平均标准金额相当；

（ⅩⅠ）1996 财政年度，所有地区的医院的市场一揽子百分比的增长减少了 2.00 个百分点；

（ⅩⅡ）1997 财政年度，所有地区的医院的市场一揽子百分比的增长减少了 0.50 个百分点；

（ⅩⅢ）1998 财政年度，所有地区的医院的市场一揽子百分比的增长没有减少；

（ⅩⅣ）1999 财政年度，所有地区的医院的市场一揽子百分比的增长减少了 1.90 个百分点；

（ⅩⅤ）2000 财政年度，所有地区的医院的市场一揽子百分比的增长减少了 1.80 个百分点；

（ⅩⅥ）2001 财政年度，所有地区的医院的市场一揽子百分比增长；

（ⅩⅦ）2002 财政年度，所有地区的医院的市场一揽子百分比的增长减少了 0.55 个百分点；

（ⅩⅧ）2003 财政年度，所有地区的医院的市场一揽子百分比的增长减少了 0.55 个百分点；

（ⅩⅨ）对于 2004—2006 年的每个财政年度，所有地区的医院的市场一揽子百分比的增长，服从于第（ⅶ）节；

（ⅩⅩ）对于每个后来的财政年度，所有地区的医院的市场一揽子百分比的增长，服从于第（ⅷ）节。

（ⅱ）为了第（A）目和第（E）目的目的，"合适的百分比增长"的 12 个月的成本报告期间开始于：

（Ⅰ）在 1986 财政年度，0.50%；

（Ⅱ）在 1987 财政年度，1.15%；

（Ⅲ）在 1988 财政年度，市场一揽子百分比的增长减少了 2.00 个百分点；

（Ⅳ）在 1993 年 9 月 30 日之前的随后的财政年度，是市场一揽子百分比的增长；

（Ⅴ）1994—1997 财政年度，是市场一揽子百分比的增长进行了适当的缩减［如第（ⅴ）节第（Ⅱ）次节定义的那样］，或是对一个财政年度的一家医院来说，该医院的更新调整百分比［如第（ⅴ）节第（Ⅰ）次节定义的那样］至少是 10.00%，称其为市场一揽子百分比的增长；

（Ⅵ）在 1998 财政年度，0；

（Ⅶ）1999—2002 财政年度，对于财政年度根据第（ⅵ）节具体规定的适用更新的因素；

（Ⅷ）随后的财政年度是市场一揽子百分比的增长。

（ⅲ）在本目中，"市场一揽子百分比的增长"是指关于成本报告期间和一个财政年度发生的执行的情况，在财政年度开始之前的由部长估计的百分比，混合着商品与服务的成本（包括人事成本但是不包括非营利性成本）组成了常规的、配套的、特殊关照住院患者的医院服务单位，这些是基于衡量工资和价格变化的适合的加权指标的一项指数，这一指数是包括患者的医院服务在内的商品与服务的混合体的典型代表。对于一定期间或是财政年度，这个百分比会超过这种在之前 12 个月的成本报告期间或是财政年度的商品与服务的混合体的百分比。

（ⅳ）在第（C）目和第（D）目中，"适合的百分比增长"是指：

（Ⅰ）对于 12 个月的成本报告期间为 1986 年到 1993 年，由第（ⅱ）节具体规定适合的百分比增长；

（Ⅱ）对于 1994 财政年度，市场一揽子百分比的增长减少了 2.30 个百分点［调整以排除开始于 1993 财政年度的成本报告期间的任何一部分，适合的百分比增长根据第（Ⅰ）次节决定］；

（Ⅲ）在 1995 财政年度，市场一揽子百分比的增长减少了 2.20 个百分点；

（Ⅳ）对于 1996 财政年度和每个接下来的财政年度，适合的百分比增长由第（Ⅰ）次节决定。

（ⅴ）为了实现第（ⅱ）节第（Ⅴ）次节的目的：

（Ⅰ）一家医院的一财政年度的"更新调整比例"是根据本条承认的患者的医院服务的医院的正当运营成本，与开始于 1990 财政年度的成本报告期间超过该成本报告期间内的医院目标金额［由第（D）目决定］的比例，该比例以在第（Ⅴ）次节的规定在先前的财政年里，任何医院的合适的减少金额，自每一财政年度（开始于 1994 财政年度）增长；

（Ⅱ）"合适的减少"对于一个财政年度的医院是 1 个百分点和 10%

与一财政年度的医院的更新调整比例之间的百分比之间较少的一个。

（ⅵ）为了实现第（ⅱ）节第（Ⅶ）次节之目的，对于一个财政年度，如果一个根据本编承认的患者的医院服务的正当的运营成本，在最近的成本报告期间以便信息可用：

（Ⅰ）等于或超过在成本报告期间的医院目标金额〔由第（A）目决定〕的110%，本节具体规定的适用更新因素是市场一揽子百分比；

（Ⅱ）超过100%但是少于110%的，医院的目标金额，本节具体规定的适用更新因素是0，或者如果更大，市场一揽子百分比减少0.25个百分点，这些正当的运营成本（由目标金额的百分比表示）要比目标金额的110%小；

（Ⅲ）等于或是小于100%，但是超过医院目标金额的2/3，本节具体规定的适用更新因素是0，或者如果更大，市场一揽子百分比减少0.25个百分点；

（Ⅳ）没有超过医院目标金额的2/3，本节具体规定的适用更新因素是0。

（ⅶ）（Ⅰ）为了实现第（ⅰ）节第（ⅩⅨ）次节的目的，在2005—2006财政年度，如果第（d）款的医院根据第（Ⅱ）次节中关于这个财政年度的规定，没有向部长提交数据，那么根据本条款这一财政年度的合适的百分比增长将会减少0.4个百分点。这些减少只与涉及的财政年度相关，在计算根据第（ⅰ）节第（ⅩⅨ）次节对接下来的财政年度的合适的百分比增长时，部长不应考虑这些减少。

（Ⅱ）对于2005—2006财政年度，每个第（d）款下的医院应当向部长提交质量数据（形成一套2003年11月1日由部长建立的10项指标），这质量数据与医院在以某种方式或每次医院设置的质量有关，具体由部长根据本节的目的规定，但是在2005财政年度，部长应当为提交数据的医院提供30天的宽限期。

（ⅷ）（Ⅰ）为了实现第（ⅰ）节的目的，在2007财政年度及每个以后的财政年度，如果第（d）款的医院根据本节没有向部长提交数据，该数据被要求提交来衡量根据本条款选出的与财政年度有关的数据，那么根据第（ⅰ）节本财政年度的合适的百分比增长会减少2个百分点。这些减少只与其涉及的财政年度相关，在计算根据第（ⅰ）节对接下来的财政年度的合适的百分比增长时，部长不应考虑这些减少，部长和医疗保障支付咨询委员会应根据《2005年赤字削减法》第5001条第（b）款来执行要求。

（Ⅱ）每个第（d）款下的医院应当以某种方式，每次向部长提交数据，这数据根据本节而选出，具体由部长根据本节的目的规定。

（Ⅲ）部长应当超越由第（ⅶ）节第（Ⅱ）次节具体规定的测量方式，并于接下来的次节相一致，扩大部长决定的测量方法体系，来使之适合于在医院设置方面医院所提供的护理①质量的量度。

（Ⅳ）有效的支出开始于2007财政年度，根据第（Ⅲ）次节来扩大测量方法的数量，部长应该如前面2005年11月的报告所述，开始承认绩效测量体系的底线，该报告由美国国家医学研究所的科学院依据《2003年医疗保险处方药、改良和现代化法》第238条第（b）款来制定。

（Ⅴ）有效的支出开始于2007财政年度，部长应加入其他的测量方法来反映受影响方中的一致观点，并且在某种程度上有弹性且实用，应该包括由一个或更多的国家舆论所建的实体所提出的测量方法。

（Ⅵ）为了实现本节和第（ⅶ）节的目的，部长应在适当的案例中替换任何测量方法或是指标，例如，所有的医院都有效地遵循或是测量方法或是指标已经被先后展示出来，以表现最好的临床应用。

（Ⅶ）部长应当根据本节建立适用于公众的提交数据的程序。这些程序应能够确保医院有机会重新审查那些要被公开和已经被公开的数据。部长应当在互联网网站上的医疗保险和医疗补助中心上，报告质量测量方法的程序、结构、结果、患者对护理的意见、效率，以及与医院在住院设施上提供的服务相关的护理的成本。

（C）如果一家医院是单独社区医院［正如第（d）款第（5）项第（D）目第（ⅲ）节定义的那样］，应遵从第（Ⅰ）目和第（L）目②对"目标金额"的规定，即：

（ⅰ）关于第一个12个月的成本报告期间在本目适用于以下医院：（Ⅰ）根据本条规定的在12个月的成本报告期间（在本款是指"基本成

---

① 插入"（包括医疗错误）"，来与2009年1月1日配置的服务支付费用相适应，参见《公法》第109—432期，第109条第（a）款第（2）项。

② 去掉"第（Ⅰ）目"，替代为"第（Ⅰ）目和第（L）目"，参见《公法》第110—275期，第122条第（b）款第（1）项。

本报告期间"),该期间是本款生效规定的关于这种医院的先前的第一个12 个月的成本报告期间,医院提供的患者的医院服务〔正如第(a)款第(4)项定义的那样〕的正当的运营成本,会随着增长(以一种复合的方式),(Ⅱ)根据本项在成本报告期间适用于这种医院的合适的百分比增长,这一期间在基本成本报告期间之后,直到包括这个第一个 12 个月的成本报告期间;

(ⅱ)关于最近成本报告期间开始于 1994 财政年度之前,先前的 12 个月的成本报告期间的目标金额,会随着第(B)目第(ⅳ)节的规定的合适的百分比增长而增长,该条款是规定在最近成本报告期间的财政年度中的发生的执行;

(ⅲ)对于 1994 财政年度发生的执行,开始于 1993 财政年度的成本报告期间中的目标金额,会根据第(B)目第(ⅳ)节规定的合适的百分比增长而增长;

(ⅳ)或者,关于 1995 财政年度发生的执行以及随后每一个财政年度,先前年份的目标金额会随着第(B)目第(ⅳ)节的规定的合适的百分比增长而增长。

如果该替代结果导致了医院目标金额的增长,那么应该替代第(ⅰ)节规定的基本成本报告期间,一家医院的成本报告期间(如果有)开始于 1987 财政年度。

(D)对于结束于或是在 1994 年 9 月 30 日之前结束的成本报告期间,对于发生于 1997 年 10 月 1 日或是 1997 年 10 月 1 日之后、2011 年 10 月 1 日之前的成本报告期间,如果医院是一个依赖医疗保险的、小的农村医院〔正如第(d)款第(5)项第(G)目定义的那样〕,应遵循于第(K)目,"目标金额"是指:

(ⅰ)关于本项规定的第一个 12 个月的成本报告期间适用于以下医院:(Ⅰ)根据本款规定的在 12 个月的成本报告期间(在本编是指"基本成本报告期间"),该期间是指本款生效规定的关于这种医院的先前的第一个 12 个月的成本报告期间,医院提供的患者的医院服务〔正如第(a)款第(4)项定义的那样〕的正当的运营成本,会随着增长(以复合的方式),(Ⅱ)根据本项在成本报告期间适用于这种医院的合适的百分比增长,这一期间在基本成本报告期间之后,直到包括这个第一个 12 个月的成本报告期间;

（ⅱ）关于开始于 1994 财政年度之前的最近成本报告期间，先前的 12 个月的成本报告期间的目标金额，根据第（B）目第（ⅳ）节的规定的合适的百分比的增长而增长，因最近成本报告期间开始于财政年度发生的执行；

（ⅲ）关于 1994 财政年度发生的执行，开始于 1993 财政年度的成本报告期间的目标金额，会随着第（B）目第（ⅳ）节规定的合适的百分比的增长而增长；

（ⅳ）关于 1998—2011 财政年度发生的执行，先前年份的目标金额会随着根据第（B）目第（ⅳ）节的规定的合适的百分比的增长而增长。

如果该替代结果导致了医院目标金额的增长，那么应该替代第（ⅰ）节规定的基本成本报告期间，一家医院的成本报告期间（如果有）开始于 1987 财政年度。

（E）在第（d）款第（1）项第（B）目第（ⅴ）节规定的医院，"目标金额"是指：

（ⅰ）本目中关于第一个 12 个月的成本报告期间适用于以下医院：（Ⅰ）根据本款规定的在 12 个月的成本报告期间（在本编是指"基本成本报告期间"），该期间是指本款生效规定的关于这种医院的先前的第一个成本报告期间，医院提供的患者的医院服务［正如第（a）款第（4）项定义的那样］的正当的运营成本，会随着增长（以复合的方式），（Ⅱ）根据本项合适的百分比的增长数量适用于在成本报告期间的这些医院，这一期间在基本成本报告期间之后，直到并包括这个第一个 12 个月的成本报告期间；

（ⅱ）或者，关于最近成本报告期间，先前的 12 个月的成本报告期间的目标金额，会随着第（B）目第（ⅱ）节的规定的在最近成本报告期间内的合适的百分比增长而增长。

如果该替代结果导致了医院目标金额的增长，那么应该替代第（ⅰ）节规定的基本成本报告期间，一家医院的成本报告期间（如果有）开始于 1987 财政年度。

（F）（ⅰ）如果一家根据本款规定在开始于 1990 年 10 月 1 日之前的成本报告期间的因患者的医院服务而收到的支付的医院［或者是第（d）款第（1）项第（B）目第（ⅴ）节描述的实体］是第（ⅲ）节描述的一类医院之一，并且这种选择（以部长决定的形式和方式）将这项适用于该医院，开始于 1998 财政年度的医院的 12 个月的成本报告期间中的目标金额，与第（ⅱ）节描述的平均值相等。

（ⅱ）对于一家医院或是实体来说，在本节描述的平均值应当由部长决定如下：

（Ⅰ）部长应当对于医院或是实体提供的患者的医院服务，在每 5 个成本报告期间之一，来决定合适的运营成本，这样在本目执行之日时部长会有最近的已解决的成本报告。

（Ⅱ）部长应当通过根据第（B）目第（ⅱ）节的规定，在每一随后的成本报告期间直到第（ⅰ）节规定的成本报告期间的，合适的百分比增长来增加由第（Ⅰ）次节来决定的每一成本报告期间的金额。

（Ⅲ）部长应当在这 5 个成本报告期间中识别出，根据第（Ⅱ）次节款决定的成本报告期间的金额，哪个是最高的、哪个是最低的。

（Ⅳ）部长应当根据第（Ⅱ）次节决定的 3 个成本报告期间而不是第（Ⅲ）次节定义的那样来计算金额的平均值。

（ⅲ）为了实现本目的目的，以下各项被视为独立的一类医院：

（Ⅰ）第（d）款第（1）项第（B）目第（ⅰ）节所描述的医院，以及本款接下来第（ⅴ）节描述的精神病院。

（Ⅱ）本款第（ⅱ）节所描述的医院，以及本款接下来第（ⅴ）节描述的康复机构。

（Ⅲ）本款第（ⅲ）节所描述的医院。

（Ⅳ）本款第（ⅳ）节所描述的医院。

（Ⅴ）本款第（ⅴ）节所描述的医院。

（G）（ⅰ）如果一家合格的长期护理医院［如第（ⅱ）节定义的那样］，（以部长决定的形式和方式）选择本项适用于该医院，开始于 1998 财政年度的医院的 12 个月的成本报告期间的目标金额，与本条规定的开始于 1996 财政年度的医院的 12 个月的成本报告期间的，患者的医院服务的正当的运营成本相等，并随着开始于 1997 财政年度的成本报告期间的合适的百分比增长而增长。

（ⅱ）在第（ⅰ）节中，一个"合格的长期护理医院"是指，对于一个成本报告期间，对于第（d）款第（1）项第（B）目第（ⅳ）节在每两个成本报告期间之一所描述的医院来说，在本目执行之日时部长会有最近的已解决的成本报告，原因如下：（Ⅰ）本编规定的患者的医院服务的合适的运营成本，超过医院目标金额的115%，以及（Ⅱ）如果一家医院是第（d）款规定的医院，那么该医院将有至少70%［由部长根据第（d）款第（5）项第（F）目第（ⅵ）节决定］的不成比例的患者。

（H）（ⅰ）如果一家医院或是机构在第（ⅳ）节描述的一类医院之中，在开始于1998—2002财政年度的一个成本报告期间里，这一医院或是机构的目标金额也许不会超过根据第（ⅱ）节规定成本报告期间里更新的金额。

（ⅱ）（Ⅰ）如果一家医院或是机构在第（ⅳ）节描述的一类医院之中，部长应当对结束于1996财政年度的成本报告期间里的该类医院的目标金额的第75个百分位数进行评估，正如根据第（ⅲ）节进行的调整。

（Ⅱ）对于本次节规定的成本报告期间和直到开始于1997财政年度的第一个成本报告期间之后的成本报告期间，部长应当通过一个与市场一揽子百分比增长相当的因素来更新第（Ⅰ）次节规定的金额。

（Ⅲ）对于开始于1999—2002财政年度的成本报告期间，应服从于第（J）目，部长应当通过一个与市场一揽子百分比增长相当的因素，来更新该额。

（ⅲ）在将第（ⅱ）节第（Ⅰ）次节运用到一家医院或是机构时，部长应当提供一个对本目规定的与劳动有关的部分金额的适当的方案，还要考虑医院地区的与工资有关的成本的平均值和同类医院这个成本的国家平均值之间的区别。

（ⅳ）为了实现本目的目的，下面的每一条都被当作一个独立的一类医院：

（Ⅰ）第（d）款第（1）项第（B）目第（ⅰ）节所描述的医院，以及本款接下来第（ⅴ）节描述的精神病院。

（Ⅱ）本款第（ⅱ）节所描述的医院，以及本款接下来第（ⅴ）节描述的康复机构。

（Ⅲ）本款第（ⅳ）节所描述的医院。

（Ⅰ）（ⅰ）服从于第（L）目，对于①开始于2000年10月1日的成本报告期间，如果是一家独立的社区医院，如果这个代替结果导致了根据本

①　参见《公法》第110—275期，第122条第（b）款第（2）项去掉"为了"替代为"服从于第（L）目"。

款的更大数量的支付，那么应当根据第（d）款第（5）项第（D）目第
（ⅰ）节的规定来代替其他的金额，这样医院是指：

（Ⅰ）关于发生于 2001 财政年度的执行，根据第（d）款第（5）项
第（D）目第（ⅰ）节［是指本节作为"第（d）款第（5）项第（D）
目第（ⅰ）节的金额"］［正如第（ⅱ）节定义的那样］的规定，适用于
医院的其他金额的 75%；

（Ⅱ）关于发生于 2002 财政年度的执行，根据第（d）款第（5）项
第（D）目第（ⅰ）节的数额的 50% 和重建的目标金额的 50%；

（Ⅲ）关于发生于 2003 财政年度的执行，根据第（d）款第（5）项
第（D）目第（ⅰ）节的数额的 25% 和重建的目标金额的 75%；

（Ⅳ）关于发生于 2003 财政年度的执行，重建的目标金额的 100%。

（ⅱ）为了本目的目的，"重建的目标金额"的含义会考虑到第（C）
目中的"目标金额"的含义，除了：

（Ⅰ）应当将基本成本报告期间替代为开始于 1996 财政年度的 12 个
月的成本报告期间；

（Ⅱ）任何涉及第（C）目第（ⅰ）节中描述的"第一个成本报告期
间"都被视为涉及开始于 2000 年的第一个成本报告期间；

（Ⅲ）根据第（C）目第（ⅳ）节的规定，合适的增长比例只适用于
开始于 2002 财政年度且发生在一些财政年度里的执行。

（ⅲ）在任何情况下，作为唯一的社区医院或是支付（在该医院的目
标率的基础上），医院不能拒绝治疗，对于任何成本报告期间因为所有权
的变动，因为财政中介机构的变动，或是其他特殊情况，而使数据难以获
得，只要至少有一个数据在合适的基本成本报告期间里是可用的就可以。

（J）在开始于 2001 财政年度的成本报告期间里，对于一个由第（d）
款第（1）项第（B）目第（ⅳ）节规定的医院：（ⅰ）由第（H）目规
定的其他的限制或是覆盖金额，应该增加 2%；以及（ⅱ）由第（A）目
规定的其他目标金额应当增长 25%［遵从于第（H）目规定的限制或是
覆盖金额，随着第（ⅰ）节增长而增长］。

（K）（ⅰ）关于发生于 2006 年 10 月 1 日的执行，如果一个依赖医疗
保险的、小的农村医院，应以运用第（D）目为目的：（Ⅰ）应当将由第
（D）目第（ⅰ）节规定的基本成本报告期间替代为开始于 2002 财政年度
的 12 个月的成本报告期间；以及（Ⅱ）任何涉及本目中描述的"第一个

成本报告期间”都被视为涉及开始于 2006 年 10 月 1 日的第一个成本报告期间。

（ⅱ）只有当第（ⅰ）节第（Ⅰ）次节规定的替代结果导致由第（D）目规定的医院的目标金额的增加时，本目才适用于医院。

（L）①（ⅰ）在发生于 2009 年 1 月 1 日之后的成本报告期间里，对于独家社区医院，如果这个替代结果导致根据本条医院获得更多支付，那么就应当用第（L）目的重建的目标金额来替代，本条第（d）款第（5）项第（D）目第（ⅰ）次节规定的其他金额。

（ⅱ）为了实现本目的目的，“第（L）目重建的目标金额”的含义应考虑到第（C）目中的“目标金额”的含义，除了：（Ⅰ）应当用开始于 2006 财政年度的 12 个月的成本报告期间来代替基本的成本报告期间；（Ⅱ）在第（C）目第（ⅰ）节中任何涉及本目中描述的“第一个成本报告期间”都被视为涉及开始于 2009 年 1 月 1 日之后的第一个成本报告期间；以及（Ⅲ）合适的百分比增长只能根据第（C）目第（ⅳ）节的规定，适用于发生于 2009 年 1 月 1 日的执行中。

（4）（A）（ⅰ）部长应当根据本款的方法提出一个豁免〔如果是第（d）款第（1）项第（B）目第（ⅲ）节规定的医院，可以提供一个豁免〕和调整，来决定当事件超出医院的控制或其他特殊情况时，医院的支付金额，这些特殊情况包括这样医院的混合病例，制造了成本报告期间中成本的扭曲增长（包括基础时期任何成本的扭曲增长）。部长应当在他认为合适的时候规定其他的豁免、例外和对于方法的调整方案，包括由部长决定的新的基础时期的任务分配，这更能代表患者服务的合理的和必要的成本，包括那些他认为有必要考虑的习惯上由医院提供和由类似医院的机构直接提供的患者的医院服务的减少，将会导致患者的医院服务的运营成本的严重扭曲。部长在收到来自中介机构的这些豁免、例外或是调整方案后不晚于 180 天内，应当公布基于豁免、例外或是调整方案的任何要求的决定，并且应当包括这些决定的详细的解释，基于何理由同意或否定该要求。

（ⅱ）根据第（3）项第（B）目第（ⅱ）节第（Ⅴ）次节，部长在

---

①　增加第（L）目，2008 年 7 月 15 日生效，参见《公法》第 110—275 期，第 122 条第（a）款。

依照第（ⅰ）节做出调整时，无须考虑支付减少。在决定这些减少时，部长应当将第（3）项第（B）目第（ⅵ）节描述的一个财政年度里的合适的更新因素，视为与那年的市场一揽子的百分比相等。

（B）在根据第（A）目的规定决定是否指派新的基本的期间。这更能代表提供患者服务的医院的合理的必要的成本，这时部长应当考虑：（ⅰ）可适用的技术和医疗实践的变化，或者患者中疾病严重性的不同，都会增加医院的成本；（ⅱ）坐落于地理区域的医院工资的增加和与工资有关的成本的增加，是否超过了美国医院支付的这些成本增长的平均值；以及（ⅲ）还包括在部长考虑适当的方法来决定为患者服务的医院成本的增长时，与之有关的其他因素。

（C）第（C）目不适用于由第1814条第（b）款第（3）项决定的其他医院的支付费用。

（5）如果任何医院使用任何成本报告期间而不是1个12个月的期间，部长应当决定这12个月的期间应用于本条的目的。

（6）根据《1954年国内税收法》第3111条①的规定，任何医院应当遵从于该法的规定，对于任何或是医院的全部员工，在部分或是全部的成本报告期间，都应遵从；而如第（b）款第（3）项第（A）目第（ⅰ）节中提到的，在全部或是部分的12个月的基本的成本报告期间里，一部分或是全部的员工不会遵从于该法。部长应当通过增加该款中描述那些医院的基本期间的数量，来使他们与税收的数量相当。如果医院就所有的员工在所有的基本的期间遵从于该法，减少在基本的期间中实际支付或是积累的任何税收的数量，那么，这些税收会被用在或是积累在该基本期间的该医院。

（7）（A）尽管有第（1）项的规定，如果一家医院或是机构属于在第（B）目描述的一类医院，可以根据本款自1997年10月1日之后收到支付：

（ⅰ）对于每个前2个成本报告期间之一，医院有一个固定的成本报告，关于第A部分第（1）项规定的运营成本的支付的金额，在每个收费或是每个准入的基础上（视情况而定），该成本支付的金额应与以下较少的相同：（Ⅰ）各自期间的运营成本的金额，或者（Ⅱ）结束于1996财

---

① 参见第2卷《公法》第83—591期，第3111条。

政年度的医院的成本报告期间内，在同类医院中的目标金额的国家平均（由部长预计）的 110%，通过财政年度中医院市场一揽子增长百分比来更新，在该财政年度中医院根据本款收到支付费用，同根据第（C）目的规定进行调整；

（ⅱ）为了计算随后的成本报告期间内的目标金额，先前的成本报告期间内的目标金额应与第（ⅰ）节规定的先前的期间内的金额相等。

（B）为了实现本项的目的，下面的每一条都被当作一个独立的一类医院：

（ⅰ）第（d）款第（1）项第（B）目第（ⅰ）次节所描述的医院，以及本款接下来第（ⅴ）节描述的精神病院。

（ⅱ）本款第（ⅱ）节所描述的医院，以及本款接下来第（ⅴ）节描述的康复机构。

（ⅲ）本款第（ⅳ）节所描述的医院。

（C）在将第（A）目第（ⅰ）节第（Ⅱ）次节的规定适用于医院或是其他机构时，部长应当根据该目决定的与劳动力有关的部分的金额，对其做出适当调整，还应考虑医院的地区与工资有关的成本的平均值与同类医院的成本的国家平均值之间的区别。

（c）（1）部长可以根据他的自由裁量权去规定，一州医院提供的服务的支付费用，该费用应与一州的还款控制系统相一致，而不是与本编的其他规定相一致，如果州的主要执行官员要求这样处理和如果：

（A）根据本款规定允许部长决定该系统，这将适用于实质上所有非联邦的急症护理医院（正如部长定义的那样）。在各州中依据第（ⅱ）节来评论州用来为患者的医院服务的所有收入与费用的至少 75% 和根据第十九编得到批准的州的计划规定的提供的患者的医院服务的收入与费用的至少 75%；

（B）部长应当根据为医院支付患者的医院服务的所有实体（包括联邦和州的程序）的系统，为医院患者和医院员工提供公平的对待即令人满意的保险；

（C）在 36 个月的期间里（第一个该期间开始于本款适用于州系统的第一个月），部长如果根据该系统提供令人满意的保险，根据本编在该系统下支付的金额将不会超过根据本编但是不适用该系统的其他的支付的金额；

（D）部长决定在与医院直接协商关于对患者的医院服务的一机构的支付率时，将不排除符合减税条件的组织〔正如第 1876 条第（b）款定义的那样〕；

（E）部长决定系统来要求医院去满足第 1866 条第（a）款第（1）项第（G）目规定的要求，该系统还规定应排除与第 1862 条第（a）款第（14）项（除非对它的放弃是由部长在规章中规定的）一致的某些成本。

根据本款，部长不能基于以下原因否决一州的适用：一是以州医院的偿还控制系统是建立在支付方法论的基础上，而不是建立在与诊断有关的团体的基础上为原因；二是以根据本编对该系统的支付金额少于根据本条而不适用该系统的其他支付金额为原因。如果根据第（C）目描述的部长决定的条件是基于保持支付金额不超过一个基本期间内具体规定的超过支付金额的百分比增长，部长有权选择将该检测（根据第 A 部分，患者的医院服务）适用于一个总计的支付基础之上，还是适用于每个患者住院或是出院支付的金额的基础之上。如果根据第（C）目描述的部长决定的条件是基于保持支付金额低于根据第 A 部分对患者的医院服务总的支付过程中国家百分比增长的平均值，根据本款部长不能基于以下原因拒绝一州的适用：对该服务的支付费用，一州的增长率必须低于国家增长率的平均值。

（2）根据第（1）项第（C）目来决定对于州根据本编另外制定的支付金额，部长可能对这一金额做出适当的调整，来考虑根据本编，由于一州运用医院偿还控制系统而导致的先前的支付金额受到影响而减少，该系统会造成这一结果：根据本编对于州的医院，其患者的医院服务的运营成本的总计增长率，低于美国医院该成本的总计增长率。

（3）在第（1）项描述的系统下，有下列情况，部长可以中断支付：（A）确定系统不再符合第（1）项第（A）目、第（D）目和第（E）目的要求，和如果可以适用，不再满足第（5）项的要求；或者（B）有理由相信第（1）项〔如果可以适用，在第（5）项中〕第（B）目或者第（C）目描述的保险不符合（或是将要不符合）要求。

（4）关于一家医院偿还控制系统，根据第（1）项规定，有下列情况，部长应当批准一州的请求：（A）该系统符合第（1）项第（A）目、第（B）目、第（C）目、第（D）目和第（E）目的要求；（B）在

《1983 年社会保障法修正案》① 执行之日或是之前，批准《社会保障法》（已生效）第 18 章的关于放弃某些要求的系统，同时依据《1967 年社会保障法修正案》第 402 条第（a）款②的规定，或是《1972 年社会保障法修正案》第 222 条第（a）款③的规定。

对于本项描述的一州的系统，部长应当在该系统的增长率的基础上，或是在根据本编个人的患者医院支付费用的通胀的基础上，来评判该系统有效性，还要与国家增长率或是该成本的通胀率作比较，州仍保留运用检测的选择权，但是基于以下基础：州系统下的总计支付费用，与 1984 年 10 月 1 日生效的国家系统下的总计支付费用相比较，以确保可利用最新的年度数据。

（5）根据第（1）项的规定，有下列情况，部长应当批准州关于一家医院的偿还控制系统的请求：

（A）该系统符合第（1）项第（A）目、第（B）目、第（C）目、第（D）目和第（E）目的要求；

（B）部长认为该系统：（ⅰ）根据州法律，由州来直接操作或是有指定的单位操作，（ⅱ）规定了医院的支付费用，在系统覆盖下，在一个方法论（说明了例外与调整，也说明了方法论中变化的方法）之下，通过该方法论，可以在以前定义的比例期间内该系统下，建立一个具体期间内医院服务应支付的金额或是比例，（ⅲ）该系统覆盖下的医院将做一些部长可能要求的报告（以代替成本和其他报告，由部长鉴定，其他方面根据本条要求）来适当监控根据本款规定的保险；

（C）州已经为部长提供了令人满意的保险，以致系统的操作不会导致医院准入实践的任何变化，而将导致：（ⅰ）对于没有第三方承担、自己无力支付医院服务的费用的部分患者（根据系统覆盖下，来接受医院服务），有效减少其费用，（ⅱ）医院收入获得患者医院服务的部分个人，其费用有效减少后，支付的费用是（或者可能是）比预期收的费用或是该服务的成本低，（ⅲ）拒绝接受患者应以其需要非常昂贵的或是长期的治疗为原因，而不能以该医院可以提供的与之相关的适当的治疗为原因，

---

① 1998 年 4 月 20 日生效（《公法》第 98—21 期；《美国联邦法律大全》第 97 编第 65 条）。

② 参见第 2 卷《公法》第 90—248 期，第 402 条。

③ 参见第 2 卷《公法》第 92—603 期，第 222 条第（a）款。

或者（ⅳ）拒绝向任何需要紧急救助服务的人提供紧急救助服务，如果该医院提供该项服务；

（D）州对于系统的任何变化，都会影响到医院的支付费用的实质减少，这会在60天内通知部长，该变化可能重大影响医院的支付费用；

（E）州为部长提供令人满意的保险，在系统的发展过程中，州需要就该系统对公共医院的影响，与当地政府官员协商。

部长应根据本项，在州向其提交请求之日起60日内，回应州的请求。

（6）如果部长认为第（1）项第（C）目描述的保险没有达到有关36个月期间的要求，部长可以根据本编减少系统下对于医院的支付费用，使其与该条规定的该期间、该系统下支付费用的数量相同，并超过根据本编但不在该系统下规定的其他的支付费用的数量。

（7）如果州根据第（5）项的规定在1984年12月31日之前，请求批准州医院的偿还控制系统，有下列情况，该请求应被批准：

（A）在适用第（1）项第（C）目和第（6）项时，涉及的"36个月的期间"被视为涉及"48个月的期间"；

（B）为了使州能够有机会在48个月的期间内提供第（1）项第（C）目描述的保险，部长不可以在该系统下中支付费用，除非根据第（3）项第（A）目的权威，在1986年7月1日之前，部长有理由认为该保险不符合（或是将要不符合）要求。

（d）①（1）（A）尽管有第1814条第（b）款的规定，仍要遵从于第1813条的规定，关于患者的医院服务［如第（a）款第（4）项定义的那样］的运营成本的支付金额，一家第（d）款规定的医院［如第（B）目定义的那样］在一个成本报告期间或是一个财政年度里医院向患者要的出院费：

（ⅰ）自1983年10月1日开始以后，到1984年10月1日以前，与下列数量相等：（Ⅰ）一家医院在成本报告期间［正如第（b）款第（3）项第（A）目定义的那样，但是决定是不考虑第（a）款的适用］医院的目标金额的目标百分比［正如第（C）目定义的那样］，以及（Ⅱ）根据

---

① 关于在2008和2009财政年度，对于预期的文件执行的限制，以及调整法以确保医疗保险重症诊断组织（MS－DRG）系统的执行，该系统在为患者的医院服务设立的保险预期支付系统之下，参见第2卷《公法》第110—90期，第7条。

第（2）项规定的这种收费，经过调整的该地区的诊断病症类别组（DRG）的预期支付率的诊断病症类别组（DRG）的百分比［正如第（C）目定义的那样］；

（ⅱ）自1984年10月1日开始以后，到1974年10月1日以前，与下列数量相等：（Ⅰ）一家医院在成本报告期间［正如第（b）款第（3）项第（A）目定义的那样，但是决定是不考虑第（a）款的适用］医院的目标金额的目标百分比［正如第（C）目定义的那样］，以及（Ⅱ）根据第（D）目规定的这种收费，经过调整、整合成为合适的诊断病症类别组（DRG）的预期支付率的诊断病症类别组（DRG）的百分比［正如第（C）目定义的那样］；

（ⅲ）或者，开始于1988年4月1日之后，与下列相等：（Ⅰ）根据第（3）项规定的这种收费，来决定国家的已经过调整的诊断病症类别组的预期支付率，或者（Ⅱ）结束于1996年9月30日的一个财政年度之间发生的收费，根据第（3）项有关该收费的规定国家已经调整的DRG预期支付率的85%，和根据本段规定的地区中已经调整过的DRG预期支付率的15%，但是只有在一地区即一样的大城市或是其他地区（或者，结束于1994年9月30日的财政年度发生的收费，相同的农村、大城市或其他城市地区），地区之内的医院的标准金额［第（3）项第（D）目第（ⅰ）节第（Ⅰ）次节或是第（ⅱ）节第（Ⅰ）次节的规定］的平均值，其要大于该财政年度里发生收费的同类地区的美国医院的标准金额（由相关条款规定）的平均值。

（B）在本条中，"第（d）款规定的医院"是指位于50州之一或哥伦比亚地区的医院，而不是：

（ⅰ）精神病医院［正如第1861条第（f）款定义的］；

（ⅱ）康复医院（由部长定义的）；

（ⅲ）一家医院，它的患者主要为18岁以下的个人；

（ⅳ）（Ⅰ）一家医院，它的患者平均住院期间（由部长决定）为25天以上，或者（Ⅱ）一家医院，其在1986年根据本款首次接受支付费用，它的患者平均住院期间（由部长决定）为20天以上，和在结束于1997财政年度的12个月的成本报告期间里，每年患者医疗保险的80%或是更多花费在，主要诊断发现肿瘤疾病上面的医院；

（ⅴ）或者（Ⅰ）部长已经分类的医院，在1990年12月31日之前

的任何时候［或者，如果一家医院，在本节①执行时，根据第 1814 条第
（b）款，1991 年 12 月 31 日之前生效，该医院位于操作示范工程的一个
州里］，根据本款，为了实现将例外规则和调整方法适用于支付金额，医
院应当广泛涉及对于癌症的治疗与研究，（Ⅱ）医院被公认为是综合性的
癌症中心或临床肿瘤研究中心，由 1983 年 4 月 20 日成立的国家卫生机构
设立的国家癌症研究机构，在 1989 年 12 月 13 日成立并坐落于一州中，
根据第 1814 条第（b）款的规定，该医院没有操作示范工程，在 1990 年
12 月 31 日之前该工程被适用并且被否决，是因为根据本节（在本次节执
行之日之前生效）作为一类医院广泛涉及对于癌症的治疗与研究，作为
本次节执行的日期，被允许有少于 50 张急症护理床，对于 4 年期间的论
证结束于 1996 年 12 月 31 日，它的所有收费至少 50% 的用来对肿瘤疾病
有重大发现做贡献，正如第（E）目定义的那样，或者（Ⅲ）医院被公认
为是临床肿瘤研究中心由国家卫生机构的国家癌症研究院于 1998 年 2 月
18 日设立，根据第 1814 条第（b）款的规定，该医院依照示范工程下的
偿还系统，从未因患者的医院服务而被赔偿，该医院作为独立的机构被组
织起来主要是为了治疗和研究癌症，它不是其他医院的联合，在本次节执
行之日，该医院被允许由 162 张急症护理床，对于 4 年期间的论证结束于
1999 年 6 月 30 日，它的所有收费至少 50% 用来对肿瘤疾病有重大发现做
贡献，正如第（E）目定义的那样；

　　并且，与部长的条例相一致，不包括精神病医院或是康复医院，这样
的医院机构作为医院（由部长定义）独特的一部分。一家由部长在 1995
年 9 月 30 日之前分类的医院，如第（ⅳ）次节规定的该医院，应继续被
如此分类，尽管它位于同一建筑里，或者在同一校园里，同其他的医院
一起。

　　（C）为了实现本款的目的，成本报告期间开始于：

　　（ⅰ）在 1983 年 10 月 1 日之后，1984 年 10 月 1 日之前，"目标百分
比"是 75%，"DRG 百分比"是 25%；

　　（ⅱ）在 1984 年 10 月 1 日之后，1985 年 10 月 1 日之前，"目标百分
比"是 50%，"DRG 百分比"是 50%；

　　（ⅲ）在 1985 年 10 月 1 日之后，1986 年 10 月 1 日之前，"目标百分

---

① 1989 年 12 月 19 日生效。

比"是45%，"DRG百分比"是55%；

（ⅳ）在1986年10月1日之后，1987年10月1日之前，"目标百分比"是25%，"DRG百分比"是75%。

（D）为了实现第（A）目第（ⅱ）节第（Ⅱ）次节的目的，"经过调整、整合而成合适的DRG预期支付率"该收费发生于：

（ⅰ）1984年10月1日之后，1986年10月1日之前，根据第（3）项关于该收费的规定，整合的比例构成国家调整的DRG预期支付率的25%，75%的是地区的调整的DRG预期支付率；

（ⅱ）1986年10月1日之后，1987年10月1日之前，根据第（3）项关于该收费的规定，整合的比例构成国家调整的DRG预期支付率的50%，另外50%是地区的调整的DRG预期支付率。

（E）为了实现第（B）目第（ⅴ）节第（Ⅱ）次节和第（Ⅲ）次节的目的，"肿瘤疾病的重大发现"是指一条件其建立在研究之后，主要对引起患者住院负责，除了处理ICD－9－CM主要疾病代码，从140—239、V58.0、V58.1、V66.1、V66.2或990都会被考虑来反映这一主要诊断。

（2）对于在1984财政年度的每个患者医院收费，会涉及第（d）款规定的美国医院的患者的医院服务，部长应当决定国家调整的DRG预期支付率，还应当决定每一地区该收费的地区的已调整的DRG预期支付率，该支付可能会根据本编第A部分来决定：

（A）**在基本期间决定正当的个人医院成本**。部长应根据该名患者的医院服务的收费来决定正当的运营成本，一定要是最近的运营成本期间以便数据可利用。

（B）**在1984财政年度更新**。部长应当在1984财政年度根据第（A）目来更新每个金额，通过以下方法：

（ⅰ）在1983财政年度更新，通过估算的全行业医院成本变化比例的平均值，该变化是根据本目适用的成本报告期间与1983财政年度和最近可用的病例混合数据之间的变化；

（ⅱ）预测1984财政年度，通过1984财政年度可用的百分比的增长［正如第（b）款第（3）项第（B）目定义的那样］。

（C）**使数量标准化**。部长应当根据第（B）目的规定，对于每个医院，使更新的数量标准化，通过以下方式：

（ⅰ）排除对于间接医学教育成本［应考虑，发生于1986年9月30

日之后的收费，根据《医疗保险法》第 9104 条第（a）款制定的修正案和《1985 年医疗补助预算调节法修正案》①］的估计，除了部长不应考虑根据第（5）项第（B）目第（ⅱ）节的规定的附加支付费用数量的减少，其是由《1997 年平衡预算法》② 第 4621 条第（a）款第（1）项的修正案，或是根据该段附加的支付费用，其是由《1999 年医疗保险、医疗救助和 SCHIP 细代平衡预算法》③ 第 111 条的适用，《2000 年医疗保险、医疗补助、效益改善和保护法》④ 第 302 条，或者《2003 年医疗保险处方药、改良和现代化法》⑤；

（ⅱ）通过地区中医院工资水平的平均值，来调整医院中的各种变化；

（ⅲ）调整医院间病例混合的变化；

（ⅳ）或者，发生于 1986 年 10 月 1 日之后的收费，排除根据第（5）项第（F）目制定的某些医院的附加的支付费用的评估，除了部长应当排除由《1989 年综合预算调整法》第 6003 条第（c）款执行结果所造成的，根据本项的附加的支付费用，《1990 年综合预算调整法》第 4002 条第（b）款的执行，或者《2003 年医疗保险处方药、改良和现代化法》第 402 条第（a）款第（1）项⑥的执行。

（D）**计算城市与农村的平均值**。部长应当根据第（C）目在美国和每个地区来计算标准数量的平均值：

（ⅰ）对于所有第（d）款规定的医院，分别位于美国和地区的城市区域；

（ⅱ）对于所有第（d）款规定的医院，分别位于美国和地区的农村区域。

为了实现本款的目的，"区域"是指 9 个人口分区，由 50 个州和哥伦比亚特区组成，由人口统计局基于统计和报告的目的建立的；"城市地

---

① 参见《公法》第 99—272 期；《美国联邦法律大全》第 100 编第 157 条。

② 参见《公法》第 105—33 期；《美国联邦法律大全》第 113 编第 1475 条。

③ 参见《公法》第 106—113 期；《美国联邦法律大全》第 113 编第 1501—329 条。

④ 参见《公法》第 106—554 期；《美国联邦法律大全》第 114 编第 2763—493 条。

⑤ 参见《公法》第 108—173 期；《美国联邦法律大全》第 117 编第 2066 条。

⑥ 《公法》第 108—173 期，第 402 条第（a）款第（1）项的执行日期为 2003 年 12 月 8 日。

区"是指一个区域在大都市的统计区域内（由行政管理和预算局来定义）或者在由部长通过条例来根据第（a）款认定的类似地区；"大城市区域"是指，关于一个财政年度，这个城市区域由部长决定［在财政年度之前的第（e）款第（5）项中描述该出版物］，它拥有超过 100 万的人口（由部长根据人口统计局最新发布的可用人口数据来确定）；"农村地区"是指类似地区的外围地区。位于大都市统计区域的医院被认为位于一个在同一大都市统计区的地区，具有最大数量的医院，或者，根据部长的选择，在同一大都市统计区，其医院收取的患者的费用（根据本条决定该支付费用）占该地区的大多数。

（E）**减少支付费用异常的价值。**部长应当根据第（D）目的规定来减少每个标准数量的平均值，与根据本款支付的金额的比例（由部长评估）相等，其基础为 DRG 预期支付比率即根据第（5）项第（A）目规定（与支付费用的异常有关）的附加的支付费用。

（F）**维持预算平衡。**根据第（e）款第（1）项第（B）目的规定，在财政年度里，部长应调整标准数量的平均值来适应该款的要求。

（G）**计算美国和每一地区的城市和农村医院的 DRG 特有比例。**因为每一收费都是在一个与诊断有关群体范围内分类，部长应当建立一个国家 DRG 预期支付比率和在每一曲建立地区的 DRG 预期支付比率，这些区都是平等的：

（ⅰ）对于位于美国或是地区（分别对）的城市的医院，其结果为：（Ⅰ）对于位于美国或是地区的城市的医院，标准数量［根据第（D）目计算，根据第（E）目减少，根据第（F）目调整］的平均值，以及（Ⅱ）对于诊断有关的群体的衡量因素［由第（4）项第（B）目决定］；

（ⅱ）对于位于美国或是地区（分别对）的农村的医院，其结果为：（Ⅰ）对于位于美国或是地区的农村的医院，标准数量［根据第（D）目计算，根据第（E）目减少，根据第（F）目调整］的平均值，以及（Ⅱ）对于诊断有关的群体的衡量因素［由第（4）项第（B）目决定］。

（H）**调整不同地区的工资水平。**部长应当调整医院成本中可归咎于工资和工资成本的比例（由部长不时来评估），调整根据第（G）目计算出的国家和地区 DRG 预期支付比率的比例，对于医院工资水平的地区差异，可以通过一个因素（由部长建立）来反映医院的地理区域内相关医院工资水平，这可以与国家医院工资水平的平均值相比较。

（3）对于 1994 财政年度之后的一个财政年度之内的每个医院对患者的收费来说，部长应当决定国家已调整的 DRG 预期支付比率，该收费涉及美国的第（d）款规定的医院的患者的医院服务，部长还应当决定一个地区的已调整的 DRG 预期支付比率，每一地区的该类收费和支付费用由本编第 A 部分决定。决定每一个比率都要分别在美国和每一个地区之内，将医院分为，位于大城市、其他城市或是农村地区，具体如下：

（A）**更新先前的标准化的数量。**

（i）对于开始于 1987 年 10 月 1 日之前的一个财政年度里发生的收费，对于位于美国的城市地区的医院和农村地区的医院，对于位于每个地区的城市地区的医院和农村医院，计算器标准化数量的平均值，根据第（2）项第（D）目或是本目的规定在先前的财政年度里，该平均值应当与分别计算的标准化数量的平均值相等，该平均值在涉及的财政年度里会随着第（b）款第（3）项第（B）目规定的合适的百分比的增长而增长。至于发生于 1987 年之后的收费，部长要在收费衡量而不是医院衡量的基础上计算城市和农村的平均值，做适当的调整来确保基于该基础的计算不会导致，基于本条的总的支付费用比根据本条而不是根据本句来制定的总的支付费用更大或低于它，在根据第（C）目第（ii）节对决定减少的方式进行适当改变。

（ii）对于开始于 1987 年 10 月 1 日之后，结束于 1994 年 9 月 30 日之前的一个财政年度内发生的收费，部长应当在美国和每个地区之内，对位于大城市地区的医院、位于农村地区的医院、位于其他城市地区的医院，计算其标准化数量的平均值，在本目规定的先前的财政年度里，该平均值应当与分别计算的根据本目的财政年度里的标准化数量的平均值相等，该平均值在涉及的财政年度里其会随着第（b）款第（3）项第（B）目第（i）节规定的合适的百分比的增长而增长。

（iii）对于开始于 1994 年 10 月 1 日发生的收费，位于农村地区的医院的标准化数量的平均值，应与位于其他城市地区①的医院的标准化数量的平均值相等。对于发生于 1994 年 10 月 1 日之后的收费，部长应当调整标准化数量的平均值中劳动力部分与非劳动力部分的比例，来与所有标准化数量的国家平均值的定量相等。

----

① 如原文所述。

（ⅳ）（Ⅰ）遵从于第（Ⅱ）次节，开始于 1995 年 10 月 1 日之后的一个财政年度里发生的收费，部长应当在美国和每个地区之内，对于位于大城市的医院和位于其他地区的医院，来计算标准化数量的平均值，在本项规定的先前的财政年度里，该平均值应当与分别计算的根据本项的财政年度里的标准化数量的平均值相等，该平均值在涉及的财政年度里会随着第（b）款第（3）项第（B）目第（ⅰ）节规定的合适的百分比的增长而增长。

（Ⅱ）对于（开始于 2004 财政年度）一个财政年度里发生的收费，部长应当在美国和每个地区内，计算位于每个地区的医院的标准化数量的平均值，在本项规定的先前的财政年度里，该平均值应当与位于大城市地区（或者，开始于 2005 财政年度，对于先前财政年度里的所有医院）的医院的标准化数量相等，该平均值在涉及的财政年度里会随着第（b）款第（3）项第（B）目第（ⅰ）节规定的合适的百分比的增长而增长。

（ⅴ）对于根据本项计算出的标准化数量的平均值，应对其进行调整以便反映最近可用的病例混合数据。

（ⅵ）根据第（4）项第（C）目第（ⅰ）节的规定在先前的财政年度里来决定调整的方法（或是在一个将来的财政年度里评估该调整方法），在此范围内，会（或者可能）导致在财政年度内本款规定的总计支付费用的变化，该变化是编码变化或者未能反映一病例混合体真正变化的收费分类的变化的结果之一，部长可以调整根据本项计算出的随后财政年度里的标准化数量的平均值，以便排除该编码或是分类变化的影响。

（B）**减少支付费用异常的价值**。部长应当根据第（A）目的规定来减少每个标准数量的平均值，通过一个与根据本款支付的金额的比例（由部长评估）相等的因素，其基础为 DRG 预期支付比率即根据第（5）项第（A）目规定（与支付费用的异常有关）的附加的支付费用。

（C）（ⅰ）**对于 1985 财政年度保持预算平衡**。对于发生在 1985 财政年度里的收费，根据第（e）款第（1）项第（B）目的规定，在财政年度里，部长应调整每一标准数量的平均值来适应该款之要求。

（ⅱ）**在 1986 年 9 月 30 日之后，减少从修正到直接教育调整的救助的收费**。对于发生在 1986 年 9 月 30 日之后的收费，部长应当进一步减少每一标准数量的平均值［以一定比例，考虑到第（2）项第（C）目第（ⅰ）节下受影响的标准化的不同影响］，以便减少支付费用的总额（由本项引起)，在 1986 年 10 月 1 日之后发生的收费，根据第（5）项第（B）目规定的一笔与估计的支付金额的减少数量相等，这是对《1985 年医疗补助预算调节法修正案》① 第 9104 条的修正的执行，以及《1987 年综合预算调整法》② 第 4003 条第（a）款第（1）项，这两条所导致的，如果第（5）项第（B）目第（ⅱ）节（Ⅱ）次节规定的一个因素（决定时不考虑《1990 年综合性预算调节法》③ 制定的修正）该因素被用来发生于该日期之后的收费，并且代替那项第（ⅱ）节规定的因素。

（D）**计算医院的与诊断有关群体特有的比例。**对于在与诊断有关群体范围内分类的收费，部长应当在财政年度里建立国家 DRG 预期支付率和建立每个地区的地区 DRG 预期支付率，以下是相等的：

（ⅰ）在 2004 财政年度之前的财政年度里，在美国或是地区（分别地）之中的位于大城市的医院，有以下结果：（Ⅰ）对于位于美国或是地区的大城市的医院，一财政年度内，标准数量［根据第（A）目计算，根据第（B）目减少，根据第（C）目调整］的平均值，以及（Ⅱ）对于诊断有关的群体的衡量因素［由第（4）项第（B）目决定］；

（ⅱ）对于 2004 财政年度之前的财政年度里，位于美国或是地区（分别地）的其他地区的医院，其结果为：（Ⅰ）对于位于美国或是地区的其他地区的医院，在一财政年度里，标准数量［根据第（A）目计算，根据第（B）目减少，根据第（C）目调整］的平均值，以及（Ⅱ）对于诊断有关的群体的衡量因素［由第（4）项第（B）目决定］；

（ⅲ）对于开始于 2003 财政年度之后的财政年度里，所有地区的医院，其结果为：（Ⅰ）在一财政年度里，合适的标准数量［根据第（A）目计算，根据第（B）目减少，根据第（C）目调整］，以及（Ⅱ）对于诊断有关的群体的衡量因素［由第（4）项第（B）目决定］。

（E）④ **调整不同地区的工资水平。**

（ⅰ）**总则。**除了第（ⅱ）节的规定，部长应当调整医院成本中可归咎于工资和工资成本的比例（由部长不时来评估），调整根据第（D）目

① 参见《公法》第 99—272 期；《美国联邦法律大全》第 100 编第 157 条。
② 参见《公法》第 100—203 期；《美国联邦法律大全》第 101 编 1330—46 条。
③ 参见《公法》第 101—508 期；《美国联邦法律大全》第 104 编 1388 条。
④ 关于工资指数领域的层面的问题，参见第 2 卷《公法》第 105—33 期，第 4410 条。

计算出的国家和地区 DRG 预期支付比率的比例,对于医院工资水平的地区差异,可以通过一个因素(由部长建立)来反映医院的地理区域内相关医院工资水平,这可以与国家医院工资水平的平均值相比较。不迟于 1990 年 10 月 1 日,到 1993 年 10 月 1 日(从那时以后至少每 12 个月一次),部长应当在部长执行调查的基础上根据先前的判断来更新(在适当的时候更新)该因素,该因素是美国内第(d)款规定的工资与工资成本的因素。不少于每 3 年 1 次,部长(通过调查或是其他)来测量职业种类中职业的收入与付出的工作小时,还应排除由具备相应护士资格提供服务而产生的与工资和工资成本有关的数据。根据本项的规定,在一财政年度(开始于 1991 财政年度)里,任何调整与更新,应以一种方式来确保本款下一个财政年度内的总计支付费用,不多于或不少于那些 1 年内未调整的总计支付费用。如果《2003 年医疗保险处方药、改良和现代化法》①第 403 条第(a)款第(1)项的修正未被执行,那么部长应将先前的判断适用于任何时期。

(ⅱ) **开始于 2005 财政年度,调整替代比例**。对于发生于 2004 年 10 月 1 日的收费,除非本节的运用会导致医院比根据其他规定花较少的费用,否则部长要将第(ⅰ)节第一裁决规定的比例替代为 "62%"。

(4)(A)部长应当通过诊断有关的群体和一个方法论来建立一个医院收取患者费用的分类,以此来区分这些群体中具体医院的收费。

(B)对于每一个与诊断有关的群体,部长应当分配一个合适的衡量因素,使它可以反映相关的医院资源,该被使用的资源是关于分类收费的,该组中的分类收费可以与其他组的分类收费相比较。

(C)(ⅰ)部长应当调整根据第(A)目和第(B)目建立的分类与衡量因素,对于 1988 财政年度的收费和从那以后至少每年一次,来反映治疗模式、技术[包括根据第(5)项第(K)目的新的医疗服务和技术]的变化,和其他的能改变医院资源的相关使用的因素。

(ⅱ)对于 1990 财政年度的收费,部长应对每个与诊断有关群体的衡量因素减少 1.22%。

(ⅲ)根据第(ⅰ)节在一个财政年度里(开始于 1991 财政年度),任何对于收费的调整,应以一种方式来确保本款下一个财政年度内收费的

---

① 参见《公法》第 108—508 期;《美国联邦法律大全》第 117 编第 2265 条。

总计支付费用，不多于或不少于那些一年内收费未调整的总计支付费用。

（ⅳ）【已废除】

（D）（ⅰ）对于发生于 2008 年 10 月 1 日之后的收费，根据本项将要被分配的与诊断有关的群体，就第（ⅱ）节所描绘述的收费，该群体应当不会基于第（ⅳ）节规定的二次诊断代码的出现而导致的更高的支付费用。

（ⅱ）本节描述的收费是指符合下列要求的收费：

（Ⅰ）该收费包括一个根据第（ⅳ）节选出来的一个诊断代码以鉴别该情况，被视为二次诊断。

（Ⅱ）如果没有第（ⅰ）节，收费将被划分为与诊断有关的组里，其将导致基于第（ⅳ）节选择的二次诊断代码的出现而导致的更高的支付费用。

（Ⅲ）在准入的时候，根据第（ⅳ）节选择没有编码。

（ⅲ）作为一家医院的要求要被报告的信息的一部分，该信息是关于个人收费的以使支付费用根据本款而制定，对于发生在 2007 年 10 月 1 日之后的收费，该信息应包括个人入院时的二次诊断。

（ⅳ）不迟于 2007 年 10 月 1 日，部长应选择至少与两个条件符合的诊断编码，每一个编码都要符合下面的所有要求（由部长决定）：

（Ⅰ）根据本编，该编码所描述的病例，有一个高的成本或高容量，或者两者都有。

（Ⅱ）当编码作为二次诊断出现时，该编码会导致将一病例分配给与诊断有关的组织中，使支付费增高。

（Ⅲ）编码描述了可以通过基于证据的指导方针的运用来合理阻止这类情况的发生。

部长可以随时修改（通过加入或删除编码）根据本节选择的诊断编码，只要有诊断编码至少与两个条件相一致，这些条件被选出作为在财政年度内发生的收费条件。

（ⅴ）在根据第（ⅳ）节选择和修改诊断编码时，部长应当与疾病预防与控制中心和其他合适的实体进行协商。

（ⅵ）在根据第（C）目第（ⅰ）节调整衡量因素或是根据第（C）目第（ⅲ）节调节预算平衡时，任何导致本目运用的变化，将不被考虑。

（5）（A）（ⅰ）对于结束于 1997 年 9 月 30 日之前的财政年度内发生

的收费,部长应当对第(d)款规定的医院就与诊断有关的组织中的收费,提供一个附加的支付费用,住院时间超过平均住院时间时、在该组织中收费固定在一定的天数内,或是对超出平均天数设置固定的标准差数额,这二者取较少天数的那个。

(ⅱ)对于第(ⅰ)节没有规定的情况,第(d)款规定的医院可以要求在任何情况下的附加的支付费用,该情况包括费用、调整成本、超过合适的 DRG 预期支付率的固定倍数,或者超出其他固定美元数量,哪一个最多,或者对于开始于 1994 年 10 月 1 日开始的财政年度里的收费,超出了合适的 DRG 预期支付率和根据第(B)目和第(F)目规定的任何应付金额再加上部长决定的固定的美元数量三者之和。

(ⅲ)第(ⅰ)节和第(ⅱ)节规定下的该附加支付费用的数量,由部长决定,也应该[除了根据第(ⅰ)节规定的支付费用被要求减少以考虑第(ⅴ)节的要求]根据第(ⅰ)节和第(ⅱ)节的规定超过合适的分界点,接近护理的边际成本。

(ⅳ)根据本目规定在一个财政年度内收费所要求的附加支付费用的总量,不能超过计划或估算的支付费用的总量的 6%,不能低于 5%,该总量是基于一个财政年度内收费所要求的 DRG 预期支付率确立的。

(ⅴ)部长应当规定:(Ⅰ)1995 财政年度的一天的异常比例应是 1994 财政年度的 75%;(Ⅱ)1996 财政年度的一天的异常比例应是 1994 财政年度的 50%;(Ⅲ)1997 财政年度的一天的异常比例应是 1994 财政年度的 25%。

(ⅵ)为了实现本目的目的,"一天异常比例"是指在一个财政年度内,由部长根据本项就收费制定的总的附加支付费用的百分比,该收费在该财政年度内,根据第(ⅰ)节是附加支付费用。

(B)部长应当为第(d)款规定的医院就医学教育的直接成本提供附加的支付金额,计算金额的方式与条例(1983 年 1 月 1 日生效)下在第(a)款第(2)项下规定的调整成本的方式一致,以下例外:

(ⅰ)该附加的支付费用的数量应是由第(1)项第(A)目第(ⅱ)节第(Ⅱ)次节[或者,如果可适用,数量也可由第(1)项第(A)目第(ⅲ)节来决定]决定的数量的倍数,根据第(A)目第(ⅰ)节规定的具备附加支付费用的情况,以及根据第(A)目决定的支付给医院的数量,以及第(ⅱ)节描述的间接教育调整因素。

（ⅱ）为了实现第（ⅰ）节第（Ⅱ）次节的目的，间接教育调整因素与下列公式相等：c－0A｛〔（1＋r）的 n 次幂〕－1｝，"r"是医院全日制实习生与住院医生的比例，"n"等于 405。遵从于第（ⅸ）节，收费发生：

（Ⅰ）在 1988 年 10 月 1 日之后，1997 年 10 月 1 日之前，"c"是 1.89；

（Ⅱ）在 1998 财政年度，"c"是 1.72；

（Ⅲ）在 1999 财政年度，"c"是 1.60；

（Ⅳ）在 2000 财政年度，"c"是 1.47；

（Ⅴ）在 2001 财政年度，"c"是 1.54；

（Ⅵ）在 2002 财政年度，"c"是 1.60；

（Ⅶ）在 2002 年 10 月 1 日之后，2004 年 4 月 1 日之前，"c"是 1.35；

（Ⅷ）在 2004 年 4 月 1 日之后，2004 年 10 月 1 日之前，"c"是 1.47；

（Ⅸ）在 2005 财政年度，"c"是 1.42；

（Ⅹ）在 2006 财政年度，"c"是 1.37；

（Ⅺ）在 2007 财政年度，"c"是 1.32；

（Ⅻ）在 2007 年 10 月 1 日后，"c"是 1.35。

（ⅲ）在决定该调整时，部长不应当区分那些实习生与住院医生，他们有些是该医院的雇员，有些虽然为医院提供服务，但是不是医院的雇员。

（ⅳ）对发生于 1997 年 10 月 1 日的收费有效，一个实习生或是住院医生在一个非医院的机构实体中，在一项已批准的培训医学实习期中，从事患者护理活动所花费的时间，如果医院承受所有或是大体上所有的为训练课程的成本，那么应当将上述花费的时间考虑在内。

（ⅴ）在决定对于一医院发生于 1997 年 10 月 1 日以后的收费的调整时，一医院或是非医院机构的，在对抗疗法和正骨疗法的医学领域里，全日制的实习生和住院医生的总数不能超过结束于 1996 年 12 月 31 日之前的医院的最近成本报告期间里，该医院全日制的实习生和住院医生的总数（或者，位于农村地区医院的该总数的 130%）。第（h）款第（7）项的规定，应用到本节第一裁决，与其应用到第（h）款第（4）项第（F）目第（ⅰ）节的方式相同。

（ⅵ）为了达到第（ⅱ）节的目的：（Ⅰ）遵从于第（ⅴ）节规定的限制，关于在它的最近成本报告期间里该医院在该期间里可利用的床铺

（由部长来定义），"r"不能超过实习生与住院医生数量之比例；以及
（Ⅱ）开始于 1997 年 10 月 1 日之后的医院成本报告期间，遵从于第
（ⅴ）节和第（ⅳ）节规定的限制，全日制的实习生和住院医生的总数，
应当与成本报告期间和先前 2 个成本报告期间里，全日制的实习生和住院
医生的实际平均值相等。

如果开始于 1997 年 10 月 1 日之后的第一个成本报告期间，第（Ⅱ）次
节要被应用到在期间和先前的成本报告期间里使用平均值。

（ⅶ）对于开始于 1997 年 10 月 1 日之后的成本报告期间，不等于 12
个月，部长应做出适当的修改，以确保依照第（ⅵ）节第（Ⅱ）次节的
规定，全日制的住院实习期的平均值，应基于等效的全 12 个月的成本报
告期间。

（ⅷ）与第（h）款第（4）项第（H）目规则相似的规则，应以实现
第（ⅴ）节和第（ⅵ）节的目的来适用。

（ⅸ）对于发生于 2005 年 7 月 1 日的收费，根据本目，在附加支付费
用的范围内，可归因于对根据第（h）款第（7）项第（B）目的规定的
医院的住院医生比重的再分配，在根据第（ⅱ）节计算间接教学调整因
素时，如果"c"在住院医生比重是 0.66，那么该调整应以一方式来
计算。

（C）（ⅰ）部长应当对根据本款［而不是根据第（9）项］建立的支
付金额规定一些例外和调整，这时部长应适当考虑地区和国家转诊中心
（包括位于农村地区的具有 275 张床以上的医院）的具体需要。根据本条
款，被分为农村医院的该医院可以请求部长将其分为转诊中心，其基础建
立在这样一个标准（由部长建立）：它允许该医院证实它能够被重新分类
的原因是，它经营的某些特点，与位于相同人口地区的典型的城市医院的
特点相似，为了使其被分类为转诊中心，并不要求农村的整骨疗法的医院
要有超过 3000 美元的收入。该特点可能会包括工资、服务范围、服务领
域和混合医学专业。部长应当最迟在 1984 年 8 月 17 日公布标准，并在
1984 年 10 月 1 日执行。根据本节允许提交（以部长规定的形式或是方
式）给部长的该请求，应当在成本报告期间的第一季度之前的那个季度
提交。部长必须在收到该请求之日起 60 日内做出最终决定。任何基于请
求由重新分类而必需的支付费用的调整，都应当在该成本报告期间开始
有效。

（ⅱ）如果一家医院的病例混合指数，等于或是大于在同一地区里位于城市的医院（而不是具有被批准的教学程序的医院）的病例混合指数的中值，部长应当根据第（ⅰ）节来规定作为地区转诊中心的农村医院的分类，要求该医院每年至少收入 5000 美元，如果少于该数，位于一地区的城市的医院［或者对于农村的整骨疗法的医院，应符合部长根据第（ⅰ）节建立的标准，该条款是关于这类医院每年收费的数量的］的收费的中值，应当符合由部长根据第（ⅰ）节建立的任何其他标准[①]。

（D）（ⅰ）在开始于 1990 年 4 月 1 日之后的任何成本报告期间里，对于作为第（d）款规定的唯一的社区医院，根据第（1）项第（A）目的规定，其支付费用应为：（Ⅰ）如第（b）款第（3）项第（C）目定义的那样，在成本报告期间内，基于医院目标金额的 100% 的一个数量；或者（Ⅱ）第（1）项第（A）目第（ⅲ）节决定的数量，它将导致对于医院更大的支付费用。

（ⅱ）对于唯一的社区医院，在与先前的成本报告期间比较的一个成本报告期间内，会经历一个在其患者案例总数超过 5% 的减少，该减少的原因为情况超出控制，根据本款［而不是第（9）项］部长应在其提供患者的医院服务的期间内，规定对于支付金额的调整，以尽可能的完全补偿医院的固定成本，包括维持必要的核心员工和服务的合理成本。

（ⅲ）为了实现本条的目的，"唯一的社区医院"是指以下医院：（Ⅰ）部长决定的该医院与另一医院的距离应大于 35 英里；（Ⅱ）由于一些因素，例如对于一个人旅游时获得最近代替资源里合适的患者护理（与部长发布的标准相一致）、位置、天气情况、旅游条件，或是缺少其他如医院（由部长决定），是患者的医院服务的唯一来源，该服务是在一地理区域内个人，根据第 A 部分授权而合法获得的；或者（Ⅲ）位于农村地区，由部长根据 1997 年 9 月 30 日生效的第 1820 条第（ⅰ）款第（1）项指定的作为一个必不可少的社区医院。

（ⅳ）部长应当公布一个标准来决定一家医院是否符合第（ⅲ）节第

---

① 关于地区转诊中心的扩展规定，参见第 2 卷《公法》第 103—66 期，第 13501 条第（d）款。

关于先前指派的农村转诊中心的持续性治疗，参见第 2 卷《公法》第 105—33 期，第 4202 条第（b）款。

（Ⅱ）次节下规定的，作为唯一社区医院的分类标准，因为它对个人旅游时获得最近的合适的患者护理的替代资源的时间有要求。

（Ⅴ）如果部长决定，对于位于农村地区，由部长根据 1997 年 9 月 30 日生效的第 1820 条第（i）款第（1）项指定的作为一个必不可少的社区医院，该医院已经在一个成本报告期间导致合理成本的增长，结果就是它成为其所在州的农村卫生网［第 1820 条第（d）款定义的］的一员，也导致了该增长，医院会在随后的成本报告期间内增加它的成本，部长应当增加对该导致的增加负责的第（b）款第（3）项第（C）目下规定的医院目标金额。

（E）（i）部长应当估计第 1862 条第（a）款第（14）项描述的服务所要求补偿的金额，该服务的支付是在第（2）项第（A）目里的基本报告期间里根据第 B 部分做出的，并且该支付不再做出。

（ii）部长应当在每一财政年度里对于第（d）款医院的支付规定一个调整方案，以便适当的反映第（i）节描述的净额。

（F）（i）服从于第（r）款，对于发生在 1986 年 5 月 1 日之后的收费，部长应当依照本项，对每一个第（d）款医院规定一个附加支付金额：（Ⅰ）作为低收入［第（Ⅴ）节定义的］的一个显著不成比例的数字；或者（Ⅱ）位于城市地区，有或多于 100 张床，并且能够证明其护理患者的纯税收（不包括任何可归因于本条或是根据第十九编州计划批准的税收），在收费发生的成本报告期间，对于来自州和地方政府的贫困护理超过期间里该患者护理的净税收总值的 30%。

（ii）服从于第（ix）节，每个收费支付的金额应由乘以：（Ⅰ）的根据第（1）项第（A）目第（ii）节第（Ⅱ）次节的规定的金额的总和［或者，如果可以，金额根据第（1）项第（A）目第（iii）节决定，并且对于符合第（A）目第（i）节规定的附加金额的病例，根据第（A）目支付给医院的收费金额；（Ⅱ）通过在收费产生的成本报告期间里，根据第（iii）节或第（iv）节建立起来的调整不成比例的股份百分比]。

（iii）在一个成本报告期间里对于第（i）节第（Ⅱ）次节描述的医院，其调整不成比例的股份百分比应等于 35%。

（iv）在一个成本报告期间，调整不成比例的股份百分比，是对于第（i）节第（Ⅱ）次节未描述的医院和以下医院：（Ⅰ）位于城市的医院并拥有或是超过 100 张床或者第（Ⅴ）节第二句描述的医院，其百分比与第（ⅶ）节描述的依照适用公式规定的百分比相等；（Ⅱ）位于城市的医院并且少于 100 张床，等于 5%，或者遵从于第（ⅹⅳ）节，该收费发生于 2001 年 4 月 1 日之后，与依照第（ⅹⅲ）节规定的百分比相等；（Ⅲ）位于农村地区并且在第（Ⅳ）次节、第（Ⅴ）次节或第（ⅴ）节第二句未描述的医院，百分比为 4%，或是遵从第（ⅹⅳ）节，收费发生在 2001 年 4 月 1 日之后，与依照第（ⅹⅱ）节规定的百分比相等；（Ⅳ）位于农村地区，根据第（C）目被分类为农村转诊中心和根据第（D）目被分类为唯一的社区医院，百分比为 10%，或者如果更大的比例，其百分比与第（ⅷ）节描述的依照适用公式相规定的百分比相等，或者遵从第（ⅹⅳ）节，收费发生在 2001 年 4 月 1 日之后，与依照第（ⅹⅰ）节或第（ⅹ）节规定的百分比相等；（Ⅴ）位于农村地区，根据第（C）目被分类为农村转诊中心，和根据第（D）目没有被分类为唯一的社区医院，其百分比与第（ⅷ）节描述的依照适用公式相规定的百分比相等，或者遵从第（ⅹⅳ）节，收费发生在 2001 年 4 月 1 日之后，与依照第（ⅹⅰ）节规定的百分比相等；或者（Ⅵ）位于农村地区，根据第（D）目被分类为唯一的社区医院，和根据第（C）目没有被分类为农村转诊中心，百分比为 10%，或者遵从第（ⅹⅳ）节，收费发生在 2001 年 4 月 1 日之后，与依照第（ⅹ）节规定的百分比相等。

（ⅴ）在本目中，在一个成本报告期间里，医院"作为低收入患者的显著地不成比例的数目"，如果医院在这段时间有一个不成比例的患者比例［第（ⅵ）节定义］，该比例等于或是超过：（Ⅰ）15%，如果医院位于城市地区并有或是超过 100 张床；（Ⅱ）30%（或是 15%，该收费发生于 2001 年 4 月 1 日之后），如果医院位于城市地区并有或是超过 100 张床，或者医院位于农村地区并根据第（D）目被分类为唯一的社区医院；（Ⅲ）40%（或是 15%，该收费发生于 2001 年 4 月 1 日之后），如果医院位于城市地区并少于 100 张床；或者（Ⅳ）45%（或是 15%，该收费发生于 2001 年 4 月 1 日之后），如果医院位于农村地区并且是第（Ⅱ）次节所未描述的。

（ⅵ）[1] 在本目中，"不成比例的患者百分比"是指关于一个成本报

---

① 关于某些规定的批准和预期适用，参见第 2 卷《公法》第 109—171 期，第 5002 条第（b）款。

告期间里一家医院的,以下数的总和:(Ⅰ)一个分数(被表示为一个百分比),分子是该期间患者住院的天数,该患者(在那些天里)根据本编第 A 部分被赋予利益,并且根据本法第十六编被赋予补充安全的收入利益(不包括任何州的补充),分母是一财政年度里患者住院的天数,该患者(在那些天里)根据本编第 A 部分被赋予利益;以及(Ⅱ)一个分数(被表示为一个百分比),分子是该期间患者住院的天数,该患者(在那些天里)有资格获得根据第十九编州计划批准的医疗救助,但是不包括那些根据本编第 A 部分未被赋予利益的人,分母是该期间患者住院的总天数。

根据第(Ⅱ)次节决定该期间里患者的住院天数是,该患者(在那些天里)有资格获得根据第十九编州计划批准的医疗救助,部长可以在该期间适当决定,对于那些不符合前面资格的患者,但是他们因为接受根据第十一编示范工程批准的利益而被认为符合该资格,对于上述患者的住院天数应包括在内。

(ⅶ)用来决定一个成本报告期间里第(ⅳ)节第(Ⅰ)次节描述的医院,调整不成比例的股份百分比的公式是:

(Ⅰ)该医院的不成比例的患者百分比〔第(ⅵ)节定义的〕大于20.2:

(a)对于发生在 1990 年 4 月 1 日之后的收费,或是在 1990 年 12 月 31 日之前的,(P - 20.2)(0.65) + 5.62;

(b)对于发生在 1991 年 1 月 1 日之后的收费,或是在 1993 年 9 月 30 日之前的,(P - 20.2)(0.7) + 5.62;

(c)对于发生在 1993 年 10 月 1 日之后的收费,或是在 1994 年 9 月 30 日之前的,(P - 20.2)(0.8) + 5.88;

(d)对于发生在 1994 年 10 月 1 日之后的收费,(P - 20.2)(0.825) + 5.88。

(Ⅱ)或者,以下任何其他该种医院:

(a)对于发生在 1990 年 4 月 1 日之后的收费,或是在 1990 年 12 月 31 日之前的,(P - 15)(0.6) + 2.5;

(b)对于发生在 1991 年 1 月 1 日之后的收费,或是在 1993 年 9 月 30 日之前的,(P - 15)(0.6) + 2.5;

(c)对于发生在 1993 年 10 月 1 日之后的收费,(P - 15)(0.65) +

2.5,"P"是指医院的不成比例的患者比例［第（ⅵ）节定义的］。

（ⅷ）遵从于第（ⅹⅳ）节,用来决定在一成本报告期间里第（ⅳ）节第（Ⅳ）次节或第（ⅳ）节第（Ⅴ）次节描述的医院,调整不成比例的股份百分比的公式,是依照下面公式决定的百分比：（P－30）（0.6）＋4.0,"P"是指医院的不成比例的患者比例［第（ⅵ）节定义的］。

（ⅸ）如果收费发生在：

（Ⅰ）在1998财政年度期间,另外根据第（ⅱ）节规定的附加支付金额应减少1%；

（Ⅱ）在1999财政年度期间,该附加支付金额应减少2%；

（Ⅲ）在2000年和2001年期间,该附加支付金额应分别减少3%和2%；

（Ⅳ）在2002财政年度期间,该附加支付金额应减少3%；

（Ⅴ）在2003年及随后的财政年度期间,该附加支付金额应减少0。

（ⅹ）遵从于第（ⅹⅳ）节,为了实现第（ⅳ）节第（Ⅵ）次节的目的（与唯一社区医院有关）,一个成本报告期间里医院的不成比例的患者百分比［第（ⅵ）节定义的］是：

（Ⅰ）小于19.3,调整不成比例的股份的百分比依照以下公式决定：（P－15）（0.65）＋2.5；

（Ⅱ）等于或是超过19.3,但是小于30.0,该调整比例为5.25%；

（Ⅲ）或者,等于或是超过30.0,该调整比例为10%,"P"是指医院的不成比例的患者比例［第（ⅵ）节定义的］。

（ⅹⅰ）遵从于第（ⅹⅳ）节,为了实现第（ⅳ）节第（Ⅴ）次节的目的（与农村转诊中心有关）,一个成本报告期间里医院的不成比例的患者百分比［第（ⅵ）节定义的］是：

（Ⅰ）小于19.3,该调整不成比例的股份的百分比依照以下公式决定：（P－15）（0.65）＋2.5；

（Ⅱ）等于或是超过19.3,但是小于30.0,该调整比例为5.25%；

（Ⅲ）或者,等于或是超过30.0,该调整不成比例的股份的百分比依照以下公式决定：（P－30）（0.6）＋5.25。"P"是指医院的不成比例的患者比例［第（ⅵ）节定义的］。

（ⅹⅱ）遵从于第（ⅹⅳ）节,为了实现第（ⅳ）节第（Ⅲ）次节的目的（与通常小的农村医院有关）,一个成本报告期间里医院的不成比例的患者百分比［第（ⅵ）节定义的］是：（Ⅰ）小于19.3，该调整不成比例的股份的百分比依照以下公式决定：（P－15）（0.65）＋2.5；或者（Ⅱ）等于或是超过19.3，该调整比例为5.25%。"P"是指医院的不成比例的患者比例［第（ⅵ）节定义的］。

（ⅹⅲ）遵从于第（ⅹⅳ）节，为了实现第（ⅳ）节第（Ⅱ）次节之目的（与城市里少于100张床的医院有关），一个成本报告期间里医院的不成比例的患者百分比［第（ⅵ）节定义的］是：（Ⅰ）小于19.3，该调整不成比例的股份的百分比依照以下公式决定：（P－15）（0.65）＋2.5；或者（Ⅱ）等于或是超过19.3，该调整比例为5.25%。"P"是指医院的不成比例的患者比例［第（ⅵ）节定义的］。

（ⅹⅳ）（Ⅰ）对于发生在2004年4月1日之后的收费，遵从于第（Ⅱ）次节，应将第（ⅶ）节（与城市的大医院有关）规定的调整不成比例的股份百分比，替换第（ⅳ）节［而不是第（Ⅰ）次节或第（ⅷ）节］另外规定的调整不成比例的股份百分比。

（Ⅱ）根据第（Ⅰ）次节，对发生于2006年10月1日之后的收费，对于第（C）目下未被分类为农村转诊中心的医院，该医院作为独立医疗保险，第（G）目第（ⅳ）节下的小的农村医院，调整不成比例的股份百分比应不超过12%。

（G）（ⅰ）对于任何开始于1990年4月1日之后、1994年10月1日之前的成本报告期间，或是收费开始于1997年10月1日，2011年10月1日之前，对于第（d）款规定的独立医疗保险、小的农村医院，第（1）项第（A）目下的支付应当等于第（ⅱ）节下规定的数量和第（1）项第（A）目第（ⅲ）节规定的数量之和。

（ⅱ）该数量由本节规定：（Ⅰ）对于收费发生于以成本报告期间的第一条开始的36个月的期间，该成本报告期间开始于1990年4月1日之后，该成本报告期间里［第（1）项第（A）目第（ⅲ）节定义的］医院的目标金额的数量超过第（1）项第（A）目第（ⅲ）节规定的数量；以及（Ⅱ）对于收费发生在随后的任何成本报告期间里（或是成本报告期间的一部分）和1994年10月1日之前，或是收费发生在1997年10月1日之后、2011年10月1日之前，在成本报告期间或是收费发生的财政年度里［第（b）款第（3）项第（D）目定义的］，该医院的目标金额的50%（或是在收费发生在2006年10月1日之后，可以为75%）超过第

（1）项第（A）目第（iii）节下规定的数量。

（iii）对于独立医疗保险的、小的农村医院，在与先前的成本报告期间比较的成本报告期间里，如果该医院因为情况超出其控制，经历了其住院患者案例的总数减少超过 5%，部长应当根据本款［而不是第（9）项］规定调整该支付金额，以尽可能充分补偿医院发生于提供患者的医院服务期间的固定成本，包括维持必要的核心员工和服务的合理成本。

（iv）"独立医疗保险的、小的农村医院"是指关于任何与第（i）节有关的成本报告期间，任何以下医院：（Ⅰ）位于农村地区；（Ⅱ）少于 100 张床；（Ⅲ）未被分类为第（D）目下的唯一社区医院；（Ⅳ）对于不少于其患者的住院天数的 60% 或是收费开始于以 1987 财政年度开始的成本报告期间，或是部长已经有了一个设定的成本报告的最近的严格审核过的成本报告期间的 2/3，这些可归咎与根据第 A 部分授予患者的利益。

（H）部长可以适当地考虑位于阿拉斯加和夏威夷医院的独特情况，来规定对该支付金额的一些调整方案。

（I）（i）部长可以在认为适合的时候根据本款用法规来规定对于该支付金额的其他例外和调整方案。

（ii）根据第（i）节对一个财政年度里的转移病例（由部长定义）做出调整方案时，不考虑第（J）目的影响，部长可以对于第（3）项规定标准金额的每一平均值做出调整，以保证每一财政年度根据本款做出的总计支付数量不大于或不小于该财政年度里制定的其他支付数量。

（J）（i）部长应当视"转移案例"［第（I）目第（ii）节定义的］包括一个合格的收费［第（ii）节规定的］的病例，该案例被分类为第（iii）节描述的与诊断有关组织的范围内，它发生自 1998 年 10 月 1 日之后。对于合格收费的病例，其护理成本的主要部分产生于患者住院期间（由部长规定）的前几天，根据本分项规定的支付金额绝不会超过以下金额的总和：（Ⅰ）根据本款对于转移病例［根据第（I）目第（i）节规定建立的］的支付金额的 50%；以及（Ⅱ）如果没有涉及转移对于合格的收费，根据本款制定的支付金额的 50%。

（ii）为了实现第（i）节的目的，遵从第（iii）节，"合格的收费"是指对来自第（d）款规定的医院的个人的与诊断有关的组织［第

（ⅲ）节描述的〕进行了分类的收费，如果此种收费对于个人：

（Ⅰ）一个医院，或者是医院单位但不是第（d）款规定的医院，其规定了住院患者的服务，被上述两种医院承认为患者；

（Ⅱ）被特护疗养院承认；

（Ⅲ）由家庭健康机构获得了家庭健康服务，如果该服务与个人接受的来自第（d）款规定的医院提供的患者医院服务的条件和诊断有关，而且如果此类服务的提供是在适当的时期（由部长决定）；

（Ⅳ）或者，对于发生在 2000 年 10 月 1 日之后的收费，个人收到的是第（ⅳ）节第（Ⅰ）次节描述的过去的收费服务。

（ⅲ）遵从于第（ⅳ）节，本节描述的与诊断有关的组织是：

（Ⅰ）部长基于被分到该组的收费的高容量和第（ⅱ）节描述的过去收费服务不成比例的使用，在 10 个与诊断有关的组织中选出 1 个；

（Ⅱ）根据第（ⅳ）节第（Ⅱ）次节由部长指定的一个与诊断有关的组织。

（ⅳ）部长应当将 2001 财政年度里根据第（e）款第（5）项第（A）目公布提出的规则，它是对于本目作用的描述。部长可以包括 2001 财政年度或是随后的财政年度里提出的规则〔和根据第（6）项公布的最终规则〕，该描述为（Ⅰ）第（ⅱ）节第（Ⅰ）次节、第（Ⅱ）次节和第（Ⅲ）次节未规定的过去的收费服务，该服务的收入导致了一个合格的收费；以及（Ⅱ）第（ⅲ）节第（Ⅰ）次节规定的与诊断有关的组织，除了根据本条款选出的 10 个外。

（K）（ⅰ）对于收费生效开始于 2001 年 10 月 1 日之后，部长应当建立一个机制来识别新的医疗服务的成本和根据本款建立的支付系统下的技术。该机制应当建立在通知和为公众提供评论〔在一个财政年度或是其他由第（e）款第（5）项要求地出现在出版物里〕机会之后。该机制应当修改以符合第（ⅷ）节的要求。

（ⅱ）依照第（ⅰ）节建立该机制应当：

（Ⅰ）适用新的医疗服务或是技术，如果有，应基于涉及该服务或是技术的成本所致的估计成本，诊断病症类别组的预期支付率另外适用于本分项下的该收费，是不充足的〔适用部长指定的临界值，其小于标准金额（增长以反映成本与费用之间的区别）的 75%，或是对于涉及的与诊断有关的组织的一个标准误差的 75%〕；

（Ⅱ）在一定期间规定关于第（Ⅰ）次节规定的新的医疗服务或是技术的成本的数据收集，该期间不少于 2 年不多于 3 年，其开始于一患者的住院代码发行之日，该代码是关于服务或是技术的；

（Ⅲ）规定根据本款指定的附加支付费用，与涉及第（Ⅰ）次节描述的新的医疗服务或是技术的收费，该收费发生在第（Ⅱ）次节规定的期间里，在金额上充分反映了该服务或技术的估计的平均成本；

（Ⅳ）规定涉及该服务或是技术的收费发生在第（Ⅱ）次节规定的关闭时期之后，该收费会被分到一个新的或现存的与诊断有关的组织，以第（4）项第（B）目下权重因数来分类，该权重因数来自关于发生在该期间的收费所收集的成本数据。

（ⅲ）为了实现第（ⅱ）节第（Ⅱ）次节的目的，"住院患者代码"是指任何与根据本款制定的住院患者服务的支付有关的代码，和包括根据《国际疾病分类临床法修正案》第九次修正（"ICD－9－CM"）和接下来的修正。

（ⅳ）为了实现第（ⅱ）节第（Ⅲ）次节的目的，"附加支付"是指对第（ⅱ）节第（Ⅰ）次节描述的一项新医疗服务或是技术的收费，该数量超过预期支付率，而不是根据本款对于涉及本目未规定的该服务或是技术的合适的收费。

（ⅴ）根据第（ⅱ）节第（Ⅲ）次节对于附加支付的要求要通过以下方式满足：一个新的技术组［第（L）目描述的］，一个追加的支付，一个支付调整方案，或是任何类似的机制以增加其他本款规定的应付费用的数量。部长对于该服务和技术的附加支付，不需要建立一个独立的收费计划表，通过 1834 条第（a）款或第（h）款建立的方法论来决定该附加支付的数量，或是通过类似的机制或方法论。

（ⅵ）为了实现本目和第（L）目的目的，如果服务或是技术符合部长在通知和给予公众评论机会之后制定的标准，那么该服务或是技术将会被认为是一个"新的技术或是服务"。

（ⅶ）根据本目的机制，部长应当在每年 4 月 1 日规定增加新的诊断和程序代码，但是增加该代码只有到自那日之后开始的财政年度，才可以要求部长调整支付（或者与诊断有关的组织分类）。

（ⅷ）依据第（ⅰ）节建立的机制，在被提议的规则公布之前，对于关于一个新的服务或是技术是否代表在一个医疗技术的进步以实质性的提高，根据第 A 部分授予个人利益里的诊断或是治疗，应被调整以对上面予以规定，如下：

（Ⅰ）部长应当周期性的公布所有服务和技术的一个列表，这些应用于本目下的附加支付是未决定的。

（Ⅱ）部长应当接受评论、建议和来自公众关于该服务或技术是否代表一个实质性增长的数据。

（Ⅲ）部长应当规定一个会议以供代表医院、医师、个人、制药商和其他利益方的组织可以提供评论、建议，以及由医疗保险和医疗补助计划服务中心的临床工作人员以及关于该服务或是技术是否代表一个实质性的增长的数据。

（ⅸ）在根据本目建立任何与一个新技术有关的追加支付，部长应当寻求识别一个或是更多的与该技术有关联的与诊断有关的组织，基于类似的临床或是解剖学的特点和技术的成本。在这些组织里部长应当将符合条件的新技术分配给一个护理成本平均值最接近使用新技术的护理成本的一个与诊断有关的组织。关于该新技术根据本目不应制定追加支付并且本节不能影响第（4）项第（C）目第（ⅲ）节的应用。

（L）（ⅰ）在根据第（K）目建立机制时，部长可以建立新的技术组织，在这些组里一个新的医疗服务或是技术，将基于关于设计该服务或技术的收费引起的估算的成本平均值来被分类，如果诊断病症类别组的预期支付率而不是适用于本款项下的收费是不充分的。

（ⅱ）这些组：（Ⅰ）不应当基于与特殊新的医疗服务或技术的有联系的成本；但是（Ⅱ）应当，与合适的标准的数量和根据第（4）项第（B）目被分配给该组的权重因数，反映部长决定的该大量成本是适当的，对于所有新的医疗服务和技术可能被认为一个财政年度里的患者的医院服务。

（ⅲ）根据第（4）项第（A）目对于一个与诊断有关的组内将特殊医院收费分类的方法论或是一个新的技术组应规定一个特殊的医院收费，其将不被分类在一个与诊断有关的组里和一个新的技术组。

（6）部长应当在《联邦规章》里，在每个财政年度（开始于 1984 财政年度）4 月 1 日之前，规定公开对于方法论和根据本款用来计算调整的 DRG 预期支付率的数据，包括第（e）款第（1）项第（B）目要求任何调整方案。

（7）根据第 1878 条应当没有行政或是司法审查或是其他的：

（A）决定该要求，或是成比例的数量，或是依照第（e）款第（1）项实现了的任何调整，或是根据第（12）项第（A）目第（ⅱ）节决定何时的百分比增长；

（B）建立与诊断有关的组织，建立用来在组里收费分类的方法和根据第（4）项在该组收费分类的合适权重因数，包括根据第（4）项第（D）目对于代码的挑选和修正。

（8）（A）在 1983 年 4 月 20 日之后的任何时间，对于任何一个地区，该地区被从城市到农村地区重新分类，在最初两个成本报告期间里该重新分类是有效的，对于这样的医院的支付应当做如下规定：

（ⅰ）对于第一个该成本报告期间，支付应当与基于农村分类该成本报告期间里支付给该医院的数量相等，再加上一个与以下数额的 2/3（如果有）相等的数量：（Ⅰ）基于城市分类该成本报告期间里支付给该医院的数量；超过（Ⅱ）基于农村分类该成本报告期间里支付给该医院的数量。

（ⅱ）对于第二个该成本报告期间，支付应当与基于农村分类该成本报告期间里支付给该医院的数量相等，再加上一个与以下数额的 1/3（如果有）相等的数量：（Ⅰ）基于城市分类该成本报告期间里支付给该医院的数量；超过（Ⅱ）基于农村分类该成本报告期间里支付给该医院的数量。

（B）（ⅰ）为了实现本款的目的，部长应当将一个位于一个乡村的邻近一个或是更多的城区，视为位于城市大城市统计区域，该区域有最多的乡村里的工人，如果根据大城市统计区域（和对于指派新英格兰乡村大城市区域）指派的标准，乡村被另外认为是一个城市的一部分，如果通勤率被用来决定边远的乡村（或是，对于新英格兰，类似公认的地区）在以下基础上被决定：定居工人通勤到（和，如果根据标准可适用，来自）中心乡村或是所有邻近的大城市统计区域（或是新英格兰乡村大城市区域）的总数。

（ⅱ）本节在财政年度描述的标准开始于一个财政年度：（Ⅰ）2003 财政年度之前，1980 年 1 月 3 日的《联邦公报》公布的标准，或者 2001 和 2002 财政年度医院的选择出的 1990 年 3 月 30 日公布的标准；以及（Ⅱ）在 2002 财政年度之后，基于最近可用的 10 年人口数据，由管理和预算办公会主任在《联邦公报》中发布的标准。

第（C）目和第（D）目不能应用于第（Ⅰ）次节的适用。

（C）（ⅰ）如果运用第（B）目，或是以医疗保险地区分类审查委员会的决定或部长根据第（10）项的决定，通过将位于农村地区或是乡村的医院视为位于城市的医院，或是通过将位于一个城市地区的医院视为位于另一个城市的医院：（Ⅰ）对于位于城市的医院（根据本款应用）减少其工资指数 1 个百分点或是更少，部长在根据本款计算该工资指数时，应当排除那些已治疗的医院；或者（Ⅱ）对于位于城市的医院减少其工资指数超过 1 个百分点（根据本条款应用），部长应当根据本款分别对位于该城市地区的医院（排除所有已治疗的医院）和治疗的医院（如果该医院坐落在这样的城市的区域）计算和应用该工资指数。

（ⅱ）如果运用第（B）目，或是以医疗保险地区分类审查委员会的决定或部长根据第（10）项的决定，通过将位于农村地区或是乡村的医院视为一个州的不是位于农村地区的医院，减少那个农村地区的工资指数（根据本款应用），部长应当根据本款计算和应用该工资指数，如果该已经治疗的医院还没有被排除在对农村地区医院工资指数的计算范围内。

（ⅲ）如果运用第（B）目，或是以医疗保险地区分类审查委员会的决定或部长根据第（10）项的决定，不会导致任何乡村的工资指数的减少到一个对于乡村所在的位于州的农村地区的一个低水平的工资指数。

（ⅳ）如果运用第（B）目，或是以医疗保险地区分类审查委员会的决定或部长根据第（10）项的决定，不会导致一个城市的工资指数的减少，如果：（Ⅰ）城市地区有一个工资指数低于位于州的农村地区的工资指数；或者（Ⅱ）位于一州的城市地区，该州由一个单一的城市地区组成。

（ⅴ）本目应当适用于发生于一个财政年度里的收费，只要部长使用一个方法来对于 DRG 预期支付率做出调整，基于大城市统计区域分级的使用，反映在一财政年度根据第（3）项第（E）目医院工资水平的地区差异。

（D）部长应当根据第（3）项决定的标准金额进行成比例的调整，以确保第（B）目和第（C）目的规定或是以医疗保险地区分类审查委员会的决定或部长根据第（10）项的决定，不会导致本条下的总计支付超过或少于其他将制定的支付①。

（E）（ⅰ）为了实现本款的目的，在收到来自第（ⅱ）节描述的第（d）款医院的应用收据（由部长决定形式和方式）之后不迟于60天，部长应当将该医院视为位于州的农村地区［第（2）项第（D）目定义］，该医院位于该州里。

（ⅱ）为了实现第（ⅰ）节的目的，本节描述的第（d）款医院是一个位于城市地区的第（d）款医院［第（2）项第（D）目定义］，并满足以下任一标准：

（Ⅰ）医院位于大城市人口统计地区的一个农村普查区［根据《哥尔斯密修正》的最新修正，于1992年2月27日最初公布于《联邦公报》（《联邦公报》第57卷第6725页始）］。

（Ⅱ）该医院位于该州的任何法律或法规指定的一区域为农村地区（或是由该州指定为农村医院）。

（Ⅲ）医院应当符合第（5）项第（C）目规定的一个农村、地区或是国家的转诊中心的资格，或是如果医院位于一个农村地区符合第（5）项第（D）目规定唯一社区医院。

（Ⅳ）医院符合部长可能详细说明的其他标准。

（9）（A）尽管有第1814条第（b）款，但是依照第1813条的规定，关于第（d）款的波多黎各医院患者住院收费的患者住院服务的运营成本的支付金额，与以下总和相等：

（ⅰ）波多黎各的合适的波多黎各百分比［第（E）目详细规定］调整对于该收费的DRG预期支付率。

（ⅱ）合适的联邦百分比［第（E）目详细规定］。

（Ⅰ）收费开始于一个开始于1997年10月1日之后，2003年10月1日之前的财政年度，收费加权平均值是：（aa）国家调节位于大城市地区的医院的DRG预期支付率［由第（3）项第（D）目决定］，（bb）位于其他城市地区的医院的该支付率，（cc）位于农村地区的医院的该支付率，对于该收费，根据第（3）项第（E）目规定的方式调整不同地区的工资水平；

----

① 本条的规定将应用到农村转诊中心的重新分类。参见第2卷《公法》第105—33期，第4202条第（b）款第（2）项。

（Ⅱ）对于开始于 2003 年 10 月 1 日之后的一个财政年度的收费，对于位于任何地区的医院该项收费的第（3）项第（D）目第（ⅲ）节下国家 DRG 预期支付率，根据第（3）项第（E）目规定的方式调整不同地区的工资水平。

正如本条使用的，"第（d）款的波多黎各医院"是指一个位于波多黎各的医院并且如果它位于 50 个州之一将成为第（d）款的医院［第（1）项第（B）目定义］。

（B）部长应当决定一个波多黎各已调整的 DRG 预期支付率，对于 1988 财政年度里每一个住院患者医院收费，涉及第（d）款波多黎各医院的住院患者医院服务，该支付根据本编第 A 部分制定。该支付率应由位于波多黎各里的城市或农村地区的医院决定，方法如下：

（ⅰ）部长应当决定开始于 1987 财政年度的成本报告期间里该医院的目标金额［由第（b）款第（3）项第（A）目定义］，并通过按比例分配合适的百分比增长［第（b）款第（3）项第（B）目定义的］来更新 1988 财政年度的金额至中点，来增加该金额。

（ⅱ）部长应将根据第（ⅰ）节决定的金额通过以下方式标准化：（Ⅰ）排除对于间接医疗教育成本的估计；（Ⅱ）通过地区医院工资水平的平均值来调整医院中间的变种；（Ⅲ）调整医院中病例分类的变种；以及（Ⅳ）排除对于第（D）目第（ⅲ）节（与不成比例的股份支付有关）规定的某些第（d）款波多黎各医院的附加支付的估计。

（ⅲ）部长应当计算的根据第（ⅱ）节决定的关于位于一个城市地区的所有医院和位于一个农村地区的所有医院［该术语由第（2）项第（D）目定义］的标准金额的收费加权平均值。

（ⅳ）部长应当以一定比例来减少标准金额的平均值，该比例与第（D）目第（ⅰ）节描述的附加支付（与异常支付有关）即本项下的支付金额的比例（由部长估计）相等。

（ⅴ）对于位于一个城市或农村地区的医院，在与诊断有关的组织里对每一个收费分别地分类，部长应当建立一个波多黎各医院的 DRG 预期支付率等于以下的产出：（Ⅰ）分别位于城市或农村地区的医院的标准金额的平均值［根据第（ⅲ）节计算和根据第（ⅳ）节减少］；（Ⅱ）与诊断有关组织的权重因素［根据第（4）项第（B）目规定］。

（ⅵ）部长应当调整可归因与工资和与工资有关的医院成本的比例

（由部长随时估计），调整根据第（v）节关于医院工资水平的地区差异计算的波多黎各 DRG 预期支付率的比例，该工资水平的地区差异通过一个因数（由部长建立）来反映医院地理区域里的相关医院工资水平与波多黎各工资水平平均值比较。

（C）部长应当决定一个波多黎各已调整的 DRG 预期支付率，对于 1988 财政年度里每一个住院患者医院收费，涉及第（d）款波多黎各医院的住院患者医院服务，该支付根据本编第 A 部分制定。该支付率应由位于波多黎各里的城市或农村地区的医院决定，方法如下：

（i）部长的计算位于城市地区医院的标准金额的平均值，和位于农村地区的医院的其平均值与根据第（B）目第（ⅲ）节或是本条款的先前财政年度里计算出相关标准金额的平均值，该平均值随着第（b）款第（3）项第（B）目规定的合适百分比的增长而在 1989 财政年度增长，在随后的财政年度里调整以与部长根据第（e）款第（4）项做出的最后决定一致，并且调整其一反映最近的可用的病例分类数据。

（ⅱ）部长应当对于每一标准金额的平均值减少一定比例，该比例与第（D）目第（i）节描述的附加支付（与异常支付有关）的本项下的支付金额的比例（由部长估计）相等。

（ⅲ）对于位于一个城市或农村地区的医院，在与诊断有关的组织里对每一个收费分别地分类，部长应当建立一个波多黎各医院的 DRG 预期支付率等于以下的产出：（Ⅰ）分别位于城市或农村地区的医院的标准金额的平均值［根据第（ⅲ）节计算和根据第（ⅳ）节减少］；（Ⅱ）与诊断有关组织的权重因素［根据第（4）项第（B）目规定］。

（ⅳ）（Ⅰ）部长应当调整可归因与工资和与工资有关的医院成本的比例（由部长随时估计），调整根据第（v）节关于医院工资水平的地区差异计算的波多黎各 DRG 预期支付率的比例，该工资水平的地区差异通过一个因数（由部长建立）来反映医院地理区域里的相关医院工资水平与波多黎各工资水平平均值比较。第（3）项第（E）目第（i）节第二句话和第三句话应当根据本节应用到第（d）款波多黎各医院，同他们应用到该项下的第（d）款医院的方式相同，为了实现本节的目的，本项中任何涉及第（d）款医院的被视为涉及第（d）款波多黎各医院。

（Ⅱ）对于发生于 2004 年 10 月 1 日之后的收费，部长应当用"62%"替代第（i）节第一句里描述的比例，除非本次节的应用会导致一个比其他另外制定的对于医院较低的支付。

（D）接下来第（5）项的规定将应用到第（d）款波多黎各医院根据本项接受支付，其方式在某种程度上同他们应用到第（d）款医院根据本款接受支付相同：

（ⅰ）第（A）目（与异常支付有关）。

（ⅱ）第（B）目（与直接医疗教育成本的支付有关），除了为了这一目的本段第（A）目据顶的金额和根据本项第（ⅰ）节的支付给医院的金额的总和，应当替换第（5）项第（B）目第（ⅰ）节第（Ⅰ）次节涉及的总和。

（ⅲ）第（F）目（与不成比例的支付有关），除了为了这一目的本项第（ⅱ）节描述的总和应当替代第（5）项第（F）目第（ⅱ）节第（Ⅰ）次节涉及的总和。

（ⅳ）第（H）目（与例外与调整方案有关）。

（E）为了达到第（A）目的目的，收费发生在：

（ⅰ）1987年10月1日之后，1997年10月1日之前，可适用的波多黎各比例为75%，可适用的联邦比例为25%；

（ⅱ）1997年10月1日之后，2004年4月1日之前，可适用的波多黎各比例为50%，可适用的联邦比例为50%；

（ⅲ）2004年4月1日之后，2004年10月1日之前，可适用的波多黎各比例为37.5%，可适用的联邦比例为62.5%；

（ⅳ）2004年10月1日之后，可适用的波多黎各比例为25%，可适用的联邦比例为75%。

（10）①（A）据此建立的医疗保险地区分类审查委员会（在本项下文中称为"委员会"）。

（B）（ⅰ）委员会应当由部长任命的5名成员组成，不考虑《美国法典》第5编的规定，调整在竞争服务中的任命。该成员中的2名应当代表第（2）项第（D）目下位于农村地区的第（d）款医院。至少有1名成员在分析住院患者的医院服务规定的成本领域具有知识。

（ⅱ）部长应当在本项执行之后的180天内根据本项的规定，对委员

---

① 关于允许医院减少重新分类，参见第2卷《公法》第103—33期，第13501条第（e）款第（2）项。

会做出最初任命。

(C) (ⅰ) 部长应当考虑任何第 (d) 款医院的应用，要求部长改变医院的地理分类以实现一个财政年度决定的目的：(Ⅰ) 第 (2) 项第 (D) 目下的医院标准金额的平均值；或者 (Ⅱ) 用于调整 DRG 预期支付率的工资水平的地区差异因素，其应用于第 (3) 项第 (E) 目下的医院。

(ⅱ) 要求改变第 (ⅰ) 节下的地理分类的医院，应当主张其对于委员会的适用，不迟于结束于先前财政年度的 9 月 30 日的 13 个月期间的第一天。

(ⅲ) (Ⅰ) 部长应当提出一关于第 (ⅰ) 节规定的提交该申请的决议，时间不迟于第 (ⅱ) 节规定的最后期限后的 180 天。

(Ⅱ) 委员会的申请决议应当遵从《美国法典》第 5 编第 557b 条的规定。部长应当不迟于该申请提交之后的 90 天内对申请做出决定。部长的决定是最终决定，不须遵从于司法审查。

(D) (ⅰ) 部长应当公布指导方针，以为部长用来提交关于本项规定的申请的决议，应当包括以下指导方针：

(Ⅰ)① 对于比较工资的指导方针，在医院被分类的地区和医院被用来被分类的地区考虑（在某种程度上部长适当决定）职业混合。

(Ⅱ) 指导方针用来决定医院所在的乡村是否应被视为特别的大城市人口统计区。

(Ⅲ) 指导方针用来考虑一个申请者提供的信息，关于医院地理分类的作用，以使医疗保险的受益人获得住院患者的医院服务。

(Ⅳ) 指导方针用来考虑用来定义新英格兰县的大城市地区的标准的合适性。

(ⅱ) 尽管有第 (ⅰ) 节，部长使用一方法用来对第 (3) 项第 (E) 目下的医院工资水平的地区差异的 DRG 预期支付率做出调整，其并不是基于使用大城市人口统计地区分类，部长应当修改根据第 (ⅰ) 节公布的指导方针，以致该指导方针被用来决定该地理区域的合适性，医院因为做出该调整的目的而被决定位于该地理区域。

(ⅲ) 部长根据第 (ⅰ) 节公布的指导方针，对于被部长分为第

---

① 关于不成比例的大医院的地理重新分类，参见第 2 卷《公法》第 103—33 期，第 4409 条第 (a) 款。

(5) 项第 (C) 目下的农村转诊中心，委员会不能基于医院计时工资的平均值与医院所在地区的计时工资的平均值之间的任何比较，来拒绝根据本项下医院的适用。

（iv）部长应当在 1990 年 7 月 1 日公布第（ⅰ）节描述的指导方针。

（v）委员会重新分类第 (d) 款医院的任何决定，其目的是第 (C) 目第（ⅰ）节第（Ⅱ）次节描述的调整系数在 2001 财政年度或是任何随后的财政年度里，将对一个为期 3 个财政年度有效，除了部长应当建立程序，根据该程序第 (d) 款医院可以选择在该期间结束前终止该重新分类。

（vi）该指导方针应当规定，在 2003 财政年度和任何接下来的财政年度里为了第（v）节描述的目的对于重新分类的适用做出决定的过程中，部长应当基于医院计时工资的平均值与医院位于一地区的计时工资的平均值的比较：（Ⅰ）来自部长最近公布的医院工资测量数据（该数据被医院用来重新分类）的医院计时工资金额的平均值，和两个随后的调查中的一个的该金额，这两者的平均值；以及（Ⅱ）来自部长最近公布的该地区的医院工资测量数据（该数据被医院用来重新分类）的医院计时工资金额的平均值，和两个随后的调查中的一个的该金额，这两者的平均值。

（E）（ⅰ）部长应当拥有完全的权力和权威来制定规则和建立程序，与部长的规章或是本编的规定不一致，比较后恰当的来执行本项规定。在任何庭审过程中，委员会可以进行宣誓、发表主张。第 205 条第 (d) 款和第 (e) 款的关于传唤的规定，应当适用于委员会，其程度与该规定在二编中适用于部长的程度相当。

（ⅱ）委员会被授权从事该技术援助和按要求接受信息以实现其职能，另外，部长应当在委员会按要求实现其职能时，使部长的、办事员的和其他的援助对于委员会可适用。

（F）（ⅰ）委员会的每个成员，不是联邦政府的官员或雇员，应当根据《美国法典》第 5 编第 5332 条的规定，对于一般日程安排的第 18 级安排描述的基本支付的年利率的每日等价物，以以上的比例得到补偿，对于每一天（包括旅游时间）该成员应致力于委员会义务的执行。使联邦政府的官员或雇员的委员会的成员，将不能得到补偿，除了其作为联邦政府的官员或雇员的服务收到的支付。

（ⅱ）当远离他们的家或是参与进行委员会的公务场合时，委员会的成员应当报销差旅费，包括每日生活费，其比例根据《美国法典》第5编第57条第1子条的规定授予代理机构的雇员①。

（11）**管理式医疗的参加中的附加支付。**

（A）**总则。** 对于发生于1998年1月1日之后的成本报告期间的一部分来说，部长应当规定一个附加支付金额，对于拥有一个批准的医疗居住权培训计划的第（d）款医院的每一合适的收费。

（B）**可适用的收费。** 为了实现本项的目的，"合适的收费"是指任何涉及的个人在一个风险之下的收费。根据第1876条与符合减税条件的组织签订合同，该个人根据第A部分被授予利益或是根据第C部分登记在医疗保险＋选择组织的任何个人。

（C）**决定金额。** 根据本项关于可适用的收费的支付金额应当与每个收费的估计的平均值的合适百分比［第（h）款第（3）项第（D）目第（ⅱ）节定义的］相等，如果个人未按照第（B）目描述的被登记，那么该收费金额就会被另外支付。

（D）**根据偿还系统对于医院的特殊规则。** 部长应当建立规则对于适用第1814条第（b）款第（3）项授权的偿还系统来对本项医院的偿还，如果它根据本条未被偿还，那么其方式与它适用于医院的方式相同。

（12）**对于低容量的医院的支付调整。**

（A）**总则。** 除了根据本条计算的对第（d）款医院的任何支付，该收费发生自一个财政年度里（开始于2005财政年度），部长应当对于每个低容量医院［第（C）目第（i）节定义的］发生在一个财政年度里的收费，规定一个附加支付金额，其与根据本条就该收费（不考虑本项来决定）付给该医院的金额的合适的比例增长［第（B）目来决定涉及的医院］相同。

（B）**合适的百分比增长。** 部长为了实现第（A）目的目的应当决定一个合适的百分比增长，方法如下：

（i）部长应当决定第（d）款医院的经验关系，在该医院的标准病

---

① 关于某些医院的特殊规则，参见第2卷《公法》第100—203期，第4003条第（d）款；关于计算某些医院的临床医院工资指数，参见第4004条第（b）款。

例成本和该医院收费总数之间，和与收费金额有关的增量成本（如果有）的金额。

（ⅱ）合适的比例增长应当取决于该关系以一种方式反映出来的、基于第（d）款医院该收费的数量，该附加增量成本。

（ⅲ）合适的比例增长不得超过 25%。

（C）**定义**。

（ⅰ）**低容量医院**。为了实现本项的目的，"低容量医院"是指在一个财政年度，部长决定的医院位于离另一个第（d）款医院超过 25 英里的第（d）款医院，且在财政年度里有少于 800 美元的收费。

（ⅱ）**收费**。为了实现第（B）目和第（ⅰ）节的目的，"收费"是指一个住院患者的紧急护理的个人收费，不考虑其是否根据第 A 部分被授予利益。

（13）（A）为了识别地理区域里的通勤模式，部长应当建立一个程序通过适用或是其他的工资指数的增长，根据第（3）项第（E）目适用于第（B）目规定的位于合格的乡村的第（d）款医院，根据第（D）目计算的金额是基于住在县区迁移出医院的雇员，签到工资指数更高的地方。

（B）部长应当基于第（A）目规定的外出迁移和工资指数的差异，对于合格的县区根据本目建立标准。根据该标准，使用那些部长认为合适的数据，部长应当建立：

（ⅰ）一个由部长建立，对于涉及的较高工资指数地区的地区工资指数的加权平均值的临界比例；

（ⅱ）对于一个或是很多较高工资指数的地区，外出迁移的最小临界值（不小于 10%）；

（ⅲ）要求位于合格县区的医院的计时工资的平均值等于或是超过该合格县区的平均值。

（C）为了实现本项的目的，"较高工资指数地区"是指一个县区，该地区的工资指数超过该县区的。

（D）一个合格县区其第（A）目下的工资指数的增长，应当与居住在合格县区的医院雇员的百分比相等，这些雇员被雇在任何较高的工资指数地区，乘以产品总数，对于每一个较高的工资指数地区：

（ⅰ）二者之间的不同：（Ⅰ）该较高工资指数地区的工资指数，以及（Ⅱ）合格县区的工资指数；

（ⅱ）对于雇员被雇在较高工资指数地区，居于合格县区的医院雇员的数量，除以位于合格县区的医院的雇员的总数。

（E）本项的程序应是基于医疗保险地区分类审查委员会根据第（10）项使用的程序。部长在认为适当的时候执行该程序，部长可以要求医院［包括第（d）款医院和其他医院］和重点医院，根据第 1866 条第（a）款第（1）项第（T）目的要求，提交关于居民居住的数据，或是部长可以使用来自其他资源的数据。

（F）根据本项一个工资指数的增长应当在 3 个财政年度期间有效，除了部长应当建立一些程序，根据其第（d）款医院可以选择放弃该工资指数增长的适用。

（G）根据本项在一定期间内，一个县区医院的工资指数有一个增长，并且尚未放弃适用第（F）目下的该增长，其在该期间对于第（8）项或第（10）项下的重新分类是不合格的。

（H）对于一个县区根据本项工资这指数的任何增长将不被考虑为了以下目的：（ⅰ）计算乡村所在的工资指数地区（不包括县区）的部分工资指数；或者（ⅱ）对于第（8）项第（D）目下的该指数，适用任何预算中立进行调整。

（I）第（B）目描述的临界值，根据本项医院雇员所使用的数据，根据第（E）目里描述的程序部长的任何决定，应该但是最终并不遵从司法审查。

（e）（1）（A）对于开始于 1984 或 1985 财政年度的医院的成本报告期间，部长应当在合适的百分比增长中规定该成比例的调整［其他适用于第（b）款第（3）项第（B）目的期间］作为必要以确保：（ⅰ）第（d）款第（1）项第（A）目第（ⅰ）节第（Ⅰ）次节规定一财政年度了医院［排除第 1866 条第（a）款第（1）项第（F）目下规定的支付］的患者住院服务的运营成本，另外规定的支付总额不得大于或是小于（ⅱ）支付金额的目标百分比［第（d）款第（1）项第（C）目定义］，对于一个财政年度可以根据本条下那些相同的医院的支付该服务，在《1983 年社会保障法修正案》[①] 执行日之前生效［排除第 1866 条第（a）

[①] 1983 年 4 月 20 日（《公法》第 98—21 期；《美国联邦法律大全》第 97 编第 65 条）。

款第（1）项第（F）目规定的支付］；除了根据本目制定的调整应当仅适用到第（d）款医院，不能为了根据第（d）款第（2）项第（B）目第（ⅱ）节或是第（d）款第（3）项第（A）目进行估算这一目的来适用。

（B）发生于1984或1985财政年度的收费，部长应当根据第（d）款第（2）项第（F）目和第（d）款第（3）项第（C）目的内容规定在每一标准金额的平均值中做出等比例的调整，该标准金额是在一财政年度里另外计算出的，以必要确保：（ⅰ）第（d）款第（1）项第（A）目第（ⅰ）节第（Ⅱ）次节和第（d）款第（5）项的另外规定的支付金额总数，其是在一个财政年度里医院住院患者服务的运营成本［排除第1866条第（a）款第（1）项第（F）目制定的支付］，不多于或是少于（ⅱ）支付金额的DRG比例［第（d）款第（1）项第（C）目中定义的］，对于一个财政年度可以根据本条下那些相同的医院的支付该服务，在《1983年社会保障法修正案》①　执行之日之前生效［排除第1866条第（a）款第（1）项第（F）目规定的支付］。

（C）发生于1988财政年度的收费，部长应当根据第（d）款第（3）项的内容规定在每一标准金额的平均值中做出等比例的调整，该标准金额是在一财政年度里另外计算出的，以必要确保：（ⅰ）根据第（d）款第（1）项第（A）目第（ⅲ）节，第（d）款第（5）项，和第（d）款第（9）项规定在一财政年度里对于第（d）款医院和第（d）款波多黎各医院的患者的住院服务的运营成本，另外规定支付金额总额：不多于或是少于（ⅱ）应支付一财政年度里同种医院的该种服务的支付金额，而不是《1986年综合预算调整法修正案》②　第9304条执行。

（2）【已废除③】

（3）【已废除④】

（4）（A）考虑到委员会的推荐，部长应当在每一财政年度（开始于1988财政年度）推荐一个合适的改变系数，对于该财政年度里患者住院服务的收费，考虑到提供有效的好质量的必要合适的医疗护理所必需的金

---

①　1983年4月20日（《公法》第98—21期；《美国联邦法律大全》第97编第65条）。

②　《公法》第99—509期；《美国联邦法律大全》第100编1985条。

③　《公法》第105—33期，第4022条第（b）款第（1）项第（A）目第（ⅰ）节；《美国联邦法律大全》第111编第354条。

④　《公法》第109—432期；《美国联邦法律大全》第120编第2983条。

额。合适的调整系数可能对所有这些医院不同：大城市第（d）款医院、其他城市的第（d）款医院、城市第（d）款波多黎各医院、农村第（d）款医院和农村第（d）款波多黎各医院，和所有其他医院和根据第（d）款未被支付的单位，并且可能在这些医院和单位中不同。

（B）除了根据第（A）目推荐之外，部长应当考虑委员会根据第（2）项第（B）目提出的建议，在本编中现存的偿还政策中推荐在一财政年度（开始于1992财政年度）里其他合适的调整，根据该编支付给机构的金额基于分别决定的比例。

（5）部长应当在《联邦公报》中公布，时间不迟于：

（A）每个财政年度（开始于1986财政年度）之前的4月1日，部长根据第（4）项提出一个建议，在该财政年度为公众提供评论的机会；

（B）每个财政年度之前的4月1日，在考虑提议的公众评论在可用时间内是可行的，部长应当在那年根据该项做出最后推荐。

部长应当包括第（A）目涉及的出版物，在一财政年度里委员会根据第（3）项在该财政年度里提交的报告。在某种程度上，部长根据第（4）项的推荐，不同于委员会在该财政年度的推荐，部长应当包括第（A）目涉及的出版物，一个解释部长没有接受委员会推荐的理由。

（f）（1）（A）部长应当维持一个系统来报告根据第（d）款计算的医院获得支付的成本。

（B）（ⅰ）遵从于第（ⅱ）节，部长应当根据本编对于医院形成一个标准化的电子成本报表格式。

（ⅱ）部长可以延期或是放弃在特殊例子中该格式的使用，在该例子中使用格式会导致财政困难（尤其是关于医院有一个小的百分比的患者根据本编被授予利益）。

（2）如果部长决定，基于第十一编第B部分一个使用与质量控制同业互查组织提供的信息，该医院为了避开本条第（b）款或第（d）款建立的支付方法，采取行动不必要地导致了根据第A部分被授予利益的个人进入医院，不必要的多个同种该个体的准入，或是其不合适的医疗的或是其他的与该个体有关的实践，部长可以：

（A）对于与该不必要准入（或是同一个体的随后准入）有关的住院患者的医院服务引起的第A部分下的支付金额拒绝支付；

（B）或者，要求医院采取其他正确的行为以必要的阻止或是该组不适当的实践。

(3) 通过第 1128 条第 (g) 款和第 (c) 款的规定, 应当应用到第 (2) 项制定的决定上, 其方式与它们应用到第 1128 条第 (b) 款第 (13) 项下的生效的排除事宜相同。

(g) (1) (A) 尽管有第 1861 条第 (v) 款, 除了根据本编对第 (d) 款医院和第 (d) 款波多黎各医院关于患者住院服务的与资本有关的成本的, 另外可支付的任何金额, 部长应当, 对于成本报告期间开始于 1991 年 10 月 1 日之后的医院, 规定对于该成本的支付以与部长建立的预期支付系统一致。根据第 (d) 款和本款在 1992—1995 财政年度期间, 支付的总量应当以一种方式减少, 该方式导致该支付金额的减少 (由部长估计), 等同于可归因与资本有关的成本的支付金额的 10% 的减少, 该与成本有关的成本在该财政年度了被制定一是该支付金额基于合理的成本 [第 1861 条第 (v) 款定义] 之上。对于发生在 1993 年 9 月 30 日之后的收费, 部长应当将未调整的联邦标准资本支付率减少的 7.4% [《美国法典》第 42 编第 412 条、第 308 条第 (c) 款, 在《1993 年综合预算调整法》的执行之日生效] 并且部长应当 (对于成本报告期间开始于 1993 年 10 月 1 日之后的医院) 决定哪一支付方法应当应用到该系统下的医院以考虑该减少。除了在先前的句子中描述的减少, 对于发生在 1997 年 10 月 1 日之后的收费, 部长应当将用来决定于 1995 年 9 月 30 日生效的联邦资本支付率 (第 412 条描述,《美国法典》第 42 编第 352 条) 的预算中立调整系数, 应用到第 (i) 节的未调整的联邦标准资本支付率 [第 412 条描述的。该编第 308 条第 (c) 款, 在 1997 年 9 月 30 日生效], 和第 (ii) 节的未调整的特有医院率 [由第 412 条描述。该编第 328 条第 (e) 款第 (1) 项, 与 1997 年 9 月 30 日生效], 并且对于发生在 1997 年 10 月 1 日之后、2002 年 10 月 1 日之前的收费, 减少第 (i) 节和第 (ii) 节描述的比例 2.1% 。

(B) 该系统:

(i) 应当规定: (I) 给予每个收费基础上的支付, 以及 (II) 与收费分类有关的该支付金额一个合适的加权;

(ii) 可以规定一个调整以考虑, 对于设备和其所在的地区其资本和建筑的相关成本的变种;

(iii) 可以在部长认为在适当的时候规定例外 (包括适当的例外以反

映资本债务);

(ⅳ) 可以规定适当的调整来反映医院利用率。

(C) 在本项,"与资本有关的成本"其含义有部长根据 1987 年 9 月 30 日生效的第 (a) 款第 (4) 项给出,不包括一个净资产收益率。

(2) (A) 部长应当规定正当的金额,关于患者住院的服务的合理成本其支付应当根据本编做出,对于医院的净资产收益率应当在开始于本款①执行之日以后,应当与 3 月 1 日生效的法规下允许的其他金额相等,除了被认为将与利率的平均值的合适百分比[第 (B) 目描述的]相等的回报率,对于每个月的每个部分都被包括在报告期间里,关于由联邦医疗保险信托基金购买签发的债券。

(B) 在本项中,"合适的比例"是:

(ⅰ) 对于开始于 1987 财政年度的成本报告期间,75%;

(ⅱ) 对于开始于 1988 财政年度的成本报告期间,50%;

(ⅲ) 对于开始于 1989 财政年度的成本报告期间,25%;

(ⅳ) 对于开始于 1989 年 10 月 1 日之后的财政年度的成本报告期间,0。

(3) (A) 除了第 (B) 目的规定,在决定根据本编关于第 (d) 款医院和第 (d) 款波多黎各医院的患者住院服务的所有与资本有关的成本做出的支付金额,部长应当根据本编另外建立的该支付金额,通过:

(ⅰ) 对于可归因于发生在 1987 年成本报告期间一部分的支付,3.5%;

(ⅱ) 对于可归因于成本报告期间一部分或是发生在 1988 财政年度或者是 1987 年 10 月 1 日之后、1988 年 1 月 1 日之前的财政年度的收费 (对于病例可能有) 的支付,7%;

(ⅲ) 对于可归因于成本报告期间一部分或是 1988 财政年度发生在 1988 年 1 月 1 日之后的财政年度里的收费 (对于病例可能有) 的支付,12%;

(ⅳ) 对于可归因于成本报告期间一部分或是 1989 财政年度里的收费 (对于病例可能有) 的支付,15%;

(ⅴ) 对于可归因于成本报告期间一部分或是发生在 1990 年 1 月 1 日

---

① 1983 年 4 月 20 日 (《公法》第 98—21 期;《美国联邦法律大全》第 97 编第 65 条)。

开始、1991 年 9 月 30 日结束的财政年度里的收费 (对于病例可能有) 的支付, 15% 。

(B) 第 (A) 目不应当应用到关于任何医院的与资本有关的成的支付中, 该医院是唯一的社区医院 [第 (d) 款第 (5) 项第 (D) 目第 (ⅲ) 节定义的] 或者一个重点医院 [第 1861 条第 (mm) 款第 (1) 项定义的]。

(4) 在决定支付金额时, 该支付可归因于发生在 1988—2002 年成本报告期间一部分, 该支付根据本编是关于第 (d) 款第 (1) 项第 (B) 目第 (ⅰ) 节、第 (ⅱ) 节, 或者第 (ⅳ) 节描述的医院或是该款第 (ⅳ) 节之后事实上描述的一个单位, 它们的患者医院服务的与资本有关的成本, 部长应当对本编另外描述的该支付金额减少 15% 。除了在先前的条款中描述的减少, 对于发生在 1997 年 10 月 1 日之后的收费, 部长应当将用来决定于 1995 年 9 月 30 日生效的联邦资本支付率 (第 412 条描述, 《美国法典》第 42 编第 352 条) 的预算中立调整系数, 应用到第 (ⅰ) 节的未调整的联邦标准资本支付率 [第 412 条描述的。该编第 308 条第 (c) 款, 在 1997 年 9 月 30 日生效], 和第 (ⅱ) 节的未调整的特有医院率 [由第 412 条描述。该编第 328 条第 (e) 款第 (1) 项, 与 1997 年 9 月 30 日生效], 并且对于发生在 1997 年 10 月 1 日之后、2002 年 9 月 30 日之前的收费, 减少第 (ⅰ) 节和第 (ⅱ) 节描述的比例 2.1% 。

(h) **对于直接毕业生医疗教育成本的支付。**

(1) **代替特殊支付规则。**尽管有第 1861 条第 (v) 款, 代替根据本编规定另外可支付任何金额, 关于直接毕业生医疗教育成本的医院的合理成本, 部长应当规定对于该成本的支付, 以与本款第 (3) 项一致。在规定该支付的过程中, 部长应当规定第 A 部分和第 B 部分 (和根据相关部分建立的信托基金) 之间的该支付的分配, 以合理的反应与每一部分下的服务的规定相一致的医院的直接毕业生医疗教育成本的比例。

(2) **决定特殊医院批准的 FTE 的住院医师数量。**部长应当决定, 对于每个医院拥有一个经批准的医学实习期内的培训课程, 一个开始于 1985 年 7 月 1 日之后的成本报告期间里的经批准的 FTE 住院医师数量, 如下:

(A) **决定一个医院基础期间内每个 FTE 住院医师的成本的正当平均**

值。部长应当决定，对于医院开始于 1984 财政年度的成本报告期间，对于每一完全相等的住院医师的医院的直接毕业生医疗教育成本来说，根据本编该平均数额被认为是合理的。

（B） **更新至最初成本报告期间。**

（ⅰ） **总则。**部长应当通过本目描述的 12 个月成本报告期间里顾客价格指数的增长比例，来更新第（A）目下的每一平均数额。

（ⅱ） **例外。**如果医院的成本报告期间，根据第（A）目的描述，开始于 1984 年 1 月 1 日之后、1984 年 10 月 1 日之前，那么部长将不执行第（ⅰ）节中的更新。

（C） **最初成本报告期间的数量。**对于开始于 1985 年 7 月 1 日的医院的最初成本报告期间，医院获得批准的 FTE 住院医师的数量，与第（B）目下决定的数量增加 1% 后相等。

（D） **随后成本报告期间的数量。**

（ⅰ） **总则。**除了随后的条款的规定，对于每一个随后的成本报告期间，医院获得批准的 FTE 住院医师的数量，应当与先前更新个的成本报告期间里本段下获得批准的 FTE 住院医师的数量相等，在该期间的中点，通过突出结束于该期间中点的 12 个月期间的顾客价格指数的比例变化，同时合理地调整以反映先前的根据本项在突出的顾客价格指数的比例变化做出的过低或是过高的评价。

（ⅱ） **1994 和 1995 财政年度里对更新的冻结。**对于开始于 1994 财政年度或 1995 财政年度的成本报告期间，一医院的已批准的 FTE 住院医师的数量不应根据第（ⅰ）节更新，因为该住院医生不是最初的护理医师［第（5）项第（H）目定义］，或者一个登记在一个已批准的医疗实习的妇产科培训课程的住院医师。

（ⅲ） **调整每个医师数量的国家平均值的定位基础。**对于开始于 2001 财政年度成本报告期间的一医院已批准的 FTE 住院医师的数量，不应少于 70%，并且对于开始于 2002 财政年度的成本报告期间，不得少于 85%，这是相对于根据第（E）目对医院和期间计算的调整每个医师数量的国家平均值的定位来说的。

（ⅳ） **对于医院增长比例的调整，其 FTE 批准的数量应是调整每个医师数量的国家平均值的定位的 140% 以上。**

（Ⅰ） **对于 2001 和 2002 财政年度和 2004—2013 财政年度的冻结。**对于一个开始于 2001 财政年度或 2002 财政年度，或是开始于 2004 财政年度结束以 2013 财政年度的成本报告期间，如果先前成本报告期间里医院已批准的 FTE 住院医师的数量超过根据第（E）目对医院和期间计算的调整每个医师数量的国家平均值的定位的 140% 以上，遵从于第（Ⅲ）次节，在涉及的期间里已批准的 FTE 住院医师的数量，应当与先前成本报告期间里医院已批准的 FTE 住院医师的数量相等。

（Ⅱ）**对于 2003、2004 和 2005 财政年度更新减少 2%**。对于开始于 2003 财政年度的成本报告期间，如果先前成本报告期间里医院的已批准的 FTE 住院医师的数量超过根据第（E）目对医院和期间计算的调整每个医师数量的国家平均值定位的 140% 以上，在涉及的期间里已批准的 FTE 住院医师的数量，将以第（D）目第（ⅰ）节描述的方式更新，除了遵从第（Ⅲ）次节，应用到 12 个月期间的顾客价格指数应减少 2 个百分点（但是不能低于 0）。

（Ⅲ）**低于 140% 不予调整**。无论如何第（Ⅰ）次节或是第（Ⅱ）次节不能减少一个成本报告期间里医院的已批准的 FTE 住院医师的数量，因其低于根据第（E）目对医院和期间计算的调整每个医师数量的国家平均值的定位的 140%。

（E）**调整每个医师数量的国家平均值的定位的决定**。部长应当决定一医院成本报告开始于如下财政年度的每个医师数量的国家平均值的定位：

（ⅰ）**决定医院单一每个医师数量**。部长应当计算每一医院运行一个经批准的毕业生医疗教育课程中单一每个医师数量等于每个最初护理医师数量，和根据第（2）项结束于 1997 财政年度的成本报告期间里计算出的非最初护理的医师数量的平均值［由全职医师的数量决定，第（4）项来规定］。

（ⅱ）**对于医师数量的标准化**。部长应当对每一个医院计算标准的医师数量，通过根据第（ⅰ）节计算的单一医师数量，除以用于 1999 年第 1848 条（e）款的医院所在的收费计划区域的 3 个地理指数标准的平均值。

（ⅲ）**计算加权平均值**。部长应当计算对于那些医院根据第（ⅱ）节计算的标准化每一医师数量的平均值，每一医院的该数量由该医院的全职医师的平均数［由第（4）项定义］来衡量。

（iv）**计算每个医师数量的国家平均值。** 部长应当计算每个医师数量的国家平均值，对于开始于 2001 财政年度的医院的一个成本报告期间，该平均值应与根据第（iii）节加速的加权平均值相等，该加权平均值会随着顾客价格指数中股价的百分比的增长而增长，对于开始于第（i）节描述的成本报告期间的中点的那个月份，结束于 2001 财政年度开始的医院成本报告期间的中点之一期间，所有的城市消费者。

（v）**调整定位。** 部长应当计算一下产出：（Ⅰ）根据第（iv）节计算的医院的每个医师数量的国家平均值；以及（Ⅱ）对于医院所在的费用计划地区的地理平均指标［根据第（ii）节规定并适用］。

（vi）**计算调整数量定位。** 对于一医院调整国家每个医师数量的定位是：（Ⅰ）开始于 2001 财政年度的成本报告期间是根据第（v）节计算出的结果；或者（Ⅱ）每一随后的成本报告期间与先前更新的成本报告期间（本节规定的）里医院调整国家每个医师数量的定位相等，在期间中点，通过突出对所有城市消费者在结束于那个中点的 12 个月期间里的消费者价格指数的可估计的比例变化。

（F）**某些医院的治疗。** 如果一个医院没有一个已被批准的医疗实习期间的培训课程或是在开始 1984 年成本报告期间内根据本编未参加该课程的，部长应当对于在该最初期间拥有该实习培训课程并根据本编参加的，在部长认为合适的时候规定该批准的 FTE 医师数量，基于可比较课程的批准的 FTE 医师数量。

（3）**每个医师医院支付的金额。**

（A）**总则。** 支付金额，对于开始于 1985 年 1 月 1 日之后的成本报告期间的医院，等于以下的产物：（i）在该期间批准金额的总数［第（B）目定义的］；以及（ii）在该期间医院的患者医疗保险贷款［第（C）目定义的］。

（B）**批准金额的总量。** 在第（A）目中，"批准金额的总量"是指在一医院成本报告期间，以下的产物：（i）该期间医院批准的 FTE 医师数量［第（2）项定义］；以及（ii）在该期间医院批准的医疗实习培训课程里全职医师［第（4）项定义］的加权平均数。

部长应当减少批准数额的总量以使根据第（k）款制定的对于医师的支付包括全职医师的医院的计算。

（C）**医疗保险患者贷款。** 在第（A）目中，"医疗保险患者贷款"是指关于一个医院成本报告期间，该期间内患者在床天数（由部长建立）的总数的分数，其可归因于根据第 A 部分做出支付的患者。

（D）**对于管理医疗登记者的支付。**

（ⅰ）**总则。**对于发生在 1998 年 1 月 1 日之后的成本报告期间的一部分，部长应当根据本款规定一个附加支付金额，对于配给登记在与第 1876 条下合格组织签订风险共享合同下的个人的该服务，和根据 A 部分被授予利益或是根据第 C 部分由一个医疗保险＋选择组织。该支付的金额应当与以下产物的合适百分比相等：（Ⅰ）在该期间批准金额的总数［第（B）目定义的］；以及（Ⅱ）该期间内患者在床天数（由部长建立）的总数的分数，可归因于该登记了的个人。

（ⅱ）**合适的比例。**为了实现第（ⅰ）节的目的，合适的比例是：（Ⅰ）1998 年为 20％；（Ⅱ）1999 年为 40％；（Ⅲ）2000 年为 60％；（Ⅳ）2001 年为 80％；以及（Ⅴ）2002 年和随后的年份为 100％。

（ⅲ）**偿还系统下医院的特殊规则。**部长应当建立规则为本目适用于第 1814 条第（b）款第（3）项授权的一个偿还系统下的医院获得偿还，如果它根据本条未受到偿还那么它将以相同的方式应用到该医院。

（4）**决定全职医师。**

（A）**规则。**为了计算一个被批准的医疗实习培训课程里全职医师的数量，部长应当建立与本项相一致的规则。

（B）**对于兼职年或是兼职的医师的调整。**这一规则应考虑到个人作为医师只在一个医院或是类似超过一家医院里工作了一段时间。

（C）**对于某些医师的权重因素。**遵从于第（D）目，该规则应规定，在计算一个被批准实习课程中全职医师的数目：

（ⅰ）在 1986 年 7 月 1 日之前，每一个医师的权重因数是 1.00；

（ⅱ）在 1986 年 7 月 1 日之后，对于一个最初实习期间［由第（5）项第（F）目定义］的医师，权重因数是 1.00；

（ⅲ）在 1986 年 7 月 1 日之后、1987 年 7 月 1 日之前，对于不在最初实习期间［由第（5）项第（F）目定义］的医师，其权重因数是 0.75；

（ⅳ）在 1987 年 7 月 1 日之后，对于不在最初实习期间［由第（5）项第（F）目定义］的医师，其权重因数是 0.50。

（D）外国医学毕业生需要通过的 **FMGEMS** 的考试。

（ⅰ）**总则**。除了第（ⅱ）节规定，该规则应规定，如果一个个体是外国医学毕业生［第（5）项第（D）目定义的］，那么该个体将不会在 1986 年 7 月 1 日之后被视为一个医师，除非：（Ⅰ）该个体通过了 FMGEMS 考试［第（5）项第（E）目定义的］；或者（Ⅱ）个体预先通过了来自教育委员会对外国医学毕业生的认证，或是先前通过了教育委员会的考试。

（ⅱ）**对于现在的 FMGS**。1986 年 7 月 1 日之后、1987 年 7 月 1 日之前，如果一个外国医学毕业生：（Ⅰ）在 1986 年 7 月 1 日之前作为一个医师，并在那日之后仍作为医师；但是（Ⅱ）没有通过 FMGEMS 考试，或者在 1986 年 7 月 1 日之前未通过教育委员会对外国医学毕业生的考试，个人被认定为医师的概率是其他个体被认定为医师的概率的一半。

（E）**计算花在外诊患者环境中的时间**。该规则应当规定只有花在与患者护理有关的时间才能被计算，并且所有一个医师在一个已批准的医学实习培训课中所花的时间也应被计算在对全职的审查中，不考虑该行为执行的环境，如果医院引起了所有或是实质上所有的该环境中的培训课程的成本。

（F）**对于对抗疗法和整骨疗法医学的医师数量的限制。总则**。

（ⅰ）该规则应该规定为了开始于 1997 年 10 月 1 日之后的成本报告期间的目的，遵从于第（7）项，在关于对抗疗法和整骨疗法医学领域里的一个医院批准的医学实习培训课程的权重因数（根据本项决定）的适用以前，全职医师的总数不可以超过医院结束于 1996 年 12 月 31 日之前的最近的成本报告期间里该全职医师的数量（或者，农村医院里该数目的 130%）。

（ⅱ）**计算初级护理医师在被批准的缺席休假，在一个基础年里 FTE 计算**。

（Ⅰ）**总则**。在决定结束于 1996 年 12 月 31 日之前的最近的成本报告期间里该全职医师的数量时，为了实现第（ⅰ）节的目的，部长要将一个人在某种程度上视为该个人已经在该期间被视为初级护理医师，但是除了部长决定的产假或是伤病假或是类似允许缺席的病假。

（Ⅱ）**对于任何医院对 3 个 FTE 医师的限制**。对于医院根据第（Ⅰ）

次节计算的个体的总数,不得超过 3 个全职医师。

（G）**在 1998 财政年度和随后的年里计算实习生和住院医师。**

（ⅰ）**总则。**对于开始于 1997 年 10 月 1 日之后的财政年度里的成本报告期间,遵从于第（F）目的限制,决定一个医院毕业生医疗教育支付的全职医师的总数,应当与一成本期间和先前的两个成本期间里实际全职医师的平均值相等。

（ⅱ）**对于短期间的调整。**如果开始于 1997 年 10 月 1 日之后的成本报告期间,不等于 12 个月,部长应当做出合适的调整以确保全职医师所占的平均值依照第（ⅰ）节,基于全 12 个月的成本报告期间的等效。

（ⅲ）**1998 年规则的转换。**对于开始于 1997 年 10 月 1 日之后的最初成本报告期间,第（ⅰ）节应被用来在该期间和先前的成本报告期间里使用该平均值。

（H）**对于第（f）款和第（g）款的应用的特殊规则。**

（ⅰ）**新的设备。**部长应当与第（F）目和第（G）目的原则一致,遵从于第（7）项,对于建立于 1995 年 1 月 1 日之后的医疗实习培训课程,描述该分条款运用的规则。为了实现第（F）目的目的公布该规则,部长应当对那些符合农村地区服务水平低下的需要的设备给予特殊考虑。

（ⅱ）**聚集。**部长可以描述一规则允许机构是同一附属组织的成员来选择在一个聚合的基础上应用第（F）目的限制。

（ⅲ）**数据收集。**当部长认为有必要执行该段时,部长可以要求任何运营医疗实习培训课程的实体和对于该实体第（F）目和第（G）目运用来提交该附加信息。

（ⅳ）**非农村医院在农村地区运营培训课程。**如果一个医院不是位于农村地区但是在一个农村地区分别建立公认的被批准的医疗实习培训课程（或者农村的路径）,或者有一个公认的培训课程拥有一个综合的农村路径,部长应当调整第（F）目下的限制,以合适的方式在其范围内使其适用于该农村地区的该课程,以鼓励农村地区内科的培训。

（ⅴ）① **特殊提供者的契约。**如果一个实体根据第 1866 条第（a）款

---

① 《公法》第 110—161 期,第 225 条第（a）款,增加第（ⅴ）款,2007 年 12 月 26 日生效。

签订提供者契约在同一地方提供由第05－0578号医疗保险提供者使用的医院服务。

（Ⅰ）（Ⅰ）根据第（F）目、第（d）款第（5）项第（B）目第（ⅴ）节和第（ⅵ）节第（Ⅰ）次节，对于全职医师总量的限制，适用到该提供者，应当与结束于2006年6月30日的成本报告期间里根据第05－0578号提供者规定适用的限制相等；

（Ⅱ）（Ⅱ）第（G）目和第（d）款第（5）项第（B）目第（ⅵ）节第（Ⅱ）次节的规定，不应当在最初3个成本报告年的里适用该提供者，在这些年里该提供者根据任何已批准的医疗实习培训课程下训练医师。

（5）**定义和特殊规则**。本款所使用的：

（A）**已批准的医疗实习期的培训课程**。"已批准的医疗实习期的培训课程"是指一个住院医生实习期或者其他参与其中可算作专业或附属专业认证的研究生医疗培训、课程和包括部长批准的关于老年医学的正式研究生培训课程。

（B）**消费者价格指数**。"消费者价格指数"是指所有城市顾客（美国城市平均值）的消费者价格指数，由商业部部长公布。

（C）**直接医疗教育成本**。"直接医疗教育成本"是指已批准的医疗实习期间的培训课程中已批准的教育活动的直接成本。

（D）**外国医学毕业生**。"外国医学毕业生"是指一个医师不是一个学院的毕业生：（ⅰ）由美国医学协会的医学教育联络委员会和美国医学院联合会认可的内科学院（或者因符合必要认证标准由委员会批准的学院）；（ⅱ）由美国整骨疗法协会认可的整骨疗法学院，或者因符合必要认证标准由协会批准的学院；或者（ⅲ）由部长为了该目的承认的一组织认可的（或是符合鉴定标准）牙科或是足科学院。

（E）**外国医学系毕业生医学科学考试**。"外国医学系毕业生医学科学考试"是指外国医学系毕业生医学科学考试的第Ⅰ部分和第Ⅱ部分，或者由部长为了本目的认可的任何后续考试。

（F）**最初医院实习期间**。"最初医院实习期间"是指实习生适格期间，除了：（ⅰ）除了第（ⅱ）节的规定，最初实习期间不得超过5年以上个人正式培训的总和期间；以及（ⅱ）一个期间，不超过2年，在该期间内一个人是在老年人实习期或是奖学金计划或是预防医学期或是满足部长建立标准的奖学金计划，该期间应被认为是最初实习期的一部分，但是不应被计算在最初实习期间的限期内。

遵从于第（G）目第（v）节，最初实习期间，对于一个医师来说，应该取决于该医师进入实习期培训课程的时间。

（G）**实习生适格期间**。

（i）**总则**。遵从于第（ii）节、第（iii）节、第（iv）节和第（v）节，"实习生适格期间"是指对于一个医师，为了获得作为医师的特殊技能满足最初实习生适格的要求而接受正规培训额最小年数。

（ii）**1985—1986 年目录的应用**。除了第（iii）节规定之外，实习生适格期间应是由 1985—1986 年实习期间培训课程目录具体规定的一期间，该目录由毕业生医学教育鉴定委员会公布。

（iii）**实习生适格期间的改变**。在 1989 年 7 月 1 日之后，如果毕业生医学教育鉴定委员会，在它的实习期间培训课程目录：（I）增加为了获得特殊技能满足要求而接受正规培训额最小年数，应当超过 1985—1986 年目录具体规定的期间，部长可以增加为该特殊技能的实习生适格期间，但是不得超过稍后目录具体规定的实习生适格期间；或者（II）减少为了获得特殊技能满足要求而接受正规培训额最小年数，低于 1985—1986 年目录具体规定的期间，部长可以增加为该特殊技能的实习生适格期间，但是不得低于稍后目录具体规定的实习生适格期间。

（iv）**对与实习期培训课程相结合的某些初级护理的特殊规则**。

（I）对于一个登记在联合医疗实习期培训课程里的医师，该课程中的所有个人课程（与之联合的）是为了培训一个初级护理医师［由第（H）目定义］，对于在最长培训课程中，为了获得特殊技能满足要求而接受正规培训额最小年数增加附加的 1 年。

（II）登记在包括妇产科课程的一个联合医学实习培训课程的医师，如果其他课程该医师联合妇产科课程是为了培训一个初级护理医师，那么该医师应该根据第（I）次节满足该实习生适格期间。

（v）**儿童神经科培训课程**。对于一个登记在儿童神经科实习培训课程的医师，实习生适格期间和最长实习期间应当是儿科的实习生适格期间加 2 年。

（H）**最初护理医师**。"最初护理医师"是指登记在已批准的与家庭医学、一般内科、一般儿科、预防医学、老年医学或是整骨疗法一般实践有关的医学实习培训课程中的一个医师。

（I）**医师**。"医师"包括一个实习生或是其他参与已批准的医学实习培训课程的参与者。

（J）**对于某些家庭实践实习课程的调整**。

（i）**总则**。对于一个医院的批准的医学实习培训课程［符合第（ii）节的规定］，该医院的资金来自美国政府、州，或州的分部或该州的一个机构或该课程的政治分部（除了根据本编的支付或是根据第十九编的一个州的计划），在开始于1984财政年度的成本报告期间里，部长应当：（I）根据第（2）项第（A）目规定一个平均值，考虑到如果医院未获得该资金，部长对于该金额的估计应当被认为根据本编是合理的；（II）减少支付金额，否则另外根据本款规定一个数额等于在涉及本编分配的成本报告期间里收到的该课程资金的比例。

（ii）**附加要求**。一个医院批准的医学实习课程符合本项的要求如果：（I）该课程被限制在来培训家庭和社区医学；（II）该课程是唯一被批准的医院的医学实习课程；以及（III）根据第（2）项第（A）目决定的医院的平均金额［决定是不考虑第（i）节第（I）次节描述的该金额的增长］不能超过1万美元。

（6）**根据志愿减少医师数量计划的勤工奖**。

（A）**总则**。对于一个志愿减少实习期的计划，该计划中根据第（B）目批准的一个应用，遵从于第（F）目，每一个作为提交计划的合格的实体一部分的医院应当被支付一个适合的免损害协定比例［正如第（E）目具体规定的］的总额是：

（i）数额（如果有）通过以下：（I）如果在1997年6月30日时医院的已批准的医疗教育培训课程的全职等价医师的数量有一个5%的减少，那么根据本款已经制定的支付金额，超过（II）根据本款制定的支付金额，考虑到减少根据减少计划生效的该金额；

（ii）根据第（d）款第（5）项第（B）目对于医院减少支付的金额可归因于根据疾患生效的医师的数额的减少，其低于1997年6月30日时医院的该课程中的全职等价医师的数量的95%。

根据第（i）节和第（ii）节在任何年内决定数额，应当基于本编的规定，对于在减少计划适用的第一个年度的截止日期的适用上生效。

（B）**计划申请的批准**。部长不可以批准一个合格实体的适用除非：

（ⅰ）提交该申请应以部长具体规定的形式和方式，并且不迟于 1991 年 11 月 1 日；

（ⅱ）该申请规定减少在一个与第（D）目要求一致的实体的已批准的医疗实习培训课程的全职等价医师的数量的计划的执行；

（ⅲ）实体选择适用的医师培训的年（不多于 5 年）超过它就会产生减少；

（ⅳ）实体不会减少初级护理医师的比例（对于总的医师数量来说）使其低于第（D）目第（ⅴ）节描述的合适时间生效的该比例；

（ⅴ）部长决定该申请和实体和该计划满足部长在规定中具体规定的其他要求。

（C）**合格的实体**。为了实现本项的目的，以下任何都可以成为一个合格的实体：

（ⅰ）个人医院运营一个或是更多被批准的医疗实习培训课程。

（ⅱ）两个或是两个以上的医院运营该课程和根据本项适用治疗作为唯一合格的实体。

（ⅲ）一个合格的财团（由《1997 年平衡预算法》第 4628 条①描述）。

（D）**实习期减少的要求**。

（ⅰ）**单个医院的申请人**。对于一个第（C）目第（ⅰ）节描述的合格的实体，通过实体运营的所有被批准的医疗实习培训课程中的全职等价医师的数量，应当按以下方法减少：

（Ⅰ）如果医师的基础数额超过 750 人，其至少等于该基础数额的 20%。

（Ⅱ）遵从于第（Ⅳ）次节，如果医师的基础数额超过 600 人小于 750 人，其为 150 名医师。

（Ⅲ）遵从于第（Ⅳ）次节，如果医师的基础数额不超过 600 人，其至少等于该基础数额的 25%。

（Ⅳ）对于第（ⅴ）节描述的一个合格实体，该实体根据本次项选择治疗，其数额至少是基础数额的 20%。

---

① 关于联盟使用的示范工程，参见第 2 卷《公法》第 105—33 期，第 4628 条。

（ⅱ）**共同申请人**。对于第（C）目第（ⅱ）节描述的合格的实体，通过实体运营的所有被批准的医疗实习培训课程中的全职等价医师总数的数量，应当按一下方法减少：

（Ⅰ）遵从于第（Ⅱ）次节，该数额至少等于基础数额的25%。

（Ⅱ）对于一个第（ⅴ）节描述的合格实体，该实体根据本分项选择治疗，其数额至少等于基础金额的20%。

（ⅲ）**联盟**。对于一个第（C）目第（ⅲ）节描述的合格的实体，通过实体运营的所有被批准的医疗实习培训课程中的全职等价医师总数的数量，应当至少减少基础数额的20%。

（ⅳ）**减少的方式**。根据本目先前的规定来具体规定减少，对于一个合格的实体应当待遇该实体医师的基础数量，应该不迟于医师培训的第5年生效这时第（B）目下的申请也生效。

（ⅴ）**实体规定了保证初级护理医师的增长**。一个本节描述的实体如果：（Ⅰ）该实体的医师基础数额是少于750人或者第（C）目第（ⅱ）节描述的实体；以及（Ⅱ）该实体代表了根据第（B）目的的申请，那将会使初级护理中全职等价医师的数量增加20%（来自该数额包括在医师的基础数额中），应该不迟于医师培训的第5年生效这时第（B）目下的申请也生效。

如果一个实体在该医师训练的第5年年底未符合第（Ⅱ）次节下的描述的要求，该实体应当遵从于所有已付金额的再支付，与建立起来执行第（F）目的程序一致。

（ⅵ）**医师基础数额定义**。为了实现本项的目的，"医师的基础数额"是指，对于一个合格的实体（或者它参与的医院）运营被批准的医疗实习培训课程，实体的该课程（在加权系数运用之前）里的全职等价医师的数额，在1997年6月30日之前的最近医师培训年里，或者更少，对于以后的实习期。

（E）**合适的免侵害协议的比例**。为了实现第（A）目的目的，"合适的免侵害协议的比例"是为了：

（ⅰ）第1和第2个年份的实习培训，这期间减少计划生效，比例为100%；

（ⅱ）第3个年份，比例是75%；

（ⅲ）第4个年份，比例是50%；

（iv）第 5 个年份，比例是 25%。

（F）**对不一致的惩罚**。

（i）**总则**。如果医院没有将全职等价医师的数额［以第（D）目要求的方式］减少至部长批准的数额，和合格的实体在该年根据本项批准的数额，那么根据本项将不予做出支付。

（ii）**随后年里医师数额的增加**。如果根据本项对一医院做出的支付，和如果医院增加全职等价医师的数量使其超过根据完成的减少计划下允许的该医师数额，然后由部长具体规定，实体为根据本项支付给实体的总数金额的个部长的再支付负责。

（G）**轮流医师的治疗**。在运用本项的过程中，部长应当建立关于计算医师数量的规则，这些医师被分配到医疗实习培训课程的机构，其不包括根据本项下一批准的申请。

（7）**对于未使用的医师职位进行重新分配**。

（A）**基于未使用的职位在限制中减少**。

（i）**课程遵从于减少**。

（I）**总则**。除了第（II）次节的规定，如果一个医院的参考医师水平［有第（ii）节具体规定］低于其他合适的医师限制［由第（C）目第（ii）节定义］，对于发生在 2005 年 7 月 1 日之后的成本报告期间的一部分生效，其他合适的医师限制以应当，在该合适的医师限制和该参考医师水平之间的差异中，减少 75%。

（II）**对于小的农村医院的例外规定**。本目不适用于位于农村医院［由第（d）款第（2）项第（D）目第（ii）节规定］其拥有少于 250 张急诊护理病床。

（ii）**参考医师水平**。

（I）**总则**。除了第（II）次节和第（III）次节规定的例外，本节具体规定的一个医院参考医师水平是结束于 2002 年 9 月 30 日之前的医院的最近成本报告期间里的一医院的医师水平，对于已经设立的成本报告［或是没有提交的（遵从于审查）］，由部长决定。

（II）**使用最近的计算期间来识别现有课程的扩大**。如果一个医院提交一个及时的要求来增加它的医师水平，由于现有医师培训课程的扩大，该课程并未反映最近设立的成本报告，在审查和遵从于部长的自由的决定，该医院的参考医师水平是一个包括 2003 年 7 月 1 日的成本报告期间的医师水平，由部长决定。

（Ⅲ）**根据新批准的课程的扩大**。基于一个医院的及时要求，部长应当根据第（Ⅰ）次节或第（Ⅱ）次节的详细规定来调整参考医师水平，来包括医师的数量，它是已批准的申请一个医疗培训课程，其是在2002年1月1日之前由一个合适的认证组织（由部长决定）所批准，但是在根据第（Ⅰ）次节或第（Ⅱ）次节下使用的成本报告期间里并不运营，如果病例有，由部长决定。

（ⅲ）**联盟**。第（ⅰ）节的规定应被运用到医院，该医院在2003年7月1日，是同一所属团体［由部长根据第（4）项第（H）目第（ⅱ）节来定义］的一员。

（B）**重新分配**。

（ⅰ）**总则**。部长被授权来低于每一个合格的医院增加另外的合适医师限制，该医院根据本次段及时提交了申请，通过该数额作为部长在开始于2005年7月1日之后的成本报告期间的一部分中予以批准。另外本目下的合适的医师限制增长的总数额，不可以超过部长对于可归因于第（A）目的该限制的总的减少的估计。

（ⅱ）**对于重新分配的思考**。在决定医院在第（ⅰ）节规定的另外合适医师限制的增长，部长应当考虑在开始于2005年7月1日的前3个成本报告期间里，医院填补职位的证实了的可能，其根据本目而可用，由部长决定。

（ⅲ）**农村和小的城市地区的优先权**。在决定医院和医师培训课程，在第（ⅰ）节规定的例外的合适的医师限制中的增长，部长应当重新分配医院课程的增长，以以下的优先顺序：

（Ⅰ）首先，对于位于农村地区的医院［由第（d）款第（2）项第（D）目第（ⅱ）节定义］。

（Ⅱ）其次，对于位于小于大城市的城市的医院［根据第（d）款的目的定义］。

（Ⅲ）最后，对于位于一州的其他医院，如果涉及的医师培训课程是一州的特殊技能，其他医疗培训课程没有。根据本目统一优先种类里医师限制的增加，应当由部长决定。

（ⅳ）**限制**。根据本目对于任何医院，不应当使用超过25个全职等价附加医师职位。

（ⅴ）**对于每个医师数额的国家平均值的定位调整的适用**。对于医院的附加的医师职位可归因于本目下规定的增长，尽管本款有任何其他规定，已批准的全职等价医师的数额应被认为与调整定位的每个医师数额的国家平均值相等，该医院的数额根据第（4）项第（E）目计算。

（ⅵ）**解释**。本目的任何事都不应被解释为允许对于医师职位减少的重分配，该减少可归因于根据第（6）项的志愿减少课程，根据 2003 年 10 月 31 日批准的示范工程，根据《公法》第 90—248 期第 402 条的授权，或是影响一医院根据第（4）项第（H）目建立新的医疗实习培训课程的能力。

（C）**医师水平和现在的定义**。在本项中：

（ⅰ）**医师水平**。"医师水平"是指对于一家医院在使用加权系数［根据第（4）项决定］之前，在该医院的对抗疗法和整骨疗法的医学领域的全职等价医师的总数。

（ⅱ）**另外合适的医师限制**。"另外合适的医师限制"是指对于一家医院，根据第（F）目第（ⅰ）节和第（H）目的对于医院医师水平的另外的合适的限制，决定时不考虑本项。

（D）①**基于设定的成本报告司法审查**。对于拥有整骨疗法和对抗疗法双重实践体系课程的医院：

（ⅰ）另外合适的医师限制根据第（A）目第（ⅰ）节第（Ⅰ）次节减少；

（ⅱ）该减少基于一个参考医师水平，其是由一个使用一个成本报告决定的，一个被修改或是改正的偿还课程的通知，在 2006 年 9 月 1 日和 2006 年 9 月 15 日之间的成本报告签署，根据成本报告设定的参考医师水平要高于用于根据第（A）目第（ⅰ）节第（Ⅰ）次节下的减少的水平；

部长应当应用第（A）目第（ⅰ）节第（Ⅰ）次节，使用更高的医师参考水平，对于该减少做出任何必要的调整。任何该必要的调整，应当在发生在 2005 年 7 月 1 日之后的成本报告期间里一部分生效。

---

①《公法》第 110—161 期，第 225 条第（b）款第（1）项第（B）目，增加第（D）目，如果包括在《公法》第 108—173 期，第 422 条，则在 2003 年 12 月 8 日生效。

（E）① **司法审查**。根据第 1869 条、第 1878 条会使其他，那将没有行政或是司法审查，关于根据本项做出的决定。

（i）**避免对于参加农村示范课程的医院的重复支付**。部长应当减少根据本条另外决定的任何支付金额，以达到一程度必要的任何支付的重复，该支付根据《1987 年综合预算调整法》② 第 4005 条第（e）款的规定做出。

（j）**对于患者复原服务的预期支付**。

（1）**过渡时期的支付**。

（A）**总则**。尽管有第 1814 条第（b）款，但是遵从于第 1813 条的规定，对于一个复原医院或是一个复原机构（在本款中是指"复原设施"）的患者住院服务的运营和资本成本的支付金额，除了在开始于 2000 年 10 月 1 日之后，2002 年 10 月 1 之前的成本报告期间里，根据第（F）目做出挑选的一个设备，等于以下金额的总和：（i）根据第 A 部分支付的关于该成本如果本款未应用的金额的责任法比例［第（C）目定义］；以及（ii）产品的预期支付率［有第（C）目定义］：（Ⅰ）每个实体支付率根据本款在一个财政年度里建立，在这一年里服务的支付实体放生，以及（Ⅱ）发生在成本报告期间的该支付实体的数额。

（B）**充分执行系统**。尽管有第 1814 条第（b）款，但是遵从于第 1813 条的规定开始于 2002 年 10 月 1 日之后的成本报告期间的支付实体的复原设备的住院患者服务的资本成本和运营的支付金额，对于根据第（F）目由以设备做出选择，对于该款描述的成本报告期间，等于每个实体的支付率，该支付率根据本款在一个财政年度里建立，这期间该服务的支付实体发生。

（C）**责任法和预期支付率的详细规定**。为了达到第（A）目的目的，在一个成本期间开始于：

（i）在 2000 年 10 月 1 日之后、2001 年 10 月 1 日之前，"责任法比例"是 662/3，"预期支付率"是 331/3 比例；

（ii）在 2001 年 10 月 1 日之后、2002 年 10 月 1 日之前，"责任法比

---

① 重新指定先前的第（D）目变为第（E）目，参见《公法》第 110—161 期，第 225 条第（b）款第（1）项第（A）目。

② 参见《公法》第 100—203 期；《美国联邦法律大全》第 101 编第 1330—50 条。

例"是 331/3，"预期支付率"是 662/3 比例。

（D）**支付单位**。为了达到本款的目的，"支付单位"是指一个收费。

（E）**有关转移机关的解释**。本款中的任何事不得被用来解释以阻止部长固定对于支付的调整方案，考虑到一个患者从康复中心到另一护理场所的早期转换。

（F）**选择使用完整的预期支付系统**。一个康复中心可以在不迟于它第一个成本报告期间的 30 天前来选择，该期间里本款下的支付方法应用到中心，根据本款，根据第（B）目［不是第（A）目］的规定在该支付方法适用的每一成本报告期间里对于中心做出支付。

（2）**患者的病例混合组**。

（A）**建立**。部长应当建立：（ⅰ）相较于与功能有关的组织（本款中是指"病例混合组"），康复中心的患者收费级别，基于损害、年龄、合发症和患者的功能能力和其他部长认为应适当考虑的因素，来提高功能独立的与测试功能有关的组织的解释力；以及（ⅱ）这些组中康复中心的分类特殊患者的方法。

（B）**加权系数**。对于每一个病例混合组织，部长应当分配一个合适的加权，来反映相关的中心资源，被用作在该组中对患者进行分类，与其他组中的患者分类相比。

（C）**对于病例混合的调整**。

（ⅰ）**总则**。部长应当随时调整根据本项建立的分类和加权系数，来合理地反应治疗模式、技术、病例混合、支付单位数量的变化，对该单位来说根据本编做出的支付，和其他可能影响相关资源的使用的因素。该调整应当以一种方式做出来，并使根据分类系统做出的支付总额的改变是一个真正变化的结果，而不是与病例混合的真正变化无关的编码过程中的变化的结果。

（ⅱ）**调整**。在部长决定的范围内对于一个财政年度的调整（或是对于一个财政年度的调整的估计）确实（或是可能）导致了一财政年度里分类系统下的支付总额的变化，该变化是为反应病例混合的真正变化的患者分类或是编码过程中的变化的结果，部长应当在接下来的几年中调整每个支付单位的支付率，来估计该编码或是分类变化的影响。

（D）**数据收集**。部长被授权来要求提供患者住院服务的康复中心提交部长认为需要的数据，来根据本款建立和管理预期支付系统。

（3）**支付率**。

（A）**总则**。部长应当决定对每一个支付单位规定预期支付率，对于该单位该康复中心根据本编被授权获得支付。遵从于第（B）目，该支付单位发生在一个财政年度里的该支付率，应当基于支付单位基于本编规定的平均支付，对于使用最近可用数据的康复中心的患者手术和资本成本的规定，可以通过以下方式调整：

（ⅰ）通过根据第（b）款第（3）项第（B）目第（ⅱ）节（对于开始于财政年度里的成本报告期间）规定的合适的百分比增长的涉及的加权平均值来更新该每个支付单位财政年度的金额，覆盖了从该数据的期间的中点到 2000 财政年度的中点的期间，和在随后的财政年度直到涉及的财政年度里，由部长详细规定的一个增加因数［由第（C）目描述］；

（ⅱ）通过用一个与本款下（由部长估计）基于作为第（4）项（与异常值和相关支付有关）描述的附加支付的预期支付金额的支付比例，相等的因数来减少该比例；

（ⅲ）对于第（6）项下的地区康复中心的变化；

（ⅳ）通过根据第（2）项第（B）目建立的加权系数；

（ⅴ）通过部长认为的其他因数，它们有必要适当反映康复中心的治疗的必要成本的变化。

（B）**预算中性利率**。部长应该在此款下为在 2001 和 2002 财政年度期间的支付单元建立一个总的期望支付，通过部长的估计，在此款下为上述财政年的总费用［包括根据第（4）项和第（6）项的任何调整，但是不包括在第（1）项第（F）目下由选举允许而产生的调整］应该等于在根据本编上述财政年下可能产生的操作和尚未实施康复中心的资本成本的总费用的 98%，部长还应考虑由康复中心的总支付单元和其他在第（A）目下的其他因素对期望支付体统在本编下的影响。

（C）**增加系数**。为了达到本款对于每一财政年度（开始于 2001 财政年度）支付单位的规定的目的，部长应当建立一个增长系数。该系数应当基于一揽子的货物和服务的合适的比例增长，其包括根据本款做出支付的服务，可能是第（b）款第（3）项第（B）目第（ⅲ）节中描述的一揽子比例增长。根据本款应用到 2008 和 2009 财政年度的增加系数应为 0^①。

（4）**异常和特殊支付**。

（A）**异常**。

（ⅰ）**总则**。部长可以对一个患者在病例混合组的康复中心规定一个附加支付，基于一个异常的住院时间、成本或是部长具体规定的其他因素被分类为异常的患者。

（ⅱ）**基于护理的边际成本的支付**。第（ⅰ）节下的附加支付额应当由部长决定，应当超过第（ⅰ）节下的合适的分界点，使其接近护理的边际成本。

（ⅲ）**总的支付**。根据本目对于一个财政年度里支付单位做出的附加支付的总额，不可以超过根据支付单位在那一年的预期支付率做出预计或是估计的支付总额的 5%。

（B）**调整**。部长可以根据本款规定对于支付金额的该调整，只要部长认为合适，来考虑位于阿拉斯加和夏威夷的康复中心的特殊情况。

（5）**公布**。部长应当在《联邦公报》中规定公布，在每一财政年度之前的 8 月 1 日（开始于 2001 财政年度），公布第（2）项下该财政年度里暗里混合组的分类和加权系数，和公布对于计算一财政年度里本款下的预期支付率的方法和数据的描述。

（6）**地区工资调整**。部长应当调整康复中心成本的比例（由部长随时估计），该成本可归因于根据第（3）项计算的预期支付率的工资或是与工资有关的成本，对于地区工资水平的差异，可以通过一个系数（由部长来建立）来反映相关地理区域里的医院工资水平，即与该中心的国家工资水平相比。不得迟于 2001 年 10 月 1 日（至少是那之后的每 36 个月），部长应当根据先前的句子更新系数，基于部长（适时更新）所获得的导致供给康复服务的工作和与工资有关的成本的信息。任何根据本项在一个财政年度里做出的调整或是更新，都应该以一种方式来确保本款下的一个财政年度里总的支付不得大于或小于那些一年里未经过调整的支付。

---

① 《公法》第 110—173 期，第 115 条第（a）款第（1）项，增加这句；第 115 条第（a）款第（2）项，规定这一修正不适用于发生在 2008 年 4 月 1 日之前发生的支付单位。

（7）**对于审查的限制**。根据第 1869 条、第 1878 条，应该没有行政的或是司法的审查，或是建立其他的。

（A）病例混合组。患者在该组内分类的方法和根据第（2）项患者在该组的合适的加权系数；

（B）第（3）项下的预期支付率；

（C）第（4）项段下的异常和特殊支付；

（D）第（6）项下的地区工资调整。

（k）**对于非医院提供者的支付**。

（1）**总则**。对于开始于 1997 年 10 月 1 日之后的成本报告期间，部长可以建立支付的规则来使非医院提供者符合医疗教育的直接成本，如果这些成本是在运营一个第（h）款描述的已批准医疗实习培训课程的过程中产生的。这些规则应当具体规定支付做出的数额、形式和方式和来自本编下的信托基金的该支付的一部分。

（2）**合格的非医院提供者**。为了本款的目的，"合格的非医院提供者"是指：

（A）联邦认证合格的卫生中心，由第 1861 条第（aa）款第（4）项定义；

（B）一个农村的卫生诊所，由第 1861 条第（aa）款第（2）项定义；

（C）医疗保险 + 选择组织；

（D）部长在合适的时候决定的其他提供者（不是医院）。

（l）**对于管理式医疗登记者的护理和联合健康教育的支付**。

（1）**总则**。对于发生在一年中（开始于 2000 年）的成本报告期间的一部分，部长应当规定一个附加支付金额，对于任何接受对 1861 条第（v）款第（1）项下的护理和联合健康职业培训的已批准的教育互动的成本的支付的医院。

（2）**支付金额**。根据本款对于医院在一年内成本报告期间的一部分时间里的支付金额，应当是部长具体规定的数额，其方式与下列方式一致：

（A）**对于毕业生医疗支付的管理式医疗登记者的支付比例的决定**。部长应当估计根据第（h）款第（3）项第（D）目的一年的成本报告期间的一部分里所有医院的支付率，对于根据第（h）款第（3）项的期间的一部分里所估计的直接医疗教育支付的总额。

（B）**对于护理和联合健康教育支付的费用—服务的应用**。该比例应当被应用到部长对于发生在一年的成本报告期间的一部分里，第1861条第（v）款决定的护理和联合健康教育的总的支付的估计，来决定对于护理和联合健康教育的附加支付的总数，该教育根据本款在一年的成本报告期间的一部分里被分配到医院；除了在每一年该总额无论如何不得超过6000万美元。

（C）**应用到医院**。根据本款在一年成本报告期间的一部分里对医院的支付金额，与由第（B）目决定的一年总的支付金额相等，乘以以下比例：

（ⅰ）以下产品：（Ⅰ）部长在属于第二个先前的财政年度的医院成本报告期间里，根据第1861条第（v）款制定出的对于护理和联合健康教育行为的医院的支付金额的比例，对其的估计，对于该期间医院总的患者的天数，以及（Ⅱ）在该期间患者天数的总数（有部长建立），可归因于配给个体的服务，该个体根据第1876条与合格的组织签订了一个风险分担合同，该个体还被授权根据第 A 部分获得利益，或是它们根据第 C 部分被登记在一个医疗保险＋选择组织里；

（ⅱ）根据第（ⅰ）节在该成本报告期间里决定的产品的总数。

（m）① **对于长期护理医院的预期支付**。

（1）**系统建立和执行的参考**。对于第（d）款第（1）项第（B）目第（ⅳ）节描述的长期护理医院所提供的患者住院服务，对于与一个支付该服务的预期支付系统的建立和执行有关的规定，参见《1999年医疗保险、医疗救助和国家儿童健康保险计划平衡财政改进法》第123条②和《2000年医疗救助和国家儿童健康保险计划利益提升与保护法》第307条第（b）款③。

（2）**2008年对价格更新**。在执行第（1）项描述的系统中，发生在结束于2008年一个医院的收费，对于医院该收费的基础比例，应在结束于2007年比例年中发生的医院收费的基础比例相等。

---

① 《公法》第110—173期，第114条第（e）款第（1）项，增加（m）款，2007年12月20日生效；第114条第（e）款第（2）项无论如何规定，第（m）款第（2）项不能适用于发生在2007年7月1日之后、2008年4月1日之前的收费。

② 参见第2卷《公法》第106—113期，第七编，第123条。

③ 参见第2卷《公法》第106—554期，附录F，第307条第（b）款。

对于基础的提供者内科医师的支付和某些比例安排下的支付

第 1887 条【《美国法典》第 42 编第 1395xx 条】（a）（1）部长应当用条例来规定区分医院或是技术护理中心提供的服务（包括住院患者和门诊患者）的标准。

（A）它构成了专业的医疗服务，是由一个内科医生个人提供给一个患者的，它引起了对于个人患者的诊断和治疗，并且可能根据第 B 部分医师的服务而被赔偿；

（B）它构成了专业的服务被提交作为医院或是技术护理中心的患者的一般利益，它仅在一个合理的成本基础上或是第 1886 条描述的基础上可能被赔偿。

（2）（A）为了实现成本赔偿的目的，部长应当承认一个医院或是技术护理中心的合理成本，作为该医院或是中心的医师提供的服务所引起的成本的一部分，该服务由第（1）项第（B）目来描述，基于该医师提供该服务所实际花费的时间额来分配。

（B）在决定第（1）项第（B）目描述的服务有关的支付金额时，在按第（A）目要求的分配成本之后，部长可以不承认该服务的提供者的成本的合理（在有效传递健康服务的过程中）部分，以达到该成本合理补偿该服务的程度。对于任何服务的合理的补偿等价物应由部长在条例中予以规定。

（C）部长可以，基于一个医院或是中心所展示的它不能征集或是维持一个充足的医院或是中心的内科医师，考虑到根据本款制定的补偿限额，可对于该补偿限额规定一个例外，以使必要的时候允许该提供者提供一个充足的补偿水平在该医院或是中心里提供充足的内科医师服务。

（b）（1）除了第（2）项的规定，对于服务的提供者，根据本编支付的一个合理的成本基础，或是其他与成本有关的合理的基础，和签订一个合同，为了实现使该服务被提供或是代表它，部长可以不包括任何由提供者根据合同引起的成本，如果该提供者根据合同的可支付的金额，该成本基于提供者的收费、税收或是请求赔偿的比例（或是其他比例）来决定。

（2）第（1）项不应应用于：

（A）服务由一个医师提供，第（a）款第（1）项第（B）目描述，和根据第（a）款生效的条例所包含；

（B）根据部长建立的条例，条例中涉及的比例合同下的金额是合理的，和合同：（ⅰ）是一个通常的商业实践，或者（ⅱ）为服务提供者的经济运营和生效提供动机。

关于技术护理中心日常服务成本的支付

第 1888 条 【《美国法典》第 42 编第 1395yy 条】（a）部长，在决定根据本编关于扩展护理成本的日常服务成本的支付金额时，不能被认为是合理（在有效传递健康服务的过程中）的该服务的每日成本，达到每日成本超过随后的每日限额的程度，除了本条中有另外规定：

（1）对于位于城市地区的独立的技术护理中心，限额为位于城市地区的独立的技术护理中心的每日日常服务的平均值的112%。

（2）对于位于农村地区的独立的技术护理中心，限额为位于农村地区的独立的技术护理中心的每日日常服务的平均值的112%。

（3）对于位于城市地区的医院基础上的技术护理中心，限额应等于位于城市地区的独立技术护理中心的限额的总和，加上位于城市地区的独立的技术护理中心的每日日常服务的平均值的112%超过位于城市地区的独立技术护理中心的限额的数额的50%。

（4）对于位于农村地区的医院基础上的技术护理中心，限额应等于位于农村地区的独立技术护理中心的限额的总和，加上位于农村地区的独立的技术护理中心的每日日常服务的平均值的112%超过位于农村地区的独立技术护理中心的限额的数额的50%。

应用本款时部长应当对于与成本的一部分有关的劳动力基于一个合适的工资指数进行合适的调整，或是应该开始于1992年10月1日之后，或是在1995年10月1日之后的成本报告期间内，和随后的每2年，规定对本条款描述的每日成本限额进行更新，除了该限额在开始于1997年10月1日之后的成本报告期间内生效，应该基于在开始于1996年10月1日之后的成本报告期间内生效的限额。

（b）对于医院基础上的技术护理中心，部长不应认为成本的一部分是合理的，医院基础上的和独立的技术护理中心的区别可归因于附加的高空分配。

（c）部长可以对第（a）款提出的限额做出调整，对于任何技术护理中心，达到部长认为合适的程度，基于病例混合或是超出中心控制的情况。部长应当每年公布数据和标准用来实现本款的目的。

（d）（1）遵从于第（c）款，任何技术护理中心可以选择根据本款在对于所有日常成本（包括服务成本，被要求来获得或是维持医师的最佳可用的身体上、精神上、社会心理上的良好表现，该医师根据本编有资格获得利益）的预期支付的基础上被支付，和在一个成本报告期间里规定的扩展护理服务的与资本有关的资本，根据本编做出的支付少于1500个患者的天数。该预期支付应当代替根据第1861条第（v）款和本条第（a）款到第（c）款的规定的日常服务成本和遵从于第1861条第（v）款规定的与成本有关的成本的支付。本款不适用于一个中心，在一个紧随着接下来的成本报告期间里，该中心有1500个患者或是更多的患者天数，关于本编制定的支付，不考虑该支付是否是根据本款在先前的成本报告期间里做出的。

（2）（A）本条的支付金额应当在每日的基础上做出。

（B）遵从于第（C）目的限制，对于技术护理中心位于：

（ⅰ）位于城市地区，数额应等于同一地域里城市地区的技术护理中心的扩展护理服务的与资本有关的成本和每日合理日常服务的平均值的105％，不考虑第（a）款的限制，和不同地区工资水平的调整；

（ⅱ）在农村地区，数额应等于同一地域里农村地区的技术护理中心的扩展护理服务的与资本有关的成本和每日合理日常服务的平均值的105％，不考虑第（a）款的限制和不同地区工资水平的调整。

（C）根据第（B）目规定的每日数额不得超过根据第（a）款规定的中心的日常服务成本的限额、调整来考虑有关中心种类和位置的与资本有关的成本平均值。

（3）为了实现本款的目的，农村地区和城市地区都应当为了达到第（a）款的目以同一方式决定，"地域"应当与第1886条第（d）款第（2）项第（D）目下的含义一致。

（4）部长应当在开始于一个该财政年度开始之前的至少90天的财政年度里的成本报告期间里，制定预期支付金额，在最近12个月期间可用数据的基础上。一个技术护理中心必须在成本报告期间里不迟于该期间开始的 30 天里，向部长通知它根据本款应被支付的意图。

（5）部长应当规定一个简化的成本报告有根据本款被支付的中心提交，该报告仅要求必要的成本信息来决定根据第（2）项的预期支付金额和合理的辅助服务成本。

（6）代替由一个根据本款被支付的中心提供的辅助服务的基于成本基础的支付，如果部长决定该支付基础将会提供一个赔偿的公平的水平，和将会减轻该中心的报告负担。

（7）在根据本款计算支付率时，应当考虑第 1861 条第（v）款第（1）项第（E）目最后一句话描述的成本（关于与护理中心的要求相一致，和进行护理，撇开培训和能力评价系统和能力评价系统）。

（e）**预期支付**。

（1）**支付规定**。尽管有本编的任何其他规定，遵从于第（7）项、第（11）项和第（12）项，在该服务提供的每一天里对于所有成本［有第（2）项第（A）目定义的］的支付金额：

（A）在转换期间［有第（2）项第（E）目定义］的成本报告期间里，等于以下的总和：（ⅰ）中心的非联邦比例，具体的每天的比例［根据第（3）项计算］，以及（ⅱ）适用于中心的可调整的联邦每日比例［根据第（4）项决定］的联邦比例；

（B）在转换期间后等于适用于调整的联邦每日比例。

（2）**定义**。为了实现本款的目的：

（A）**涉及的技术护理中心服务**。

（ⅰ）**总则**。"涉及的技术护理中心服务"：（Ⅰ）是指后面的医院扩展第 1861 条第（i）节定义的护理服务，该利益根据第 A 部分提供；以及（Ⅱ）包括所有项目和服务［除了第（ⅱ）节、第（ⅲ）节和第（ⅳ）节的项目和服务］该支付根据第 B 部分做出，配备一个个体，他是这一期间里技术护理中心的一个医师，在这一期间，个人被提供涉及的过去医院扩展的护理服务。

（ⅱ）**不包括的服务**。本节描述的服务是内科医生的服务，该服务是第 1861 条第（s）款第（2）项第（K）目第（ⅰ）节和第（ⅱ）节所描述的服务，证明的护士—助产士服务、合格的心理医生的服务、认证登记的护理麻醉师的服务，和第 1861 条第（s）款第（2）项第（F）目和第（O）目描述的项目和服务、根据第 1834 条第（m）款第（4）项第（C）

目第（ⅱ）节第（Ⅶ）次节①规定提供的远程医疗服务，和在 1998 年提供的服务、心电图测试服务（《包装委员会法》第 76 条）的心电图设备的运输成本。本目描述的服务不包括身体的、职业的、说话—语言的治疗服务，不考虑该服务是否在一个内科医师或是其他健康护理专业的所提供或是在他的监督之下。

（ⅲ）**对于某些附加项目和服务的排除**。本节所描述的项目和服务是指：

（Ⅰ）第 1861 条第（s）款第（2）项第（F）目所描述的和肾脏透析服务联合的个人提供的急救服务。

（Ⅱ）化学疗法项目［由《包装委员会法》1990 年 7 月 1 日定义，J9000—J9020、J9040—J9151、J9170—J9185、J9200—J9201、J9040—J9151、J9211、J9230—J9245 和 J9265—J9600（和随后由部长修改的）］和任何部长定义的附加化学疗法项目。

（Ⅲ）化学疗法管理服务［由《包装委员会法》1990 年 7 月 1 日定义，36260—36262、36489、36530—36535、36640、36823 和 96405—96542（和随后由部长修改的）］和部长定义的任何附加化学疗法的管理服务。

（Ⅳ）放射性服务［由《包装委员会法》1990 年 7 月 1 日定义，79030—79440（和随后由部长修改的）］和部长定义的任何附加的放射性服务。

（Ⅴ）定做的假肢装置［通常被认为是接下来的《包装委员会法》下的人造四肢或是对人造四肢的补充（和随后由部长修改的）］和任何由部长定义的附加定做的假肢装置，如果给一个患者在其住在技术护理中心时使用，并在中心收费后去意图使用：L5050—L5340、L5500—L5611、L5613—L5986、L5988、L6050—L6370、L6400—L6880、L6920—L7274 和 L7362—L7366。

（ⅳ）**对于某些农村卫生诊所和联邦合格的卫生中心的服务的排除**。本节描述的服务是：（Ⅰ）农村卫生诊所的服务［在第 1861 条第（aa）

①《公法》第 110—275 期，第 149 条第（b）款，插入"根据第 1834 条第（m）款第（4）项第（C）目第（ⅱ）节第（Ⅶ）次节规定提供的远程医疗服务"，适用于在 2009 年 1 月 1 日之后提供的服务。

款第（1）项定义］；以及（Ⅱ）联邦合格的卫生中心的服务［本条第（3）项定义］；如果个人提供的该服务未参加到一个农村卫生诊所或是一个联邦合格的卫生中心，那将在第（ⅱ）节中描述。

（B）**所有成本**。"所有成本"是指日常服务成本、辅助成本和覆盖技术护理中心服务的与资本有关的成本，但是不包括与已批准的教育活动一致的成本。

（C）**非联邦比例、联邦比例**。因为：

（ⅰ）一个中心的最初成本报告期间里［由第（D）目定义］，"非联邦比例"是75％和"联邦比例"是25％；

（ⅱ）该中心接下来的成本报告期间里，"非联邦比例"是50％和"联邦比例"是50％；

（ⅲ）该中心随后的成本报告期间里，"非联邦比例"是25％和"联邦比例"是75％。

（D）**最初成本报告期间**。"最初成本报告期间"是指对于技术护理中心，中心开始于1998年1月1日之后的最初成本报告期间。

（E）**转换期间**。

（ⅰ）**总则**。"转换期间"是指对于一个技术护理中心，中心的开始于最初成本报告期间的3个成本报告期间。

（ⅱ）**新的技术护理中心的治疗**。在1995年10月1日之后，技术护理中心根据本编第一次因服务收到支付，如果所有的服务都是在转换期间之后提供，那么对于该服务的支付应当根据本款做出。

（3）**中心具体的每日比例的决定**。部长应当在一个成本报告期间里，对于第（2）项第（E）目第（ⅱ）节未描述的每一技术护理中心规定一个中心—具体每日比例，具体如下：

（A）**决定基础支付**。部长应当决定，在一个每日的基础上，总数为：

（ⅰ）开始于1995财政年度的成本报告期间里中心的扩展护理服务的正当成本，包括与第（d）款描述的中心一致的成本，伴随对非设定的成本报告的合适的调整（由部长决定），对于参加到"家庭护理病历混合和质量示范"（简称RUGS‐Ⅲ）活动，中心在开始于1997年的成本报告期间里收到的RUGS‐Ⅲ比例；

（ⅱ）根据第B部分可支付数额的估计（不考虑任何合适的可扣除的、共同保险和共同付费），对于一个作为中心医师的个人，在第（ⅰ）

节里规定的合适的成本报告期间里，第（2）项第（A）目第（i）节第（Ⅱ）次节里描述的覆盖技术护理中心的服务，不考虑该支付是否由中心或是其他实体做出。

在根据第（ⅱ）节组成合适调整过程中，部长应当考虑到例外或是豁免，但是对于豁免，近达到日常成本限额不超过因赦免而另外合适的日常成本限额的 150% 的程度。

（B）**对最初成本报告期间的更新**。部长应当更新根据第（A）目决定的数额，对于第（A）目第（i）节描述的合适的成本报告期间之后的每一成本报告期间和直至最初成本报告期间里，以一个系数其等于技术护理中心一揽子比例增长减少 1 个百分点。

（C）**对于合适成本报告期间的更新**。部长应当更新根据第（B）目决定的数额，对于每一个开始于最初成本报告期间直到一个包括一个成本报告期间，它涉及一个系数等于中心—具体更新系数。

（D）**中心—具体更新系数**。为了实现本项的目的，"中心—具体更新系数" 对于开始于以下成本报告期间：（i）在 1998—1999 财政年度，等于该财政年度里技术护理中心一揽子比例增长减少了 1 个百分点，以及（ⅱ）在每一随后的财政年度，等于该财政年度里技术护理中心一揽子比例增长。

（4）**联邦每日比例**。

（A）**对于中心历史的每日的决定**。对于在开始于 1995 财政年度的成本报告期间内，每一技术护理中心所收到的对于前面医院扩展护理服务的支付，它遵从于（不豁免于）第（a）款第（1）项或第（2）项所涉及的每日限额［和第（d）款描述的中心］，部长应当估计，以该成本报告期间里每日为基础，其总量为：

（i）在开始于 1995 年的成本报告期间里，对于中心的扩展护理服务（不包括例外支付）的正当成本，辅以对非设立的成本报告的合适调整（由部长决定）；

（ⅱ）根据第 B 部分可支付数额的估计（不考虑任何合适的可扣除的、共同保险和共同付费），第（2）项第（A）目第（i）节第（Ⅱ）次节里描述的覆盖技术护理中心的服务，在该期间提供给一个作为中心医师的个人，不考虑该支付是否由中心或是其他实体做出。

（B）**对最初成本报告期间的更新**。部长应当更新根据第（A）目决定的数额，对于第（A）目第（ⅰ）节描述的合适的成本报告期间之后的每一成本报告期间和直至最初成本报告期间里，以一个系数其等于技术护理中心一揽子比例增长减少（基于按年计算的基础）1个百分点。

（C）**对于标准化的每日比例的计算**。部长应当对于根据第（B）目更新的每一中心的数额使之标准化，通过：（ⅰ）通过地区中心每日工作水平的平均值来调整中心的种类；以及（ⅱ）调整对于中心里每日病例混合的种类。

（D）**对于每日比例的加权平均值的计算**。

（ⅰ）**所有的中心**。部长应当通过计算根据第（C）目计算的标准化数额的平均值来计算所有中心每日比例的加权平均值，对于每一中心，通过第（A）目提及的成本报告期间里所提供的扩展护理服务的天数来衡量。

（ⅱ）**独立的中心**。部长应当计算独立中心的每日比例的加权平均值，通过仅对于中心的根据第（C）目计算的标准化数额的平均值，对于中心通过第（A）目提及的成本报告期间里所提供的扩展护理服务的天数来衡量。

（ⅲ）**分别计算**。部长可以按中心在城市还是农村分别计算和运用该平均值［由第1886条第（d）款第（2）项第（D）目定义］。

（E）**更新**。

（ⅰ）**最初期间**。对于开始于1998年7月1日、结束于1999年9月30日的最初期间，部长应当计算技术护理中心的非调整的联邦每日比例，使其等于根据第（D）目第（ⅰ）节和第（ⅱ）节计算的每日比例加权平均值的平均值，该比例会随着技术护理中心一揽子比例在该期间减少1.0个百分点的变化而增长。

（ⅱ）**随后的财政年度**。部长应当计算一个非调整的联邦每日比例，使其等于根据本目计算的联邦每日比例：（Ⅰ）对于2000财政年度，用来计算第（ⅰ）节描述的最初期间的比例，会随着技术护理中心一揽子比例在最初期间减少1.0个百分点的变化而增长；（Ⅱ）对于2001财政年度，用以计算先前财政年度的比例随着这一财政年度里技术护理中心的一揽子比例的变化而增长；（Ⅲ）对于2002和2003财政年度，用以计算先前财政年度的比例随着这一财政年度里技术护理中心的一揽子比例涉及减少0.5个百分点变化而增长；（Ⅳ）对与随后的每一财政年度，用以计算先前财政年度的比例随着涉及的财政年度里技术护理中心的一揽子比例的变化而增长。

（F）**对于比例混合蔓延的调整**。至今部长决定的在先前的财政年度里（或是对于未来财政年度里对该调整的估计）对于第（G）目第（ⅰ）节下的调整，确实（或可能）导致了根据本目在财政年度里总的支付的变化，它是医师分类和编码的变化的结果，但是并未反映病例混合的真实变化，部长可以在随后的财政年度里调整未调整的联邦每日比例，以消除该编码或是分类变化的影响。

（G）**联邦比例的决定**。部长应当计算每个技术护理中心在每一财政年度里的一个调整的联邦每日比例，使其等于根据第（E）目决定的未调整的联邦每日比例，根据第（F）目调整，并按以下方式进一步调整：

（ⅰ）**对于病例混合的调整**。部长应当提供好病例混合规定一个合适的调整。该调整应基于一个医师分类系统，由部长来建立，相当于不同患者种类的相关资源的使用。病例混合的调整应基于医师评价数据和部长认为合适的其他数据。

（ⅱ）**对于劳力成本的地区差异的调整**。部长应当调整可归因于中心所在地区的工作和雨工资有关的成本的该每日比例的一部分，与使用一个由部长决定的合适的工资指数的该成本的国家平均值相比。该调整应以以下方式做出不会导致本款下的总的支付大于或是小于那些没有做出该调整另外做出的支付。

（ⅲ）**对于某些附加项目和服务的排除的调整**。部长应当在开始于2001财政年度，对于支付规定一个合适的比例减少，以使该减少的总数等于可归因与根据第（2）项第（A）目第（ⅲ）节生效的排除的支付的总的增长。

（H）**每日比例信息的公布**。部长应当在1998年5月1日之前［关于第（E）目第（ⅰ）节描述的财政年度期间］，和在8月1日之前的每个连续额财政年度里（关于该财政年度）规定在《联邦公报》里的公布，具体：

（ⅰ）未调整的联邦每日比例适用于覆盖财政年度期间提供的技术护理中心服务的那些天里；

（ⅱ）病例混合系统根据第（G）目第（ⅱ）节应用到该财政年度期间的该服务；

（ⅲ）系数被用来根据第（G）目第（ⅱ）节来就该服务做出的工资调整。

（5）**技术护理中心的一揽子指数和比例**。为了实现本款的目的：

（A）**技术护理中心一揽子指数**。部长应当建立一个技术护理中心一揽子指数，以使它反映商品和包括覆盖技术护理中心服务的合适混合的价格，随着时间的变化。

（B）**技术护理中心一揽子比例**。"技术护理中心一揽子比例"是指对于一个财政年度或是其他每年期间和部长计算出的，此个先前财政年度（或期间）的中点到涉及财政年度（或是其他期间）的中点期间，技术护理中心一揽子指数〔根据第（A）目建立的〕的比例变化。

（6）**医师评价数据的提交**。一个计算护理中心，或是一个第（7）项第（B）目描述的中心，应当规定部长，以部长规定的方式和时间安排内，必要根据第（7）项来发展和执行的该比例的医师评价数据。为了实现满足该要求的目的，一个计算护理中心，或第是第（7）项的描述的中心，可以提交第1819条第（b）款第（3）项要求的医师评价数据，使用部长根据第1819条第（e）款第（5）项制定的标准工具。

（7）**医疗保险摇床医院的治疗**。

（A）**转换**。遵从于第（C）目，部长应当决定一个方式，使其将本款适用到第（B）目描述的中心，（而不是重点医院）考虑到本款的目的，应当规定在转换期间结束时〔由第（2）项第（E）目定义〕，仅根据本款对该中心进行支付。对于开始于部长具体规定日期（不早于1999年7月1日）之前的成本报告期间里，对于该中心的支付不应根据本款做出。

（B）**所描述的中心**。本目描述的中心是根据第1883条描述的一个协定而生效的中心。

（C）**对于重点医院提供的摇床服务的豁免**。根据本目建立的预期支付系统不应当应用到由重点医院以及第1883条的一个协定而提供的服务。

（8）**对于审查的限制**。根据第1869条、第1878条或其他条款，那将没有行政或是司法审查。

（A）根据第（4）项联邦每日比例的建立，包括根据第（4）项第（C）目计算标准化的每日比例，根据第（4）项第（F）目和第（4）项第（G）目第（ⅰ）节对病例混合做出的调整和修正，根据第（4）项第（G）目第（ⅱ）节对与劳力有关成本的变化做出的调整，和根据第（4）

项第（G）目第（ⅲ）节做出的调整；

（B）在1999年7月1日之前建立中心具体比例（除了根据本编第A部分对成本支付的任何决定）；

（C）根据第（7）项建立转换金额。

（9）**对于某些服务的支付**。如果一个项目或是服务提供给一个计算护理中心的医师或是该中心的一部分，该中心应包括根据第B部分做出支付的技术护理中心（根据条例决定），其数额与第1833条第（a）款第（2）项第（B）目规定的一致，本部分的支付金额应当是根据对于该项目和服务的收费计划规定的金额。对于第（2）项第（A）目第（ⅲ）节描述的项目或服务，根据第A部分应是可支付的，除了根据本目对于该项目或服务的排除，对于项目或是服务的支付，其金额是本编第B部分对于该项目或服务另外规定的金额，其来自《联邦医院保险信托基金法》第1817条（而不是《联邦补充医疗保险信托资金法》第1841条）。

（10）**要求的编码**。根据第B部分对于提供给个人的项目或是服务［不是第（2）项第（A）目第（ⅱ）节描述的服务］不应做出支付，该个人是技术护理中心的医师，或是包括技术护理中心（有条例决定）的中心的一部分，除非诉求该支付包括一个统一的编码系统下的一个编码（或是一些编码），由识别提供的项目或是服务的部长具体规定。

（11）**允许中心放弃3年的转换期**。尽管有第（1）项第（A）目，中心可以选择在开始于不早于自根据第（1）项第（B）目做出选择之日起30天内的成本报告期间里，提供覆盖技术护理中心服务对于每一天该服务的所有成本的支付金额。

（12）**对于某些中心的支付规则**。

（A）**总则**。对于一个第（B）目描述的急诊技术护理中心，每日的支付金额应当通过应用第（2）项第（C）目第（ⅱ）节具体规定的联邦比例和非联邦比例来决定。

（B）**描述的中心**。为了实现第（A）目的目的，一个合格的急诊技术护理中心是指一个这样的中心：（ⅰ）在1992年7月1日之前，由部长认证，作为一个技术护理中心有资格提供本编下的服务；（ⅱ）一个医院基础上的中心；（ⅲ）对于开始于1998财政年度的成本报告期间，中心有超过患者天数的总数的60%，由第（C）目描述的患者构成。

（C）**对于患者的描述**。为了实现第（B）目的目的，本目所描述的患者是这样一个个体：（ⅰ）根据第 A 部分被授予利益；以及（ⅱ）免疫系统减弱的次于易传染的疾病，以部长详细规定特殊的诊断。

提供者教育和技术援助①

第 1889 条 【《美国法典》第 42 编第 1395zz 条】（a）**教育建立的协调**。部长应当协调医疗保险的承包者［由第（g）款定义，包括第 1893 条］规定的教育活动，为了使服务提供者和供应者的联邦教育努力的效用最大化。

（b）**提高的教育和培训**。

（1）**附加资源**。对有授权的部长（来自联邦医院保险信托资金和联邦补充医疗信托资金的合适的一部分）来说是合适的该总额在开始于 2005 财政年度的财政年度里是必要的。

（2）**使用**。根据第（1）项做出的可用资金，来通过医疗保险的承包者和提供服务者的教育和培训来增加该管理，考虑到记账、编码和其他合适的项目，可以被用来提高承包者反映的准确性、一致性和及时性。

（c）**对于小的服务提供者或是供应者的教育和培训活动的精简**。

（1）**总则**。目前作为一个医疗保险承包者来管理教育和培训活动，它应该精简该活动使其符合小的服务提供者或供应者［由第（2）项定义］的特殊需要。对于小的服务提供者或供应者该培训和教育活动，可以包括技术援助的规定（例如，审查记账系统和内部控制来决定计划顺利和建议更多的有效和有用的方式来实现该顺利）。

（2）**小的服务提供者或供应者**。在本款中，"小的服务提供者或供应者"是指：（A）一个服务提供者拥有少于 25 个全职等价雇员；或者（B）一个供应者拥有少于 10 个全职等价雇员。

（d）**互联网网址、常见问题**。部长和每个至今的医疗保险承担者，在它规定服务提供者或供应者的服务（包括诉求拥有）时，应当维持一个互联网网址：

（1）对于常见问题规定一个有易于理解格式的答案；

（2）包括承包者的公布的资料，与本编（和第十一编至今和它有关

---

①　关于小的提供者的技术援助的示范计划，参见第 2 卷《公法》第 108—173 期，第 922 条。

的该计划）下的计划下的服务提供者和供应者有关。

（e）**对于参加教育计划行为的鼓励。**一个医疗保险的承包者可以不使用一个记录出席（或是缺席）教育活动或是其他在根据本条执行教育计划期间的信息，或是另外的由部长为了实现执行任何种类的审计或是赔偿审查的目的，来选择或者是追踪服务的提供者或是追踪者。

（f）**解释。**本条或第 1893 条第（g）款中的任何事都不得被解释为规定一个医疗保险的承包者的揭露：

（1）被用来识别遵从于医疗审查的屏幕；

（2）或者，信息将构成未决的法律强制执行行为，或是揭露法律与强制执行有关的审计中的发现。

（g）**定义。**为了实现本条的目的，"医疗保险承包者"包括：

（1）拥有第 1874A 条下的合同，一个医疗管理承包者，包括拥有第 1816 条下的合同的一个财政年度媒介和第 1842 条下合同的载体。

（2）拥有第 1893 条下合同的一个合格实体。

该定义不包括，对于一个服务的特殊提供者或是供应者的行为，一个实体根据本编或第九编无授权，对于该活动和该服务的提供者或是供应者。

与一个合意基础上的实体就表现衡量来订约①

第 1890 条【《美国法典》第 42 编第 1395aaa 条】（a）**合同。**

（1）**总则。**为了实现根据本法管理行为的目的，部长应当识别和使与合意基础上的实体签订的合同有效，例如国家质量论坛，它满足了第（c）款描述的要求。该合同应当规定实体将执行第（b）款描述的义务。

（2）**对于第一个合同的计时。**只要本款在执行之后的日期可实行，部长应当根据第（1）项签订合同。

（3）**合同的期间。**一个第（1）项下的合同，应在一个 4 年的期间里（除了在随后的投标过程中可能被更新）。

（4）**竞争程序。**《联邦政府采购政策办公室法》［《美国法典》第 41 编第 403 条第（5）项］第 4 条第（5）项定义的竞争程序应当被用于签

---

① 《公法》第 110—275 期，第 183 条第（a）款第（1）项，增加第 1890 条，2008 年 7 月 15 日生效。

订第（1）项下的程序。

（b）**义务**。

（1）**设立程序的优先权**。实体应当综合证据和聚集资本持有者来做出推荐，对于根据法律管理的行为，关于在所有可用设置中的卫生护理表现的衡量方法的一个完整的国家种类和优先权。在做出该推荐时，实体应当：

（A）确保赋予测试方法优先权：（i）强调卫生护理，对于有广泛的、高成本的慢性疾病的患者；（ii）对于提高卫生护理的质量、效率和以患者为中心，具有最大的潜能；以及（iii）由于现存的证据、护理标准或是其他原因，能够被迅速执行。

（B）考虑到衡量方法：（i）可以帮助顾客和患者得到卫生护理决定的通知；（ii）强调不同组和地区中卫生的不一致；以及（iii）强调患者接受护理的连续性，包括各种卫生护理提供者或是从业者在各种设置中提供的服务。

（2）**对于衡量方法的认可**。该实体应当规定标准的卫生护理行为衡量方法的认可。随后句子下的认可程序应当考虑一个测量方法是否是：

（A）证据基础上的、可靠的、合法的、能证明的与提高健康结果相关的，可操作的达到给予护理的水平，对于收集和报告可行，并且能够响应患者性格的变化，例如卫生状况、语言能力、种族和伦理，以及收入水平；

（B）一致的卫生护理提供者的种类，包括医院和内科医师。

（3）**维持衡量方法**。实体应当建立和执行一个程序来确保根据第（2）项认可的衡量方法可以随着新证据的发展而更新（如果过时就淘汰）。

（4）**对于电子卫生记录发展的提升**。实体应当提升电子卫生记录的发展和使用，其包括的功能有电子收集、聚合和表现测量方式信息的转换。

（5）**每年向国会和部长报告，连续的公布和评价**。

（A）**每年的报告**。（i）执行根据法律最初的质量衡量方法，和协调该最初的方法和其他支付者执行的质量最初方法；（ii）根据第（1）项做出的推荐；以及（iii）实体执行义务，该义务是由根据第（a）款与部长签订的合同所要求的。

（B）**每年报告的公布和连续的审查**。根据第（A）目在一年内，不迟于收到报告的 6 个月，部长应当：（ⅰ）审查该报告；以及（ⅱ）在《联邦登记》里公布该报告，与部长对该报告的评论一起公布。

（c）**描述的要求**。本款描述的要求是：

（1）**个人的非营利的**。实体是由委员会管理的一个个人的非营利实体。

（2）**委员会会员**。

（A）卫生计划的代表和卫生护理的提供者和从业者，或者可以代表卫生护理的提供者和从业者的组织的代表；

（B）卫生护理的消费者或者代表卫生护理的消费者的组织的代表；

（C）雇主和购买者的代表或者代表雇主和购买者的组织的代表。

（3）**实体的会员**。部长的会员包括经历过以下事情的人：

（A）城市卫生护理问题；

（B）卫生护理安全网问题；

（C）农村和边境卫生护理问题；

（D）卫生护理质量和安全问题。

（4）**公开的和透明的**。对于第（a）款下的与部长签订的合同有关的事情，实体以公开和透明的方式来管理它的生意，为公众评论其行为提供机会。

（5）**设立组织的志愿的一致标准**。实体运营作为一个志愿一致标准来设立的组织，其定义是为了实现以下条款的目的：《1995 年国家技术转换和发展法》第 12 条第（d）款（《公法》第 104—113 期）和《办公室管理和修正通知的预算》第 A－119 期（1998 年 2 月 10 日公布在《联邦公报》上）。

（6）**经验**。实体至少有 4 年建立国家一致标准的经验。

（7）**会员费**。如果实体要求参加实体集会的会员交会员费，那么该会员费应当是合理的并根据潜在会员可以支付费用的能力为基础来调整。无论如何，会员费不得成为有较低资源或是有名无实的资源的个人或是组织参加实体集会的障碍。

（d）**建立**。为了实现执行本条的目的，部长应当规定一个转换，在 2009—2012 每个财政年度里，从第 1817 条的"联邦医院保险信托基金"和第 1841 条的"联邦补充医疗保险信托基金"（该比例由部长适时规定）

的 1000 万美元，到"医疗保险和医疗救助服务计划管理和计算中心"。

参加家庭医疗机构的条件、家庭医疗的质量①

第 1891 条【《美国法典》第 42 编第 1395bbb 条】（a）根据本款要求满足参与家庭医疗机构的条件是：

（1）在其护理下保护和提升每个人的权利的机构，包括接下来的权利：

（A）机构应当规定关于护理和治疗的提前得到充分通知的权利，机构应当规定关于护理和治疗的任何变化得到充分通知的权利，该变化可能会影响个人的表现，以及（除了关于个人认为无能力的）参加计划的护理和治疗或者护理和治疗的变化。

（B）对于治疗或是护理表达不满的权利是（或不是）被提供，并且不受到歧视和因为发表不满而遭到报复。

（C）第 1861 条第（o）款第（3）项描述的门诊记录保密的权利。

（D）使个人财产被认真对待的权利。

（E）口头或是书面被充分通知的权利（在机构护理来到之前）：

（i）所有机构提供（或是根据安排）的项目或服务的支付根据本编做出；

（ii）对于本编、第十九编或任何其他联邦计划下的该项目和服务的合适的覆盖范围，在其范围内该机构被合理的知道；

（iii）本编未覆盖的项目或服务的收费和任何收费，个人需要支付该机构提供（或是根据安排）的项目和服务；

（iv）第（i）节、第（ii）节或第（iii）节描述的项目或服务的任何收费的变化。

（F）被书面（在机构护理来到之前）充分通知个人本编中的权利和义务的权利。

（G）有权被告知在第 1864 条第（a）款下建立的州家庭卫生机构热线的可用性。

（2）该机构将通知负责变革的机构的许可或认证。

---

① 关于分支办公室的治疗，参见第 2 卷《公法》第 106—554 期，第 1 条第（a）款第（6）项。

（A）个人拥有在机构中的所有权或者控制股份［在第 1124 条第
（a）款第（3）项中定义的］；

（B）是机构中的办公室职员、董事或者管理雇员［在第 1126 条第
（6）项中定义的］的人；

（C）是有限公司、协会或者是其他负责管理该机构的组织。

这些通知应该在变化发生之时给出，并且应该包括每一个上述新人或
者新公司的认证。

（3）（A）该机构务必不能够利用家庭健康助手（无论是兼职的还是
全职的，或者是每日津贴的或者其他形式），任何个人提供物品或者服务
必须是在第 1861 条第（m）款下或者是在 1990 年 1 月以后，除非个人：
（i）已经完成训练和能力评估计划，或者完成满足由卫生部部长在第
（D）目下建立的能力评估计划最低标准；（ii）有能力提供上述物品或
服务。

为了实现第（i）节的目的，如果因为个人最近完成的项目有连续
24 个月没有提供在第 1861 条第（m）款下的物品或服务，个人将没有被
认可完成训练或能力评估计划。

（B）（i）该机构必须提供，有关在 1989 年 7 月 1 日前个人被该机构用
来当作家庭健康助手、能力评估计划［正如在第（A）目第（i）节描述的］
以及在 1990 年 1 月 1 日前诸如与个人完成此类计划有必要的准备工作。

（ii）该机构必须提供定期绩效考核以及定期在职培训计划以确保在
第 1861 条第（m）款下提供该服务的个人有能力提供上述物品和服务。

（C）该机构务必不能允许个人提供尚没有证明其能力的物品和服务，
除非已经完成训练和能力评估计划，或者完成达到由卫生部部长在第
（D）目下建立的能力评估计划最低标准。

（D）（i）卫生部部长应该在 1988 年 10 月 1 日前建立在第（A）目
下的计划最低标准。

（ii）卫生部部长应该包括该课程的内容、最小训练时长、执教者认
证以及认定能力的步骤程序。

（iii）这些标准可以允许由在家的照护机构或者室外机构（包括职工
企业）提供，并在本条实施之日①起生效，除非没有获得由在家健康照护

---

① 1987 年 12 月 22 日（《公法》第 100—23 期；《美国联邦法律大全》第 101 编第 1330 条）。

机构在之前两年内对该项目的批准：

（Ⅰ）已经裁定不符合第（A）目、第（B）目、第（C）目；

（Ⅱ）一直受到了在第（c）款第（2）项第（D）目的扩展调查（或者部分扩展）；

（Ⅲ）已经被判处在第（f）款第（2）项第（A）目第（ⅰ）节下的不少于 5000 美元的民事罚金；

（Ⅳ）或者，已经受到第（e）款第（1）项或者第（f）款第（2）项第（A）目第（ⅱ）节或第（ⅲ）节的补救。

（ⅳ）如果卫生部部长裁定在项目实施之时，项目满足了此类标准，上述标准务必允许在 1989 年 7 月 1 日前完成训练或者同等能力评估计划的个人被视为满足由卫生部部长批准的在本目下建立的标准第（A）目的计划。

（E）在本项，"家庭健康助手"是指任何个人提供在第 1861 条第（m）款下的物品或服务，但是不包括：

（ⅰ）执业健康专业的人［正如在第（F）目中描述的］；

（ⅱ）或者，自愿不接受经济报酬的志愿者。

（F）在本项，"执业健康专业"是指一名医师、医师助手、执业护士、药剂师或者职业治疗师、物理的或者职业的治疗助手、注册的职业护士、执业实习护士或者执业社会工作者。

（4）该机构包括在第 1861 条第（m）款下在第 1861 条第（o）款第（3）项中医疗记录的个人的关怀计划。

（5）该机构运行并提供与适应全联邦的、州的，以及当地法律和法规（包括第 1124 部分所要求的）的服务，并且接受适用于该机构的职业物品和服务的职业标准和规范。

（6）该机构遵守第 1866 条第（f）款的要求（有关保持手写政策以及与预先指示有关的步骤）。

（b）部长有义务和责任确保参保的条件和要求在第 1861 条第（o）款和第（a）款明确指出。强制执行这样的条件和标准可以充分地保护个人的健康和安全能够得到家庭卫生机构的照护，同时提升效率，使公共资产能够得到更有效的利用。

（c）（1）部长在第 1866 条中写入或更新协议中，关于家庭卫生机构的协议必须由适当的州或地方机构管控，在未被告知前，一个标准的调查家庭卫生机构。任何人通知或被通知家庭卫生机构的协议的时间被更改，将会被除以不超过 2000 美元的民事罚金。第 1128A 条［除了部门条款第（a）款和第（b）款］的之前的版本应该应用民事罚金，运用与本项相同的方法将罚金应用于第 1128A 条。卫生部部长应该审核各州或地方照护机构设定时间的步骤及标准调查的行为，确保各州或各机构为避免利用日程步骤来通知调查和调查行为本身，采用了合理的步骤。

（2）（A）除了在第（B）目，每个家庭卫生机构必须根据一个标准调查，在前一个标准调查在此项中被控制时间的不晚于 36 个月。卫生部部长需要根据家庭卫生机构在 36 个月的时间里的内部相称调查建立一个频率，从而确保家庭健康调查的交付质量。

（B）如果没有在第（A）目下执行的话，一个机构的标准调查（或者简称标准调查）：

（i）所有权的任何变化、管理权或者裁决该机构是否导致该机构提供的照护质量的下滑可以在两个月内执行；

（ii）当卫生部部长收到该机构很多投诉时，该州、对该机构签发证书的机构、对该机构保证免费热线和调查单元［根据第 1864 条第（a）款］的当地机构务必在两个月内执行。

（C）在本项下关于家庭卫生机构执行标准调查：

（i）应该包括（在可行的范围内），由机构提供物品和服务的综合病例的分层抽样：（Ⅰ）拜访上述个人的家，但是必须在征得当事人同意的情况下，目的是衡量［与卫生部部长在第（d）款的可重复的评估工具一致］由该机构提供的每个个人的反映在第 1861 条第（m）款的纸质计划和第 1861 条第（o）款第（3）项下的医疗记录的最可行的功能的能力物品和服务的质量和范围，（Ⅱ）通过医疗指标、护士和康复机构衡量的对由该机构提供的照护质量和服务进行调查；

（ii）应该建立由部长建立的在 1989 年 1 月 1 日之前成熟、经过测试的或者有效的协议之上；

（iii）应该由以下个人执行：（Ⅰ）满足由卫生部部长在 1989 年 1 月 1 日前建立的最低标准的人，（Ⅱ）没有作为为家庭卫生机构调查的按照与第 1861 条第（o）款或者此部分第（a）款一致的员工服务的或者作为顾问的人，（Ⅲ）与家庭卫生机构没有亲属和经济利益的人。

（D）在一个标准调查的情况下，凡是任何一个家庭卫生机构提供例外照护的，必须遵守扩展调查以审查和确认其例外照护的政策和程序，并裁决该机构是否满足在第 1861 条第（o）款或者第（a）款中明确的参与条件。任何其他机构可以经过卫生部部长或者州的接受上述扩展调查（或者部分扩展调查）。扩展调查应该在标准调查之后（或者如果是部分的，在不晚于完成标准调查的两周之后）立即执行。

（E）当被需要扩展调查（或者部分扩展调查）时，在本项下任何事都不能被认为是对该机构在第（e）款下标准调查发现基础之上的强行条件。

（d）（1）在 1989 年 1 月 1 日之前，卫生部部长应该指定一个评估工具给该机构用来满足第（c）款第（2）项第（C）目第（i）节第（I）次节。

（2）（A）在 1992 年 1 月 1 日前，卫生部部长应当：（i）评估评估的过程；（ii）给国会报告上述评估的结果；以及（iii）当卫生部部长认为合适时，基于上述评估，对评估过程可以做出适当修正。

（B）部长应该根据第（A）目定期更新评价体系，并把更新结果报告给国会，并且基于这些更新，当部长认为合适时，基于上述评估，对评估过程可以做出适当修正。

（3）部长应该为州和政府的调查员提供关于绩效标准和根据本部分扩展调查的广泛训练，包括在第（1）项下运用的任何评估工具。

（e）（1）如果部长裁决在标准、扩展或者部分扩展调查的基础上，那么在本编下的参加认证的家庭卫生机构将不再与第 1861 条第（o）款或者第（a）款的要求一致，并且涉及的不足会立即对由该机构提供物品和服务的人的健康和安全造成危害，部长应该立即采取措施以消除危害并且通过第（f）款第（2）项第（A）目第（iii）节补救措施或者对该机构终止认证以弥补不足，另外，可以提供在第（f）款第（2）项第（A）目下一个或多个弥补措施。

（2）如果部长裁决在标准、扩展或者部分扩展调查的基础上，那么在本编下的参加认证的家庭卫生机构将不再与第 1861 条第（o）款或者第（a）款的要求一致，并且涉及的不足不会立即对由该机构提供物品和服务的人的健康和安全造成危害，部长应该（为期不超过 6 个月）根据第（f）款立即采取制裁，代替终止该机构的认证。如果在上述立即制裁之后，该机构仍然与第 1861 条第（o）款或第（a）款不一致，那么卫生部部长应该终止该机构的认证。

（3）如果部长认定一个家庭卫生机构在本编下与第 1861 条第（o）款或第（a）款一致，但是在之前的一段时间中，没有满足上述要求，卫生部部长可以依据第（f）款第（2）项第（A）目第（ⅰ）节对该机构没有满足上述要求的期间处以民事罚金。

（4）部长应该在本编下为家庭卫生机构与第 1861 条第（o）款或第（a）款不一致时，不多于 6 个月内继续进行支付，如果：

（A）该州或者当地调查机构发现比起终止认证，采取替代措施以确保该机构与要求一致更合适；

（B）该机构已经向卫生部部长提交了计划和适时的调整方案，并且卫生部部长也已经批准了调整方案；

（C）如果调整方案与批准计划和时间表不相符的话，该机构同意偿还在本编下联邦政府的支付。

部长应该为在本目下家庭健康机构要求的批准和修正计划建立指导方针。

（f）（1）部长应该不晚于 1989 年 4 月 1 日建立并实施：

（A）在第（e）款的条件下针对家庭健康机构的一系列立即制裁；

（B）关于执行上述制裁的合适的程序。

（2）（A）在第（1）项下的立即制裁应该包括：

（ⅰ）由于每日违规所处罚的民事罚金不超过最多 1 万美元；

（ⅱ）部长根据第（e）款第（2）项决定终止认证时，为在本编下由家庭健康机构提供物品和服务的机构，暂停全部付款或者一部分付款；

（ⅲ）暂时管理的协议是用来监督家庭卫生机构的运作，并且当该机构为了满足第 1861 条第（o）款和第（a）款的要求时，保护和确保由这些机构提供服务的人群的健康和安全。

第 1128A 条的规定［除了第（a）款和第（b）款］应该在第（ⅰ）节下处以民事罚金，正如在第 1128A 条第（a）款下罚金的处罚和程序一样。在第（ⅲ）节下的暂时管理在部长决定该机构拥有管理能力以确保满足在该节下的全部要求前时，不应该终止。

（B）在第（A）目下明确的制裁附加制裁，否则可用州或联邦法律下，并且不应该被诠释成限制其他补救措施，包括在普通法中对个人的任何可以的补救措施。

（C）当部长发现家庭卫生机构大量符合第 1861 条第（o）款和第

（a）款的全部要求时，在第（A）目第（ⅱ）节下裁定暂停支付。

（3）卫生部部长应该在1989年4月1日前建立并实施关于在第（1）项下中间制裁的条件的实施步骤，包括罚款总额和每一项制裁的严重程度。上述步骤应该使认证损害和强制实施这些制裁的时间差最小，并且应该为重复的和不正确的损害采取更多的更严重的制裁。

（g）**地方基础付款的服务。**家庭健康机构应该提交在本编下的支付声明，并且仅以由卫生部部长决定该机构的所在地为基础上。

**由于违反津贴和贷款合同对个人的支付和收取
导致的过期的正当责任的抵消**①

第1892条【《美国法典》第42编第1395ccc条】（a）**总则。**

（1）（A）根据第（B）目，部长应该按照本条与因为违反国家卫生服务作物奖学金项目、医生短缺地区奖学金项目或者健康教育援助贷款计划的人签署协议，这些个人对州有逾期债务［如在第（b）款中定义的］。

（B）部长不应该于下述情况签订协议：

（ⅰ）（Ⅰ）已经与部长根据《1987年公共健康服务法修订案》第204条第（a）款第（1）项②签订合同的人，（Ⅱ）履行或（有部长决定）正在履行该合同的条款的人；

（ⅱ）在第204条第（a）款第（1）项中的债务已经被上述条款中的其他方式解除的人；

（ⅲ）或者，遵从与部长在《公共健康服务法》③第3编第D子编第2次编协议，遵守上述医生服务责任的人。

（2）在本条中，协议应该提供：

（A）在逾期债务（以及精确的利息）已经偿还之前，应该与卫生部部长同意的公式和计划一致，必须要根据本编从总金额中扣除；

（B）在本编下的为上述个人服务的支付只能应该基于与分配有关；

---

① 关于印度卫生服务还贷计划，参见第2卷《公法》第94—437期，第108条第（1）项和第（2）项。

② 参见第2卷《公法》第1000—177期，第204条第（a）款第（1）项。

③ 参见第2卷《公法》第78—410期。

（C）如果应该在本编下支付的个人不提供服务，根据已经同意的公式和计划，大量的抵消：（ⅰ）部长应该立即通知总检察长，总检察长应当立即采取行动去弥补全部的逾期债务，（ⅱ）根据第（4）项，部长应当立即根据本编将这些个人从项目中开除，知道全部的逾期债务被弥补。

（3）如果个人拒绝接受协议或者违背合同：

（A）部长应该立即通知总检察长，总检察长应当立即采取行动去弥补全部的逾期债务；

（B）根据第（4）项，部长应当立即根据本编将这些个人从项目中开除，知道全部的逾期债务被弥补。

（b）**逾期债务**。为了本条的目的，逾期债务是任何金额：

（1）由美国公民因为违反《公共健康服务法》第 338E 条①或者上述法中第 3 编第 F 子编第 7 次编（于 1976 年 10 月 1 日前生效），并且在卫生部部长设定的截止日期之前没有进行支付，并且已经被取消、放弃或者被卫生部部长暂停；

（2）或者，由美国公民因为涉及在《公共健康服务法》第 1 编第 C 子编第 7 次编的联邦贷款保险贷款，并且支付已经被取消、放弃或者被卫生部部长暂停。

（c）**在本编下的征收不能够被除去**。本条不得阻止美国应用其他适用法律另有规定义务所欠美国的募捐，包括（但不局限于）根据《美国法典》第 31 编第 3720A 条②的退税抵消的运用，以及《美国法典》第 31 编第 37 条中其他程序的运用。

（d）**从供应商和健康维护机构的募捐**。

（1）对于拥有逾期债务的个人，并且是根据第 1866 条签订协议的供应商或者是健康维护机构或者是根据第 1833 条或第 1876 条有合同的竞争医疗计划的雇员，或者是附属于一个医疗服务协议的人，部长应该根据本部分从该供应商、机构或者计划的全部总支付中扣除全部的逾期债务。

（2）对个人和供应商、机构的扣除款应当与部长同意的公式和计划一致。只要个人继续使用或附属医疗服务协议，否则扣除应由个人支付。

（3）上述扣除应该直到 6 个月后秘书通知供应商、机构或计划的总

---

① 参见第 2 卷《公法》第 78—410 期，第 338E 条。
② 参见第 2 卷《美国法典》第 31 编第 3720A 条。

金额以及特定医生的扣除属性才应进行。

（4）根据本款的扣除款应该缓解个人对联邦的债务（根据募捐的量），但是供应商、机构和计划拥有从上述个人根据本款的扣除款进行募捐的权力（包括全部的累计利息）。

（5）根据本款，如果在通知供应商、机构或计划6个月之内，个人对逾期债务进行支付，或者停止担任供应商、机构和计划的雇员，不应该进行罚款。

（6）部长应该在个人是团队练习，并且如果此团队练习根据本项目提交了账单，而不是通过个人医师的情况下执行本款。

（e）**从信托基金转移**。数量等于金额扣除应当从对个人、供应商和其他实体的支付的信托基金转移到财政部的普通账户，并且应当认为是被罚款个人（或者相关个人）逾期债务的支付。

医疗保险诚信项目

第1893条【《美国法典》第42编第1395ddd条】（a）**项目的制定**。据此医疗保险诚信项目（此条称为"项目"），部长将会努力提高医疗保险项目的诚信度，具体方法是依据本条来签订合同，并使资格主体去实行第（b）款所描述的活动。

（b）**活动描述**。本款的具体活动描述如下：

（1）审查服务提供者或其他个人的行为、主体供给项目以及在此编下可能要收费的那些服务（包括特护疗养院和家庭保健机构），另外还包括医疗和使用审查，还有诈骗审查（采用与私人保健计划相似的标准、程序和技术，包含运用一些设备和软件技术，而这些技术都优于以往此编下的本条颁布日期起时所使用过的索赔审查设备和技术）。

（2）费用报告审计。

（3）由于第1862条第（b）款，我们需要来决定此编下的花销是否是不需要的，或是本不应该的，还来决定给付回收是不是本不应该实行的。

（4）提供服务者、受益人以及关乎给付信誉和福利品质保险问题方面的人的教育问题。

（5）按照第1834条第（a）款第（15）项来开发（和周期更新）一系列耐用的医疗设备，并且还要遵从于此条下的事先授权来进行。

（6）依据第（g）款来制定医疗保险—医疗补助计划数据匹配项目。

（c）**资格主体**。至于有资格被写进此项目合同的主体，它们可以执行在第（b）款所描述的任何活动，只要：

（1）主体已展现出实施此类活动的能力；

（2）在实施此类活动时，在适当的情况下，主体须同意与保健和人类服务部门的监察长以及首席检察官和其他法律实施机构合作，一起去调查和威慑关于此编下的诈骗和陋习以及由此活动而产生的其他情况；

（3）遵守此类利益标准冲突的主体通常适用于联邦收购和采购；

（4）主体须迎合部长可能施加的其他要求。

在第（b）款第（5）项所描述的活动的情况下，如果一个主体是第1842条下生效合同的载体的话，它将会被认为是有资格被写进此项目的合同。

（d）**合同签订过程**。部长须依据已建立的规则程序并在此项目下签订合同，此外，此类程序还须包括以下几点：

（1）识别、评估以及解决组织利益冲突的程序都通常适用于联邦收购和采购。

（2）可被使用的具有竞争性的程序：

（A）当签订此编的新合同时；

（B）当签订可能会导致个人财政中介责任或是健康保险可移植的第202条第（b）款的载体以及第1996条的问责制法失效的合同时；

（C）除了部长可能继续与主体签订合同，而这些主体们此时正在依据第1816条的协议或是在本编颁布日期生效时的第1842条的合同下执行着本条所描述的活动，此外还有部长所认为的任何其他合适的时间。

（3）如果契约方已经达到或是超出现有合同的已确立的执行要求时，程序会这样进行，即本条的这个合同可能会不考虑任何法律所要求的竞争条款下被更新。

部长可能会签订这样的合同而不考虑最后的规则已经被颁布了。

（e）**契约方责任的限制**。部长须根据规定给出契约方在实施项目下合同时行为的责任限制，并且这样的规定须是部长认为在一定的程度上比较合适的，并且此规定应采用同样的或有可比性的标准以及其他在第1157条所包含的具有实质性和程序性的条款。

（f）**超额支付恢复**。

(1) **偿还计划的使用。**

(A) **总则。**如果偿还是服务的提供者或供应者在30天之内完成,那么此编下的超额支付将会构成一个难题[就如第(B)目所描述的那样],还受制于第(C)目,在服务的提供者或供应者的要求下,部长须就偿还问题和服务的提供者或供应者签订一个计划(通过补偿或其他),这个偿还是针对至少超过6个月但不多于3年的超额支付问题(或在极端困境的情况下不超过5年,但这也须由部长来决定)。利息将会通过偿还时期均衡累积。此计划须符合部长所认为的合适的条款和条件。

(B) **困境。**

(i) **总则。**旨在第(A)目的情况下,一个超额支付(或许多超额支付)的偿还是在30天之内的话,这会被认为造成了一个困境,如果:(Ⅰ)在服务的提供者提交费用报告的情况下,合计的超额支付的数量若超过最近递交的费用报告阶段的此编下的服务提供者的支付数量的10%;或者(Ⅱ)在另一个服务的提供者或供应者的情况下,合计的超额支付的数量超过此编下先前历年的服务的提供者或供应者的支付数量的10%。

(ii) **申请规则。**在服务的提供者或供应者在前年没有被支付此编的款项或仅是获得了那年一部分的此编的款项的情况下,部长须设立此编的申请规则。

(iii) **早期超额支付的处理。**如果一个服务的提供者或供应者就关于一个特定的超额支付总额在第(A)目下签订了一个偿还计划,那么至于随后的超额支付总额而言,此偿还计划下的给付总额不应该被考虑在第(i)节的范围之内。

(C) **例外。**第(A)目将不适用,如果:(i)部长有理由怀疑服务的提供者或供应者可能申请破产或其他方法去中止营业或停止参与此编下的项目;或者(ii)有迹象表明存在此项目的欺诈或陋习。

(D) **偿还计划违背的即刻收集。**如果一个服务的提供者或供应者没有依据此段的偿还计划做出给付,那么部长可以立即寻求补偿或其他方法来恢复此偿还计划下的整个未偿贷款的平衡(包括合适的利息)。

(E) **关于无过失条款。**本项中的任何一条都不应诠释为影响第1870条第(c)款的申请(关于某些超额支付并没有任何调整)。

(2) **赔偿限制。**

(A) **总则。**在服务的提供者或供应者决定接受此编下的超额支付以及由一个有资格的独立契约者就 1869 条第（b）款第（1）项的此决议寻求复议的情况下，部长可以不采取任何行为［或授权其他任何人，包括在第（C）目中所定义的任何医疗保险的契约者］去偿还超额支付直到复议决策的日期被给出来时为止。如果 1869 条第（b）款第（1）项的条款（由一个有资格的独立的契约者提出的一个复议）不生效的话，那么申请到的涉及此复议的先前的判决将被认为是由包含财政中介或载体在内的一个重新决定的参考。

（B）**利息收集**。在决定上诉服务的提供者或供应者的情况下，超额支付的利息将会在原超额支付的通告日期之后不断积累。在关于服务的提供者或供应者的决议后来被逆转的情况下，部长须提供作为补偿的偿还金外加与先前判决时曾适用于总额补偿时期的同样的利息率。

（C）**医疗保险契约者定义**。在本款中，"医疗保险契约者"的含义与第 1889 条第（g）款中相同。

（3）**外推法运用的限制**。医疗保险的一个契约方可能不会运用外推法去做出用赔偿、补偿或其他方式来弥补超额支付的总额的决定，除非部长决定：（A）存在一个持续的或高程度的支付错误；或者（B）有公文记录的教育干预未能纠正这个支付错误。

在 1869 条、第 1878 条或其他的由部长就本项做出的关于持续的或高程度的支付错误的决议方面，此处不应有行政或司法审查。

（4）**辅助文件条款**。若出现服务的提供者或供应者先前超额支付总额的情况，医疗保险的契约者可以要求周期做出有限的须递交的索赔样本的记录或辅助文件，以确保先前的做法不再持续。

（5）**协议改革同意书**。

（A）**总则**。部长可以使用一份协议同意书［如第（D）目所定义的那样］去解决预计中的超额支付。

（B）**协议同意提议之前递交附加信息的机会**。在给予服务的提供者或供应者一份协议同意书之前，部长须：

（i）与服务的提供者或供应者进行交流：（Ⅰ）基于部长所提出的医疗记录的审查要求，初步的记录评估表明了可能存在超额支付的问题，（Ⅱ）确定此类评估中的问题本质，以及（Ⅲ）服务的提供者或供应者须采取措施去提出问题；

（ⅱ）给出 45 天的时间，在此期间，服务的提供者或供应者可以提供关于已审查过的索赔医疗记录的附加信息。

（C）**协议提议同意书**。部长须根据第（B）目第（ii）节来审查服务的提供者或供应者所提供的任何附加信息。鉴于这些信息，部长须决定是否出现了一个超额支付的问题。如果出现的话，部长：

（i）须把这个决定通告给服务的提供者或供应者，包括解释做出此个决定的原因；

（ii）为了解决超额支付的问题，可能要给服务的提供者或供应者提供：（Ⅰ）获得统计学上的有效的随机样本的机会，或者（Ⅱ）一份协议同意书。

第（ii）节第（Ⅰ）次节所提供的机会并不放弃任何关于所涉及的所谓的超额支付的上诉权。

（D）**协议同意书的定义**。本项中，"协议同意书"是指部长和服务的提供者或供应者之间的一份协议，通过此协议，双方都同意基于一个统计学上有效性不太高的索赔样本来解决预计中的超额支付，并且服务的提供者或供应者同意不再就索赔提起上诉。

（6）**代码过度使用的通告**。部长须在咨询代表着服务的提供者和供应者阶级的组织的基础上建立一个过程，在这个过程中，若出现契约者发现在此编的项目之下（或在他们与此项目相关的第十四编的范围内）个别的记账代码可能被服务的提供者或供应者阶级过度使用的情况，那么部长须通告给由契约者服务的服务的提供者和供应者阶级。

（7）**支付审计**。

（A）**后付制审计的书面通知**。第（C）目规定，若医疗保险的契约者决定实施此编的服务的提供者或供应者的后付制审计，那么契约者须给服务的提供者或供应者提供一份书面通知（此通知可能是以电子的形式）来告知要实施此审计的意图。

（B）**全部审计的结果分析**。第（C）目规定，若医疗保险的契约者审计此编下的服务的提供者或供应者，契约者须：

（i）给服务的提供者或供应者一份完整的审查报告，还要以服务的提供者或供应者都理解的形式来给予一个审计结果的解释，并且允许开发一个合适的矫正行为计划；

（ii）告知服务的提供者或供应者此编的上诉权还有协议同意书选项（这需要由部长处理）；

（ⅲ）给服务的提供者或供应者一个给契约者提供附加信息的机会；

（ⅳ）在适时的基础上来考虑服务的提供者或供应者提供的第（ⅲ）节的信息。

（C）**例外**。若通知或结果的条款将会造成执法活动的拖延，无论是民众还是罪犯，抑或是其造成了与执法相关的审计结果的泄露的话，那么第（A）目和第（B）目将不适用。

（8）**标准的探针采样方法**。部长须建立一个标准的方法，这样在出现反常的账单模式时，医疗保险的契约者可以运用此方法去选择要进行审查的索赔样本。

（g）**医疗保险—医疗补助的数据匹配项目**。

（1）**项目扩展**。

（A）**总则**。部长须和资格主体签订合同，其旨在确保这个医疗保险—医疗补助的数据匹配项目（通常简称为"medi - medi 项目"）能在2006 年年初就能在此编已建立的项目中实施，并且第十九编的州立医疗补助项目旨在：

（ⅰ）识别此编的已建项目的项目弱点和第十九编的已建医疗补助项目，其使用的方法是运用计算机演算法去找出支付异常（包括关于服务、时间或呈现出的可疑的或其他不可信的患者的已识别的账单或账单模式）；

（ⅱ）与政府、首席检察官以及保健和人类服务部门的监察长共同合作并采取恰当的行动去保护联邦和政府在第十九编的医疗补助项目的经费股份和此编的已建项目；

（ⅲ）通过经费规避、储蓄和对于欺骗性的、浪费的或滥用的经费的补偿来提高此类项目的效力和效率。

（B）**要求报表**。至于由 medi - medi 项目所收集的任何要提供给首席检察官、联邦调查局主管、保健和人类服务部门的监察长和政府［包括在第 1903 条第（q）款所描绘的医疗补助欺诈和滥用掌控团体］的数据和统计信息，部长须使其能及时地被大家所获悉。这些信息须以不少于季度的频繁度被散布。

（2）**有限的弃权**。当在实行第（1）项的必要情况下时，部长仅可以放弃本编、第十一编和第十九编的要求。

（h）**复苏审计契约者的使用**①。

（1）**总则**。在此项目下，部长须根据本款与复苏审计契约者签订合同，此子条旨在识别支付不足和超额支付，并且还要补偿此编相关的第 A 部分或第 B 部分所支付的所有服务的超额支付问题。此合同规定：

（A）只有在总额恢复的情况下，支付才能够提供给这个契约者；

（B）在总额恢复时，支付：（ⅰ）须依据实际情况来收集超额支付，以及（ⅱ）可能被用作支付由部长所具体指出的支付不足的款项；

（C）部长须保留一部分复苏款项并使其可用在医疗保险与医疗补助服务中心的项目管理账户，此做法旨在保证本款的复苏审计项目的相关活动可以进行。

（2）**剩余的复苏额的处置**。本合同的没有用来支付第（1）项的契约者的复苏总额或第（1）项第（C）目的由部长保留的那部分都将用于减少第 A 部分和第 B 部分的经费。

（3）**全国范围的覆盖**。部长须据第（1）项签订合同以便为在不晚于 2010 年 1 月 1 日就在此合同下在全美国开展活动。

（4）**审计和复苏周期**。每份合同须规定审计和复苏活动可以在财政年度期间被开展，并且在关于第 A 部分或第 B 部分的支付方面：

（A）在这样的财政年度期间；

（B）回顾（至于此类的财政年度之前的一个不超过 4 个财政年度的期间）。

（5）**弃权**。当出现必要去依据第（1）项的本款所提供的复苏审计契约者支付时，部长须放弃本编的此类条款。

（6）**契约者资格**。

（A）**总则**。部长可以不与复苏审计契约者就第（1）项签订合同，除非契约者拥有的职员具备本编的支付规则和条例的适当的临床知识和经验，或是契约者拥有或即将签约另一个主体，而此主体正是具备此类知识和经验的职员。

（B）**某些契约者资格的丧失**。若契约者是第 1816 条的财政中介、第 1842 条的载体或第 1874A 条的医疗保险行政契约人的话，部长可以不与复苏审计契约者就第（1）项签订合同。

①　参见第 2 卷《公法》第 108—173 期。

（C）**对已展示出熟练性的主体的优先考虑**。为了给予复苏审计契约者第（1）项的合同，部长须优先考虑那些在第十九编或此编的医疗补助项目下的他本人认定的已展现出具有 3 年以上的对经费控制的或针对私有承保人、卫生保健提供者、保健计划的复苏审计的直接管理经验和熟练能力的风险主体。

（7）**欺诈调查行为的相关解释**。此款下由复苏审计契约者所恢复的个人或主体的超额支付将不被解释为禁止部长或首席检察官进行调查和起诉的原因，若得当的话，欺诈或滥用的指控将会出于这个超额支付。

（8）**年度报告**。部长须每年给国会递交一份关于此子条的复苏审计契约者使用的报告。每份此类报告须囊括契约者在识别支付不足和超额支付以及在补偿超额支付表现情况的信息，另外还须包括对于契约者表现方面比对的评估以及针对此编项目的储蓄评估。

广泛关怀老年人项目下的支付和福利覆盖范围（PACE）

第 1894 条【《美国法典》第 42 编第 1395eee 条】　（a）通过加入 PACE 项目后的福利普及、PACE 项目相关术语的定义。

（1）**加入 PACE 项目的福利**。依据本条，若一个个体是被授予第 A 部分下的福利或是加入了第 B 部分，并且此人还是 PACE 项目的有资格的个体的话［就如第（5）项所定义的那样］，而至于 PACE 项目，它是由 PACE 提供者在 PACE 项目协议下提出的：

（A）个体可以加入此条的项目；

（B）只要个体是这样加入的并且是依据规则：（ⅰ）个体仅仅通过此编的这个项目才会收到福利；以及（ⅱ）PACE 的提供者在依据本条和这个此类福利条款的协议下被给予报酬。

（2）**PACE 项目定义**。本条中，"PACE 项目"是指一个对老年人的广泛关怀项目，它需要符合以下的一些要求：

（A）**操作**。操作此项目的主体是一个 PACE 提供者［就如第（3）项定义的那样］。

（B）**全面福利**。项目依据 PACE 项目协议和本条的规则给 PACE 项目的资格个体提供全面的医疗保健服务。

（C）**过渡**。一个原加入本条项目的个体以任何理由（包括个体不再有资格作为 PACE 项目的资格个体，PACE 项目协议的终止，或其他）而终止了他（她）的参与，在这种情况下，项目会给这个个体提供帮助，通过合适的移交以及使新的提供者获得此个体的医疗记录来使他们获得必要的过渡时期的关怀。

（3）**PACE 提供者定义**。

（A）**总则**。本条中，"PACE 提供者"是指一个主体：（ⅰ）在第（B）目的规定下指（或指一个具有区别性部分的）一个公众主体或在《1986 年国内税收法》第 501 条第（c）款第（3）项下的因慈善目的而组织起来的私有的非盈利主体；以及（ⅱ）已经就 PACE 项目的操作签订 PACE 项目协议。

（B）**私有的营利性质的提供者的处理**。第（A）目第（ⅰ）节将不适用于：（ⅰ）受制于示范项目弃权第（h）款的主体；以及（ⅱ）《1997 年平衡预算法》第 4804 条第（b）款报告的递交日期之后，除非部长判定第（A）目、第（B）目、第（C）目或本编第（2）项第（D）目所描述的任何结果都是真的。

（4）**PACE 项目协议的定义**。本条中，"PACE 项目协议"是指，对于 PACE 提供者而言，与本条、第 1934 条（若适用的话）保持一致的协议，并且在 PACE 提供者和部长之间要用已颁布的规则来实施此类章节，或指此类章节由提供者提出的关于 PACE 项目操作方面的 PACE 提供者与政府管理机构之间的协议。

（5）**PACE 项目资格个体的定义**。本条中，"PACE 项目资格"是指，对于 PACE 项目而言，一个个体：

（A）有 55 岁或 55 岁以上；

（B）根据第（c）款第（4）项规定，被判定在第（c）款下去要求得到政府医疗补助计划中关于护理机构服务覆盖面所做出要求的同等水平的关怀；

（C）存在于 PACE 项目的服务范围；

（D）符合第（e）款第（2）项第（A）目第（ⅱ）节的项目的PACE 项目协议所施加的其他资格条件。

（6）**PACE 协议**。本条中，"PACE 协议"是指自 1995 年 4 月 14 日起的由 On Lok, Inc. 出版的老年人的广泛关怀项目协议（PACE），或指被部长和 On Lok, Inc. 所一致同意的任何后续协议。

（7）**PACE 免示范项目定义**。本条中，"PACE 免示范项目"是指在以下条款中任何一个示范项目（在它们废止日期之前都生效）：

（A）《1983 年社会保障法修正案》第 603 条第（c）款（《公法》第 98—21 期），以及由此延伸出的《1985 年综合预算调整法》第 9220 条（《公法》第 99—272 期）。

（B）《1986 年综合预算调整法》第 9412 条第（b）款（《公法》第 99—509 期）。

（8）**政府管理机构定义。**本条中，"政府管理机构"是指，对于一个州之内的 PACE 项目的操作而言，此州的机构（它可能是负责州里的第十九编的政府计划管理的唯一机构）负责州里的本条和第 1934 条的 PACE 项目协议的管理。

（9）**试用期定义。**

（A）**总则。**本条旨在指出术语试用期的定义是指就 PACE 项目协议下的由一个 PACE 提供者所操作的一个 PACE 项目而言，指关于此项目的此协议下的前 3 个合同年。

（B）对于先前操作过 PACE 免示范项目的主体的处理——每一个合约年里（包含发生在本条生效日期之前的一年），已操作过 PACE 免示范项目的主体都将被视为第（A）目下的一个合约年，并且在此期间主体在 PACE 项目协议下以一个 PACE 提供者的身份操作 PACE 项目。

（10）**条例。**本条旨在指出术语条例是指在第（f）款下所颁布的实施本条和第 1934 条的暂行最终条例或最终条例。

（b）**福利范围、受益人保障。**

（1）**总则。**依据 PACE 项目协议，一个 PACE 提供者须：

（A）提供 PACE 项目的资格个体加入提供者的机会，并且不管支付来源以及直接地或与其他主体的合约，以最低限度：（i）此编下的所有项目和服务（对于加入本条的个体而言）和第十九编所覆盖的所有项目和服务，但是没有任何关于总额、期限或范围的限制或条件，并且不须应用免赔额、共担额、共同保险或其他另外可能各自应用于本编或此类编目下的成本分担，以及（ii）依据 PACE 协议所做的要求，在条例中指定的所有附加项目和服务；

（B）给加入的人员提供可获得的必要的覆盖了的项目和全年每天 24小时的服务；

（C）通过一个全面的多学科健康和融合急症护理和随后的长期护理

服务的条例的社会服务交付体系来给加入者们提供服务；

（D）列举那些不会直接由主体进行提供的覆盖了的项目和服务，并且通过符合条例要求的合同来安排那些项目和服务的配送。

（2）**质量保证、病人安全条例**。PACE 项目协议将要求 PACE 提供者以最低限度生效：

（A）一份质量保证和提高的书面计划和依照条例的实施此计划的程序；

（B）已登记的参与者的权利保障的书面安全条例（包括病人的人权法、申诉和上诉程序），这也须依据条例以及本编和专门为保护病人而设计的联邦和政府法规的其他要求。

（3）**对由非合同医生和其他主体所提供的医疗保险服务的处理。**

（A）**对于由非合同医生和其他主体所提供的医疗保险服务的医疗保险优势应用的要求**。第 1852 条第（k）款第（1）项（关于针对 MA 组织的非合同医生和其他主体就本编所覆盖的服务方面的平衡账单的限制）将适用于 PACE 提供者、已加入到此类的 PACE 提供者行列的 PACE 项目的资格个体、和那些没有合同或没有其他以适用于 MA 组织的章节的同样的形式提供给此个体服务的支付总额的已建立的协议的医生和其他主体、加入到此组织的个体，以及本条所提及的医生和其他主体。

（B）**非合同服务提供者的相关条款的参考**。至于由非合同的服务提供者所提供的本编范围内的服务与 PACE 提供者的平衡账单的限制的相关条款，请参见第 1866 条第（a）款第（1）项第（O）目。

（4）**属于第十九编但不属于本编的服务的相关条款的参考**。当服务被提供给 PACE 提供者的参与者时，对于没有与已建立本计划下的（但不属于本编）支付总额服务的 PACE 提供者签订合同或其他协议的提供者来说，他们参与的第十九编的政府计划的支付限制的相关条款参见第 1902 条第（a）款第（66）项。

（c）**资格的确定。**

（1）**总则**。在确定一个个体是否是一个 PACE 项目的资格个体时：

（A）须根据和依照 PACE 项目协议来确定；

（B）被授予第十九编的医疗帮助的个体（或没有被授予的个体也可能）须由政府管理机构来确定。

（2）**条件**。一个个体将不被认定为 PACE 项目的资格个体（就本条的支付而言），除非部长或政府管理机构根据条例的规定判定出此个体的健康状况比得上已参与 PACE 免示范项目的个体的健康状况。此类判定须依据健康状况和相关指标的信息（例如，医疗诊断和日常生活活动、复杂的日常生活活动和认知损害的测量），它们都是 PACE 提供者收集的关于潜在的 PACE 项目资格个体的统一的最小数据集的一部分。

（3）**年度资格再认证**。

（A）**总则**。根据第（B）目的要求，第（a）款第（5）项第（B）目所描述的个体判定须至少每年都进行再评估。

（B）**例外**。当政府管理机构判定出未来不存在合理的提高的预期或在此期间出现由于个体的严重的慢性疾病或是功能能力的损伤程度造成其本人身体条件的重大改变的情况时，那么在此期间，依据第（A）目的年度再评估要求可能会被放弃。

（4）**资格的延续**。一个 PACE 项目的资格个体可能会继续被认为保持这一身份尽管此个体可能已被判定不再符合第（a）款第（5）项第（B）目的要求，依据条例，在出现缺少 PACE 项目的持续覆盖时，个体将合乎情理地被认为在随后的 6 个月内仍符合此要求。

（5）**登记、除名**。

（A）**随时自愿除名**。一个 PACE 项目的 PACE 项目资格个体的登记与除名须依据条例和 PACE 项目协议，并且允许参加者随时的无理由的自愿除名。

（B）**除名的限制**。

（i）**总则**。部长颁布的本条和第 1934 条的条例以及 PACE 项目协议都须规定 PACE 项目不能开除一个 PACE 项目的资格个体，除非：（I）因为适时基础上的保险费的拒付（若适用的话）；或者（II）因为参加了此类条例上所定义的那种破坏性的或威胁性的行为（须与政府管理机构密切磋商）。

（ii）**对抗行为除名的解除**。除了在第（i）节第（II）次节下所颁布实施的条例是被允许的之外，如果个体参与了对抗行为，如果此行为是与其自身的精神或身体状况有关，基于此情况，一个 PACE 项目可以不开除这个 PACE 项目的资格个体。前述的句子旨在指出术语对抗行为包含一再地拒绝服从医疗建议和一再地不去赴之前的预约。

（iii）**对提出的非自愿除名的及时审查**。除了自愿除名之外，提出的任何除名都须由部长或政府管理机构（适用的）去做出及时的审查和最终的决议，此后，所提出的除名要求才会生效。

（d）**按人头数给 PACE 提供者发放定额的款项。**

（1）**总则**。对于拥有本条 PACE 项目协议的一个 PACE 提供者而言，除本款或条例所提出的要求，部长须对参与本条协议的每一个 PACE 项目的资格个体做出预期的均摊金额的月付款项，并且部长须以同样的形式以及选取正如给医疗保险及选择组织的按第 1853 条（或在 1999 年 1 月 1 日之前开始的直到资格组织在第 1876 条下签订一个风险分担合同为止的时间内）要求的款项的同样的资源来实施。根据具体情况，此类款项须依据第 1853 条第（a）款第（2）项或第 1876 条第（a）款第（1）项第（E）目所描述的形式来做调整。

（2）**均摊金额**。运用于本款针对在合约年内的提供者，其均摊金额须是 PACE 项目协议在此年里所指定的金额。此金额须依据第 1853 条（或在 1999 年 1 月 1 日之前的时间段里所签订的依据第 1876 条的旨在风险分担的合同）的支付的已确定的缴费率，并且还须考虑到 PACE 参与者中较弱的个体以及部长所认定的合适的一些其他因素而做出调整。此协议下的金额须以一种方式来计算，以便使加入到此项目的所有 PACE 项目的资格个体的整个支付水平少于本编没有加入 PACE 项目的相对人口的预计支付。

（3）**在不考虑逐步淘汰的年度医疗保险优势均摊率的医疗教育的间接经费的情况下来决定均摊**。本款的均摊金额须在不考虑第 1853 条第（k）款第（4）项的应用的情况下来决定。

（e）**PACE 项目协议。**

（1）**要求。**

（A）**总则**。部长须与政府管理机构密切合作来共同建立签订、扩展以及终止 PACE 项目协议的程序，以便使符合本条、第 1934 条和条例对于 PACE 提供者所做要求的主体进行 PACE 项目的操作。

（B）**数值限制。**

（ⅰ）**总则**。部长不应允许在本条或《1986 年综合预算调整法》第 9412 条第（b）款下生效的协议的 PACE 提供者的人数超过第（Ⅱ）次节将会适用而不须考虑自先前的周年纪念日起生效的协议的实际数量：

（Ⅰ）自本条颁布日期起的 40；

（Ⅱ）或者，自此日期随后的每一个周年纪念日起，本目的数值限制须在往年的基础上再加 20。

第（Ⅱ）次节将会适用而不须考虑自先前的周年纪念日起生效的协议的实际数量。

（ⅱ）**对于某个私有的营利性质的提供者的处理。**第（ⅰ）节的数值限制将不适用于一个 PACE 提供者若此个体：（Ⅰ）正在操作第（h）款的一个免示范项目；或者（Ⅱ）正在进行一个弃权的操作并且随后依据第（a）款第（3）项第（B）目第（ⅱ）节的要求又有符合 PACE 提供者身份的资格。

（2）**服务区域和资格。**

（A）**总则。**一个 PACE 项目的一个 PACE 项目协议：

（ⅰ）须指定项目的服务区域；

（ⅱ）可能会就项目来给个体提出附加要求以使其有资格但当 PACE 项目的资格个体；

（ⅲ）将在合约年里有效，但是若出现缺少一方终止协议通告的话，那将可能会延伸出附加的合约年，并且它还受制于部长和政府管理机构在任何时间的有理由的终止协议的要求（正如协议所提出的那样）；

（ⅳ）须要求 PACE 提供者符合政府和当地的所有适用的法律和要求；

（ⅴ）应包含双方可能同意的附加条款和条件，只要这些条款和条件与本编和条例的要求是一致的。

（B）**服务的重叠区域。**在第（A）目第（ⅰ）节的 PACE 项目协议下指定一个服务区域时，部长（与政府管理机构磋商）要排除掉已经被另一个 PACE 项目协议所覆盖的区域的指定，以为了避免不必要的服务的重复以及避免削弱现有项目的财政和服务的可行性。

（3）**数据收集、结果测量标准的开发。**

（A）**数据收集。**

（ⅰ）**总则。**依据一个 PACE 项目协议，PACE 提供者须：（Ⅰ）收集数据；（Ⅱ）保持并使部长和政府管理机构能够获得项目相关的记录，包括相关的财政、医疗和个人的记录；以及（Ⅲ）使部长和政府管理机构能够获得部长（与政府管理机构磋商后）认为对于监控本条和第 1934 条的 PACE 项目的操作、经费和有效性的必要的报告。

（ⅱ）**试用期期间的要求**。在 PACE 项目操作的前 3 年内（在本条或是在 PACE 免示范项目下），PACE 提供者须提供部长在条例中所指定的一些附加数据，以为了能够在第（4）项第（A）目的要求下进行监督。

（B）**结果测量标准的开发**。在一个 PACE 项目协议中，PACE 提供者、部长和政府管理机构须共同合作一起开发和实施有关的 PACE 项目资格个体的健康状况和生活质量的结果测量标准。

（4）**监督**。

（A）**试用期内的年度密切监督**。在试用期期间［如第（a）款第（9）项所定义的那样］，就由 PACE 提供者所操作的一个 PACE 项目而言，部长（与政府管理机构合作）须对提供者所操作的 PACE 项目进行一个广泛的年度审查，以便确保符合本条和条例的要求。这样的一个审查须包括：

（ⅰ）实地探访项目的地点；

（ⅱ）综合评估提供者财政的稳健度；

（ⅲ）综合评估提供者给所有参与者提供全面的 PACE 服务的能力；

（ⅳ）详细分析主体与本编和条例的重点要求的实质的符合程度；

（ⅴ）部长或政府管理机构所认为的其他任何必要或合适的因素。

（B）**持续的监督**。在试用期过后，部长（与政府管理机构合作）须以合适的方式继续进行对 PACE 提供者和 PACE 项目操作的审查，并考虑到提供者的表现水平以及提供者与本条和条例的重点要求的符合情况。

（C）**公开**。本项下的审查结果以及给提供者的项目改进的建议都须及时地通报给 PACE 提供者，并且根据要求也须使公众获悉。

（5）**PACE 提供者协议的终止**。

（A）**总则**。根据条例：（ⅰ）部长或政府管理机构可以因一定的理由而终止一个 PACE 项目协议；以及（ⅱ）一个 PACE 提供者在适当地告知给部长、政府机构和加入者之后就可以终止协议。

（B）**终止协议的缘由**。依据 PACE 项目协议终止的已建立的条例程序，部长或政府管理机构可以终止与 PACE 提供者的 PACE 项目协议，而在众多原因中是因为这样的一个事实：

（ⅰ）部长或政府管理机构判定：（Ⅰ）提供给已注册的参与者的照料存在重大的质量缺陷，或者（Ⅱ）提供者实质上并没有遵守本条或第1934 条中对项目或提供者所要求的条件；

（ⅱ）主体没有发展并且在收到此决议的书面通知日期起的 30 天内没有成功发起一个纠正缺陷的计划，或是没有做到继续实施这个计划。

（C）**程序的终止和过渡**。本项下的 PACE 提供者协议终止的主体须实施第（a）款第（2）项第（C）目所要求的过渡程序。

（6）**部长监督、执行机关**。

（A）**总则**。根据条例，如果部长判定（在与政府管理机构磋商后）一个 PACE 提供者实质上没有遵守本条和条例的要求，部长（和政府管理机构）可以采取任何的或所有的下述措施：

（ⅰ）PACE 项目协议的继续施行须以正确行动计划的及时执行为条件。

（ⅱ）至于由这样的提供者所提供的 PACE 项目的服务，须保留本条或第 1934 条的 PACE 项目协议下的一些或所有的进一步的款项直到这些缺陷已经被纠正过来时为止。

（ⅲ）终止此协议。

（B）**中间制裁的申请**。依据条例，若分别在第 1857 条第（g）款第（1）项［或此期间的第 1876 条第（i）款第（6）项第（A）目］或第 1903 条第（m）款第（5）项第（A）目（关于协议、登记者以及分别在本条或第 1934 条下的要求）所描述的类型的提供者出现违约的情况时，部长可以提出依据第 1857 条第（g）款第（2）项［或至于在 1999 年 1月 1 日之前的时期，则依据第 1876 条第（i）款第（6）项第（B）目］或第 1903 条第（m）款第（5）项第（B）目所描述的治疗的 PACE 提供者的一个申请。

（7）**终止或实施制裁的程序**。依据条例，第 1857 条第（h）款的条款［或在 1999 年 1 月 1 日之前的时期，则依据第 1876 条第（i）款第（9）项］将适用于本项下相关的 PACE 项目协议的终止和 PACE 提供者的制裁，并且此程序也须采取它们在应用于第 D 部分（或此时期的第 1876条下的一个资格组织）时的有关的合同的终止与医疗保险及选择组织的制裁方面同样的形式。

（8）**PACE 项目提供者身份申请的及时考虑**。在考虑一个 PACE 提供者的项目身份的申请时，这份申请将被认为是通过的除非部长在申请递交日期后的 90 天内以一种书面的形式否定这个请求或是书面告知申请人还须一些附加信息以便为了做出关于这个申请的最终决议。在部长收到此类的附加信息之后，申请将会被认为通过除非部长在收到的日期后的 90 天内否定了这个请求。

（f）**条例**。

（1）**总则**。部长须发布暂行最终条例或最终条例去实施本条和第 1934 条。

（2）**PACE 协议的使用**。

（A）**总则**。在发布此类条例时，部长须在一定程度上保持与本编条款的一致性，还须把适用于 PACE 免示范项目的要求合并到 PACE 协议里。

（B）**灵活性**。依据本条和第 1934 条，为了给予合理的灵活性去调整 PACE 服务配送模型以适应于特别组织的需求（例如，在乡村地区的那些组织或是依据政府许可证法要求而判定非入职医生的使用是合适的那些组织），部长（与政府管理机构密切磋商）可以修改或放弃 PACE 协议的条款只要是此类修正或弃权不冲突也不损害本编的基本要素、目标以及要求，但是不可以修改或放弃以下的任何一个条款：

（ⅰ）关注要求得到护理机构所提供的护理水准的那些虚弱的年老的资格个体。

（ⅱ）配送全面的、综合的急性和长期的护理服务。

（ⅲ）跨学科团队的方式进行护理的管理以及服务的配送。

（ⅳ）均摊的综合融资使提供者可以集中从公众、私有项目和个体收到的款项。

（ⅴ）提供者所设想的所有财政风险。

（C）**示范状态下操作要求的持续性修正或弃权**。若示范当局操作的一个 PACE 项目存在条例其他方面不认同的以及在 2000 年 7 月 1 日生效的合同的或其他操作安排的话，部长（与政府管理机构密切磋商并经由其同意）须允许任何一个此类项目继续此类的安排，只要部长和政府发现此安排相当地符合 PACE 项目的目标。

（3）**某额外受益人和项目保护的应用**。

（A）**总则**。在对第（B）目发布此类条例和主体时，就 PACE 项目、提供者以及协议而言，部长可以应用第 D 部分（或若在 1999 年 1 月 1 日之前，则用第 1876 条）的要求、第 1903 条第（m）款的要求以及第 1932 条那些适用于第 D 部分（或资格组织在第 1876 条下处于风险分担合同的时期内）的医疗保险以及选择组织和适用于第 1903 条第（ｍ）款的预付均摊协议下的医疗补助管理护理组织的受益人保护和项目诚信的相关要求。

（Ｂ）**考虑**。在发布这些条例时，部长应：

（ⅰ）考虑到被服务的人口与依据本条、第 Ｄ 部分（或在 1999 年 1 月 1 日之前的时间内，则依据第 1876 条）和第 1903 条第（ｍ）款所提供的福利之间的不同；

（ⅱ）不包括任何与本编下 PACE 项目的实施相矛盾的要求；

（ⅲ）不包括任何限制本编或第十九编下的具有获得福利资格的那部分登记者的要求。

（4）**解释**。本款的任何内容都不应解释为阻碍部长在条例中增加本条中除下第（2）项和第（3）项所提供之外的可确保加入到 PACE 项目的个体的健康和安全的那些条款。

（g）**要求的弃权**。对于本条一个 PACE 项目的实施而言，本编的下述要求（以及关于要求的条例）会被放弃且不再适用：

（1）第 1812 条，若它限制了机构服务的覆盖范围。

（2）第 1813 条、第 1814 条、第 1833 条和第 1886 条，若这些条是有关福利款项的规则。

（3）第 1814 条第（ａ）款第（2）项第（Ｂ）目、第 1814 条第（ａ）款第（2）项第（Ｃ）目和第 1835 条第（ａ）款第（2）项第（Ａ）目，若它们限制了延伸护理服务或家庭保健服务的覆盖范围。

（4）第 1861 条第（ⅰ）款，若它为了进入到延伸护理服务的覆盖面而强加一个 3 天的预先住院的要求。

（5）第 1862 条第（ａ）款第（1）项和第（9）项，若它们阻碍了给已加入 PACE 项目的个体的有关 PACE 项目服务的支付。

（h）**营利性质主体的示范项目**。

（1）**总则**。为了给私有的营利性质主体示范 PACE 项目的操作，部长（与政府管理机构密切磋商）须依据第（ａ）款第（3）项中关于非营利性质的非私有主体的 PACE 提供者的相关要求来给前者授予弃权的权利。

（2）**相似的条款和条件**。

（Ａ）**总则**。除第（Ｂ）目和第（1）项所提到的条款，本款的提供者所应遵守的 PACE 项目操作的条款和条件应与那些非盈利的私有组织的 PACE 提供者的一样。

（B）**数值限制**。本款所被授予有弃权权利的项目的数量不应超过 10。针对第（e）款第（1）项第（B）目所指定的数值限制，本子条所被授予过弃权权利的项目不应被计算在内。

（i）**其他条款**。本条或第 1934 条的任何一个条款都不应被解释为阻碍一个 PACE 提供者与其他那些为了给没有获得第 A 部分福利资格的或没有加入到第 B 部分的又或是没有获得第十九编的医疗援助资格的 PACE 项目资格个体提供关怀的政府或非政府付款人签订合同的原因。

家庭保健服务的预期付款

第 1895 条【《美国法典》第 42 编第 1395fff 条】（a）**总则**。尽管有第 1861 条第（v）款的要求，部长还须在 2000 年 10 月 1 日或之后要进行部分经费报告时，依据本条先前部长本人已建立的预期付款系统的要求来给家庭保健服务提供支付。

（b）**家庭保健服务的预期付款系统**。

（1）**总则**。部长须依据本款来为家庭保健服务的所有经费开销建立一个预期付款系统。在本系统和本款下，自本编颁布日期起，所有被覆盖的服务和以医疗保险家庭保健福利为合理的经费基准的服务以及包含医疗补给品在内的支付都应以本条和适用于此类服务的已决定的预期付款数额为基础来付款。在实施这个系统时，部长可以规定一个过渡期（不超过 4 年），并且在此期间一部分支付应以机构特有的经费为基础，但是只要这个过渡期不会造成此编的综合支付超过若不存在此过渡期时的综合支付就可实行。

（2）**支付单位**。在定义本款系统下的一个预期付款总额时，部长应考虑一个适当的服务单位、数量、类型和持续时间单元中提供的访问，集合服务中存在的潜在变化提供该单位及其成本，和一般提供获得持续优质的服务的系统设计。

（3）**货币兑付基本原则**。

（A）**最初的原则**。

（ⅰ）**总则**。在这个系统下，部长应该根据以下原则提供一个标准的预期给付金额数量：

（Ⅰ）这个数量应该以最初提供给部长经审计的最新成本报表的数据为基础，同时应该用一种方式计算，以使系统内应付总金额在部长开始执行系统时和如果系统没有生效以及第 1861 条第（v）款第（1）项第（L）目第（ⅸ）节没有被颁布时即将产生的总额相同。

（Ⅱ）对于第（Ⅰ）次节中所述的时期之后的 12 个月内开始，这个数量应该和第（Ⅰ）次节中定义的以及第（B）目中更新的数量相同。

（Ⅲ）从第（Ⅱ）次节中所述的时期之后开始，这个数量应该和会在 2001 财政年度中被制定的第（Ⅰ）次节中被定义的数量相同，如果系统以及第 1861 条第（v）款第（1）项第（L）目第（ⅸ）节没有生效但是在第（ⅱ）节和更新的第（B）目中所描述的限制减少。

每种数量都应该以标准的方式的计算来消除相关案例混合情况下多种多样的影响以及在不同家庭保健机构中的以中性预算方式的区域薪金调整和根据第（4）项第（A）目中规定的结构和薪金水平的调整相一致。在这个系统之下，部长应该认清基于城市化地区中服务或机构中的地域差异和分歧。

（ⅱ）**减少**。这个减少在这项中被描述为在费用限制中减少了 15%，每个受益人限制的描述在第 1861 条第（v）款第（1）项第（L）目中和 2000 年 9 月 30 日生效的限制相同。

（B）**年度更新**。

（ⅰ）**总则**。标准的预期给付数量应该为了 2002 和 2003 财政年度以及 2004 财政年度的开始由部长和家庭保健机构调整为一个随着财政年度增加百分比增加的具体预期方式。

（ⅱ）**家庭适用的百分比增长率**。为了达到本节的目的，"家庭适用的百分比增长率"是指关于：

（Ⅰ）每个 2002 和 2003 财政年度，家庭保健市场篮子百分比增长率减少 1.1 个百分点；

（Ⅱ）对于 2003 年年底和 2004 年年初，家庭保健市场篮子百分比增长；

（Ⅲ）2004 年度的最后三个季度以及 2005 全年，家庭保健市场篮子百分比增长率减少了 0.8 个百分点；

（Ⅳ）2006 年，零增长率；

（Ⅴ）每到下一年，服从于第（V）次节，家庭保健市场篮子百分率上升。

（iii）**家庭保健市场篮子百分比增长率**。为了本款的目的，"家庭适用的百分比增长率"是指每一年或每一年度，百分比由商品和服务中的家庭保健服务共同来决定和应用，并和在第 1886 条第（b）款第(3)款第（B）目第（iii）节中由商品和服务中包含本年或本年度住院服务共同决定和应用的市场篮子百分比增长率的方式相同。

（iv）**调整病例组合的变化**。在部长根据第（4）项第（A）目第（i）节决定上一财政年度或年的调整的情况下导致合计给付在本款的财政年度或年期间发生变化也是不同服务组合的编码和分类没有反映真实的案例组合的结果，部长应该在第（3）项中调整预期给付数量的标准在未来财政年度或年去消除编码和分类的变化所产生的影响。

（v）**在质量指标没有提交情况下的调整**。

（Ⅰ）**调整**。以第（ii）节第（V）次节为目的，为了 2007 年和之后的每一个财政年度，在家庭保健机构没有提交数据给部长与第（Ⅱ）次节保持一致的情况下，家庭保健市场篮子百分比增长率应该在本节下减少 2 个百分点。这种减少只能应用在年中，部长不能在本条下为了后面的财政年度考虑用这种减少去计算预期给付数量，同时医疗保险给付咨询委员会应该依据第 5201 条第（d）款出台的关于《2005 年赤字削减法》的要求。

（Ⅱ）**质量数据的提交**。为了 2007 年和之后的每一个财政年度，每个家庭保健机构应该给部长提交由部长决定的适合度量家庭保健质量的数据这种数据应该以一种形式或方式提交，有时为了本节的目标由部长具体化。

（Ⅲ）**公众提交数据的有效性**。部长应该建立关于在第（Ⅱ）次节下提交给公众的数据的有效性程序。这个程序应该确保家庭保健机构在数据公布给公众前拥有检查数据的权利。

（C）**异常值的调整**。部长应该在本项下减少标准预期给付的数量以适用于某一期间的家庭保健服务，同时这个比例所导致的给付总数量的减少和第（5）项的关于给付总数量的增加相同。

（4）**给付的计算**。

（A）**总则**。一套家庭保健服务的给付数量应该适用于标准预期给付数量的调整，如下：

（ⅰ）**病例组合的调整**。数量的调整应该考虑适合的病例组合的调整因素［建立在第（B）目下］。

（ⅱ）**区域薪金的调整**。这个数量中由部长估计可归因于薪金以及相关费用的一部分应该为了地理差异损失而调整，在有服务存在或部长可以指定的地区进行区域薪金调整［建立在第（C）目下］。

（B）**建立病例组合调整的影响因素**。部长应该为了家庭保健服务以一种方式建立合适的病例组合调整的影响因素来解释在不同服务的组合中费用多样性的巨大数量。

（C）**建立区域薪金调整的影响因素**。部长应该建立区域薪金调整的影响因素来反映薪金的相对水平以及与薪金有关的费用，同时适用于区域差异中的家庭保健服务和国家整体水平的比较。这些影响因素应该被部长应用于第 1886 条第（d）款第（3）项第（E）目的目的中。

（5）**异常值**。部长应该提供附加条件或调整给给付数量中的异常值，因为在有必须医疗护理的类型或数量中存在不寻常的多样性。在本款下制定额外给付的总数量或给付调整，同时考虑一个财政年度或年的数量不应该超过在本款下那一年计划或估计在预期给付系统下制定的总数量的 5%。

（6）**预期给付数量的部分**。如果一个受益者在这段时间选择从另一个家庭保健机构转换或接受包含预期给付数量的服务，这个给付应该涉及家庭保健机构之间的按比例分配。

（c）**给付信息的要求**。考虑到家庭保健服务在 1998 年 10 月 1 日或之后存在，在本编下没有此服务的给付要求，除非：

（1）这个要求有独特的认同者［在第 1842 条第（r）款中提到］支持规定这个服务或者在第 1814 条第（a）款第（2）项或第 1835 条第（a）款第（2）项第（A）目中描述的医生；

（2）在第 1861 条第（m）款第（1）项、第（2）项、第（3）项、第（4）项中描述服务访问的情况下，这个要求包含一个被部长具体化的编码来确定服务访问时间的长度，并以 15 分钟为增加量。

（d）**检查的限制**。在第 1869 条和第 1878 条应该没有行政上的或公正的检查，否则：

（1）在第（b）款第（1）项中建立关于转换的时间；

（2）在第（b）款第（2）项定义和应用给付组合；

（3）在第（b）款第（3）项第（A）目中计算最初标准的预期给付数量［包括在本款第（ii）节中描述的减少数量］；

（4）在第（b）款第（3）项第（C）目建立关于异常值的调整；

（5）在第（b）款第（4）项建立病例组合和区域薪金调整；

（6）在第（b）款第（5）项建立关于异常值得任何调整。

（e）家庭保健服务的构建。

（1）**通信。**在本条里，没有能够阻止家庭保健机构建立家庭保健组合服务，这个服务的给付建立在预期给付系统之下，同时在本条中通过通信系统建立这个组合服务。如果这些服务：

（A）由医生证明并授权作为关怀计划的一部分没有取代面对面的家庭服务，在第 1814 条第（a）款第（2）项第（C）目或第 1835 条第（a）款第（2）项第（A）目中；

（B）在本编中没有考虑将一个家庭保健访问作为合格或给付的目的。

（2）**医生证明。**在本条中，没有什么可以作为放弃这个关于医生证明的要求而被建立，以及在第 1841 条第（a）款第（2）项第（C）目或第 1835 条第（a）款第（2）项第（A）目中关于家庭保健服务的给付措施是否要通过通信而配备。

退伍军人医疗补助法

第 1896 条【《美国法典》第 42 编第 1395ggg 条】　（a）**定义。**在本条：

（1）**管理部。**指秘书部和国防部。

（2）**示范项目、项目。**在此条中实施的示范项目。

（3）**指定提供者。**此处的含义参见《1997 年财政部国防授权法》（《公法》第 104—201 期；《美国联邦法律大全》第 110 编第 2593 条；《美国法典》第 10 编第 1073 条注释）第 721 条第（5）项中的解释。

（4）**有资格接受医疗补助的退役军人或者受援助者。**参加《美国法典》第 10 编第 1074 条第（b）款或者第 1076 条第（b）款提及的个体，满足以下条件：

（A）由于第（c）款第（1）项中所述原因，在第 1086 条的条件下有资格接受保健福利金；

（B）（i）指在第 A 部分下有资格获取利益的，以及（ii）如果这

些个体有资格在 1997 年 7 月 1 日以前获得此利益，即在此日期以前已经
从面向军队的疗养所获取卫生保健物品或者服务，但是却在有资格获得第
A 部分所提供的利益之后；

（C）有资格获得此第 B 部分下的利益；

（D）已经达到 65 岁。

（5）**医疗服务**。指第 A 部分或第 B 部分所包含的所有医疗物品以及
服务。

（6）**军队治疗设施**。参见《美国法典》第 10 编第 1074 条第（a）款
中提及的设施。

（7）**军事医疗保险管理活动**。参见《1996 年财政部国防授权法》
（《美国法典》第 10 编第 1073 条）第 711 条的军事医疗保险管理活动
项目。

（8）**信托基金**。指第 1817 条设立的联合医院保险信托基金和第 1841
条设立的联合补充医疗保险信托基金。

（b）**示范项目**。

（1）**总则**。

（A）**成立**。管理部经过授权成立一个示范项目，从信托基金中根据
该部偿还国防部长（根据管理局局长所签订的协议），给有资格接受医疗
补助的退役军人或者依靠一个军事处理设施，或者由指定的供应商提供一
定的医疗保险。

（B）**协议**。第（A）目的协议应当被最低限度的包括：

（ⅰ）在本条中设立的示范计划给参与者带来利益的描述；

（ⅱ）合格的示范工程参与者规则描述，包括任何成本分摊请求；

（ⅲ）关于在本编下示范工程将如何满足需求的描述；

（ⅳ）在第（2）项中，地点选择的描述；

（ⅴ）在第（i）款下关于补偿如何要求，以及在第（j）款下维护工
作的要求将在示范工程实施；

（ⅵ）一份声明，关于部长有权适用国防部所有的数据，以便建立独
立的关于需求品维持，年度和解和相关示范工程要求的材料的估算和审计
系统；

（ⅶ）一份部长放弃追求第（d）款下的任何需求品的描述；

（ⅷ）一份证明，在行政部长检查之后提供，证明由于示范工程接受

的支付是充足的：（Ⅰ）提供的资源和技能，与第（i）节下的支付时一致的，以及工程给受益人带来的方方面面的收益，以及（Ⅱ）信息和次序系统，以确保提交收益申请的精确性和及时性，以及其他健康保健得到及时精确的偿付。

（2）**地点数量**。在本条下建立的工程地点应当少于 6 个，在检查了所有地域后与行政秘书一起设计。

（3）**限制**。不能占用示范工程的资金建造或者扩大新的军用医疗设施。

（4）**期间**。行政秘书应当在 4 年内建造完成示范工程，自 1988 年 1 月起，除非行政秘书协商并且［遵守《2001 年斯彭斯国防授权法》第 712 条第（f）款］签署了在第（1）项第（A）目下的一份新的或者改进的协议，以延长工程期。如果工程被延期了，行政秘书可以终止协议，在此协议下计划根据第（k）款第（2）项第（B）目第（Ⅴ）节在通知了议会之后实施。

（5）**报告**。在示范工程开始的至少 60 日内，行政秘书应当向司法委员会递交一份第（1）项下的协议复本。

（c）**支付信用**。国防部部长在示范项目下接受的支付应当限定于适当的国防部门的医疗拨款（在拨款之内）。任何一个财政年度中，国防部长有权在该年度提供国防服务，收到的此类付款是前一年度在财政年度期间收到的付款。

（d）**特定医疗必需品的放弃**。

（1）**权限**。

（A）**总则**。除了第（B）目下所提供的，示范项目应当满足本编第 D 部分中关于医疗保险和选择计划的相关题目和规章的所有要求，以及其他接受医疗保险赔付的要求，除了第 1814 条第（c）款和第 1835 条第（d）款下对联邦服务提供者支付的禁止，以及第 1862 条第（a）款第（2）项和第（3）项不应当申请。

（B）**放弃**。除了第（2）项所提供的，部长被授权可以拒绝任何第（A）目描述的需求，或者支持其他代替的可以满足此种需求的方法，但是仅限于此类的拒绝或支持：

（i）反映国防部作为联邦政府机构的特殊地位；

（ii）必须可以实施示范项目。

（2）**项目或其他事项的受益者**。示范项目应当服从此编第 D 部分中有关受益者保护和其他事项的要求，包括以下领域的有关要求：

（A）入伍与退伍。

（B）无歧视。

（C）提供给受益者的信息。

（D）成本分摊限制。

（E）上诉和申诉程序。

（F）提供者参与。

（G）获得服务。

（H）资格保证和外部审查。

（I）预先的指示。

（J）部长决定符合此类项目的受益者保护的其他领域。

（e）**监察长**。任何在第（b）款下协议中的事，包括遵守此法和其他相关法，都不应当限制健康人类服务部的监察长调查与示范项目的资金花费有关的事情。

（f）**自愿参与**。参加医疗保险，即示范项目中有资格的退伍军人或亲属可以自愿参与。

（g）**军队医疗保险计划**。

（1）**合同修改**。为了实施示范项目，国防部被授权修改现存的保健计划（TRICARE）合同（包括和选定提供者签订的合同），目的是为了向符合本编第 D 部分有资格加入的退伍军人及其亲属提供医疗保健服务。

（2）**医疗保健福利**。行政部长应当向计划中的有资格的退伍军人及其亲属提供最低医疗福利。这些福利最少应当包括本编下的医疗保健服务。

（h）**附加计划**。除了《美国法典》第 10 编的条款，行政部部长可以同意把第 1851 条第（a）款第（2）项第（A）目描述下的医疗选择计划加入示范项目，这个协议应当包括国防部和医疗选择组织提供的为合格退伍军人及其亲属提供医疗保健服务的计划，还应当包括部长从此类服务组织接受的支付。

（i）**基于常规医保赔付率的支付**。

（1）**总则**。受此项以后的条款限制，部长应当修改国防部提供给示范项目的服务，其支付数额改为第 D 部分下与入伍者相关的选择医疗组织支付数额的 95%。在支付数额没有完全计算出来的情况下，部长应当建立等价或可比计算支付数额的规则。

（2）**特定数额的排除**。在第（1）项中计算出来的下列数额应当被排除：

（A）**特殊支付**。可归于第 1886 条第（d）款第（5）项第（B）目、第（F）目和本条第（h）款的支付。

（B）**资本支出比率**。行政秘书决定的可归于第（g）款下资本相关支出的数额。

（3）**医疗保险信托基金的周期性支出**。在本款下的支出应当包括：

（A）本编下在周期性基础之上的周期性支出；

（B）合适的部分，例如信托基金中由部长决定的。

（4）**数额限度**。根据本款中在管理司报销在第（b）款下协议的总体数额不应当超过一个数量：

（A）1998 年 500 万美元；

（B）1999 年 600 万美元；

（C）2000 年 650 万美元；

（D）2001 年 700 万美元。

（j）**效率维持**。

（1）**示范项目医疗计划成本的监管**。

（A）**总则**。行政部长与主审计长协商，应密切监督医疗保险支出，该支出与符合医保条件的退伍军人或其家属在示范项目（实施）期间与没有实施示范项目的支出相比。签订协议，由行政部长根据第（b）款不得要求任何军事参与处理，以保持可用空间的维护是（保证）符合条件的退休人员或其家属的医疗保险水平。

（B）**主审计长年度报告**。不迟于每年的 12 月 31 日期间示范项目实施，总审计长应向行政秘书和国会有关委员会在适当程度报告，如果有的话，作为示范项目的结果，部长增加此编上一年度的医疗保险计划的支出。

（2）**成本增加的必要应对**。

（A）**总则**。如果行政部长发现，在第（1）项的基础上，由于示范项目增加了本编上一年度的医疗保险计划的支出（这种增加是非预期的），行政部长应当采取以下必要的措施：（i）为了偿还医疗保险计划增加的花费；（ii）预防未来类似的增加。

（B）**步骤**。有以下步骤：（i）在第（A）目第（i）节下应该包括国防部增加的费用数额，来源于当前国防部拨款的信托基金中医疗保健份额的增加；（ii）在第（A）目第（ii）节下必须包括终止或者暂停示范项目（全部的或者部分的），或者降低第（i）节第（I）次节的支付数额。

（k）**评估和报告**。

（1）**独立评估**。美国总审计长必须对示范项目进行评估，必须将示范工程的年度评估报告递交给行政部长和国会司法委员会。初步报告必须在工程开始之日的 12 个月之内提交，最终报告必须在 3 年半内提交。评估和报告必须包括建立在第（b）款协议基础上的估价，包括：

（A）医疗保险项目的任何储蓄和成本都是在示范项目的这个条款下产生。

（B）国防部为示范项目下符合条件的退伍军人及其家属提供医疗看护的费用。

（C）对示范项目在整个国防部军队医疗设施准备和培训方面效果的描述，及其可能出现的效果进行描述。

（D）示范项目对赋有重要义务军人本人及其家属的医疗照顾产生的任何影响。

（E）分析示范项目如何影响整个军队医疗服务体系和可用空间为服务点的护理量，以及对于正常优先治疗体系产生非计划效果的描述。

（F）在此编下，遵从国防部的要求。

（G）大量符合医疗保险条件的退伍军人及其家属选择参加示范项目，而不是通过另一个健康保险计划获得健康福利（包括在本编下的福利）。

（H）主要付费者的健康保险计划和项目的清单，（清单上列举了）符合条件的退伍军人及其家属在参与示范项目之前的年份以及在这些计划和项目中先前分配的登记名额。

（I）示范项目对没有列入该计划的私人健康提供者和受益者产生的任何影响。

（J）对在示范项目下符合条件的退伍军人及其家属得到医疗看护途径及质量进行评估。

（K）分析是否以及如何更简便的形成统一的医疗服务体系，这种服务体系将影响大量接受医疗保险服务的符合条件的退伍军人及其家属。

（L）分析进入医疗保险示范项目的所有影响，这些影响包括没有被纳入这项工程的符合条件的退伍军人及其家属，以及个别在此条款下有资格获得福利的人。

（M）对国防部在管理示范项目以及军队医疗保险合同中所遇到的困难（如果有的话）的描述。

（N）任何在第（b）款的协议中附加的因素。

（O）任何附加因素适用于美国总审计长对示范项目的决定。

（2）关于报告及示范项目的延期：在第（1）项下美国总审计长的最终报告递交不得超过6个月，行政部长应该将含有建议性意见的报告递交给议会。

（A）无论在此编下正在实施的示范项目是否有花费，以及是否可以在联邦政府花费没有扩大的基础上扩展医疗保健项目；

（B）示范项目是否延期或者使其成为永久；

（C）项目是否延期或者扩大关系着项目的条款和条件是否应当继续（或修改）。

医疗保健基础提高项目

第 1897 条【《美国法典》第 42 编第 1395hhh 条】（a）**设立**。部长应当建立一个贷款计划，为具有资格的医院支付第（d）款下的项目提供资金贷款。

（b）**申请**。要在部长规定的时间，以规定的方式和形式递交申请并获得批准，除此之外不得向具有资质的医院提供贷款。贷款根据本条和条件，以及满足部长确定适当的要求。

（c）**选择标准**。

（1）**总则**。在本条下，部长应该建立一个选择申请贷款医院的标准。此标准必须考虑到筹集贷款资金的全国性以及区域性程度，依据扩大或者提高全美或者部分地区医疗保健基础设施的程度，或者依据工程带来的医疗收益。

（2）**有资质的医院定义**。为了达到本条的目的，"有资质医院"是指满足第（3）项描述的医院或实体：（A）预防和治疗癌症的研究，以及从事研究的原因；（B）被指定为国家癌症研究所的癌症诊疗中心或者被州指定为州立法机关的癌症研究办公室，并且这种指派应当在 2003 年 12 月 8 日之前完成。

（3）**实体机构描述**。本项所描述的实体应当是这样的：

（A）在《1986 年国内税收法》第 501 条第（c）款第（3）项中被描述，并且在第 501 条第（a）款中被豁免缴税①；

（B）至少有一个现存的谅解备忘录或与联邦医院签订的合作协议，这个就以实体的形式被确定下来；

（C）保留癌症临床门诊场所、实验室研究、教育以及在利用相同的设施情况下取得突破性成绩。

（d）**项目**。本款描述的是关于具有资质医院的设计，该设计是为了提高医院的医疗保健基础设施，包括建设、装修以及其他资本提高。

（e）**州和地方许可证**。本条关于项目贷款的规定不应满足以下条件：

（1）解除任何人的任何义务来获得所需的国家或地方的许可或批准的项目贷款；

（2）限制任何州或地方政府批准或调整任何回报率的私募股权投资项目的权利；

（3）或者，否则取代任何州或地方项目的建设或运作的适用法律（包括任何法规）。

（f）**债务免除政策**。部长可以免除有资质的医院在本条符合相应条款和条件的贷款，以及与此相似的是免除符合《1965 年高等教育法》在第 IV 编第 D 部分下的为学生提供的贷款［《美国法典》第 20 编第 1087 条第（a）款］，此外部长应构建医院债务免除条件，条件如下：

（A）为大部分州或地区居民，包括农村居民提供癌症预防、早期诊断、治疗的扩展性服务项目；

（B）为多数印第安部落提供癌症预防、早期诊断和治疗的扩张性服务项目；

（C）（ⅰ）特殊研究资源（如人口数据库），或者（ⅱ）或者从属于有某特殊研究资源的实体组织。

（g）**基金**。

（1）**总则**。在本条中，财政部有适当数额的资金 2 亿美元来实施此

---

① 参见第 2 卷《公法》第 83—591 期，第 501 条。

部分，以维持2004年7月1日到2008年9月30日的运作。

（2）**行政费用**。在维持第（1）项基金运转的情况下，部长用于行政管理的费用开支，不应该超过2004—2008每个财政年度的200万美元。

（3）**可行性**。本条的拨款金额应在2004年7月1日履行义务。

（h）**向国会报告**。在本条颁布的4年内，部长应当国会递交该项目报告，关于是否过会应当授权部长在2008年以后在此部分下继续提供贷款的建议。

（i）**限制审查**。在本条中，部长应当没有做出任何行政或者司法的决定审查。

医疗改善基金①

第1898条【《美国法典》第42编第1395iii条】（a）**创建**。在此编下部长应该建立一个医疗改善基金（在本条中简称"基金"），使其能够提高原有收费服务项目下个人获得第A部分和第B部分的资格，或其部分下的福利。

（b）**基金**。

（1）**总体来说**。基金应当具有可行性，在2014财政年度中，基金的花费将达到22.9亿美元②，此外，在2014—2017年，另外附加的服务将花费199亿美元③。

（2）**信托基金的支付**。第（1）项中所提到的特定款项将可用于基金，由于支出来源于基金，联邦医疗保险信托基金和联邦补充医疗保险信托基金，因此，在这部分份额中，部长享有优先决定权。

（3）**基金限制**。在总额不超过第（1）项所设定的可使用基金数额的情况下，相对于财政拨款，基金应当被优先使用。如果部长决定（同时，医疗中心的首席精算师和预算人员认可）基金有充足的资金来覆盖先前的医疗损失，那么部长有责任动用基金的资金。

---

① 《公法》第110—252期，第7002条第（a）款，增加第1898条，2008年7月30日生效。

② 《公法》第110—379期，第6条，删除"22.2亿美元"，替代为"22.9亿美元"，2008年10月8日生效。

③ 《公法》第110—275期，第188条第（a）款第（2）项第（B）目，插入"此外，在2014—2017财政年度，花费将达到199亿美元"，2008年7月15日生效。

第十九编　对各州医疗救助计划的拨款①

拨款

第 1901 条【《美国法典》第 42 编第 1396 条】 各州根据自身情况，各自承担：（1）对抚养儿童、老年人、盲人或者残疾人的低收入家庭，当其家庭收入和物资不足以承担必要的医疗服务时，向其提供医疗救助；（2）为此类低收入家庭和个人提供康复医疗和其他服务，以帮助他们独立或恢复自理能力，因此授权在每个财政年度有笔充足的资金保证本编目标的实施。本条中规定的财政拨款应支付给各州，这些州的医疗保险计划已经向部长提交并获批准。

---

① 《社会保障法》第十九编由医疗和公共医疗补助服务中心负责执行。

第十九编参见《美国法典》中为第 42 编第 7 章第 19 子章第 1396—1396v 条。

与第十九编相关的法规规定参见《美国联邦法规》第 45 编第 A 子编和第 42 编第 4 章。

关于政府间合作，参见第 2 卷《美国法典》第 31 编第 6504—505 条；关于对州和地方政府接受联邦财长帮助的统一审计的要求，参见第 2 卷《美国法典》第 31 编第 7501—7507 条。

关于预防铅中毒的必要协调，参见第 2 卷《公法》第 78—401 期，第 317A 条第（a）款和第（b）款；关于临床实验室，参见第 353 条第（i）款第（3）项和第（n）款；关于第十九编的健康维持组织成员获得医疗帮助的要求，参见第 1301 条第（c）款第（3）项。

关于第十九编专有称号，参见第 2 卷《公法》第 79—396 期，第 17 条第（p）款。

关于联邦救助计划中禁止歧视，参见第 2 卷《公法》第 88—352 期，第 601 条。

关于与其他机构的协议，参见第 2 卷《公法》第 89—73 期，第 203 和第 306 条第（c）款。

关于考虑生活成本增加对具有医疗补助资格的人不再有资格获得补充保障收入福利，参见第 2 卷《公法》第 94—566 期，第 503 条。

关于为患有精神疾病的个人建立系统的要求，参见第 2 卷《公法》第 99—319 期，第 105 条。

关于技术协助，关于发展与完善护理设施偿还方法，参见第 2 卷《公法》第 100—203 期，第 4211 条第（j）款。

关于给美国国会提供改进联合国生效的资料，参见第 2 卷《公法》第 100—204 期，第 724 条第（d）款；关于政府工作人员的详细介绍，参见第 725 条第（b）款。

关于各联邦机构对于计算机系统的安全和隐私的职责，参见第 2 卷《公法》第 100—235 期，第 5—8 条。（转下页）

州医疗救助计划①

第 1902 条【《美国法典》第 42 编第 1396a 条】（a）各州医疗救助计划必须：

（1）对该州各个下属政治地区均有效，而且无论这些地区的行政体系如何，必须强制执行该医疗救助计划。

（2）由州提供的财政份额不少于本编第 1903 条规定的支付计划中非联邦负担份额的 40%；而且于 1969 年 7 月 1 日生效，从平等及相关原则出发，为实施州计划，确保不会因地方的基金不足而降低该计划的数量、持续时间、范围、医疗和服务质量，由州提供的财政份额等同于全部的非联邦负担份额，或从联邦或州物资中全额提供基金分配。

（3）提供在州有关机构授予任何个人申请医疗救助计划下被否认或在合理期限内不予救助之前，必须提供一个公平听证的机会。

（4）提供给下列各项：

（接上页）关于夏威夷计划包含的服务，参见第 2 卷《公法》第 100—690 期，第 2306 条第（c）款第（4）项。

关于药品贩运和拥有者的利益，参见第 5301 条第（a）款第（1）项第（C）目和第（d）款第（1）项第（B）目。

关于依据《印第安健康护理促进法》第四编的授权，由卫生和人类服务部部长收集到的账户，参见第 2 卷《公法》第 101—121 期。

关于婴儿死亡率和医疗服务的研究，参见第 2 卷《公法》第 101—239 期，第 6507 条；关于产妇和儿童保健手册，参见第 6509 条。

关于药品价格的年度报告，参见第 2 卷《公法》第 101—508 期，第 4401 条第（d）款；关于众议院的社会保险信托基金保护，参见第 13302 条。

关于否认为某些药物有关的犯罪提供援助和福利，参见第 2 卷《公法》第 104—193 期，第 115 条；关于外国人参加联邦项目的资格，参见第 401 条、第 402 条和 403 条；关于依据福利和公共补助计划中审查欺诈的手段，参见第 911 条。

关于 SSI 的基于 Web 的资产示范项目扩展到医疗补助计划，参见第 2 卷《公法》第 110—90 期，第 4 条；关于对某些付款暂停限制，参见第 2 卷《公法》第 110—173 期，第 206 条。

关于增加医疗补助计划延期偿付，参见第 2 卷《公法》第 110—252 期，第 7001 条第（a）款第（3）项；关于减少公共医疗补助欺诈和滥用的基金和关于减少公共医疗补助欺诈和滥用的基金，参见第 7001 条第（b）款。

①　关于对个人医疗保险资格接受州政府强制性补充付款，参见第 2 卷《公法》第 93—233 期，第 13 条第（c）款。

关于印第安健康服务分支机构的特别基金，参见第 2 卷《公法》第 94—437 期，第 402 条第（c）款和第（d）款；关于报告，参见第 403 条。

关于以家庭和社区为基础替代儿童精神科住院治疗设施的示范项目，参见第 2 卷《公法》第 109—171 期，第 6063 条；关于"钱和人的平衡"示范项目，参见第 6071 条。

（A）部长认为合理有效实施计划所必需的行政管理手段（包括与建立健全个人绩效标准相关的方法，除非部长无权实行选拔、编制以及依照该方法雇用人员的补偿，包括行政机构中医疗专业人员的任用以及对地方实施州计划的监管的相关规定），从而充分有效地运行州计划[①]；

（B）带薪专业人员助手的培训和有效使用，尤其要注重雇用全职和兼职收件人及其他低收入人员，同时也要关注社区服务辅助人员；在州医疗计划的管理中，以及在社会服务志愿计划中，使用无薪或部分付薪的志愿者，向申请者和接受者提供服务、辅助州立机构建立的咨询委员会；

（C）负责州计划下基金大额支出的各州或地方的办公人员、雇员或独立承包方，以及曾经的办公人员、雇员或独立承包商的个人，美国政府的办公人员、雇员、独立承包商或者与美国政府有关的职权，根据《美国法典》第18编第207条和第208条[②]应当禁止从事任何与计划有关的任何行为；

（D）所有负责筛选、奖励或获取州计划下的实现及服务的州及地方办公人员、雇员、独立承包商，应当至少严格按照《联邦采购法》（《美国法典》第41编第423条）第27条，对该法第（a）款第（2）项规定的人员适用。

（5）提供建立或指定一个单独的州立机关管理者或计划监督者，除了由第一编或第十六编（与老年人相关部分）应由州或者地方机构管理的州计划中的医疗救助资格决定，可行性决定如果州有权参加第十六编中规定的州计划项目，如果州无权参加第十六编中规定的州计划项目，则由某一机构或某些机构管理第十六编建立的补充保险收入项目以及由第四编第A部分批准的州计划。

（6）州立机构应当按照部长的具体要求和相关规定，制作此类报告，应当以一定形式披露相关信息，并且应当保证其准确性和真实性。

（7）提供限制使用或有关申请者和接受者直接连接目的的信息披露

---

① 《公法》第91—648期，第208条第（a）款第（3）项第（D）目，转移到美国公务员委员会，1971年3月6日生效。所有部长的权力、职责、责任依据第（A）目。委员会的职责被转移给人力管理办公室主任，其依据第102条重组计划1978第2号（《美国法典》第5编第1101条），1979年1月1日生效。

② 参见第2卷《美国法典》第18编第207条和第208条。

保障：

（A）本计划的行政管理；

（B）对州而言，确认具有减免儿童午餐费用资格的必要信息交换需要建立使用验证证书，该证书根据《1966 年儿童营养法》[①]，或者根据《理查德 B. 罗素国家学校午餐法》[②] 提供免费或低价午餐，以及该法第 9 条第（b）款，并使用由州立机构建立的数据使用标准。

（8）提供所有希望根据本计划申请医疗救助的个人都应当有机会申请，而且这样的救助应当被及时合理地提供给所有有资格的个人。

（9）提供的条件：

（A）州立健康机构，或者其他合适州立医疗机构［指由国务卿根据第 1864 条第（a）款第 1 句中规定的目的、目标、使用机构］，应当负责建立和保持本计划下的医疗救助接受者可能接受服务或护理的私立或公立机构的健康标准；

（B）为州立政法机构的设立或建立，这些机构应当负责建立和维护的标准，除了对于上述几个与健康有关的标准；

（C）本计划下提供有偿服务的实验室，必须符合第 1861 条第（e）款第（9）项，或者第 1861 条第（s）款第（16）项和第（17）项规定的可行性要求，或者对于偏远乡村健康诊所的实验室应当符合第 1861 条第（aa）款第（2）项第（G）目的规定。

（10）提供：

（A）为使医疗救助具有可行性，包括最少在第 1905 条第（a）款第（5）项、第（17）项和第（21）项，所列的护理或服务，向下列个人：

（ⅰ）所有个人：

（Ⅰ）接受由第一编、第十编、第十四编或第十六编批准的任何州计划，或者由第四编第 A 部分或第 E 部分［包括在资格主体按照本编第 402 条第（a）款第（37）项、第 406 条第（h）款，或第 473 条第（b）款或第 473 条第（b）款规定的原因，或者由州根据第 482 条第（e）款第（6）项授权给予救助］；

（Ⅱ）（aa）对于个人，补充保险收入津贴，按照第四编发放［或者

---

① 《公法》第 89—642 期；《美国联邦法律大全》第 80 编第 885 条。

② 《公法》第 79—396 期；《美国联邦法律大全》第 60 编第 239 条。

在《1996 年个人责任和就业机会统一法》①（《公法》第 104—193 期）第 211 条第（a）款实施时，可以继续领取，但以该条实施为准]，（bb）有资格的严重残疾人［1905 条第（q）款定义的情形]，或者（cc）21 岁以下和第 16 编规定的发放补充保险收入津贴的个人，如果在实施第 1611 条第（c）款第（7）项第（A）目和第（B）目时，不考虑"接下来的第 1 个月第 1 天"；

（Ⅲ）第 1905 条第（n）款规定的符合资格的孕妇和儿童；

（Ⅳ）第（1）款第（1）项第（A）目和第（B）目描述的个人及其家庭收入未超过第（1）款第（2）项第（A）目规定的相应的州最低收入标准；

（Ⅴ）第 1905 条第（m）款第（1）项定义的有资格的家庭成员；

（Ⅵ）第（1）款第（1）项第（C）目描述的个人，以及家庭收入未超过第（1）款第（2）项第（B）目建立和要求的州最低收入标准；

（Ⅶ）第（1）款第（1）项第（D）目描述的个人，以及家庭收入未超过第（i）款第（2）项第（C）目建立和要求的相应的州最低收入标准。

（ii）对州而言，第 1905 条第（a）款描述的任何团体［或者第 1905 条第（a）款第（i）节描述的个人，以及任何此类的个人]，他们不属于第（i）节中描述的个人，但是：

（Ⅰ）符合第（i）节描述的适合州计划对收入和资源的要求，或者补充保险收入项目（视具体情况而定）；

（Ⅱ）符合第（i）节描述的适合州计划对收入和资源的要求，如果他们的工作照顾儿童支出来自他们的收入而不是由州机构作为服务性支出；

（Ⅲ）如果被联邦法律许可而被广泛覆盖的州计划，在此计划第（i）款下的有资格获得资助的个人；

（Ⅳ）相对于那些领取津贴的人，或者可能有资格领取的个人，或者他们没有取得医疗机构资格，按照第（i）节描述的适当的州计划、第十六编规定的补充保险收入津贴或某一州补充支付条款对他们进行资助。

---

① 1996 年 8 月 22 日（《公法》第 104—193 期；《美国联邦法律大全》第 110 编第 2105 条）。

（Ⅴ）在一家医疗机构连续待不少于 30 天的个人（此期间始于第 1 天由于符合本次节的规定），符合第（ⅰ）节描述的适合州计划对资源的要求，或者补充保险收入计划。他们的收入未超过由州建立的独立收入标准，该标准与第 1903 条第（f）款第（4）项第（C）目限制性建立的相一致；

（Ⅵ）本编规定符合资格的个人，如果他们在医疗机构，对他们已经做出一个除由第 1915 条第（c）款、第（d）款、第（e）款描述的家庭或社区基础的服务规定的决定，根据该条款，他们可以要求向智力障碍人员提供医院护理机构或者中介护理机构提供护理标准，由此产生的费用应当按照州计划发放，部长依照第 1915 条第（c）款、第（d）款、第（e）款授权终止或放弃接受家庭和基层社区的服务；

（Ⅶ）本编下州计划中规定的有资格的个人，如果他们在医疗机构中作为晚期患者，他们能够获得第 1905 条第（o）款描述的对医院护理自愿选择；

（Ⅷ）第 1905 条第（a）款第（ⅰ）节描述的儿童：（aa）事实上在州和一个领养父（母）或领养双亲之间有一个领养协助协议（不是指第四编第 E 部分规定的协议），（bb）负责领养协助的州立机构决定，不能在无医疗救助情况下由领养家庭领养儿童，因为儿童对医疗或复健护理有特殊需要，（cc）有资格进入州计划规定的医疗救助，优先于进入领养协助协议，或者在当时情形下有资格获得医疗救助，如果第四编第 E 部分规定的州领养护理项目的标准和方法，优先适用于第四编第 A 部分规定的州对抚养儿童家庭的救助项目；

（Ⅸ）在第（1）款第（1）项描述，而未在第（ⅰ）节第（Ⅳ）次节、第（ⅰ）节第（Ⅵ）次节、第（ⅰ）节第（Ⅶ）次节中描述的人；

（Ⅹ）在第（m）款第（1）项中描述的人；

（Ⅺ）只接受一个可选择的状态进行州补充支付，而且根据需要定期支付，相当于个人可计收入和法定补充支付资格的收入标准之间的差别；（可计收入是指州根据其建立的标准，进行扣除的余额，该州标准可能比第十六编规定的补充保险收入津贴的标准更为严苛），对该州所有个人均适用（但是有可能由不同行政区域根据生活成本不同而带来收入标准不同），且由各州支付该州未与社会保障委员会达成第 1616 条或第 1634 条规定的协议；

（Ⅻ）第（z）款第（1）项描述的儿童（与一定结核感染个人有关的情形）；

（ⅩⅢ）生活在收入低于官方贫困线 2.5 倍的家庭［官方贫困线是由预算管理办公室定义的，而且每年根据《1981 年综合预算调整法》第 673 条第（2）项①进行修改］，官方贫困线根据所设置家庭规模大小进行调整，除收入超过第 1905 条第（q）款第（2）项第（B）目建立的标准，将可以被视为能接受补充保险收入的家庭［尽管第 1916 条已经规定，对于保费或其他支出分担费用的支付（根据收入建立一个可调节的标准），由州自行决定］；

（ⅩⅣ）第 1905 条第（u）款第（2）项第（B）目描述的那些选择性目标的低收入儿童；

（ⅩⅤ）收入超过第 1905 条第（q）款第（2）项第（B）目规定的标准，可被认为正在接受补充保险收入，年龄在 16—65 岁，而且其财产、资源，以及劳动性收入或非劳动性收入（或二者兼有）都得不超过由各州建立的标准的限制（任何限制都不得超越）；

（ⅩⅥ）雇用具有第 1905 条第（v）款第（1）项描述的医疗康复残疾人员，而且其财产、资源、劳动性收入或非劳动性收入（或二者兼有）都不得超过该标准的限制［任何限制都不得超越，但是仅当州提供第（ⅩⅤ）次节描述的医疗救助］；

（ⅩⅦ）独立领养护理的青少年［参照第 1905 条第（w）款第（1）项定义］，或者是该州规定的任何此类青少年；

（ⅩⅧ）第（aa）款规定与乳腺癌或宫颈癌患者相关内容；

（ⅩⅨ）第（cc）款第（1）项描述残疾儿童的内容。

（B）医疗救助可以提供给第（A）目中描述的个人：

（ⅰ）在数量、期限或者规模上的医疗救助不应少于任何此类人；

（ⅱ）在数量、期限或者规模上的医疗救助不应少于第（A）目中描述的个人。

（C）如果医疗救助是包括任何一群体的个体，这个群体被第 1905 条第（a）款描述而未被第（A）目或第（E）目中描述，则：

（ⅰ）该计划必须包含对下列事项的描述：（Ⅰ）确定享受此医疗救

---

① 参见第 2 卷《公法》第 97—35 期，第 673 条第（2）项。

助群体中个体的资格认定准则，（Ⅱ）群体中个人所获得的医疗救助的数量、期限、规模，（Ⅲ）用于确定所有此类群体收入和所得资格的唯一标准，以及用于决定这种资格的方法，该资格和方法不应严格用于决定一州内补充保险收入项目对于老年人、盲人、残疾人生效的条件，而且不应当严格用于合适的州计划下［第（A）目第（ⅰ）节描述的计划］关于认定此类群体在分类上与之最密切相关其他群体的分类情况；

（ⅱ）该计划必须使医疗救助可行：（Ⅰ）对于18岁以下的个人（除收入和所得）有资格作为第（A）目第（ⅰ）节中规定的个人获得医疗救助，（Ⅱ）对于怀孕妇女，在她们怀孕期间（除收入和资源）有资格作为第（A）目描述的个体获得医疗救助；

（ⅲ）此类医疗救助必须包括：（Ⅰ）对于18岁以下儿童以及有资格获得机构服务和急救服务的个人，（Ⅱ）对于怀孕妇女，孕期护理和产后服务；

（ⅳ）如果医疗救助包含提供给任何群体的精神疾病机构的服务，或者智力障碍中介护理机构的服务（或两者兼有），还必须包含为所有群体提供覆盖第1905条第（a）款第（1）项到第（5）项和第（17）项列举的护理和服务，或者该条第（1）项到第（24）项列举的所有服务和护理。

（D）对于州计划下包含的家庭健康服务的所有个人，其有权获得机构护理服务。

（E）（ⅰ）为使医疗救助适用于第1905条第（p）款第（1）项描述的符合资格的医疗保险受益人提供医疗成本分担［医疗成本分担由第1905条第（p）款第（3）项定义］；

（ⅱ）为使医疗救助适用于第1905条第（p）款第（3）项第（A）目第（ⅰ）节描述的医疗成本分担支出，以及适用于第1905条第（s）款描述的有资格的残疾人工作个体；

（ⅲ）为使医疗救助适用于第1905条第（p）款第（3）项第（A）目第（ⅱ）节描述的医疗成本分担，也符合第1905条第（p）款第（4）项的规定，对符合第1905条第（p）款第（1）项描述资格的医疗保险受益人，若他们的收入超过第1905条第（p）款第（2）项由州建立的收入水平，但此种家庭的规模不小于1993和1994年官方贫困线的1.1倍，1995年及以后各年官方贫困线的1.2倍（本条中均指官方贫困线）；

(ⅳ) 根据第 1933 条和第 1905 条第 (p) 款第 (4) 项的规定, 为使医疗救助可行 (但是仅对在 1998 年 1 月至 2009 年 12 月①期间按月支付保费的情形), 对于第 1905 条第 (p) 款第 (3) 项第 (A) 目第 (ⅱ) 节描述的医疗保险共担, 以及第 1905 条第 (p) 款第 (1) 项描述的符合医疗保险福利资格的受益人, 若他们的收入超过了州根据第 1905 条第 (p) 款第 (2) 项建立的收入线, 且家庭收入在官方贫困线的 1.2—1.35 倍 (如本条所规定), 则其无资格获得州计划下医疗救助。

(F) 对州而言, 为使医疗救助对 COBRA 保费可行 [在第 (u) 款第 (2) 项定义], 和第 1902 条第 (u) 款第 (1) 项描述的符合 COBRA 条件的持续受益人均有效。

(G) 为决定个人是否有资格接受州计划下的医疗救助, 在实施第 16 编下的补充保险收入项目的资格认定原则时, 州可以不考虑第 1613 条第 (c) 款和第 (e) 款的规定。

但下列事项除外: (Ⅰ) 可获得第 1905 条第 (a) 款第 (4) 项、第 (14) 项或第 (16) 项描述的服务的个人, 符合规定年龄的要求不得以第 (10) 项为由要求任何此类服务都可享受, 也不能要求与此类服务在数量、规模上相同的服务提供给其他任何年龄的个人;

(Ⅱ) 可获得第十八编第 B 部分规定的补充医疗保险津贴的个人 (根据第 1843 条订立的协议, 或因在该编规定下由州立机构以个人名义支付保费为由), 或者规定第十八编第 B 部分对个人津贴资格有关的部分或全部支出减少, 支出分担或者类似费用, 不应当以第 (10) 项为由, 要求任何此类津贴, 也不能要求与此类服务在数量、规模上相同的服务提供给其他任何个人;

(Ⅲ) 使第 (A) 目中描述的个人可获得的在数量、时间、规模相等同的医疗救助, 对由部长批准的任何类型个体均可行, 若这些人不在医疗机构中获得资格, 或有资格领取或可能有资格领取, 为了向他们支付, 州补充支付不应当以第 (10) 项为由, 要求任何此类救助都可行, 也不能要求任何相同数量、时间、规模相同的此类救助对第 (A) 目中描述的其他个人也可行;

---

① 《公法》第 110—275 期, 第 111 条第 (a) 款, 2009 年 12 月取代 2008 年 6 月的条款, 2008 年 7 月 15 日生效。

（Ⅳ）实施任何服务和项目的减少，费用分担或类似费用的个人，不适用第1916条第（a）款第（2）项或第（b）款第（2）项豁免条款，而适用于有资格获得此类豁免的个人；

（Ⅴ）服务计划涉及孕妇（包括孕期、生产、产后服务），或者对任何可能涉及怀孕的其他情形，均不应当以第（10）项为由，要求享有此类服务，也不应当要求与此类服务相同数量、期限、规模相同的服务，面向任何其他个人，这些服务本应向州计划下覆盖的适用怀孕妇女提供；

（Ⅵ）关于向临终患者提供住院医疗服务，此类人已经根据第1905条第（o）款自愿选接受住院服务而非其他医疗救助，此类救助不应在适用的数量、期间或规模上少于第十八编提供的服务，而且此类救助适用时，不应当以第（10）项为由，要求对于其他个人适用医疗救助住院服务，也不应当要求医疗救助服务提供给被放弃的晚期患者；

（Ⅶ）对于第（i）款第（1）项第（A）目描述的有资格获得医疗救助的个人，仅因为第（A）目第（i）节第（Ⅳ）次节或者第（A）目第（ii）节第（Ⅸ）次节应仅限于与怀孕有关的医疗救助服务（包括怀孕、分娩、产后和家庭服务计划）以及涉及怀孕的其他情形；

（Ⅷ）第1905条第（p）款第（1）项描述符合资格医疗保险受益人可适用医疗救助，此类人仅有权接受医疗救助，因为他们作为受益人，应当限于医疗保险费用分担性医疗救助［参照第1905条第（p）款第（3）项描述］，符合第1916条第（b）款和第（n）款的规定；

（Ⅸ）适用第（e）款第（9）项一致的呼吸护理服务，不应当以第（10）项为由要求适用此类服务，也不能要求适用相同数量、期限、规模的服务，向任何未在第（e）款第（9）项第（A）目中规定的个体，提供此类服务；

（Ⅹ）如果该计划向住院服务医疗救助（无论此限制是否根据医疗状况或诊断而不同）提供任何固定的期限限制，该计划必须建立关于限制的例外情况，为医疗上必须的住院服务，该服务面向州计划定义的1岁以下住院的个人，根据第1923条第（a）款第（1）项第（A）目作为不合比例分担医院和第（B）目（与可比性有关）的依据，不应当解释为要求向其他个人、服务或医院提供此例外；

（Ⅺ）适用医疗救助覆盖的保费、免赔额、共同保险和其他费用分担义务给确定的个体，这些人是第1906条规定的由私人健康覆盖的个人，不应当以第（10）项为由，要求适用任何此类津贴或适用相同数量、期限、规模的私人覆盖服务向其他个人；

（Ⅻ）符合第（u）款第（1）项描述的个人有资格获得医疗救助，仅由于第（F）目应当仅限于向 COBRA 提供持续保费的医疗救助［参照第（u）款第（2）项规定］；

（ⅩⅢ）第（z）款第（1）项描述的个人有资格获得医疗救助，由于第（A）目第（ⅱ）节第（Ⅻ）次节应仅限于向结核感染患者提供有关的服务［参照第（z）款第（2）项描述］；

（ⅩⅣ）对于第（aa）款描述的个人适用的医疗救助，因为第（a）款第（10）目第（ⅱ）节第（ⅩⅧ）次节应仅限于个人要求乳腺癌和宫颈癌治疗期间的医疗救助。

（11）（A）提供进入州立机构的合作协议，该机构负责本州内的管理或监管卫生服务和职业康复服务，旨在将该计划医疗救助服务规定的效用最大化；

（B）提供的扩展部分由部长规定，进入协议，任何机关，机构或组织接受第五编规定的支付（或者通过下列方式进行分配）：（ⅰ）利用此类机关、机构或组织提供护理和服务，此类服务在本条批准的州计划下适用相关条款或分配，（ⅱ）使此类规定适合于偿还此类机关、机构或组织，向任何个人提供护理和服务支出的费用，否则这些费用根据第 1903 条规定由州政府支付给个人，（ⅲ）在本条款下为儿童接种疫苗服务的信息和培训方面提供合作运营，包括有关儿科防疫信息和培训服务，由州根据《1996 年儿童营养法》第 17 条①对妇女、婴儿、儿童的特殊补充营养项目运营。

（12）决定一个人是否是盲人，应当由专业眼科疾病医师或验光师进行检查，个人可以自由选择。

（13）提供：

（A）计划下支付率确定的公布过程，为精神病患者提供住院服务、护理机构服务和中介护理机构服务，包括：（ⅰ）提议的利率，优先建立此类利率的方法，以及公布提议利率的正当理由，（ⅱ）提供者、受益人和他们的代理人，以及其他涉及该州居民给一个合理的机会，回顾和评述

---

① 参见第 2 卷《公法》第 89—642 期，第 17 条。

了提议利率的方法和理由，（ⅲ）最终利率，优先建立此利率的方法，以及公正合理地对公布最终利率，（ⅳ）对医院来说，此利率应当考虑到医院的状况（与第1923条方法相一致），该医院向不成比例数量的低收入患者提供特殊服务；

（B）为向医院护理支付，数额上不低于第十八编第A部分和第1905条第（o）款第（3）项规定下使用同样方法支付的数额，除向居住在护理机构或中介护理机构的精神病患者提供的临终关怀，并且在该计划下有资格获得护理机构或中介护理机构服务的精神病患者，如果其没有选择接受住院服务，应当给予额外支付，将机构提供的空间和场所的条件纳入考虑，相当于至少由州按照计划支付给个人在机构中享受的机构服务的95%。

（14）提供注册费、保费或类似费用，费用减少、支出分担或类似费用，可以根据第1916条强制实施。

（15）提供给本计划第1905条第（a）款第（2）项第（B）目和第（C）目描述的服务的支付并与第（bb）款相一致。

（16）根据部长规定的条例范围，包含对于计划下提供（符合规定的）给不在本州境内的本州居民医疗救助的规定。

（17）除在第（1）款第（3）项、第（m）款第（3）项和第（m）款第（4）项中包括合理标准（该标准应当对所有群体具有可比性，而且与部长规定的标准一致，不同的收入水平，在此计划下不仅仅接收救助申请人或接受者，那些没有得到第一编、第十四编、第十六编或第四编第A部分批准提供的救助或帮助，以及未获得第十六编下的补充保险收入津贴的人，基于城市和农村地区收容所费用的不同），该标准为决定是否有资格以及享受医疗救助的范围制定以下条件：（A）与本编的目标相一致；（B）仅仅考虑将收入和所得，与部长决定的标准一致，作为对申请者或接受者（任何申请或接受者），除收入和所得，有资格以现金的形式获得第一编、第十四编、第十六编或第四编第A部分的资助，或根据第十六编获得补充保险收入津贴提供救助和帮助的资格（不考虑将来的需求）；（C）对此类收入或所得进行合理评估；（D）不考虑本计划下救助的申请者和接受者的财务状况，除非该申请者和接受者是其配偶或21岁以下子女（根据第十六编建立的参加州项目的资格决定），或为盲人，或为永久残疾和完全残疾，或为第1614条定义的盲人或残疾人（根据规定不具备参加此类项目的资格）；并根据收入情况灵活使用该标准，除部长规定的范围，州法律规定的医疗护理或任何其他种类的治疗护理的费用［是否以保险费用的形式，在第 1903 条第（f）款第（2）项第（B）目下进行支付，或者此类费用根据州或行政区域另一公共项目返还］。

（18）符合第 1917 条规定关于扣押、调整和正确的医疗救助支付的补偿，资产转让，以及一定信托的处理。

（19）确保计划下决定护理和服务资格的必要保护，此类护理和服务将以管理便捷化和接受者利益最大化目标相一致的方式提供。

（20）如果州计划包含精神病院患者 65 岁以上的医疗救助利益，则：

（A）州政府提供有关精神病的有效果的协议或其他安排，在适当的地方，这样的机构有必要实施该州计划，包括联合计划和护理方式替代选择的发展协议，提供确保及时重新入院，对那些需要在替代护理计划下向个人提供救助的机构，以及为了提供信息和制作报告而接触患者和机构的协议；

（B）向每个患者提供一份个人计划，确保提供给他的机构性护理是为其最佳利益，包括自始至终，确保将有开始和定期对其医疗和其他需要的检查，将提供给其在本机构内合适的医学治疗，而且将定期使其需要决定下一步治疗；

（C）发展替代性护理计划，最大限度利用可获得的资源，对于需要在机构中接受护理的 65 岁以上的接受者，包括适合的医学治疗和其他服务，对于在第 3 条第（a）款第（4）项（A）目第（i）节和第（ii）节①或者 1603 条第（a）款第（4）项（A）目第（i）节和第（ii）节②中提到的服务，适合此类接受者和患者的服务，以及对于保证州立机构在州计划下有效实施对此类患者和接受者的管理方法。

（21）如果州计划包含对于在公立精神病院中 65 岁以上个人的救助，表明州正在向建立健全一个完整的精神健康项目迈出可喜的进步，包括对于社区精神健康中心、护理机构，以及其他对精神疾病进行护理的其他公

---

① 第 3 条第（a）款第（4）项被《公法》第 97—35 期第 235 条第（a）款第（1）项第（A）目以及《美国联邦法律大全》第 95 编第 871 条和《公法》第 103—66 期第 1374 条第（b）款修正，同时不再包含目。

② 第 1603 条第（a）款第（4）项第（A）目第（i）节和第（ii）节作为第 1603 条第（a）款第（4）项第（A）目第（i）节的参考早于修正案存在，依据《公法》第 92—603 期第三编第 301 条和《美国联邦法律大全》第 86 编 1465 条。先前的条款依旧在波多黎各、关岛和维尔京群岛生效。

立机构的规定。

（22）包括下列事项的规定：（A）负责管理州计划的专业医疗人员和辅助人员，他们的种类和数量和职责；（B）接受者根据州计划接收护理和服务的私立或公立机构的标准，由州官方负责订立、维持、实施此类标准；（C）与州立健康机构和州立专业复健机构间的合作协议，旨在最大化他们监管的医疗救助和服务相关规定的效用；（D）州用于确保医疗或治疗护理和服务的其他标准和方法，旨在向接受者提供高品质的医疗救助。

（23）提供下列事项：（A）任何有资格获得医疗救助（包括药品）的个人，可以从任何机构、单位、社区药房，或具备必要资质有能力提供必要服务的个人（包括提供此类服务或根据预付费基础安排工作的组织）获取此类救助；（B）根据第1905条第（a）款第（4）项第（C）目，登记有资格在初步护理管理系统［参照第1915条第（b）款第（1）项规定］获得医疗救助的个人，医疗补助计划所属的组织，或类似单位不应当限制个人自由选择接受服务的机构；除第1915条第（g）款和第1932条第（a）款规定的情形以外，本项不为波多黎各、维京群岛、和关岛所适用，本项中任何规定不应当用于要求州向因违反州或联邦法律而被宣判获罪的个人和单位，他们的违法行为被州立机构认为与州计划下受益人最大利益不一致。

（24）1969年7月1日生效，根据国务卿指令在下列事项中，由州健康机构及其他相关机构向医院、护理机构、家庭健康机构、诊所、实验室，以及其他此类机构提供咨询意见：（A）根据本法，认证他们的资格为支付合格；（B）为适当有效管理本法，对提供给个人的护理和服务负责，建立健全必要的财政记录，提供必需的信息来决定本法规定的支付方式。

（25）提供：

（A）管理此计划的州立或地方机构可采取所有的合理措施，确保第三方的法律责任（包括健康保险者，个人投保计划，团体健康计划［参照《1974年雇员退休收入保障法》第607条第（1）项的定义］，服务津贴计划，护理管理机构，药品福利管理公司及其他团体，通过法律、合同或协议，在法律上有责任对某一健康护理或服务进行支付）为本计划下适用的护理和服务埋单，包括：（i）收集国务卿法规中规定的充足信息，通过收集决定或重新决定医疗救助资格的相关信息，使州能够向第三方主张权利，（ⅱ）向国务卿提交的向第三方主张权利的计划（经过国务卿的批准），应当与国务卿对州的权利设置进程和信息检索系统［参照第1903条第（r）款规定］相结合，并作为其一部分接受监管；

（B）如果在向个人提供医疗救助后发现存在上述法律责任，而且州有根据地要求退还金额能够超出此类修复的金额，那么州和地方机构将在此法律责任范围内寻求对此救助的返还；

（C）如果根据州计划规定有资格享受医疗救助的个人享受第三方有责任支付的服务，提供服务的个人不应当向个人寻求支付（或者向享受服务的个人的任何相关财务或代表寻求支付）：（ⅰ）如果因服务所致的第三方责任最少等于该服务在计划下的支付金额（第1916条规定不包括在内），或者（ⅱ）金额超过与下列金额相比较轻者：（Ⅰ）根据第1916条规定应收集的金额，或者（Ⅱ）该服务在计划下的支付金额（第1916条规定不包括在内）超过第三方因该服务支付的总额；

（D）提供服务和参加州计划的个人，不得因第三方对该服务进行支付具有潜在责任，而拒绝向个人提供服务（该个人有资格获得州计划对其所获服务的支付）；

（E）如果孕期或预防性儿科护理［包括第1905条第（a）款第（4）项第（B）目规定中方早期和定期扫描和诊断服务］在州计划的覆盖范围内，州应当：（ⅰ）不考虑第三方的支付，根据州计划下的常规支付安排向该服务支付，（ⅱ）根据第（B）目中的规定向第三方寻求返还；

（F）如果根据本法第四编第D部分由州立机构向个人提供此类服务，对其监护的孩子实施进行支持服务，则州应当：（ⅰ）如果第三方的支付责任（通过保险或其他手段）从父母衍生的，父母的责任是支付由州立机构实施的支持，并且该第三方未在提供服务后30日内支付，不考虑第三方的支付，根据州计划下的常规支付安排向该服务支付，（ⅱ）根据第（B）目中的规定向第三方寻求返还；

（G）州禁止任何健康保险人［包括在《1974年雇员退休收入保障法》第607条第（1）项①规定的团体健康计划和个人投保计划、服务津贴计划、保健机构］，在登记个人或向个人支付津贴时，考虑该个人在本

① 参见第2卷《公法》第93—406期，第607条第（1）项。

编下对该州或其他州的计划下有资格或被提供医疗救助；

（H）在第三方对州计划下的医疗救助进行法律责任范围内的支付时，该州实施了为提供给个人的医疗救助和服务进行支付的范围的法律，即认为该州已经有权要求任何其他团体为此类救助或服务接受者支付；

（I）州应当提供满足国务卿的保证，保证州已实施法律，要求健康保险人包括自身投保计划、团体健康计划［参照《1974 年雇员退休收入保障法》第 607 条第（1）项①定义］、服务津贴计划护理管理组织、药房津贴管理者或者其他团体，作为在州内进行商业经营的条件，在法律上有责任通过法定、合同或协议对某一健康护理或服务进行支付：（ⅰ）根据州的要求，州计划下的医疗救助向有资格的个人提供信息，按照国务卿规定的方式，决定个人或其配偶或其扶养人何时可能（或已经）由某一健康保险人覆盖或该覆盖本质上由健康保险人提供（包括姓名、住址、该计划的识别号码），按照国务卿规定的方式，（ⅱ）接受州的恢复权利以及指定给州的对个人或实体因护理或服务从团体获得支付的权利，该支付是由州计划规定的，（ⅲ）对州的任何质询予以回应，质询关于健康护理和服务规定颁布后 3 年内提交的，对任何健康护理和服务的支付的权利立法，（ⅳ）同意对州仅仅依据权利立法提交日期提交的主张不予否定，对权利主张的形式和种类或未能恰当表述权利主张根据的，也不予否定，如果：（Ⅰ）自事项或服务提供之日起 6 年内由州提交主张，以及（Ⅱ）在州提交权利主张 6 年内，该州实施为其权利而采取任何措施。

（26）如果州计划包含对精神病住院患者的医疗救助，每个接受此服务的患者，提供对于其所需服务的常规项目计划的医学审查（包括医学评估）和书面护理计划。

（27）提供协议，向州计划下提供服务的个人和机构，他们同意：（A）保留及披露在州计划下所提供服务程度的完整必要记录；（B）向州机构或国务卿提供此类信息，考虑由他们向州计划下的服务进行的支付，以供州立机构或国务卿不定期检查。

（28）提供：

（A）接受本计划下支付的护理机构必须满足第 1919 条第（b）款和第（d）款对此类机构的要求；

---

① 　参见第 2 卷《公法》第 93—406 期，第 607 条第（1）项。

（B）包括在"护理机构服务"至少由国务卿根据第 1919 条第（f）款第（7）项定义的条款和规定服务，以及对包含的条款和服务要求进行可行性描述；

（C）对于用于建立向本编下护理机构支付的比例的，该过程中向公众公布的数据和方法，及其适用的情况；

（D）为了与以下要求相一致（各条款规定的日期前）：（ⅰ）第 1919 条第（e）款，（ⅱ）第 1919 条第（g）款（对调查和确认护理机构的责任有关的规定），（ⅲ）第 1919 条第（h）款第（2）项第（B）目、第 1919 条第（h）款第（2）项第（D）目（有关治疗的建立和实施的规定）。

（29）包括符合第 1908 条要求的州项目，即指获得护理之家经营管理者的许可。

（30）（A）提供此类方法和程序在计划下适用的护理服务的效用和支付［包括但不限于第 1903 条第（i）款第（4）项提供的效用审查计划］，为反对不必要的护理和服务进行必要保护，并确保支付与效率、经济、护理质量相一致，并提供充足服务机构实施州计划下的护理和服务，至少确保一定地区内公众可获得充分的护理和服务；

（B）在第（A）目描述的项目下提供：（ⅰ）确保任何医院智力障碍中介护理机构，或精神病院的检验审核，与医学或其他专业人员建立的标准相一致，这些人员并不直接对患者的护理负责，也不与这些机构之间有重大经济利益，除非被此类机构雇用而提供护理，（ⅱ）上述检查审核所设置的信息，以及来源于对于许可证必要的事前审查的数据和来源于长期临床专业人士的数据，应当作为建立许可证样板的规模和要件而被使用，且应符合检查和评估，应完全符合承认条件的样本，必须有足够规模满足以下目标：（Ⅰ）识别提供护理的模式，以及这些模式中随时间发生的变化，以便确定是否需要进行调整，（Ⅱ）对于早期或更多检查的许可，其中的信息显示对医院、智力障碍中介护理机构、精神病院的认证是有保障的。

（31）对于智力障碍中介护理机构提供的服务（州计划包括对此类服务的医疗救助），对于每一位接受该服务的患者的书面护理计划，对此类机构的认可或津贴授权的优先权，应当与国务卿规定相一致，以独立专业角度的常规项目（包括医学评估）应当定期检查患者的实际需求。

（32）在分配或委托书或其他形势下，州计划下不向除对个人提供护理和服务的个体、个人或机构以外的其他任何人进行支付，下列情况除外：

（A）由医师、牙医或其他个人行医者提供的护理和服务，对此应当进行支付：（ⅰ）如果雇用此类医师、牙医、个人行医者的条件要求向雇主进行转移支付，则由其雇主支付，或者（ⅱ）（在医院、诊所或其他机构内提供护理和服务）如果医师、牙医或行医者和机构（医院、诊所等此类机构）之间有合同，合同规定此类机构为护理或服务付账；

（B）本款不应当做如下解释：（ⅰ）禁止提供服务的机构或个人指定支付，如果该指定指向政府机构或实体，或根据完整有效的司法程序和法庭命令建立，或者（ⅱ）禁止任何机构个人或接受支付，如果（仅在此情况下）此类机构根据协议支付向另一机构，或联合支付的账单开具和收集，在计划下没有关联的个人或机构（直接或间接）对支付或账单的金额，而且不依赖任何此类支付的真实收集状况；

（C）如果服务［为超过连续14天在一个非正式双方协议下，或涉及每日津贴或按时计费补偿协议下连续90天（或国务卿规定的更长期限）］或涉及服务的事项是由某一医生对另一医生的患者提供的，后者递交了申请，支付应当给予递交申请的医生（如果提供的服务属于医师服务），但前提是声明确定（根据国务卿规定的方法）提供服务的医师；

（D）对于1994年10月1日以前的儿童疫苗管理的支付，对于州计划下有资格的个人的医疗救助，州计划可直接向疫苗生产商支付，在州认可的生产商选择变更问题上，州根据生产商的情况：（ⅰ）向疫苗管理者供应疫苗，（ⅱ）定期更换疫苗供应商，（ⅲ）对州和生产商提供给疾病预防控制中心及其管理的疫苗的价格定价（价格涵盖运输和返还处理的费用）。

（33）提供：

（A）州健康机构，或者其他适当的州立医疗机构，应当负责建立与国务卿的规定相一致的计划，由适当的专业健康人士对提供给接受者的护理和服务的质量和适合程度进行检查，从而为州立机构管理州计划根据第（5）项提供指引，适用于这一部分第二句话中定义的州立机构；

（B）除第1919条第（g）款规定，国务卿利用的州或地方机构实现第1864条第（a）款第一句的目的，或者如果这些机构不是负责向健康机构颁发许可的州立机构，负责许可的州立机构应当履行作为监管州计划实行的机构的职能，决定某一机构和单位是否符合本编本计划的要求，除非国务卿质疑其决定的充分性，国务卿被授权认可州的决定，而且在此基础上对单个的组织或机构是否资质合格做出独立公正的判断。

（34）如果个人被认定有资格接受计划下的医疗救助，这些救助应当以护理和服务形式向其提供，包括计划规定的护理和服务或者在其申请的第 3 个月后或第 1 个月内提供（或当申请人为已故患者时，以其名义申请，如果在提供护理和服务时申请人合格）。

（35）任何公立的实体［参照第 1124 条第（a）款第（2）项规定］接受本计划下的支付，应当符合第 1124 条规定。

（36）由第（9）项规定的适合的州立机构，在完成对任何健康护理机构、实验室、机构、诊所、组织调查的 90 天内，该机构应当（根据国务卿的规定）以简便有效的形式和地点宣布对上述机构的调查结果：（A）本编下强制参与的适用条件；（B）国务卿考虑接受上述机构提供的照料和服务的个人的健康和安全利益，认为必要的附加条件。

（37）为支付申报程序提供：（A）确保 90% 的支付申报（这些支付申报均不需要进一步的信息或说明即可进行支付）应当在递交申请 30 日内予以支付，这些申报覆盖了计划下由健康护理实施者通过个人或团体或共享健康机构提供的服务，并且 99% 的申报应当于申请递交 90 日内支付；（B）提供对先付款和后付款申报的检查程序，包括对服务提供者和接受者日期的检查，以及对申请支付的服务性质检查以确保正确有效进行支付和管理计划。

（38）要求提供本计划下服务的实体（不包括个人实施或实施者团体），应当提供（根据国务卿或监管计划实行的州立机构的有关规定）国务卿或州立机构要求的信息［参照第 1128 条第（b）款第（9）项①规定］。

（39）州机构应当排除特定个人或实体在国务卿规定的特定期限内参加州计划下项目，当其根据第 1128 条或第 1128A 条要求参加时，在该特定期间内由这些个人或实体提供的任何服务，均不予支付。

（40）要求州计划下接收支付的任何健康服务机构或组织，根据第

---

① 关于依据本项要求披露的财务信息，参见第 2 卷《公法》第 78—410 期，第 1318 条。

1121 条第（a）款建立的统一报告体系向国务卿就该条规定的信息进行报告。

（41）当服务提供者或任何其他被终止、暂停或处罚、禁止参加州计划的个人，州立机构立即通知国务卿，尽管第（7）项规定的医师或州医疗许可委员会做出上述决定。

（42）当国务卿决定为保证正确支付而由必要进行监管时，参加州计划以及提供费用关联基础上的可返还服务的任何实体，他们的记录由国务卿监管审核。

（43）提供：

（A）通知该州所有 21 岁以下公民和有资格享受包括第 1905 条第（a）款第（4）项第（B）目规定的医疗服务，早期和定期扫描、诊断、治疗服务，第 1905 条第（r）款规定治疗服务，以及对适龄的免疫及有疫苗需要的个人；

（B）按照规定提供、安排进行扫描服务；

（C）对儿童健康审查服务公开的矫正治疗需要进行安排（直接或通过转介合适机构、组织、个人来提供）；

（D）在计划下每个财政年度期间内，向国务卿报告（按照国务卿建立的统一形式和方法，自 1990 财政年度起，不晚于每年 4 月 1 日）如下与早期和定期审查、诊断、治疗服务有关的信息：（ⅰ）被提供儿童健康审查服务的儿童人数，（ⅱ）接受矫正服务（由儿童健康审查机构公开需要进行的）的儿童人数，（ⅲ）接受牙科服务的儿童人数，（ⅳ）由第 1905 条第（r）款建立的州参与目标。

（44）对州计划下住院服务、智力障碍中介护理机构服务、精神病院住院服务的支付：

（A）医师（或者在成熟护理机构服务或中介护理机构服务的情形下，不是机构雇员而是为医师工作的医师、护士或诊所护士）证明在许可时或许可后，个人申请州计划下的医疗救助的时间［医师、医师监督下的医师助理，或不是机构雇员而是为医师工作的护士或诊所护士，再次证明，超过一定时间提供此类服务的场所，这种情形下至少根据第 1903 条第（g）款第（6）项规定的频度（或每年度智力障碍中介护理机构提供的服务），符合国务卿规定的物质支持］，因个人实际需要提供这些住院服务；

（B）这些服务根据计划提供，该计划由医师或专业护理机构或中介护理机构、(不是机构雇员而为医师工作的) 医师、护士、诊所护士建立并定期检查和评估。

(45) 根据第 1912 条规定,强制指定接收者应当享有的医疗支持或其他医疗救助获得支付的权利。

(46) 根据本编第 1137 条要求的州体系,为收入和资格确认进行的信息交换和提供。

(47) 州有权利选择,在规定的时间期限内,依据第 1920 条向孕妇提供急救性产前孕期护理,向有资格的儿童提供第 1920A 条第 (a) 款中描述的规定期限内的医疗救助服务,并且向第 1920B 条第 (o) 款中规定的个人在规定的期限内提供医疗救助服务,和向第 1920B 条第 (o) 款中规定的个人在规定的期限内提供医疗救助服务。

(48) 对于无固定住所或邮寄地址或不居住在永久居所内的有资格的、个人,提供制作卡片证明其资格的方法。

(49) 对于州许可的官方机构,州应当提供信息 (即第 1921 条对健康护理实施者和提供者的处罚的相关信息) 或获得这些信息的方法。

(50) 根据第 (q) 款规定,对组织确切规定的个人和夫妇提供月度个人所需津贴。

(51) 满足第 1924 条的要求 (关于对社区夫妻的保护)。

(52) 符合第 1925 条的要求 (关于医疗救助资格期延长)。

(53) 提供:

(A) 定期提醒该州所有有资格接受医疗救助的个人,孕妇、哺乳期或产后妇女 (参照《1966 年儿童营养法》第 17 条①规定)、5 岁以下儿童,享受本条下特别补充营养项目提供的福利;

(B) 向负责管理这些项目的州立机构提起上述所有个人。

(54) 如果州计划提供的医疗救助包括门诊药物 [参照第 1927 条第 (k) 款规定],应当与第 1927 条的要求一致。

(55) 向接受者和个人申请最初过程提供第 (a) 款第 (10) 项第 (A) 目第 (i) 节第 (Ⅳ) 次节、第 (a) 款第 (10) 项第 (A) 目第 (i) 节第 (Ⅵ) 次节、第 (a) 款第 (10) 项第 (A) 目第 (i) 节第 (Ⅶ) 次节、第 (a) 款第 (10) 项第 (A) 目第 (ⅱ) 节第 (Ⅸ) 次节

---

① 参见第 2 卷《公法》第 89—642 期,第 17 条。

下的医疗救助：

（A）在第四编第 A 部分下接受者和急救申请过程使用的地点外的地点，包括第 1923 条第（a）款第（1）项第（A）目下定义为不合比例分担医院的机构设施，以及第 1905 条第（l）款第（2）项第（B）目[①]描述的联邦合理健康中心；

（B）使用本部分下急救申请以外的申请。

（56）根据第（s）款规定，对一定住院服务的支付进行调整。

（57）所有根据计划接资助金的医院、护理机构、家庭和个人护理服务提供者、收容所项目、医疗管理护理组织［参照第 1903 条第（m）款第（1）项第（A）目定义］都应当与符合第（w）款要求。

（58）州通过州立机构、社团或其他私立非营利组织，在第（w）款规定下完善对该州法律的书面描述（无论是由州立法院法律规定的或承认的），主要涉及对提供或者组织的先进指导。

（59）保持一个包含所有有资格参加州计划的医师的名单［至少每月更新，并包含第（x）款建立的体系下提供的每位医师的个人识别］。

（60）州立机构应当提供满足国务卿的保证，保证州以及实施第1908A 条要求的医疗儿童救助的相关法律。

（61）州必须证明运作反医疗救助欺诈和滥用控制体系［参照第 1903条第（q）款描述］有效按照该条要求开展职能，依据国务卿建立的标准，除非州证明满足国务卿要求的运作系统不是经济有效的，因为州计划覆盖的医疗救助存在轻微欺诈，并且州计划下的受益人应当保护其享受计划下的医疗救助不受反欺诈体系滥用和忽视的不良影响。

（62）根据第 1928 条规定，向项目注册的提供者提供适合儿童的免疫的儿科疫苗接种计划。

（63）基于第 1931 条的实施管理，管理和决定个人资格接受医疗救助的资格。

（64）本项制定 1 年内，提供从受益人、其他人以及编制数据（涉及本编中可疑的浪费、欺诈和滥用的案例和数据）处接收报告的机制。

（65）州应当向所有由第 1861 条第（n）款定义的由可持续医疗设备构成的医疗救助提供方发布提供者编号，下列情况下，州不应当发布或更

---

①　很可能应该在"第 1905 条第（1）款第（2）项第（B）目"。

新该编号：

（A）（ⅰ）为识别提供方每个人的所有权或控制权的充分和完整信息［第 1124 条第（a）款第（3）项定义］，或者任何直接或间接持有 5% 以上所有权权益，（ⅱ）在国务卿决定可行范围内，所有公布的实体的名称［参照第 1124 条第（a）款第（2）项定义］个人拥有该实体作为提供方的所有权或控制权；

（B）在第 1834 条第（a）款第（16）项第（B）目下由国务卿规定的担保债权，和不低于 5 万美元或类似的债权，国务卿可根据本条第 2 句批准许可。

（66）根据第 1935 条第（a）款决定是否有资格。

（67）州计划下（不是第十八编）向 PACE 项目中合格个人提供服务，他们通过州计划下参与提供者成为 PACE 提供者，但是并未与 PACE 提供者订立合同或协议约定服务的支付额度，则参加州计划的提供者不能要求 PACE 的提供者支付，在 PACE 提供和所在地为服务支付多余的金额参加提供者根据州计划可获得（与国务卿发布的规定一致）。

（68）州计划下接受或制作年度支付的组织最少为 500 万美元，接受支付项目须具备下列条件：

（A）为组织中所有雇员、承包人和代理人建立书面政策（包括管理层），根据《美国法典》第 31 编第 38 章①对虚假申报的管理措施，州法中任何涉及对虚假申报和陈述的民事或刑事处罚，以及对举报者的保护，发挥这些法律在联邦健康护理项目下预防、侦破、欺诈、浪费、滥用的法律作用［参照第 1128B 条第（f）款定义］；

（B）作为书面政策的一部分，组织对于侦破和预防欺诈、浪费、滥用的政策和程序的详细规定；

（C）在组织中的员工手册中包含对第（A）目的规定的详细说明，雇员作为举报者享有被保护的权利和组织对于侦破和预防欺诈、浪费、滥用的政策和程序。

（69）根据第 1936 条②，州必须遵守国务卿认同的执行医疗护理统一项目所必需的要求。

---

① 参见第 2 卷《美国法典》第 31 编第 3729 第、第 3733 条和第 3803 条。

② 《公法》第 110—252 期，第 7001 条第（d）款第（2）项第（A）目，取消"和"。

（70）对州而言，根据第（1）项、第（10）项第（B）目和第（23）项规定，建立非急救医疗运输经纪业务项目，以便更经济有效地向有资格的个人提供州计划下的医疗救助，这些个人急需接受医疗服务却没有交通条件：

（A）包括轮椅、出租车、折叠车、公共汽车通行证和车票、安全运输，以及国务卿认可的其他合适的运输方式；

（B）被签约经纪人管理，该经纪人：（ⅰ）通过竞投标过程选出，竞标过程是建立在州对于该代理人经验、表现、资历、资源、资格、支出进行评估的基础上，（ⅱ）具备监管受益人获取运输服务和意见的程序，确保运输人员具备证件、合格、敬业且胜任工作，（ⅲ）遵守州的日常监督和管理，以确保向受益人提供充足合格运输服务，（ⅳ）遵守国务卿建立的涉及合作和利益冲突的规定（基于第 1877 条对医师转介的规定，以及国务卿认为合适的类似规定和要求①）。

（71）② 州应当遵守第 1940 条的要求，实施财产核实项目。

虽然在第（5）项，如果在 1965 年 1 月 1 日，州递交计划申请必准，根据第十编（或第十六编，档期与盲人有关时）通过批准监管或管理该州计划的州立机构，则不同于根据第一编（或第十六编，档期与盲人有关时）的批准通过的州立机构，前者可被指定管理或监督州计划中盲人相关医疗救助的部分，而后者可被建立或指定管理或监管州医疗救助计划剩余部分的实施；这种情况下各州立机构对于各自管理和监督的医疗救助部分，应当被认为是一个追求本编的目的［除第（10）项目的］的独立计划。第（9）项第（A）目、第（31）项、第（33）项和第 1903 条第（i）款第（4）项的规定不应当适用于宗教性非医疗健康照料机构［参照第 1861 条第（ss）款第（1）项定义］。

根据第（10）项规定，任何在 1972 年 8 月有资格接受第一编、第十编、第十四编、第十六编第 A 部分批准的州计划下救助或急救的个人，以及有资格接受第二编下的月度保险津贴的个人，如果此类个人在当时有

---

① 《公法》第 110—252 期，第 7001 条第（d）款第（2）项第（B）目，取消时间段插入"；和"。

② 《公法》第 110—252 期，第 7001 条第（d）款第（2）项第（C）目，增加本项，2008 年 6 月 30 日生效。

资格接受经济援助并因《公法》第 92—336 期①的制定未向他们实施援助，他们有资格根据第二编规定获得增加月度保险津贴，根据本编应认定他们在以后的每月有资格获得经济援助。

第（37）项第（A）目②的规定，如果国务卿认为州已具有良好的理念遵守要求，州计划可能被国务卿终止或放弃。根据本编规定，符合第 473 条第（b）款第（1）项和第（2）项要求的儿童，根据第四编第 A 部分该儿童居住的州，将被视作是第 406 条定义的受抚养子女，同时应当被认为是拥有依赖性儿童家庭救助的接受者。根据本条第（10）项第（B）目或本条其他规定，州计划应当为侨民提供医疗救助，这些侨民未得到永久美国居民的法律承认但是永久居住在美国，在法律上与第 1903 条第（v）款一致。

（b）国务卿应当批准满足本条第（a）款规定条件的计划，但不包括他不批准强加下列事项作为有资格获得医疗救助的条件：

（1）要求年龄超过 65 岁；

（2）排除居住在本州的个人的任何居住要求，无论其是否保留永久居住权或有固定地址；

（3）或者，排除所有美国公民的任何公民要求。

（c）根据第（b）款，国务卿不应当批准州医疗救助计划，如果该州要求第（l）款第（1）项规定的个人申请第四编第 A 部分下设立的州项目作为申请或接受本编下医疗救助的条件。

（d）在国务卿认可的情况下，如果州与符合第 1152 条规定的组织订立合同，或效率和质量控制检查组织与国务卿在第六编第 B 部分就医疗或效率检查功能履行订立合同，这些功能由本编下的州计划详细的服务或提供者要求（或在该州某一地理区域的服务或提供者），这些要求应被认为符合服务或提供者（或该地区服务或提供者）经州官方机构在合同下指派给这样的实体或组织，以便实施这样的检查活动，如果合同提供的活动与第六编第 B 部分不无一致，并提供由这些组织、机构提供国务卿规定的满意服务的保证。

（e）（1）（A）尽管本编任何其他规定在 1974 年 1 月 1 日生效，符合

---

① 参见第 2 卷《公法》第 92—336 期，第 201 条第（h）款第（2）项。

② 原先作"次节"。

第（B）目，本编下批准的每个州计划必须提供给每个家庭，根据第四编第A部分通过的州计划，这些家庭于当时正接受急救，在接下来的6个月中至少3个月这些家庭不再符合接受急救的资格，由于时间增加、收入增加、雇佣关系增加。当这些家庭的一个成员被雇用，保留获得本编下通过的计划中救助的资格（尽管家庭正接受第四编第A部分通过的计划下的急救）自该家庭在本计划下由于收入和资源或工作限制的时间变得不合格的当月起4个月。

（B）第（A）目不应当适用与从1990年4月1日至2003年9月30日期间第四编第A部分下的急救终止资格的家庭。在此期间，对于延长一定家庭医疗救助资格的相关规定，这些家庭已经接受第四编第A部分通过的州计划下的急救并且已经获得收入，参照第1925条。

（2）（A）对于在医疗救助管理护理组织［参照第1903条第（m）款第（1）项第（A）目定义］工作的个人，加入初级护理案例经理［参照第1905条第（t）款定义］的个人，在第1876条规定下有资格签订合同组织工作的个人，以及将（仅对本项）在最低注册期间丧失获得本编下津贴的资格［参照第（B）目定义］的个人，尽管本编内有任何规定，州计划都将该个人认定为继续有资格获得津贴直到最低注册期间终了，但是由第1905条第（a）款第（4）项第（C）目规定的津贴除外，仅仅提供津贴向这些组织、实体的成员或案例经理①。

（B）对于第（A）目的目的，"最低注册期间"指个人在州计划下某组织或实体的注册期间，该期间由州规定，个人注册生效开始之日不超过6个月内。

（3）州对下列个人有选择权：

（A）18岁以下并符合第1614条第（a）款下残疾人的资格；

（B）州已经认定该个人：（ⅰ）该个人要求在医院、护理机构、智力障碍中介护理机构提供一定水平的护理，（ⅱ）允许这些机构以外的其他机构向该个人提供服务，（ⅲ）这些机构以外的其他个人向该个人提供服务的预计费用的不超过在这些机构内接受服务的花费。

（C）如果个人在医疗机构住院，将有资格接受本编下州计划的医疗

---

① 关于无故都市健康计划推行中无故的持续资格和对除名的限制，参见第2卷《公法》第100—203期，第4113条第（d）款。

救助，并且应被认定作为个体接受补充保险收入支付（根据本编）或州补充支付（根据第十六编）。

（4）当一个儿童出生，如果其母亲在生产时有资格接受州计划下的医疗救助，只要该儿童是由其母亲抚养（当其母亲怀孕时也适用）则应当认定该儿童已申请医疗救助并有资格获得并保持该资格1年。在上述情况下该儿童有资格的期间内，母亲的医疗救助资格识别号码应同时作为儿童的识别号码，所有申请应当递交和支付在该号码下（除非在该期限到期前州为儿童发布独立识别号码）。

（5）一个怀孕的妇女有资格并且已经申请和获得了州计划下的医疗救助，如果其妊娠终止，应当继续有资格享受所有计划下的怀孕相关后期医疗救助，直到60天结束的那个月（从其妊娠的最后一天开始算起）。

（6）对于第（a）款第（10）项描述的怀孕妇女，因其所在家庭的收入发生变化使其不再是符合该次条的情况，则她应当继续被认定为符合第（a）款第（10）项第（A）目第（i）节第（Ⅳ）次节和第（l）款第（1）项第（A）目描述的个人，而无须考虑60天期限内这样的家庭收入变化（从其妊娠的最后一天开始起算）。以上内容不适用于根据第1920条在预设资格期内准备提供急救产前护理，而且根据该条有资格享受州计划下的医疗救助。

（7）对于第（l）款第（1）项第（B）目、第（C）目、第（D）目和第1905条第（n）款第（2）项中描述的婴儿和儿童：

（A）接受提供住院服务作为医疗救助，州计划下的医疗救助提供给婴儿或儿童，当其满足年满最大年龄要求；

（B）如果年龄满足，该婴儿和儿童应当有资格接受州计划下的医疗救助，并被认为是符合这些规定的个体被继续对待，直到住院服务终止时。

（8）如果个人被认定为合格的医疗护理受益人［第1905条第（p）款第（1）项定义］，该认定应当自决定做出之月结束后的下个月开始实施。根据第1903条第（a）款下对于州进行支付的规定，该决定被认为对个人12个月有效，除非该州可能提供更为频繁的决定，但是每个个体的其频繁程度不能超过6个月一次。

（9）（A）州可以为个人选择包含医疗救助呼吸护理服务的计划为个人，该个人：

（ⅰ）每天至少 6 小时，在医学上依赖于呼吸机支持生命；

（ⅱ）作为住院患者，这样的依赖已经持续最少连续 30 天（如果少于 30 天则应符合州计划下规定的最大天数）；

（ⅲ）但是对于呼吸护理服务，住院患者在医院、护理机构、智力障碍中介护理机构有资格在州计划下因此类住院护理获得支付；

（ⅳ）在家中获得足够的社会支持服务；

（ⅴ）希望在家中获得护理。

（B）第（A）目第（ⅱ）节的要求可以通过连续待在一家或多家医院、护理机构、智力障碍中介护理机构获得满足。

（C）本项目的在于，呼吸护理服务是指在个人在家的业余时间内，由呼吸治疗师或其他在呼吸治疗上受过专业训练的人员提供的服务（具体定义由州决定），为此进行的支付未包含在州计划下对其他医疗救助的规定中。

（10）（A）事实上个人、儿童、怀孕妇女可以根据第四编第 A 部分第 402 条第（a）款第（43）项内容被拒绝急救，这不应当被作为拒绝（或允许州拒绝）向有资格享受本编规定的救助（并非建立在本编救助发放的基础上）的个人、儿童、怀孕妇女提供本部分规定的医疗救助。

（B）如果个人、儿童、怀孕妇女正在根据第四编第 A 部分接受急救，且该急救根据第 402 条第（a）款第（43）项终止，州可以继续向他们提供本编下的医疗救助直到州认为他们不再具有资格为止，州并非以他们是本部分下的急救接受者为基础做出决定。

（11）（A）如果个人参加第 1906 条下的团体健康计划而且在最低参加期［参照第（B）目定义］结束前丧失本编下享受福利的资格，州计划可以根据本编的其他规定提供，个人应当被认定为有资格接受此类福利直到最低参加期末，但只适用于向个人作为团体计划参加者的福利。

（B）第（A）目的目的在于，"最低参加期"是指个人参加某一团体健康计划时，由州建立的时间限制，即个人参加团体计划生效日起算，不多于 6 个月。

（12）州可以选择，在州规定的年龄下（不得超过 19 岁）且被认定有资格获得本编第（a）款第（10）项第（A）目下批准的州计划津贴的个人，应当保持该资格直到下列日期之前：

（A）认定的期限结束时（不超过 12 个月）；

（B）或者，该个人超过年龄限制。

（f）根据本编其他规定，除第（e）款，第 1619 条第（b）款第（3）项、第 1924 条，除有资格的残疾人和工作个人［参照第 1905 条第（s）款描述］，以及除合格的医疗护理受益人、合格的严重残障个人和符合第（m）款第（1）项描述的个人，州均可以参加第十六编下的州计划项目，州应当向所有老年人、盲人、残疾人（参照第十六编的规定）提供医疗救助在任何时间，除非该州被（或已被）要求向上述个人提供医疗救助在特定时间内，本编于 1972 年 1 月 1 日生效的医疗救助计划已于该月生效，除为本目的任何个人应当被认定为有资格获得该州计划下的医疗救助，如果（附加于满足这些要求，实施或可能在州计划下被强制实施）这些个人根据第 1903 条第（f）款决定的收入（扣除个人所有补充保险收入支付和州补充支付，州法下认为发生的医疗费用无论这些费用是否是在该州或行政区域下另一公共项目下被返还）不超过 1972 年 1 月 1 日生效的州计划下建立的医疗救助标准。在根据本条第（a）款第（10）项第（C）目向个人提供医疗救助的州，根据本条关于医疗费用扣减的规定享受医疗救助的个人，应当被认为该个人有资格根据第（10）项第（A）目接受医疗救助如果该个人符合下列资格：

（1）符合接受州补充支付、基于类比适用于有资格接受医疗救助的个人，以相同数量、持续时间、规模适用于符合第（10）项第（A）目规定的个人；

（2）或者，有资格的个人或夫妇（参照第十六编定义），符合支付补充保险收入津贴的支付条件；否则该个人应当被认为有资格根据第（10）项第（C）目规定享受医疗救助。在没有根据第（10）项第（C）目提供医疗救助的州，对于符合根据相关规定获得医疗费用扣减的个人，应当被认为享有第（10）项第（A）目规定的获得医疗救助的资格。

（g）州可以使用的其他处罚，州可以对于根据计划提供服务并且违反第（a）款第（25）项第（C）目规定的个人，处以最高 3 倍于其收取的支付的罚款。

（h）本编［包括第（a）款第（13）项和本条第（a）款第（30）项］不应当被解释为授权国务卿限制用于支付家庭和社区护理的费用。

（i）（1）对于州法的其他授权，如果州认为参加州计划的某一智力障碍中介护理机构不再充分符合本编和长远决定的要求，机构的缺陷：

（A）会对其患者造成即时的健康和安全损害，则州应当终止其参加州计划的资格；

（B）或者，未对其患者造成即时的健康和安全损害，则作为终止其参加州计划的资格的替代手段，可以由州建立国务卿满意即时有效地纠正原有缺陷的补救措施，而且在州做出决定后，不再为机构内的患者对该机构进行支付。

（2）直到机构已经确实不再满足本编对其的要求，州可做出决定，在给予机构合理公正的听证机会后矫正其缺陷。

（3）州决定否决对机构进行支付的决定生效，需要在公示以及通知机构后方可进行，如果该决定失效，则须如下理由：

（A）州发现该机构已经充分符合（或正在充分努力符合）本编对于机构的要求；

（B）或者，在第（1）项第（B）目描述的情形下，在决定生效之月起第11个月底时，如果此时机构依然不能满足本编对其的要求，则州应当终止该机构参加州计划的许可，此决定于州做出决定之月起下个月的第一天生效。

（j）尽管本编还有其他规定，根据美属萨摩亚和北马里亚纳群岛的医疗救助项目，国务卿可以放弃或修改本编的任何要求，除了第1108条第（f）款规定的地域联邦医疗救助比例的限制，以及第1905条第（a）款相关条款中规定的对上述两地区护理和服务的医疗救助支付。

（k）【已废除①】

（l）（1）本项所指个人是：

（A）妊娠期妇女（以及自妊娠最后一天起算的60天内）；

（B）1岁以下的婴儿；

（C）1岁以上6岁以下的幼儿；

（D）1983年9月30日以后出生的6岁以上19岁以下的儿童（或州可以规定一个更早的日期），符合第（a）款第（10）项第（A）目第（ⅰ）节第（Ⅰ）次节到第（Ⅲ）次节描述的个人，包括妇女、婴儿、儿童，而且其家庭收入不超过第（2）项规定的相应家庭规模适用的收

---

① 参见《公法》第103—66期，第13611条第（d）款第（1）项第（C）目；《美国联邦法律大全》第107编第627条。

入线。

（2）（A）（ⅰ）为了对第（A）目和第（B）目描述的个人实现第（1）项的规定，州应当建立收入线，该收入线是相应家庭规模的官方收入贫困线［由白宫预算管理办公室规定，并根据《1981 年综合预算调整法》第 673 条第（2）项①每年进行适当调整］的一定比例［该比例不得低于第（ⅱ）节中的比例，不得高于官方贫困线的 185%］。

（ⅱ）本节下提供的比例，对下列日期以后的医疗救助适用：（Ⅰ）1989 年 7 月 1 日，为 75%，或高于第（ⅲ）节规定的比例；（Ⅱ）1990 年 4 月 1 日，为 133%，或高于第（ⅳ）节规定的比例。

（ⅲ）自本节制定之日②起，对于已经决定向本款中描述的个人提供医疗救助或正在提供医疗救助，或者已经制定法律授权或拨给基金从而向 1989 年 7 月 1 日以前的个人提供医疗救助的周，则第（ⅱ）节第（Ⅰ）次节下提供的比例不得少于：（Ⅰ）自本节制定之日起，州通过修改案对州计划进行明确规定的比例（无论是否已经获得批准和通过）；或者（Ⅱ）如果不存在上述比例，则为州授权法或拨款法中规定的比例；但是本节下要求的比例不得超过第（ⅱ）节第（Ⅰ）次节下提供的比例。

（ⅳ）对于那些自本节制定之日③起，已经决定向本款中描述的个人提供医疗救助或正在提供医疗救助，已经根据第（ⅰ）节建立，或者已经制定法律授权或拨给基金，以第（ⅱ）节的 133% 以上的比例（以收入官方贫困线为基准）向 1990 年 4 月 1 日以前的个人提供医疗救助的周，比例不得少于：（Ⅰ）自本节制定之日起，州通过修改案对州计划进行明确规定的比例（无论是否已经获得批准和通过）；或者（Ⅱ）如果不存在上述比例，则为州授权法或拨款法中规定的比例。

（B）对于第（1）项第（C）目描述的个人，州应当等同于建立第（A）目规定的相应家庭规模收入官方贫困线 133% 的收入线。

（C）对于第（1）项第（D）目描述的个人，州应当等同于建立第（A）目规定的相应家庭规模收入官方贫困线 100% 的收入线。

---

① 参见第 2 卷《公法》第 97—35 期，第 673 条第（2）项。

② 参见 1988 年 7 月 1 日（《公法》第 100—360 期；《美国联邦法律大全》第 102 编第 753 条）。

③ 参见 1989 年 12 月 19 日（《公法》第 101—239 期；《美国联邦法律大全》第 103 编第 2106 条）。

（3）依照第（a）款第（17）项规定，根据第（a）款第（10）项第（A）目第（i）节第（Ⅳ）次节、第（a）款第（10）项第（A）目第（i）节第（Ⅵ）次节、第（a）款第（10）项第（A）目第（i）节第（Ⅶ）次节、第（a）款第（10）项第（A）目第（ii）节第（Ⅸ）次节规定有资格获得医疗救助的个人：

（A）州可以选择是否适用资源标准；

（B）对于第（1）项第（A）目中的个人适用资源标准和方法，以及第十六编下适用的资源标准和方法更大；

（C）对于第（1）项第（B）目、第（C）目、第（D）目中的个人适用资源标准和方法，和第四编第 A 部分下适用的资源标准和方法更大；

（D）对于收入标准，适用第（2）项下建立的适当收入标准；

（E）家庭收入应当根据第四编第 A 部分或第 E 部分下的州计划规定的方法决定［与第（a）款第（17）项第（D）目规定的方法不一致的部分除外］，而且医疗护理以及所有的理疗护理费用不计入。

根据第（a）款第（17）项规定，本项下对个人提供的所有不同治疗均不应当要求或允许适用于其他个人。

（4）（A）对于根据第 1115 条对弃权的规定向该州居民提供医疗救助的州，国务卿应当要求该州向第（a）款第（10）项第（A）目第（i）节第（Ⅳ）次节描述的妊娠妇女和 1 岁以下婴儿，以及第（a）款第（10）项第（A）目第（i）节第（Ⅵ）次节和第（a）款第（10）项第（A）目第（i）节第（Ⅶ）次节描述的儿童，以本编中该州已经生效的州计划的方式提供医疗救助。

（B）对于 50 个州以及哥伦比亚特区以外的地区，地区无须符合第（a）款第（10）项第（A）目第（i）节第（Ⅳ）次节、第（a）款第（10）项第（A）目第（i）节第（Ⅵ）次节、第（a）款第（10）项第（A）目第（i）节第（Ⅶ）次节的要求，但是为了符合第（2）项第（A）目的宗旨，这些地区可以替换该项第（ii）节规定的比例。

（m）（1）本项中的个人是指：

（A）65 岁以上或残疾人士［参照第 1614 条第（a）款第（3）项定义］；

（B）其收入［参照第 1612 条为实施补充保险收入项目的规定，但第（2）项第（C）目的规定除外］不超过州根据第（2）项第（A）目建立的收入标准；

（C）其资源（参照第 1613 条为实施补充保险收入项目的规定）不超过［第（2）项第（B）目的规定除外］该项目下个人拥有或获得的最大资源数量。

（2）（A）根据第（1）项第（B）目建立的收入线，不得超过相应家庭规模的官方贫困线［由白宫预算管理办公室规定，并根据《1981 年综合预算调整法》第 673 条第（2）项①每年进行适当调整］的一定比例（不得超过 100%）。

（B）如果州选择向未在第（a）款第（10）项第（A）目中列举的个人提供医疗救助，州可以适用未在第（a）款第（10）项第（A）目中列举但在第（1）项第（A）目中列举的个人适用的比例，该州也可根据第（1）项第（C）目适用资源比例（该资源比例高于该款规定的比例）。

（C）关于第 1905 条第（p）款第（2）项第（D）目的规定，以其用于决定第 1905 条第（p）款的收入决定的方式，用于本款下的收入决定。

（3）考虑到第（a）款第（17）项第的规定，对于第（1）项中描述的个人，属于周计划第（a）款第（10）项第（A）目第（ⅱ）节第（X）次节的范围内，则：

（A）适用第（1）项第（B）目中规定的收入标准；

（B）除第 1612 条第（b）款第（4）项第（B）目第（ⅱ）节的内容以外，决定收入时不计医疗护理以及适用其他理疗护理费用。

根据第（a）款第（17）项的规定，本项下对个人提供的所有不同治疗均不应当要求或允许适用于其他个人。

（4）考虑到第（a）款第（17）项的规定，对于第 1905 条第（p）款第（1）项规定的合格医疗受益人，则：

（A）适用第 1905 条第（1）项第（B）目中规定的收入标准；

（B）除第 1612 条第（b）款第（4）项第（B）目第（ⅱ）节的内容以外，决定收入时不计入医疗护理以及适用其他理疗护理费用。

根据第（a）款第（17）项的规定，本项下对个人提供的所有不同治疗均不应当要求或允许适用于其他个人。

（n）（1）如果向合格医疗护理受益人根据本编提供的护理或服务进

---

① 参见第 2 卷《公法》第 97—35 期，第 673 条第（2）项。

行医疗护理费用分担，则州计划可以提供的支付数额，为其护理或服务的总花费，以及超过根据第十八编向非医疗护理合格受益人且有资格的个人获得护理或服务的费用的部分。

（2）实施第（1）项时，对于超过根据第十八编向给非合格医疗护理受益人且有资格的个人提供本编下的州计划中规定的服务进行的支付，不要求州支付与免赔额、共同保险或联合支付的相关费用。

（3）如果州对于合格医疗护理受益人的医疗护理费用分担的支付，符合因第（2）项实施而导致的服务的削减和终止，则：

（A）为了实施第十八编下对于受益人因服务而支出的费用的限制，根据第十八编进行的支付加上州计划下的支付（如果存在的话）都应当被认为是为了服务而支付的；

（B）受益人没有因为服务而向个人或第 1903 条第（m）款第（1）项第（A）目描述的机构进行支付的法律责任；

（C）第十八编和本编对于提供服务机构的过度收费的所有法律处罚，应当根据机构对于具体个人过度收费的情况进行处罚。

本项不应被解释为，阻止对个人有利的医疗护理补充政策或雇员退休健康计划下提供的医疗护理费用分担的支付。

（o）虽然不符合第（a）款的规定，但是本编下的州计划应当根据第 1611 条第（e）款第（1）项第（E）目和第（G）目的规定，向下列个人支付补充保险收入津贴：

（1）有资格获得本计划规定的医疗救助的个人；

（2）进行津贴支付时，该个人在入住在医院、专业护理机构或中介护理机构，个人对医院、专业护理机构或中介护理机构提供的服务的费用，应当被认为资助贡献，不应纳入考虑。

（p）（1）除其他相关授权外，州可以根据国务卿排除个人或实体参加第十八编第 1128 条、第 1128A 条或第 1866 条第（b）款第（2）项规定的项目的理由，而对个人或实体参加州计划进行排除。

（2）为了使州收到第 1903 条第（a）款的医疗救助的支付，该支付由州对医疗护理管理组织［参照第 1903 条第（m）款定义］和根据第 1915 条第（b）款第（1）项批准的放弃提供服务的实体进行支付，州必须保证排除下列机构或实体参加州计划：

（A）根据第 1128 条第（b）款第（8）项应当被排除的机构或实体

（所有者和管理人员被判有罪或受到其他制裁）；

（B）与第 1128 条第（b）款第（8）项第（B）目描述的个人或实体之间有直接或间接的合同关系（参照国务卿定义）；

（C）或者，与根据本编第 1128 条或第 1128A 条关于健康护理、效用检查、医疗社会工作、行政服务等有关事项排除参加州计划的个人或实体之间存在雇佣或合同关系的个人或实体。

（3）本款中，"排除"包括拒绝其进入或重新参加协议和终止其参加协议。

（q）（1）（A）为了符合第（a）款第（50）项的要求，州计划必须向第（B）目中描述的护理机构中的个人和夫妇按月提供他们每月的既定的护理费支付，该费用应当从个人每月生活所需费用收入（包括州计划下提供的其他津贴）中扣除，护理费包含下列事项：

（ⅰ）个人或夫妇居住在护理机构中必要的衣物和其他生活必需品；

（ⅱ）不少于第（2）项中规定的个人最低月生活费（可以高于该标准）。

（B）本款中，"护理机构中的个人和夫妇"指下列个人和已婚夫妇：

（ⅰ）为医疗机构或护理机构的住院患者，并根据本编规定每月获得支付；

（ⅱ）有资格接受州计划下的医疗救助。

（2）本项中所指个人最低月生活费为护理机构中的个人每月 30 美元、夫妇为每月 60 美元（如果夫妇双方均为老人、盲人、残疾人，则在决定他们的资格时，应当统一考虑他们的收入）。

（r）（1）（A）为实施第 1902 条第（a）款第（17）项、第 19024 条第（d）款第（1）项第（D）目的规定和第 1915 条规定的弃权，对于根据该弃权规定接受护理机构服务、家庭或社区基础护理服务的个人，他们在资格内治疗的收入，第（B）目中规定的治疗应当申请，德国联邦共和国所做的补偿支付不应纳入考虑，而且应将下列各项未被第三方支付的医疗护理和复健费用纳入考虑：

（ⅰ）医疗护理和其他健康保险费、扣减额，以及共同保险；

（ⅱ）本编下州计划没有包含，但是州法律认为必要的医疗护理和复健护理，同时应当遵守州有关此类费用的限制性规定。

（B）（ⅰ）对于没有配偶和子女的退伍军人，如果其符合下列条件：

（Ⅰ）在其获得本编规定的州计划下的医疗救助资格后，每月收到的退伍养老金超过 90 美元；以及（Ⅱ）居住在"州退伍军人之家"，退伍军人办事处根据《美国法典》第 38 编第 1741 条第（a）款①支付其护理费用。

上述所有养老金支付，包括因援助和考勤需要而进行的支付，或不予返还的医疗费用，如果这些费用超过每月 90 美元，则应当将超出的部分计入向"州退伍军人之家"提供的护理服务进行支付。

（ⅱ）对于已故退伍军人的配偶，如果其没有子女，则其适用第（ⅰ）节的规定。

（2）（A）根据第（a）款第（10）项第（A）目第（ⅰ）节第（Ⅱ）次节、第（a）款第（10）项第（A）目第（ⅰ）节第（Ⅳ）次节、第（a）款第（10）项第（A）目第（ⅰ）节第（Ⅵ）次节、第（a）款第（10）项第（A）目第（ⅰ）节第（Ⅶ）次节、第（a）款第（10）项第（A）目第（ⅱ）节、第（a）款第（10）项第（C）目第（ⅰ）节第（Ⅲ）次节、第 1905 条第（p）款或第（f）款，用以决定个人收入和资源的方法，不应当比下列方法更严苛：

（ⅰ）第十六编的补充保险收入津贴项目下，对于老年人组织、盲人组织、残疾人组织的方法；

（ⅱ）或者，州计划下相关的类似其他组织的方法。

（B）为实施本款和第（a）款第（10）项，"不应当更严苛"是指运用该方法时，更多地可以获得医疗救助资格，并且没有人能够再获得非资格范围内的治疗救助的其他资格。

（s）为了符合第（a）款第（55）项的要求，州计划必须为已满 1 岁的住院幼儿向医院提供支付，向不足 6 岁的儿童和接受超份额支付服务［参照第 1923 条第（b）款第（1）项］的儿童提供支付，该支付应当：

（1）如果基于预期（可以按日酬、按例酬或其他标准）为必要的医疗住院服务费用进行数额调整，包括高额费用和长期时间；

（2）不限制上述个人接受服务的时间；

（3）对于 1 岁以下的住院儿童（已满 1 岁的儿童，则直到其出院为止），不限制费用数额［第（1）项中规定的费用调整额除外］。

（t）本编［包括第 1903 条第（a）款和第 1905 条第（a）款］不应

---

① 参见第 2 卷《美国法典》第 38 编第 1741 条。

解释为，授权国务卿因为医疗救助服务和事项相关规定的普适性税收，而否决或限制向州的支付。

（u）（1）本项规定的个人指下列个人：

（A）有权选择 COBRA 持续性覆盖［参照第（3）项定义］的个人；

（B）其收入［由第 1612 条为补充保险收入项目而予以规定］不超过相应家庭规模适用的官方贫困线 100%［由白宫预算管理办公室规定，并根据《1981 年综合预算调整法》第 673 条第（2）项[①]每年进行适当调整］；

（C）其资源［由第 1613 条为附加保障收入而予以规定］不超过个人在该项目下所有和持有津贴的最大额的两倍；

（D）其加入州认可的 COBRA 持续性覆盖而比本编规定下节省的费用，将超过 COBRA 保费的支付额。

（2）为实施第（a）款第（10）项第（F）目和本款，"COBRA 保费"指 COBRA 持续性覆盖下适用的保费。

（3）本款中，"COBRA 持续性覆盖"指拥有 75 名雇员以上的雇主，根据《公共健康服务法》第 22 编、《1986 年国内税收法》第 4980B 条、《1974 年雇员退休收入保障法》第六编[②]，为雇员提供的团体健康计划。

（4）考虑到第（a）款第（17）项，第（1）项中描述的个人，根据第（a）款第（10）项第（A）目第（ii）节第（XI）次节规定包含州计划范围内：

（A）应当适用第（1）项第（B）目规定的收入标准；

（B）除第 1612 条第（b）款第（4）项第（B）目第（ii）节的规定以外，因医疗护理或其他复健护理产生的费用不计入收入决定。

根据第（a）款第（10）项第（B）目、第（a）款第（17）项的规定，本项下对个人提供的所有不同治疗均不应当要求或允许适用于其他个人。

（v）州可以根据州计划，由单独的州立机构或其指定人员，来决定盲人和残疾人是否符合获得医疗救助资格，社会保险部对于盲人或残疾人是否具备医疗救助资格最终决定做出前，州应当保证盲人和残疾人能够获

---

① 参见第 2 卷《公法》第 97—35 期，第 673 条第（2）项。

② 《公法》第 78—410 期，第 22 编，《公法》第 83—591 期，第 4980B 条，以及《公法》第 93—406 期，第六编。

得医疗救助。在做出此类决定时，州应当使用《社会保障法》第 1614 条第（a）款规定的盲人和残疾人的定义。

（w）（1）为实施第（a）款第（57）项、第 1903 条第（m）款第（1）项第（A）目和第 1919 条第（c）款第（2）项第（E）目，要求服务提供者或组织（视具体情况而定）应当保留所有接受其服务的成年人的书面政策和程序：

（A）涉及下列情况时，提供给每个服务接受者的书面信息：（i）州法（包括强制性和州法庭认可的法律）下有关个人接受医疗护理的权利，包括接受或拒绝外科治疗的权利，以及接受事前指导［参照第（3）项定义］的权利，以及（ii）服务提供者或组织实现上述权利的书面政策；

（B）无论个人是否接受事前指导，均应记录在该个人医疗记录中；

（C）不符合护理的相关规定，或者个人对于是否接受事前指导存在的歧视；

（D）确保与州法（包括强制性和州法庭认可的法律）中关于事前指导的规定相一致；

（E）就有关事前指导的事项对员工进行培训（单独提供或一起）。

第（C）目不应当解释为要求与事前指导有冲突的护理条款。

（2）第（1）项第（A）目中描述的书面信息应当向下列成年个人提供：

（A）对于入住医院的个人，在其入院时提供；

（B）对于入住护理机构的个人，在其入院时提供；

（C）对于服务提供者为家庭健康护理或私人护理服务的情况，在个人接受服务之前提供；

（D）对于接受医院护理项目的情况，在其接收该项目最初接受服务时提供；

（E）对于进入医疗护理管理服务机构的情况，在加入时提供。

（3）本条所有内容不得解释为，禁止州法对于尚不能实施事前指导的健康护理提供者和机构，允许其不予实施。

（4）本款中，"事前指导"指经州法（包括强制性和州法庭认可的法律）认可的当患者无法医治时护理规定有关的书面说明，例如生前遗嘱或健康护理的永久代理。

（5）为解释本款，可参照《1997 年安乐死资助限制法》第 7 条（有关安乐死的定义和实施)①。

（x）国务卿应当于 1991 年 7 月 1 日前建立操作体系，对于根据本编下州计划获得支付而提供服务的所有医师提供独立认证②。

（y）（1）除了州法律的其他授权外，如果州认为参加州计划的精神病院不再符合要求［参照第 1905 条第（h）款规定］，而且该医院存在下列缺陷：

（A）对院内患者的健康和安全造成即时伤害，州应当终止该院参加州计划；

（B）或者，没有即时对院内患者的健康和安全造成伤害，州可以终止该院参加州计划，或自认定其资格不符的决定生效之日起停止为院内患者对该院进行周计划的支付，或者同时采取这两种手段。

（2）除第（3）项的规定外，如果第（1）项第（B）目描述的精神病院不再符合本编关于精神病院的规定，则：

（A）在该院被发现不符合规定之日起 3 个月内，州应当不再为这 3 个月之后进入该院的院内患者对该院进行支付；

（B）或者，在该院被发现不符合规定之日起 6 个月内，不再根据第 1903 条第（a）款规定向该院提供联邦财政支持，直到州认为该院再次符合本编下的要求为止。

（3）如果存在下列情形，国务卿可以在该院被发现不符合规定之日起 6 个月内，继续对该院进行支付：

（A）州认为与终止该院的资格相比，采取其他替代性措施更为适合；

（B）州向国务卿提交了矫正计划和日程表，并获得国务卿批准；

（C）如果矫正措施未能按照已批准的矫正计划和日程实施，州同意退还本项规定中收到的联邦政府支付。

（z）（1）本项所指个人，是指未在第（a）款第（10）项第（A）目第（ⅰ）次节中涉及的下列个人：

（A）感染结核病的患者；

（B）其收入（参照本编中州计划对于残疾人规定的定义）不超过第（a）款第（10）项第（A）目第（ⅰ）次节中规定的残疾人可获得的医

---

① 关于第 1902 条第（w）款的解释，参见第 2 卷《公法》第 105—12 期，第 7 条。
② 关于国外医学研究生证书，参见第 2 卷《公法》第 101—508 期，第 4752 条第（b）款。

疗救助收入最大额；

（C）其资源（参照本编中州计划对于残疾人规定的定义）不超过第（a）款第（10）项第（A）目第（i）次节中规定的残疾人可获得的医疗救助收入最大资源。

（2）为实施第（a）款第（10）项，"结核病有关服务"是指下列与结核病感染的治疗有关的服务：

（A）处方药。

（B）医师服务和第1905条第（a）款第（2）项规定的其他服务。

（C）实验室和X光服务（包括为了确诊感染的服务）。

（D）诊所服务和联邦合格健康中心服务。

（E）病例管理服务［参照第1915条第（g）款第（2）项定义］。

（F）鼓励门诊患者完成处方药治疗的服务（不包括住院服务），包括直接观察处方药服用情况的服务。

（aa）**本款所指个人指下列个人。**

（1）未在第1905条第（a）款第（10）项第（A）目第（i）次节条中涉及；

（2）未满65岁；

（3）根据《公共健康服务法》（《美国法典》第42编第300k条以及下列等条款）第15编和第1504条（《美国法典》第42编第300n条）的规定，在疾病预防控制中心建立乳腺癌和宫颈癌早期诊断项目，查出患有乳房癌症和乳腺癌并需要进行治疗的个人；

（4）参照《公共健康服务法》［《美国法典》第42编第300gg条第（c）款］第201条第（c）款规定，但是不考虑该条第（1）项第（F）目的情况下，未被包含在信用范围内的个人。

（bb）**对由联邦合格健康中心和乡村健康诊提供的服务进行支付。**

（1）**总则。**对于2001年1月1日以后提供的服务，自2001财政年度开始，以及之后的每个财政年度，州计划对由联邦合格健康中心提供的第1905条第（a）款第（2）项第（C）目规定的服务和由乡村健康诊所提供的第1905条第（a）款第（2）项第（B）目描述的服务，提供支付。

（2）**2001财政年度。**根据第（4）项规定，2001财政年度内对于2001年1月1日以后提供的服务，州计划应当对此服务提供支付，在数量上（根据每次访问进行计算）等同于中心和诊所在1999财政年度和

2000 财政年度提供服务的平均花费，或者根据国务卿在第 1833 条第（a）款第（3）项中建立的合理方法和手段进行支付，但如果由中心或诊所在 2001 财政年度提供的服务是条款中未涉及的服务，则应当适用第 1833 条第（a）款第（3）项，根据服务决定相应的支付额。

（3）**2002 财政年度及之后财政年度**。根据第（4）项规定，对于 2002 财政年度以及之后的每财政年度提供的服务，州计划应当对由联邦合格健康中心提供的第 1905 条第（a）款第（2）项第（C）目描规定的服务和由乡村健康诊所提供的第 1905 条第（a）款第（2）项第（B）目规定的服务，提供支付：

（A）MEI［参照第 1842 条第（i）款第（3）项定义］规定的增长比例适用于该财政年度的基础护理服务［参照第 1842 条第（i）款第（4）项定义］；

（B）该财政年度中，对于由中心和诊所提供的服务的实际增加或减少的情况，应当相应调整支付额。

（4）**为新设中心和诊所建立初始年度支付额**。2000 财政年度之后，对于首次获得联邦合格中心或乡村健康诊所资格的实体，对由联邦合格健康中心提供的第 1905 条第（a）款第（2）项第（C）目描述的服务和由乡村健康诊所提供的第 1905 条第（a）款第（2）项第（B）目描述的服务，州计划应当在其获得资格的第一个财政年度，按根据本次条下该财政年度内对于位于同一及相邻地区内的其他同类中心或诊所同等情况下所获支付的相同数额进行全额（根据访问次数进行计算）支付；如果没有同类中心或诊所予以参照，则根据第（2）项中提到的方法或给予国务卿认可的合理方法计算数额。自实体获得资格当年之后的财政年度开始，州计划应当根据第（3）项的规定计算对其支付的数额。

（5）**管理式医疗的管理**。

（A）**总则**。如果联邦合格健康中心或乡村健康诊所与国外医学研究生证书机构［参照第 1932 条第（a）款第（1）项第（B）目定义］之间订立合同，并根据该合同提供服务，则州计划中应当根据第（2）项、第（3）项、第（4）项决定支付额，对于超过合同中约定数额的情况，超过的部分由州进行补充支付。

（B）**支付日程**。第（A）目规定的补充支付，应当根据州与联邦合格健康中心或乡村健康诊所批准的日程安排进行，但其频繁程度不能超过

4 个月。

（6）**其他替代支付方法**。尽管考虑到本条的其他规定，但州计划可以在任何财政年度，对于由联邦合格健康中心提供的第 1905 条第（a）款第（2）项第（C）目规定的服务和由乡村健康诊所提供的第 1905 条第（a）款第（2）项第（B）目规定的服务，根据符合下列条件的其他替代支付方法计算支付数额：

（A）获得州和中心或诊所的同意；

（B）根据其他替代支付方法对中心或诊所的支付总额，不低于中心或诊所根据本条获得支付。

（cc）（1）本项所指个人，是指：

（A）19 岁以下的个人，且其出生符合下列条件：

（ⅰ）2001 年 1 月 1 日以后（或者根据州的规定，早于此日期之前），2007 财政年度第二、第三、第四季度；

（ⅱ）1995 年 10 月 1 日以后（或者根据州的规定，早于此日期之前），2008 财政年度的所有季度；

（ⅲ）1989 年 10 月 1 日以后，2009 财政年度及以后财政年度所有季度。

（B）根据第 1614 条第（a）款第（3）项第（C）目规定，被认定为残疾人的个人（参照第十六编中关于儿童的规定，但是不考虑该编适用于儿童的收入和财产要求）。

（C）其家庭收入不超过州规定的收入标准，且不超过下列标准：

（ⅰ）根据其家庭规模适用的贫困线的 3 倍 [参照第 2110 条第（c）款第（5）项的定义]；

（ⅱ）或者，州规定的基于贫困线更高的比例，下列情况除外：（Ⅰ）对于其家庭收入超过贫困线 3 倍的个人提供医疗救助，应当由国家基金进行支付，以及（Ⅱ）根据第 1903 条第（a）款规定，联邦财政不为此类个人提供医疗资助。

（2）（A）如果第（1）项描述的个人的父母的雇主，提供覆盖整个家庭的团体健康计划 [参照《公共健康服务法》第 2791 条第（a）款①定义]，则州应当：

---

① 参见第 2 卷《公法》第 78—410 期，第 2791 条第（a）款。

（ⅰ）如果此类父母被认定为此类覆盖的适合人群，并且雇主缴纳了该覆盖的年度保费的 50% 以上，则根据 1906 条要求该父母申请、加入并缴纳相应保费，作为其子女成为第（a）款第（10）项第（A）目第（ⅱ）节第（ⅪⅩ）次节规定的覆盖范围内的合格儿童的条件；

（ⅱ）如果上述覆盖通过下列方法获得：（Ⅰ）根据第 1916 条第（h）款第（2）项，对于父母根据州的规定为残疾儿童所缴纳的保费，应当进行削减，（Ⅱ）根据第（a）款第（25）项，将上述覆盖作为第三方责任。

（B）尽管有 1916 条的规定，但是根据第（1）项第（C）目第（ⅱ）节，对于适用第（A）目规定的父母，州可以为其为上述家庭覆盖中负担的保费提供一定比例的支付。州所进行的此类支付应当根据第 1903 条第（a）款的规定被视为医疗救助支付。

对州的支付

第 1903 条【《美国法典》第 42 编第 1396b 条】（a）自 1966 年 1 月 1 日开始，国务卿（除本条中作为其他供的）应当从拨款总额中，每季度向具有本编批准的州计划的州进行支付：

（1）数额等于在州计划下每季度医疗救助的支出总额中联邦医疗救助所占比例［参照第 1905 条第（b）款定义，符合本条第（g）款、第（j）款和第 1923 条第（f）款］。

（2）加上：

（A）州立机构或其他公共机构每季度（国务卿认为对州计划进行恰当有效管理所必需的）内支出总额的 75%，作为可缴补偿金或专业医护人员培训费用和对工作人员的直接补贴；

（B）加上，尽管有第（1）项或第（A）目规定，护士助理培训和能力评估项目，和第 1919 条第（e）款第（1）项（包括护士助理为完成这些能力评估项目的支出）规定的能力评估项目，关于这些项目的支出总额，无论该项目是否在护理机构内提供以及受否涉及的人员的技术水平，（在该季度内）因这些项目支出总额的 50%（或 1988 年 7 月 1 日以后的季度至 1990 年 10 月 1 日以前，低于 90% 或联邦医疗救助比例加 25 个百分点）用于这些项目；

（C）加上，在本季度内（国务卿认为对州计划进行恰当有效管理所必需的），由州根据第 1919 条第（e）款第（7）项实施的预批准筛查和患者检查活动在季度支出总额的 75%；

（D）加上，对于在下列期间的每个季度：（ⅰ）1991 财政年度，90%，（ⅱ）1992 财政年度，85%，（ⅲ）1993 财政年度，80%，（ⅳ）1994 及以后财政年度，75%；

对第 1919 条第（g）款规定的州活动的每季度支出，按照上述比例（国务卿认为对州计划进行恰当有效管理所必需的）。

（3）数额等于：

（A）（ⅰ）国务卿季度为更加有效、经济的管理计划，以及与第十八编管理中所使用的申请过程和信息检索系统相一致，在该季度内因设计建立，或安装机械化申请过程和信息检索系统支出费用（包括安装州际联用的系统支出中州分担的部分）总额的 90%；（ⅱ）1972 年 6 月 30 日或 1973 年 6 月 30 日结束的财政年度内每季度中，州立一般医院设计、建立或安装费用决定系统支出总额的 90%（向所有州根据本节支付的总额，在上述两财政年度，每年不得超过 15 万美元）；

（B）由国务卿批准的第（A）目第（ⅰ）节规定的（无论是否根据本目提供的协助设计、建立或安装）系统（无论该系统有州直接管理或由州订立合理的他人管理）的运行费用每季度支出总额的 75%，该系统包括向州计划内接受服务的个人进行及时书面通知，或向接受这些服务的小组中的个人进行包括书面通知在内的特别服务（不包括保密的服务），通知他们服务提供者的姓名、提供服务的日期，以及根据州计划计算出的这些服务的费用；

（C）（ⅰ）由绩效和质量控制类基础组织或国务卿认可的符合第 1152 条要求的实体，根据第 1902 条第（d）款规定订立的合同，实施医疗和绩效基础在该季度（国务卿认为对州计划进行恰当有效管理所必需的）发生的费用总额的 75%，以及（ⅱ）根据第 1932 条第（c）款第（2）项规定，实施独立外部检查，该季度内（国务卿认为对州计划进行恰当有效管理所必需的）发生的费用总额的 75%；

（D）在 1991 年、1992 年、1993 年内的季度的州计划，国务卿决定用于州范围内药物使用检查项目［该项目符合第 1927 条第（g）款要求］的引进支出总额的 75%；

（E）该季度内用于提供下列事项支出费用的 50%：（ⅰ）可能有资格获得本编下医疗救助的镰状细胞病（贫血）患者或镰状细胞基因携带

者的识别和教育服务，包括识别这些人的教育，或者（ⅱ）对于有资格获得本编下医疗救助的镰状细胞病（贫血）患者，进行中风和其他并发症危害的教育，以及如何预防中风和其他并发症。

（4）实施和运行第 1137 条第（d）款规定的移民法法定鉴别体系，在该季度支出费用的 100%。

（5）家庭计划服务的提供和安排（直接或在合同的基础上），在该季度支出费用的 90%；

（6）根据第（b）款第（3）项的规定，数额等于：

（A）根据本项要求对州支付的首季度起，在 12 个季度内每季度支出总额的 90%；

（B）接下来每季度支出的 75%；

为建立和运行州医疗保险欺诈控制单元［参照第（q）款定义］的在上述季度内的支出（国务卿认为遏制州计划下提供的医疗救助管理和供应中的欺诈是必要的）。

（7）根据第 1919 条第（g）款第（3）项第（B）目的规定，国务卿认为对州计划进行恰当有效管理所必需的在季度内支出的提醒的费用总额的 50%。

（b）（1）根据本条接下来的规定，第（a）款第（1）项下决定的对任何州在任何季度自 1969 年 12 月 31 日以后，不应将 65 岁以上的人和残疾人计入医疗救助费用，这类人有权获得第十八编下医院保险津贴，在个人加入第十八编第 B 部分建立的保险项目时该津贴被取消，不包括第 1902 条第（a）款第（34）项要求的州计划支出的部分。

（2）限制联邦参与不符合州或地区性规划机构整体计划的基本建设费用（参见第 1122 条）。

（3）根据第（a）款第（6）项的规定，国务卿有义务向州在一个季度内支付的基金，不超过：

（A）12.5 美元；

（B）或者，联邦、州和地方政府在前一季度内执行本编规定的州计划支出总额的 1% 的 1/4。

（4）根据第（a）款第（7）项的规定，州因在市场性医疗保险管理护理机构和其他实体使用注册经济人给本编下有资格的个人支出的费用，应当被认为是为了对州计划进行合理有效管理所必需的，但经济人必须满足下列条件：

（A）独立于在正在实施的注册运动的州内提供服务的实体和其他健康护理提供者（无论这些提供者是否参加本编下的州计划）。

（B）不是所有者、雇员、顾问或与经纪人有合同的人，与健康护理提供者或实体无任何直接或间接经济利益，未被排除参与本编或第十八编的项目或被联邦机构禁止参与，未接受过本法下民事经济处罚。

（5）根据本条接下来的规定，第（a）款第（1）项下决定的对任何一个州的数额在一季度内应当被削减掉该季度内第（w）款第（3）项第（F）目规定的医院实施健康护理相关税收额［参照第 1902 条第（w）款第（3）项第（A）目定义］。

（c）本编不应被解释为禁止或限制，或授权国务卿禁止或限制，第（a）款规定的对给残疾儿童提供的服务的支付，因这些服务包含于根据《残疾人教育法》[①] 第 B 部分建立的儿童的个人教育项目，或对提供给残疾婴幼儿服务的支付，因这些服务包含于本法第 C 部分引进的儿童个人化家庭服务计划。

（d）（1）每季度开始前，国务卿应当对各州在第（a）款、第（b）款下享受的该季度内的数额进行评估，该评估基于下列事项：

（A）州递交的包含其本季度内支付总额预算的报告，陈述在该季度内支出中，由州和其行政区域拨款或可用金额，如果金额少于估算支出中州负担的部分，则根据来源不同做不同安排；

（B）国务卿认为必要的其他相关调查。

（2）（A）随后国务卿应当按其决定的数额支付给州，前一季度内国务卿根据本条决定的过度支付或支付不足范围内减少或增加的金额，当尚未根据本次条进行调整。

（B）州或管理计划的地方机构已经依照第 1902 条第（a）款第（25）项规定和州计划的规定从第三方获得对费用的返还，此时根据第（a）款对州费用进行的支付应当被认为是过度支付。

（C）根据本款，发现州向个人或其他实体过度支付时，在因该过度支付导致的联邦对州支付调整前，州应当可以在 60 天内纠正或尝试纠正该过度支付。除第（D）目规定的，联邦支付的调整应当于 60 日结束后

---

① 《公法》第 91—230 期。

进行，无论过度支付是否已经纠正。

（D）如果由于该债务已经由银行注销或无法收回，造成州不能补救向个人或实体的过度支付（或部分过度支付）的债务，联邦对州的支付不应因这些过度支付（或部分过度支付）而调整。

（3）（A）由国务卿决定在美国公平享有的数据，由州或行政区域在任一季度内对州计划下提供的医疗救助支付中补救的净额，应当被认为是本款下调整的过度支付。

（B）（ⅰ）在烟草生产商［参照《1986 年国内税收法》第 5702 条第（d）款定义］和州检察长之间：（ⅰ）第（A）目和第（2）项第（B）目不应作为 1998 年 11 月综合协议的部分实施于对州补救或支付，或作为由州起诉一个或多个生产商的诉讼过程中单个州的裁决或协议。

（ⅱ）除在第（ⅰ）款第（19）项规定的之外，州可使用向州支付或重获的数额，作为综合或个人协议、裁决的一部分［参照第（ⅰ）款中规定的州适合的花费数额］。

（4）根据国务卿在本款下做出的评估，本条下可用于支付的拨款应当被认为是义务。

（5）如果国务卿估计本条下存在对州的过度支付，基于该州的申请未被国务卿在第 1116 条第（d）款中许可，且该州对此存在争议，根据州的选择，争议中的联邦支付额应当由州保有或由国务卿恢复，推迟对支付额的最终决定。如果最终决定是任何数额被合理否决，且州选择保有争议的支付额，国务卿应当从本编下向该州的系列支付中补偿，数额被否决之日至最终决定做出之日，该期间内否决数额及同期利息、利率（由国务卿决定）基于债券等价于每周 90 天财产的彼尔拍卖利率在该期间内的平均利率。

（6）（A）每个州［参照第（w）款第（7）项第（D）目定义］应当包含，在每一财政年度结束后根据第（1）项规定递交的第一份报告中，列明下列信息：（ⅰ）该财政年度内与提供者有关的向州或地方政府单位的捐助；以及（ⅱ）该财政年度内由州或地方政府单位收取的有关健康护理的税。

（B）在每一财政年度结束后根据第（1）项规定递交的第一份报告中，每个州应当包括所做的支付总额调整的有关信息，及在本财政年度中依照第 1923 条第（c）款对个人提供者（由提供者）所做的支付总额调整的有关信息。

（e）本编下通过的州计划可以包括，本编计划下的医院服务的支出，用以反映第 1984 条规定的医院关闭或转换建立的转移津贴的定期费用。

（f）（1）（A）除第（4）项规定之外，本条接下来规定的支付，不应当为任何州对家庭收入超过本项规定的收入限制的家庭成员在某一季度内的医疗救助支出进行支付。

（B）（ⅰ）除第（ⅱ）节规定之外，对家庭适用的收入限制是根据国务卿规定的标准决定的，等于通常根据本法第四编第 A 部分批准的州计划，以金钱支付形式支付给同样规模的无收入资源家庭的最高额的 133%。

（ⅱ）如果国务卿发现对家庭的统一最大限制支付的运行超过一定规模，则可考虑根据第（ⅰ）节规定依照家庭规模的不同调整支付额度①。

（C）第（B）目规定实施的收入限制如果不是 100 美元的倍数或国务卿规定的数额的总额应当，则化整为下一更高的 100 的倍数或规定额，视具体情况而定。

（2）（A）在根据第（1）项计算家庭收入时，应当排除州法规定家庭享有的医疗护理或其他类型治疗护理的费用（以保险费或者其他形式，无论该费用是否在州或政治细分的公共计划下予以返还）；

（B）或者，尽管第 1916 条规定州有选择权，当与之前月份发生费用合并时，家庭可以对选择上述家庭支付的金额进行选择，当从家庭收入中排除使家庭收入减至第（1）项规定的家庭收入限制以下时，州提供充足的支付。州对第（a）款第（1）项下适用的医疗救助费用的支付应减掉当根据本次款对州支付的数额。

（3）为实施第（1）项第（B）目，仅由一人组成的家庭，根据本法第四编第 A 部分下批准的州计划，在州计划向此类家庭提供援助情况下，此类家庭"常规支付的最高额"应当由州立机构（基于该计划下向 2 人

---

① 关于在加州夫妇二人在医疗上所需的收入水平，参见第 2 卷《公法》第 100—203 期，第 4106 条。

关于只有一名成员的家庭医疗上所需的收入水平，参见第 2 卷《公法》第 101—508 期，第 4718 条。

以上组成的家庭的支付额的合理份额）根据州计划通常向家庭（无收入或无资源与家庭）支付的援助额来决定。

（4）本款上述规定实施的支付限制，不应当实施于州以医疗救助形式向第1902条第（a）款第（10）项第（A）目第（i）节第（Ⅲ）次节、第1902条第（a）款第（10）项第（A）目第（i）节第（Ⅳ）次节、第1902条第（a）款第（10）项第（A）目第（i）节第（Ⅴ）次节、第1902条第（a）款第（10）项第（A）目第（i）节第（Ⅵ）次节、第1902条第（a）款第（10）项第（A）目第（i）节第（Ⅶ）次节、第1902条第（a）款第（10）项第（A）目第（ii）节第（Ⅸ）次节、第1902条第（a）款第（10）项第（A）目第（ii）节第（Ⅹ）次节、第1902条第（a）款第（10）项第（A）目第（ii）节第（ⅩⅢ）次节、第1902条第（a）款第（10）项第（A）目第（ii）节第（ⅩⅣ）次节、第1902条第（a）款第（10）项第（A）目第（ii）节第（ⅩⅤ）次节、第1902条第（a）款第（10）项第（A）目第（ii）节第（ⅩⅥ）次节、第1902条第（a）款第（10）项第（A）目第（ii）节第（ⅩⅦ）次节、第1902条第（a）款第（10）项第（A）目第（ii）节第（ⅩⅧ）次节、第1902条第（a）款第（10）项第（A）目第（ii）节第（ⅩⅨ）次节、第1905条第（p）款第（1）项或下列个人支出的费用：

（A）正在接受第四编第 A 部分或第一编、第十编、第十四编、第十六编下规定的州计划下的救助或援助，或正接受第十六编下补充保险收入津贴的个人；

（B）未接受上述救助、援助、津贴，但是（i）有资格接受上述救助、援助、津贴，或者（ii）如果其不在医疗机构中，则将有权接受上述救助、援助、津贴；

（C）或者，正在接受支付的个人，或有资格或即将有资格获得支付的个人，如果他不在医疗机构中，已支付给他州补充支付并且有资格获得与第1902条第（a）款第（10）项第（A）目规定的个人所获医疗救助相同数量、持续时间、规模的医疗救助；或参加第1934条下 PACE 项目的个人，但是仅当该个人的收入［参照第1612条的规定，但不包括第（b）款］不超过第1611条第（b）款第（1）项建立的补充保险收入比例的300%。

（g）（1）根据第（3）项，1973年6月30日以后在州计划下提供下列服务的支付额［不包括第1876条中定义的健康维持组织或《公共健康服务法》第 1310 条第（d）款①定义的合格健康维持机构按照合同提供的服务］，联邦医疗救助比例应当进行如下削减：在个人已接受住院服务或在智力障碍中介护理机构内接受服务 60 天，或在精神病院接受住院服务 90 天（无论是否连续），在任何财政年度，联邦医疗救助比例对上述服务的支付比例应当按照百分比进行削减［根据第（5）项决定］，除非负责管理州计划的州立机构向国务卿充分表明，该州在每个季度递交了申请，对超过 60 天的住院服务或智力障碍中介护理服务（或超过 90 天的精神病院住院服务）的支出进行联邦全额医疗救助，这些州对精神病院和智力障碍中介护理机构内对患者根据第 1902 条第（a）款第（26）项、第（31）项规定的护理进行有效的医疗检查，至少每年由独立专业检查团队对每个病例的专业管理进行检查和评估。在决定个人接受本款中描述的服务的天数时，不应当计入其已获得的根据第 1812 条为其利益进行的支付（全部或部分支付）。

（2）作为本款下国务卿批复程序的一部分，国务卿应当对私立和公立机构实施定期抽样场内调查，医疗救助接受者在这些机构内可能接受本编规定的州计划下的护理和服务，且国务卿的调查结果（以及本款下要求州立机构所做的公开结果）应当公开并接受公众监督。

（3）（A）对州的联邦医疗救助比例的削减，未根据本条实施的则不生效：

（ⅰ）如果 1977 年 1 月 1 日以前开始的季度内，因州未按规定出示或无效出示而导致削减；

（ⅱ）1978 年以前；

（ⅲ）除非在削减生效前至少提前 30 日向州告知削减；

（ⅳ）或者，1977 年 9 月 30 日以后开始的季度内，因州未按规定出示或无效出示而导致削减，除非在第 4 季度的第一天之前向州告知消减，在接下来的季度将进行出示。

（B）如果国务卿认定州根据第（1）项规定的出示在 1978 年 12 月 31 日以前结束的所有季度，满足本项规定且在第（2）项下有效，国务卿将终止对州的联邦医疗救助比例进行削减，除非因州的出示根据第（1）项实施，在 1977 年 1 月 1 日至 1978 年 1 月 1 日期间根据本项实施，根据第

---

①　参见第 2 卷《公法》第 78—410 期，第 1310 条第（d）款。

(2) 项规定被认定为是未按规定出示。

(4)(A)如果州的出示是在该季度最后一天结束后晚于 30 天递交给国务卿,国务卿可以不认定州在第(1)项下的季度的出示是符合规定的,除非州能向国务卿证明其有正当理由。

(B)如果该证明表明州依照第 1902 条第(a)款第(26)项、第(31)项的规定,在季度最后一天为终期的 12 个月内,已经对精神病院和智力障碍中介护理机构实施一次场内调查,则国务卿应当认定州在第(1)项下的季度的出示是符合规定的:(ⅰ)98% 以上的医院和机构要求该监督;(ⅱ)在拥有 200 张床位以上的医院和机构,州已经为在规定期限内接受场内检查,进行充分努力,试图实施该调查,或州向国务卿充分证明其已实施调查,但仅由于技术原因失败。

(5)如果州未能在季度内对机构或机构的服务进行充分有效的调查,州的联邦医疗救助比例对该服务,根据第(1)项削减 33.33 百分点乘以分数,分母等于该季度内在州计划下在机构内要求进行本款下调查的接受该类服务的患者总人数,分子等于该季度内未进行充分有效调查的此类患者总数。

(6)(A)第 1902 条第(a)款第(44)项下要求的重新认证应当对住院医疗服务至少每 60 天进行一次。

(B)对智障中介护理机构实施上述重新认证,应当至少:(ⅰ)首次认证 60 天以后;(ⅱ)首次认证 180 天以后;(ⅲ)首次认证 12 个月以后;(ⅳ)首次认证 18 个月以后;(ⅴ)首次认证 24 个月以后;(ⅵ)之后每 12 个月。

(C)为实施本项下建立的日程一致的决定,如果重新认证在要求期限结束后 10 日以内实施,且州有正当理由解释进行重新认证的医师和其他人员未能符合日程的原因,则重新认证应当被认为已按期完成。

(h)【已废除①】

(i)本条上述规定的支付,不应当用于:

(1)器官移植程序,除非州计划提供包括此类程序在内的涵盖范围的书面标准,并且该标准提供下列事项:

---

① 《公法》第 100—203 期,第 4211 条第(g)款第(1)项;《美国联邦法律大全》第 101 编第 1330—205 条。

（A）类似情况的患者享受同等情况；

（B）对能够提供该程序的机构或执业者的限制，符合州计划下有资格接受个人获得高质量护理的程序。

（2）下列情况提供的范围或事项的支出费用（不包括急救服务，不包括在医院急救室内提供的服务）：

（A）根据第五编、第十八编、第二十编排除计划下参加的个人或实体的提供的服务，或依照本编第 1128 条、第 1128A 条、第 1156 条或第 1842 条第（j）款第（2）项排除计划下参加的个人或实体的提供的服务；

（B）或者，在医学指导或医师处方下，在根据第五编，第十八编，第二十编，本编第 1128 条、第 1128A 条、第 1156 条或第 1842 条第（j）款第（2）项规定排除该医师参加期间，且接受提供服务的人应当已知或有权知道这一排除（在合理通知后的合理期限后）。

（3）本编规定提供的住院服务费用支出（不包括医院在特殊情况下向具有特别需要的不当数量的低收入患者服务的支出）在支出额超过医院对这些服务的常规收费或（如果这些服务由公共机构免费或对公众以名义费用提供）超过基于固定事项（由国务卿在法规中明确）决定的数额，国务卿将为这些机构提供的服务给予公正的补偿金的决定中包含这些事项。

（4）医院在计划下提供的护理或服务的支出，除非这些医院已实施符合第十八编目的和第 1861 条第（k）款的强制要求的绩效检查计划；且如果这些医院已实施符合第十八编目的和第 1861 条第（k）款的强制要求的绩效检查计划，这些计划应当作为本款要求的本编规定的支付条件之一（以及相同的标准和程序和检查委员会或团体）；如果州立机构充分证明该州已实施更加有效的绩效检查程序，则国务卿应当放弃本款要求。

（5）对于根据第 1862 条第（c）款规定可能不予支付的第十八编第 B 部分下的药物制品费用。

（6）住院过程中不是由专属医师或其他负责执业者明确要求的检测（不包括急救情况下）的支出。

（7）由医师、独立实验室或医院实施的临床诊断实验室检测的费用，该支出超过第 1833 条第（h）款下规定的加入第十八编第 B 部分个人做此类测试的费用额度。

（8）下列医疗救助的支出：

（A）因第 1919 条第（h）款实施的民事经济处罚，向护理机构服务返还（或补偿）的支付；

（B）或者，如果提供者的案件无合理法律理由，因实施本编或第十一编或这两编下抵抗排除或民事经济赔偿的法律，向家庭和社区护理提供者的返还（或补偿）的支出。

（9）【已废除①】

（10）（A）包括门诊药物，除非有在第 192 条下生效的该类药物返还协议，或除非实施第 1927 条第（a）款第（3）项；

（B）对 1991 年 7 月 1 日以后分配的创新复合资源药物［参照第 1927 条第（k）款定义］的支出，如果根据现行州法可以分配相对较便宜的复合资源药物，但是仅在支出额超过该类药物支付上限范围内；

（C）对第 1927 条第（a）款第（7）项描述的包括的门诊药物，除非使用数据和药物编号这些被要求根据本条递交的相关信息已依照本条递交；

（D）根据本编规定，返还给药房在范围内且已收入支付（不包括该药的合理重新进货费用）的门诊药物的成分支出。

（11）根据第 1902 条第（x）款，医师认证体系建立之后 60 天以上开始的第一个季度的第一天后提供的医师服务的支出，除非服务申请包含该系统下提供的单独医师证明书。

（12）【已废除②】

（13）护理机构发起的，因不存在合理法律依据的行动的有关法律性支出的返还（或补偿）的支付。

（14）执行第 1928 条规定项目的管理性支出费用。

（15）当联合抗原疫苗的管理在医学上是适当的（由国务卿决定），用于单一抗原疫苗及其管理的费用。

（16）《1997 年安乐死资助限制法》③ 中规定的不得使用的基金进行的支付款。

（17）本编下州计划中未包含的路、桥、运动场等其他事项或服务的

---

① 《公法》第 104—193 期，第 114 条第（d）款第（2）项；《美国联邦法律大全》第 110 编第 2180 条。

② 《公法》第 105—33 期，第 4724 条第（a）款；《美国联邦法律大全》第 111 编第 516 条。

③ 《公法》第 105—12 期，《美国联邦法律大全》第 111 编第 23 条。

支出。

（18）由机构或组织提供的家庭健康护理服务的支出，除非该机构或组织向州立机构提供基于连续性基础上国务卿在第 1861 条第（o）款第（7）项下明确的形式的担保债券，且每支可比较的担保债券金额不少于 5 万美元，与国务卿在该条最后一句中批准的形式一致。

（19）发起或执行第（d）款第（3）项第（B）目中描述的诉讼的管理型支出。

（20）每个财政年度中向第 1902 条第（a）款第（10）项第（A）目第（ⅱ）节第（XV）次节或第（XVI）次节中描述的个人提供医疗救助的支出，除非州向国务卿充分证明，州基金中在该财政年度用于使残疾就业人员工作（不包括医疗救助）的支出水平不低于本款实施前最近结束财政年度中对该项目的支出。

（21）第 1927 条第（d）款第（2）项第（K）目中描述的包括的门诊药物支出（用于性无能或勃起功能障碍治疗有关的药品）①。

（22）对于宣布根据第 1137 条第（d）款第（1）项第（A）目规定，成为美国公民或加入美国国籍，获得本编规定的津贴的资格的个人，他们的医疗救助支出，除非符合第（x）款的要求②。

（23）③书面（非电子）形式处方中包括的门诊药物〔参照第 1927 条第（k）款第（2）项定义〕的医疗救助支出，除非该处方在不可更改电板上执行④。

（24）⑤如果要求州实施第 1940 条规定的财产认证项目，并且州未成

---

① 《公法》第 110—28 期，第 7002 条第（b）款第（1）项第（A）目，出局“或”。

② 《公法》第 110—28 期，第 7002 条第（b）款第（1）项第（B）目，出局区间和替代“；或”。

　＊《公法》第 110—252 期，第 7002 条第（d）款第（3）项第（A）目，出局“或”。

③ 《公法》第 110—28 期，第 7002 条第（b）款第（1）项第（B）目，附加第（23）项，2007 年 9 月 30 日生效。

　＊《公法》第 110—90 期，第 5 条。2007 年 9 月 30 日改为 2008 年 3 月 21 日，如果包括于《公法》第 110—28 期，第 7002 条第（b）款第（2）项。

④ 《公法》第 110—252 期，第 7002 条第（d）款第（3）项第（B）目，出局区间和替代“；或”。

⑤ 《公法》第 110—252 期，第 7002 条第（d）款第（3）项第（C）目，附加第（24）项，2008 年 6 月 30 日生效。

功执行该条，该州对符合该条下财产认证的个人的医疗救助支出，除非出现下列事项：

（A）州向国务卿充分证明，州有好的理念去努力遵守条款；

（B）发现州不符合规定之后的 60 天之内，州向国务卿递交（且国务卿批准）一份矫正行动计划以纠正不符的情况；

（C）递交（且批准）之后的 12 个月之内，州符合该矫正行动计划的条款。

第（1）项中的内容，不应解释为允许州在本编规定的计划下提供数量、持续时间、规模不合理的服务以达到目的。第（1）项、第（2）项、第（16）项、第（17）项和第（18）项应当适用于护理实体［参照第1932 条第（a）款第（1）项第（B）目定义］支出的费用和提供的服务，与州提供服务和支出额同样方式实施。

（j）根据上述本条的规定，第（a）款第（1）项对每个州每季度规定的数额应当根据第 1914 条调整。

（k）国务卿有权根据州的申请，在该州与符合第（m）款要求的医疗保险管理护理组织订立的合同时，在技术性和保险精算方面提供协助（不增加州的支出），从而向本编下有资格的个人提供医疗护理和服务。

（1）【已废除①】

（m）②（1）（A）"医疗管理护理组织"指健康维持组织，具有第1876 条规定合同的合格组织，或具有第十八编第 C 部分规定合同的"护理＋选择"组织，提供者赞助的组织，或其他符合第 1902 条第（w）款的要求的公立或私立组织，而且符合下列条件：

（ⅰ）提供服务给根据本编规定有资格获得该福利并且在服务区域内的组织中的个人，以与此服务相同的程度，向非组织注册人员（有资格获得州计划的医疗援助）提供服务；

（ⅱ）已经制定充分规定防范破产风险，这些规定经州通过，符合第（C）目第（ⅰ）节的要求（如果可实施），且规定确保本编下有资格获得津贴的个人不会受到组织破产债务的连带。

---

① 《公法》第 94—552 期，第 1 条；《美国联邦法律大全》第 90 编第 2540 条。

② 关于修改申请医疗补助 HMO 规定一定的医疗中心，参见第 2 卷《公法》第 99—272 期，第 9513 条第（c）款第（3）项。

合格的健康维持组织［参照《公共健康服务法》第 1310 条第（d）款①定义］被认为符合上述规定。

（B）国务卿的职责和功能，在涉及决定某家医疗管理护理组织机构是否符合第（A）目要求的情况下，应当与《公共健康服务法》第 1312 条第（a）款和第 1312 条第（b）款的管理结合起来。

（C）（ⅰ）根据第（ⅱ）节规定，如果该组织符合由州为私立医疗管理护理组织建立的偿付能力标准，或由州许可或认证为风险负担实体，符合本目对组织要求的规定。

（ⅱ）第（ⅰ）节的规定不应适用于下列组织：（Ⅰ）该组织不负责住院服务和医师服务的规定（直接或通过与服务提供者的协议）；（Ⅱ）公立实体；（Ⅲ）该组织的偿付能力由州保证；或者（Ⅳ）（或被控制由）一家以上联邦合格健康中心，且符合州建立的该类组织的偿付能力标准。

在第（Ⅳ）次节中，"控制"指无论直接或间接的拥有，通过合约、委员会代表或大于等于 50.1% 的所有者权益，拥有权力管理或引起管理方式和组织政策。

（2）（A）除第（B）目、第（C）目、第（G）目规定的支付以外，对该州因向（根据预支付资本基础或其他风险管理基础决定的支付）住院服务和第 1905 条第（a）款第（2）项、第（3）项、第（4）项、第（5）项、第（7）项规定的其他服务或上述规定的 3 项以上服务的实体（包括健康保险组织）提供的（直接或通过协议）服务进行支付，本项不向州进行支付，除非：

（ⅰ）国务卿已认定该实体是第（1）项规定的医疗管理护理组织；

（ⅱ）【已废除②】

（ⅲ）这些服务为本编下有资格的获得津贴的个人提供，根据州与实体间的合同，根据合同对实体基于精算结果的预付，且根据合同国务卿须为 1998 年和之后一年花费超过 100 万美元的合同提供优先批准，本节对前一年建立的数额根据前一年所有城市消费者物价指数比例增加；

---

① 参见第 2 卷《公法》第 78—410 期，第 1310 条第（d）款，还应该参考第 1310 条第（c）款。

② 《公法》第 105—33 期，第 4703 条第（a）款；《美国联邦法律大全》第 111 编第 495 条。

（ⅳ）合同提供给国务卿和州（或他们指定的其他个人和组织）监督和检查实体（和其他次承包人）所有书面记录的权利，包括：（Ⅰ）实体承受潜在金融损失风险的能力，或者（Ⅱ）根据合同提供的服务或决定支付的数额；

（ⅴ）合同提供，在实体对本编规定有资格的个人或合同规定有资格登记、重新登记或除名的个人进行登记、重新登记或除名时，实体不得因他们健康状况或健康护理的要求不同而带有歧视；

（ⅵ）此类合同：（Ⅰ）允许根据计划已选择在实体登记并获取其提供福利的个人，可以根据第 1932 条第（a）款第（4）项终止登记，以及（Ⅱ）在个人登记时，根据本条向有权利终止等级的个人进行告知；

（ⅶ）在下列情况，此类合同提供必要的医疗服务：（Ⅰ）根据合同在实体登记并根据州计划有资格获得这些服务的个人；以及（Ⅱ）因不可预见的疾病、伤害或状况即时要求通过组织以外提供的服务，或者实体和州为这些服务提供返还；

（ⅷ）合同根据第 1124 条和本款第（4）项的规定提供信息披露；

（ⅸ）此类合同提供，如果实体已经根据服务的规定与联邦合格健康中心或乡村健康诊所执行合同，该实体应当提供不少于非联邦合格健康中心或乡村健康诊所提供服务支付水平的支付额；

（ⅹ）符合第 1876 条第（i）款第（8）项描述的要求运行的医师激励计划；

（ⅺ）合同提供保持充足的患者情况的数据，以识别向患者提供服务的医师①；

（ⅻ）此类合同及实体符合第 1932 条的可行性要求。

（B）第（A）目中除第（ⅸ）节，不应适用于本编下向州支付的因其向下列实体提供服务进行的支付：

（i）（Ⅰ）根据《公共健康服务法》② 第 329 条第（d）款第（1）项第（A）目或第 330 条第（d）款第（1）项，1976 年 6 月 30 日结束的

---

① 关于哈特福德健康网络公司，参见第 2 卷《公法》第 99—272 期，第 9517 条第（c）款第（2）项第（C）目；关于《国家健康维护组织法》，参见第 9517 条第（c）款第（2）项第（D）目；关于县操作的健康投保组织，参见第 9517 条第（c）款第（2）项第（A）目和第（3）项（被《公法》第 101—508 期第 4734 条修正）。

② 《公法》第 78—410 期。

财政年度中收到最少 10 万美元拨款，且在始于 1976 年 1 月 1 日，终于依照本编已经向该两条规定的接受者做出的期限结束时，以及（Ⅱ）基于预付资本风险或其他风险，在第 1902 条第（a）款第（10）项第（D）目要求范围内，向其登记在册者提供第 1905 条第（a）款第（1）项、第（2）项、第（3）项和第（4）项第（C）目、第（5）项中规定的服务和福利，根据州计划提供医疗救助，第 1905 条第（a）款第（7）项中的服务和福利；

（ⅱ）是位于乡村地区（阿巴拉契亚地区委员会定义）的非营利基础健康护理实体：（Ⅰ）在《1965 年阿巴拉契亚地区发展法》[①] 中，1976 年 6 月 30 日结束的财政年度中（根据拨款、二次拨款或分包合同）收到最少 10 万美元拨款，以及（Ⅱ）在始于 1976 年 1 月 1 日，终于依照本编下，通过拨款、二次拨款、分包合同，向接受者进行支付的期限结束的期间，或已经根据合同（订立该合同时的实体须为此类拨款、二次拨款、分包合同的合格接受者）由州立机构根据本编基于预付资本风险或其他风险基础提供的服务；

（ⅲ）或者，基于自 1970 年开始的预付风险，与单独的州立机构订立向本编下有资格个人提供服务（不包括住院服务）。

（C）—（F）【已废除[②]】

（G）对根据《公共健康服务法》第 329 条第（d）款第（1）项第（A）目或第 330 条第（d）款第（1）项规定正在接受（或在之前两年接受）至少 10 万美元拨款依据的实体，或根据《1965 年阿巴拉契亚地区发展法》[③] 规定正在接受（或在之前两年接受）至少 10 万美元（通过拨款、二次拨款、分包合同）的实体，第（A）目第（ⅰ）节不应适用。

（H）对于下列个人：

（ⅰ）1 个月内有资格获得本编下的福利，并登记在具有本款规定合同的医疗护理管理组织，或具有第 1905 条第（t）款第（3）项规定合同的基础护理病例管理人；

---

① 《公法》第 89—4 期；参见《美国法典》第 40 编附录第 214 条和第 303 条。

② 《公法》第 105—33 期，第 4701 条第（d）款第（2）项第（B）目和第 4703 条第（b）款第（1）项第（A）目；《美国联邦法律大全》第 111 编第 494—495 条。

③ 《公法》第 89—4 期；参见《美国法典》第 40 编附录第 214 条和第 303 条。

（ⅱ）在接下来的 1 个月（或接下来 2 个月）不再有享受福利的资格；

（ⅲ）但是，在接下来的月份中又重新获得资格，如果该组织继续根据本款与州订立合同，州计划根据第（A）目第（ⅵ）节，可在接下来的月份中将该个人登记于第（ⅰ）节中规定的组织，或继续与州订立第1905 条第（t）款第（3）项中的合同管理人。

（3）【已废除①】

（4）（A）不属于合格健康维持组织（参照《公共健康服务法》②）的医疗护理管理组织，必须向州报告，根据要求向国务卿、健康和人类服务部的检察长和总审计长，描述组织和利益团体［参照该法第 1318 条第（b）款定义］之间的交易，涉及下列交易时：

（ⅰ）组织和利益团体间的所有买卖、交易或财产租赁。

（ⅱ）物品、服务（包括管理服务）的提供，或组织和利益团体间的设施，但不包括雇佣关系中常规条款规定的对提供服务的雇员的工资支付。

（ⅲ）二者之间所有的金钱借贷或债权债务延期。

州或国务卿可要求组织报告的信息中阐明控制者、被控制者或处于另一实体控制，并以组织和实体间财务合并陈述形式上报。

（B）每个组织应当根据在册者的合理要求，公布第（A）目中的信息。

（5）（A）如果国务卿认定订立本款下合同的实体，出现下列情形：

（ⅰ）未能按照要求向合格范围内的个人提供（根据法律或合同）必要的医疗救助事项和服务，如果履行不力已经为个人带来不利影响（或很有可能带来不利影响）；

（ⅱ）对本款下登记在册的个人收取多于本编批准的保费；

（ⅲ）违反第（2）项第（A）目第（ⅴ）节的规定，歧视个人，包括排除或拒绝个人重新登记，或实施可能会对有资格的个人（除本节批准的情形外）造成否决或阻止登记进入组织的影响且该个人医疗状况或

---

① 《公法》第 101—508 期，第 4732 条第（d）款第（2）项；《美国联邦法律大全》第 104 编第 1388—196 条。

② 参见第 2 卷《公法》第 78—410 期，第 1310 条。

病史显示其有需要进一步接受大量的医疗服务。

（ⅳ）错误发布或伪造下列信息：（Ⅰ）根据本款向国务卿或州提供的信息；或者（Ⅱ）根据本款向个人或其他实体提供错误信息；

（ⅴ）或者，未能遵守第 1876 条第（ⅰ）款第（8）项的要求，国务卿根据法律规定提供可行性补救措施，提供第（B）目描述的补救措施。

（B）本目下的补救措施：

（ⅰ）第（A）目下的所有决定，处以不超过 2.5 万美元的民事金钱处罚；或根据该目第（ⅲ）节、第（ⅳ）节第（Ⅰ）次节的决定，所有决定处以少于 10 万美元金钱处罚，另外，第（A）目第（ⅱ）节下的决定，对违反决定收取的多余费用处以双倍罚款（多收费用应当从罚款中扣除并退还给相关个人），另外，根据第（A）目第（ⅲ）节下的决定，因该款决定的行为导致未登记进入机构的个人，按照收到不利影响的个人每人 1.5 万美元处以当事人罚款；

（ⅱ）或者，在国务卿通知组织第（A）目下的决定以后，否决根据本次条规定的合同提供给登记在册的人的医疗救助费用，直到国务卿认为导致这一决定的原因被纠正且不会再发生。

第 1128A 条的规定［不包括第（a）款和第（b）款］应当适用于对第（ⅰ）节的民事罚款，以第 1128A 条第（a）款下的程序或相关规定相同方式实施。

（6）（A）为实施本款和第 1902 条第（e）款第（2）项第（A）目的规定，对于新泽西州，"合同"应当被认为包括在本编批准的州计划下由州立机构执行且运行符合本款所有要求的项目。

（B）第（A）目中规定的执行必须提供：

（ⅰ）给单独实体的建立，该实体负责运行符合本款要求的项目，体可以是管理本编下州计划的州立机构的分支机构；

（ⅱ）给用于项目运营的基金的独立核算；

（ⅲ）根据本款，建立资本率和提供服务的其他支付率，如果州计划在服务收费基础上向精算等价的人口提供服务，使用国务卿满意的方法进行设计，以确保本编下的对此服务的联邦配套支付总额将低于对同等服务的匹配支付。

（C）第（A）目中描述的执行应当以国务卿批准本款的合同的方式，获得批准（以及年度重新批准）。

（D）第（A）目中描述的执行应当以国务卿批准本款的合同的方式，不应当适用第 1915 条第（b）款的终止。

（n）【已废除①】

（o）根据有本条上述的规定，不应当向州支付本条规定的对本编下批准的州计划的个人提供的服务的费用，私立保险人（由国务卿提供法规定义），且包括团体健康计划［参照《1974 年雇员退休收入保障法》第 607 条第（1）项②定义］、服务津贴计划和健康维持组织有义务提供该救助，但是对于因个人有资格或接受计划下的与医疗救助而限制和排除该义务的保险合同下医疗救助的情形除外。

（p）（1）当州的某一行政区域为作为行政区域的州制定，或某个州为另一个州制定，第 1912 条下制定的支付分配或支持的权利的强制执行和征收，根据该条下（无论是否在该州内）的合作协议，应当从在其他方面代表联邦政府支付的数额中，对上述行政区域或此类其他州进行支付，该支付提供给强征和征收施与的有资格的个人，支付数额等于用于支持或支付权力收取费用的 15% 的额度。

（2）有超过一个司法辖区参与强制或征收，第（1）项下规定的激励支付额应当被国务卿以规定的方式在司法辖区中分配。

（q）为实施本条，"州医疗欺诈控制单位"指州政府的一个单独识别实体，且国务卿认证（且每年进行重新认证）符合下列要求：

（1）该实体应当：

（A）是州检察官办公室的一个单位或州政府设立的拥有在州范围内起诉个人刑事犯罪授权的一个机构；

（B）州未授权刑事犯罪起诉，但具有国务卿批准的正式程序，该程序应当：（ⅰ）确保对于违反本编下项目的相关嫌疑犯，向该州适当的机构或者州当局提起诉讼，或者（ⅱ）确保在起诉中协助相关机构，并展开合作；

（C）或者，具有与州检察官办公室的正式工作关系，且具有国务卿批准的正式程序（包括向检察官递交嫌疑犯材料的有关程序），并向实体

---

① 《公法》第 100—93 期，第 8 条第（h）款第（1）项；《美国联邦法律大全》第 101 编第 694 条。

② 参见第 2 卷《公法》第 93—406 期，第 607 条第（1）项。

和检察官之间提供有效的合作，从而对涉及本编于项目的有关嫌疑违法犯罪行为侦破、调查和起诉。

（2）该实体是独立于本编计划下管理或监管的单独州立机构。

（3）该单元的功能是在州范围内的调查和起诉，对于违反现行州法有关各种欺诈的：

（A）提供本编下州计划规定的医疗救助的各项服务；

（B）根据相关联邦机构中监管部分的批准，对于所有联邦健康护理项目［参照第1128B条第（f）款第（1）项定义］下服务及提供者的行为所有有关事宜，如果调查中发现涉及本编下计划的嫌疑欺诈或违法行为。

（4）（A）该单元具备下列权利：

（ⅰ）检查接受本编下州计划支付的健康护理机构中虐待和忽视患者的投诉的程序；

（ⅱ）实体有选择权，检查在董事会或护理机构中虐待和忽视患者的投诉的程序；

（ⅲ）根据投诉在州刑事法律下采取行动，或将投诉提交给其他有关州立机构采取行动的程序。

（B）为实施本项，"委员会和护理机构"指从两个或以上居住在同一护理机构中的不相关成年人接受支付的可居住建筑（无论该支付是否在本编下州计划下进行），且提供一项以上下列规定事项：

（ⅰ）在注册护士、持证执业护士或持证护士助理的监管下提供护士护理服务。

（ⅱ）协助患者日常生活的大量个人护理服务，包括个人卫生、穿衣、洗澡、吃饭、大小便、离床活动、转移、服药、自我治疗、身体护理、获得医疗服务、必要的购物活动、饮食准备、洗衣、家务。

（5）实体在实施有关行动时发现，为征收或为单独的州立机构征收，州计划或所有联邦健康护理项目（参照定义）向健康护理机构的过度支付。根据本款收取的所有基金应当仅仅作为联邦健康护理项目（包括本编下批准的州计划）的支出，用于征收的基础事项及活动。

（6）实体雇用监管人员、律师、调查员和其他必要人员，并依据规定方式组织他们提高和改善机构的运行效率。

（7）实体向国务卿递交申请和年度报告，报告包括包含国务卿根据法规的决定信息，这对决定该实体是否符合本次条其他规定是非常必要的。

(r) (1) 为了收取第 (a) 款下用于管理本编州计划的自动数据系统的支付，州必须①实施制度化的申请处理和信息检索系统，该系统应当符合本次条的要求，且国务卿认为其：

(A) 足以提供有效、经济、高校的州计划管理；

(B) 与第十八编下的管理中所使用的申请处理和信息检索系统兼容，做到：(ⅰ) 在第十八编下和本编下具有对提供者、其他收款人和受益人的统一识别编码体系，(ⅱ) 根据第十八编，在州、运输者和中介之间提供沟通机制，对适当的信息进行定期交换，(ⅲ) 根据本编或第十八编，为州和国务卿之间提供有关受到制裁的个人的信息交换；

(C) 可以提供准确及时的数据；

(D) 符合第十一编第 C 部分的规定；

(E) 为接受提供者设计，国务卿特别规定的标准表格；

(F) 对 1999 年 1 月 1 日以后递交的申请有效，以国务卿规定的格式提供申请数据的电子传递，并与医疗护理统计信息系统一致（包括个人在机构内的详细数据，和国务卿认为必要的其他信息）。

(2) 为符合本项要求，制度化申请处理和信息检索系统必须符合下列要求：

(A) 该系统必须能够建立提供者、医师、患者档案，系统必须足以提供所涵盖范围内服务和事项使用的详细信息，包括处方药。

(B) 州必须将从该系统中获得或发现的可能的欺诈或滥用信息，提供给本条第 (q) 款下认证的州医疗护理欺诈控制单位（如果有的话）。

(C) 该系统必须符合国务卿规定的原始批准的所有实施标准和其他要求。

(3)② 为符合本项规定，州必须运营资格决定系统，该系统通过国务

---

① 《公法》第 110—379 期，第 3 条第 (a) 款第 (1) 项，插入 "，除第 (3) 项的规定之外，" 生效日期，参见第 2 卷《公法》第 110—379 期，第 3 条第 (b) 款，如果宪法要求允许延长生效日期，提供修正案在 2009 年 10 月 1 日生效。

② 《公法》第 110—379 期，第 3 条第 (a) 款第 (2) 项，增加第 (3) 项。生效日期，参见第 2 卷《公法》第 110—379 期，第 3 条第 (b) 款，如果宪法要求允许延长生效日期，提供修正案在 2009 年 10 月 1 日生效。

卿支持的公共协助报告信息系统（PARIS）（或其他后续系统）提供数据匹配，包括与其他州运营的医疗救助项目间的匹配。

（s）虽然有本条的上述规定，但根据本条不应向州对由州计划（由提供给个人的制定健康服务［参照第 1877 条第（h）款第（6）项定义］构成）的医疗救助进行支付，考虑到这有可能导致对第十八编下服务支付的否决，如果该编内的服务与州计划下和本条第（f）款、第（g）款第（5）项规定的服务在时间和情况上相同，应当适用于指定健康服务的提供者，该支付可根据本编以上述条款相同方式对提供者实施。

（t）【已废除①】

（u）（1）（A）根据第（a）款第（1）项规定，如果州对 1983 财政年度第三、第四季度内或之后任何整个财政年度的错误超额支付比例［参照第（D）目定义］达到州计划下医疗救助支出总额 3% 以上，则国务卿应当不支付该时期或财政年度内超过 3% 以外的部分。

（B）如果州已经尽了最大努力，但仍在一定时期或财政年度内不能达到允许的错误比例，对某些受限的案例，国务卿可以终止第（A）目中规定的全部或部分对州的削减。

（C）对于根据第（d）款支付给州的估算金额，国务卿应当考虑由第（A）目强制实施的对联邦财政参与的限制，并且应当减少国务卿根据第（d）款第（1）项估算的金额，为了第（d）款第（3）项规定的对州的支付，鉴于任何预期的医疗救助错误超额支付［根据这些原则估算，包括抽样程序，必要时，国务卿可根据第（d）款第（2）项进行规定和调整］。

（D）（ⅰ）为实施本款，医疗救助的"错误超额支付"指下列事项的总额：（Ⅰ）对本编下无资格个人和家庭的支付；以及（Ⅱ）在有资格的情况下，因错误决定个人或家庭所需的医疗护理支出，对有资格的个人和家庭的过度支付。

（ⅱ）决定第（ⅰ）节第（Ⅰ）次节下对无资格个人或家庭的医疗救助错误过度支付数额时，如果是因错误决定该个人或家庭资源数额而导致的无资格，则错误过度支付额应当小于：（Ⅰ）应当支付给该个人或家

---

① 《公法》第 97—35 期，第 2161 条第（c）款第（2）项；《美国联邦法律大全》第 95 编第 805 条。

庭的数额；或者（Ⅱ）资源的真实数额和州计划下建立的允许资源水平之间的差额。

（ⅲ）决定第（ⅰ）节第（Ⅱ）次节下对无资格个人或家庭的医疗救助错误过度支付数额时，错误过度支付额应当小于：（Ⅰ）以个人或家庭名义支付的数额；或者（Ⅱ）个人或家庭使用的真实医疗救助额和为建立医疗救助资格应当发生的数额之间的差额。

（ⅳ）决定错误过度支付数额时，对于涉及第 1912 条第（a）款第（1）项第（C）目或第 402 条第（a）款第（26）项第（C）目规定的第三方或第 1906 条规定的支付的信息时，由于个人不合作或未能提供正确信息而导致的错误不应包括在内。

（ⅴ）决定医疗救助错误过度支付数额时，不应包括在预设资格期［参照第 1920 条第（b）款第（1）项定义］为提供急救性孕期护理的错误支付，如在该条下预设资格期内向儿童提供的第 1920A 条第（a）款中描述的服务和事项，或向第 1920B 条第（a）款规定的个人提供的在该条预设资格期内的医疗救助。

（E）为实施第（D）目，在决定医疗救助的错误超额支付以及医疗救助支出时，应当排除下列事项：

（ⅰ）对国务卿根据第 1634 条下的协议决定排除其资格的个人支付，且国务卿可通过法规规定哪些个人符合协议；

（ⅱ）技术性错误导致的支付。

（2）州立机构管理本编下批准的计划，应当依照国务卿规定的时间和形式，提供有关其管理州计划的错误超额支付率的信息（或在国务卿规定的未来时期内预估错误率），以及其认为合理的其他必要数据，从而执行本款的有关规定。

（3）（A）如果州未能与国务卿合作提供执行本次条的必要信息，国务卿应当直接或通过其认为适当的合同或协议，在其合理获得的最佳信息基础上为该州建立错误率，且可根据其认为适当的抽样和预估技术。

（B）当国务卿有必要行使第（A）目下的权力来决定某个州在一个财政年度内的错误率时，该财政年度内季度下对该州根据本编支付的金额，应当从中扣除国务卿行使上述权力（直接行使权力或其他方式）产生的费用。

（4）本款不适用于波多黎各、刚果、维京群岛、北马里亚纳群岛及美属萨摩亚群岛。

（ⅴ）（1）尽管有本条上述的规定，除第（2）项中提供的，根据本条不应当对州支付在移民法下对合法永久居留或居住在美国的侨民的个人医疗救助支出。

（2）仅当下列情况时，依照本条应当对向第（1）项规定的侨民提供的护理和服务进行支付：

（A）对于侨民在紧急医疗状况下的治疗所必需的护理；

（B）符合本编下州计划的医疗救助资格要求的外来人口（不包括第四编下对接受急救或救助的要求，第十六编下对补充保险收入津贴或州补充支付的要求）；

（C）涉及的护理和服务与器官移植无关。

（3）为实施本款，"紧急医疗状况"指医疗状况（包括紧急流产和分娩），通过充分严重的临床表现（包括严重疼痛）证明若不采取急救性医疗救助将会导致下列可预见的结果：

（A）患者健康遭受严重损害；

（B）严重损坏身体机能；

（C）或者，身体器官功能严重紊乱。

（w）（1）（A）尽管有本条先前的规定，为决定在任何财政年度中根据第（a）款第（1）项规定决定按季度对州的支付额［参照第（7）项第（D）目定义］，州计划下因医疗救助在该财政年度的总支出（不考虑本次条）应当减掉该财政年度内由州（或由该州区域内地方政府的某一行政单元）接受的下列收入总额：

（ⅰ）相关提供者［参照第（2）项第（A）目定义］的捐助，不包括：（Ⅰ）相关提供者的善意捐助［参照第（2）项第（B）目定义］，以及（Ⅱ）第（2）项第（C）目规定的捐助；

（ⅱ）健康护理的相关税收［参照第（3）项第（A）目定义］，不包括广泛的健康护理相关税［参照第（3）项第（B）目定义］；

（ⅲ）广泛的健康护理相关税，如果实际上有免责条款的税［参照第（4）项定义］；

（ⅳ）或者，1992年1月1日以后，1995年10月1日以前的州财政年度内（或部分财政年度），从广泛的健康护理相关税种收取的超过第（5）项建立的限制的部分。

（B）尽管有本条先前的规定，当捐助额超过本编下州计划在财政年度内为实施第（a）款第（2）项、第（3）项、第（4）项、第（6）项、第（7）项描述的目的而支出金额的 10%，为决定在某一联邦财政年度（始于 1993 财政年度）内所有季度依照次条第（a）款第（7）项向州的支付数额，州计划下在该财政年度内管理型支出总额（不考虑本条）应当减掉该州（或该州地方政府的某一行政单位）从第（2）项第（C）目规定的捐助中收到的总额。

（C）（ⅰ）除第（ⅱ）节提供，第（A）目第（ⅰ）节应当适用于 1992 年 1 月 1 日以后收到的捐助。

（ⅱ）符合第（ⅲ）节和第（E）目中的限制，第（A）目第（ⅰ）节不应适用于第（F）目规定生效以前收到的捐助，如果这些捐助是在 1991 年 9 月 30 日以前州计划修改案或其他相关递交给国务卿文件中规定的或生效的项目下收到的，且至州 1992 财政年度起，由州计划修改案、书面协议、州预算文件或其他该日期以前存在的书面证据证明。

（ⅲ）对 1993 财政年度州收到的捐助适用第（ⅱ）节，该规定适用的捐助的最大额不超过在州 1992 财政年度相应时期内收到的同类捐助的总额（或相应时期最后一天的之后 5 天以内）。

（D）（ⅰ）除第（ⅱ）节中规定，第（A）目第（ⅱ）节和第（A）目第（ⅲ）节应当适用于 1992 年 1 月 1 日以后收到的税款。

（ⅱ）第（A）目第（ⅱ）节和第（A）目第（ⅲ）节不应当适用于在第（F）目生效以前收到的不许可税收［参照第（ⅲ）节定义］，实际上的税收（包括税率或税基）范围，或自从 1991 年 11 月 22 日颁布或采取的征收该税收的法律或法规。

（ⅲ）在本目和第（E）目中，"不许可税收"指根据第（A）目第（ⅱ）节或第（ⅲ）节规定进行削减的健康护理相关税收。

（E）（ⅰ）在 1992 年内，州由第（C）目第（ⅱ）节和第（D）目第（ⅱ）节提供的例外情形下 1992 财政年度内的捐助额和允许的税收之和，不得超过第（5）项下的限制数额减去同期内收到的广泛健康护理相关税收总额。

（ⅱ）在 1993 年内，州由第（C）目第（ⅱ）节和第（D）目第（ⅱ）节提供的例外情形下 1993 财政年度内的捐助额和允许的税收之和，不得超过第（5）项下的限制数额减去同期内收到的广泛健康护理相关税收总额。

（F）在本项中，如果州：

（ⅰ）除第（ⅲ）节提供的，7月1日以前的州财政年度，生效日为1992年10月1日；

（ⅱ）除第（ⅲ）节提供的，7月1日以后的州财政年度，生效日为1993年1月1日；

（ⅲ）未安排1992年内拥有一部常规立法会议的州立法会，以及未安排1992年内拥有一部常规立法会议的州立法会，或者具有1991年11月4日制定的特别提供者税，生效日为1993年7月1日。

（2）（A）本款中［除第（6）项规定］，"特别提供者税"指由下列机构对州或地方政府行政单位进行（直接或间接）的任何捐助和其他自愿支付（无论以现金或以实物偿付）：

（ⅰ）健康护理提供者［参照第（7）项第（B）目定义］；

（ⅱ）与健康护理提供者有关的实体［参照第（7）项第（C）目定义］；

（ⅲ）或者，州计划下提供货物或服务的实体，按照第（a）款第（2）项、第（3）项、第（4）项、第（6）项、第（7）项规定对州进行支付。

（B）为实施第（1）项第（A）目第（ⅰ）节第（Ⅰ）次节，"善意的相关提供者捐助"指相关提供者捐助，该捐助与本编下对该提供者的支付无直接或间接关系（参照国务卿定义），对于提供相同事项和服务的提供者或其他相关实体，由国务卿规定并满足国务卿要求。国务卿可通过法规规定前句中描述的能够被作为善意的相关提供者的捐助种类。

（C）为实施第（1）项第（A）目第（ⅰ）节第（Ⅱ）次节，本次款规定的捐助是由医院、诊所或类似实体用于派驻在医院、诊所或类似实体内，决定个人获得本编下医疗救助的资格，以及向合格或可能合格的个人提供超范围服务的州或地方机构工作人员的直接费用（包括培训费、准备和分发超范围物资的费用）。

（3）（A）本款中［除第（6）项规定］，"健康护理相关税"指一种税［参照第（7）项第（F）目定义］：

（ⅰ）与健康护理事项或服务有关，或官方机构规定，或为此类事项或服务支付；

（ⅱ）或者，不限于服务和事项，但是给提供或支付服务和事项的个人或实体提供治疗，不同于提供给其他个人或实体的治疗。

适用于第（ⅰ）节，如果某一税收的 85% 以上是由健康护理提供者承担的，即认为该税是与健康护理事项或服务有关的。

（B）在本款中，"广泛的健康护理相关税"指施加于一系列健康护理事项或服务［参照第（7）项第（A）目描述］，或施加于此类事项或服务的提供者的健康护理相关税收，除第（D）目、第（E）目、第（F）目中规定的情形外，此类税收：

（ⅰ）至少适用于美国国内（或者如果该税是由地方性政法施加的，则覆盖该地方政府管辖权地区范围内）所有非联邦、非公立提供者提供的所有事项和服务，或适用于类似的所有非联邦、非公立提供者；

（ⅱ）以统一方式实施［根据第（C）目的规定］。

（C）（ⅰ）根据第（ⅱ）节，为实施第（B）目第（ⅱ）节，符合下列条件，即认为某一税以统一方式实施：

（Ⅰ）如果该税由执照费或对健康护理事项或服务（或此类事项或服务的提供者）的类似税组成，对于所有相同的此类体统护理事项或服务的缴税者，其缴纳税费数额相同；

（Ⅱ）如果该税由执照费或对基于提供者的床位数量（执照或其他）实施的健康护理事项或服务（或此类事项或服务的提供者）承担的类似税组成，对于每张床位的税费数额相同；

（Ⅲ）如果该税由基于健康护理事项和服务的收入或接受者构成（或者此类事项和服务的提供者），则该税应当以统一税率适用于一州内（或，如果该税由地方政府或机构征收，则适用于该政府或机构辖区内）所有事项或服务（或者此类事项和服务的提供者），以毛收入或毛接受者数计算，或者以提供此类事项或服务（或所有提供者）的净运营收入计算；

（Ⅳ）或者，对于其他税种，建立符合国务卿要求的方式统一征收。

（ⅱ）根据第（D）目和第（E）目，对于健康护理事项和服务征收的税种，如果该税收提供任何欠费、排除适用或削减，影响到上述规定中的全部或部分税收收缴，或与第（E）目第（ⅱ）节第（Ⅰ）次节、第（Ⅱ）次节规定不一致，或提供第（4）项中的免责条款，则认为其未以统一方式征收。

（D）对于下列情形，则认为对于健康护理事项和服务征收的税种已按照统一方式征收：

（i）根据本编或第十八编下州计划进行支付的事项或服务，没有根据事项或服务（或提供者）实施税收；

（ii）或者，对于第（C）目第（i）节第（Ⅲ）次节中规定的税，即使该税提供了根据本编或第十八编下的州计划对于收入的免除（可全部免除或部分免除）。

（E）（i）州可以向国务卿递交申请，要求国务卿将某一税种作为广基健康护理相关税对待，即使该税并非适用于所有的健康护理事项或服务（或并非适用于所有的提供者），或即使该税允许贷款、扣减、免除或并非差别适用，或者该税不符合第（B）目和第（C）目的规定。允许弃权中可以包括对于乡村地区或单独社区提供者的豁免。

（ii）如果州的申请充分符合下列条件，则国务卿应当批准州的申请：（Ⅰ）本编下州提出该税的净影响和相关费用，实质上是可再分配的；以及（Ⅱ）该税的数额与本编下对于该税适用的项目或服务的支付并未直接相关。

国务卿应当通过法规明确规定符合本目贷款、免除、扣减的种类和要求。

（F）未对《1986年国内税收法》第501条第（c）款第（3）项[①]描述的医院征收的税种、免除该法第501条第（a）款的税款，以及不接受本编或第十八编下的州计划的支付的情况，均不得认定为本项规定的广泛的健康护理相关税。

（4）为实施第（1）项第（A）目第（iii）节，如果国务卿决定存在下列情形，则对于事项或服务适用的广泛的健康护理税适用免责条款：

（A）州或政府其他部门征收税款时，向纳税人提供（直接或间接）支付（指非本编下的支付），且该支付的数额与税款正相关，或与州计划下税款与支付之间的差额相关。

（B）本编下对于纳税人进行的全部或部分支付，仅仅根据其缴纳的税费总额不同而不同。

（C）州或政府其他部门征收税款时，提供（直接或间接）支付、抵

---

① 参见第2卷《公法》第83—591期，第501条第（c）款第（3）项。

消或免除，以确保纳税人不受缴税花费的损害。

本项规定不阻止使用税款作为对健康护理提供者在本编下支出的返还，或者阻止州通过返还行为在法律层面对税收进行解释。

（5）（A）为实施本款，根据第（1）项第（A）目具体决定，且不考虑第（1）项第（A）目第（iv）节的规定，本次款中的与州有关的限制额度为，一个州财政年度（或部分）内在州计划下支出总额中非联邦份额的25%［如果高于此比例，州基础比例参照第（B）目定义］。

（B）（i）在第（A）目中，对于州而言，"州基础比例"指等同下列的数额（表述为百分比）：（I）1992财政年度内征收的［参照第（ii）项定义］健康护理相关税（无论是否为广基）的总额，和提供者相关捐助（无论是否为善意）的总额；除以（II）该州财政年度内根据州计划预测的支出总额中的非联邦份额。

（ii）为实施第（i）节第（I）次节，对于未在1992财政年度生效的税种和税率（或税基）在该财政年度增长的税种，国务卿应当在该税（或增长）在州的整个财政年度生效时，将其数额纳入财政年度规划中。

（C）（i）第（B）项第（i）节第（I）次节规定的健康护理相关税的总额应当由国务卿决定，其依据仅仅是根据生效的税（包括税率及税基）或者在1991年11月22日以前由法律法规确定的税种。

（ii）第（B）目第（i）节第（I）次节规定的相关提供者捐助的总额应当由国务卿基于1991年9月30日以前生效并于州1992财政年度生效的项目、州计划修改案、书面协议、州财政文件，以及其他在前述日期以前存在的书面文件决定。

（iii）第（B）目第（i）节第（II）次节规定的支出总额应当由国务卿基于本款制定之日起最佳可用数据决定。

（6）（A）尽管有本款的规定，无论该政府机构是否为健康护理提供者，国务卿不得限制州使用从州或地方税派生的基金（或者拨付给州医学院的基金），经州内政府机构批准或转移出来作为本编下支出的非联邦份额，除非其为第1902条第（a）款第（2）项规定的情况，本条规定不适用于州立机构从不被视作非联邦份额的捐助和税收中转移的情况。

（B）为实施本款，国务卿不限制使用的第（A）目下的基金，不得视为相关提供者捐助或健康护理相关税。

（7）为实施本款：

（A）下列各项应当被视作独立的健康护理项目和服务：

（ⅰ）医院住院服务。

（ⅱ）医院门诊服务。

（ⅲ）护理机构服务（不包括智力障碍中介护理机构提供的服务）。

（ⅳ）智力障碍中介护理机构提供的服务。

（ⅴ）医师服务。

（ⅵ）家庭健康护理服务。

（ⅶ）门诊处方药物。

（ⅷ）[①]　管理护理组织（包括保健组织、优先提供者组织及国务卿在法规中确定的其他类似组织）提供的服务。

（ⅸ）国务卿在法规中确定的本目下其他健康护理事项和服务。

（B）"健康护理提供者"指因提供健康护理事项或服务而接受支付的个体或个人。

（C）符合下列规定的实体，视为与健康护理提供者"有关"的实体：

（ⅰ）由健康护理提供者成立或代表其利益的组织、机构、公司、合伙组织；

（ⅱ）在提供者中拥有利益的所有权或控制权的人［参照第 1124 条第（a）款第（3）项定义］；

（ⅲ）是提供者的雇员、配偶、父母、子女或兄弟姐妹；

（ⅳ）或者，与提供者有类似的亲密关系（参照法规的规定）。

（D）"州"指 50 个州以及哥伦比亚特区，但不包括根据第 1115 条授权的终止运作本编下全部项目的州。

（E）"州财政年度"指州财政年度于该年结束的特定年份。

（F）"税"包括所有注册费、评估费以及其他法定费用，但不包括民事以及刑事罚金或罚款（作为注册费、评估费以及其他法定费用的替代惩罚的罚金及罚款除外）。

---

①　《公法》第 109—171 期，第 6051 条第（a）款，全面修改第 8 条，2006 年 2 月 8 日生效。生效日期可能延迟至 2009 年 10 月 1 日，参见第 2 卷《公法》第 109—171 期，第 6051 条第（b）款；根据以前对第 8 条的解读，参见第 2 卷《公法》第 109—171 期，附录 J 废除的条款。

关于对于违法资金转移的说明，参见第 2 卷《公法》第 109—171 期，第 6051 条第（c）款。

(G)"地方政府单位"指一州之内的州、市、县、特别行政区域或其他政府机构。

(x)(1)为实施第(i)款第(22)项,本条要求,对于具有美国公民或具有美国国籍的个人,根据第(2)项规定,需要出示充分的证明其国籍或公民身份的书面证明[参照第(3)项定义]。

(2)第(1)项的要求不应当适用于根据本编有资格获得医疗救助的美国公民:

(A)并且有权获得或注册加入了第十六编规定的福利;

(B)并且正在接受:(i)基于其残疾状况[参照第223条第(d)款的定义]所获得的第223条规定的残疾保险津贴或第202条规定的月度保险津贴,或者(ii)第十六编下的补充保险收入津贴;

(C)对于下列个人:(i)接受领养护理的儿童,根据第四编第B部分规定,可获得儿童福利服务,或者(ii)可获得第四编第E部分规定的领养或寄养护理救助;

(D)或者,国务卿可以对先前个人所需出示的国籍或公民身份的符合要求的书面证明进行具体规定。

(3)(A)为实施本款,"国籍或公民身份的符合要求的书面证明"指:

(i)第(B)目中列举的文件;

(ii)或者,第(C)目和第(D)目中规定的文件。

(B)以下为本目中所指文件:

(i)美国护照。

(ii)N–550或N–570表格(入籍证明)。

(iii)N–560或N–561表格(美国公民身份证)。

(iv)有效的州颁发的驾驶执照或《移民和国籍法》第274A条第(b)款第(1)项第(D)目规定的其他身份证明,但颁发驾驶执照或此类文件的州要求美国公民证明,在向申请者颁发驾驶执照、此类文件或申请者通过申请社会保险号码前证件有效。

(v)国务卿通过法规规定的诸如上述的其他文件,提供美国公民或国籍证明,并且提供符合要求的身份证明文件。

(C)本目所指文件包括下列:

(i)美国出生证明。

（ⅱ）FS－545 或 DS－1350 表格（国外出生证明）。

（ⅲ）I－197 表格（美国公民身份证）。

（ⅳ）FS－240 表格（美国公民国外出生报告）。

（Ⅴ）国务卿规定的能够证明美国公民或国籍的其他文件［指未在第（B）目第（ⅳ）节中列明的文件］。

（D）本目所指文件包括下列：

（ⅰ）《移民和国籍法》第 274A 条第（b）款第（1）项第（D）目规定的身份证明文件。

（ⅱ）国务卿通过法规规定的其他个人身份证明文件（可以提供可靠的身份识别）。

（E）本项所列举的证明形式包括该证明之前的形式。

（y）建立对替代性非急救服务提供者的支付。

（1）**支付**。除第（a）款规定的支付以外，根据第（2）项，国务卿应当根据本次条向州提供建立替代性非急救服务提供者［参照第 1916A 条第（e）款第（5）项第（B）目定义］以及此类提供者网络的支付。

（2）**限制**。本款下的支付总额在自 2006 年起算的 4 年之内不得超过 5 千万美元。本条视为先于拨款法的预算授权，国务卿有义务提供本次条下的支付数额。

（3）**优先权**。根据本款向州提供支付时，国务卿应当为州建立下列替代性非急救服务提供者及网络提供优先权：

（A）服务乡村或落后地区，该地区的受益人可能无法正常获得本编下的基础护理服务；

（B）或者，与地方社区医院之间存在合伙关系。

（4）**支付的形式和方法**。本款下对州的支付应当完全根据国务卿确定的申请形式和方法进行。本款下对州的支付应当以第 1903 条第（a）款规定的其他支付的相同形式进行。

（z）医疗补助的转移支付。

（1）**总则**。除第（a）款规定的支付以外，根据第（4）项，如果州因采用创新性方法改进本编下医疗救助的提供效率和效用国务卿应当根据本编对州进行支付。

（2）**允许使用基金的规定**。根据本款，可以使用基金的创新性方法如下列所示：

（A）通过运用电子健康记录、电子诊所决定支持工具及电子处方系统降低患者错误率的方法。

（B）改进本编下收集个人财产数据的方法。

（C）降低本编下项目内浪费、欺诈、滥用的方法，例如通过年度错误支付率衡量（PERM）项目降低不当支付率。

（D）使用药物风险管理项目作为第 1927 条第（g）款下的药物使用检查项目的组成部分。

（E）通过使用深造项目以及其他激励手段提倡常规药物在临床中的使用，降低本编下因涵盖门诊药物（特别是最好药物）使用的费用。

（F）改善未获保险人员使用综合大学医院和诊所系统获得基础和特别医师护理的方法。

（3）**申请、释义和条件**。

（A）**总则**。上述规定和条件下的支付应与国务卿对本条的规定相一致。

（B）**释义和条件**。除非州按照国务卿规定的形式、方法、时间向国务卿申请此类支付，否则不得向州进行本次条下的支付。

（C）**年度报告**。本款下对州的支付，是以州向国务卿递交关于支付支持的项目的年度报告为条件。年度报告中应当包含下列信息：

（i）支付的详细使用；

（ii）相关项目下质量改进的客观评估；

（iii）估计因相关项目实施带来的费用节省额。

（4）**资金提供**。

（A）**关于资金的限制**。本款下的支付总额应当等于，且不得超过：

（i）2007 财政年度为 7500 万美元；

（ii）2008 财政年度为 7500 万美元。

本款视为先于拨款法的预算授权，并且表示国务卿有义务提供本节下的支付数额。

（B）**资金分配**。国务卿应当对州进行本编资金分配的方法进行规定。州建立面向公共医疗补助制的重要受益人的目标健康护理提供者的项目，对该方法应当提供优先权。该方法应当将 25% 以上的资金拨给州人口（根据美国人口普查局的数据决定）自 2004 年 7 月 1 日起为该州 2000 年 4 月 1 日人口（根据美国人口普查局的数据决定）的 105% 以上的州。

（C）**支付的形式和方法**。根据本款对州进行支付应当与第 1903 条第（a）款规定的其他支付以相同方式进行。不要求州的配套资金接受本款下的支付。

（5）**药物风险管理项目**。

（A）**总则**。为实施本款，"药物风险管理项目"指一个项目对于目标受益人而言，通过改善药物使用，确保规定的处方药物得到妥善使用，从而达到最佳医疗效果并降低副作用。

（B）**要件**。该项目可包含下列要件：

（ⅰ）使用药物效用检查和最佳应用的有关原则和标准，分析目标受益人的处方药使用要求，识别不符合常规要求的医师。

（ⅱ）对于异常医师，在下列方面对其进行持续关注：

（Ⅰ）其负责护理的所有目标受益人的全面药剂说明史；

（Ⅱ）其负责护理的所有目标受益人住院治疗和病情恶化的频度和支出有关的信息；

（Ⅲ）目前应用的最佳使用指导和实证资料。

（ⅲ）监督异常医师的处方行为，包括错误的重填、药剂强度和为鼓励采用最佳临床而提供激励和信息等。

（C）**目标受益人**。为实施本项，"目标受益人"指公共医疗补助制下被确认为具备高额处方药支出和医疗支出的适格受益人，例如患有行为失调或因患有综合慢性病而采用综合治疗的个人。

州计划的运营

第 1904 条【《美国法典》第 42 编第 1396c 条】 如果国务卿经过对本编批准的州计划运行进行管理或监管的州立机构的合理提示和听证后，认为：

（1）州计划已经过调整，并且不再符合第 1902 条的规定；

（2）或者，州计划的管理运行没有完全按照规定完全按照规定。

国务卿应当告知相关州立机构，直到国务卿充分认为上述两种问题得以解决，否则不再对州进行支付（或国务卿可决定，仅对该州计划内未受影响的事项进行支付）。直至国务卿满意为止，否则对存在上述情形的州不再进行支付（或国务卿可决定，仅仅对该州计划内未受影响的事项进行支付）。

定　义

第 1905 条【《美国法典》第 42 编第 1396d 条】根据本编目的，对相关概念解释如下：

（a）"医疗救助"是指对下列护理和救助［如果在接受者申请救助前一个月起算的第 3 个月之后提供，或者如果在个人成为合格受益人后的下一个月提供对第（p）款第（1）项规定的合格受益人的医疗护理费用分担为］的全部和部分费用向个人支付，还对医师或牙医的服务进行支付，州有选择权对于［除了正在被支付的个人，或不在医疗机构内但有资格或可能有资格根据州补充性支付获得支付的个人，以及有资格获得与第 1902 条第（a）款第（10）项第（A）目规定个人可享受的相同数量、期间、规模的医疗救助的个人］未接受第一编、第十编、第十四编、第十六编以及第四编第 A 部分下批准的任何州计划下的协助或救助和未享受第十六编下的补充保险收入津贴的个人，以下个人：

（ⅰ）21 岁以下，或州可以选择规定为 20 岁、19 岁、18 岁以下；

（ⅱ）第 406 条第（b）款第（1）项规定的与第四编第 A 部分下的依赖性儿童（或者是贫困的）共同居住的亲属；

（ⅲ）65 岁以上人员；

（ⅳ）有资格参加第十六编建立的州计划项目的盲人；

（ⅴ）18 岁以上且终身完全残疾，并且有资格参加第十六编建立的州计划项目的人；

（ⅵ）有必要接受第一编、第十编、第十四编、第十六编下通过的州计划的救助或协助的个人（参照本条第二句描述）；

（ⅶ）第 1614 条规定的盲人或残疾人，无资格参加第十六编建立的州计划项目；

（ⅷ）怀孕妇女；

（ⅸ）根据第 1925 条享受额外福利的个人；

（ⅹ）第 1902 条第（u）款第（1）项规定的个人；

（ⅺ）第 1902 条第（z）款第（1）项规定的个人；

（ⅻ）医学上可改善残疾的雇员［参照第（ⅴ）节定义］；

（ⅹⅲ）或者，第 1902 条第（aa）款规定的个人；

但是其收入和资源不足以支付下列所有费用：

（1）住院服务（精神病院服务除外）；

（2）（A）门诊服务；（B）州法许可的服务，包含在计划中的乡村健康诊所服务［参照第（i）款第（1）项定义］和由乡村健康诊所提供的门诊服务；（C）包含在计划中的联邦资格健康中心服务［参照第（i）款第（1）项定义］和由联邦资格健康中心提供的门诊服务；

（3）其他实验室服务和 X 光服务；

（4）（A）向21岁以上个人提供的护理机构服务（精神病院服务除外），（B）向21岁以下有资格享受州计划的个人提供的早期和定期筛查、诊断和治疗服务［参照第（r）款定义］；（C）向有资格参加州计划且有需要的育龄在生育年龄内的个人（包括被认为性活跃的未成年人）提供（直接提供或根据协议提供）的家庭计划服务和供给；

（5）（A）在办公室、患者家、医院、护理机构或其他地点，由医师提供的服务［参照第1861条第（r）款第（1）项定义］，（B）牙医提供的医疗和手术服务［参照第1861条第（r）款第（1）项定义］，这些服务可以根据州法规定由医生或牙外科医生或牙科医生提供实施，如果由医师［参照第1861条第（r）款第（1）项定义］提供的服务应符合第（A）目中的描述；

（6）医疗护理，或其他任何州法规定的由持证人员根据州法许可范围内提供的复健护理；

（7）家庭健康护理服务；

（8）私人负责看护服务；

（9）由医师提供或在医师指导下提供的诊所服务，无论诊所是否由医师管理，包括由诊所人员在诊所外向有资格但无永久居所或无固定地址的个人提供的服务；

（10）牙科服务；

（11）物理治疗及相关服务；

（12）个人可选择处方药、假牙、义肢、其他设备和由眼科医师及验光师配的眼镜；

（13）其他诊断、筛查、预防、复健性服务，包括由医师或其他持证治疗师在州法下执业范围内提供的医疗及治疗服务，旨在最大程度降低个人身体或精神残疾以及恢复个人最佳可能的功能水平；

（14）向65岁以上老人提供的精神病院住院服务、看护服务；

（15）对根据第 1902 条第（a）款第（31）项认定需要在智力障碍中介护理机构内接受的服务和护理（不包括精神病院）；

（16）1973 年 1 月 1 日生效的第（h）款规定为 21 岁以下个人提供的住院心理治疗；

（17）由护理助产士［参照第 1861 条第（gg）款定义］提供的服务，法律授权护理助产士在州法下工作（或根据法律提供的州监管机制下工作），无论他们是否处于医师或其他健康护理提供者监管或协助下，而且无论服务是否通过生育期进行的母婴护理管理区域内进行；

（18）临终关怀［参照第（o）款定义］；

（19）病例管理服务［参照第 1915 条第（g）款第（2）项定义］和第 1902 条第（z）款第（2）项第（F）目规定的结合病治疗的相关服务；

（20）呼吸护理服务［参照第 1902 条第（e）款第（9）项第（C）目规定］；

（21）由经过认证的儿科护士执业者或经过认证的家庭看护执业者（参照国务卿定义）提供的服务，上述经过认证的儿科护士执业者或经过认证的家庭看护执业者在州法下（或州法提供的州监管机制）工作，无论他们是否处于医师或其他健康护理提供者监管或协助下；

（22）为功能性障碍的老年人提供的家庭和社区护理（参照第 1929 条定义及允许范围）；

（23）社区支持生活协议服务（参照第 1930 条定义及允许范围）；

（24）向非医院、护理机构、智力障碍中介护理机构或精神病院的住院患者提供的个人护理服务，服务是：（A）由医师根据治疗计划或州批准的服务计划授权向个人提供（由州选择计划种类），（B）由有资格提供该服务且非患者家庭成员的人员提供，（C）在家庭或其他地点提供；

（25）初期护理病例管理服务［参照第（t）款定义］；

（26）根据第 1934 条下 PACE 项目向本条项目下 PACE 登记的合格个体提供的服务；

（27）根据第（x）款，为患有镰状细胞病（贫血）的个人提供的初级和二级医疗方法、治疗和服务；

（28）其他医疗服务和国务卿规定州法认可的其他种类的复健护理。

除第十六编包含的项目，不包含下列事项：

（A）为公立机构同院患者（除在医疗机构中作为患者的个人）享受

的护理和服务的支付；

（B）或者，为未满 65 岁且作为精神病院患者的患者享受的护理和服务的支付。

为了实施前面第（vi）节，如果两人为夫妇且居住在一起，则认定为其中一人对另一人而言是不可或缺的。这种情形在决定提供给个人（在第一编、第十编、第十四编、第十六编下批准通过的州计划中）救助的数额时将被纳入考虑，而且在州计划下此类个人被认定对于另一人的生活是不可或缺的。第一句中规定的支付，可能包括医疗护理分担支出和第十八编第 B 部分中有资格接受计划下医疗救助个人的保险费，以及下列情形：（A）正在接受第一编、第十编、第十四编、第十六编和第四编第 A 部分下任何州计划下的救助和协助，或者正接受第十六编下补充保险收入津贴的个人；或者（B）接受州补充性支付，并且有资格接受等同于第 1902 条第（a）款第（10）项第（A）目规定的医疗救助的数量、期间、规模的医疗救助，以及除 65 岁以上和残疾人未在第十八编第 B 部分下登记但有权享受第十八编下健康保险津贴，其他医疗和复健治疗的保费或支出。所有服务（包括咨询服务）均不得因咨询作为酒精或药物依赖的治疗手段之一，被排除在"医疗救助"定义之外。

（b）① 根据第 1933 条第（d）款，对任何州的"联邦医疗救助比例"应当为 100% 减去州的比例；州的比例应当在与该州人均收入与美国本土（包括阿拉斯加）和夏威夷收入的比值的 45%—100%；除下列情形：（1）联邦医疗救助比例不得低于 50%，同时不得高于 83%；（2）联邦对波多黎各、维京群岛、刚果、北马里亚纳群岛以及美属萨摩亚的医疗救助比例应当为 50%；（3）根据本编和第十六编，哥伦比亚地区的联邦医疗救助比例为 70%；（4）对于仅依据第 1902 条第（a）款第（10）项第（A）目第（ii）节第（Ⅷ）次节规定获得救助资格的个人，根据其接受的医疗救助，联邦医疗救助比例应当与第 2105 条第（b）款规定的强化 FMAP 相等。所有州联邦医疗救助比例应当根据第 1101 条第（a）款第（8）项第（B）目的规定决定并予以公布。尽管有本条第一句的规定，对于通过印第安健康服务设施接受的医疗护理救助服务的支出，无论该设施

---

① 关于阿拉斯加 FMAP，参见第 2 卷《公法》第 106—554 期，第 706 条。

关于附加的 FMAP 调整，参见第 2 卷《公法》第 109—171 期，第 6053 条。

是否由印第安健康服务或印第安部落或部落组织（参照《印第安健康护理促进法》第 4 条①定义）运营，联邦医疗救助比例应当为 100%。尽管有本次条第一句的规定，如果州计划符合第（u）款第（1）项规定的情况，该州在一个财政年度内第（u）款第（2）项第（A）目或第（u）款第（3）项中描述的支出（不包括第 1923 条规定的支出）未超过第 2104 条规定的州可支配拨款额，则联邦医疗救助比例应当等于第 2105 条第（b）款规定的强化 FMAP。

（c）"护理机构"的定义，参见第 1919 条第（a）款。

（d）"智力障碍中介护理机构"指向具备下列情况的智力障碍或相关状况人员的机构（或机构中的独立部分）：

（1）此类机构（或机构中的独立部分）的根本目的是向智力障碍人员提供健康或康复性服务，且这些机构应当符合国务卿规定的标准；

（2）本编批准的计划下要求对其支付的智力障碍人员正在接受积极治疗；

（3）在公立机构、州或有责任运行这些机构的行政区域，已经同意在 1975 年 1 月 1 日以前的任何季度中，对向州内此类机构（或机构中的独立部分）中患者提供的服务的非联邦支出，不会因本编下的支付而被削减至低于平均数额的水平。该平均数额为一州内选出的此类机构在被选定的季度之后 4 个季度，用于本编批准的州计划的服务的花费。

（e）如果任何州的州计划出现下列情形（获得本编批准）：

（1）对于验光师提供的服务不提供支付［不是指第 1902 条第（a）款第（12）项覆盖的服务］；

（2）但是，对于第（1）项中提及的服务，提前给予支付；

"医师服务"［如第（a）款第（5）项规定的情形］应当包括被该计划雇佣的验光师根据法律授权实施的服务，包括验光师根据法律授权提供的服务，且无论是否由医师或验光师提供均应当被返还支付。

（f）为实施本编，"护理机构服务"指向需要日常看护服务的个人正在提供或已经提供的服务（由看护人员直接提供或监督），或者只能在看护机构内向住院患者根据实际需要提供的其他康复服务。

（g）如果州计划包含对脊椎推拿治疗师的服务的规定，此类服务仅

---

① 参见第 2 卷《公法》第 94—437 期，第 4 条。

指下列服务：

（1）由脊椎推拿治疗师提供的服务，该脊椎推拿治疗师（A）由州认证许可并持有执业证书，（B）符合第 1861 条第（r）款第（5）项下由国务卿规定的统一最低标准；

（2）由脊椎推拿治疗师在州法授权下实施对脊柱的人工治疗方式构成的服务。

（h）（1）根据第（a）款第（16）项，"为 21 岁以下提供的住院精神病治疗服务"包含下列各项：

（A）在一个机构内（或该机构的其他部分内）提供的住院服务，该机构是在第 1861 条第（f）款规定的精神病院或国务卿法规中明确规定的住院区；

（B）对下列个人提供的住院服务：（ⅰ）涉及国务卿法规规定标准的积极治疗，（ⅱ）由医师、其他有资格做出精神健康状况决定的人员和相关治疗组织组成的团队，认为有必要住院且有希望能够改善精神状况，因上述原因对服务有必要需求的人，对其提供服务直到实际不再需要为止；

（C）住院服务，对以下个人在下列日期前提供服务：（ⅰ）个人未满 21 岁之前，或者（ⅱ）即将满 21 岁以前接受此类服务，（Ⅰ）在个人不再需要该服务之前，或者（Ⅱ）在 22 岁以前需要该服务。

（2）该定义不包括在任何州的州计划下的任何季度内提供的服务，如果在该季度内全部基金被支出［由州（和其他行政区域）从包括第（1）项中住院服务的非联邦基金中支出］，用于为有资格的精神病患儿童在门诊提供的积极精神护理和治疗的，支出数额在 1971 年 12 月 31 日起算前 4 个季度内由州（或行政区域）从非联邦基金中对上述服务基金支出的季度平均数额。

（i）"精神病院"指医院、看护机构或其他超过 16 张床位的机构，这些机构主要从事提供精神病诊断、治疗或护理，包括医疗关注、看护护理和相关服务。

（j）"州补充性支付"指由州在常规基础上向个人进行的现金支付，该正在接受第十六编下的补充保险收入津贴或因其收入有资格接受该津贴作为该津贴补充需要基础上的辅助（由社会保险委员会决定），但是仅限于个人在第十六编下的补充保险收入津贴或者第十六编下规定的收入是可支付的。

（k）根据《公法》第93—66期①第211条规定的，增加补充保险收入津贴是可支付的，但并不是第十六编下的补充保险收入津贴可支付。

（1）（1）"乡村健康诊所服务"和"乡村健康诊所"与第1861条第（aa）款给出的定义一致，除下列情况：（A）第1861条第（aa）款第（2）项第（ii）节的规定不适用；以及（B）第1861条第（aa）款第（2）项第（B）目规定的医师协议仅仅适用于乡村健康诊所服务和其他急救护理服务，医师协议应当仅根据州计划关于前述服务的规定进行拟定。

（2）（A）"联邦合格健康中心服务"指第1861条第（aa）款第（1）项第（A）目到第（C）目规定的向联邦合格健康中心内的作为患者身份的个人②提供的服务类型，因此第1861条第（aa）款第（2）项第（B）目描述的乡村健康诊所以及医师名单，分别视为联邦合格健康中心或医师的名单。

（B）"联邦合格健康中心"指下列实体：

（i）根据《公共健康服务法》第330条③规定正在接受拨款；

（ii）（I）根据与拨款的接受者之间的合同，从拨款中接受资金支持，以及（II）符合该法第330条规定的接受拨款的条件；

（iii）国务卿基于公共健康服务部中健康资源和服务署的建议，认定符合接受拨款的条件，包括符合国务卿关于实体不得为其他实体拥有、控制及运营的要求；

（iv）或者，为实施第十八编第B部分，国务院自1990年1月1日起将其作为综合性联邦支持健康中心对待；

包括门诊健康项目，《印第安自决法》（《公法》第93—638期）规定的由部落或部落性组织运营的机构，以及由《印第安健康护理促进法》第四编中根据法律接受提供基本健康服务资助的城市印第安组织运营的机构。在实施第（ii）节时，国务院可因为良好理由，放弃实施相关条款中的要求，为期2年。

（m）（1）根据第（2）项，"合格家庭成员"指［不包括由第（n）款定义的合格的孕妇或儿童］根据第407条在第四编第A部分下州计划

---

① 参见第2卷《公法》第93—66期，第211条。

② 如原文所述。应该读"患者"（a patient）。

③ 参见第2卷《公法》第78—410期，第330条。

接受救助的家庭成员，如果州没有在第 407 条第（b）款第（2）项第（B）目第（ⅰ）节下进行选择。

（2）在 1998 年 9 月 30 日以后，任何个人不再作为合格家庭成员。

（n）"合格的怀孕妇女或儿童"指：

（1）怀孕妇女是指符合下列情况的妇女：

（A）如果该妇女已经分娩，且在救助支付时与其孩子生活在一起，且其怀孕已经过医学证实，根据第四编第 A 部分，有资格接受给抚养依赖性儿童的家庭提供的救助（如果第四编第 A 部分下的州计划覆盖第 407 条下向抚养依赖性儿童家庭中的失业父母提供的救助，该个人有资格获得此类救助）；

（B）是一名家庭成员，该家庭根据第 407 条规定有资格享受第四编第 A 部分的州计划下的救助，如果州计划要求救助的支付符合第 407 条的规定；

（C）或者，符合第四编第 A 部分下州计划对收入和资源的要求。

（2）出生于 1983 年 9 月 30 日以后（或在州指定的日期以后出生）未满 19 岁的儿童，并且满足第四编第 A 部分下州计划对其收入和资源大额要求。

（o）（1）（A）根据第（B）目，"收容所服务"指第 1861 条第（dd）款第（1）项描述的服务，该服务由收容项目［参照第 1861 条第（dd）款第（2）项定义］提供给临终患者参照［第（2）项定义］自愿选择的，以收容服务替代第 1812 条第（d）款第（2）项第（A）目规定的津贴支付，以及根据第十八编进行的其他支付和州计划下的中级护理机构服务。选择的目的在于，收容服务可向个人提供在其居住于专业护理机构或中级护理机构时，但是州计划下仅有的支付应当对收容护理进行。

（B）为实施本编，第 1861 条第（dd）款第（2）项下收容项目的定义，国务院可允许机构或组织在该条第（A）目第（ⅲ）节下做出保证，不将艾滋病患者计入支付范围内。

（2）个人根据本款进行的自愿选择：

（A）州制定的程序应与第 1861 条第（d）款第（2）项建立的程序一致；

（B）国务卿建立的一定期限［须与第 1861 条第（d）款第（1）项描述的期限相同］；

（C）可以在任何时间撤销且无须理由，也可根据先前的选择对收容项目任意更改。

（3）下列情况的个人：

（A）居住在护理机构或智力障碍中级护理机构，且在机构内接受计划下的医疗护理和服务；

（B）有资格获得第十八编第 A 部分下的津贴，并且已经选择在第1812 条第（d）款下接受该部分下的收容护理；

（C）个人与本编下的收容项目和智力障碍中级护理机构已经订立书面协议，在协议中约定，收容项目全面负责个人的收容护理，且机构统一向个人提供房间和场所；

取代计划下的其他机构服务的支付，州应当向收容项目提供与第1902 条第（a）款第（13）项第（B）目规定的额外金额同数量的支付，如果个人符合第1902 条第（a）款第（10）项第（A）目的规定，州应当向其提供第1813 条第（a）款第（4）项强制适用的联合保险的支付。

（p）（1）"合格医疗保险受益人"指符合下列条件的个人：

（A）有资格获得十八编第 A 部分下医疗保险津贴的个人（包括第1818 条下登记名单下领取津贴的个人，但不包括在第 1818 条下登记名单下领取津贴的个人）；

（B）该个人的收入［依照补充保险收入项目的宗旨，根据第1612 条决定的收入，第（2）项第（D）目提供的收入除外］不超过州根据第（2）项建立的收入水平线；

（C）该个人的资源（依照补充保险收入项目的宗旨，根据第1613 条决定的）未超过个人在该项目下获得津贴数额最大值的两倍，或者自2010 年 1 月 1 日开始启用，其收入（如前述决定）不超过第 1860D–14条第（a）款第（3）项第（D）目中在生效实施后的最大资源水平线［不考虑该条第（G）目提供的生命保险政策排除］，适用于个人或其配偶（视具体情况而定）①。

---

① 《公法》110—275 期，第 112 条，附加的"或者，生效始于 2010 年 1 月 1 日，其资源（根据决定）不超过第 1860D–14 条第（a）款第（3）项第（D）目的最大年资源数额［不考虑该条第（G）目的人身保险政策规定］，适用于个人或其配偶（视具体情况而定）"，2008 年 7 月15 日生效。

（2）（A）第（1）项第（B）目下建立的收入线应当至少是第（B）目的官方贫困线［根据预算管理办公室定义，根据《模糊财政妥协法》第673条第（2）项①每年更改］，根据涉及的家庭的规模适用。

（B）除第（C）目规定的提供外，本节下为有资格享受医疗救助提供的时间和百分比为：

（ⅰ）自1989年1月1日起，为85%；

（ⅱ）自1990年1月1日起，为90%；

（ⅲ）自1991年1月1日起，为100%。

（C）如果一个州已经选择第1902条第（f）款下的治疗，且到1987年1月1日起，适用的收入标准线比第十六编下补充保险收入项目为65岁以上老人建立的收入标准更严苛，第（B）目为有资格享受医疗救助提供的时间和百分比为：

（ⅰ）自1989年1月1日起，为80%；

（ⅱ）自1990年1月1日起，为85%；

（ⅲ）自1991年1月1日起，为95%；

（ⅳ）自1991年1月1日起，为100%。

（D）（ⅰ）在决定个人在本款下的收入时，该个人有权在一年的过渡月内［由第（ⅱ）节定义］获得第二编下月付保险津贴，该收入不应包含根据第215条第（i）款规定自上一年12月开始的月付保险津贴的增加额。

（ⅱ）为实施第（ⅰ）节，"过渡月"指每年官方公布进行年度贫困线检查的月份，参照第（A）目规定。

（3）"医疗保险支出分担"指［根据第1902条第（n）款第（2）项］，合格的医疗护理受益人发生的下列费用，无论该费用是否因实施本计划下的医疗救助项目和服务而支付。

（A）（ⅰ）第1818条或第1818A条下的保险费；（ⅱ）第1839条下的保险费。

（B）第十八编下共同保险（包括第1813条规定的共同保险）②。

---

① 参见第2卷《公法》第97—35期，第673条第（2）项。

② 标点符号如原文所述。

（C）第十八编下建立的保险免赔额［包括第 1813 条和第 1813 第（b）款描述的扣减］①。

（D）第 1833 条第（a）款下支付的金额与该条下可能支付的金额之间的差额如果达到"80%"，被视为参考"100%"。

本定义还包括州可选择合格医疗保险受益人加入第 1876 条规定的有资格组织应缴的保险费。

（4）本编下其他规定，如果一个州（除 50 个州和哥伦比亚特区）：

（A）选择第 1902 条第（a）款第（10）项第（E）目的要求；

（B）为实施第（2）项，州可以替代第（B）目下提供的比例或第 1902 条第（a）款第（10）项第（E）目第（ⅲ）节规定的比例。

如果尽管第 1115 条规定了尽管，一个州等向其居民提供医疗救助，国务院应当要求该州以满足本编下批准的州计划生效的要求的相同方式，满足第 1902 条第（a）款第（10）项第（E）目对州的要求。

（5）（A）国务院应当向州建立并发布一份简化申请表供个人使用（包括合格医疗保险受益人和特定低收入医疗保险受益人），该州选择使用该表格用以申请本编下的医疗保险费用分担救助。该表格应当全国统一且通俗易懂。考虑到第 226 条或第 226A 条下申请住院保险津贴的个人最常使用的需要，国务院应当至少提供十种语言的翻译版（英语除外），且应当使各州和社会保险委员会②拿到该表格。

（B）设计该表格时，国务院咨询受益人群体和各州。

（6）对于医疗保险支出分担适用的加强意识的相关规定，见第 1144 条。

（q）"合格严重受损个人"指 65 岁以下的个人：

（1）当月的上一个月，该次条适用于下列个人：

（A）接受：（ⅰ）根据第 1611 条第（b）款，对盲人或残疾人支付的补充保险收入津贴；（ⅱ）根据第 1611 条第（b）款或《公法》第 93—66 期第 212 条③，对盲人或残疾人支付的补充保险收入津贴；（ⅲ）第 1619 条第（a）款下的月付津贴；或者（ⅳ）第 1616 条第（c）款第

---

① 标点符号如原文所述。
② 《公法》第 110—275 期，第 118 条第（a）款，增加本句，**2010 年 1 月 1 日生效**。
③ 参见第 2 卷《公法》第 93—66 期，第 212 条。

（3）项下的补充支付。

（B）有资格获本编下批准的州计划下的医疗救助。

（2）社会保险委员会决定下列个人：

（A）该个人长期失明或有身体或精神损伤，因此被认为残疾，除其收入外，始终符合第十六编下非残疾的有关津贴的资格；

（B）该个人的收益，除其收入外，等于或超过致使其丧失第1611条第（b）款下支付的领取（否则其有资格领取支付）；

（C）失去本编下津贴的资格，将严重约束它继续活获得工作的能力；

（D）其个人收入不足以向其提供第十六编和本编下津贴的合理替代（包括任何联邦管理的州补充支付），以及公开建立的在该收入丧失时可向其提供的协助护理服务（包括个人护理协助）。

如果根据第1619条第（b）款规定，该个人有资格在1987年6月获医疗救助，该个人应当为合格严重损伤个人，直到其符合第（2）项的要求。

（r）"早期和定期筛查、诊断、治疗服务"指下列服务：

（1）筛查服务。

（A）指被提供：

（i）在符合医学或牙医实践标准的间隔下，州向涉及儿童健康护理的医疗和牙医组织咨询之后决定，第（B）目第（iii）节规定的免疫与第1928条第（c）款第（2）项第（B）目第（i）节的儿童疫苗规划表一致；

（ii）在这种间隔下，决定一定的身体或精神疾病或状况的存续期，在医学上认为是必要的。

（B）在最短期限内应包括：

（i）综合健康和生长发育史（包括身体和精神健康发展评估）；

（ii）全面裸体身体检查；

（iii）依年龄或健康史进行的适当免疫［根据第1928条第（c）款第（2）项第（B）目第（i）节的儿童疫苗规划表］；

（iv）实验室测试（包括根据年龄和风险因素进行的适当血铅水平测试）；

（v）健康教育（包括预期指导）。

（2）视力服务。

（A）指被提供：

（ⅰ）在符合医学或牙医实践标准的间隔下，州在向涉及儿童健康护理的医疗和牙医组织咨询之后决定；

（ⅱ）在这种间隔下，决定一定的身体或精神疾病或状况的存续期，在医学上认为是必要的。

（B）至少包含视力缺陷的诊断和治疗（包括眼镜）。

（3）牙科服务。

（A）指被提供：

（ⅰ）在符合医学或牙医实践标准的间隔下，州在向涉及儿童健康护理的医疗和牙医组织咨询之后决定；

（ⅱ）在这种间隔下，决定一定的身体或精神疾病或状况的存续期，在医学上认为是必要的。

（B）至少包含疼痛和感染的治疗、牙齿重建、牙齿健康保持。

（4）听力服务。

（A）指被提供：

（ⅰ）在符合医学或牙医实践标准的间隔下，州在向涉及儿童健康护理的医疗和牙医组织咨询之后决定；

（ⅱ）在这种间隔下，决定一定的身体或精神疾病或状况的存续期，在医学上认为是必要的。

（B）至少包含听力缺陷的感染和治疗（包括助听器）。

（5）其他必需的此类健康护理、诊断服务、治疗和其他第1905条第（a）款规定的矫正或改善由筛查发现的身体和精神疾病或缺陷的方法，无论这些服务是否被州计划覆盖。

本编内任何内容不应解释为限制早期和定期筛查、诊断、治疗服务的提供者，限制他们有资格提供上述条款中描述的服务；也不应解释为阻止本计划下提供一项或多项（但不是全部）服务的合格提供者，阻止其合格提供早期和定期筛查、诊断、治疗服务。国务院应当在不晚于1990年6月1日，以及之后12个月，为本编下州计划覆盖的个人的早期和定期筛查、诊断、治疗服务，建立州的年度参与目标。

（s）"合格残疾就业个人"指下列个人：

（1）有资格根据第1818A条参加第十八编第A部分下医院保险津贴

的个人（第 1818A 条由《1989 年模糊财政妥协法》① 添加）；

（2）其收入（根据第 1612 条决定为补充保险收入项目）不超过官方适用于家庭规模的贫困线［由 OMB 定义且根据《1989 年模糊财政妥协法》第 673 条第（2）项②每年修改］的 200%；

（3）其资源（根据第 1613 条决定为补充保险收入项目）不超过个人或夫妇（如果个人有配偶）获第十六编下补充保险收入津贴的资源最大额的 2 倍；

（4）其不具有资格获医疗救助。

（t）（1）"基础护理病例管理服务"指病例管理相关服务（包括健康护理服务的位置、合作和监管），由基础护理案例管理人根据基础病例管理合同提供。

（2）"基础护理病例管理人"指下列提供第（1）项下合同中规定的服务：

（A）医师、医师团体实习或实体与医师通过雇佣或协议提供此类服务。

（B）州可选择：

（ⅰ）护士从业者［参照第 1905 条第（a）款第（21）项定义］；

（ⅱ）注册产后护理护士［参照第 1861 条第（gg）款定义］；

（ⅲ）或者，医师助理［参照第 1861 条第（aa）款第（5）项定义］。

（3）"基础护理病例管理合同"指在基础护理病例管理人和州之间订立，约定管理人员负责其处登记的所有个人的基础护理的位置、合作和监管（以及合同约定的其他类似服务），该合同：

（A）提供合理、充分的运营时间，包括急诊 24 小时可用的信息、转诊患者和治疗；

（B）限定居住于管理人服务区附近的登记居民，通过使用经济实用的交通方式在合理时间内到达服务区；

（C）提供安排或将患者转诊至充足数量的医生和其他适当的专业护

---

① 《公法》第 101—239 期，第 6021 条第（a）款第（2）项；《美国联邦法律大全》第 103 编第 2161 条。

② 参见第 2 卷《公法》第 97—35 期，第 673 条第（2）项。

理人员，以确保合同约定的服务能迅速、高质量地向登记在案者提供；

（D）禁止对本编登记下的、未登记的、重新登记的有资格获得医疗救助的健康护理服务要求的歧视；

（E）根据第 1932 条第（a）款第（4）项，为被登记者提供终止登记的权利；

（F）与第 1932 条的其他适用规定相一致。

（4）根据本款，"基础护理"包括根据州认证和法律法规许可，通常提供的所有健康护理服务，以及所有通过一般从业者、家庭医师、内科医师、产科医师或妇科医师或儿科医师提供的所有实验室服务。

（u）（1）州计划下本款描述的条件如下：

（A）州符合第 2105 条第（d）款第（1）项的要求。

（B）为执行第（b）款第四句，州计划提供国务院认为必要的关于本款运行的费用和支付信息的报告。

（2）（A）根据第（6）项，本目规定的费用是第（B）目规定的的选择性针对低收入儿童的医疗救助的费用。

（B）根据本项，"选择性针对低收入儿童"指第 2110 条第（b）款第（1）项定义的目标低收入儿童［决定时不考虑本编下医疗救助资格在本条第（C）目的比例］，其不符合 1997 年 3 月 31 日生效的本编州计划下医疗救助的资格［但考虑第 1902 条第（i）款第（1）项第（D）目运行引起的年龄延长的资格］。

（3）根据第（b）款，本项规定的费用是 1983 年 10 月 1 日前出生的儿童的医疗救助的费用，如果他们在该日期以后出生，将在第 1902 条第（i）款第（1）项第（D）目中有规定，且无资格享受 1997 年 3 月 31 日生效的建立州计划基础上的本编下州计划的救助。

（4）第 1108 条第（f）款和第（g）款条下的对支付的限制，不应当适用于第 2105 条第（b）款规定的的强化 FMAP 在第 1903 条第（a）款第（1）项下的联邦支付。

（v）（1）"可改善残疾的就业个人"是指下列个人：

（A）16—65 岁；

（B）被雇用［参照第（2）项定义］；

（C）该个人由于医疗改善的原因，被决定在常规的规划时间长期残疾检查，不再具有第 223 条第（d）款或第 1614 条第（a）款第（3）项下的津贴的资格，则终止第 1902 条第（a）款第（10）项第（A）目第（ⅱ）节第（ⅩⅤ）次节下医疗救助的资格；

（D）长期具有严重的医学认定的损伤，依照国务卿通过法规的认定。

（2）根据第（1）项，如果个人具有下列情况，则认为其"被雇用"：

（A）其收入至少符合《公平劳动标准法》（《美国法典》第 29 编第 206 条①）第 6 条下的最低工资要求，且每月至少工作 40 小时；

（B）或者，工作满足经国务卿批准由州规定的重要的、合理的有关工作时间、工资和其他事项的基本原则。

（w）（1）根据本编，"独立的寄养青少年"指下列个人：

（A）21 岁以下；

（B）在其 18 岁生日时，处于州负责的寄养护理下；

（C）其财产、资源、收入不超过州建立的与第（2）项规定的水平（如果存在该水平的话）。

（2）由州在第（1）项第（C）目下建立的标准不低于州在第 1931 条第（b）款下适用的相应标准。

（3）州可根据第 1902 条第（a）款第（10）项第（A）目第（ⅱ）节第（ⅩⅦ）次节限制独立的寄养青少年的资格，将资格限于 18 岁以前根据第四编第 E 部分提供的项目下的寄养鼓励持续支付或独立居住服务的个人。

（Ⅹ）根据第（a）款第（27）项，该款描述的方案、治疗和服务包括下列各项：

（1）慢性输血（具有去铁胺螯合），为患有阻止患有镰状细胞疾病（贫血）且其被认为具有很高的中风概率的个人发生中风。

（2）患有镰状细胞疾病（贫血）的或具有镰状细胞疾病特征个人的基因咨询和测试，允许健康护理专家治疗此类个人，并预防镰状细胞疾病出现。

（3）预防个人患镰状细胞疾病和二次中风的其他治疗和服务。

个人参加团体健康计划

第 1906 条【《美国法典》第 42 编第 1396e 条】（a）每个州计划：

---

① 参见第 2 卷《美国法典》第 29 编第 206 条。

（1）可补充国务卿建立的符合第（b）款的实施指南，以识别本编下个人参加团体健康计划而不是医疗救助（否则该个人有资格登记）是经济有效的［参照第（e）款第（2）项定义］；

（2）如果认定识别个人并以此作为根据第（b）款第（2）项获得或保持本编下的医疗救助的资格，即使本编存在其他规定，可要求该个人（或儿童及其父母）申请进入团体健康计划；

（3）此类参加［除第（c）款第（1）项第（B）目提供的］，应当提供参加者参加费用的支付，即所有扣减共同保险和本编下州计划覆盖的其他服务的支出分担义务（超过第1916条批准的数额），且应当将团体健康计划下的覆盖作为第三方责任对待［参照第1902条第（a）款第（25）项定义］。

（b）（1）建立第（a）款第（1）项下的指引时，国务院应当参考到某些个人在一定时期内有资格参加团体健康计划，而且只有当其他个人同时参加该计划时才有资格（后者无资格获本计划下医疗救助）。

（2）如果儿童的父母未能根据第（a）款第（2）项的规定为儿童登记参加团体健康计划，不应影响儿童获得本编下津贴的资格。

（c）（1）（A）为实施第1903条第（a）款，本条下保费、扣减、共同保险和其他分担支出责任的支付应当被考虑作为医疗救助的支付。

（B）如果一个家庭的所有成员都无资格获本编下医疗救助，且这些成员不可能进入团体健康计划，这些成员无资格：（ⅰ）他们参加后的保费支付应当作为有资格个人的医疗救助支付对待，如果这样做是经济有效的（考虑所有保费的支付）；但（ⅱ）他们的扣减、共同保险和其他分担支出责任的支付，不应作为有资格个人医疗救助支出对待。

（2）个人进入本条下团体健康计划的事实，不应改变该个人获州计划下津贴的资格，除第1902条第（a）款第（25）项规定的津贴支付外，应首先通过州计划支付。

（d）【已废除①】

（e）在本条中：

---

① 《公法》第105—33期，第474条第（b）款第（2）项；《美国联邦法律大全》第111编第523条。

（1）"团体健康计划"的定义参见《1986年国内税收法》第5000条第（b）款第（1）项①，且包含根据《公共健康服务法》第22编、《1986年国内税收法》第4980B条或《1974年雇员退休收入保障法》第6编②下，团体健康计划持续覆盖的相关规定。

（2）"经济有效"指由国务院建立，参加团体健康计划的个人在本编下费用的减少可能会大于本条下要求的保费和分担支出的附加费用。

尊重宗教信仰

第1907条【《美国法典》第42编第1396f条】 本编所有内容不应解释为要求已根据本编通过其计划的州，为任何目的（不是指发现和阻止感染或传染病传播的目的，或环保健康的目的）强迫个人进行任何医疗筛查、检查、诊断或治疗，或接受任何本计划提供的健康护理或服务，如果该个人具有宗教背景（若该个人为儿童，其父母或监护人具有宗教背景）。

许可护理机构管理者的州项目③

第1908条【《美国法典》第42编第1396g条】（a）根据第1902条第（a）款第（29）项，"许可护理机构管理者的州项目"是指除非在本条规定方式下或许可的管理者的监管下，州内任何护理机构不得运营的项目。

（b）护理机构管理者的许可，应当由州负责许可的机构根据该州医术许可法执行，如无此类机构或法律，则由慢性病和老年患者护理专业机构代表组成一个委员会执行本条。

（c）此类机构或委员会应当有下列职能和责任：

（1）建立、执行、实施个人成为护理机构管理者的标准，该标准应当为确保护理机构管理者有良好品格并适合工作而设计，并且这些管理者

---

① 参见第2卷《公法》第85—591期，第5000条第（b）款第（1）项。

② 《公法》第78—410期，第22编；《公法》第85—591期，第4980条；《公法》第93—406期，第6编。

③ 《公法》第105—508期，第4801条第（e）款第（11）项第（B）目，废除本条，自部长颁布关于护理机构管理人员的资格依据的标准之日起生效，第1919条第（f）款第（4）项。部长没有，迄今为止，颁布这样的标准和预期不会在短期内公布它们。

经过该领域专业训练后，能够胜任护理机构管理者的职位；

（2）建立、运用适当技术，包括检查和调查，以决定个人是否符合该标准；

（3）在运用相关技术后，为认定符合标准的个人颁发许可证，对不再符合标准但先前已获得许可证的个人，撤销或吊销其许可证；

（4）建立和执行相关程序，该程序是确保获得许可的个人在作为护理机构管理者期间符合标准而设计；

（5）对不再符合标准的护理机构管理者的有关投诉进行接受、调查、采取适当措施；

（6）对一州内所有护理机构及其管理者进行持续的调查研究，从而完善许可标准和实施标准的程序和方法。

（d）任何州必须符合第 1902 条第（a）款第（29）项规定，因为该州的机构或委员会［根据第（b）款建立］应当授权放弃，任何初次满足第 1902 条第（a）款第（29）项规定的要求当年以后的 3 年内作为护理机构管理者个人，由该机构或委员会根据第（c）款建立、执行、实施相关标准。

（e）本条所使用的名词。

（1）"护理机构"指为实施许可而根据州法定义的机构，如果州法未定义，则由国务卿决定的等同名词进行定义，除宗教非医疗健康护理机构外［参照第 1861 条第（ss）款第（1）项定义］。

（2）"护理机构管理者"指负责日常护理机构管理的个人，无论其是否与该机构有所有权利益，无论其是否与他人分担职责。

儿童医疗支持的相关法律要求

第 1908A 条【《美国法典》第 42 编第 1396g–1 条】（a）**总则。**儿童医疗支持的有关法律，根据第 1902 条第（a）款第（60）项规定对州生效，如下列：

（1）法律禁止保险人以下列理由否定儿童父母健康覆盖下儿童参与：

（A）非婚生子女；

（B）儿童未作为父母的联邦收入税收返还的依赖者；

（C）或者，该儿童未与父母居住在一起，或未居住在保险人服务地区内。

（2）在法庭或行政命令要求一方父母为儿童提供健康覆盖，且该父或母有资格通过保险人获得家庭健康覆盖，法律应当要求保险人：

（A）允许父母在家庭覆盖下登记，使该儿童有资格获得保险覆盖（不考虑任何参加的季节限制）；

（B）如果父母一方已参加，但未能成功申请覆盖儿童，可由儿童的另一方父母申请覆盖，或由州立机构根据本编或第四编第 D 部分下管理该项目进行覆盖；

（C）除非向保险人提供充分的下列书面证据，被否则不能取消儿童资格（或终止覆盖）：（ⅰ）法庭和行政命令不再生效，或者（ⅱ）该儿童已参加或即将通过其他保险人参加类似健康覆盖，且不晚于取消资格之日生效。

（3）父亲或母亲被法庭或行政命令要求提供儿童健康覆盖，且该父亲或母亲有资格通过其在州内经营的雇主获得家庭健康覆盖，法律应要求雇主：

（A）允许父母在家庭覆盖下登记，使该儿童有资格获得保险覆盖（不考虑任何参加的季节限制）；

（B）如果父母一方已参加，但未能成功申请覆盖儿童，可由儿童的另一方父母申请覆盖，或由州立机构根据本编或第四编第 D 部分下管理该项目进行覆盖；

（C）不得将儿童除名（或终止覆盖），除非：（ⅰ）向雇主提供下列充分的书面证据：（Ⅰ）法庭和行政命令不再生效，或者（Ⅱ）该儿童已参加或即将通过其他保险人参加类似健康覆盖，且不晚于取消资格之日生效，或者（ⅱ）雇主已终止其所有雇员的家庭健康覆盖；

（D）扣留、拒付雇员补偿金中健康覆盖保费中的雇员分担部分（如果有的话）［除被扣部分金额不超过《消费者权益保护法》第 303 条第（b）款①规定的最大额］和向保险人支付保费的分担部分，除国务院法规规定的雇主可扣留低于雇员分担保费部分数额除外。

（4）法律禁止保险人强行对州立机构进行强制要求，该法律已授予个人享受本编下医疗救助的资格和通过保险人获得健康津贴的权利，这与适用于机构或被指定覆盖的其他个人的要求不同。

---

①　参见第 2 卷《公法》第 90—321 期，第 303 条第（b）款。

（5）如果儿童通过非监护权父（母）方的保险人获得健康覆盖，法律要求保险人：

（A）向监护权父（母）提供儿童通过覆盖获得津贴的必要信息；

（B）允许监护父（母）［或经监护父（母）许可的提供者］提交覆盖服务的申请，无须经过监护父（母）许可；

（C）根据第（B）目规定，将津贴直接支付给监护父（母）、提供者或相关州立机构。

（6）法律允许本编下的州立机构增发下列个人的工资、薪水或其他雇佣所得，并且要求扣减从州向下列个人税收返还的数额：

（A）经法庭或行政命令要求向本编下有资格获得医疗救助的儿童提供健康服务支出覆盖的人；

（B）已收到第三发给支付该儿童的服务费用的人；

（C）但是，未向父母中另一方、监护人或提供者使用该支付进行适当返还；

在本编州计划下支出费用的必要返还的范围内，现在或过去的儿童支持申请应当优先于此类服务支出的申请。

（b）**定义**。根据本条，"保险人"指包括《1974 年雇员退休收入保障法》第 607 条第（1）项[1]规定的的团体健康计划、健康维持组织和提供服务津贴计划的实体。

州虚假申报法对增加补偿中州负担份额的要求[2]

第 1909 条【《美国法典》第 42 编第 1396h 条】（a）**总则**。根据第 1905 条第（b）款，如果某一州已经有符合第（b）款要求的虚假或欺诈申报法生效，根据州法规定重获金额中的联邦医疗救助比例，应当被削减 10%。

（b）**要求**。根据第（a）款，本次条的要求是健康和人力服务部中检查司，在咨询过法务司，认定州已生效的法律符合下列要求：

（1）该法为州建立了《美国法典》第 31 编第 3729 条规定的虚构或欺诈申报的责任，且符合第 1903 条第（a）款规定的费用。

---

① 参见第 2 卷《公法》第 93—406 期，第 607 条第（1）项。

② 参见第 2 卷《美国法典》第 31 编第 3729—3732 条。

（2）该法至少包含对举报、揭发《美国法典》第 31 编第 3730—3732 条描述的欺诈申报的奖励规定。

（3）该法包含对在法务司检查下的 60 天密封期内，递交法律的申请。

（4）该法包含民事惩罚，且不少于《美国法典》第 31 编第 3729 条规定的民事惩罚的数额。

（c）**认定的服从**。一个州自 2007 年 1 月 1 日起颁布的符合第（b）款要求的法律，应当被认为符合遵守本法的要求。

（d）**法律限制边界**。本条所有内容均不应当解释为限制一州颁布生效的法律为《美国法典》第 31 编第 3729 条中的虚假或欺诈申报向该州建立责任，符合本编下州项目的项目，或第 1903 条第（a）款规定的费用及附加费用，均应认为符合第（a）款的要求。

乡村健康诊所和智力障碍中介护理机构的许可和批准

第 1910 条【《美国法典》第 42 编第 1396i 条】（a）（1）当国务卿认定一州内某机构为第十八编下的合格乡村健康诊所，则该机构应当作为乡村健康诊所被认为符合本编下提供乡村健康诊所服务的许可标准。

（2）国务卿应当告知管理医疗救助计划的州立机构，对该州内申请作为合格乡村健康诊所的机构，批准或不批准其申请。

（b）（1）如果国务卿发现，根据第 1902 条第（a）款第（33）项第（B）目的规定，智力障碍中介护理机构不再符合第 1902 条第（a）款第（31）项或第 1905 条第（d）款的要求，或发现第 1866 条第（b）款终止智力障碍中介护理机构许可的事由出现，国务院可随时取消任何智力障碍中介护理机构的许可。这种情况下，国务院应当告知州立机构和智力障碍中介护理机构，国务卿将在某一时间终止其作为第十八编和本编下计划参加机构的资格。批准此类机构参加项目的许可不能恢复，除非国务卿发现终止其资格的事由已消失，且有合理确信此类事由不会再出现。

（2）对国务卿根据本编取消其作为①智力障碍中介护理机构参加项目决定不满的智力障碍中介护理机构，应当有权进行第 205 条第（b）款规定的国务卿组织的听证会，且根据第 205 条第（g）款对国务院在听证会

---

①　如原文所述。应该是"一个"（an）。

后的最终决定进行司法审查，除非在实施上述法律和第 205 条第（1）项，社保委员会或社保管理局的机关资料应当分别①被认为是国务卿或健康和人类服务部的参考资料。直到递交听证申请时，所有智力障碍中介护理机构和州立机构之间的协议应当有效，若申请已提交则合同效力直到国务卿做出决定时，如果国务卿做出书面决定，陈明原因，提供者地位的延续将对患者的健康和安全构成即时的严重威胁，且国务卿已告知机构其缺陷，但该机构未成功纠正缺陷，则协议不再有效。

印第安健康服务设施②

第 1911 条【《美国法典》第 42 编第 1396j 条】（a）印第安健康服务设施（包含医院、护理机构或其他提供州计划下覆盖服务的机构），无论该机构由印第安部落还是部落组织（相关定义由《印第安健康护理促进法》③ 第 4 条规定）运营，如果该机构满足本编下类似机构的相关条件和要求，则应当有资格由州计划提供医疗救助返还。

（b）根据第（a）款，印第安健康服务设施（包含医院、护理机构或其他提供州计划下覆盖服务的机构）未满足本编下类似机构适用的所有要求和条件，但是在本条④制定后 6 个月内向国务院递交达到并满足上述条件和要求的可行计划（且有资格或本编下医疗救助返还），不考虑该机构在递交申请之后 12 个月内实际的条件和状况。

（c）印第安健康服务机构向州计划下有资格获医疗救助的印第安人提供健康护理和服务，为了向这些护理和服务进行返还支付，国务卿有权与州立机构订立相关协议。

（d）涉及支付方式选择的相关规定，印第安部落、部落组织和阿拉斯加土著健康组织选择为上述部落和部落组织的医院和诊所根据本编提供的健康护理服务进行直接票据支付，或者接受为上述部落和部落组织的医

---

① 如原文所述。失踪期间。

② 关于印度卫生服务设施的专项资金，参见第 2 卷《公法》第 90—437 期，第 402 条第（c）款第（d）款。

关于蒙大拿州的服务条款，参见第 2 卷《公法》第 100—713 期，第 712 条。

③ 参见第 2 卷《公法》第 94—437 期。

④ 1976 年 9 月 30 日（《公法》第 94—437 期，第 1912 条；《美国联邦法律大全》第 90 编第 1400 条）。

院和诊所根据本编提供的健康护理服务的支付，参见《印第安健康护理促进法》第 405 条① （《美国法典》第 25 编第 1645 条）。

支付权分配

第 1912 条【《美国法典》第 42 编第 1396k 条】（a）关于对本编批准的州计划下医疗救助接受者应得的医疗护理的医疗支持支付和其他支付的征税，州医疗救助计划应当：

（1）为具备法律能力执行自身权利的个人提供，作为获得州计划下医疗救助资格的条件之一，该个人应当：

（A）分配州所有相关权利，包括个人或本编下有资格获得医疗救助的其他个人，并且以其名义拥有法律授权执行此类权利，从而支持（由法庭或行政命令为医疗护理的目的进行定义）医疗护理并且从第三方获得对其的支付；

（B）与州合作：（ⅰ）如果是非婚生子女，建立该个人的父系身份［根据第（A）目规定］，以及（ⅱ）为该个人自身获取支持或支付［根据第（A）目规定］，除非（下列情况之一）该个人是第 1902 条第（l）款第（1）项第（A）目规定的个人，或者被发现按照国务卿规定的标准（该标准被需考虑个人最佳利益）有良好理由拒绝州立机构决定的合作；

（C）与州合作识别和提供信息，协助州找出可能有责任为护理和服务支付的第三方，除非该个人按照国务卿规定的标准（该标准被需考虑个人最佳利益）有良好理由拒绝与州立机构合作。

（2）提供进入于各种适当机构［包括在第 454 条第（3）项建立或设计的州立机构管理下，由或通过父（母）实施收取医疗护理支付的权利］的合作协议（包括财务协议），在适当法庭和执法机构管理下，协助管理州计划的运行：（A）本节下支持或指定支付权利的强制和征收，以及（B）其他相关事项。

（b）州根据本条指定征收的金额部分，应当由州持有，当执行指定权利时由州以个人名义对医疗救助支付进行必要返还（联邦政府在参加医疗救助的范围内进行适当返还），返还征收金额的剩余部分应当支付给个人。

----

① 参见第 2 卷《公法》第 94—437 期，第 405 条。

提供护理机构服务的医院

第 1913 条 【《美国法典》第 42 编第 1396l 条】（a）虽然本编其他规定，但根据本条，对于有医院在第 1883 条下生效的协议，提供本编下批准的州计划中的护理机构服务，以及符合第 1919 条第（b）款到第（d）款的要求，可以对医院进行支付。

（b）（1）除第（3）项规定的情况外，对于医院根据第（a）款提供护理机构服务，对其进行的支付数额应等于前一年州计划下位于医院所在的州的护理机构每人每天常规服务的平均额。辅助服务的花费应当以住院服务中的辅助服务支出的相同方式来决定。

（2）在医院根据第 1883 条订立的协议期限内，为了在医院与长期护理服务之间分配常规费用，所有等级的长期护理患者日常服务的返还总额（包括第十八编、第十九编以及私人支付患者）应当在计算州计划下日常医院服务返还额以前从医院日常支出总额中扣除。

（3）对所有医院提供为其第（a）款规定的护理服务进行支付，可根据第 1902 条第（a）款第（13）项第（A）目的要求一致的州建立的标准进行支付。

规定医疗保险提供者支付中联邦份额的扣减

第 1914 条 【《美国法典》第 42 编第 1396m 条】（a）国务卿可根据本条，对每季度内提供的护理或服务的医疗救助支出，调整联邦对州的支付额：

（1）任何机构：（A）已经或先前曾与国务卿根据第 1866 条规定订立过协议并生效；（B）（ⅰ）国务卿不能对第十八编下超额支付进行补救，或者（ⅱ）根据合同，国务卿不能通过收集必要信息来决定第十八编下此类机构过度支付的金额（如果存在过度支付的情形）。

（2）任何人：（A）其：（ⅰ）先前已接受根据第 1842 条第（b）款第（3）项第（B）目第（ⅱ）节下的分配基础上的支付；（ⅱ）在此季度的年度期间内未递交第十八编支付申请，或者递交第十八编下支付申请但总额少于其收到的超额支付；（B）（ⅰ）国务卿不能恢复因违反分配条款而收到的超额支付，或者（ⅱ）国务卿不能通过从该个人处收集必要信息来决定第十八编下该个人收到的过度支付金额（如果存在过度支付的情形）。

（b）国务卿可以（根据本条的保留性条款）削减本编下任何制度下给予第（a）款中个人和机构的少于联邦配额的支付，或者第十八编下此类机构或个人获得的超额支付总额，也可要求州削减对此类机构或个人的支付，削减额为超额支付金额。

（c）国务卿不应当调整对州的支付，也不应当根据第（b）款要求调整对机构或个人的支付，除非国务卿已经向州立机构提供充分通知（该通知不得少于 60 天）。

（d）国务卿应当通过法规提供实施本条的程序，该程序应当：（1）决定支付给机构或个人的联邦支付额，根据本条规定，该联邦支付也可抵销第十八编下的超额支付；（2）保证本条下扣减的机构或个人支付的恢复，该恢复数额最终被决定超过第十八编下的超额支付，且机构或个人享有本编下的资格获得该恢复数额。

（e）国务卿应当根据第 1817 条和第 1841 条恢复建立信托基金，根据实际情况抵销第十八编下超额支付的恢复。

（f）尽管有本编其他规定，任何机构或个人无权从州获得本编下医疗护理和服务支付额的恢复，该支付由州立机构根据国务卿在第（b）款下的命令进行扣除。

取消和放弃本编某些要求的相关规定

第 1915 条【《美国法典》第 42 编第 1396n 条】（a）仅根据下列事由，不应当认定某一州（或任何行政区域）不符合第 1902 条第（1）项、第（10）项、第（23）项的要求：

（1）已经进入下列阶段：

（A）与某一机构订立合同，同意由该机构向选择从该机构获得护理和服务的居住在该机构服务的地理区域内且具备医疗救助资格的个人，提供州计划下的护理和服务，如果由乡村健康诊所提供服务，则由计划向乡村健康诊所进行支付；

（B）或者，如果国务卿发现下列情况，安排竞标程序购买第 1905 条第（a）款第（3）项规定的实验室服务或医疗设备：（i）通过该协议，可提供充分服务或设备，（ii）上述实验室服务只能通过具备下列条件的实验室提供：（I）该实验室符合第 1861 条第（e）款第（9）项或第

1861 条第（s）款第（16）项和第（17）项的要求，除前述条件外，国务卿还可进一步提出其他额外要求，（Ⅱ）此类服务不超过 75% 的费用，是为有资格接受本编或第十八编第 A 部分、第 B 部分下的津贴的个人提供。

（2）或者，限制服务者向个人提供服务的合法执行期（该个人符合接受本编或第十八编第 A 部分、第 B 部分下津贴的资格要求），如果：

（A）州发现，在通知和举行听证会后（需根据该州相关程序进行），个人以非医学必需的频率和数量使用护理和服务（根据州建立的使用指引来决定）；

（B）在该限制下，有资格的个人能够获得质量合格的服务（考虑到地理位置和必要的交通时间）。

（b）国务卿，在其认为经济有效且与本编立法目的一致的范围内，可终止第 1902 条［不包括其中第（s）款］［不包括第 1902 条第（a）款第（5）项、第 1902 条第（bb）款、第 1902 条第（a）款第（10）项第（A）目，在涉及第 1905 条第（a）款第（2）项第（C）目描述的护理和服务相关规定范围内］，州认为必要时可以：

（1）实施基础护理病例管理体系或专业医师服务协议，该协议限制提供者从个人（或通过个人）获得医疗护理服务（不包括急救情形），如果在医学必要时，该限制并不能严重影响获得质量合格的服务；

（2）允许地方作为核心中介人，协助个人（有资格或本编下医疗救助的个人）选择健康护理计划，如果该限制并不能严重影响获得质量合格的服务；

（3）与州计划下医疗救助的接收者分担（通过增加服务的决定），通过使用更经济合理的医疗救助而节省的费用；

（4）如果对提供服务绩效以外的因素不加以区别对待，且本限制下的提供者定期获得第 1902 条第（a）款第（37）项第（A）目下健康护理执业者相同方式的支付。限制（或通过）获得服务（不包含急救情形）的个人（有资格或本编下医疗救助的个人）从此类服务的提供者或执业者处获得服务。他们负责提供服务，且符合州计划下的返还的资格、质量、绩效标准，该标准应当与第 1923 条的要求一致，且与护理和服务的获得、质量、绩效规定相一致。

本款下无取消的条款限制个人选择接受第 1905 条第（a）款第（4）

项第（C）目下的服务①。

（c）（1）国务卿可通过取消相关条款，对其批准的家庭或社区基础服务（不包括床位和房间）的部分和全部费用，纳入本编下批准的州计划中作为"医疗救助"。上述服务通过书面护理计划向个人提供，该个人须为州已经批准对其在医院、护理机构、智力障碍中介护理机构中接收服务根据州计划进行返还的个人。根据本款的目的，"食宿"不包括州决定的方法下规定的数量，该数量反映了同等条件下在医院、护理机构、智力障碍中介护理机构内食物和租金的支出比例。

（2）除非州向国务卿提供下列充分保证，否则本次条下的终止将不予批准：

（A）已采取必要措施保护终止后个人的健康和福利，并保证基金财务账户的安全；

（B）州可向下列个人提供：（ⅰ）有资格获州计划规定的医疗救助，包括住院服务、护理机构服务、智力障碍中介护理机构服务，（ⅱ）可要求上述服务，（ⅲ）在终止后，有资格获家庭或社区基础护理，评估对于医院、护理机构、智力障碍中介护理机构内住院服务的需求程度；

（C）对于被决定有可能要求医院、护理机构、智力障碍中介护理机构服务的个人，如果终止后存在选择可能性的话，应当尊重个人选择，应当告知其住院服务、护理机构服务、智力障碍中介护理机构服务的相关规定；

（D）终止后州预测对个人的平均支出在每财政年度医疗救助支出额，不应超过终止未被批准时每财政年度州计划下对个人平均支出的预算；

（E）州应当每年向国务卿提供，与国务卿规定的数据汇总计划一致的、本款下终止被批准后的信息，包括州计划提供的医疗救助的种类、数量，以及接受者健康和福利的状况。

（3）本款下终止的包括对第 1902 条第（a）款第（1）项（在州范围内生效）、第 1902 条第（a）款第（10）项第（B）目（与比较相关）和第 1902 条第（a）款第（10）项第（C）目第（ⅰ）节第（Ⅲ）次节（在社区内运用的收入和资源规定）要求的终止。本款下的终止有效期为3 年，可以根据州的申请再延长 5 年，除非国务卿认为先前终止期间第（2）项下规定的保证未能实现。终止时应当提供终止实施后接受服务的

---

① 关于威斯康星州健康维护组织豁免，参见第 2 卷《公法》第 99—272 期，第 9524 条。

个人的获取收入资格的方法，因个人需要而在某个月忽略的个人收入的最大数额应超过 1985 年 7 月 1 日生效的法规允许的最大额。

（4）根据第（2）项，本款下批准的终止可以：

（A）限制向个人提供的津贴，当州决定有合理理由相信终止实施后个人得到的医疗救助数额不会超过终止未实施时个人获得的医疗救助额时；

（B）向个人（在经州批准的书面护理计划范围内）提供医疗救助，包括病例管理服务、主妇或家庭健康协助服务、个人护理服务、成年人日常健康服务、小儿康复服务、喘息服务或者州所要求的经国务卿批准，向慢性精神患者提供的其他服务、日常治疗或其他部分住院服务、心理复健服务和对慢性精神患者提供的诊所服务（无论是否在机构内提供）。

除了第（2）项第（D）目规定的情形外，部长不能在任何时期限制喘息服务的时间和期限，在本款下，州可以提供放弃的权利。

（5）根据第（4）项第（B）目的目的，"小儿康复服务"指：

（A）设计用以帮助个人获得、保持、改善自理能力、社会适应性以及在家庭和社区中正常居住所必需的适应性技巧；

（B）包括［除第（C）目规定的事项］就业前服务、教育服务以及促进就业的服务；

（C）但不包括：（i）特殊教育和相关服务［参照《残疾人教育法》第 602 条①（《美国法典》第 20 编第 1401 条）定义］，这些服务可通过地方教育机构向个人提供，以及（ii）再就业服务，个人可通过《1973 年再就业法》第 110 条②（《美国法典》第 29 编第 730 条）建立的项目获得。

（6）国务卿不能要求，终止实施后实际发生的家庭和社区基础服务费用总额（以及申请联邦财务分担额）不能超过已通过的预算额，作为根据本条第（2）项第（D）目批准终止的条件之一。国务卿不得以因州未能符合第（2）项第（D）目为由，否决适时终止后的联邦财务支付。

（7）（A）对于患有特定疾病或状况的患者，这类患者是住院患者或者要求在医院、护理机构、智力障碍中介护理机构内接受服务，对该类患

---

① 参见第 2 卷《公法》第 91—230 期，第 602 条第（c）款第（5）项（C）目。

② 参见第 2 卷《公法》第 93—112 期，第 110 条。

者根据第（2）项第（D）目进行终止下的评估，州可决定他们在每财政年度的平均费用，从普通患者住院费用或要求在上述机构接受服务的费用中进行单独预算。

（B）对患有发展性残疾在护理机构中接受服务的患者，和在第（2）项第（B）目评估基础上，对于需要在智力障碍中介护理机构内接受服务的患者，对该类患者根据第（2）项第（D）目进行终止下的评估，州可在不考虑是否有充足床位提供给这些患者的前提下，决定对前者每财政年度的平均费用，在后者每财政年度费用基础上进行预测。

（C）对因智力障碍或类似状况而在智力障碍中介护理机构内参加州计划服务的个人，实施终止后他们参加的州计划也同时结束，对该类患者根据第（2）项第（D）目进行终止下的评估，州可参考未实施终止情形下该类个人每财政年度的平均支出来决定其预测费用。

（8）本编下州立机构管理计划可以在适当时候，与第四编下儿童健康特别护理项目的责任管理机构订立合作协议，从而确保更好地向有需要的儿童提供服务。

（9）本款下实施的包含限制接受家庭和社区基础护理服务的人数的终止，额外人员可在州批准下，代替州计划下已死亡或丧失接受此类服务资格的个人获得护理服务。

（10）在本款的终止下，国务卿不得将该州内接受家庭和社区基础护理服务的个人的人数削减至200人以下。

（d）（1）根据第（2）项，国务卿应当批准终止的实施，以提供本编批准的州计划应包含以"医疗救助"方式对65岁以上老人根据书面护理计划接受的全部或部分家庭或社区基础服务（不包括食宿）的费用进行支付，这些个人已经决定要求在专业护理机构或中介护理机构接受服务，因此产生的费用可根据州计划获得返还。根据本款，"食宿"不应包括州决定的方法下规定的数量，该数量反映了同等条件下在医院、护理机构、智力障碍中介护理机构内食物和租金的支出比例。

（2）除非州向国务卿提供下列充分保证，否则本次条下的终止将不予批准：

（A）已采取必要安全措施（包括对参与提供者的适当标准）保护终止后个人的健康和福利，并保证此类服务基金财务账户的安全；

（B）对于65岁以上个人，他们：（ⅰ）有资格根据州计划获得专业护理或中介护理机构服务形式的医疗救助,(ⅱ)可要求上述服务,(ⅲ)可根据已实施的终止,有资格获家庭或社区基础服务,州将对上述专业护理机构或中介护理机构服务的需要程度进行评估;

(C)上述个人被决定有可能要求从专业护理机构或中介护理机构获取服务时,如果终止后存在选择可能性的话,应当尊重个人选择,应当告知其住院服务、护理机构服务、智力障碍中介护理机构服务的相关规定。

每个根据本款实施终止的州,应当每年向国务卿提供与国务卿规定的数据汇总计划一致的、关于本次条下终止被批准后的影响的信息,包括州计划提供的医疗救助的种类、数量,以及接受者健康和福利的状况。

(3)本款下批准的终止包含第1902条第(a)款第(1)项(在州范围内生效)、第1902条第(a)款第(10)项第(B)目(与比较相关)、第1902条第(a)款第(10)项第(C)目第(ⅰ)节第(Ⅲ)次节(在社区内运用的收入和资源规定)要求的终止。关于州(通知国务卿)在任何时间做出的终止,本条下的终止有效期为3年,可以根据州的申请再延长5年,除非国务卿认为第(2)项下规定的保证未能实现。终止时应当提供终止实施后接受服务的所有个人的收入获取资格的方法,因个人需要而在某个月忽略的个人收入的最大数额,应等同于第(c)款下实施的终止所允许的数额。

(4)本款下符合第(2)项的终止,应向个人提供医疗救助的病例管理服务、社区或家庭健康协助服务和个人护理服务、成年人日常健康服务,以及其他有助于个人健康和个人状况改善、增强他们融入社区护理的医疗和社会性服务。

(5)(A)一个州根据本款通过并实施某项终止,虽然存在其他与第1903条相反的规定,根据州计划向65岁及以上老人提供专业护理机构服务、中介护理机构服务、家庭和社区基础服务的医疗救助,州对其在本次条下一个实施终止的年度的总支出额,不得超过第(B)目下决定的预算额度。

(B)根据第(A)目,该目下的预算额度是下列各项支出额的总和:

(ⅰ)始于基准年的下一年,终于终止年份,以每年低于7%的比例从基准年开始增长(直到一年中最近的那个季度)的65岁以上个人,获得的本编下的州医疗救助的专业护理机构服务和中介护理服务的总额,或者下列事项的总额:

（Ⅰ）基准年开始至终止实施开始期间增加的百分比（基于代表这些服务的支出构成的市场指数）；

（Ⅱ）基准年开始至终止实施开始期间，涉及的一州内新增的 65 岁居民数量的百分比；

（Ⅲ）基准年的下一年至终止实施结束期间，每年 2%（直到最近的一个季度）。

（ⅱ）始于基准年的下一年，终于终止年份，以每年低于 7% 的比例从基准年开始增长（直到一年中最近的那个季度）的 65 岁以上个人，获得的本编下的州医疗救助的家庭和社区基础服务的总额，或者下列事项的总额：

（Ⅰ）基准年开始至终止实施开始期间增加的百分比（基于代表这些服务的支出构成的市场指数）；

（Ⅱ）基准年开始至终止实施开始期间，涉及的一州内新增的 65 岁居民数量的百分比；

（Ⅲ）基准年的下一年至终止实施结束期间，每年 2%（直到最近的一个季度）。

（ⅲ）国务卿应当通过法规制定和颁布（不晚于 1989 年 10 月 1 日）：

（Ⅰ）能够满足第（ⅰ）节第（Ⅰ）次节的宗旨、反映增长比例的方法，该方法基于适当衡量专业护理机构和中介护理机构服务和商品在工资和价格上的变化的指数（忽略这些服务的支付的来源）；

（Ⅱ）能够满足第（ⅱ）节第（Ⅰ）次节的宗旨、反映增长比例的方法，该方法基于适当衡量社区和家庭护理服务和商品在工资和价格上的变化的指数（忽略这些服务的支付的来源）；

（Ⅲ）根据各州的具体情况，衡量该州新增 65 岁以上居民人数的方法。

国务卿应当根据各州具体情况，制定（不晚于 1989 年 10 月 1 日）衡量各州新增的 65 岁以上居民的方法。国务卿根据项第（ⅲ）节发布法规并生效后，本目中提及的"低于 7%"应当更正为"多于 7%"。

（ⅳ）如果在 1987 年 12 月 22 日以后颁布修改本编且于该日之后生效的法律，并且导致为 65 岁以上个人提供的护理机构服务以及家庭和社区基础服务的医疗救助的总额增加，对于州申请根据本条实施终止，国务卿在向州进行充分咨询后，应当调整终止实施年内本款下的计算数额，并考虑相关增加。

（C）在本项中：

（ⅰ）"家庭和社区基础服务"包括第 1905 条第（a）款第（7）项、第 1905 条第（a）款第（8）项规定的服务，第（c）款第（4）项第（B）目规定的服务，第（4）项规定的服务，以及个人护理服务。

（ⅱ）（Ⅰ）根据第（Ⅱ）次节，"基准年"指已向国务卿报告本编下其实际的最终金额并获通过的最近一年。

（Ⅱ）根据第（C）目，如果州未在本目制定的前一年，根据本款要求按年龄分类报告支出情况，则"基准年"指 1989 财政年度。

（ⅲ）"中介护理机构服务"不包括在第 1905 条第（d）款许可的机构内得到的服务。

（6）（A）国务卿否决申请在本款下实施终止（或申请延长终止期）的决定，应在符合第 1116 条第（b）款规定的范围内进行复核。

（B）尽管本法存在其他规定，如果国务卿根据本款否决了州延长本款下终止期的申请，则对于在州递交申请时本款下已经生效的终止，应当于国务卿否决申请后至少 90 日内仍然有效〔如果国务卿根据第（A）目复核其做出的决定，那么复核后最终决定做出至少 90 日内已经生效的终止仍然有效〕。

（e）（1）（A）根据第（2）项，国务卿应当批准终止，以提供本编下批准的州计划中规定的"医疗救助"，包括护理、临时看护、医师服务、处方药物、医疗设备及供给、运输服务，以及国务卿批准的由州根据第（B）目依照书面护理计划向儿童提供的全部或部分费用的支付，这些儿童已经被决定有可能申请在医院或护理机构提供的护理（除婴儿服务相关规定外），因此产生的费用将根据州计划返还。

（B）本次款下规定的儿童是指 5 岁以下，且：

（ⅰ）经过病历机构测试，出生时已感染（或测试结果为阳性）艾滋；

（ⅱ）已经出现相关症状；

（ⅲ）或者，出生时已对海洛因、可卡因、苯环己哌啶产生依赖性；

根据第四编第 E 部分可对其进行（或即将可以对其进行）领养或寄养护理救助。

（2）除非州向国务卿提供下列充分保证，否则本款下的将不予批准：

（A）已采取必要安全措施保护终止后个人的健康和福利，并保证此类服务的基金财务账户的安全；

（B）终止后州预测对个人的平均支出在每财政年度医疗救助支出额，不应超过终止未被批准时每财政年度州计划下对个人平均支出的预算；

（C）州应当每年向国务卿提供，与国务卿规定的数据汇总计划一致的、本款下终止被批准后的信息，包括州计划提供的医疗救助的种类、数量，以及接受者健康和福利的状况。

（3）本款下批准的终止包含第 1902 条第（a）款第（1）项（在州范围内生效）和第 1902 条第（a）款第（10）项第（B）目（该条中相关规定）要求的终止。本款下的终止有效期为 3 年，可以根据州的申请再延长 5 年，除非国务卿认为先前终止期间第（2）项下规定的保证未能实现。

（4）第（d）款第（6）项的规定，应当以适用于第（d）款的相同方式实施。

（f）（1）国务卿应当对本条下批准的终止的实施进行监管，以确保其符合条件。如果国务卿发现不符合规定的情形出现，经过公告和听证，可终止实施。

（2）州根据本编规定，向国务卿申请批准州计划的订立、修改和申请取消和终止适用的提案，应当获得批准。除非国务卿在接到申请 90 日以内，以书面方式否决申请，或通知州立机构补充提交所需相关信息和材料。在国务卿收到相关补充材料 90 日内，除非国务卿否决，否则即认为申请已获批准。

（g）（1）州可以不考虑第 1902 条第（a）款第（1）项、第 1902 条第（a）款第（10）项第（B）目的规定，提供病例管理服务作为计划下的医疗救助。本条下病例管理服务的规定不应当限制个人选择接受违反第 1902 条第（a）款第（23）项规定的医疗救助。州限制本条下向具有艾滋、艾滋症状，或二者兼具的个人，以及第 1902 条第（z）款第（1）项第（A）目规定的个人提供病例服务的规定，州限制本次条下此案慢性精神疾病患者提供病历服务的规定。州可对有资格获得病例服务的发展性残疾、慢性疾病精神病个人的病例管理人进行限制，以保证病历管理者胜任工作，从而保证这些患者获得其所需的服务。

（2）根据本款，"病例管理服务"指该服务帮助州计划下有资格的个人获得医疗、社会、教育以及其他方面需要的服务。

（h）本条下的终止［不包括第（c）款、第（d）款、第（e）款规定的终止］均不得延长 2 年以上，除非州申请继续实施终止，而且国务卿在接到申请 90 日内未进行书面否决，也未要求州立机构递交必要的书面材料，则这种情况下州的申请即被认为已获批准。

（i）**州计划修改选择向老年人和残疾人提供的家庭和社区基础服务。**

（1）**总则。**根据本款之后的规定，州可通过州计划修改家庭和社区基础服务［在国务卿有权批准延期的第（c）款第（4）项第（B）目规定服务范围内，不包括食宿，也不包括国务卿批准的由州提供的其他服务］医疗救助的规定，向收入不超过贫困线 1.5 倍［参照第 2110 条第（c）款第（5）项定义］且在州计划下有资格的个人提供服务，仅当州符合下列要求时，决定考虑个人要求在医院、护理机构、智力障碍中介护理机构内接受一定水平的服务的规定。

（A）**有资格并且接受家庭和社区服的基础需要的标准。**州应当以实际需要为基础，建立个人获得州计划下家庭服务医疗救助的资格的标准，如果个人符合该标准，则可获得特定的家庭和社区服务。

（B）**对机构化护理建立更为严格的以需要为基础的资格认证标准。**州在决定个人是否在州计划或州计划的弃权下，在医院、护理机构、智力障碍中介护理机构内接受住院服务，州应当建立比第（A）目下家庭和社区服务的基础需要的标准更为严格的实施标准。

（C）**预测接受家庭和社区服务的人数。**

（ⅰ）**总则。**州应当按照国务卿规定的频率，以规定的样式和方法，向国务卿递交接受家庭和社区服务的预测人数。

（ⅱ）**限制有资格的个人数量的权力。**州可以限制接受该服务的人数，也可以建立接受服务的候选名单。

（D）**个人评估的标准。**

（ⅰ）**总则。**州根据第（A）目和第（B）目规定进行个人评估所需要的资质的标准，可将个人不能从事日常生活［参照《1986 年国内税收法》第 7702B 条第（c）款第（2）项第（B）目①定义］两项以上行为的情况，或需要重要协助以完成此类行为，以及州认为适当的其他风险因

---

① 参见第 2 卷《公法》第 83—591 期，第 7702B 条第（c）款第（2）项第（B）目。

素纳入考虑。

（ii）**调整的权力**。州计划修改案可授权州修改第（A）目下规定的标准（无须事先获得国务卿的批准），当家庭和社区服务等级的人数超过根据第（C）目预测的人数，但前提是：

（Ⅰ）州应当向国务卿和公众就修改提案进行公告，公告期不得少于60天；

（Ⅱ）对接受家庭和社区服务的个人，在其开始接受服务至少12个月内，州可优先适用最新标准；

（Ⅲ）修改案生效后，州至少应当实施决定个人是否需要接受医院、护理机构、智力障碍中介护理机构服务的标准，该标准的适用优先于第（B）目下建立的更为严格的标准。

（E）**独立评估和评价机制**。

（i）**资格认定**。州应对第（A）目和第（B）目的决定事项运用独立的评价体系。

（ii）**评估**。对于被认定有资格获得家庭和社区服务的个人，州基于其实际需要，运用独立的评估体系，从而：

（Ⅰ）根据个人的身体和精神状况，决定其应当接受的服务和支持的水平；

（Ⅱ）避免不必要或不适当的护理；

（Ⅲ）根据第（G）目，为个人建立护理计划。

（F）**评估**。第（E）目第（ii）节要求的独立评估，应当包含下列事项：

（i）对无法独立完成两项以上日常生活［参照《1986年国内税收法》第7702B条第（c）款第（2）项第（B）目①定义］的个人的客观评价，以及完成日常生活对他人协助的需要程度的客观评价。

（ii）由经过专业训练的人员，对由于身体或精神情况导致需要家庭和社区服务的个人进行评估，对于其潜在需要程度进行面对面评估。

（iii）在适当情况下，向个人的家庭、配偶、监护人和其他相关人员进行咨询。

（iv）向为该个人提供专业健康和支持的工作人员进行咨询。

---

① 参见第2卷《公法》第83—591期，第7702B条第（c）款第（2）项第（B）目。

（ⅴ）核查个人相关病史、医疗记录、所需护理和支持的程度，通过对实施和研究最佳的有效方案，从而改善个人健康和生活质量。

（ⅵ）如果州赋予个人选择自行管理或委托代理人管理家庭和社区服务的权利，则如果个人选择自行管理，应当对个人或其代理人自行管理的能力进行评估。

（G）**个人的护理计划**。

（ⅰ）**总则**。如果个人被决定为有资格获得家庭和社区护理服务，州根据第（E）目第（ⅱ）节的规定对其进行独立的评估后，应当为个人建立书面个人护理计划。

（ⅱ）**计划要求**。州应当确保提供给个人的个人护理计划符合下列要求：

（Ⅰ）该计划建立在：（aa）与个人、个人的治疗医师、健康护理或支持的专业人员，以及州规定其他适当的服务人员经过协商，并且和该个人的家庭、护理提供者、代理人在适当情况家进行沟通，（bb）考虑个人对家庭和其他支持的需要程度和覆盖程度；

（Ⅱ）识别向个人提供的必要家庭和社区服务（或者个人选择自行管理对于服务的购买、控制和接受）；

（Ⅲ）至少每年进行检查，或当个人状况出现重大变更时，根据实际需要进行检查。

（ⅲ）**州应向个人提供自行管理的选择权**。

（Ⅰ）**个人选择**。州可以允许个人及其代理人以第（Ⅱ）次节和第（Ⅲ）次节规定的方式，在最大范围内选择自行管理家庭和社区服务的有关事宜。

（Ⅱ）**自行管理服务**。"自行管理"是指根据州计划修改案提供的家庭和社区护理服务，个人或代理人其有权对这些服务进行购买、控制及管理，在与下列规定一致的州计划下，对服务的数量、持续时间、范围、提供者和提供地进行管理：

（aa）**评估**。评估个人对这些服务的需要、能力、偏好。

（bb）**服务计划**。根据评估，将个人或其代理人与满足第（Ⅲ）次节要求且经州批准的服务计划进行有效匹配。

（Ⅲ）**计划要求**。根据第（Ⅱ）次节第（bb）小节，本次节要求计划：

（aa）对个人及其代理人负责管理的服务进行区分；

（bb）识别个人及其代理人选择、管理及取消服务的方法；

（cc）区别个人及其代理人的家庭成员或其他相关人员对这些服务的参与程度和作用；

（dd）该计划开发，通过由个人或其代理人主导的以个人为核心的程序，建立在提交个人社区生活行为能力的基础上，尊重个人偏好、选择、能力，并且涉及个人及其代理人要求的家庭、朋友、专业人士；

（ee）包括适当的风险管理工具，识别在自我管理方式中获取服务的责任和责任分配方式，确保根据个人及其代理人的资源和能力，能够适当操作计划；

（ff）可以包括进行个人化管理的预算，识别个人及其代理人控制和管理下的服务和支持的金钱价值。

（Ⅳ）**预算程序**。对于第（Ⅲ）次节第（ff）小节规定的个人预算，州计划修改案：

（aa）根据可靠的支出和服务绩效，规定计算预算金额（美元）的方法；

（bb）对调整金额以反映个人评估和服务计划变动的程序进行规定；

（cc）提供评估预算下费用的程序。

（H）质量保证、利益标准的冲突：

（ⅰ）**质量保证**。州应当确保家庭和社区服务的规定符合联邦和州对质量的要求。

（ⅱ）**利益标准的冲突**。州应当为独立评估和评价的实施建立标准，以避免利益冲突。

（I）**重新决定和上诉**。州应当允许至少每年重新决定个人资格，并根据重新决定的频率和对州计划下的资格进行重新决定的方法进行上诉。

（J）**预设资格的评估**。州可选择，向拟合格获得家庭和社区服务的个人提供一段拟合格期（不超过60天），拟合格应当仅限于为执行第（E）目下独立评估和评价，从而决定个人是否合格，以及个人即将接受的特定化家庭和社区服务。

（2）**个人代理人的定义**。本条中，"个人代理人"是指个人的父（母）、1名家庭成员、1名监护人、1名支持者或其他有权代理该个人的人员。

（3）**不适用**。州可选择在本条批准的州计划修改案中，不遵守第1902条第（a）款第（1）项（在州范围内适用）和第1902条第（a）款第（10）项第（C）目第（ⅰ）节第（Ⅲ）次节（与社区适用的资源和收入相关）的规定，但仅限于提供与本修正案一致的家庭和社区服务。任何选择不得解释为强制将个人在制度化机构中接收医疗救助服务的规定，作为决定在医院、护理机构、智力障碍中介护理机构内接受医疗救助服务的依据。

（4）**不影响其他终止权力**。本款所有规定，不应解释为影响州对于提供本条第（c）款或第（d）款或第1115条下终止规定下的家庭和社区服务的选择权。

（5）**自州计划修改案生效之日起，对个人医疗救助的联邦财务参与的持续**。尽管有第（1）项第（B）目的规定，自州计划修正案在本款下递交生效起，根据本条或第1115条实施的终止，在规范化机构内接受医疗救助或家庭和社区服务，联邦财政参加应当对个人继续有效，由于个人要求在医院、护理机构、智力障碍中介护理机构内的服务水平的决定，不考虑个人是否满足本项下建立的更严格的资格原则，直到个人在机构中注销或终止计划解除或不再要求护理。

（j）（1）州可根据本计划和书面护理计划，除了对该服务有规定的情况除外，对个人自行管理个人救助服务的部分或全部提供支付，作为"医疗救助"，上述个人被认定可以决定要求并接受州计划下的个人护理服务或者根据第（c）款下的终止要求并接受家庭和社区服务的个人。根据本条，不得向居住在服务提供者拥有、运营、控制的家庭和不动产中，且与提供者无血缘或婚姻关系的个人提供自行管理个人救助服务。

（2）国务卿不应当批准州的自行管理个人救助服务项目，除非州已向国务卿提供满足下列事项的保证：

（A）保护项目下接受服务的个人的健康和福利的必要措施，并确保这些服务的支付基金的财务安全。

（B）州可向个人提供：

（ⅰ）获得本计划下个人护理服务的资格，或接受第（c）款批准的终止下的家庭和社区服务；

（ⅱ）可以要求个人自行管理医疗救助服务；

（ⅲ）对于可能有资格获得自行管理权利的个人，评估其对计划下的个人护理或第（c）款批准的终止下的个人服务的实际需要程度。

（C）对于被认定有可能申请个人护理或家庭和社区服务的个人，如果第（c）款下终止实施以后存在选择可能性的话，应当告知其他可行选择并且尊重个人选择。

（D）州可提供支持体制，以确保自行管理项目的参加者在参加项目之前，能获得适当的咨询和预算管理。视项目参加者的需要，可为其提供额外的咨询和帮助。

（E）州应向国务卿提交年度报告，列明接受服务的人数和为他们支出的总额。州还应当每3年一次提供对项目参加者和非参加者健康和福利影响的全面评估。

（3）州可根据州计划提供自行管理服务，无须考虑第1902条第（a）款第（1）项的规定，并可限制接受服务的人数，无须参照第1902条第（a）款第（10）项第（B）目规定。

（4）（A）根据本款，"自行管理个人救助服务"是指本编或第（c）款下，向个人提供的个人护理和相关服务或家庭和社区护理服务，根据本条下自行管理项目，向符合资格的参加者提供。个人在获批的自行管理计划和预算下，可以购买个人救助和相关服务，并可雇用、解雇、监督、管理服务提供者。

（B）**州对下列事项有选择权。**

（ⅰ）项目参加者可选择任用提供指定服务的个人（包括法律上有责任的亲属），并对服务提供者进行支付；

（ⅱ）项目参加者可以通过使用个人预算来获得增加独立性或替代（如微波炉或无障碍通道）人工服务的项目，但限于可支付的人工服务范围内。

（5）根据本条，"批准的自我管理服务计划和预算"指对于参加者，建立自行管理个人救助服务的计划和预算，并应满足下列要求：

（A）**自我管理。**参加者（参加者为未成年儿童时，则其父母或监护人；参加者为伤残成年人时，州法认可的代表其利益的个人）对预算、计划及自行管理个人救助服务进行选择和控制，包括服务规定的数量、持续时间、范围、提供者和提供地。

（B）**对需要程度进行评估。**评估项目参加者对服务的需求程度和偏好。

（C）**服务计划**。项目参加者的服务计划（以及服务的支持），根据以个人为中心进行的评估基础上，由州建立并批准，该过程应当满足下列条件：

（ⅰ）建立在参加者改善社区生活行为能力，并尊重参加者的偏好、选择和能力的基础上；

（ⅱ）涉及计划中参加者要求或希望的家庭、朋友、专业人员，以及对于服务或支持的交付。

（D）**服务预算**。由州根据评估核计划、可行的实施办法和可靠的支出记录，建立和批准参加者的服务和支持预算，并应当对公众公开并接受监督，包括非自行管理服务的支出预算。该预算不得限制个人获得州提供的预算外的必要护理和服务。

（E）**品质保证和风险管理的应用**。应当具备适当的品质保证和风险管理技术，用以建立并实施计划和预算，确保自行管理方式下获得服务的资格和责任，并确保计划和预算与参加者的承受能力相匹配。

（6）州可雇用财务管理公司，对项目下的服务提供者进行支付，对支出进行追踪，并出具报告。对财务管理公司的报酬支付应当根据第1903条第（a）款规定的管理比例决定。

注册费、保费、扣减额、费用分担以及相关费用的使用

第 1916 条【《美国法典》第 42 编第 1396o 条】（a）根据第（g）款和第（i）款，州计划应当向第1902条第（a）款第（10）项第（A）目或第（E）目第（ⅰ）节规定的有资格的个人提供：

（1）不收取注册费、保费及类似费用〔第（c）款规定的保费除外〕。

（2）扣减额、费用分担或类似费用不适用于下列事项。

（A）向18岁以下个人提供的服务（州有权决定个人年龄线为21岁、20岁、19岁或18岁以上的任何合理年龄）；

（B）向怀孕妇女或因怀孕引起其他医学并发症的个人提供的服务（州有权决定向怀孕妇女提供任何服务）；

（C）向医院、护理机构、弱者中介护理机构或其他医疗机构内的住院患者提供的服务，如果个人符合州计划下在上述机构内接受服务的条件之一，则个人在收入中保留最低生活需要所需费用外，支付所有医疗支出；

（D）急救服务（由国务卿定义）、家庭计划服务和由第 1905 条第（a）款第（4）项第（C）目规定的支持帮助；

（E）或者，提供给正在接受临终关怀［参照第 1905 条第（o）款定义］的个人的服务。

（3）对于其他个人或其他护理和服务，州计划下的扣减额、费用分担或类似费用，将作为名义金额（由国务卿通过法规具体予以决定，"名义"的定义经 1982 年 7 月 1 日生效的法规确立，考虑到州提供的现金救助的水平和国务卿认可适当的其他标准）；在国务卿为在医院急诊室接受非急诊服务［根据第（2）项第（D）目规定］的情况批准的终止下，除扣减额、费用分担或类似费用达到州规定的门诊服务费用的两倍，州已满足国务卿对符合资格的个人建立切实获得非急救门诊服务的其他替代选择的要求。

（b）除了第 1902 条第（a）款第（10）项第（A）目或第（E）目规定的个人之外，州计划应当向其他有资格的人员提供：

（1）与其收入相关联的注册费、保费及类似费用（根据国务卿规定的标准确定）。

（2）扣减额、费用分担或类似费用不适用于下列事项：

（A）向 18 岁以下个人提供的服务（州有权决定个人年龄线为 21 岁、20 岁、19 岁或 18 岁以上的任何合理年龄）；

（B）向怀孕妇女或因怀孕引起其他医学并发症的个人提供的服务（州有权决定向怀孕妇女提供任何服务）；

（C）向医院、护理机构、弱者中介护理机构或其他医疗机构内的住院患者提供的服务，如果个人符合州计划下在上述机构内接受服务的条件之一，则个人在收入中保留最低生活需要所需费用外，支付所有医疗支出；

（D）急救服务（由国务卿定义）、家庭计划服务和由第 1905 条第（a）款第（4）项第（C）目规定的支持帮助；

（E）或者，提供给正在接受临终关怀［参照第 1905 条第（o）款定义］的个人的服务。

（3）对于其他个人或其他护理和服务，州计划下的扣减额、费用分担或类似费用，将作为名义金额（由国务卿通过法规具体予以决定，"名义"的定义经 1982 年 7 月 1 日生效的法规确立，考虑到州提供的现金救助的水平和国务卿认可适当的其他标准）；在国务卿为在医院急诊室接受非急诊服务［根据第（2）项第（D）目规定］的情况批准的终止下，除扣减额、费用分担或类似费用达到州规定的门诊服务费用的两倍，州已满足国务卿对符合资格的个人建立切实获得非急救门诊服务的其他替代选择的要求。

（c）（1）任何州的州计划可以根据州的意愿，对第1902条第（1）款第（1）项第（A）目或第（B）目规定个人实行月付保费［数额不得超过第（2）项规定的限制］。这些人员根据第1902条第（a）款第（10）项第（A）目第（ⅱ）节第（Ⅸ）次节规定接受医疗救助，且其家庭收入［根据第1902条第（1）款第（3）项规定的方法计算］等于或超过与其家庭规模官方贫困线［由预算管理办公室确定并根据《1981年综合预算调整法》第673条第（2）项①每年进行调整］1.5倍。

（2）第（1）项下实施的保费不得超过第（1）项中个人家庭收入超过贫困线1.5倍人员的收入的10%（抚养儿童的护理收费可酌情减少）。

（3）任何州不应要求根据第（1）项实施的保费的支付，也不应因个人未缴纳保费而终止其享受本编下医疗救助的资格，除非其欠缴已经持续60天以上。如果州决定继续支付保费将导致该州陷入困境，则州可终止所有保费的支付。

（4）州可批准使用其他项目下可用的州或地方基金支付第（1）项规定的保费。这种情形下，向个人支付的保费不应计入个人收入。

（d）对于第1905条第（s）款规定的符合条件的残疾就业人员，其收入［由该条第（3）项决定］超过与其家庭规模官方贫困线1.5倍，州计划可向其收取保费［参照第1905条第（p）款第（3）项第（A）目第（ⅰ）节规定的医疗保心安费用分担比例］，根据阶梯比例增减，可从0增加至100%。当个人收入从官方贫困线的1.5倍增至2倍时，可实行合理的增量（由国务卿决定）。

（e）州计划应当规定，对于仅因个人无法支付扣减额、费用分担或类似费用的情况，不得否定符合资格的个人接受护理和服务。本款的要求不免除接受服务的个人支付扣减额、费用分担或类似费用的责任。

（f）所有扣减额、费用分担或类似费用不适用于国务卿批准实施的终

---

① 参见第2卷《公法》第97—35期，第673条第（2）项。

止，但第 1916A 条第（a）款第（3）项、第（b）款第（3）项规定的情形不在此限，除非国务卿对计划进行了公示和充分的意见征询：

（1）对特殊、先前未规定用途的联合支付方式进行审查；

（2）于未来两年内实施；

（3）向医疗救助接受者提供津贴，数额与预期风险等价；

（4）基于合理假设，即用于测试的方法为切实可行的方法，包括对本地区医疗救助类似接受者管理团体的适用性；

（5）为自愿参加，或医疗救助非自愿参加者可能出现的健康伤害的责任预防制定规定。

（g）对仅依据第 1902 条第（a）款第（10）项第（A）目第（ii）节第（XV）次节或第（XVI）次节规定接受医疗救助的个人：

（1）州有权（本项下对个人以统一的方式规定）：

（A）根据州规定的收入线，要求个人支付保费或，承担规定的其他费用分担；

（B）根据第（c）款第（1）项的规定，相应家庭规模年收入超过官方贫困线 2.5 倍的个人，要求其支付 100% 的保费，对于年收入未超过官方贫困线 4.5 倍的个人，要求其支付的保费不得超过其收入的 7.5%。

（2）对个人适应性总收入（参照《1986 年国内税收法》第 62 条[①]定义）每年超过 7.5 万美元的情况，州应当要求其支付全年的全额保费，除非州选择通过州立基金进行资助，但是本编规定不适用联邦基金。

自 2000 年开始，第（2）项中规定的美元数额应当根据第 215 条第（i）款第（2）项第（A）目第（ii）节规定进行相应增加。

（h）在实施第 1916A 条第（c）款和第（e）款和本条中，对于支出分担"名义上"的数量，国务卿应当通过所有城市消费者（美国城市平均值）CPI 中医疗护理因素每年的增加额，增加每年的"名义上"的数量（自 2006 年开始），并以适当方式操作。

（i）（1）对于根据第 1902 条第（a）款第（10）项第（A）目第（ii）节第（XIX）次节规定向其提供医疗救助的残疾儿童，根据第（2）项，州可（以一致方式向儿童）要求儿童的家庭根据家庭收入以阶梯费率按月支付保费。

---

① 参见第 2 卷《公法》第 87—591 期，第 62 条。

州对于替代保费和费用分担有选择权

第 1916A 条 【《美国法典》第 42 编第 1396o - 1 条】（a）（1）**总则**。尽管有第 1916 条和第 1902 条第（a）款第（10）项第（B）目的规定，但是根据第（2）项规定，州可以通过州计划修改案选择并向任何个人团体（参照州的定义）以及其他种类的服务〔不包括第（c）款下适用费用分担的药品，以及在医院急诊室提供的非急救服务〕支付保费和费用分担，也可以选择根据本条的规定改变个团体的保费和费用分担比例。本条所有内容不得解释为对第 1916 条第（g）款和第（i）款的超越（或推翻）。

（2）**对收入未超过贫困线 100% 的个人的豁免**。

（A）**总则**。对收入未超过贫困线 100% 的个人，不适用第（1）项和第（d）款，适用第 1916 条和第 1902 条第（a）款第（10）项第（B）目。

（B）**费用分担总额的限制**。第 1916 条或第（c）款和第（e）款下的费用分担限制适用于违反第（A）目的个人，第（b）款第（1）项第（B）目第（ⅱ）节规定的限制适用于第（A）目规定的家庭中的所有成员，并同样适用于第（b）款第（1）项第（B）目第（ⅱ）节规定的费用分担方式和家庭。

（3）**定义**。在本条中：

（A）**保费**。包括所有登记注册费及类似费用。

（B）**费用分担**。包括所有的扣减额、联合支付或类似费用。

（b）**授权行使的限制**。

（1）**对于家庭收入处于官方贫困线 1—1.5 倍的个人**。如果个人的家庭收入超过适用于该家庭规模的贫困线 1 倍而没有超过 1.5 倍的：

（A）不收取本计划下的保费；

（B）对于费用分担：（ⅰ）第（a）款下的费用分担，不得超过服务引起的费用的 10%，以及（ⅱ）本条下对于该家庭所有成员实施的费用分担总额〔包括第（c）款或第（e）款下的费用分担〕，不得超过家庭总收入的 5%，并以季度或月度进行计算（州可予以具体规定）。

（2）**对于收入超过官方贫困线 1.5 倍的个人**。如果个人的家庭收入超出官方适用于该家庭规模的贫困线 1.5 倍：

（A）本条下对于该家庭所有成员实施的费用分担总额［包括第（c）款或第（e）款下的费用分担］，不得超过家庭总收入的5%，并以季度或月度进行计算（州可予以具体规定）；

（B）第（a）款下的费用分担，不得超过服务引起的费用的20%。

（3）**附加限制**。

（A）**保费**。对下列情形不得收取保费：

（ⅰ）根据第1902条第（a）款第（10）项第（A）目第（ⅰ）节规定要求向其提供医疗救助的18岁以下个人，还包括不考虑年龄因素的情况下，第四编第B部分规定的儿童福利享受者、接受领养护理的儿童和第四编第E部分领养或寄养接受者。

（ⅱ）怀孕妇女。

（ⅲ）正在接受临终关怀［参照第1905条第（o）款定义］的晚期疾病患者。

（ⅳ）医院、护理机构、智力障碍中介护理机构或其他医疗机构内的住院患者，如果根据州计划符合在上述机构接受服务的条件之一，在扣除个人最低生活需要后，支付医疗护理的费用。

（ⅴ）根据第1902条第（a）款第（10）项第（A）目第（ⅱ）节第（ⅩⅧ）次节和第1902条第（aa）款接受医疗救助的妇女。

（ⅵ）根据第1902条第（a）款第（10）项第（A）目第（ⅱ）节第（ⅩⅨ）次节和第1902条第（cc）款接受医疗救助的残疾儿童。

（B）**费用分担**。根据本条之后的规定，下列情形不适用第（a）款下的费用分担：

（ⅰ）根据第1902条第（a）款第（10）项第（A）目第（ⅰ）节规定要求向18岁以下个人提供的医疗救助的，还包括不考虑年龄因素的情况下，向第四编第B部分规定的儿童福利享受者、接受领养护理的儿童和第四编第E部分领养或寄养接受者提供的服务。

（ⅱ）不考虑家庭收入因素得去年工况下，向18岁以下儿童提供的预防免疫服务（如好的婴儿和好的儿童免疫和护理服务）。

（ⅲ）提供给怀孕妇女的服务，包括怀孕及并发症的治疗。

（ⅳ）正在接受临终关怀［参照第1905条第（o）款定义］的晚期疾病患者。

（ⅴ）提供给医院、护理机构、智力障碍中介护理机构或其他医疗机构内的住院患者的服务，如果根据州计划符合在上述机构接受服务的条件之一，在扣除个人最低生活需要后，支付医疗护理的费用。

（ⅵ）急诊服务［由国务卿根据第1916条第（a）款第（2）项第（D）目定义］。

（ⅶ）第1905条第（a）款第（4）项第（C）目规定的家庭计划服务和供给。

（ⅷ）根据第1902条第（a）款第（10）条第（A）目第（ⅱ）节第（ⅩⅧ）次节和第1902条第（aa）款规定的实施，正在接受医疗救助的妇女，对其提供的服务。

（ⅸ）根据第1902条第（a）款第（10）项第（A）目第（ⅱ）节第（ⅩⅨ）次节和第1902条第（cc）款规定的实施，正在接受医疗救助的残疾儿童，对其提供的服务。

（C）**释义**。本项所有内容不应解释为阻止州免除其他阶层个人根据本条应承担的保费，或免除其他个人第（a）款下的费用分担服务。

（4）**家庭收入的确定**。实施本条时，由州根据本款规定的专用方法确定收入，州可适用相应免除性规定。应当在州根据决定的时期内，确定家庭收入。

（5）**贫困线的定义**。根据本条目的，"贫困线"由《社区服务补助法》第673条第（2）项①［《美国法典》第42编第9902条第（2）项］以及该条有关复核的所有规定定义。

（6）**释义**。本条所有内容不应解释为：

（A）防止州在本条规定的限制之外，进一步限制保费和费用分担的适用；

（B）通过修改本条下保费和费用分担的终止，从而影响国务卿的权力；

（C）或者，本条有关保费和费用分担的规定在生效以前，影响实际需要的终止。

（c）**关于处方药费用分担的特别规定**。

（1）**总则**。为了鼓励受益人使用由州规定的一系列药物（由州自行规定）中最经济的处方药（本款内称"推荐药物"），对于州规定的受益

---

① 参见第2卷《公法》第97—35期，第673条第（2）项。

人团体，州可根据第（2）项，实施下列行为：

（A）对于药品清单中的非推荐药品，提供费用分担［替代第1916条通过的费用分担比例，但是新比例必须符合第（2）项和第（3）项的规定］；

（B）对于清单中的推荐药品实施费用分担的取消和削减，但对于因实施第（b）款第（3）项第（B）目而不再适用第（a）款规定的费用分担的个人，不适用费用减免。

（2）**限制**。

（A）**对于收入团体**。任何情况下，第（1）项第（A）目下关于非推荐药物的费用分担不应超过：

（ⅰ）名义上的费用分担（参照第1916条的定义），对于家庭收入不超过官方贫困线的1.5倍的个人；

（ⅱ）或者，药品费用的20%，对于家庭收入超过官方贫困线1.5倍的个人。

（B）**对豁免人员的限制**。因实施第（1）项第（B）目而不再适用第（A）目的费用分担的个人，对于第（1）项第（A）目下非推荐药物的费用分担不得超过名义额度（其他情况参照第1916条定义）。

（C）**覆盖总额的持续实施**。在实施第（A）目和第（B）目规定以外，第（1）项第（A）目下的费用分担视具体情况，适用第（a）款第（2）项第（B）目或第（b）款第（1）项或第（2）项中对费用分担实施覆盖总额的有关规定。

（3）**终止**。实施第（1）项时，州提供适用于首选药物的费用分担应用，如果执业医师认为对相同病症诊疗时，如推荐药物对患者无效或导致病情恶化，或导致这两种情况均出现，此时可使用非推荐药物。

（4）**排除授权**。本款所有内容不应解释为，限制州排除特定药物或第（1）项的实施的药物种类。

（d）**保费和其他支出分担的强制实施**。

（1）**保费**。尽管有第1916条第（c）款第（3）项和第1902条第（a）款第（10）项第（B）目的规定，州依然可以自行选择本条下对个人医疗救助预支付授权的条件，或终止因持续60天以上未能支付保费的个人获得医疗救助的资格，否则州不应以未支付保费为由终止个人获得医疗救助的资格。州可向其他规定的某些或全部受益人团体适用前述规定，也可在州认为不适当的时候，终止支付保费。

（2）**费用分担**。尽管有第 1916 条第（e）款和法律的其他规定，州可批准参加州计划的提供者，要求根据本条关于此类护理、项目或服务的规定来执行对本条授权的费用分担的支付，作为向有资格享受本编下护理和服务的个人提供护理、项目或服务的条件。本条所有内容不得解释为防止提供者在适当的具体情况下削减或免除费用分担。

（e）**州有权批准医院对急诊部门提供的非急诊服务强制执行费用分担**。

（1）**总则**。尽管有第 1916 条、第 1902 条第（a）款第（1）项及本条的其他规定，但根据第（2）项的限制，州可以通过对本编下州计划的修改，批准医院对医院急诊部门提供给个人（该个人为州规定的个人团体中的人员）的非急诊服务，并根据本款在符合下列情形时收取费用分担额：

（A）**获得非急诊病房提供者同意**。个人有切实可以获得的［相关规定由国务卿根据第 1916 条第（b）款第（3）项实施］其他非急诊服务的提供者。

（B）**公告**。医院必须在向受益人提供非急诊服务前告知，且在受益人接受第 1867 条下的筛查检查并且被决定无紧急医疗状况后，告知受益人下列事项：

（i）医院可在提供服务前，要求其支付州规定的应由其负担的部分。

（ii）其他非急救服务提供者［参照第（A）目规定］的名称和位置应当是可以获得的（参照本目规定）。

（iii）上述其他提供者可提供服务，但不得收取第（i）节中规定的费用。

（iv）医院为协调治疗安排提供必要的资料。

本款所有内容不应解释为阻止州实施（或终止）本条批准的其他费用分担给第（iii）节规定的服务。

（2）**限制**。

（A）**个人家庭收入在官方贫困线 1—1.5 倍的个人**。符合第（b）款第（1）项但不符合第（B）目规定的个人，根据第（b）款第（1）项第（B）目第（ii）节规定的其他收入限制比例，适用本款下的费用分担，不得超过第 1916 条规定的名义额的两倍。

（B）**减免的申请**。对于第（a）款第（2）项第（A）目规定的个人或不符合第（b）款第（3）项第（B）目费用分担条件的个人，针对第（1）项中规定的非急诊服务，州可以实施第（1）项下不超过名义总额范围内适用费用分担（其中"名义额"由第 1916 条决定），且对医院急救部门所在地区域内的门诊部门或其他健康护理者不再进行费用分担。

（C）**覆盖总额持续实施的申请，与其他费用分担的关系**。除第（A）目和第（B）目的限制外，第（1）项规定的费用分担视具体情况，适用第（a）款第（2）项第（B）目下费用分担覆盖总额的规定，或者适用第（b）款第（1）项和第（2）项规定。本款下服务的费用分担应当被第 1916 条或第（a）款下此类服务适用的费用分担所替代。

（3）**释义**。本条所有内容不得做如下解释：

（A）限制医院对第 1867 条规定的紧急医疗状况进行筛查和稳定性治疗的义务；

（B）或者，或在审查管理护理组织提供的急救服务的支付或覆盖时，修改州法或联邦法下有关审慎人标准的实施。

（4）**释义**。根据本款的宗旨：

（A）**非急诊服务**。"非急诊服务"指在医院急诊部门内提供的任何护理和服务，这些护理和服务不是第 1867 条下规定的医院应提供的适当医疗筛查检查或稳定检查和治疗。

（B）**其他非急诊服务提供者**。"其他非急诊服务提供者"指对于某些疾病或治疗的非急救服务、健康护理提供者，例如在医师办公室、健康护理诊所、社区健康中心、医院门诊部或类似健康护理机构内提供护理的服务者，对病情进行适当诊断或治疗，同步于医院急救部对相同情况提供的诊疗服务，且参加本编下的项目。

资产的留置、调整、追回及转让

第 1917 条【《美国法典》第 42 编第 1396p 条】（a）（1）根据州计划，在任何个人去世前，不得因为向其支付或将要支付医疗救助而针对其财产设置留置权，除非：

（A）根据法院的判决，因为补助金错误支付给了该个人；

（B）或者，如果该个人的不动产存在以下情形：（i）该个人是护理机构、智力障碍中介医疗机构或其他医疗机构的住院患者，如果根据州计划作为在上述机构中的接受服务一个条件，要求该个人的收入中除满足个人最低需求的部分外都需要用以支付医疗费用，以及（ⅱ）在发出通知并举行听证会（根据州制定的程序）的机会后，州认为不可能合理期待该个人从医疗机构出院并回家，除第（2）项的规定①。

（2）根据第（1）项第（B）目的规定，不得针对该个人的家庭行使留置权，如果：

（A）该个人的配偶；

（B）该个人的子女为21岁以下，或者（对于有资格参加第十六编项下制定的州计划的州）失明或永久性完全残废，或者（对于没有资格参加在上述计划的州）失明或第1614条规定的伤残；

（C）或者，该个人的同胞兄弟姐妹（在该家庭中享有的合法权益，且在该个人的进入医疗机构接受治疗之前已在该家庭居住一年以上）。

（3）根据第（1）项第（B）目对有关个人设置的任何留置权，应当在该个人从医疗机构出院并回家之时解除。

（b）（1）不应当针对州计划项下以个人的名义正确支付的任何医疗救助进行调整或恢复，除非在下列情况下，该州应当请求针对州计划项下以个人的名义而正确支付的任何医疗救助的理赔或回复：

（A）在第（a）款第（1）项第（B）目所述的情况下，该州应当根据因为以该个人的名义而支付的医疗救助设置的留置权，从该个人的不动产或者其出售的价款中请求理赔或回复。

（B）在已经年满55岁的个人接受上述医疗救助的情况下，该州应当从该个人的不动产中请求理赔或回复，但是仅限下列医疗救助：

（ⅰ）护理设施服务、家庭和社区为基础的服务，以及相关的医院和处方药服务；

（ⅱ）或者，或由该州决定州计划项下的任何物品或服务。

（C）（ⅰ）个人已经获得（或有权获得）长期护理保险保单项下的利益，且与第（ⅱ）节规定忽略的该个人的资产或财产有关，该项另有规定的情况除外，该州应当为护理设施和其他长期护理服务，根据因为以

---

① 《公法》第110—275期，第115条第（a）款，插入"［但不包括第1902条第（a）款第（10）项第（E）目规定的医疗保险费用分担或津贴的医疗援助］"，**2010年1月1日生效**。

该个人的名义而支付的医疗救助，从该个人的不动产中请求理赔或回复。

（ⅱ）第（ⅰ）节规定不适用于以下情况下：个人接受了州计划项下的医疗救助而该州在 1993 年 5 月 14 日之后批准了州计划修正案，并且符合第（ⅳ）节的规定，或者该州规定了合格的州长期护理保险的合作关系［定义在第（ⅲ）节中］的州计划修正案，其中规定不考虑任何资产或资源：（Ⅰ）以根据长期护理保险保单而做出的支付为限；或者（Ⅱ）因为个人已经接受（或有权接受）长期护理保险保单项下的利益。

（ⅲ）[1] 根据本项的目的，"合格的州长期护理保险的合作关系"是指本编下已获批准的州计划修正案，该案规定了在与保险赔偿费的支付相等的数量上不考虑任何资产或资源的，前述支付是为了长期护理保险保单项下的受益人或者以其名义做出的，如果满足以下要求：

（Ⅰ）在该保单下承保范围的首次生效时，该保单适用于为该州居民的被保险人。

（Ⅱ）该保单是一个合格的长期护理保险［定义在《1986 年国内税收法》第 7702B 条第（b）款[2]中］，且发出日期不早于该州计划修正案的生效日期。

（Ⅲ）该保单符合第（5）项中确定的《示范条例》和《示范法》的要求。

（Ⅳ）如果保单是出售给某个人：

（aa）购买时未满 61 岁，该保单规定了复合年度的通货膨胀保护；

（bb）购买时已满 61 岁但未满 76 岁，该保单规定了一定程度的通货膨胀保护；

（cc）购买时已满 76 岁，该保单可能（但并不必须）提供一些通货膨胀保护。

（Ⅴ）州医疗机构根据第 1902 条第（a）款第（5）项的规定向州保险部门提供信息和技术上的帮助以发挥保险部门的作用，确保根据合作关系而销售长期护理保险保单的每个人都接受培训并演示了理解这种保单的

---

① 关于州报告要求，参见第 2 卷《公法》第 109—171 期，第 6021 条第（a）款第（2）项；关于合作州之间相互识别的标准，参见第 6021 条第（c）款；关于给国会的年度报告，第 6021 条第（b）款；关于一个国家长期护理信息交流中心，参见第 6021 条第（d）款。

② 参见第 2 卷《公法》第 83—591 期，第 7702B 条第（b）款。

证据，以及它们与其他公共和私人长期护理保险的关系。

（Ⅵ）根据国务卿的规定，该保单的发行人定期向国务卿提交包含的有关保单项下已支付的赔偿及该赔偿的数额的通知、有关保单终止的通知，以及其他国务卿认为管理这些合作关系所需要的信息的报告。

（Ⅶ）州不做出任何影响保单条款或者赔偿的要求，除非该州针对长期医疗保险保单做出这些要求，而不考虑是否该保单是包括在合作关系项下或正在与这种合作关系有联系。在一个为了与其他保单交换的长期护理保险中，应当根据交换的第一个保单的承保范围适用第（Ⅰ）次节。根据本项和第（5）项的目的，"长期护理保险保单"包括集体保险合同下签发的证书。

（ⅳ）对于自1993年5月14日起州计划修正案被批准的州而言，该州基于第（ⅱ）节的目的而满足本节的规定，如果国务卿认为该州计划修正案中规定的消费者保护标准不低于自2005年12月31日起州计划修正案项下适用的消费者保护标准。

（ⅴ）根据第（ⅲ）节第（Ⅵ）次节的要求制定的部门规章，应当在与全国保险专员协会、长期护理保险保单的发行人、曾有过长期护理保险合作关系计划的州、其他州，以及长期护理保险保单的消费者代表协商之后公布，并应当指明报告的数据和信息的类型和格式，以及报告的频率。国务卿应当酌情根据该项的规定向有关州提供该报告的副本。

（ⅵ）在与其他有关的联邦机构、长期护理保险保单的发行人、全国保险专员协会、州的保险专员、曾有过长期护理保险合作关系计划的州、其他州，以及长期护理保险保单的消费者代表协商之后，国务卿应当向国会提出建议以授权并拨款设立一个由合格的州长期护理保险合作伙伴关系下的所有长期护理保险保单发行人，用电子方式报告的统一最低数据集合，以形成一个安全的、集中的且州、国务卿和其他联邦机构可以访问的电子查询和报告生成机制。

（2）第（1）项下的任何理赔或者恢复仅在该个人的尚存配偶（如果有）去世以后才可以做出，且只能在下列时间：

（A）当他没有21岁以下，或者（对于有资格参加第十六编项下制定的州计划的州）失明或永久性完全残废，或者（对于没有资格参加在上述计划的州）失明或第1614条界定的伤残的尚存子女；

（B）在对该个人的家庭成员设置了第（a）款第（1）项第（B）目

下的留置权的情况下，当：（ⅰ）该个人没有同胞兄弟姐妹（在该个人的进入医疗机构接受治疗之日前在该家庭居住1年以上），（ⅱ）该个人没有子女（在该个人进入医疗机构接受治疗之日前在该家庭居住2年以上，且通过州规定的方式为该个人提供在家里而不是医疗机构的护理），从该个人的进入医疗机构接受治疗之日起持续、合法地居住在这样的家庭。

（3）州机构应当确立相关程序（与国务卿规定的标准一致）：根据国务卿既定的标准判断，如果一个申请将导致不必要的困难，则该机构应终止本次条的申请手续［除了第（1）项第（c）款］。

（4）根据本款，对于已故的个人，"不动产"：

（A）应当包括所有的不动产和个人财产，以及州遗嘱法中的规定的其他包括在个人不动产中的资产；

（B）根据州的选择可以包括［在第（1）项第（C）目第（ⅰ）节适用于该个人的情况下应当包括］其他不动产和个人财产，以及个人死亡时（这种权益的范围内）享有的任何法律所有权或权益的其他资产，包括移转给幸存者、继承人或死者通过共同租赁、共有财产、生者享有权、终身财产或其他安排的方式分配的资产。

（5）（A）① 根据第（ⅲ）节第（Ⅲ）次节，本条确定的《示范条例》和《示范法》的要求包括：

（ⅰ）《示范条例》包括以下要求：

（Ⅰ）第6A条（有关续保或不可撤销性），除该条第（5）项，以及《示范法》第6B条有关该第6A条的要求。

（Ⅱ）第6B条（有关限制和禁止的除外），除该条第（7）项。

（Ⅲ）第6C条（有关利益的扩展名）。

（Ⅳ）第6D条（有关承保范围的继续或转换）。

（Ⅴ）第6E条（有关保单的中止和更换）。

（Ⅵ）第7条（有关非故意失效）。

（Ⅶ）第8条（有关披露），除第8F条、第8G条、第8H条和第8I条。

---

① 关于州报告要求，参见第2卷《公法》第109—171期，第6021条第（a）款（2）项；关于合作州之间相互识别的标准，参见第6021条第（c）款；关于给国会的年度报告，参见第6021条第（b）款；关于一个国家长期护理信息交流中心，参见第6021条第（d）款。

（Ⅷ）第 9 条（有关要求向消费者公开评级的做法）。

（Ⅸ）第 11 条（有关索赔后承保的禁令）。

（Ⅹ）第 12 条（有关最低标准）。

（Ⅺ）第 14 条（有关申请表格及更换服务）。

（Ⅻ）第 15 条（有关报告的要求）。

（ⅩⅢ）第 22 条（有关销售备案的要求）。

（ⅩⅣ）第 23 条（有关销售的标准），包括病历完成不精确，除第 23C 条第（1）项、第（6）项、第（9）项。

（ⅩⅤ）第 24 条（有关适用性）。

（ⅩⅥ）第 25 条（有关对更换保单或证书的先存情况和试用期的禁止）。

（ⅩⅦ）第 26 条有关可能发生的不可没收保险费的规定，如果投保人拒绝了第（4）项所述的不可没收保险费的价格。

（ⅩⅧ）第 29 条（有关标准格式的覆盖大纲）。

（ⅩⅨ）第 30 条（有关规定提供购物指南）。

（ⅱ）《示范法》包括以下要求：

（Ⅰ）第 6C 条（有关先存情况）。

（Ⅱ）第 6D 条（有关住院）。

（Ⅲ）第 8 条有关可能发生的不可没收保险费的规定。

（Ⅳ）第 6F 条（有关回复的权利）。

（Ⅴ）第 6G 条（有关承保范围的概述）。

（Ⅵ）第 6H 条（有关集团计划下的证书要求）。

（Ⅶ）第 6J 条（有关保单总结）。

（Ⅷ）第 6K 条（有关寿险提前给付的月报告）。

（Ⅸ）第 7 条（有关不可抗辩期）。

（B）就本项和第（1）项第（C）目而言：

（ⅰ）"《示范条例》"和"《示范法》"是指分别由全国保险专员协会颁布（2000 年 10 月通过）的《长期护理保险示范条例》和《长期护理保险示范法》；

（ⅱ）应当视为第（A）目下任何《示范条例》或《示范法》的规定或模型法监管下所列条款包括该条例或者法中任何需要用以补充前述规定的其他规定；

（ⅲ）对于在一州内发行的长期护理保险保单，如果第（1）项第（C）目第（ⅲ）节下的州计划修正案规定该州的州保险业监理专员证明（用国务卿符合要求的方式）该保单符合上述要求，应当视为该保单符合《示范条例》或《示范法》的适用要求。

（C）在全国保险专员协会公布针对第（A）目确定的《示范条例》或《示范法》的规定，或者实质上与该款确定的规定有关的该条例或法的任何规定所做的修订、更新其他修改后12个月内，国务卿应当审查规定的变化，决定将此类变化纳入该款确定的相应规定中是否有利于提高合格的州长期护理保险合作关系；如果有利于提高，则国务卿应当将该变化纳入相应规定中。

（c）（1）（A）根据第1902条第（a）款第（18）项，为了达到次条的要求，州计划中必须规定，如果被送入专门机构的个人或者其配偶（由州选择，或者为非被送入专门机构的个人或其配偶）以低于合理市场价格或者在第（B）目第（ⅰ）节确定的回顾日期之后处理资产，则该个人从第（D）目确定的日期开始、在等于第（E）目确定的月份，没有资格获得第（C）目第（ⅰ）节规定的医疗救助服务［或者在非被送入专门机构的个人的情况下，第（C）目第（ⅱ）节所述的服务］。

（B）（ⅰ）本目中，"回顾日期"是指第（ⅱ）节确定的日期前36个月［在全部或者部分来自信托的报酬被认为是该个人根据第（d）款第（3）项第（A）目第（ⅲ）节或第（3）项第（B）目第（ⅱ）节规定处理的资产的情况下，或者《2005年赤字削减法》颁布之日或之后对以其他任何方式处理资产的情况下，为60个月］。

（ⅱ）在本节规定的日期：

（Ⅰ）对于被送入专门机构的个人，是指其被送入专门机构，并已经申请州计划下的医疗救助的第一个日期；

（Ⅱ）或者，对于非被送入专门机构的个人，是指其申请州计划下的医疗救助的日期或者其以低于合理市场价格处理资产的日期（如果他之后这样处理了资产）。

（C）（ⅰ）本目规定的对于被送入专门机构的个人的服务包括下列内容：

（Ⅰ）护理设施服务。

（Ⅱ）在其他机构中，与护理设施服务同等水平的护理。

（Ⅲ）根据第 1915 条第（c）款或第（d）款下授权的豁免而提供的以家庭或社区为基础的服务。

（ⅱ）本目规定的关于非被送入专门机构的个人的服务是指第 1905 条第（a）款第（7）项、第（22）项或第（24）项中规定的服务，以及向需要长期护理的个人提供的、州计划项下的医疗救助的其他长期护理服务［不包括第（ⅰ）节中所述的任何服务］。

（D）（ⅰ）在《2005 年赤字削减法》① 颁布之日前转让资产的情况下，本款中规定的日期是指资产以低于市场正常价值转让期间或之后的第一个月第一天，且在该月内没有出现本款下的丧失资格。

（ⅱ）在《2005 年赤字削减法》颁布之日及以后转让资产的情况下，本目中规定的日期是指资产以低于市场正常价值转让期间或之后的第一个月第一天，或者该个人有资格获得州计划项下的医疗救助，并且如果没有处罚期限的申请，他基于获批准的申请本来可以接受第（c）款所述的专门机构一级护理的日期，并以较迟者为准，且在该月内没有出现本款下的丧失资格。

（E）（ⅰ）对于被送入专门机构的人，本款下个人丧失资格的月数应当等于：（Ⅰ）在第（B）目第（ⅰ）节确定的回顾日期或者以后，由该人（或者其配偶）累计无偿转让的全部资产的总价值；除以（Ⅱ）在申请之时，在该州内（或由州自行选择，在有被送入专门机构的人的社区内）用于自费患者的护理设施服务的平均月花费。

（ⅱ）对于非被送入专门机构的人，本次款下个人丧失资格的月数应当不高于：（Ⅰ）在第（B）目第（ⅰ）节确定的回顾日期或者以后，由该人（或者其配偶）累计无偿转让的全部资产的总价值；除以（Ⅱ）在申请之时，在该州内（或由州自行选择，在有被送入专门机构的人的社区内）用于自费患者的护理设施服务的平均月花费。

（ⅲ）第（ⅰ）节或第（ⅱ）节下确定的，因对于资产的处置理而丧失资格的月数应当缩短：

（Ⅰ）在第（ⅰ）节下确定的丧失资格的期间，减去第（ⅱ）节下个人丧失资格的月数，作为上述处置的结果；

（Ⅱ）在第（ⅱ）节下确定的丧失资格的期间，减去第（ⅰ）节下

---

① 2006 年 2 月 8 日（《公法》第 109—171 期；《美国联邦法律大全》第 120 编第 4 条）。

个人丧失资格的月数，作为上述处置的结果。

（iv）一州不得使用四舍五入，或者以其他方式忽视第（i）节或第（ii）节下确定的、因对于资产的处置理而丧失资格的部分期间。

（F）根据本项，购买年金保险应当被视为以低于市场正常价值处置资产，除非：

（i）该州作为第一顺位的剩余财产受益人，该财产应当至少与本编下以被送入专门机关的人的名义支付的医疗救助总额相等；

（ii）或者，该州作为第二顺位的受益人，在共同配偶或者年幼或残疾的子女之后受偿；如果该配偶或者该子女的代表以低于市场正常价值处置资产时，则州在第一顺位受偿。

（G）就本项关于资产转让而言，"资产"包括由年金保险收益人或者以其名义购买的年金保险，该年金保险收益人已经申请了本编下关于护理设施服务或者其他长期护理服务的医疗救助，除非：

（i）该年金保险为：（Ⅰ）《1986年国内税收法》第408条第（b）款或第（q）款①中所述的年金保险，或者（Ⅱ）由下列途径购买：（aa）前述法第408条第（a）款、第（c）款或第（p）款中所述的账户或者信托，（bb）简化的雇员养老金［适用于该法第408条第（k）款］，或者（cc）该法第408A条所述的罗斯个人退休账户；

（ii）该年金保险：（Ⅰ）是不可撤销和不可分配的，（Ⅱ）是保险精算范围的（与社会安全局首席精算师办公室出版的精算杂志的规定一致），（Ⅲ）规定在年金保险期限内每期支付相等数额，既没有延期付款，也没有大额尾付金额。

（H）尽管有本项上述的规定，在第（B）目确定的可适用的回顾之日及以后，个人（或者其配偶）以低于市场合理价格多次部分转让资产1个月以上的情况下，一州可以决定对该个人适用本项下的丧失资格期间：

（i）根据第（E）目第（i）节或第（ii）节（视情况而定），将第（B）目确定的可适用的回顾之日及以后，该个人（或者其配偶）累计无偿转让的所有资产的总价值作为1次转让；

（ii）上述期间将从根据第（D）目适用于该出让人的最早日期开始。

---

① 参见第2卷《公法》第83—591期，第408条。

（Ⅰ）就本项关于资产转让而言，"资产"包括用于购买本票、贷款或抵押贷款的资金，除非该票据、贷款、抵押贷款：

（ⅰ）有一个安全精算的还款期限（社会安全局首席精算师办公室出版的精算杂志的规定一致）；

（ⅱ）规定在年金保险期限内每期支付相等数额，既没有延期付款，也没有大额尾付金额；

（ⅲ）禁止在贷款人死亡后取消贷款的剩余部分。

在本票、贷款或抵押贷款不符合第（ⅰ）节到第（ⅲ）节要求的情况下，该本票、贷款或者抵押贷款的价值应当是该个人申请第（C）目规定的医疗救助服务之日时的未结余额。

（J）就本项关于资产转让而言，"资产"包括在另一个家庭中购买的终身产权收益，除非从购买之日起，该买方在该家庭居住 1 年以上。

（2）在下列情况下，个人不会因为第（1）项中的原因而失去医疗救助的资格：

（A）被转让的财产是私人寓所且该私人寓所的所有权转移至：

（ⅰ）该个人的配偶；

（ⅱ）该个人的子女：（Ⅰ）为 21 岁以下，或者（Ⅱ）（对于有资格参加第十六编下的州计划的州）失明或永久性完全残废，或者（对于没有资格参加在上述计划的州）失明或第 1614 条界定的伤残；

（ⅲ）该个人的同胞兄弟姐妹，该同胞兄弟姐妹在该家庭中享有的股份权益，且在该个人的进入医疗机构接受治疗之日前在该家庭居住 1 年以上；

（ⅳ）该个人的子女［第（ⅱ）节中所述的子女除外］，该子女在该个人成为应当被进入医疗机构接受治疗的人之日前在该家庭居住 2 年以上，且（由州决定）允许该个人居住在家里，而不是医疗机构或者设施的护理。

（B）资产：

（ⅰ）转让给该个人的配偶，或者专门为了该个人的配偶的利益而转让给他人；

（ⅱ）专门为了该个人的配偶的利益而从该个人的配偶转让给他人；

（ⅲ）转让给第（A）目第（ⅱ）节第（Ⅱ）次节所述的该个人的子女，或者转让给专门为了该子女的利益而设立的信托［包括第（d）款第

（4）项所述的信托］；

（ⅳ）转让给专门为了某个 65 岁以下残疾人［参照第 1614 条第（a）款第（3）项定义］的利益而设立的信托［包括第（d）款第（4）项所述的信托］。

（C）向一州做出的令人满意的表现是指（与国务卿颁布条例一致）：（ⅰ）该个人意图以合理市场价格或其他有值对价处置资产；（ⅱ）资产只能为了获得医疗援助资格以外的目的而转让；或者（ⅲ）以低于合理市场价格转让的资产都已经退还该个人。

（D）^① 或者，根据州制定的程序（与国务卿规定的标准一致），该州依国务卿既定的标准判断，认为资格的否认将导致不必要的困难。

根据第（D）目制定的程序应当允许被送入专门机构的人居住的机构基于该个人或者其代理人的同意，以该个人的名义递交的困难豁免申请。在个人居住在护理设施的情况下，当第（D）目下的困难豁免的申请尚未决定时，如果该申请符合国务卿既定的标准，该州可以为了保留该个人在该机构内的床位而支付护理设施服务的费用，但是不得超过 30 日的费用。

（3）就本款而言，在个人所持有的资产是与他人联合租赁，共同租赁，或者类似安排的情况下，在该个人或者他人转让时，应当视为该个人转让了该资产（或者该资产中受影响的部分），而减少或者消除其对该资产的所有权或控制权。

（4）除本款的规定外，州［包括第 1902 条第（f）款下列出的选择治疗的州］可以不因为个人低于合理市场价格转让资源而规定其丧失资格的期限。在该个人的配偶转让资产并导致其在一段期间内失去州计划项下的医疗救助资格的情况下，如果该配偶有资格获得州计划项下的医疗救助，州应当采用合理的方法（由国务卿确定）将该丧失资格的期限（或者该期限的任何部分）在该个人与其配偶之间分配。

（5）在本款中，"资源"的含义见第 1613 条的相应条款，而不考虑第（a）款第（1）项所述的例外规定。

（d）（1）就决定个人获得本编下的州计划项津贴的资格或者数额而言，根据第（4）项的规定，第（3）项确定的规则应当适用于该个人设立的信托。

---

① 关于困难豁免的可用性，参见第 2 卷《公法》第 109—171 期，第 6011 条第（d）款。

（2）（A）就本款而言，如果个人的资产用于形成的信托的全部或者部分主体，并且如果下列任一人员以遗嘱以外的方式设立该信托，则应当认为该个人设立了一个信托：

（i）该个人。

（ii）该个人的配偶。

（iii）包括法院或者行政机关在内的，有代替该个人或其配偶或者以其名义采取行动的法定权限的人。

（iv）包括法院或者行政机关在内的，依该个人或者其配偶的指示或者依其要求采取行动的法定权限的人。

（B）信托的主体包括个人［参照第（A）目定义］的资产和其他任何人的资产，在此情况下，本条的规定应当适用于信托中属于该个人的财产部分。

（C）根据第（4）项的规定，不考虑下列事项，本条应当适用：

（i）设立信托的目的；

（ii）受托人根据信托是否具有或行使的任何裁量权；

（iii）何时或者是否从信托中进行分配的任何限制；

（iv）或者，对于从信托中分配的使用的任何限制。

（3）（A）在可撤销信托的情况下：

（i）应当将信托的主体视为个人可获得的资源；

（ii）应当将从信托中的支付或者该个人的收益视作个人收入；

（iii）应当将其他任何从信托中的支付视为该个人根据第（c）款处置的资产。

（B）在不可撤销信托的情况下：

（i）如果存在从信托中的支付可以用于该个人或者为其利益的情况，用于向该个人的支付的主体的部分，或者基于该主体的收入都应当被视为是其可获得的资源，并且从主体或者收入的部分中的支付：（I）用于该个人或者为其利益，应当被视为是该个人的收入，以及（II）为其他利益，应当被视为是该个人根据第（c）款而转让资产；

（ii）从信托设立之日（如果较晚，则为向该个人的支付被取消之日）起，在任何情况下，任何信托主体或者主体收入都不能被视为是该个人根据第（c）款处置的资产，信托的价值应当根据本次条的规定确定，包括在上述日期以后从该信托中的所有支付金额。

（4）本款的规定不适用于下列任何信托：

（A）一个包含了 65 岁以下残疾人〔参照第 1614 条第（a）款第（3）项定义〕的资产的信托，该信托由其父母、祖父母、其法定监护人或者法院为了其利益而设立（如果该州在该个人死亡后将获得信托中与以该个人名义支付根据本编下州计划的医疗救助总额相等的全部剩余金额）。

（B）一个州中为了个人利益设立的信托，如果：

（i）该信托只由该个人的养老金、社会保险金和其他收入（以及积累的信托收入）组成；

（ii）该州在该个人死亡后将获得信托中与以该个人名义支付本编下州计划的医疗救助总额相等的全部剩余金额；

（iii）该州令个人能够获得第 1902 条第（a）款第（10）项第（A）目第节（ii）节第（V）次节规定的医疗救助，但是未令个人能够获得此类救助中属于第 1902 条第（a）款第（10）项第（C）目规定的护理设施服务。

（C）一个包含了残疾人〔参照第 1614 条第（a）款第（3）项定义〕的资产的信托，同时满足以下条件：

（i）该信托由非营利性组织设立并管理。

（ii）每个信托受益人都拥有单独的账户，但是为了基金投资和管理的目的，该信托统一联营上述账户。

（iii）信托中的账户仅为了残疾人〔参照第 1614 条第（a）款第（3）项定义〕的利益舍弃，而且由其父母、祖父母或法定监护人中的一人或者几人，或者由法院设立。

（iv）在受益人死亡时其账户中剩余的未被信托留存的金额的范围内，信托从该剩余金额中向该州支付与本编下州计划的医疗救助总额相等的数额。

（5）州立机构应当制定一定的程序（与国务卿确定的标准一致），如果该个人在国务卿既定标准的基础上认为该种申请将导致不必要的困难，则该机构应当在该程序之下免去次条关于个人的申请。

（6）"信托"包括任何与信托类似的法律上的投资工具或者策略，但是只包括以国务卿确定的范围和方式获得的年金保险。

（e）（1）为了达到本条关于第 1902 条第（a）款第（18）项的要

求，一州应当要求个人对于此类救助（包括获得此类救助资格的重新认定）的申请须披露该个人或者其共同配偶在年金保险（或者类似的金融工具，可以由国务卿确定）中的收益，作为向其提供第（c）款第（1）项第（C）目第（i）节（关于长期护理服务）中医疗救助服务的条件，无论该年金保险是不可撤销的还是被视为一种资产。上述申请或者重新认定应当包括在第（2）项下的表格，通过该医疗救助的规定的效力，州成为该年金保险或者类似金融工具的剩余受益者。

（2）（A）在披露涉及第（c）款第（1）项第（F）目下的年金保险的情况下，该州应当通知年金保险的发行人，州在该条下有权利作为向个人提供的医疗救助的年金保险的优先剩余利益的受益人。本项的任何规定不得被解释为阻止该发行人通知本款下在州的剩余利益中有其他剩余利益的个人。

（B）在该发行人收到第（A）目的通知的情况下，在第（1）项所述的最近一次披露的时候，当收益数量发生变化或者从本息中取出本金时，该州可以要求该发行人通知该州。州在决定为医疗救助发行的州债券数量或者个人获得该救助的资格时，应当将上述信息考虑在内。

（3）国务卿可以为各州在可能被作为以低于市场正常价格转让资产的交易种类方面提供指导。

（4）本款的任何内容不得被解释为阻止一州根据其从第（1）项下的年金保险中获得的收益或者资源而否认个人获得医疗救助的资格。

（f）（1）（A）尽管本编有其他规定，根据本项第（B）目和第（C）目和第（2）项，在决定个人是否具有获得护理设施服务或者其他长期护理服务有关的医疗救助的资格时，如果个人在其家庭中的权益权超过50万美元，则该个人不应当获得上述救助。

（B）不考虑第1902条第（a）款第（1）项（关于全州性）和第1902条第（a）款第（10）项第（B）目（关于可比性）的要求，一州可以选择以大于50万美元且小于75万美元的数额代替"50万美元"的规定，对第（A）目适用。

（C）从2011年开始，本项所确定的金额将根据所有城市消费者的消费价格指数（所有项目、美国城市平均）的增长幅度而逐年增加，四舍五入到最接近1000美元。

（2）第（1）项不适用于下列个人：

（A）该个人的配偶；

（B）或者，或该个人的子女为 21 岁以下，或者（对于有资格参加第十六编下州计划的州）失明或永久性完全残废，或者（对于没有资格参加在上述计划的州）失明或第 1614 条界定的伤残，合法地居住在这样的家庭。

（3）本款的任何内容不得被解释为阻止个人通过使用反向抵押贷款或者房屋净值贷款以减少个人在家庭中的总权益。

（4）鉴于在被证实的有困难的情况下第（1）项规定被否决，国务卿应当制定一个过程。

（g）居住于持续护理退休社区的个人社费待遇。

（1）**总则。**就决定个人获得的本编下州计划的补助金的资格或者数量而言，第（2）项确定的规则适用于居住于持续护理退休社区或生活护理社区的个人，此类社区经个人同意可对其收取社费。

（2）**社费待遇。**就本款而言，居住于持续护理退休社区或生活护理社区的个人，在下列情况下，社费应供其使用：

（A）当个人财产或收入不足以支付护理费，若个人有能力使用社费，或合同规定应使用之情形，则社费可使用于支付护理费；

（B）当个人死亡，或者终止持续护理退休社区或生活护理社区合同且离开社区时，有权要求退还剩余社费；

（C）社费并不是个人在持续护理退休社区或生活护理社区取得所有权权益。

（h）在本条中，适用下列定义：

（1）对于个人，"资产"包括该人及其配偶一切收入和财产，含该人及其配偶本该取得却基于下述原因未取得的收入和财产：

（A）由于该人或其配偶之行为所致；

（B）由于他人行为所致，包括法院或行政机关依法定授权，代替抑或为该人或其配偶利益之所为；

（C）由任何人所致，包括法院或行政机构，依据该个人或其配偶要求行事。

（2）"收入"的含义，见第 1612 条相关规定。

（3）"被送入专门机构之个人"是指疗养院、医疗机构的住院患者，依疗养院所供护理水平而支付报酬之人，或者是在第 1902 条第（a）款第（10）项第（A）目第（ⅱ）节第（Ⅵ）次节中涉及的人。

（4）"非被送入专门机构之个人"是指接受第（c）款第（1）项第
（C）目第（ii）节规定的任何服务之个人。

（5）"财产"的含义，见第1613条的相关规定，（就被送入专门机构
之个人而言）不考虑该条第（a）款第（1）项条所述的例外规定。

有关第二编传唤规定的适用

第1918条【《美国法典》第42编第1396q条】 本法第205条第（d）
款和第（e）款的规定应当以第二编适用的相同范围和程度适用于本编，
除非在实施该条过程中，和另外实施第205条第（1）项时，根据本编社
会保障委员会或社会保障管理局应当分别作为国务卿和健康及人类服务部
的参考资料。

护理机构的要求①

第1919条【《美国法典》第42编第1396r条】（a）**护理机构定义。**
在本编中，"护理机构"是指符合下列的要求的机构（或机构内某一部
门）。

（1）主要从事向居民提供：

（A）对需要医疗或护理的个人，提供专业护理服务和相关服务；

（B）对受伤的残疾或虚弱个人，提供复健服务；

（C）或者，对因精神或身体状况需要护理和服务（在床位和房间允
许时），提供仅通过专业机构才能获得的健康相关护理和服务。

（2）与签订第1866条下协议并生效的医院之间订立有效的转移协议
[符合第1861条第（l）款要求]。

（3）符合本条第（b）款、第（c）款、第（d）款对护理机构的
要求。

本定义也包括位于某些州内的印第安保留区，并经国务卿认证的符合
本款第（1）项和第（b）款、第（c）款、第（d）款规定的机构。

（b）**与服务规定有关的要求。**

（1）**生活质量要求。**

（A）**总则。** 护理机构必须妥善照顾患者，并提供良好环境，从而改

---

① 关于给国会的报告，参见第2卷《公法》第100—203期，第4215条。

善和提高患者的生活质量。

（B）**质量评估和保障**。护理机构必须建立质量评估和保证委员会，作为护理服务的管理层人员，委员会人员应包含 1 名机构指派的医师和 3 名该机构员工，他们应符合下列要求：

（ⅰ）对于质量评估和保障的必要事项，至少每季度实施审查评估；

（ⅱ）对已经查明的质量缺陷，建立并实施适当措施进行补救。州或国务卿可以不要求委员会披露相关记录，除非披露与委员会遵守本目要求有关。

（2）**护理计划下服务的范围和内容**。护理机构必须根据书面护理计划提供服务和活动，确保最大限度的有利于每位患者的身体、精神、心理健康。书面护理计划应当包含下列事项：

（A）描述患者的医疗、护理、心理需求，及满足这些需求的方法；

（B）基础配备，在患者或其家庭及法律代理人的参与下，通过包括患者的主治医师和注册执业护士对其负责；

（C）在第（3）项规定的每次评估后，由该团队进行定期检查和修正。

（3）**患者的评估**。

（A）**要求**。护理机构必须对每个患者的状况进行综合的、准确的、标准的、可持续的评估，该评估应该包含下列内容：

（ⅰ）描述患者完成日常生活的能力，及重要的功能障碍；

（ⅱ）国务院根据第（f）款第（6）项第（A）目下设定的统一最小数据建立；

（ⅲ）使用由州规定的第（e）款第（5）项下的方法；

（ⅳ）包括对医疗问题的识别。

（B）**认证**。

（ⅰ）**总则**。每份评估必须由一名注册的专业护士实施或协调（在健康护理专业人士的适当参与下进行），签署和证明评估的完整性。每个完成部分评估的工作人员都应当签署和证明其负责部分的准确性。

（ⅱ）**伪造的处罚**。

（Ⅰ）明知第（ⅰ）节规定，且故意伪造患者评估陈述的个人，应对其处以每份评估不超过 1000 美元的民事惩罚。

（Ⅱ）明知第（ⅰ）节规定，且故意导致他人伪造患者评估陈述的个人，应对其处以每份评估不超过 5000 美元的民事惩罚。

（Ⅲ）第 1128A 条的规定［不包括第（a）款和第（b）款］应当适用于本节下的民事惩罚，以第 1128A 条第（a）款下适用的惩罚或程序实施相同的方式。

（ⅲ）**独立评估的适用**。如果州决定，根据第（g）款或相关规定的调查，存在明知且故意违反上述规定的虚假评估，州可要求（在州规定的时间内）由州批准的独立于涉案护理机构的个人进行重新认证和评估。

（C）**频度**。

（ⅰ）**总则**。上述评估应当按照如下规定进行：

（Ⅰ）对于 1990 年 10 月 1 日以后，且在 1991 年 10 月 1 日以前批准的接受机构护理服务的个人，应于批准后立即实施（不晚于批准之日起 14 日内）；

（Ⅱ）患者身体或精神状况发生重大变化是应立即进行；

（Ⅲ）不少于每 12 个月 1 次。

（ⅱ）**对患者进行检查**。护理机构必须对每位患者进行检查，频度不少于每 3 个月 1 次，在适当的情况下修正患者评估以确保评估的准确性。

（D）**使用**。评估结果应当用于建立、检查和修正第（2）项下的患者护理计划。

（E）**协调**。报告应当与任何州要求的预批准筛查项目进行协调，从而最大限度避免重复检查。此外，在精神疾病患者、智力障碍患者身体或精神状况发生重大变化时，护理机构应当告知州精神健康管理机构或州智力障碍及渐进性残疾管理机构。

（F）**精神疾病和智力障碍个人预批准筛查的相关要求**。除第（e）款第（7）项第（A）目第（ⅱ）节和第（ⅲ）节的规定外，护理机构不得在 1989 年 1 月 1 日以后批准，新接受符合下列情况的患者。

（ⅰ）患精神疾病［参照第（e）款第（7）项第（G）目第（ⅰ）节定义］，除非州精神健康局已经决定（由独立于该局之外的个人和机构对患者进行独立的身体和精神评估）在批准之前，因个人身体和精神状况，个人要求由护理机构提供的服务水平，并且如果个人要求这种水平的服务，无论该个人是否由于精神疾病要求特别服务；

（ⅱ）或者，智力障碍［参照第（e）款第（7）项第（G）目第（ⅱ）节定义］，除非州智力障碍和渐进性残疾局已决定（由独立于该局之外的个人和机构对患者进行独立的身体和精神评估）在批准之前，因个人身体和精神状况，个人要求由护理机构提供的服务水平，并且如果个人要求这种水平的服务，无论该个人是否由于智力障碍要求特别服务。

州精神健康局和州智力障碍和渐进性残疾局可以不指定（通过合同或其他方式）他们在本目下对护理机构（或与该机构有直接或间接联系的实体）的责任。

（4）**服务和活动的有关规定。**

（A）**总则**。在完成第（2）项下所有护理计划所需的范围内，护理机构必须提供（或对有关规定进行安排）下列事项：

（ⅰ）护理、相关服务和特别恢复服务，从而获得或维持患者最佳的身体、精神和心理状态；

（ⅱ）相关医疗类社会服务，从而达到或维持患者最佳的身体、心理和每个居民的心理社会健康；

（ⅲ）为满足这些患者需要的医药服务（包括确保准确获得、收到、配发、管理所有物品和生物制品的程序）；

（ⅳ）确保饮食符合每位患者日常营养和特殊饮食需要的饮食服务；

（ⅴ）由专业人员负责执行的可行的执行计划，该计划应当包含满足每位患者身体、精神、心理状况和兴趣的活动；

（ⅵ）满足每位患者需求的常规牙科服务（州计划覆盖范围内）和牙科急诊服务；

（ⅶ）精神病和智力障碍患者要求的、州未提供或安排（或被要求提供或安排）的治疗和服务。

机构提供或安排的服务必须符合专业的质量标准。

（B）**提供服务的合格人员**。第（A）目第（ⅰ）节、第（ⅱ）节、第（ⅲ）节、第（ⅳ）节、第（ⅴ）节中规定的服务，必须由符合每位患者书面护理计划要求的合格人员提供。

（C）**必要护理、机构豁免。**

（ⅰ）**总体要求**。对于在1990年10月1日以后提供的护理机构服务，护理机构应当：（Ⅰ）除第（ⅱ）节规定外，必须提供24小时获得许可的护理服务，从而充分满足患者对护理的需求；以及（Ⅱ）除第（ⅱ）节规定外，必须使用注册专业护士的服务，每天连续8小时，一周7天。

（ⅱ）**州做出的终止决定**。如果机构不能满足第（ⅰ）节中的要求，州可终止机构的要求，如果符合下列情形：

（Ⅰ）机构能够充分向州证明，尽管已经过努力（包括为会人员提供社区内领先水平的工资），但已无法恢复适当人力；

（Ⅱ）州对要求的终止不会危及机构内患者的健康或安全；

（Ⅲ）州在任何时期内发现，注册护理机构内的注册专业护士或医师负责对机构拨出的电话及时回复；

（Ⅳ）州批准要求的终止，向州长期护理调查官［《1965 年老年人法》第 307 条第（a）款第（12）项①建立］，和州对于智力障碍和精神病的保障体系提供终止的通知；

（Ⅴ）由州批准终止的护理机构，通知机构内患者（或在适当时候通知这些患者的监护人或法律代理人）及其家庭成员关于机构终止的情况。

本节下的终止应当每年进行检查，并根据第（ⅲ）节，国务卿的检查应当由国务卿为本编目的、以州对机构的认证方式进行。在批准或更新终止时，州可要求机构使用其他合格的注册人员。

（ⅲ）**国务卿做出的终止的授权。**如果国务卿决定，某个州已经形成一套清晰的模式，并且在机构里满足人员要求时，批准终止，国务卿应当采取并实施州的职权以批准终止。

（5）**护士护理的必要培训。**

（A）**总则。**

（ⅰ）除第（ⅱ）节的规定，护理机构不得在 1990 年 10 月 1 日以后使用全职护士助理超过 4 个月，除非该个人：（Ⅰ）已经完成州根据第（e）款第（1）项第（A）目批准的培训和能力评估项目，或能力评估项目；以及（Ⅱ）有能力提供护理及相关服务。

（ⅱ）护理机构不得在 1991 年 1 月 1 日以后，使用除长期雇员以外的暂时、日付型、租用或其他基础上的个人，在机构内作为护理助理，除非其符合第（ⅰ）节中的要求。

（B）**为现有雇员提供能力评估项目。**自 1990 年 1 月 1 日以后，护理

---

① 现在也许应参见第 307 条第（a）款第（9）项，被添加到《1965 年老年人法》，《公法》第 106—501 期，第 306 条第（3）项，《公法》第 106—501 期，第 306 条第（5）项，此前排除的第（12）项内容如下："该计划应通过国家长期护理专员办公室，提供保证，州立机构将依照本编第 3058 条第（g）款规定实施州的长期护理专员程序。"

参见第 2 卷《公法》第 89—73 期，第 307 条第（a）款第（9）项。

机构必须为护士助理提供①由州根据第（e）款第（1）项下批准的能力评估项目，以及相关的必要准备工作，直到 1990 年 10 月 1 日。

（C）**能力**。除非通过州批准的培训和能力评估项目，否则护理机构不得批准个人作为护士助理提供服务，或提供无法证明其能力的服务，且不得使用他们作为护士助理，除非机构从第（e）款第（2）项第（A）目下建立的州登记处调查机构确认与该机构有关的信息。

（D）**必要的新培训**。为第（A）目的目的，如果自个人最新完成的培训评估项目，在之后连续 24 个月内，该个人未从事有偿护理及相关服务，该个人应当完成新的培训评估项目或新的能力评估项目。

（E）**常规性服务教育**。护理机构必须提供对日常服务的检查和教育，从而保证护理助理胜任其工作，包括培训他们向认知能力受损患者提供护理及相关服务。

（F）**护士助理释义**。本项中，"护士助理"指在护理机构内向患者提供护理及相关服务的个人，但不包括下列个人：

（ⅰ）持证健康专业人士［参照第（G）目的定义］或注册饮食师；

（ⅱ）或者，无偿提供服务的志愿者。

（G）**持证健康专业人士的释义**。在本项中，"持证健康专业人士"是指医师、医师助理、护士从业者、理疗学家、心理治疗师、职业治疗师、物理治疗助手、专业治疗助理、注册专业护士、注册执业护士和注册社会工作者。

（6）**医师监管和临床治疗**。护理机构必须：

（A）在医师监督下提供健康护理（或根据州的选择，在非该机构雇员但是与医师一起工作的专业护士、临床护理专家、医师助理监督下提供健康护理）；

（B）紧急状态下由医师提供的必要医疗护理；

（C）保存所有患者的临床记录，记录包括护理计划［参照第（2）项定义］和患者评估［参照第（3）项定义］和第（e）款第（7）项下实施的所有预批准筛查结果。

（7）**必要的社会服务**。拥有 120 张床位以上的护理机构，必须至少有 1 名社会工作者（应至少具备社会工作本科学位或类似专业资格）被

---

① 如原文所述。可能应该是"作为护士的助手"。

雇用作为全职员工，提供或确保社会服务的供应。

(8) **护理人员信息。**

(A) **总则。**护理机构必须每天张贴机构内负责患者护理的现有持证和未持证护士的工作安排表，该信息应当以统一方式（国务卿规定方式）展示，并置于醒目清楚的位置。

(B) **数据的公布。**护理机构必须根据要求向公众公布第 (A) 目规定的护理人员数据。

(c) **患者权利的相关规定。**

(1) **一般性权利。**

(A) **特别权利。**护理机构必须保护并改善每位患者的权利，包括下列各项权利：

(i) **自由选择。**选择个人专属医师的权利，在护理和治疗前被充分告知的权利，对可能影响患者健康的护理或治疗发生任何变化前被充分告知的权利，以及（除被判定为不胜任的患者）参加计划护理和治疗或相关调整的权利。

(ii) **免于约束。**免于非治疗患者医学治疗所必需的身体或精神伤害、肉体惩罚、非自愿隔离和其他因纪律或便利而实施的物理或化学限制的权利。这些限制仅应在下列情况下强制实施：（Ⅰ）确保患者或其他患者的身体安全；以及（Ⅱ）必须根据医师书面命令，须明确列明限制的持续时间和使用条件（除在国务卿规定的紧急状况，直到可合理获得此类书面命令）。

(iii) **隐私。**关于食宿、医学治疗、书面和电话沟通、访问和患者家庭及社团会议的隐私权。

(iv) **保密。**对于患者或其法律代理人申请对个人和临床记录及获得现有临床记录的保密，在申请 24 小时内保密（周末和假日不计入）。

(v) **住宿需求。**该权利：（Ⅰ）根据个人对住宿的需要和偏好提供合理服务，除非威胁到个人或其他患者的健康和安全；以及（Ⅱ）在该患者在机构内的房间或是有发生改变之前，患者收到通知。

(vi) **申诉。**对（未成功）提供的护理或治疗进行申诉的权利，不得对申诉者进行歧视或报复，护理机构应对患者的申诉采取及时的补救手段。

(vii) **参加居民和家庭小组。**患者有权利组织、参加机构内的患者社团，患者的家庭成员有权在机构内与其他患者的家庭成员见面。

（viii）**参加其他活动**。在不影响机构内其他患者权利的前提下，患者有权参加社会、宗教和社区活动。

（ix）**调查结果的核查**。有权在合理要求的基础上，核查国务卿或州实施的关于机构和相关的正在实施的修正计划最新的调查结果。

（x）**拒绝特定转移**。有权拒绝在机构内转移至另一房间，如果转移是为了从非护理机构（参照第十八编的规定）内将患者重新安排至专业护理机构。

（xi）**其他权利**。国务卿规定的其他权利。

第（iii）节不应该被解释为要求私人房间的规定。患者行使权利拒绝第（x）节规定的转移，不应影响患者获得本编下医疗救助的资格和权利，以及本编下州因向该患者提供服务获得联邦医疗救助的资格。

（B）**权利的告知**。护理机构必须：

（i）在批准患者入院时，以口头和书面形式通知每位患者其居留在机构期间的法律权利，以及获本编下医疗救助的要求和程序，包括要求第1924条第（c）款第（1）项第（B）目规定的评估的权利；

（ii）使每位患者可以根据合理申请，拥有一份列明上述权利的书面文件（该文件根据权利的调整进行更新），包括州在第（e）款第（6）项下建立的通知（如果有的话）；

（iii）通知所有有权获得本编下医疗救助的患者：（I）在批准入院时或患者获得救助资格时的事项和服务［包括第1902条第（q）款第（28）项第（B）目下规定］，包含于州计划下的护理机构服务，对此不收取患者费用（除第1916条允许的费用），以及由机构提供可收费的其他项目和服务，以及（II）第（I）次节描述的事项和服务的改变，以及因此带来的费用改变；

（iv）以书面方式通知所有患者，在批准入院和患者居留期间定期，对其提供服务和相关收费，包括第十八编未覆盖的服务导致的费用或机构每日收取的费用。

本目下法律权利的书面描述，应当包括第（6）项下个人基金保护的描述，以及陈述患者可根据州调查递交投诉认证机构伤害、忽视患者和错误对待患者在机构内的财产。

（C）**无行为能力患者的权利**。对于根据州法判定无行为能力的患者，本编下患者的权利应当在法庭进行的必要的能力判决范围内转移，由州法指定的代表患者利益的个人行使。

（D）**精神药物的使用。** 可以仅根据医师命令和用于消除或改善相关状况计划的一部分［包括第（2）项规定的书面护理计划］进行精神药物的管理，而且必须至少每年由独立、外部顾问检查接受此类药物的患者的药物计划的合理性。

（2）**转移和出院的权利。**

（A）**总则。** 护理机构必须允许每个患者留在机构内，不得从机构中转移患者或使患者出院，除非在下列情形下：

（i）患者的利益无法在机构内得到满足，为满足其利益而进行的必要转移或出院；

（ii）因患者健康明显改善，已无须由机构提供服务，而进行的适当转移或出院；

（iii）威胁到患者在机构内的安全；

（iv）威胁到患者在机构内的健康；

（v）在合理和适当的通知后，患者未对所居留的机构付费（或未对本编或第十八编下的患者利益进行支付）；

（vi）或者，机构终止运营。

对于第（i）节到第（v）节中描述的情形，患者转移或出院的原因必须记入患者临床记录。对于第（i）节到第（ii）节以及第（iv）节中描述的情形，应由医师制作记录。根据第（v）节规定，当患者入院后获得本编下医疗救助资格，本编下的费用应被认为是合理的。

（B）**预转移和预出院前的通知。**

（i）**总则。** 在实施患者的转移和出院前，护理机构必须：

（I）通知患者（如果已知，及时通知其家庭成员或法律代理人）转移或出院以及相关原因；

（II）在患者临床记录［包括第（A）目要求的其他所有文件］中写明原因；

（III）通知中应包含第（iii）节规定的事项。

（ii）**通知时间。** 第（i）节第（I）次节中规定的通知必须在转移或出院前至少30天做出，除非：

（I）第（A）目第（iii）节或第（iv）节规定的情形出现；

（Ⅱ）第（A）目第（ⅱ）节规定的情形出现，即患者健康明显好转，能够立即对其进行转移或出院；

（Ⅲ）第（A）目第（ⅱ）节规定的情形出现，即患者紧急医疗需要对立即其进行转移或出院；

（Ⅳ）或者，患者未住满 30 天。

除上述例外情况，通知应当在转移或出院以前尽可能提前通知。

（ⅲ）**通知中包含的事项。** 第（ⅰ）节下的每个通知必须包括：

（Ⅰ）1989 年 10 月 1 日以后实施的转移或出院，通知患者有权对比根据第（e）款第（3）项建立的州程序上诉；

（Ⅱ）通知患者州长期护理调查员的姓名、邮件地址、电话号码（参照《1965 年老年人法》①　第 3 编、第 7 编以及本法第 712 条的规定）；

（Ⅲ）对于患有渐进性残疾的患者，通知其依照《2000 年渐进性残疾救助权利法》第 C 次编②建立的渐进性残疾患者保障体系中负责机构的联系方式；

（Ⅳ）对于精神病患者［参照第（e）款第（7）项第（G）目第（ⅰ）节定义］，通知其依照《精神病患者保护和促进法》③　建立的精神病患者保障体系中负责机构的联系方式。

（C）**指导。** 护理机构必须向患者提供充分必要的指导，以确保其能够从机构中安全有序地转移或出院。

（D）**卧床政策和重新批准的通知。**

（ⅰ）**转移前的通知。** 在护理机构的患者因看护或治疗的原因离开前，护理机构必须向患者及其家属或法律代理人提供书面信息，告知下列事项：（Ⅰ）本编下州计划关于特定时期的规定，在该时期内（如果存在的话）州计划许可患者返回或离开该机构；以及（Ⅱ）机构对于该期间的政策，必须与第（ⅲ）节中的规定一致。

（ⅱ）**转移的通知。** 患者转院或因治疗需要离开，护理机构必须向患者及其家属或法律代理人提供书面通知，写明第（ⅰ）节中规定的期间。

（ⅲ）**允许患者返回。** 护理机构必须建立并遵循书面制度，根据该制

---

①　参见第 2 卷《公法》第 89—73 期，第 712 条。

②　参见第 2 卷《公法》第 88—164 期，第 1 编。

③　参见第 2 卷《公法》第 99—319 期，第 105 条。

度，符合下列情况的患者：

（Ⅰ）有资格获得州计划下护理机构提供的医疗救助；

（Ⅱ）因医院或治疗需要从机构中转移；

（Ⅲ）患者的住院或治疗离开的时间超过了州计划为患者保留机构中床位支付的期限；

如果在获得重新批准时患者要求机构提供服务，当机构中一旦出现私人病房空床，则允许重新进入机构。

（E）**预先指导的相关信息。**护理机构必须遵守第 1902 条第（w）款有关保持预先指导的相关程序和规定要求。

（F）**自愿取消参加的持续性权利。**

（ⅰ）**总则。**对于自愿退出州计划、但仍然提供护理机构服务的护理机构：

（Ⅰ）机构自愿退出，在退出生效前，不能因此对机构内的患者转移或出院（包括当时无资格获得医疗救助的患者）；

（Ⅱ）本条规定仍然继续适用于这些患者，直到其出院为止；

（Ⅲ）机构退出生效后进入该机构的患者，在患者入院时，该机构应当口头通知并以独立明确的书面方式通知第（ⅱ）节描述的信息，并获得个人签署确认了解上述书面信息，且该文件应当与患者签署的其他文件分开。

本目不应解释为影响强烈终止参加协定，根据该协定要求机构向州或国务卿（或向二者）提供先前通知。

（ⅱ）**新患者的信息。**本节中规定的对患者的信息指下列情形：

（Ⅰ）机构未能为患者参加本编下项目。

（Ⅱ）即使患者可能已获得本编下护理机构提供的医疗救助的资格，但是在患者不能支付费用时，机构可以转移或使患者出院。

（ⅲ）**继续支付和审查的权利。**尽管本编存在与第（ⅰ）节第（Ⅰ）次节规定的患者有关的其他规定，对于第（ⅰ）节规定的机构参加的协议，由于下列原因自愿退出州计划后，该协议将视为继续有效：

（Ⅰ）接受州计划下为患者提供护理的支付；

（Ⅱ）继续符合本编规定的所有要求；

（Ⅲ）继续实施第（g）款和第（h）款提供的调查、认证、执行权（包括本节下视为持续的自愿退出）。

（ⅳ）**不适用于新患者**。本项［除第（ⅰ）节第（Ⅲ）次节］不应对本目下退出日以后入院的患者适用。

（3）**探视权**。护理机构必须：

（A）允许国务卿，州代表，第（2）项第（B）目第（ⅲ）节第（Ⅱ）次节、第（Ⅲ）次节、第（Ⅴ）次节规定的检查员，机构及患者的个人医师随时接触院内任何患者；

（B）根据患者随时行使其否决或撤销同意权，允许患者亲属对其的及时探视；

（C）根据患者随时行使其否决或撤销同意权的合理限制，允许患者亲属对其的即时探视；

（D）根据患者随时行使其否决或撤销同意权，允许提供健康、社会、法律或其他服务的个人或实体对其的即时探视；

（E）允许州检查员［参照第（2）项第（B）目第（ⅲ）节第（Ⅱ）次节定义］的代表，在州法允许和患者（或患者的法律代理人）许可下，检查患者的临床记录。

（4）**公平地获得高品质护理**。

（A）**总则**。根据州计划为所有个人提供服务的规定，无论支付来源，护理机构必须建立并保留临床政策和实践中有关转移、出院的文件。

（B）**释义**。

（ⅰ）**不禁止对非医疗保险患者收取费用**。第（A）目不应解释为禁止护理机构对提供的符合第（1）项第（B）目规定的服务进行收费。

（ⅱ）**不要求额外服务**。第（A）目不应解释为要求州为患者利益提供州计划规定以外的额外服务。

（5）**批准的规定**。

（A）**批准**。进行批准，护理机构必须：

（ⅰ）（Ⅰ）不得要求申请入院的个人放弃获得本编及第十八编下福利的权利，（Ⅱ）根据第（B）目第（ⅴ）节，不得要求申请入院的个人做出口头或书面保证，保证其不申请本编及第十八编下福利，（Ⅲ）在机构内显著位置公布有关信息，就如何申请使用上述福利，以及如何接受福利覆盖下的预先支付的返还，向患者提供口头和书面通知；

（ⅱ）不要求第三方担保支付，作为批准（或加快批准），或继续留在机构中的条件；

（ⅲ）对有资格获得护理机构提供医疗救助服务的个人免费、征求、接受或接收，除了本编下州计划规定支付以外的任何费用，任何礼品、金钱、捐赠或其他形式作为考虑批准（或加快批准）个人入院或继续留在机构中的前提条件。

（B）**释义**。

（ⅰ）**不得预设更为严苛的标准**。第（A）目不得解释为阻止州或行政区域，在州法或地区法下，歧视有资格在州计划下批准的护理机构内获得医疗救助的个人。

（ⅱ）**关于法律代理人合同的规定**。第（A）目不得解释为，阻止机构要求个人就可用于支付护理机构费用的收入和资源签署合同（不考虑个人现有财务责任），从而从患者收入和资源中就护理费用进行支付。

（ⅲ）**关于额外服务收费的规定**。第（A）目第（ⅲ）节不得解释为，禁止护理机构从有资格获州计划下医疗救助的个人处，对属于州计划中"护理机构服务"的由个人申请并接受的事项及服务进行收费。

（ⅳ）**善意捐赠**。第（A）目第（ⅲ）节不得解释为，禁止护理机构从与患者（或潜在患者）无关的组织或个人处，游说、接受或收取慈善性、宗教或资产捐赠，并且这些捐助不得成为批准、加快批准个人入院或继续留在机构内的条件。

（ⅴ）**退休人员持续护理许可合同的规定**。尽管有第（A）目第（ⅰ）节第（Ⅱ）次节相关规定，根据第1924条第（c）款和第（d）款的规定，批准获得州许可、注册、认证或类似的持续退休人员护理或居民护理（包括将护理机构的服务作为社区护理的组成部分），在此类合同中可要求个人在申请医疗救助前，声明其将为批准的护理资源付费。

（6）**患者资金的保护**。

（A）**总则**。护理机构：

（ⅰ）不能要求患者将个人资金存在机构内；

（ⅱ）根据本项规定，在患者书面授权的基础上，必须在机构内建立和保持的体系下持有、保护这些资金并对其负责。

（B）**个人资金的管理**。根据第（A）目第（ⅱ）节下患者的书面授权，机构必须以下列方式管理患者存入机构的个人基金，并对其负责：

（ⅰ）**存款**。机构必须将所有超过50美元的个人资金存入有息账户（或多个账户），且独立于机构所有的经营性账号，所有利息计入独立账户。对于其他个人账户，机构必须将这些资金保持在无息账户或小型现金资金中。

（ⅱ）**计算和记录**。机构必须确保对每位患者的个人资金进行全面、完全、独立的计算，保留有关与患者存入机构的个人资金有关的所有财务交易的书面记录，而且患者（或其代理人）有权合理获得该记录。

（ⅲ）**确定平衡的通知**。对于所有接受第十九编下州计划医疗救助的患者，当其个人账户超过 200 美元且少于第 1611 条第（a）款第（3）项第（B）目规定的数额时，机构必须通知患者如果其账户（加上患者其他非豁免资源的价值）的数额达到该条规定的数额，患者将失去该医疗救助的资格获第十六编下的津贴。

（ⅳ）**死亡之后个人账户的转移**。患者死亡之后，机构必须立即将患者的个人资金（包括资金的最后余额）转移至患者的遗产管理人。

（C）**保证财务安全**。机构必须购买担保债券或提供满足国务院要求的保证，以确保患者存入机构的所有个人资金的安全。

（D）**个人资金收费限制**。机构不应针对为患者提供本编或第十八编下已支付的服务或事项，从患者个人基金中收费。

（7）**享受医疗护理的患者的收费限制**。

（A）**总则**。对于给符合资格的个人提供的本编下州计划覆盖的护理机构服务，超过本编下州对服务的支付额，护理机构可以不收取费用。

（B）**特定享受医疗护理患者的定义**。在第（A）目规定中，"特定享受医疗护理患者"是指有资格接受本编下的机构护理服务的医疗救助的个人，但是由于在决定个人收入每月用于支付服务费用时，收入超过本编下州建立的对服务的支付额，所以不进行预支付。

（8）**调查结果的发布**。护理机构必须向患者、其家属及法律代理人公布第（g）款下实施的对机构的最新调查结果。

（d）**管理和其他事项的相关要求**。

（A）**总则**。护理机构必须经济有效地管理使用其资源，为每位患者获得或保持最佳状态的身体、精神、心理状态［符合第（f）款第（5）项的要求］。

（B）**必要的通知**。如果下列事项发生变化：

（ⅰ）机构的实际所有权人或实际控制人［参照第 1124 条第（a）款第（3）项定义］；

（ⅱ）机构的工作人员、负责人、机构或管理人员［参照第 1126 条第（b）款定义］；

（ⅲ）机构的合作关系、联盟关系或负责管理机构的；

（ⅳ）或者，机构中的管理者或护理机构的主任；

当变化出现时，机构必须向负责许可机构的州立机构通知变化及新上任的个人、公司等上述各项描述的职位。

（C）**护理机构管理者**。护理机构管理者必须符合第（f）款第（4）项下由国务院建立的标准。

（2）**许可和《生命安全法》**。

（A）**许可**。护理机构必须经相关州和地方法许可。

（B）**《生命安全法》**。护理机构必须符合国家防火委员会《生活安全法》的各项要求（由国务卿制定法规）中有关护理家庭的所有规定，除非：

（ⅰ）如果严格适用会导致机构不合理的困境，但当且仅当放弃的使用不会为患者或职工健康和安全带来相反效果时，国务卿可以在其认为适当的时期放弃该法中的某些规定；

（ⅱ）如果国务卿发现该州已经有公平的安全法生效，经过州法，可以充分保障机构内的患者和职工，则上述规定可以不实施于该州。

（3）**卫生和感染控制及物理环境**。护理机构必须：

（A）建立、保持感染控制项目，以提供安全、卫生、舒适的环境为患者，且帮助预防疾病和感染的发展和传播；

（B）设计、建设、装修、维持都以保护患者、职工、公共健康和安全的方式进行。

（4）**其他**。

（A）**符合联邦、州、地方法及专业标准**。护理机构必须按照所有现行联邦法律法规（包括第 1124 条的要求）和对在机构内提供服务的专业人士的标准和原则，运营并提供服务。

（B）**其他**。护理机构必须符合有关患者健康和安全的要求，或国务卿认为必要的物理设施要求。

（e）**州对护理机构的相关要求**。作为本编下计划批准的条件之一，州必须提供：

（1）**护士助理培训和能力评估项目的规范和审查**。州必须：

（A）于 1989 年 1 月 1 日以前，明确培训和能力评估项目，这些能力评估项目是州根据第（b）款第（5）项批准，并符合第（f）款第（2）项的要求；

（B）于 1990 年 1 月 1 日以前，使用第（f）款第（2）项第（A）目第（ⅲ）节规定的方法和频率，提供对这些项目的检查和重新批准。

国务卿未根据第（f）款第（2）项建立相关要求，不应免除州在本项下的责任。

（2）**护士助理登记**。

（A）**总则**。州应当于 1989 年 1 月 1 日以前，建立和保持所有圆满完成护士助理培训和能力项目，或在州内根据第（1）项批准的能力评估项目，或第（f）款第（2）项第（B）目第（ⅱ）节或《1989 年模糊预算法》第 6901 条第（b）款第（4）项第（B）目、第（C）目、第（D）目①描述的个人。

（B）**登记的信息**。第（A）目下的登记应当提供（与国务卿的规定保持一致），包括涉及对登记患者的忽视或虐待或患者财产不适当处置时，州在第（g）款第（1）项第（C）目下进行明文规定，以及个人对发现的争议的简要陈述。州应当将登记信息作为公共信息。当对登记的人员进行质询时，披露相关结果的信息中应当包括对结果的陈述或对陈述清晰、准确的摘要。

（C）**禁止收费**。州不得对第（A）目下建立和保持登记的护士护理进行收费。

（3）**州对转移和开除的上诉过程**。州对 1989 年 10 月 1 日以后从护理机构中进行的转移或开除，必须使用符合第（f）款第（3）项规定的公平机制，对机构中患者转移或开除的上诉的听证；但是国务卿未建立相关制度或免除州责任的情况除外。

（4）**护理机构管理者标准**。州必须于 1989 年 7 月 1 日以前，已经实施和执行第（f）款第（4）项下有关护理机构管理者资格的标准。

（5）**居民评估方法的规范**。于 1990 年 7 月 1 日生效，州应当明确护理机构符合第（b）款第（3）项第（A）目第（ⅲ）节的方法。该方法应当：

---

① 参见第 2 卷《公法》第 101—239 期，第 6901 条第（b）款第（4）项。

（A）与第（1）项第（6）项第（B）目下设计的方法之一保持一致；

（B）或者，符合国务院根据第（f）款第（6）项第（A）目明确批准的核心要义、一般定义、效用指引的最低数据。

（6）**护士助理权利的告知**。作为批准本编下其计划的条件之一，每个州必须在本编下建立（并定期更新）护理机构内患者（及其配偶）权利、义务的书面通知，于1988年4月1日生效。

（7）**州对预批准筛查和患者检查的要求**。

（A）**预批准筛查**。

（i）**总则**。于1989年1月1日生效，州必须实施预批准筛查项目，并据此做出［适用第（f）款第（8）项下建立的所有原则］在1989年1月1日以后批准第（b）款第（3）项第（F）目下对精神病和弱者人员［参照第（G）目定义］进入护理机构的决定。国务卿未建立第（f）款第（8）项下的最低原则，不应免除所有州在本目下拥有预批准筛查项目或进行第（B）目规定的对患者进行检查的责任。

（ii）**重新批准的声明**。对于重新批准进入护理机构的个人，在医院的护理而被转移，第（i）节下的预批准筛查项目不需要提供认定。

（iii）**医院收费的例外情况**。第（ii）节下预批准筛查项目不应用于批准下列人员进入护理机构：

（I）接受医院紧急住院护理后，直接批准从医院进入机构的个人；

（II）在医院接受护理，并要求护理机构服务的个人；

（III）其专属医师已经证实，个人可在批准入院前要求30天以内的护理机构。

（B）**州对患者检查的要求**。

（i）**精神患者**。自1990年4月1日起，州精神健康局必须对护理机构中所有精神患者进行检查和决定［根据第（f）款第（8）项下建立的原则，并根据州精神健康局以外的个人或实体进行的独立身体和精神评估］，从而判断：

（I）患者是否由于其身体和精神状况，要求护理机构提供的服务水平或要求住院的心理治疗医院，是对21岁以下个人［参照第1905条第（h）款定义］提供的服务水平或精神病机构为65岁以上老人提供的医疗救助；

（II）患者是否因精神病要求特别服务。

（ⅱ）**智力障碍患者**。自1990年4月1日起，州智力障碍或渐进性残疾局必须对护理机构中的所有智力障碍患者进行检查和决定［参照第（f）款第（8）项建立的原则］，从而决定：

（Ⅰ）患者是否由于其身体和精神状况，要求护理机构提供的服务达到第1905条第（d）款规定的服务水平；

（Ⅱ）患者是否因精神病要求特别服务。

（ⅲ）**因患者状况发生变化而进行的必要检查**。第（ⅰ）节或第（ⅱ）节下的检查和决定，必须在护理机构已经通知州精神健康局或州智力障碍及渐进性残疾局后，根据第（b）款第（3）项第（E）目对身体或精神状况已发生重大变化的精神病或智力障碍人员及时进行。

（ⅳ）**授权委托的禁止**。州精神健康局、州智力障碍及渐进性残疾局和州不能将他们在本款下的责任，授权（通过转包合同或其他方式）给护理机构（或与护理机构有直接或间接联系的实体）。

（C）**对预批准筛查和患者检查的回复**。自1990年4月1日起，州必须符合下列要求：

（ⅰ）**不要求护理机构服务，但要求特别服务的长期患者**。根据第（B）目决定不要求护理机构提供服务，但要求对精神病或智力障碍提供的特殊服务，且持续居住在护理机构30个月的患者，州必须在决定前咨询患者家庭或法律代理人和护理提供者下列事项：

（Ⅰ）通知患者，州计划覆盖下的机构性和非机构性选择；

（Ⅱ）提供患者选择继续留在机构或在替代的适当机构或非机构性环境中接收服务；

（Ⅲ）如果患者选择离开机构，申明对州计划下服务的资格的影响（包括对重新批准进入机构的影响）；

（Ⅳ）无论患者如何选择，都应为精神患者或智力障碍提供特别服务。

如果患者选择留在机构内，州不应因患者不要求机构提供的服务水平，否定本编为本节规定的个人提供护理机构服务的支付。

（ⅱ）**其他不要求护理机构服务，但要求特别服务的患者**。根据第（B）目决定不要求护理机构提供服务，但要求对精神病或智力障碍提供的特殊服务，且持续居住在护理机构30个月的患者，州必须在决定前咨询患者家庭或法律代理人和护理提供者下列事项：

（Ⅰ）按照第（c）款第（2）项要求，妥善有序地安排患者从机构中除名；

（Ⅱ）对患者进行准备和指导，为除名做准备；

（Ⅲ）提供（或安排提供）特别服务，向精神病或智力障碍患者。

（ⅲ）**不要求护理机构服务和特别服务的患者**。对根据第（B）目决定既不要求护理机构提供服务，也不要求为智力障碍和精神病提供的特殊服务的患者，州必须：

（Ⅰ）按照第（c）款第（2）项要求，妥善有序地安排患者从机构中除名；

（Ⅱ）对患者进行准备和指导，为除名做准备。

（ⅳ）**年度报告**。每个州必须向国务卿每年报告第（ⅱ）节和第（ⅲ）节①规定的患者数量和存款。

（D）**支付的否决**。

（ⅰ）**未成功实施预批准筛查或检查**。对提供给第（b）款第（3）项第（F）目或第（B）目要求的个人的服务，不应根据第1903条第（a）款进行支付，但未作决定的个人除外。

（ⅱ）**对未要求护理机构水平服务的患者**。对未要求护理机构水平服务的个人［第（C）目第（ⅰ）节描述的个人除外］提供的服务，不应根据第1903条第（a）款支付。

（E）**批准替代性安置计划**。如果1989年4月1日以前，州和国务卿已进入有关机构内此类患者的安置协议，且州遵守该协议，那么对护理机构中的精神病或智力障碍患者［其被决定根据第（B）目不需要机构水平服务，但其要求因精神病或智力障碍的特别服务］，州和护理机构应当被认为符合本项第（A）目到第（C）目的要求。协议可提供给第（C）目中明确的时间以后的患者安置。州可在1991年10月1日以前根据国务卿的批准修改协议，但仅当在修改的协议下，所有符合协议的患者未要求护理机构水平服务于1994年4月1日以前从护理机构中离开时。

（F）**上诉程序**。作为批准本编下其计划的条件之一（于1989年生效），每个州必须为因第（A）目或第（B）目下决定受负面影响的个人

---

① 关于要求提交给国会的年度报告，参见第2卷《公法》第100—203期，第4215条［由《公法》第101—508期，第4801条第（b）款第（5）项第（B）目修订］。

生效上诉程序。

（G）**定义**。在本款和第（b）款第（3）项第（F）目中：

（ⅰ）如果个人患严重精神病（由国务卿在咨询国家精神健康局后进行定义），且不具备痴呆初步诊断（包括阿兹海默症或类似失调）或对痴呆的诊断（不是初步诊断），以及非严重精神病的初步诊断，则该个人被认为"精神病"。

（ⅱ）如果个人神智发育迟缓或具有类似情况［参照第1905条第（d）款定义］，则该个人被认为"智力障碍"人员。

（ⅲ）"特别服务"的定义由国务卿在法规中给出，但不包括机构根据第（b）款第（4）项必须向护理机构中的患者提供或安排的服务。

（f）**国务卿对护理机构的必要条件的职责**。

（1）**一般性责任**。国务卿有责任确保本编批准的州计划下管理护理机构规定的要件，这些要件的实施，足以保护患者的健康、安全、福利和权利，并提高公共财富的绩效。

（2）**护士助理培训评估项目和护士助理能力评估项目的要求**。

（A）**总则**。为第（b）款第（5）项和第（e）款第（1）项（A）目的目的，国务卿应当于1988年9月1日以前建立：

（ⅰ）批准护士助理培训评估项目的要件，必须包含下列事项：（Ⅰ）项目的覆盖范围（包括至少基础护理技术、个人护理技术、精神健康和社会服务需求的确认，认知能力损伤患者的护理，基础康复服务和患者权利）以及大纲内容，（Ⅱ）初始和后续培训和再培训的最少时间（包括75小时以上的初始培训），（Ⅲ）培训者资格，（Ⅳ）能力决定程序；

（ⅱ）批准护士助理能力培训评估项目的要件，包括项目覆盖范围（包括至少基础护理技术、个人护理技术、精神健康和社会服务需求的确认，认知能力损伤者的护理，基础康复服务和患者权利）以及大纲内容；

（ⅳ）两个项目下的要求：（Ⅰ）提供决定许可护士助理能力的程序，护士助理可选择通过程序或书面考试以外的方式获得能力，并在其受（或将来被）雇用［除第（B）目第（ⅲ）节第（Ⅰ）次节中规定的机构以外］的护理机构内开展能力评估，（Ⅱ）禁止对受雇于（或已经被录用）机构的护士助理对于此类项目收取任何费用（包括课本和其他必要的课程材料及能力评估的收费），（Ⅲ）对在第（Ⅱ）次节中未描述的受雇于（或已经被录用）机构的护士助理，在其完成此类项目12个月以内，州应当在护士助理受雇期间，为完成此类项目导致的费用进行按比例返还①基础。

（B）**项目的批准**。下列要件：

（i）可批准由机构提供的项目，机构内外均可（包括雇员组织），以及于本条②制定后实施的项目。

（ii）如果州决定在提供项目时，项目符合本款下批准的要件，应当批准州认为其已完成（于 1989 年 7 月 1 日以前）护士助理培训能力评估项目的个人，应当被认为已完成第（b）款第（5）项下批准的项目。

（iii）根据第（C）目和第（D）目，应当禁止批准下列项目：

（I）由机构提供或在机构内的，在前 2 年以内：（a）因证明机构无法在一周内超过 48 小时提供第（b）款第（4）项第（C）目第（i）节要求的护理，而根据第（b）款第（4）项第（C）目第（ii）节被批准的终止，（b）根据第 1819 条第（g）款第（2）项第（B）目第（i）节或第（g）款第（2）项第（B）目第（ii）节进行扩展（或部分扩展）调查，或者（c）已接受第 1819 条第（h）款第（2）项第（B）目第（ii）节或第（h）款第（2）项第（A）目第（ii）节规定的民事经济处罚 5000 美元以下，或已接受第（h）款第（1）项第（B）目第（i）节，第（h）款第（2）项第（A）目第（i）节、第（iii）节、第（v）节，第 1819 条第（h）款第（2）项第（B）目第（i）节和第（iii）节，或第 1819 条第（h）款第（4）项下的补偿；

（II）或者，由护理机构或在护理机构内提供的项目，除非州做出决定，否则根据个人对项目的完成，个人有能力在护理机构内提供护理及相关服务。

州不能（通过转包合同或其他方式）将第（iii）节第（II）次节中的责任授权给护理机构。

（C）**授权终止**。第（B）目第（iii）节第（I）次节不应适用一州内的（非由机构提供）机构内（或第十八编下宗旨设置的专业护理机构）提供的项目，如果该州具备下列情形：

---

① 如原文前述。可能应该是"工资照发"。

② 1987 年 12 月 22 日（《公法》第 100—203 期；《美国联邦法律大全》第 101 编第 1330 条）。

（ⅰ）认定机构附近合理距离内，无此类项目；

（ⅱ）通过全面努力，确保为在机构内运作项目创造充分条件；

（ⅲ）向州长期护理检查员通知上述决定和保证。

（D）**护士助理培训项目不予批准的放弃和终止。**对于护理机构，如果强制适用民事金钱处罚与护理机构提供给患者的服务质量无关，国务卿可以终止适用第（B）目第（ⅲ）节第（Ⅰ）次节第（c）小节。本节所有内容不应解释为终止要求机构支付在接下来的条款中描述的民事经济处罚。

（3）**联邦对州转移、开除上诉程序的指引。**为实施第（c）款第（2）项第（B）目第（ⅲ）节和第（e）款第（3）项，国务卿应当在1988年10月1日以前建立最低标准，州在第（e）款第（3）项下的上诉程序必须符合为从护理机构转移、开除的患者上诉听证的公平机制。

（4）**管理者资格的标准。**根据第（d）款第（1）项第（C）目和第（e）款第（4）项，国务卿应当在1988年3月1日以前建立确保护理机构管理者资格的标准。

（5）**管理原则。**国务卿应当为评估护理机构是否符合第（d）款第（1）项的要求而建立规则，根据下列事项：

（A）管理组织和管理；

（B）与医院关于从医院或其他机构转移进、出患者的协议；

（C）疾病备战状态；

（D）医师提供的医疗护理的管理；

（E）实验室和放射服务；

（F）临床记录；

（G）患者和提倡参与。

（6）**患者评估数据建立和方式的规定。**国务卿应当：

（A）于1989年1月1日以前，明确最低数据库、核心因素和一般性定义，供护理机构实施第（b）款第（3）项规定的评估，并为适用数据库建立指引；

（B）于1990年4月1日以前，制定一项以上符合第（A）目规定的方式，且州可根据第（e）款第（5）项第（A）目明确护理机构在符合第（b）款第（3）项第（A）目第（ⅲ）节要求下使用哪种方式。

（7）**对患者个人基金不收费的护理机构内事项和服务。**

（A）**法规要求**。根据《1977 年医疗护理和治疗反欺诈和滥用法》第 21 条第（b）款①的要求，国务卿应当在本条②制定之日起第 7 个月第 1 日以前发布法规，规定可以向护理机构内正在接受本编下护理服务医疗救助的患者的个人基金收费的情形，和本编下为护理机构服务支付的数额内包含的费用。

（B）**未能发布法规的规定**。如果国务卿未在规定日期以前颁布第（A）目下的法规，对于有资格接受本编下护理机构服务福利的患者，考虑到第 1902 条第（a）款第（28）项第（B）目的目的，国务卿应当被认为已发布本款下的法规，规定不能向患者个人基金收取的费用（以及本编下认为的支付）至少包括机构提供的日常个人卫生服务的费用。

（8）**联邦对预批准筛查和患者检查的最低原则和监管**。

（A）**最低原则**。国务卿应当在 1988 年 10 月 1 日以前建立，州根据第（b）款第（3）项第（F）目和第（e）款第（7）项第（B）目决定的最低原则，以及批准受负面影响个人对决定的上诉的原则，且应当将这些原则通知给州。

（B）**监督合法性**。国务卿应当以大量案件作为参考，检查每个州是否遵守第（e）款第（7）项第（C）目第（ⅱ）节的要求（患者积极治疗的解除和更换有关）。

（9）**监督州终止的原则**。关于州执行第（b）款第（4）项第（C）目第（ⅱ）节批准授权的终止，国务卿应当在 1988 年 10 月 1 日以前建立对其监管的原则和程序。

（g）**调查和验证程序**。

（1）**州和联邦责任**。

（A）**总则**。在本编的每个州计划下，州应当根据第（2）项下执行的调查，负责证明护理机构（不是州的机构）符合第（b）款、第（c）款、第（d）款要求的程度。国务卿应当根据第（2）项下进行的调查，负责验证护理机构是否符合本款的要求。

（B）**教育项目**。每个州应当对护理机构职工和患者（及他们的亲属）

---

① 参见第 2 卷《公法》第 95—142 期，第 21 条第（b）款。

② 1987 年 12 月 22 日［《公法》第 100—203 期，第 4211 条第（c）款；《美国联邦法律大全》第 101 编第 202 条］。

实施定期教育项目，从而展现本条下的现行法规、程序和政策。

（C）**关于患者忽视和虐待、患者财产不适当处置申诉的调查**。对于由护理机构内忽视助理或机构用于提供服务导致的患者忽视和虐待、患者财产不适当处置的程序，州应当通过本款下负责调查和验证的机构进行定期检查和调查。州应当在告知相关个人并通过合理听证及辩护诉讼机会后，为准确诉讼提供事实和证据。如果州发现机构使用的其他个人有上述违法行为，州应当通知相应的行政机构。如果这种忽视是由人为因素以外的事实引起的，那么州不应当认为个人忽视患者。

（D）**从护士助理登记处除名**。

（ⅰ）**总则**。如果发现第（C）目下的忽视行为，州应当建立批准护理机构向州申请从登记处除名，根据州决定：（Ⅰ）该护理机构的就业和个人历史不能反映其有虐待行为或忽视的模式；（Ⅱ）原始发现中涉及的忽视是偶发行为。

（ⅱ）**决定的时间**。任何情况下，超过自申请者在第（C）目下名字进入登记处1年内，不应对第（ⅰ）节下递交的申请决定。

（E）**释义**。国务卿未发布执行本款的法规，不应免除其在本款下的职责。

（2）**调查**。

（A）**年度标准调查**。

（ⅰ）**总则**。每个护理机构应当在不提前通知机构的情况下进行标准调查。任何个人通知（或导致被通知）护理机构调查的时间和日期安排，将受民事处罚2000美元以下。对于第1128A条〔除第（a）款和第（b）款〕的规定，应当将实施前款规定的民事经济处罚以相同方式实施于第1128A条第（a）款下的惩罚或程序。国务卿应当检查每个州安排和实施标准调查的程序，以确保州已经采取所有合理步骤，用以阻止在安排程序和调查执行中自己给出调查的通知。

（ⅱ）**内容**。每次标准调查应当包含对患者的案件的混合分层取样：

（Ⅰ）对提供的护理质量的调查，通过医学、护理和恢复护理，饮食和营养服务，参加社会活动，消毒，感染控制，物理环境指数来衡量；

（Ⅱ）第（b）款第（2）项下护理机构提供的书面护理计划，以及第（b）款第（3）项下的患者评估的审查，以决定评估的准确性和护理计划的充分性；

（Ⅲ）检查是否符合第（c）款下的患者权利。

（ⅲ）**频度**。

（Ⅰ）**总则**。每个护理机构应当自本目下先前实施的标准调查15个月内进行标准调查。在州范围内，标准调查平均间隔不得超过12个月。

（Ⅱ）**特别调查**。如果未实施第（Ⅰ）次节，标准调查（或简化标准调查）可在护理机构所有权、管理、行政管理或护士管理人发生变化的2个月内进行，以决定该变化是否会导致护理机构提供的护理质量下降。

（B）**扩展调查**。

（ⅰ）**总则**。根据标准调查，已提供标准护理质量的护理机构应当符合扩展调查。其他机构在国务卿或州的判断下，接受此类的扩展调查（或部分扩展调查）。

（ⅱ）**时间**。扩展调查应当在标准调查以后立即实施（如果不可行，则在标准调查完成后2周内实施）。

（ⅲ）**内容**。在扩展调查中，调查团队应当检查和明确产生标准护理质量的政策和程序，及应当决定机构是否符合第（b）款、第（c）款、第（d）款的所有要求。检查应当包括对患者检查的评估标本规模的扩展，以及在适当时间的职工检查、服务培训、咨询师合同。

（ⅳ）**释义**。本项下所有内容不应解释为，要求扩展或部分扩展调查作为标准调查结果，解除根据第（h）款对机构实施罚金的必要前提。

（C）**调查协议**。标准调查和扩展调查应当：

（ⅰ）实施基于国务卿的建立、测试，并于1990年1月1日以前生效的协议；

（ⅱ）由调查队的个人实施，该个人符合国务卿在此日期以前建立的最低资格。

国务卿未建立、测试或生效协议，或未建立最低资格，不应当免除州实施本款下调查的资格（或国务卿的职责）。

（D）**调查的一致性**。每个州应当实施项目，从而衡量并减少调查员实施调查结果的不一致性。

（E）**调查队**。

（ⅰ）**总则**。本款下的调查应当由综合专业纪律团队实施（包括注册专业护士）。

（ⅱ）**禁止利益冲突**。州不能使用本款下调查队成员作为（或在之前

2年内）第（b）款、第（c）款、第（d）款下要求调查的机构的成员或顾问，或与正在被其调查的机构间有个人或家庭财务利益。

（ⅲ）**培训**。州应当提供综合性培训，关于州和联邦调查员实施本节的标准调查和扩展调查，包括对患者评估和护理计划的监管。除非个人已成功完成关于调查和国务卿批准的认证技术的培训和测试项目，否则不能作为调查队成员。

（3）**有效调查**。

（A）**总则**。国务卿应当对每个州内的代表性护理机构标本进行场内调查，在州在第（2）项规定实施调查之日2个月内，经充分调查从而得出每个州实施的第（2）项下调查的充分性结论。在实施调查时，国务卿应当使用第（2）项要求的相同的调查草案。如果州已经决定某一个人护理机构符合第（b）款、第（c）款、第（d）款下的要求，但国务卿决定机构不符合要求，则国务卿关于机构不合格的决定高于州调查的决定。

（B）**范围**。国务卿应当对每个州在当年调查的护理机构数量的至少5%实施第（A）目下的调查，但不得少于5家。

（C）**削减标准实施的管理费用**。如果国务卿发现，基于上述调查，州未能成功实施第（2）项要求的调查或州调查和认证执行不充分，国务卿可要求对该州调查人员进行培训，并应当削减第1903条第（a）款第（2）项第（D）目下一个季度内对州支付的33%（由分数相乘得来，其分母等于由国务卿调查的护理机构内患者的总数）。州不满意国务卿在本次款下的结果，可获得第1116条下的对结果的重新考虑和检查，以州根据第1116条第（a）款第（1）项寻求对国务卿决定的重新考虑和检查相同方式进行。

（D）**一致性的特别调查**。国务卿有理由质询护理机构符合第（b）款、第（c）款、第（d）款下要求的一致性，国务卿可对机构实施调查，并基于该调查对护理机构符合要求的情形做出独立、有约束力的决定。

（4）**投诉的调查和护理机构资质的监管**。每个州应当维持程序和足够的人员，以进行下列事项：

（A）对护理机构违反要求的投诉的调查；

（B）以需要为基础，根据常规对护理机构遵守第（b）款、第（c）款、第（d）款要求的情况进行场内监管，如果：（ⅰ）机构未符合上述要求，并正在弥补缺陷以符合要求，（ⅱ）机构以前未能满足要求，但已经矫正缺陷而达到要求，且已证明其持续符合，以及（ⅲ）州有理由质询州是否符合要求。

州可保持并利用特别队伍（包括 1 名律师、1 名审查员，以及适当的健康护理专业人员）以验证、调查、收集和保存证据，并对标准护理机构实施适当的执行行动。

（5）**检查和行动结果的披露。**

（A）**公共信息。**州和国务卿应当让公众可获得下列信息：

（ⅰ）（在调查信息告知机构 14 日内）对护理机构所有调查和证明的信息，包括缺陷的陈述和批准的矫正计划；

（ⅱ）这些机构递交的本编或第十八编下支出报告副本；

（ⅲ）第 1124 条下所有权陈述副本；

（ⅳ）第 1126 条下披露的信息。

（B）**通知监察员。**每个州应当通知州长期护理监察员（《1965 年老年人法》[①] 第 3 编、第 7 编下建立，与本法第 712 条一致），州对不符合第（b）款、第（c）款、第（d）款要求的发现，或在第（h）款第（1）项、第（2）项、第（3）项下对护理机构采取的负面措施。

（C）**通知医师和护理机构管理者许可委员会。**如果州发现护理机构已提供标准质量的护理，州应当通知：

（ⅰ）调查中每位患者的专属医师；

（ⅱ）负责许可护理机构管理者的州委员会。

（D）**适用欺诈控制单元。**每个州应当提供州医疗保险欺诈和滥用控制单元［参照第 1903 条第（q）款定义］，使用本款下所有负责调查和认证的州立机构的信息。

（h）**实施程序。**

（1）**总则。**如果州基于第（g）款第（2）项下的标准调查、扩展调查、部分扩展调查或其他，发现护理机构不再满足第（b）款、第（c）款、第（d）款下的要求，并进一步发现机构的缺陷：

（A）对患者的健康或安全产生即时危害，州应当及时采取措施移除危害并通过第（2）项第（A）目第（ⅲ）节下规定的方法矫正缺陷，或终止该机构参与州计划，也可提供第（2）项规定的一种或多种补救

---

① 参见第 2 卷《公法》第 89—73 期，第 712 条。

方法；

（B）或者，未对患者的健康或安全产生即时危害，州可：（ⅰ）终止该机构参加州计划，（ⅱ）规定的一种或多种补救方法，或者（ⅲ）以上两者。

本项所有内容不得解释为限制州补救护理机构缺陷的可用方法。如果州发现管理机构符合第（b）款、第（c）款、第（d）款的要求，但在之前的某一时期不符合其规定，州可对其处第（2）项第（A）目第（ⅲ）节规定的民事金钱处罚（对不符合规定的时期进行处罚）。

（2）**特殊说明。**

（A）**列举。** 除第（B）目第（ⅱ）节中规定，每个州至少应当依据法律（无论法定或法规）建立下列补救方法：

（ⅰ）在州通知公众和机构后，否决对涉及的护理机构中所有患者在州计划下的支付。

（ⅱ）对不符合第（b）款、第（c）款、第（d）款要求的机构，按日处以民事带息罚款。由州收集的惩罚资金［或州适用对第（b）款第（3）项第（B）目第（ⅱ）节第（Ⅰ）次节、第（b）款第（3）项第（B）目第（ⅱ）节第（Ⅱ）次节或第（g）款第（2）项第（A）目第（ⅰ）节描述行为的民事处罚］应当被用于州或国务卿保护有缺陷的护理机构中患者的健康或财产，包括支付重新安置患者，维持正在矫正缺陷或关闭的机构运营，以及偿付患者受损的个人基金。

（ⅲ）对于具备下列情况，需要临时托管的机构，为确保患者健康和安全，指派临时管理者监督该机构运营：

（Ⅰ）有序关闭机构；

（Ⅱ）或者，为使机构符合第（b）款、第（c）款、第（d）款的要求，而进行改进。

本节下临时管理措施不应因第（Ⅱ）次节终止，直到州已决定机构有管理能力来确保持续符合第（b）款、第（c）款、第（d）款的要求。

（ⅳ）紧急情况下，政府关闭机构，转移安置患者，或两者兼有。

州还应当明确原则，实施补救措施的时间和方式，罚金数额及每种措施的强度。这些原则设计的目的是为了缩短发现违法与实施最终补救措施的时间，还应规定对多次出现或未矫正缺陷的机构的罚金增加额。另外，州可以提供其他补救措施，如直接的矫正计划。

（B）**最后期限和指引**。

（ⅰ）除第（ⅱ）节中规定，作为批准 1989 年 10 月 1 日以后各季度州计划的条件之一，每个州还应建立第（A）目第（ⅰ）节到第（ⅳ）节中描述的 1989 年 10 月 1 日以前的补救措施。国务卿应当提供，以 1988 年 10 月 1 日以前发布法规的形式，指引州建立补救措施；但国务卿未能及时提供指引，不能免除州建立相应补救措施的义务。

（ⅱ）州可建立第（A）目第（ⅰ）节到第（ⅳ）节以外其他的替代性措施（除终止参加外），如果州可向国务卿充分证明，替代措施有效遏制了违约行为并矫正了第（A）目中描述的情形。

（C）**确保及时符合**。如果护理机构不符合第（b）款、第（c）款、第（d）款的要求，在发现该情形 3 个月内，州应当对在该日以后批准进入该机构的所有个人强制适用第（A）目第（ⅰ）节中的补救措施。

（D）**多次不符**。在根据第（g）款第（2）项实施的连续 3 次标准调查中，被发现提供了低于标准质量护理的机构，州应当（不考虑其他措施）：

（ⅰ）强制适用第（A）目第（ⅰ）节；

（ⅱ）根据第（g）款第（4）项第（B）目对其进行监管。

直到该机构证明得到州的满意，认为其已经符合第（b）款、第（c）款、第（d）款的要求，并将保持下去。

（E）**筹资**。州为暂时管理提供的合理支出，以及实施第（A）目第（ⅲ）节和第（ⅳ）节中的补救措施相关的费用，以第 1903 条第（a）款第（7）项为目的，应当被认为是合理有效管理州计划的必要措施。

（F）**高质量护理的激励**。本项下明确的补救措施以外，州可以建立项目以奖励，通过公众认可实现激励性支付，向本编下有资格向个人提供高质量护理服务的机构。以第 1903 条第（a）款第（7）项为目的，州在执行项目时发生的适当费用应当被认为是合理有效管理州计划的必要费用。

（3）**国务院特权**。

（A）**州护理机构**。对于州护理机构，国务卿拥有本款下州的权力和职责，包括强制实施第（2）项第（A）目第（ⅰ）节、第（ⅱ）节、第（ⅲ）节描述的补救措施。

（B）**其他护理机构**。对州内其他护理机构，如果国务卿发现护理机构不再符合第（b）款、第（c）款、第（d）款、第（e）款的要求，且进一步发现机构的缺陷：

（i）立即危害患者健康或安全，国务卿应当及时采取措施移除危害，并通过第（C）目第（iii）节下规定的方法矫正缺陷，或终止该机构参与州计划，另外，也可提供第（C）目下描述的一种或多种补救方法；

（ii）或者，未及时危害患者健康或安全的因素，国务卿可强制实施第（C）目下描述的任何补救措施。

本目所有内容不得解释为国务卿限制补救护理机构缺陷可用的方法。如果国务卿发现管理机构符合要求，但在以前不符合，国务卿可对其不符合要求的时期处第（C）目第（ii）节下的民事处罚。

（C）**特别补救措施**。国务卿可对发现不符合某一项要求的护理机构采取下列措施：

（i）**否决支付**。国务卿可否决任何向州的护理机构提供机构内所有个人的医疗救助的支付在结果生效后。

（ii）**进行民事经济惩罚的权力**。国务卿可以对不符合的情形实施每天不超过1万美元的民事经济惩罚。第1128A条的规定［不包括第（a）款和第（b）款］应当根据前款以第1128条第（A）第（a）款实施惩罚或程序相同的方式实施民事经济赔偿。

（iii）**指定临时管理**。咨询过州后，国务卿可指定临时管理以监管机构的运营，并确保机构内患者的健康和安全，以下情形需要进行临时管理：

（I）有序关闭机构；

（II）或者，为使机构符合第（b）款、第（c）款、第（d）款的要求，而进行改进。

本节下临时管理不应因第（II）次节终止直到国务卿已决定机构有管理能力以确保持续符合第（b）款、第（c）款、第（d）款的要求。

国务卿还应当明确原则，何时以及怎样实施补救措施，罚金数额及每种措施的强度。这些原则的设计应当使发现违法与实施最终补救措施之间实际缩至最短，还应规定对多次出现或未矫正缺陷的机构增加罚金。另外，州可提供其他补救措施，如直接的矫正计划。

（D）**持续补救下的持续支付**。当护理机构出现不符合第（b）款、第（c）款、第（d）款要求的情况时，国务卿可在决定生效后6个月内继续进行支付。如果出现下列情形：

（ⅰ）州调查机构认为采取替代性措施以确保机构符合要求，比吊销机构资格更为合适；

（ⅱ）州已向国务卿递交矫正行动的计划和日程，以期批准，且已获批。

国务卿应当在批准矫正行动后建立相应的参考方针。

（4）**否决支付的有效期。** 当州或国务卿（或两者共同，视情况而定）发现机构已经充分符合第（b）款、第（c）款、第（d）款的要求，应当终止否决支付的决定。

（5）**当州或国务卿发现机构不符合要求且具有直接危险，应立即终止其参加州计划。** 如果州或国务卿发现护理机构不符合第（b）款、第（c）款、第（d）款的要求，且该种不符合直接威胁到患者的健康或安全时，州或国务卿应当将这一发现告知对方，且应当通过第（2）项第（A）目第（ⅲ）节或第（3）项第（C）目第（ⅲ）节的规定立即采取补救措施移除危险并矫正缺陷，或终止该机构参加州计划。终止以后州应当为州计划下有资格的个人提供符合第（c）款第（2）项要求的安全有序转移。

（6）**对于州和国务卿关于不顺从的意见不一致时的特别规定。**

（A）**州发现不顺从的但国务卿未发现。** 如果国务卿认为护理机构符合第（b）款、第（c）款、第（d）款的要求，但州认为其不符合要求，且未导致对患者健康或安全的直接危害，则州的决定应当被控制，且州实施的补救措施应当认为有效。

（B）**国务卿发现不顺从的但州未发现。** 如果国务卿发现机构不符合第（b）款、第（c）款、第（d）款的所有要求，且不会导致对患者健康或安全的直接危害，但州未做出类似发现，则国务卿应当：

（ⅰ）对机构实施第（3）项第（C）目下规定的任何补救措施；

（ⅱ）应当（暂停所有国务卿做出的终止），批准根据第（3）项第（D）目做出的继续支付。

（7）**当补救措施时间重叠时关于终止参加的特别规定。** 如果国务卿和州都认为护理机构并未达到第（b）款、第（c）款、第（d）款的所有要求，且发现患者健康或安全不会立即受到危害，则：

（A）（ⅰ）如果两者均认为应当终止机构参加州计划，州的终止决定时间，应当自发现终止的事实之日起不晚于6个月内开始计算；

（ⅱ）如果国务卿一方发现应当终止护理机构参加州计划，国务卿应当（暂停所有国务卿做出的终止），批准根据第（3）项第（D）目做出的继续支付；

（ⅲ）或者，如果州一方发现应当终止护理机构参加州计划，州应控制其终止决定及终止时间。

（B）（ⅰ）如果国务卿或州之间一方建立了一项或多项终止机构参加州计划的额外或替代性补救措施，这些措施应被运用；

（ⅱ）或者，如果国务卿和州双方都建立了一项或多项终止机构参加州计划的额外或替代性补救措施，则应当实施国务卿建立的补救措施。

（8）**释义。** 本款下提供的补救措施，是州或联邦法律下可行方式以外的新增方式，且不应解释为限制其他措施，包括普通法下个人享有的救济措施。第（2）项第（A）目第（ⅰ）节、第（ⅲ）节、第（ⅳ）节描述的救济措施可在听证暂停期间适用。本编应当适用于护理机构（或其中护理机构部分），即使该机构（或部分）也是第十八编下的专业护理机构。

（9）**信息共享。** 尽管有法律的其他规定，本条要求的向国务卿或州立机构递交的护理机构所有信息，应当由这些机构向联邦或州雇员提供，从而有效管理和第十八编下建立的项目。包括由州医疗保险欺诈控制单元实施调查。

（i）**释义。** 本条下的要求或义务与本法第 1819 条下的规定类似时，第 1819 条下要求或义务的完成应当被认为是完成了本条下相应的要求或义务。

孕妇的规定资格

第 1920 条 【《美国法典》第 42 编第 1396r－1 条】（a）第 1902 条下批准的州计划可在规定资格期内，向怀孕妇女提供急诊孕期护理。

（b）依照本条：

（1）怀孕妇女"规定资格期"指：

（A）开始于合格提供者在初步信息基础上判定该妇女家庭收入不超过州计划下适用的有资格者的收入线之日；

（B）结束于：（ⅰ）对妇女享有州计划下医疗救助资格做出决定之日，或者（ⅱ）如果妇女未在合格提供者做出判定的下月的最后一天以前递交申请，则终止日期为合格提供者做出判定的下月的最后一天。

(2)"合格提供者"指:

(A)有资格获本目下通过的州计划下的支付。

(B)提供第 1905 条第(a)款第(2)项第(A)目或第(B)目,或第 1905 条第(a)款第(9)项描述的服务类型。

(C)州立机构决定其能够做出第(1)项第(A)目描述的决定。

(D)(i)接受基金,根据:(Ⅰ)《公共健康服务法》第 330 条或第 330A 条①,(Ⅱ)本法第五编,或者(Ⅲ)《印第安健康护理促进法》第 5 编②;

(ii)参加下列法律建立的项目:(Ⅰ)《1966 年儿童营养法》③,或者(Ⅱ)《1973 年农业和消费者保护法》第 4 条第(a)款④;

(iii)参加州建立的孕期项目;

(iv)或者,是《印第安自决法》(《公法》第 93—638 期)下由部落和部落组织运营的健康项目或机构,或印第安健康服务。

(c)(1)州立机构应当向合格提供者提供:

(A)怀孕妇女申请州计划下医疗救助的必要表格;

(B)如何协助妇女填写和递交表格的信息。

(2)合格提供者根据第(b)款第(1)项第(A)目决定,怀孕妇女推定合格获得州计划下的医疗救助,则应当:

(A)在做出决定后 5 个工作日内通知州立机构;

(B)在决定做出时通知该妇女,要求其在做出决定的下月的最后一天前申请州计划下医疗救助。

(3)在州计划下被认定有资格享受医疗救助的妇女,可以在此计划下申请救助,但要求其在做出决定的下月的最后一天前,提交的申请可以用于个人接受第 1902 条第(1)款第(1)项第(A)目中所描述的医疗救助服务。

(d)尽管有本编其他规定,紧急孕期护理:

(1)可以在以下情况提供给怀孕妇女:(A)在推定合格期内,以及

----

① 参见第 2 卷《公法》第 78—410 期,第 330 条。
② 参见第 2 卷《公法》第 94—437 期,第 5 编。
③ 参见第 2 卷《公法》第 89—642 期,第 17 条。
④ 参见第 2 卷《公法》第 93—86 期,第 4 条第(a)款。

（B）由有资格获州计划下支付的提供者提供；

（2）包含于州计划覆盖的护理和服务，应当被视为第 1903 条开展的计划所提供的医疗救助。

儿童的规定资格

第 1920A 条【《美国法典》第 42 编第 1396r－1a 条】（a）根据第 1902 条批准的州计划可以向符合资格的儿童在其资格合格期内，向其提供州计划覆盖的医疗护理和健康护理。

（b）依照本条：

（1）"儿童"指 19 岁以下的个人。

（2）儿童"资格合格期"指：

（A）开始于某一合格的实体在基本信息的基础上，判定该儿童的家庭收入不超过州计划下规定的合格者的收入线；

（B）结束于：（ⅰ）对儿童享有在州计划下接受医疗救助的资格的决定之日，或者（ⅱ）在做出决定当月起的第 2 个月的最后 1 天之前，儿童未递交申请，则以第 2 个月最后 1 天为终止日。

（3）（A）"合格机构"指符合下列条件的实体：

（ⅰ）（Ⅰ）能够提供第（a）款中描述的服务，并且有资格获得本编下批准的州计划下的支付；

（Ⅱ）被授权决定儿童是否参加《初始法》（《美国法典》第 42 编第 9831 条等）下规定的初始项目，决定儿童是否有资格参加在《1990 儿童保育和发展拨款法》（《美国法典》第 42 编第 9858 条等）下提供财务助理的护理服务，决定婴儿或儿童是否接受《1966 年儿童营养法》（《美国法典》第 42 编第 1786 条）第 17 条下建立的为妇女、婴儿、儿童提供的特别补充营养项目，决定儿童是否有资格接受本编下医疗护理，或者儿童是否有资格接受第二十一编下建立的健康护理项目；

（Ⅲ）是小学或初中，参照《1965 年初等和中等教育法》（《美国法典》第 20 编第 8801 条）第 14101 条的相关定义，由印第安事务管理局、某一州或部落儿童支持机构、根据《斯图亚特 B. 麦肯尼流浪救助法》下授权的提供紧急食品和庇护组织，管理或支持的小学和初中，或者涉及本编下计划的运营的某一州或部落机构或实体，根据第四编第 A 部分、第二十一编，或决定接受联邦基金支持的所有协助或福利的资格，包括

《1937 年住房法》第 8 条（《美国法典》第 42 编第 1437 条等）或其他条下的项目，或者《1996 年美国人住房协助和自决法》的项目；

（Ⅳ）州认为适合，且经国务卿批准的机构。

（ⅱ）由州立机构认定的有权据第（2）项中描述做出决定的机构。

（B）为了预防欺诈、滥用等不正当行为，国务卿可以通过发布法规，进一步限制有可能成为合格机构的机构。

（C）本条所有内容不应解释为阻止州限制可能成为合格机构的机构分类，但须与第（B）目的规定相一致。

（c）（1）州立机构应当为合格机构提供下列事项：

（A）儿童申请州计划下的医疗救助的必要申请表格；

（B）关于如何帮助家长、监护人及其他人完成上述表格的信息。

（2）合格机构根据第（b）款第（2）项决定儿童有资格获得州计划下的医疗救助，则应当：

（A）在其做出决定 5 个工作日内，通知有关州立机构其决定；

（B）做出决定后立即通知该儿童的家长或监护人，告知其申请州计划下医疗救助的申请不能晚于决定做出当月起第 2 个月的最后 1 日。

（3）在州计划下被认定有资格享受医疗救助的儿童，其父母、监护人或其他人可以代表儿童在此计划下申请救助，但要求其在做出决定的下月的最后一天前，提交的申请可以用于个人接受第 1902 条第（1）款第（1）项中所述的医疗救助服务。

（d）尽管本编存在其他规定，第（a）款描述的医疗救助和服务，应当：

（1）在以下情况提供给儿童：（A）在其资格合格期内提供，以及（B）由有资格获得州计划下支付的机构提供；

（2）包含于州计划下覆盖的护理和服务，应当作为第 1903 条下州计划下提供的医疗救助。

乳腺癌及乳房类癌症患者规定资格

第 1920B 条【《美国法典》第 42 编第 1396r－1b 条】（a）州的选择。根据第 1902 条批准的州计划，在其资格符合期间，可以向第 1902 条第（aa）款描述的个人提供医疗救助（有关乳腺癌及乳房类癌症患者）。

（b）**释义。**

（1）**资格符合期间**。对于在第 1902 条第（aa）款中定义的个人，资格符合期间指：

（A）开始于合格机构基于基本信息做出个人符合第 1902 条第（aa）款描述的个人条件的决定时；

（B）结束于：（ⅰ）享有对州计划下医疗救助的资格的决定之日，或者（ⅱ）如果在机构做出第（A）目中的决定当月起的第 2 个月的最后 1 天，该个人未递交申请，则以第 2 个月最后 1 天为终止日。

（2）**合格机构**。

（A）**总则**。根据第（B）目，"合格机构"指符合下列条件的实体：

（ⅰ）有资格获得本编下批准的州计划下的支付；

（ⅱ）州立机构认为其能够就第（1）项第（A）目中描述的事项做出决定。

（B）**法规**。为了预防欺诈、滥用等其他不正当适用，国务卿可以通过发布法规，进一步限制成为合格机构的资格。

（C）**释义规则**。本项中所有内容不得解释为阻止州限制可能成为合格机构的机构分类，但须与第（B）目的规定相一致。

（c）**管理**。

（1）**总则**。州立机构应当为合格机构提供下列事项：

（A）个人申请州计划下的医疗救助的必要申请表格；

（B）关于如何帮助此类人完成并提交上述表格的信息。

（2）**通知要求**。合格机构根据第（b）款第（1）项第（A）目决定，第（a）款描述的个人有资格获得州计划下的医疗救助，则应当：

（A）在其做出决定 5 个工作日内，通知有关州立机构其决定；

（B）做出决定后，立即通知该个人，告知其州计划下医疗救助的申请不能晚于决定做出当月起第 2 个月的最后 1 日。

（3）**医疗救助申请**。如果合格机构决定第（a）款下的个人符合州计划下接受医疗救助的资格，则该个人应在决定做出当月起第 2 个月的最后 1 日前申请州计划下的医疗救助。

（d）**支付**。尽管有本编下的其他规定，医疗救助应当：

（1）在以下情况提供给第（a）款下描述的个人：（A）在个人资格符合期内提供，以及（B）由有资格获得州计划下支付的机构提供；

（2）包含于州计划覆盖下的护理和服务，并应当被视作第 1905 条第

(b) 款第一句的款第 (4) 项下实施的计划而提供的医疗救助。

州立许可机构对健康护理参与者和提供者的处罚信息

第 1921 条【《美国法典》第 42 编第 1396r – 2 条】(a) **信息报告要求**。第 1902 条第 (a) 款第 (49) 项提及的要求为,州必须提供下列事项:

(1) **信息报告系统**。州必须具备实质的报告系统,依据正式程序 (参照国务院法规定义),对州 (或行政区域) 负责为健康护理参与者 (或同业检查组织或私人检查健康护理提供者的信赖者) 的负面信息进行报告:

(A) 由上述许可机构采取的惩罚措施,包括执照的撤销和吊销 (和吊销的时长)、惩戒、批评、缓刑。

(B) 任何因执业者或实体上缴许可证或离开本州或司法裁决而导致的结束或撤销程序。

(C) 法律操作、自愿上缴或其他原因所致执业者或实体许可证的丧失。

(D) 由上述执法机构,组织或实体做出的对执业者或实体的否定性行动。

(2) **获取文件**。州应当向国务卿 (或其指定的实体) 提供第 (1) 项下的机构的有关文件,供国务卿决定本项下行动和决定的事实和状况时使用,以便更好地实施本法。

(b) **信息的形式**。第 (a) 款第 (1) 项中描述的信息 (或国务卿接受、储存、保密后的信息) 应当以国务卿认为适当的,方便其开展工作的,并便于直接提供的,或通过国务卿制定的适当协议提供信息:

(1) 向管理联邦健康护理项目的机构,包括根据合同管理此类项目的私人实体;

(2) 向第 (a) 款第 (1) 项描述的许可机构;

(3) 向管理或监督州健康护理项目运行 [参照第 1128 条第 (h) 款定义] 的州立机构;

(4) 向第六编第 B 部分描述的绩效和质量控制等检查组织,并向第 1154 条第 (a) 款第 (4) 项第 (C) 目下合同下有资格检查签订合同的适当实体;

（5）向州医疗保险欺诈控制系统［参照第 1903 条第（q）款定义］；

（6）向医院和其他健康护理实体（《1986 年健康护理质量改进法》第 431 条[①]）包括已入职或即将入职的医师或其他持证健康护理人员、已经申请临床权利或成为医护人员（这些信息应当根据该法第 427 条及相关规定，应当被披露）；

（7）向国务卿认为适当的司法部长和法律部门官员；

（8）根据要求向审计总长；

为使上述机构能够决定向最合适的个人提供健康护理服务、保护个人在接受健康护理服务期间的健康和安全，以及保护这些项目的财务统一性。

（c）**信息的保密**。国务卿应当为第（a）款下提供信息的保密提供适当保障。本款所有内容不禁止由获得授权的团体，根据州法，对信息进行披露。

（d）**适当协调**。国务卿应当最大程度进行适当协调，以实施本条第（a）款和《1986 年健康护理质量改进法》第 422 条。

智力障碍中介护理机构的矫正和削减计划

第 1922 条【《美国法典》第 42 编第 1396r－3 条】（a）如果国务卿发现智力障碍中介护理机构存在严重缺陷，但尚未对院中患者（包括未能提供有效治疗）健康和安全构成即时威胁，则州可以选择对该机构适用本条规定的限制，从而：

（1）依照国务卿法规的规定，根据机构的缺陷类型，在国务卿规定的期间内递交书面矫正计划，计划中应当详细阐述该机构目前符合国务卿标准的具体程度，包括有效调查发现的所有缺陷，和在 6 个月内矫正所有缺陷的详细时间安排，以及在 6 个月内完善所有硬件设施的时间安排；

（2）或者，在第（1）项中规定的期限基础上延长 35 天内递交书面计划，该计划在最长为 36 个月的期间内永久减少注册床位数量，以确保不合格的建筑（或不合格的区域）及时腾空，并且能够矫正工作人员的缺陷（本条以下部分简称"削减计划"）。

（b）作为批准根据第（a）款第（2）项递交的削减计划的条件，州

---

① 参见第 2 卷《公法》第 99—660 期，第六编。

必须：

（1）在受影响的机构递交削减计划前至少 35 天以前进行听证，并及时通知机构的工作人员和患者、患者家属以及公众；

（2）证明州已经成功提供与削减计划的医疗救助类似的家庭和社区服务；

（3）确保符合第（c）款中关于削减计划的要求。

（c）削减计划必须：

（1）明确现有机构内患者所需家庭和社区服务的数量和种类，以及在 36 个月的期限内，确定 6 个月的期间以提供这些服务的具体安排；

（2）阐明如何确定需要家庭和社区服务的患者的方法，以及发展家庭和社区服务的其他替代方式，从而更有效地满足患者需要；

（3）阐明保障即将接受家庭和社区服务的前住院患者的健康和福利的必要措施，包括关于提供者和消费者的标准，并确保相关家庭服务和社区服务的提供能够有效地满足州许可及联邦要求；

（4）对于受影响机构中的医疗救助人员，提供可以选择进入其他机构的方式（或受影响机构中的其他区域），从而保持其获得医疗救助的资格；

（5）对于削减计划执行期间，仍然在院中的个人，阐明用于保护其健康、安全以及获得有效治疗的措施；

（6）提供在受影响机构中（或在受影响区域中）合格的工作人员与患者之间的比例，根据削减计划确保其将高于下列比例：（A）国务卿认为确保此类机构患者健康和安全的必要比例，或者（B）或发现严重缺陷［参照第（a）款规定］时的比例；

（7）为受削减计划影响的雇员提供保障，包括：（A）保留雇员权利和福利协议，（B）必要时对雇员进行培训和再培训，（C）根据削减计划，对雇员在社区设施范围内重新部署，以及（D）尽最大努力雇用受影响的雇员（但是该要求不应解释为确保所有雇员的雇佣）。

（d）（1）在州递交削减计划后，国务卿应当在批准或驳回该计划前提供不少于 30 天的时间，在此期间州可以向国务卿提交关于削减计划的补充材料。

（2）如果国务卿在一个财政年度内根据本条批准 15 个以上削减计划，第 15 个获得批准的计划之后的削减计划，所涉及的矫正一家机构

（或受影响区域）严重缺陷［参照第（a）款规定］的费用必须在 200 万美元以上（州应当按照国务卿的要求对此予以充分证明）。

（e）（1）如果国务卿，在第（a）款第（1）项规定的为期 6 个月的矫正计划结束时，认定州在矫正第（a）款中规定的缺陷时存在严重失误，国务卿应当根据第 1910 条第（b）款的规定终止该机构的提供者协议。

（2）对于第（a）款第（2）项规定的削减计划，如果国务卿认定在开始的 6 个月或在为期 6 个月的间隔结束时，州远远没有满足第（c）款的要求，则国务卿应当：

（A）根据第 1910 条第（b）款的规定，终止机构提供者协议；

（B）或者，即使州已经尽其善意责任，但仍未能满足相关要求，根据联邦财政参与宗旨，否决未能满足要求的机构内所有患者每月支出 5% 的数额。

（f）本条的规定仅适用于国务卿于 1990 年 1 月 1 日前批准的矫正和削减计划。

DSH 住院服务收费的理算①

第 1923 条【《美国法典》第 42 编第 1396r - 4 条】（a）执行标准。

（1）任何州在此项下的计划不应被认为应符合第 1902 条第（a）款第（13）项第（A）目第（ⅳ）节的要求（当要求向医院进行支付时需要考虑那些对不合比例数目的有特殊需要的低收入家庭提供服务的医院的情况），除非该州已经在 1988 年 1 月 1 日之前向秘书处提交了关于该计划的以下方面的修正案：

（A）特别对上述医院做出界定［在这个定义中包含了所有在第（b）款第（1）项中所描述的并且符合第（d）款要求的 DSH］；

（B）因为对符合第（c）款的医院所提供的服务的支付数额以适当的比率和数额增长，所以给住院患者提供的服务应发生在 1988 年 1 月 1 日前才能判定为有效。

（2）（A）为了符合 1989 年 7 月 1 日生效的第 1902 条第（a）款第

---

① 关于为县公立医院提供援助，参见第 2 卷《公法》第 106—554 期，第 1 条第（a）款第（6）项［第 701 条第（d）款］。

（13）项第（A）目部分的要求，州必须将计划修正案于 1989 年 4 月 1 日前提交给秘书处，在第（1）项中提及的应符合第（c）款要求的州计划修正案，在 1989 年 7 月 1 日生效。

（B）为了符合 1990 年 7 月 1 日生效的第 1902 条第（a）款第（13）项第（A）目部分的要求，州必须将计划修正案在 1990 年 4 月 1 日前提交给秘书处，在第（1）项中提及的应符合第（c）款和第（f）款要求的一州的计划修正案，在 1990 年 7 月 1 日生效。

（C）如果本编项下的州计划在预期基础上向医院提供住院服务的费用（无论是按日按件，或以其他方式），为了使该计划在 1989 年 7 月 1 日达到第 1902 条第（a）款第（13）项第（A）目的规定，该州必须在 1989 年 4 月 1 日前向国务卿提交州计划的修正案，在州根据第（1）项第（A）目确定该医院为 DSH 医院的情况下，应于 1989 年 7 月 1 日前对有医学必要性的住院服务的支付数额进行理算，包括对不满 1 岁儿童的极高花费或极长住院期的核算。

（D）自 1998 年 10 月 1 日起，本编下的州计划不必符合第 1902 条第（a）款第（13）项第（A）目第（ⅳ）节的要求（考虑到医院为一些有特殊需求的低收入患者提供服务而要给予医院报酬）除非该州已提交给国务卿，识别低收入和由医院进行医疗补助的患者（包括通过管理式医疗服务实体获得好处的患者）的比例的基础上给付给不相称的医院份额。这个州每年向国务卿提供一份报告，描述给 DSH 的不相称份额给付。

（3）在这个州提交符合本款规定的修正案 90 天内，国务卿将审查每个修正案是否符合规定的要求，并同时对修正案做出批准或不批准的决定。如果秘书处不批准修正案，那么该州将立即提交一个修改后符合要求的修正案。

（4）该款的要求在第 1915 条第（b）款第（4）项中仍适用。

（b）被视为超份额的医院①。

（1）根据第（a）款第（1）项，一个医院符合第（d）款的要求，且满足下列条件，则被视为超份额医院。

---

① 医院超份额支付（Disproportionate Share Hospital - DSH - Payment）：美国政府规定，任何医院都应该争取对上述弱势人口提供免费或低收费服务，如果一家医院对相当一部分弱势人口提供了免费或低收费服务，那么这家医院就是 DSH 医院。——译者注

（A）医院医疗补助住院患者使用率［见第（2）项定义］至少比这个州中接受医疗补助报酬的医院高出一个标准偏差；

（B）或者，这个医院的低收入使用率［见第（3）项定义］超过25%。

（2）根据第（1）项第（A）目，"医疗补助住院患者使用率"对医院来说，是一个分数（用百分比来表示）。分子是医院给予符合州计划的患者住院的天数，（不管患者是通过一次一付医疗费的方式还是通过管理式医疗服务实体获得帮助）。分母是那段时期医院患者住院的总天数。在此款下，"住院天数"包括每个人（包括婴儿）作为住院患者在医院的每一天。无论这个人在特别病房区，还是因为没有其他合适的地方仍停留在医院内。

（3）在第（1）项第（B）目下，"低收入利用率"是指：

（A）分数（用百分比表示）：

（ⅰ）分数的分子是一个下列总和：（Ⅰ）医院基于本篇项下的州的计划为病患提供的服务的所有收入（而不论这些服务是基于医疗费或是通过经营保健机构而提供），（Ⅱ）直接来源于州和当地政府的现金补贴的总额；

（ⅱ）分数的分母是这一时期医院病患服务的总收入（包括这类现金补贴的总额）。

（B）分数（用百分比表示）：

（ⅰ）分数的分子是一个时期内医院对住院服务的收费总额，此类服务可归属于慈善关怀，第（A）目第（ⅰ）节第（Ⅱ）次节规定的任何现金补贴的部分在这一时期可归于住院服务；

（ⅱ）分数的分母是这一时期医院对住院服务的总收费。

第（B）目第（ⅰ）节的分子不应包括合同补助和折扣（没有资格得到州计划项下的医疗援助的贫困病患除外）。

（4）国务卿不可以限制州基于本条规定去指定DSH的权力。如果国务卿认为此类指定事实上造成第1903条第（w）款第（4）项规定的无害条款生效，则前述一句不应被理解为影响国务卿依据第1903条第（w）款第（A）目第（ⅲ）节的降低费用的权力。

（c）**支付理赔**。根据第（f）款和第（g）款，为与此款一致，对DSH的支付理赔必须满足下列之一：

（1）总额必须至少等于：（A）基于州计划因为住院服务付给医院的经营成本［第1886条第（a）款第（4）项规定的种类］，以及（B）DSH理赔比例［规定在第1886条第（d）款第（5）项（F）目第（iv）节］；

（2）规定一个最低额外支付额（或增加的百分比支付）和［不考虑是否是第（b）款第（1）项第（A）目或第（B）目所述的医院］该支付额增加（或支付百分比）的比例，等于该医院的医疗使用率［如第（2）项中规定］超过州中接受医疗补助金的医院的平均住院医疗利用率或医院的低收入使用率［如第（b）款第（3）项中规定］一个标准差；

（3）或者，必须提供一个依据方法论来区分医院类型并进而得出不同的最低的额外费用总数（或者是增加部分的费用）：（A）平等适用于各式医院，以及（B）对每种类型的医院都发生理赔，这些医院向符合依据本篇而制定的州计划意义上的患者或低收入患者提供医疗救助而产生的服务费用、数量、份额有合理关联；

在第（a）款第（1）项第（B）目、第（2）项第（A）目下，除非超份额医院的支付理赔与本条的规定一致，若支付比率或者数量的适当增加至少等于本款下可适用的增加的1/3［在第（1）项第（B）目的情况下］和该增加的2/3［在第（2）项第（A）的情况下］。在一个医院为第（d）款第（2）项第（A）目第（i）节所述的医院（涉及儿童医院）的情况下，在第（1）项第（B）目下计算医院的超份额理赔比例时，弱势患者的百分比［规定在第1886条第（d）款第（5）项第（F）目第（vi）节中］应当按照下述方式计算：用该条第（Ⅱ）次节所述的部分代替该条第（Ⅰ）次节所述的部分。如果一个州根据第（a）款制定了州计划修订案以规定第（2）项所述的支付理赔，则该州在修正案中必须包括对被用于给每个有资格获得该支付理赔的医院的额外支付额（或支付增加的百分比）的具体方法的详细描述，且必须至少每年公布每个有资格获得该支付理赔的医院的名称及给予每个前述医院该支付理赔的数额。

（d）**成为DSH的资格要求。**

（1）除第（2）项规定外，依据本编制订的州计划项下的或本条第（b）款下的医院不得被视为DSH，除非是那些至少拥有两名产科医生的医院，这些医生具有职业优势，并且愿意给有权获得医疗帮助的个人提供该州计划内的妇产科服务。

（2）（A）第 1 条不适用以下医院：（ⅰ）住院者中未满 18 岁的个人占大多数的医院；或者（ⅱ）本法①通过之日前不向公众提供非紧急产科服务的医院。

（B）对位于乡村地区的医院（如第 1886 条），第（1）项中的"产科医生"包括医院中拥有履行产科程序职员特权的医生。

（3）医院不应被归为或被视为本篇项下的州计划的或本条第（b）款和第（e）款上的 DSH，除非医院的患者医疗补助方案的利用率不低于 1%。

（e）**特别规则。**

（1）如果：（A）（ⅰ）该计划在大多数医院在 1984 年 1 月 1 日参加该计划项下的超份额医院的统筹安排的基础上规定了支付理赔，或者（ⅱ）1987 年 1 月 1 日的计划在涉及所有急症护理医院的全州统筹安排和规定由每个参加医院提供的免费医疗总额报销在安排的基础上规定了支付理赔；（B）该计划项下为这类医院的支付理赔总额不低于根据该条做出这类支付理赔总额；（C）该计划符合第（d）款第（3）项的要求且该支付理赔与第（c）款最后一句的规定一致，就应当认为该州计划符合第 1902 条第（a）款第（13）项第（A）目第（ⅳ）节的要求［它要求在确定向医院的支付时，需要考虑那些为大量有特殊需要的低收入患者提供服务的医院的情况，而不需要考虑第（a）款的要求］。

（2）若一州在 1986 年 1 月 1 日之前通过健康保障组织在全州范围内实施其计划的一部分，自 1988 年 7 月 1 日起：

（A）对于州计划中的 DSH，如果费用理赔的总额不低于适用第（b）款和第（c）款后的费用理赔总额，则第（b）款和第（c）款［除第（c）款最后一句外］的要求不适用；

（B）应当对城市和乡村的医院均适用第（d）款第（2）项第（B）目；

（C）应当适用第（d）款第（3）项；

（D）应当适用第（g）款。

（f）**邦财政参与的限制。**

（1）**总则。**本条中，对 DSH 任何财政年度中的季度性支付调整，若

---

① 1987 年 12 月 22 日（"本法"引用自《公法》第 100—203 期）。

其超过了第（2）项和第（3）项规定的配额，则根据第1903条第（a）款不予通过。

（2）① **DSH 在 1998—2002 财政年度的配额**。根据第（4）项的规定，DSH 在 1998—2002 年数个财政年度中的配额。这些配额始自 1998 年，结束于 2002 年，详见下表：

州或地区	DSH 分配（百万美元）				
	1998 财政年度	1999 财政年度	2000 财政年度	2001 财政年度	2002 财政年度
亚拉巴马州	293	269	248	246	246
阿拉斯加州	10	10	10	9	9
亚利桑那州	81	81	81	81	81
阿肯色州	2	2	2	2	2
加利福尼亚州	1085	1086	986	931	877
科罗拉多州	93	85	79	74	74
康乃狄格州	200	194	184	160	160
特拉华州	4	4	4	4	4
哥伦比亚特区	23	23	49	49	49
佛罗里达州	207	203	197	185	160
乔治亚州	253	248	241	228	215
夏威夷州	0	0	0	0	0
爱达荷州	1	1	1	1	1
伊利诺伊州	203	199	193	182	172
印第安纳州	2 - 4	197	191	181	171
爱荷华州	8	8	8	8	8
堪萨斯州	51	49	42	36	33
路易斯安那州	880	795	713	658	631
缅因州	103	99	84	84	84
马里兰州	72	70	68	64	61
马萨诸塞州	288	282	273	259	244
密歇根州	249	244	237	224	212

---

① 旨在为了 2006 财政年度和后面每一个财政年度在哥伦比亚特区决定 DSH 分配，《公法》第 109—171 期第 6054 条第（a）款删去"32"为了 2000、2001 和 2002 财政年度，同时取代"49"，大约在 2005 年 10 月 1 日生效，同时只适用于 2005 年 10 月 1 日或之后的 2006 财政年度和后面财政年度所产生的医院调整支出。

续表

州或地区	DSH 分配（百万美元）				
	1998 财政年度	1999 财政年度	2000 财政年度	2001 财政年度	2002 财政年度
明尼苏达州	18	16	33	33	33
密西西比州	143	141	136	129	122
密苏里州	436	423	379	379	379
蒙大拿州	0.2	0.2	0.2	0.2	0.2
内布拉斯加州	5	5	5	5	5
内华达州	37	37	37	37	37
新罕布什尔州	140	136	130	130	130
新泽西州	600	582	515	515	515
新墨西哥州	5	5	9	9	9
纽约州	1512	1482	1436	1361	1285
北卡罗来纳州	278	272	264	250	236
北达科他州	1	1	1	1	1
俄亥俄州	382	274	363	344	325
俄克拉荷马州	16	16	16	16	16
俄勒冈州	20	20	20	20	20
宾夕法尼亚州	629	518	502	476	440
罗得岛州	62	60	58	55	52
南卡罗来纳州	313	303	262	262	262
南达科他州	1	1	1	1	1
田纳西州	0	0	0	0	0
得克萨斯州	979	950	806	765	765
犹他州	3	3	3	3	3
佛蒙特州	18	18	18	18	18
弗吉尼亚州	70	68	58	55	52
华盛顿州	174	171	165	157	148
西弗吉尼亚州	64	83	61	58	54
威斯康星州	7	7	7	7	7
怀俄明州	0	0	1	1	1

（3）**2003 财政年度及之后各州的 DSH 配额。**

（A）**总则。**除第 6 条规定外，在本条或第 2 条下，每个州 2003 及之后财政年度的 DSH 配额等于该州上一财政年度的 DSH 配额加第（5）项第（B）目和第（C）目规定的上一财政年度全部城市消费者的消费物价指数的变动率（所有项目、美国城市平均水平）。

（B）**限制条件。**如果 DSH 配额的增加会导致本年度的配额大大超过下列情况，则该州不得根据第（A）目增加本财政年度的 DSH 配额：（ⅰ）上一财政年度的 DSH 配额；或者（ⅱ）占到该州为国家医疗援助计划支出总额的 12%。

（C）**配额特殊地、临时性地增加应当基于一时的、非累积的基础。**即任何州的 DSH 配额［不包括根据第（5）项确定 DSH 配额的州］。（ⅰ）在本项下，2004 财政年度的配额等于该州 2003 财政年度的 DSH 配额的 116%，不论第（B）目的规定；（ⅱ）每下一财政年度的配额等于该州 2004 财政年度的 DSH 配额，若某财政年度开始于第（D）目所述的财政年度，则该州前一财政年度的 DSH 配额应上前一财政年度全部城市消费者的消费物价指数的变动率（所有项目、美国城市平均水平）。

（D）**指定的财政年度。**为达成本条第（C）目第（ⅱ）节的目的，本目所指的某一州的财政年度是：秘书认为该州的 DSH 配额将等于（或不再超过）本项法律颁布之日前、根据生效法律确定的该州的 DSH 配额的第一个财政年度。

（4）**2001 和 2002 财政年度的特殊规则。**

（A）**总则。**尽管有第（2）项的规定，任何州的 DSH 配额：（ⅰ）应当根据第（2）项确定的 2000 财政年度的配额再加上根据该条第（B）目和第（5）项确定的 2000 财政年度在全部城市消费者的消费物价指数变动率（所有项目、美国城市平均水平），确定该州在 2001 财政年度的 DSH 配额；（ⅱ）应当根据第（ⅰ）节确定的配额再加上根据该第（B）目和第（5）项确定的 2001 财政年度在全部城市消费者的消费物价指数变动率（所有项目、美国城市平均水平），确定该州在 2002 财政年度的 DSH 配额。

（B）**限制条件。**第（3）项第（b）款的规定将以该项适用于第（3）项第（A）目的方式，同样适用于本项第（A）目。

（C）**2002 财政年度后不得再申请 DSH 配额。**任何州在 2003 年及以后任一财政年度的 DSH 配额将根据第（3）项的规定确定，而不考虑本项第（A）目确定 DSH 配额的规定。

（5）**针对 DSH 较低州的特别规则。**

（A）**对于在 2001—2003 财政年度 DSH 极低的州。**根据 2000 年 8 月 31 日提交给医保财务管理会的报告，若一州在 1999 财政年度按照州计划（包括联邦和州的部分）用于依本条内容计算 DSH 的支出总额，占该州在该财政年度内计划用于医疗援助的支出总额的百分比大于 0 但是小于 1%，则在 2001 财政年度拨款 DSH 配额应增加至该根据计划为医疗援助在该财政年度的支出总额的 1%。在随后的财政年度，这种增加的配额依据第（3）项第（A）目针对通胀增加规定，直至 2004 财政年度。

（B）**对于 2004 年及以后的财政年度。**根据 2003 年 8 月 31 日提交给医疗保险和医疗补助服务中心的报告，若一州在 2000 财政年度按照州计划（包括联邦和州的部分）用于依本条内容理算 DSH 的支出总额，占该州在该财政年度内计划用于医疗援助的支出总额的百分比大于 0 但是小于 3%，则该州的 DSH 配额：

（ⅰ）2004 财政年度的 DSH 配额应为该州 2003 财政年度 DSH 配额的 116%；

（ⅱ）其后每个财政年度的 DSH 配额应为上一财政年度的 DSH 配额的 116%，直到 2009 财政年度；

（ⅲ）2009 财政年度及其后任何财政年度的 DSH 配额，应为该州上一财政年度的 DSH 配额加上依据第（3）项第（A）目规定的针对通胀的增加。

（6）**2007—2009 及 2010 财政年度**①**的第一个自然年度的配额理算。**

（A）**田纳西州。**

（ⅰ）**总则。**只有在 2007 财政年度，田纳西州在该财政年度内的 DSH 配额拨款可以更多，而不管载于第（2）项的表格或实际中 TennCare（田纳西州医疗援助工程）示范项目中对该州有效条款的规定：

---

① 《公法》第 110—173 期，第 204 条第（1）条，插入 "2008 财政年度的部分"，2007 年 12 月 29 日生效。

* 《公法》第 110—275 期，第 202 条第（1）条，删去 "2007 和 2008 财政年度的部分" 同时用 "2007—2009 和 2010 财政年度的第一个历年"，2008 年 7 月 15 日生效。

　　(Ⅰ)国务卿决定的数额等于联邦医疗援助资金中可归于截至 2006 年用于理算医院超份额支付的部分，该部分在田纳西州医疗援助工程示范项目的预算中得以反映；

　　(Ⅱ)2.8 亿美元。

　　只有在 2008 和 2009 财政年度[①]，田纳西州的 DSH 配额应当是[②]根据前项确定的 2007 财政年度[③]的配额，而不管上述表格或条款的规定。只有在截至 2009 年 12 月 31 日的 2010 财政年度，田纳西州在这些部分财政年度内的 DSH 配额应当是根据前项确定的 2007 财政年度[④]的配额的 1/4，而不管上述表格或条款的规定。

　　(ⅱ)**对符合联邦财政参与的支付理赔额的数量限制。** 对于田纳西州，如果在第(ⅰ)节所称 2007、2008、2009 财政年度，或者 2010 财政年度[⑤]的一段期间内，有关任何基于本条而为该州医院的支付理赔额的总额超过了第(ⅰ)节[⑥]规定的该州在该财政年度或期间[⑦]内的 DSH 配额的 30%，则不能基于第 1903 条第(a)款支付。

　　(ⅲ)**州计划的修正案。** 在本编下，国务卿应当允许田纳西州提交州计划的修正案，该修正案记载了该州将用以识别超份额支付的医院并向其支付的方法，超份额支付医院包括对治疗精神疾病的儿童医院和机构或其他精神卫生机构。除非修正案中所描述的方法与本条规定的向超份额医院支付的要求一致，则国务卿可以不批准该计划的修正案。根据州计划的修正案而做出的支付理赔额应被视为在该项目下的支出，以证明在田纳西州

---

　　① 《公法》第 110—275 期，第 202 条第(2)项第(A)目第(ⅰ)节第(Ⅰ)次节，删去"2008 财政年度中 2008 年 6 月 30 日的最后时间的"，2008 年 7 月 15 日生效。

　　② 《公法》第 110—275 期，第 202 条第(2)项第(A)目第(ⅰ)节第(Ⅱ)次节，删去"3/4"，2008 年 7 月 15 日生效。

　　③ 《公法》第 110—275 期，第 202 条第(2)项第(A)目，加上这句，2007 年 12 月 29 日生效。

　　④ 《公法》第 110—275 期，第 202 条第(2)项第(A)目第(ⅱ)节，加上这句，2008 年 7 月 15 日生效。

　　⑤ 《公法》第 110—275 期，第 202 条第(2)项第(B)目，删去"或者在 2008 财政年度的一段时间"同时用"2008、2009 或 2010 财政年度的一段时间"取代，2008 年 7 月 15 日生效。

　　⑥ 《公法》第 110—275 期，第 202 条第(2)项第(B)目第(ⅰ)节，插入"或者在第(ⅰ)节中提到的 2008 财政年度的一段时间"，2007 年 12 月 29 日生效。

　　⑦ 《公法》第 110—173 期，第 204 条第(2)项第(B)目第(ⅱ)节，插入"或者时间"，2007 年 12 月 29 日生效。

医疗援助工程示范工程预算中立的目的，若该修正案同本目内容一致则可获批准。

（ⅳ）在 **2007—2009 以及 2010 财政年度**①的第一个自然季度内对支付理赔额中的联邦份额抵消，该抵消是针对田纳西州医疗援助工程示范工程下的基本接入医院补充组合的支付。

（Ⅰ）依第（ⅰ）节②所述，在 2007、2008、2009 或 2010 财政年度③的一段期间内，根据田纳西州医疗援助工程示范工程确定的基本接入医院补充池的支付总额在等额方式补偿的基础上应当予以减少，减少的数量为由第 1903 条第（a）款确定的，在田纳西州用于基于本条确定的在该财政年度或期间④内为该州医院的支付理赔额而支付的总额。

（Ⅱ）依第（ⅰ）节⑤所述，在 2007、2008、2009 或 2010 财政年度⑥的一段期间内，由第 1903 条第（a）款确定的，在田纳西州用于基于本条确定的为该州的医院的支付理赔额而支付的总额，加上在上述财政年度内的根据田纳西州医疗援助工程示范工程确定的基本接入医院补充池的支付总额的总和，不得超过第（ⅰ）节确定的、该州在上述财政年度或期间⑦内的 DSH 配额。

---

① 《公法》第 110—173 期，第 204 条第（2）项第（C）目第（ⅰ）节，插入"和 2008 财政年度"，2007 年 12 月 29 日生效。

* 《公法》第 110—275 期，第 202 条第（2）项第（C）目第（ⅰ）节，删去"2007 和 2008 财政年度"同时用"2008、2009 或 2010 财政年度的一段时间"取代，2008 年 7 月 15 日生效。

② 《公法》第 110—275 期，第 202 条第（2）项第（C）目第（ⅱ）节，删去"或者 2008 财政年度的一段时间"同时用"2008、2009 或 2010 财政年度的一段时间"取代，2008 年 7 月 15 日生效。

③ 《公法》第 110—173 期，第 204 条第（2）项第（C）目第（ⅱ）节第（Ⅰ）次节，插入"或者在第（ⅰ）节中提到的 2008 财政年度的一段时间"，2007 年 12 月 29 日生效。

④ 《公法》第 110—173 期，第 204 条第（2）项第（C）目第（ⅱ）节第（Ⅱ）次节，插入"或者时间"，2007 年 12 月 29 日生效。

⑤ 《公法》第 110—275 期，第 202 条第（2）项第（C）目第（ⅲ）节，删去"或者在 2008 财政年度的一段时间"同时用"2008、2009 或 2010 财政年度的一段时间"取代，2008 年 7 月 15 日生效。

⑥ 《公法》第 110—173 期，第 204 条第（2）项第（C）目第（ⅱ）节第（Ⅰ）次节，插入"或者在第（ⅰ）节中提到的 2008 财政年度的一段时间"，2007 年 12 月 29 日生效。

⑦ 《公法》第 110—173 期，第 204 条第（2）项第（C）目第（ⅱ）节第（Ⅱ）次节，插入"或者时间"，2007 年 12 月 29 日生效。

（B）夏威夷。

（ⅰ）**总则**。只有在 2007—2009① 财政年度，夏威夷州的 DSH 配额拨款可以为 1000 万美元，而不管载于第（2）项的表格的规定。只有在截至 2009 年 12 月 31 日的 2010 财政年度，田纳西州在该部分财政年度内的 DSH 配额可以为 250 万美元②，而不管载于第（2）项的表格的规定。

（ⅱ）**州计划的修正案**。在本编下，国务卿应当允许田纳西州提交州计划的修正案，该修正案应记载该州将用以识别超份额支付的医院并向其支付的方法，超份额支付的医院包括对治疗精神疾病的儿童医院和机构或其他精神卫生机构。除非修正案中所描述的方法与本条规定的向超份额支付的医院支付的要求一致，则国务卿可以不批准该计划的修正案。

（7）**"州"的定义**。在本款中，"州"是指 50 个州和哥伦比亚特区。

（g）**对支付给医院的金额的限制**。

（1）**根据无赔偿成本确定的理算金额**。

（A）**总则**。在一个财政年度内，如果一个医院的支付理赔额超过了在其提供医疗服务（由国务卿及由除了本条以外的本编内容确定的净支出额决定，同时由没有保险的患者决定）的一年内的支出费用，而该费用是在该年度内由医院向在州计划项下有资格享医疗援助的或者没有医疗保险（或其他第三方的赔付）的个人提供服务而产生的，则该医院的支付理赔额与第（c）款的规定不一致。为了实现前句的目的，为贫困患者提供服务而支付给医院的、由一个州或者州中某一个地方政府的单位支付的方式，不应被视为是一种第三方支付的方式。

（B）**过渡期间对公立医院的限制**。对于 1995 年 1 月 1 日前开始的州财政年度中的支付理赔额，第（A）目的规定只适用于由一州（或者由该州中一个中介或单位）拥有或经营的医院。

（C）**对私人医院的修改**。对于不属于某一州（或者由该州中一个中介或单位）拥有或经营的医院，国务卿可以做出这样的修改：援助金额

---

① 《公法》第 110—275 期，第 202 条第（3）项第（A）目，删去"2007 财政年度"同时用"2007—2009 的每一个财政年度"，2008 年 7 月 15 日生效。

② 《公法》第 110—173 期，第 204 条第（3）项，加入这句话，2007 年 12 月 29 日生效。

＊《公法》第 110—275 期，第 202 条第（3）项第（B）目，完全用《公法》第 110—173 期，第 204 条第（3）项中增加的句子修正，2008 年 7 月 15 日生效。在前面所看到句子中，参见第 2 卷，附录 J，废弃的条款，《公法》第 110—275 期。

理算的限制可以由国务卿认为适当的方式适用于这些医院。

（2）**过渡期间超份额支付的医院的额外金额。**

（A）**总则。**在一个医院的超份额支付高的情况下［依第（B）目的规定］，则与 1995 年 1 月 1 日前开始的州财政年度中的支付理赔额应当与第（c）款的规定一致，若该支付理赔额不超过该年内依第（1）项第（A）目所述的提供医院服务的费用的 200%（前提是该州州长证明，国务卿对本年度医院可用的最低金额用于卫生服务的情况满意）则在确定本年度用于上述服务的金额时，不得包括本年度用于提供上述服务的，来自《公共健康服务法》① 第 5 编、第 18 编或由第三方（不包括本编项下的州计划）支付的任何金额。

（B）**超份额支付的医院的定义。**在第（A）目中，超份额支付较高的医院是指：

（ⅰ）由一州（或者由该州中一个中介或单位）拥有或经营的医院；

（ⅱ）该医院：（Ⅰ）符合第（b）款第（1）项第（A）目的规定，或者（Ⅱ）在该州财政年度内，是该州住院天数最多的医院，前述"住院"应为属于享受州计划项下福利的个人住院。

（C）**可用最低金额的定义。**在第（A）目中，医院在一个财政年度内的"可用最低金额"，等于本财政年度内医院的支付理赔额与本财政年度内医院用于提供第（1）项第（A）目所述的医疗服务的费用的差额。

（h）**对某些州 DSH 配额支出的限制。**

（1）**总则。**对于在一个财政年度（从 1998 财政年度开始）内，向治疗精神疾病的机构或其他精神健康机构按季支付了本条下的任何支付理赔额的州，如果本财政年度理算金额的总和超过了以下较低者，则不能向该州支付第 1903 条第（a）款下的款项：

（A）**1995 年用于 IMD（治疗精神疾病的机构）的 DSH 支付理赔额。**属于在 1995 财政年度用于治疗精神疾病的机构或其他精神健康机构（以医疗卫生融资管理局表 64 中由州确定的精神健康 DSH 的数据为基础，并由部长批准）的州 DSH 的总支出。

（B）**1995 年 DSH 支付配额总额中的可用百分比。**这种支付理赔额的数量与第（c）款下为州医院的支付理赔额中联邦份额的可用百分比相

---

① 《公法》第 78—410 期；《美国联邦法律大全》第 58 编第 682 条。

等，它们属于 1995 年 DSH 配额中用于治疗精神疾病的机构或其他精神健康机构（以医疗卫生融资管理局的表 64 中由州确定的精神健康 DSH 的数据为基础，并由部长批准）部分。

（2）**可用百分比**。

（A）**总则**。第（1）项下，可用百分比：

（ⅰ）对 1998、1999 和 2000 财政年度，该百分比是第（B）目下确定的百分比；

（ⅱ）或者，对以后财政年度，该百分比是第（B）目下确定的百分比中较低者或下列百分比：（Ⅰ）2001 财政年度，50%；（Ⅱ）2002 财政年度，40%；（Ⅲ）对于以后每个财政年度，33%。

（B）**1995 年的百分比**。本目下的百分比是指下列比例（以百分比表示）：（ⅰ）第（c）款下为州医院的支付理赔额中联邦份额，属于 1995 年 DSH 配额（由州于 1997 年 1 月 1 日前提交的医疗卫生融资管理局的表 64 中报告的，并由国务卿批准）中为州支出的用于治疗精神疾病的机构或其他精神健康机构费用；除以（ⅱ）州 1995 年 DSH 花销费用。

（C）**州 1995 年 DSH 花销费用**。在第（B）目第（ⅱ）节下，"州 1995 年 DSH 花销费用"是指是第（c）款下基于州计划的支付理赔额中联邦医疗援助的百分比（对 1995 财政年度），它们属于 1995 年 DSH 配额（由州于 1997 年 1 月 1 日前提交的医疗卫生融资管理局的表 64 中报告的，并由国务卿批准）中为州支出的。

（i）**关于直接付款的规定**。

（1）**总则**。对于本条下的支付理赔额，对于在州计划项下有资格享受医疗援助且在某个经营医疗机构［依第 1932 条第（a）款第（1）项第（B）目的规定］注册或在其他任何一个经营医疗方案之中的个人，不得为医院在 1997 年 1 月 1 日及之后提供的服务支付第 1903 条第（a）款第（1）项下的款项，除非这项同支付理赔额相等的支付满足以下条件：

（A）是直接由州向医院支付；

（B）不用于确定州计划下的向针对上述人群的机构或方案按人预付的金额。

（2）**当前方案的例外**。第（1）项的规定不适用与根据 1997 年 1 月 1 日生效的支付方案而做出的支付理赔额。

（j）**年度报告和其他有关支付理赔额的要求**。对于 2004 年及之后的每个财政年度，作为获得第 1903 条第（a）款第（1）项下的关于本节项下的支付理赔额的款项的条件，国务卿可以要求一州要做到以下几点：

（1）**报告。**一州应当提交包括下列内容的年度报告：

（A）对上一财政年度中获得本条项下的支付理赔额的每一个超份额医院的辨认，及上一财政年度为该医院做出的支付理赔额。

（B）国务卿认为需要的其他资料，用以确保上一财政年度根据本节做出的支付理赔额时的适当性。

（2）**经证明后的独立决算。**一州应当每年向国务卿提交用以证实下列各项内容的经证明的独立决算：

（A）一州的医院减少免费医疗费用的程度，以反映根据本条提出索赔的支出总额。

（B）本条下向医院支付的款项，须符合第（g）款的规定。

（C）只有本款第（1）项第（A）目所述的个人和用于住院和门诊服务的免费医疗费用，才可以被计算在该款下的医院具体限额内。

（D）本编项下列入州的全部支付，包括补充性支付，都可以被计算在上述医院具体限额内。

（E）一州已经分别记录和保存的本编项下的全部花费，本编项下的索赔支出，本条项下的用以确定支付理赔额未投保的费用，及其他在本条下以未投保的人的名义，从支付理赔额中支付的任何费用。

对被送入专门机构的一方配偶①的收入和财产的处理

第 1924 条【《美国法典》第 42 编第 1396r - 5 条】（a）对被送入专门机构的一方配偶的特别处理。

（1）**代替其他规定。**在确定被送入专门机构的一方配偶［定义在第（h）款第（1）项］的医疗援助资格时，本编其他任何规定［包括第 1902 条第（a）款第（17）项和第 1902 条第（f）款］的内容与本条不一致时，适用本条的规定。

（2）**不得要求类似处理。**基于第 1902 条第（a）款第（10）项或第（17）项的原因，其他个人不得要求本条下给予与被送入专门机构的一方

---

①　Institutionalized spouse 指配偶中被送入慈善机构或公共机构的一方，community spouse 指与其共同生活的配偶，也有 at home spouse 的说法。——译者注

配偶的任何不同处理。

（3）**不影响某些决定**。除本条特别规定的，本条内容不适用于：

（A）规定哪些构成收入和财产；

（B）或者，用以确定和评估的收入和财产的方法和标准。

（4）**在某些州和地区适用**。

（A）**在进行示范工程的州中的适用**。当一州根据第 1115 条的授予向其居民提供医疗援助的豁免时，国务卿可以要求该州必须像该州实际上批准了的本编项下的一个计划时必须满足本条下的要求一样，满足这些要求。

（B）**不得适用于英联邦及地区**。本条内容仅适用于美国 50 个州和哥伦比亚特区。

（5）**对接受 PACE 项目①项下服务的个人的适用**。本条内容适用于正在接受制度性或非制度性服务的个人，这些服务可以是 PACE 的示范豁免项目［第 1934 条第（a）款第（7）项中规定］下的，也可以是根据第 1934 条或第 1894 条的 PACE 项目下的。

（b）**收入处理的规则**。

（1）**收入的分开处理**。除第（2）项的规定，在被送入专门机构的一方配偶在该机构生活的任何一个月中，共同配偶的收入不得认为属于被送入专门机构的一方配偶。

（2）**收入的属性**。为了第（d）款所述的后资格收入决定的目的而决定被送入专门机构的一方配偶或共同配偶的收入，除本条另有规定且不管有关共同财产或婚姻财产分割的任何州法律的规定，适用下列规则：

（A）**非信托财产**。根据第（C）目和第（D）目的规定，在收入不是来源于信托的情况下，除非提供收入的文书另有明确规定：

（i）若收入是以被送入专门机构的一方配偶或共同配偶名义单独获得的，则收入应视为只供该方配偶使用；

（ii）若收入是以被送入专门机构的一方配偶和共同配偶名义共同获得的，则收入的一半应视为供一方配偶使用；

（iii）若收入是以被送入专门机构的一方配偶或共同配偶名义单独获

---

① Program of all inclusive care for the elderly 指老年人全面护理项目。——译者注

得的，或以双方名义和另一人或多人共同获得，则收入应当根据在其收益中的比例，认为该部分供一方配偶使用（若是夫妻双方共同获得收益且该收益没有特别指定供谁使用，共同收益的一半应被视为供一方配偶使用）。

（B）**信托财产**。在信托情况下：

（i）除第（ii）节的规定，收入应当属于同本编的规定一致的一方［包括第 1902 条第（a）款第（17）项和第 1917 条第（d）款］；

（ii）在信托中有规定或者虽然在信托中没有具体规定，但有以下情况时，收入应视为供一方配偶使用，（I）若收入是以被送入专门机构的一方配偶或共同配偶名义单独获得的，则收入应视为只供该方配偶使用，（II）若收入是以被送入专门机构的一方配偶和共同配偶名义共同获得的，则收入的一半应视为供一方配偶使用，以及（III）若收入是以被送入专门机构的一方配偶或共同配偶名义单独获得的，或者以双方名义和另一人或多人共同获得，则收入应当根据在其收益中的比例，认为该部分供一方配偶使用（或者，如果是夫妻双方共同获得收益且该收益没有特别指定供谁使用，共同收益的一半应被视为供一方配偶使用）。

（C）**无文书的财产**。在收入不是来自其中一个没有规定使用权的文书的信托的情况下，根据第（D）目的规定，收入的一半应视为供被送入专门机构的一方配偶使用，另一半供共同配偶使用。

（D）**使用权的反驳**。在被送入专门机构的一方配偶可以确定的范围内，第（A）目和第（C）目的规则可以被证明收入中的使用权收益不同于上述款的规定的优势证据所代替。

（c）**财产处理的规则**。

（1）**在一方配偶被送入专门机构时配偶份额的计算**。

（A）**共同财产总额**。下列项目应当计算在内（从一方配偶被送入专门机构的第一个连续期间，从 1989 年 9 月 30 号当天或之后开始）：

（i）被送入专门机构的一方配偶或共同配偶对该财产享有使用权收益的财产的总价值；

（ii）配偶份额等于财产总价值的 1/2。

（B）**资产评估**。当被送入专门机构的一方配偶或共同配偶提出请求时，从一方配偶被送入专门机构的第一个连续期间（从 1989 年 9 月 30 号当天或之后开始）并收到与财产有关的文件时开始，州应当及时评估和记录第（A）目第（ⅰ）节中所述财产的总价值，并应当向双方配偶提供有关评估和记录文件的副本，并为本编项下的用途保留评估副本。如果请求不属于本编项下医疗救助申请的一部分，则州可以要求申请人缴纳不超过提供的评估和记录所需的合理开支的费用，作为其选择提供评估的条件。在所提供的评估副本中，州应当同时告知一方配偶，其有申请第（e）款第（2）项下的公平听证的权利。

（2）**在初步确定资格时的财产属性。** 在当申请本编项下的福利金时确定被送入专门机构的一方配偶的财产的过程中，不管有关共同财产或婚姻财产分割的州法如何规定：

（A）除第（B）目的规定，无论是被送入专门机构的一方配偶或共同配偶持有，还是两者共有，使用财产都应当被认为供提供给配偶使用；

（B）财产应当被认为供被送入专门机构的一方配偶使用，但应当在超过第（f）款第（2）项第（A）目下计算的财产数量的范围内（视为利益的申请时间）。

（3）**抚养权利的转移。** 在下列情况下，被送入专门机构的一方配偶不因为第（2）项下确定的财产为支付护理费用而丧失资格：

（A）被送入专门机构的一方配偶已经将从共同配偶处获得抚养的使用权利转让给州；

（B）被送入专门机构的一方配偶由于身体或精神上的损伤而没有能力执行一项任务，但该州有权在没有上述转让的情况下起诉共同配偶要求抚养；

（C）或者，州若判定资格不符将导致不必要的麻烦。

（4）**确定福利金资格后对财产的分开处理。** 在被送入专门机构的一方配偶于该机构中的持续期间内，以及在被送入专门机构的一方配偶被确定具有本编项下福利金资格的当月之后，共同配偶的财产不得再被视为可供被送入专门机构的一方配偶使用。

（5）**财产的排除。** 在本条中，"资源"不包括：

（A）第1613条第（a）款和第（d）款下排除的财产；

（B）第1613条第（a）款第（2）项第（A）目下排除的财产，但受到该节所述总价值的限制。

（d）**共同配偶的保护性收入。**

（1）**从被送入专门机构的一方配偶的收入中获得的津贴以作补偿。**在被送入专门机构的一方配偶被确定或重新确定具有医疗救助资格后，在确定配偶收入中每月用于支付在该机构的护理费用的金额时，须按照下述顺序从配偶的月收入扣除下述金额：

（A）不低于第 1902 条第（q）款第（2）项确定的数额的个人需求补贴［第 1902 条第（q）款第（1）项中规定］。

（B）限于被送入专门机构的一方配偶的收入中可供共同配偶使用（或为其利益）的范围内的，共同配偶的月收入补贴［第（2）项中规定］。

（C）对每个家庭成员，家庭补贴至少相当于第（3）项第（A）目第（i）节中规定中超过该家庭成员每月收入额的部分的 1/3。

（D）因被送入专门机构的一方配偶的医疗或治疗护理而发生的费用额［第 1902 条第（r）款下规定］。

在第（c）款中，"家庭成员"只包括被送入专门机构的一方配偶或共同配偶的未成年子女或受抚养子女、供养的父母或抚养的同胞兄弟姐妹，且上述人须和共同配偶一起生活。

（2）**共同配偶月收入补贴的定义。**在本条中［除第（5）项的规定］，共同配偶的"共同配偶月收入补贴"为：（A）除第（e）款的规定外，维持该配偶需求的最低的每月补贴［根据第（3）项的规定设立并与规定一致］；超过（B）以其他方式为共同配偶提供的月收入额（不考虑到该补贴而确定）。

（3）**每月维持最低需求补贴的设立。**

（A）**总则。**每个州都应当为每个共同配偶设立一个每月维持最低需求补贴，根据第（C）目的规定，该补贴等于或超过：（i）官方贫困线［由管理和预算办公室确定，并且根据《1981 年综合预算调整法》第 673 条第（2）项①的规定每年进行修改］收入的 1/12 中，对 2 人家庭可适用的百分比［在第（b）款所述］；加上（ii）多余住房补贴［第（4）项中规定］。

第（i）节中所涉及的官方贫困线的修改应当适用于从该修改公布之日起的第二个自然季度及之后提供的医疗援助。

---

① 参见第 2 卷《公法》第 97—35 期，第 673 条第（2）项。

（B）**可适用的百分比**。在第（A）目第（i）节下，本项所称的"可适用的百分比"在下列情况下是有效的：

（i）1989 年 9 月 30 日，是 122%。

（ii）1991 年 7 月 1 日，是 133%。

（iii）1992 年 7 月 1 日，是 150%。

（C）**每月维持最低需求补贴的限制**。根据第（A）目设立的每月维持最低需求补贴不得超过 1500 美元［根据第（e）款和第（g）款］。

（4）**多余住房补贴的定义**。在第（3）项第（A）目第（ii）节中，共同配偶的"多余的住房补贴"意为下列金额的总和：

（A）配偶用于支付房租或抵押贷款的费用（包括本金和利息）、税收和保险，在由于共同配偶主要住所共管者合作的公寓的情况下，所需的维修费；

（B）标准的补贴实用程序［国家根据《2008 年食品和营养法》第 5 条第（e）款①使用的，如果国家不使用这样的免税额，配偶的实际效用费用金额超过第（3）项第（A）目第（i）节规定的 30%［根据第（1）项，除了在一个公寓或合作的维护费］，任何第（B）目所列案件中的补贴应予以相应扣减至维修费用包括效用费用的程度。

（5）**法院命令支持**。如果法庭为了支持共同配偶每月的收入已经发布反对被送入专门机构的一方配偶的命令，共同配偶每月收入的配偶补贴，应不低于以上命令的每月收入额。

（6）**适用"收入第一"的规则来修正共同配偶财产补贴制度**。为了实现第（c）款和第（e）款的目的，并与本款中提到的共同配偶每月的收入补贴的计算相一致，一个州必须考虑到所有可以提供给共同配偶的被送入专门机构的一方配偶的收入，在国家分配给共同配偶一笔足够的财产来维持月生活的最低费用和对于共同配偶维持生活可用的费用之前是可用的。

（e）**公告和公平听证**。

---

① 《公法》第 110—246 期，第 4002 条第（b）款第（1）项（B）目，删去"《1977 年食品救助法》"同时用"《2008 年食品和营养法》"取代，2008 年 10 月 1 日生效。

《公法》第 110—234 期，第 4002 条第（b）款第（1）项（B）目中同样被修正的撤销，2008 年 5 月 22 日生效，依照《公法》第 110—246 期第 4 条第（a）款。参见第 2 卷《公法》第 88—525 期，第 5 条第（e）款。

（1）**公告**。以下情形进行公告：

（A）被送入专门机构的一方配偶的为了获得医疗援助的资格的决定；

（B）或者，或被送入专门机构的一方配偶、共同配偶或者配偶一方代表性的行为做出要求；

每个州都要通知配偶双方［在第（A）目提到的案件中］或者提出要求的配偶［在第（B）目提到的案件中］通知他们每个月的工资补贴［如第（B）目所述］、任何家庭补贴的数目［如第（d）款第（1）项第（C）目所述］、在第（f）款中允许的共同配偶的财产的计算方法、在本款中规定的关于占有的和可用的收入和财产的听证的配偶的权利和共同配偶月收入补贴的决定。

（2）**公平听证**。

（A）**总则**。如果被送入专门机构的一方配偶的配额和共同配偶均不满如下决定：

（ⅰ）共同配偶每月的补贴；

（ⅱ）每月收入数量或者对于共同配偶可用的部分［如第（d）款第（2）项第（B）目中所述］；

（ⅲ）在第（c）款第（1）项中所述对配偶财产份额的计算；

（ⅳ）在第（c）款第（2）项中对份额的分配；

（ⅴ）或者，共同配偶份额补贴的决定［如第（f）款第（2）项所述］；

这些配偶有权申请在第 1902 条第（a）款第（3）项描述的跟这个决定有关的公平听证，前提是申请的利益和被送入专门机构的一方配偶的一方有关。任何与共同配偶补贴有关的决定的听证都必须在申请听证之日起 30 日内举行。

（B）**每月最低维持修正需求补贴**。如果上述配偶之一建立共同配偶需求收入，在最低月维持需求提供的补贴的标准之上，在造成重大的经济胁迫特殊情况下替换为一笔足额的收入去提供必需的额外收入，根据第（d）款第（2）项第（A）目规定的最低每月维持需求补贴。

（C）**社区配偶资源津贴的修订**。若社会配偶资源津贴（由这种津贴生成的有关收入）不足以将市民配偶的收入提高到最低月维持需要的津贴，就应当被替代。第（f）款第（2）项下为社会配偶资源补贴款，这一数额足以提供这样的最低月维持需要的津贴。

（f）**允许资源向社区配偶转移**。

（1）**总则**。一个制度化的配偶可在没有关于第 1917 条第（c）款第（1）项，转让金额等于社会资源配偶津贴［如第（2）项所述］，但只限于制度化配偶资源被转移到（或唯一受益）社区配偶。根据第（3）项，转移应在资格初步确定日期之后，考虑可能需要获取法院命令的时间，根据前一句尽快做出，而且应当切实可行。

（2）**社区资源配偶津贴定义**。第（1）项中，"社区资源配偶津贴"是一个金额，其中第（A）目最大：

（ⅰ）1.2 万美元［根据第（g）款］或更多［但不超过第（2）项规定的数额］根据国家计划规定的数额；

（ⅱ）在第（c）款第（1）项下：（Ⅰ）份额较小者，或者（Ⅱ）6万美元［根据第（g）款可予调整］；

（ⅲ）根据第（e）款第（2）项确定的金额；

（ⅳ）根据第（3）项法庭命令移交的金额。

（B）配偶或社区资源量（在不考虑津贴的情况下确定）。

（3）**根据法院的命令转移**。若法庭为了社区配偶的支持，下达一个对于制度化配偶的命令，则第 1917 条将不得适用于金额确定的资源转移［如第（d）款第（1）项所述］。

（g）**美元金额指数**。对于提供于 1989 年后的服务，指定的美元数额在第（d）款第（3）项第（C）目、第（f）款第（2）项第（A）目第（ⅰ）节、第（f）款第（2）项第（A）目第（ⅱ）节第（Ⅱ）次节下，规定指定的美元数额将增加为 1988 年 9 月前所有城市消费者的消费物价指数的增幅（美国所有项目的城市平均额）。

（h）**定义**。在此条中：

（1）"制度化配偶"指符合下列情况的个人：

（A）身处医疗或护理机构或（在州的选择下）符合第 1902 条第（a）款第（10）项第（A）目第（ⅱ）节第（Ⅵ）次节中描述的情况；

（B）与一个不在医疗或护理机构的人结婚；

但不包括无法连续 30 天满足第（A）目要求的个人。

（2）"社区配偶"是指配偶的制度化。

延长医疗援助的资格[①]

第 1925 条【《美国法典》第 42 编第 1396r – 6 条】（a）**初始 6 个月延长**。

（1）**要求**。不管本编下的其他条款，在本编下审批的所有州计划必须规定家庭接受的援助是根据第四编第 A 部分所批准的州计划的一部分。这样的家庭才具有接受援助的资格。由于时间或收入来源于看守人员亲属的职业［如第（e）款所述］，或因第 402 条第（a）款第（8）项第（B）目第（ii）节第（Ⅱ）次节，须符合第（3）项和任何根据该计划利益的重新申请，仍然根据本款批准的规定，协助符合条件的家庭，在随后 6 个月内依照本款。

（2）**权益须知**。在第四编第 A 部分下，每个州为满足第一款的要求，应当：

（A）通知每个家庭其扩展医疗援助的权利。在第（b）款第（2）项第（B）目第（i）节下。［如第（3）项所述］并按照描述的要求报告。在某种情况下这种扩展可能会被终止；

（B）应在本款规定的时间内，提供能够证明该家庭参与援助计划的卡片或证据。

（3）**终止延伸**。

（A）**没有受抚养子女**。根据第（B）目与第（C）目，若一家庭不再增添儿童，则针对该家庭的在第（1）项中描述的 6 个月期间的延期援助应在第一个月结束时终止，而不论该儿童是否是第四编第 A 部分下的独立儿童。

（B）**终止之前通知**。在州向家庭告知终止理由之前，第（A）目下的所有援助终止决定无效。

（C）**在重新决定之前，下列事项应持续进行**。若某儿童根据第（A）目规定不能接受医疗援助，但可能是符合州计划下的条件，但根据第 1905 条第（a）款第（i）节或第 1902 条第（a）款第（10）项第（A）目第（Ⅳ）节，第（i）节第（Ⅵ）次节，第（i）节第（Ⅶ）次节，第（ii）节第（Ⅸ）次节等条款，该儿童符合接受州计划的条件，则该

---

① 关于医疗救助的变迁扩展，参见第 2 卷《公法》第 109—432 期，第 401 条。

州确定该儿童资格不符之前，不得停止对该儿童的援助。

（4）**覆盖范围**。

（A）**总则**。根据第（B）目，在本款下 6 个月延长期内，若某家庭仍在接受根据第四编第 A 部分批准的州计划下的援助，则针对该家庭医疗援助的金额、期限及范围应当相同。

（B）**州医疗补助"环绕"选项**。州可自愿选择对监护亲属的雇主以及独立儿童雇主支付的保险费、免赔额、共同保险的家庭的开支以及健康保险等进行支付。若此支付由监护亲属的雇主做出，则：

（ⅰ）在下列情况下，该州可要求监护亲属，作为一个覆盖条件下的延伸情况，申请雇主支付：（Ⅰ）监护亲属无义务对上述所有费用进行支付，（Ⅱ）州已对雇员无义务支付的上述所有费用进行了支付；

（ⅱ）州应把雇主计划下的费用覆盖视为第三方责任［根据第 1902 条第（a）款第（25）项］。

在本目下对上述所有费用进行的支付应被视为根据第 1903 条第（a）款的目的，而对医疗援助进行的支付。

（b）**6 个月额外延长期**。

（1）**要求**。不管本编其他规定，本编批准的所有州计划应根据第（3）项的规定，在 6 个月期的最后 1 个月内向根据第（a）款在 6 个月期内接受援助并达到第（2）项第（B）目第（ⅰ）节要求的家庭提供延长覆盖期的选择权。

（2）**通知及申报要求**。

（A）**通知**。

（ⅰ）**通知中要求各州首次延长期限的选择**。在第 3 个月和第 6 个月的家庭下的援助提供任何扩展，根据第（a）款应当通知家属额外延长援助的选项额。所有通知应包括：（Ⅰ）在第 3 个月通知，声明第（B）目第（ⅰ）节下的报告要求。在第 6 个月的通知，在第（B）目第（ⅱ）节下报告要求的发言；（Ⅱ）一项声明是否需要任何协助保费对这些额外的扩展；以及（Ⅲ）其他的描述外的自付费用、福利、报告和付款程序，以及任何预先存在的条件限制，或其他覆盖施加的任何限制，根据第（4）项第（D）目提供替代覆盖率。根据本目第 6 个月通知应说明根据本款金额前 3 个月的保费所需的任何一个特定家庭增加提供援助。

（ⅱ）**州公告及赠品延长期内各个期间的额外的报告要求**。在这 3 个月的任何提供给一个家庭的额外援助款下，应当根据第（B）目第（ii）节的家庭报告要求，并根据第 1 个月的声明，所经过的任何溢价都需要提供成功的援助。

（B）**申报要求**。

（i）**首次延长期**。州应要求（本款条件下，这项额外提供援助）家庭接受援助款延长本条提交的报告对州，根据第（a）款不晚于第 4 个月的 21 天援助的期限延长，对家庭的每月总收入和对这类幼儿家庭的成本对于就业看守政府而言是必要的。根据本款州可以在允许及时援助的基础上延长额外的报告，尽管未能根据本节，如果家中有报告确立，对于满意的州是不容易造成的。

（ii）**附加延长期**。州应要求延长 1 个月的家庭接受援助的报告，根据本条，而不是后来的 21 天及以上的额外援助的期限延长 4 个月。家庭的每月总收入和对这类儿童家庭的成本在前 3 个月的看管人亲属的就业上是必要的。

（iii）**报告频率的澄清**。州不得要求接受了额外援助的家庭根据第（a）款或第（i）节或第（ii）节所报告的要求。

（3）**终止延期**。

（A）**总则**。根据第（b）款第（C）目，第（1）项所描述的对于一个家庭的 6 个月期间的扩大援助在下列情况下应终止：

（i）**没有独立的子女**。在第 1 个月的末尾延长终止，家庭不再包括一个孩子，根据第四编第 A 部分不论孩子（如果有需要的或将是）是不是独立的。

（ii）**未缴付任何保费**。根据第（5）项下一个月的第 21 天如果家庭不付溢价款在下一个月的末尾将终止，继关闭除非家庭已经建立，达到州满意的，在及时的基础上未能较好地支付溢价款。

（iii）**季度收益报告和测试本款的规定**。如果在 1 月、4 月、6 月的末尾期间根据本款的延长将终止：

（I）家庭未报告给州的，在这月的第 21 天，根据第（2）项第（B）目第（ii）节所规定的资料，除非家庭已经为未能及时报告找到好的原因来达到州的满意；

（II）亲属监护人在以前的 3 个月没有收入，除非收入缺乏的任何原因是因为非自愿就业的丧失、疾病或其他原因，达到州的要求；

（Ⅲ）或者，州决定，家庭平均每月总收入（扣除儿童保健等费用，例如相对必要的看守政府雇用的人员）在紧接 3 个月期间不得超过官方贫困线的 185% ［如管理和预算办公室的定义，每年按照第 673 条第（2）项①修订］适用于涉及家庭的大小。

第（ⅲ）节第（Ⅰ）次节描述的信息根据第 402 条第（a）款第（9）项须受信息的提供和披露的部分限制。根据第（ⅲ）节第（Ⅰ）次节与其终止第一个家庭的扩展，一个州可资源选择，可以规定延长中止，直到下一个月后，该系列报告的信息根据第（2）项第（B）目第（ⅱ）节规定，但前提是家庭的延伸工作尚未根据第（Ⅱ）次节或根据第（ⅲ）节第（Ⅲ）次节终止。对于每一个家庭成员根据第一次报告。

（B）**终止前的通知**。根据第（A）目，没有终止的援助应为有效，直至该州已给家庭提供了终止背景的通知，该通知应包括［根据第（A）目第（ⅲ）节第（Ⅱ）次节在关于没有持续收入终止通知的情况］，家庭如何根据国家计划重新建立医疗援助的资格说明。在通知邮寄日期的 10 天前应为有效。

（C）**在重新确定状况将持续**。

（ⅰ）**独立的儿童**。在第（A）目第（ⅰ）节下将不再接受医疗援助，但根据第 1905 条第（a）款或第 1902 条第（a）款第（10）项第（A）目第（ⅰ）节第（Ⅳ）次节，第（ⅰ）节第（Ⅳ）次节，第（ⅰ）节第（Ⅵ）次节，第（ⅰ）节第（Ⅶ）次节，或第（ⅱ）节第（Ⅸ）次节符合州计划的儿童，州不得停止援助，直到州已确定该儿童不具有计划下的援助资格。

（ⅱ）**医学需要**。根据第（A）目第（ⅱ）节、第（ⅲ）节，将停止得到医疗帮助，但根据州计划可能是符合条件的，据第 1902 条第（a）款第（10）项第（C）目（有关医学需要的个人），州不能停止这种援助，直到州已确定个人不具备计划下的援助资格。

（4）**覆盖范围**。

（A）**总则**。在本款下的延长期间内：

（ⅰ）第四编第 A 部分通过的州计划提供给每个家庭的医疗援助［据第（B）目和第（C）目］包括供给家庭的数额、期限和范围应是相

---

① 参见第 2 卷《公法》第 97—35 期，第 673 条第（2）项。

同的；

（ⅱ）州计划可能提供如第（D）目所述的替代覆盖率。

（B）**大多数非急性保健福利的消除**。不管本编的其他规定，在本次条下，州可根据第 1905 条第（a）款第（4）项第（A）目、第（6）项、第（7）项、第（8）项、第（11）项、第（13）项、第（14）项、第（15）项、第（16）项、第（18）项、第（20）项及第（21）项的规定自愿选择不提供医疗援助。

（C）**州医疗补助"环绕"选项**。州可自愿选择适用第（a）款第（4）项第（B）目所描述的方案，根据本款以相同的方式选举医疗援助的家庭（关于"环绕"覆盖），根据第（a）款，提供医疗援助款延长资格的选项适用于家庭。

（D）**替代援助**。州可根据家庭提供一个或多个以下的医疗保险选择，而不是医疗援助，否则根据本条可选择：

（ⅰ）**雇主计划下家庭选择的登记**。提供给监管亲属的集团体健康计划下的监管亲属及独立儿童。

（ⅱ）**州雇员计划下家庭选择的登记**。报名的家庭雇员选择各州对员工的选择范围内的州计划，招生的家庭选择一个政府提供的健康安全集体计划。

（ⅲ）**未保险的州计划的登记**。入学招生计划获得国家未投保医疗保险覆盖面和受抚养子女在一个相对健康的基本的州计划，州可以提供给个人。

（ⅳ）**医疗保健组织的登记**。监管亲属的招募在相对无依靠儿童医疗补助管理式医疗组织［如第 1903 条第（m）款第（1）项第（A）目所属］和第 1932 条的适用要求。

如若一州选择提供一个选项来参加本目下的家庭，州将付出一切保费及对家庭征收的其他费用，如报名自付额和共同保险可支付对家庭的罚款。一州的支付保费的家庭根据本目［不包括任何奖金，否则由雇主根据第（5）项这样的家庭征收保费金额］，以及任何免赔额和共同保险应视为付款报名，第 1903 条第（a）款第（1）项的目的，来协助支付医疗。

（E）**禁止在成本分担照顾产妇和儿童的预防**。

（ⅰ）**总则**。如果一州根据第（D）目提供这样的任何其他选项，州必须确保在第（ⅱ）节描述的护理为家庭提供免费的服务。通过：（Ⅰ）支付所有绝对免赔额、共同保险和其他费用分摊；或者（Ⅱ）在州计划下提供覆盖，不考虑费用分摊。

（ⅱ）**所描述的护理**。本节所述护理包括：（Ⅰ）与妊娠有关的服务（包括产前，产中和产后服务）；以及（Ⅱ）预防门诊儿科护理〔根据第1905条第（a）款第（4）项第（B）目〕包括门诊和定期早期筛查，诊断，治疗服务及根据第1905条第（n）款第（2）项对每个符合规定的年龄和出生日期视为合格的儿童。

（5）**保险费**。

（A）**许可**。不管任何其他条文（包括第1916条），一州可以在征收范围内根据本款支付的溢价延长一个家庭额外的费用，〔如第（D）目第（ⅰ）节所述〕但只有在家庭的平均每月总收入的保费基期（减去这种对于看护人员就业的必要的幼儿平均每月成本）超过官方贫困线（如管理和预算办公室的定义，并每年根据《1981年综合预算调整法》① 修订）适用于涉及各个大小的家庭。

（B）**等级会随提供的选项变化**。对同一个家庭，对于由国家根据第（4）项第（D）目提供的每个选项，这种溢价水平可能有所不同。

（C）**保费的限制**。如第（D）目第（ⅰ）节，任何情况下的任何溢价根据本家庭一个月段的价付款期或金额所述，在基期的保费期间超过家庭的平均每月总收入的3%减去这些儿童平均每月成本对看护人亲属的就业是必要的〔如第（D）目第（ⅱ）节〕。

（D）**定义**。在此款下：

（ⅰ）在本款下，本节中描述的"缴费期限"是额外的6个月期间中从第1个月到第4个月的一段时间。

（ⅱ）"保费基期"是就某一特定的缴费数额，在这期间的最后一次连续3个月中有4个月是从保险费付款前开始的。

（c）**在各州和地区的适用性**。

（1）**各州在示范项目下运行**。据第1115条第（a）款，在任何提供医疗救助给居民的州中，如果根据本条实际上已经批准了计划，国务卿应要求该州符合本条的要求，并以相同的方式满足这些要求。

---

① 参见第2卷《公法》第97—35期，第673条第（2）项。

（2）**联邦与地区的不适用。**本条规定仅适用于 50 个州和哥伦比亚特区。

（d）**一般无资格欺诈。**

（1）**禁止援助。**本条不适用于作为家庭的一个组成部分并根据第四编第 A 部分接受了援助的个人。如果州做出裁定，在过去 6 个月的任何时间中，家庭成员接受了这样的援助，否则根据本条规定提高延长的资格，个人因为欺诈而不符合援助的资格。

（2）**一般资格取消。**关于欺诈与项目滥用的额外规定。见第 1128 条、第 1128A 条及第 1128A 条。

（e）**"监管亲属"的定义。**在本条中，"监管亲属"的意义如第四编第 A 部分。

（f）**落幕。**在 2003 年 9 月 30 日之后，本条不适用于已不再符合救济标准的家庭。

第 1926 条 【已废除①】

门诊药品支付范围②

第 1927 条 【《美国法典》第 42 编第 1396r - 8 条】（a）**回扣协议要求。**

（1）**总则。**为使在第 1903 条第（a）款或在第十八编第 B 部分下对药品制造商门诊药品的支付成为可能，制造商必须在州的利益下和国务卿订立在第（b）款中描述的回扣协议，并使之生效，（除非国务卿可以授权一个州直接与制造商签订协议），并且必须满足有关药品购买款项的第（5）项（即关于在许可范围内的机构自《1992 年退伍军人健康医疗法》③通过后的第一个月第一天开始购买药品的规定）和第（6）项的要求。州和制造商在 1991 年 4 月 1 日前签订的任何一个协议，应被视为始自 1991 年 1 月 1 日签订，并且对制造商的付款应追溯计算。如果制造商在 1991

---

① 《公法》第 105—33 期，第 4713 条第（a）款；《美国联邦法律大全》第 111 编第 509 条。

② 关于依据医疗补助计划进行药物报销，参见第 2 卷《公法》第 110—275 期，第 203 条第（2）项。

③ 1992 年 11 月 4 日（《公法》第 102—585 期；《美国联邦法律大全》第 106 编第 4943 条）。

年 3 月 1 日之前没有签订这样的协议，则该协议（实质上已签订）应该被视为在签订的那一天起生效；或者从州这一方，在协议签订 60 日后开始计算的季度的第 1 天或之前任何一天。

（2）**生效日期**。第（1）项首先适用于自 1911 年 1 月 1 日开始在本编规定下分配的药品。

（3）**授权支付回扣协议之外药品**。有下列情形的，第（1）项和第 1903 条第（i）款第（10）项第（A）目不适用于分配单一来源或创新型多来源药物：

（i）州政府已经决定药物的可得性在州医疗救助计划之下对受益人的健康是至关重要的；

（ii）这种药物被食物和药品管理局评定为一级；

（iii）（I）医生已经获得药物使用许可，先于这种药物根据在第（4）项规定的预先授权项目的分配，或者（II）国务卿已经审查同意州的第（1）项的决定，国务卿决定在 1991 年第一季度，有减轻情节。

（4）**对现有协议的影响**。一个由州和制造商签订通过本条之日生效的回扣协议应被视为遵守本条有关回扣的协议①。如果该州同意根据该协议向国务卿报告任何回扣支付，则该协议提供在周计划的制造商药品支付总额内的最低退税总额即 10%。如果初步协议期间，州以国务卿满意的方式建立通过之日起生效的协议，对于那些提供和本条规定的出口退税率至少一样大的回扣。并且州同意根据协议将任何回扣报告给国务卿，该协议应被视为遵守该协议的部分重建期间的回扣协议。

（5）**限制由涵盖实体购买药品的价格**。

（A）**与国务卿达成一致**。符合本项要求的制造商，和国务卿已经根据《公共健康服务法》第 340B 条②的要求签订协议，自本项通过后开始的第 1 个月第 1 天开始购买门诊药品③。

（B）**"涵盖实体"的定义**。在本款中，"涵盖实体"指《公共健康服务》第 340B 条第（a）款第（4）项所描述的实体，以及第 1886 条第

---

① 1990 年 11 月 5 日［《公法》第 101—508 期，第 4401 条第（a）款第（3）项；《美国联邦法律大全》第 104 编第 1388—143 条］。

② 参见《公法》第 78—410 期，第 340B 条。

③ 1992 年 11 月 4 日（《公法》第 102—585 期；《美国联邦法律大全》第 106 编第 4943 条）。

（d）款第（1）项第（B）目第（ⅲ）节规定的一家儿童医院，本条符合《公共健康服务法》第 340B 条第（b）款第（4）项第（L）目以及第（ⅰ）节和第（ⅲ）节的要求；本条也将满足这些要求，如果该条款的应用是考虑到由医院提供给患者的医助，而这些患者是符合州的医疗援助计划的。

（C）**建立防止双重折扣或回扣的替代性机制**。如果国务卿不在本条①通过之日起的 12 个月内根据《公共健康服务法》第 340B 条第（a）款第（5）项第（A）目建立一个机制，则应该适用下列要求：

（ⅰ）**实体**。各实体应当依据第 1905a 条第（a）款第（5）项告知国家机关，当它寻求由第 1905 条第（a）款第（12）项规定的州医疗援助计划内的赔偿时，该规定是关于受制于本法第 340B 条第（a）款内的协议的任何门诊药物的集合。

（ⅱ）**国家机关**。每一个这样的国家机构应当提供一种手段，其中实体应注明任何药品报销的形式（或格式，如果应用电子管理的方式提出的话），一个作为形式的主题的药物集合，受制于该法第 340B 条，不屈从于任何制造商对支付规定于有关该药物的第（b）款内的回扣的要求。

（D）**对后续修正案的影响**。在决定第（A）目的协议是否符合《公共健康服务法》第 340B 条的要求时，国务卿不得考虑关于此部分的任何修正案，此条的颁布时间在《1992 年退伍军人健康医疗法》② 第六编颁布之后。

（E）**符合性决定**。制造商，如能以令国务卿满意的方式宣布，将遵守（并表示愿意遵守）《公共健康服务法》第 256B 条的规定（实际上在该法颁布后立即如此），并在该条内签订协议（实际上此条在该时间生效），要不是立法者在颁布日期后变更本项，则视同符合本条的要求。

（6）**由退伍军人事务部和其他联邦机构取得的控制药物协议的要求。**

---

① 1992 年 11 月 4 日（《公法》第 102—585 期；《美国联邦法律大全》第 106 编第 4943 条）。

② 1992 年 11 月 4 日（《公法》第 102—585 期；《美国联邦法律大全》第 106 编第 4943 条）。

（A）**总则。**制造商符合本条要求的条件如下：遵守《美国法典》第38 编第 8126 条①的规定，包括和在该部分规定下的退伍军人事务局长签订一份控制协议。

（B）**后续修正案的影响。**在决定第（A）目规定的控制协议是否符合《美国法典》第 38 编第 8126 条的要求时，国务卿不得考虑任何有关该部分的修正案，该部分的颁布时间在《1992 年退伍军人健康医疗法》②第六编颁布之后。

（C）**符合性决定。**一个制造商，如果以能令国务卿满意的方式宣布，将遵守（并表示愿意遵守）《美国法典》第 38 编第 8126 条的规定（实际上在该段颁布后立即如此），并在该部分内签订协议（实际上该部分在该时间生效），要不是立法者在该项颁布日期后变更此条，则视同符合本条的要求。

（7）**某些医生控制药品的数据提交的要求。**

（A）**单一来源药品。**为了在第 1903 条第（a）款的规定下能够支付单一来源的覆盖门诊药品，这些药品是在本编下由医生自 2006 年 1 月 1 日起控制的（由国务卿决定），州应该为每个这样的药物（如 J—守则和国家药品代码号）收集和利用数据和编码，可指定为有必要确定该药物的制造商为了确保本编的国产药品回扣。

（B）**多来源药品。**

（ⅰ）**医生最常控制的多来源药品的确定。**国务卿应该不迟于 2007 年 1 月 1 日公布 20 种医生控制药品栏内的名单，这些药品具有本编内的医生控制药品中的最高价值量，国务院可以每年修正这个名单从而反映量的变化。

（ⅱ）**要求。**为了在第 1903 条第（a）款的规定下能够支付多来源的覆盖门诊药品，这些药品是在第（ⅰ）节下由医生自 2008 年 1 月 1 日起控制的（由国务卿决定），州应该为每个这样的药物（如 J—守则和国家药品代码号）收集和利用数据和编码，可指定为有必要确定该药物的制造商为了确保本条的国产药品回扣。

---

① 参见第 2 卷《美国法典》第 38 编第 8126 条。

② 1992 年 11 月 4 日（《公法》第 102—585 期；《美国联邦法律大全》第 106 编第 4943 条）。

（C）**国家药物药码的应用**。2007 年 1 月 1 日前，应根据应用国家药物药码的第（1）项以及第（2）项第（ⅱ）节的要求提交资料，除非国务卿特别强调应用替代性药码。

（D）**辛劳豁免**。国务卿可能延迟第（1）项以及第（2）项第（ⅱ）节的适用，国务卿为防止一些州面临困难，它们需要更多的时间来落实需要根据各自目的报告制度。

（b）**回扣协议项目**。

（1）**定期回扣**。

（A）**总则**。根据本款回扣协议，制造商应该对制造商在 1990 年 12 月 31 日之后分配的覆盖门诊药品，为每个赞同本编的州计划提供回扣在第（c）款指定退税款一期的回扣金额，该回扣应该由制造商在由第（2）项规定的信息收据上的日期起 30 日内支付。

（B）**抵销医疗援助**。州根据本条［或由国务卿授权下根据第（a）款第（1）项或第（a）款第（4）项］在任何季度收到的款额，应是州为了第 1903 条第（a）款第（1）项的医疗援助季度计划的量的缩减。

（2）**州有关信息的条款**。

（A）**州的责任**。每个州机关根据本编，应该在每个回扣期的 60 日内，以一种符合国务卿规定的报告格式标准的形式向每个制造商报告如下信息：各剂型种类和强度的总数；每种在 1990 年 12 月 31 日后分配的覆盖门诊药品的打包大小，支付是在回扣期内按计划进行的。还应该立即向向国务卿上交报告副本。

（B）**审核**。制造商可以审核根据第（A）目规定提供的信息。回扣也应调整至信息显示的利用率高于或低于原先规定的数额的范围内。

（3）**制造商有关价格信息的规定**。

（A）**总则**。每一个在本条内具有生效协议的制造商应该向国务卿报告如下事项：

（ⅰ）根据协议，在每个回扣期最后一个月的最后一天之后的 30 日内：（Ⅰ）制造商的平均价格［如第（k）款第（1）项所述］第 505 条［包括门诊申请批准的药品回扣的新药时期之下的一个销售协议，这类药物是根据第（C）目的联邦食品，药品和化妆品］，（Ⅱ）单一来源药品和创新多个来源药品（包括所有等药物进行销售的核准申请新的药品监督部分，联邦食品、药品和化妆品）的价格，制造商的最佳［如第（c）款第（1）项第（C）目所述］的协议之下回扣药品的价格；

（ⅱ）制造商签订关于平均价格的协议之日起 30 日内，根据 1990 年 10 月 1 日规定条款的门诊药品（包括根据第 505 条应用的药物，这种药物的出售根据新批准的《联邦食品、药品和化妆品法》）销售；

（ⅲ）自 2004 年 1 月 1 日起的每个季度，符合第（1）项要求，并根据国家药品药码：（Ⅰ）制造商的平均销售价格［如第 1847A 条第（c）款所述］及在第 1847A 条第（b）款第（2）项第（A）目规定内的单位总数，（Ⅱ）如有需要根据第 1847A 条支付，指制造商的批发收购成本，正如在第（c）款第（6）项所规定的，（Ⅲ）这些销售的标称上做了说明的价格信息，否则指第 1847A 条第（c）款第（2）项第（B）目规定价格；

对于药物或生物学描述的规定在第 1842 条第（o）款第（1）项或第 1881 条第（b）款第（13）项第（A）目第（ⅱ）节第（C）目、第（D）目、第（E）目、第（G）目。

根据本目规定报告的信息受制于卫生和人类服务部监察长的审计。开始于 2006 年 7 月 1 日，局长须根据第（4）项第（D）目按月提供给各州单一来源药品和多源药品制造商的平均价格，并应在至少一季度的基础上，将更新信息发布在网站上。

（B）**制造商平均价格的检验途径**。国务卿必要时，核实生产商的价格和制造商的平均销售价格（包括批发收购成本），根据第（A）目验证价格。国务卿可处以民事罚款的数额不得超过上一批发、制造商，或直接销售额 10 万美元；如果批发商、制造商或覆盖门诊药物直销员拒绝了有关收费或价格资料的要求，国务卿根据本项调查的连接，或故意提供虚假信息。应适用同样的方式规定，以一个民事金钱赔偿罚款的适用与这些规定使用于第 1128A 条第（a）款的惩罚或程序是一样的。

（C）**惩罚**。

（ⅰ）**未提供及时信息**。在制造商不能根据协议提供信息时，这些资料尚未提供的场合，罚款数额应当是每 1 天增加 1 万美元，并且该金额应当支付给财政部；如果在强制期限的 90 日内没有报告信息，该协议应该在 90 日结束后终止，直到信息得到报告。

（ⅱ）**错误信息**。任何提供虚假信息的制造商将受到每次虚假信息不超过 10 万美元的民事金钱惩罚。这些惩罚是除了法律规定的其他惩罚措施的。这些规定的适用与这些规定使用于第 1128A 条第（a）款的惩罚或程序是一样的。

（D）**信息保密**。不管任何其他法律的规定，由制造商或批发商披露的根据本项或根据与退伍军人事务局局长签订的协议所述的信息是保密的，不得由国务卿、退伍军人事务局局长或国家机关（或合作者）以披露特定制造商或批发商身份的形式披露出来，但下述例外：

（ⅰ）国务卿决定执行此条是必要的；

（ⅱ）许可总审计长审查提供的信息；

（ⅲ）许可国会预算办公室主任审查提供的信息；

（ⅳ）向各州执行本编；

（ⅴ）向国务卿披露（通过网站向公众开放）平均生产价格。

前一句也应适用于根据第 1860D‒2 条第（d）款第（2）项或第 1860D‒4 条第（c）款第（2）项第（E）目披露的信息，以及根据第 1860D‒31 条第（i）款第（1）项第一句规定的药品定价数据。

（4）**协议长度**。

（A）**总则**。回扣协议有效期为不低于 1 年的初始时期，应自动在不少于 1 年期限续期，除非根据第（B）目终止。

（B）**终止**。

（ⅰ）**国务卿终止**。国务卿可以因为违反该协议或基于其他正当理由提出回扣协议的终止。该终止不早于终止通知公告后 60 日。国务卿应根据请求为制造商提供有终止有关的听证会，但该证会不得延迟终止的生效日期。

（ⅱ）**制造商终止**。制造商可以因任何原因终止本回扣协议。任何此类终止应不会生效，直到制造商通知国务卿至少 60 天之后的季度日期的开始。

（ⅲ）**终止的效力**。任何本目下的终止在其生效日期前不得影响回扣协议的效力。

（ⅳ）**通知国家**。本目下，国务卿应该在该终止生效前 20 日内日向国家通知该终止。

（ⅴ）**申请终止其他协议**。本目规定适用于在《公共健康服务法》第 340B 条第（a）款第（1）项规定的协议，以及在《美国法典》第 38 编第 8126 条第（a）款①规定的控制协议。

（C）**延迟前折返**。任何与制造商的协议，在本条规定下被终止的情形下，另一个与制造商（或后续制造商）的协议不会自动签订，直到终止协议一个季度之后，除非国务卿提供提恢复该协议的充分良好的理由。

（D）**非合同当事人延迟前折返的紧急服务**。任何紧急服务的提供者，其与向受益人提供资助金额的理疗救助实体签订的合同并未生效，必须接受相当于支付的数额，该数额是他在受益人接受医疗援助的情形下能募集到的。如果在一个州，提供给医院的数额是通过合同谈判达成并且没有公示，那么该数额应该是适用于周计划内的疾病救助医院的平均合同数额，或者是适用于周计划内的第三级医院的平均合同数额。

（c）**回扣金额的确定**。

（1）**单一来源药品和创新型多来源药品的基本回扣**。

（A）**总则**。除第（2）项的规定，在本款规定的回扣期限内、考虑到单一来源药品和创新型多来源药品的剂量和强度的回扣数额应该和下述结果相等：

（i）州计划下回扣期内每种药剂量和强度的单元总数；

（ii）基于第（B）目第（ii）节，是下列情形的更大部分：（Ⅰ）药品平均生产价格和最优价格在剂型和强度方面的差别，或者（Ⅱ）平均生产价格的最低折扣率。

（B）**要求回扣范围**。

（i）**最低回扣比例**。遵循第（A）目第（ii）节第（Ⅱ）次节，回扣期间内的最低回扣比例开始于：

（Ⅰ）1990 年 12 月 31 日之后，1992 年 10 月 1 日之前，是 12.5%；

（Ⅱ）1992 年 12 月 31 日之后，1994 年 1 月 1 日之前，是 15.7%；

（Ⅲ）1993 年 12 月 31 日之后，1995 年 1 月 1 日之前，是 15.4%；

（Ⅳ）1994 年 12 月 31 日之后，1996 年 1 月 1 日之前，是 15.2%；

（Ⅴ）1995 年 12 月 31 日之后，是 15.1%。

（ii）**最大回扣额的临时限制**。任何情况下，在第（A）第（2）项规定下的回扣数量不得始于下列各项：（Ⅰ）1992 年 1 月 1 日之前，超过平均生产价格的 25%；或者（Ⅱ）在 1991 年 12 月 31 日之后，1993 年 1

---

① 参见第 2 卷《公法》第 78—410 期，第 340B 条；《美国法典》第 38 编第 8126 条。

月 1 日之前，超过平均生产价格的 50%。

（C）**"最佳价格"的定义**。就本条而言：

（ⅰ）**总则**。"最佳价格"是指，对于制造商的一个单一来源药品或创新型多来源药品来说，指制造商对于任何批发商、零售商、供应商、健康维护组织、非营利性实体或美国政府实体在回扣期内的最低可得价格。但下述例外①：

（Ⅰ）自 1992 年 10 月 1 日开始向印度卫生服务组织、退伍军人事务部、国防部、公共卫生服务组织或在第（a）款第（5）项第（B）目②规定的覆盖实体提出的任何价格；

（Ⅱ）任何在联邦供应服务管理计划内提出的价格；

（Ⅲ）药品援助计划下使用的任何一州的价格；

（Ⅳ）任何由国务卿定义的属于任何联邦机构的补给价格和单方合同价格；

（Ⅴ）由制造商谈判到的在打折卡项目之下的覆盖打折卡药品价格；

（Ⅵ）根据处方药计划第十八编第 D 部分收取的任何价格，由计划的方面包括部分药物或由合格的退休人员的处方药计划，这是代表个人利益，例如药物的代表有权根据第 A 部分或第 B 部分。

（ⅱ）**特别规则**。"最佳价格"：

（Ⅰ）应退税其中包括现金折扣，自由的规定货物，折扣数量和回扣（除了本条下的回扣）；

（Ⅱ）确定时应不考虑特殊的包装、标签、标识或包装上的剂型或产品；

（Ⅲ）不应考虑仅仅是名义的价格；

（Ⅳ）在制造商的批准、允许或以其他方式允许的任何其他药品生产企业，在被《联邦食品、药品和化妆品法》的批准申请下出售的新药，应包括在授权期间从最低价格的制造商提供这种药物，包括任何制造商回扣、批发商、零售商、供应商、健康维护组织、非营利性实体或政府实体。

（ⅲ）**申请的审核和记录保存要求**。对《公共健康服务法》第 340B

---

① 参见第 2 卷《公法》第 75—717 期，第 505 条第（c）款。

② 参见第 2 卷《美国法典》第 38 编第 1741 条。

条第（a）款第（4）项第（L）目下的任何实体，所有药物采购应当满足《公共健康服务法》第340B条第（a）款第（5）项第（C）目①中审计和记录的要求。

（D）**以名义价格销售的限制。**

（i）**总则。**为遵循第（C）目第（ii）节第（Ⅲ）次节和第（b）款第（3）项第（A）目第（iii）节第（Ⅲ）次节的目的，只有覆盖门诊药品的制造商以名义价格销售给下列机构，才被视为是以名义价格或名义数量销售：

（Ⅰ）《公共健康服务法》第340B条第（a）款第（4）项规定的实体。

（Ⅱ）为智力障碍服务的中间照护机构。

（Ⅲ）一州拥有或经营的护理机构。

（Ⅳ）国务卿认为是安全供应者的任何其他机构或实体，它们销售这些药品的价格根据第（2）项的规定是适当的。

（ii）**因素。**本节关于机构和实体的因素如下：

（Ⅰ）该实体类型的设施。

（Ⅱ）设施或实体提供的服务。

（Ⅲ）患者的人口实体的设施或服务。

（Ⅳ）该地区一些其他设施或实体在符合条件的名义购买的价格在相同的服务。

（iii）**不适用范围。**第（i）节不适用于由制造商与销售方面在根据名义价格涵盖门诊到毒品根据主协议《美国法典》第38编第8126条。

（2）**额外回赠单一来源，多源的创新药物。**

（A）**总则。**本款下，期间内的退税款规定的退税额就每剂型和单一来源的创新药物或多个源药物的强度，应增加的数额等于以下产品：

（i）1990年12月31日后下发的单位数目的剂型和强度，在折扣期间内，已在州计划下进行了支付；

（ii）金额（如有），其中：（Ⅰ）本期间的平均生产价格的药品剂型和强度，超过（Ⅱ）1990年7月1日开始的季度内的平均生产价格的药品剂型和强度（在此季度的第一天后，无论该药品是否已销售或转移

---

① 参见第2卷《公法》第78—410期，第340B条。

给包括生产商的某个实体）以美国城市居民物价增长水平（全美平均）上涨，自1990年9月后的第一个月开始。

（B）**随后批准药品管理办法**。对1990年10月1日后由食品药品管理局批准的门诊药品，第（A）目第（ⅱ）节第（Ⅱ）次节应适用于"药品上市的第一个季度之后"（1990年7月1日后的首个季度）。

（3）**其他药物折扣**。

（A）**总则**。该支付的州回扣金额就每剂型和涵盖门诊药品强度（单一来源的药物和创新药物的多源除外）的期限应等于产品：

（ⅰ）适用退税率的剂量形式和强度的期限，如制造商的价格为说明款［如第（B）目所述］；

（ⅱ）1990年12月31日后形成的总数量和强度等剂量的单位配发，其付款期限根据国家的退税计划。

（B）**"适用百分比"的定义**。对于第（A）目第（ⅰ）节，"适用百分比"回扣时期开始于：

（ⅰ）在1994年1月1日之前，是10%；

（ⅱ）在1993年12月31日之后，是11%。

（d）**限制药品覆盖**。

（1）**允许的限制**。

（A）州可能须事先授权的任何覆盖门诊药物。任何这样的事先批准程序应符合第（5）项的要求。

（B）州可以排除或限制药物保障保险范围内的门诊，如：

（ⅰ）开出的使用说明不是可以接受的［如第（k）款第（6）项所述］；

（ⅱ）该药物的清单载于第（2）项；

（ⅲ）药物受到这种限制的国家，并根据与制造商之间的一项协议的效力，由国务卿根据第（a）款第（1）项、第（a）款第（4）项授权；

（ⅳ）或者，根据第（4）项，该州在其处方上已排除按照既定的药物的覆盖率。

（2）**列出的药品受到的限制**。下列药物或药物类，或它们的医疗用途可能被排除在承保范围或以其他方式限制：

（A）用于治疗颜色、减肥或增重的药品。

（B）用于提升性能力的药品。

（C）用于化妆及生发的药品。

（D）用于缓解感冒和咳嗽症状的药品。

（E）用于帮助戒烟的药品。

（F）孕前维生素、氟制剂外的配方维生素以及矿产品。

（G）非处方药。

（H）生产商以仅向该生产商或其指定方购买相关测试与监测服务为销售条件的被涵盖门诊药品。

（I）巴比妥酸盐。

（J）苯二氮。

（K）用于治疗性功能障碍及勃起障碍的药品，以及食品和药品管理局批准的不属于上述用途的情形。

（3）**药品列表的更新**。国务卿应当基于国家医疗援助方案中的监控及用途审查方案收集的数据对上述第（2）项中提到的药品或药品类别是否在临床上被滥用或者被不正当使用做出判定，并按规定对上述药品、药品类别或它们的用途进行定期更新。

（4）**对处方的要求**。各州可以确立一本符合以下的要求的处方集：

（A）该配方集是由一个由医生、药剂师以及州长指定的其他适格人员组成的委员会［根据各州的自由选择，也可以是上述第（g）款第（3）项下成立的药品使用审查理事会］制定。

（B）除了上述第（c）款中提到的外，该配方集包括任何签署上述第（a）款中协议的生产商所提供的被涵盖的门诊药品［不包括任何不被涵盖的或受到第（2）项限制的药品］。

（C）当且仅当一种药品的标签显示其针对特定人群的特定疾病或情形时，一项被涵盖的药品可能被排除［或者根据第（k）款第（6）项中的概略提供的信息，一种药品的配方用途没有获得《联邦食品、药品和化妆品法》① 的批准的情况下］，被排除的药品针对该类人群的该种治疗在安全性、有效性以及临床结果上并不比配方集中的其他药品具有优势，并且针对这一排除理由做出了一个（公众可以知晓）的书面解释。

（D）基于第（5）项的事先批准方案，州计划允许纳入被配方集排除的药品［除了根据第（2）项被排除处涵盖范围或被限制的药品］。

---

① 《公法》第75—717期；《美国联邦法律大全》第52编第1040条。

（E）该项配方集应当满足国务卿为了实现与保护方案受益人的目的相一致的节约目的而指定的其他要求。

第（5）项规定的事先批准方案并不是本项下的配方集。

（5）**事先批准方案的条件**。本编下的州计划要求在配发任何医学上可接受的配方［见第（k）款第（6）项］前获得批准。这项批准将作为对 1991 年 7 月 1 日后配发的存在本条下的政府参与的被涵盖门诊药品进行支付的条件。仅当制度为该项批准提供下列条件：

（A）为事先批准请求提供 24 小时内的电话或其他通信设备的回复；

（B）除涉及第（2）项下列表中的药品，在紧急情况下（由国务卿界定）提供至少 72 小时的被涵盖门诊处方药的配发。

（6）**其他允许的限制**。各州可以针对治疗类中的所有药品设置关于每剂配方的最小或者最大药量或者配方再配数量的限制，只要这些限制是以任何本法授权的任何形式进行的，对于防止浪费是必要的，且能够应对人们的欺骗和滥用。

（e）**药剂报销金额限制**。

（1）**总则**。1991 年 1 月 1 日至 1994 年 10 月 31 日间：

（A）对于被涵盖药品的低于 1991 年 1 月 1 日生效限额的成分成本以及配发费用一州不得降低本条确立的支付限额或第（3）项提到的限额；

（B）除第（2）项有所规定外，国务卿不得以规定修改 1990 年 11 月 5 日生效的《美国联邦法规》第 42 编第 447.331—447.334 条[①]所确立的配方从而降低第（A）目中的限额。

（2）**特殊规则**。如果一州违背第（1）项第（B）目的规定的话，第（1）项第（A）目的规定将对其不适用，直到其符合第（1）项第（B）目规定的要求。

（3）**对各州可允许最高成本限额的影响**。在各州为被涵盖门诊药品支付的可允许的最高成本限额的问题上，本条将不会替代或者影响 1991 年 1 月 1 日前或 1994 年 12 月 31 日后生效的法规。并且，折扣将进行，无论各州为这些药物进行的支付是否适用于这一限额以及限额的具体数量是多少。

（4）**支付上限的确立**。根据第（5）项，针对药品食品管理局对于其

---

① 　参见第 2 卷《美国联邦法规》第 42 编第 447.331 条。

在疗效与药用上与其相当的 3 种或 3 种以上（或自 2007 年 1 月 1 日开始，两种或两种以上）药品进行估价的多成分药，国务卿为其制定一个联邦的报销上限，不管是否所有这些额外的配方被这样估价，并且在确立支付上限时只能使用这种配方。

（5）**在支付上限中腺苷—磷酸的使用。** 自 2007 年 1 月 1 日开始，在适用上述第（4）项以及《美国联邦法规》第 42 编第 447. 332 条第（b）款中的包销上限时，国务卿用 150% 的公开价格替代 250% 的生产商平均价格（计算时不考虑给批发商的即时支付折扣）。

（f）**对零售价的调查，州支付、使用率以及业绩排名。**

（1）**对零售价的调查。**

（A）**采用供应商。** 国务卿可以发包下列项目的服务：（ⅰ）每月一度的关于被涵盖的代表全国平均消费者购买价的包括折扣和退款（在相关信息可得的情况下）的门诊药品零售价的调查的判定；以及（ⅱ）在一种在疗效和药用上以及生物等效性具有等效性的药物普遍可获得时通知国务卿。

（B）**国务卿关于多成分药品可获得性通知的反应。** 如果承包人依据第（A）目第（ⅱ）节通知国务卿一种复合上述条款描述的药品成为普遍可获得药品时，国务卿应当在收到这一通知后的 7 天之内就这种药品是否已在第（e）款第（4）项中被描述做出判定。

（C）**竞争性投标的使用。** 在发包这些服务时，国务卿应当让具有下列方面经验的供应商竞标：

（ⅰ）在全国基础上对处方药成分的成本进行过调查和判定；

（ⅱ）与药剂师、商家以及州政府合作获得并发布该类价格信息；

（ⅲ）至少每月一次地收集和发布该类价格信息。

在分包这些服务时，国务卿可以为了实施的效率而规避《联邦采购规则》中的规则，有关信息保密的规则以及其他国务卿认定为正当的规则除外。

（D）**附加规定。** 本项下的一项与供应商的合同应当包括下列条款和条件：

（ⅰ）供应商必须对市场进行监控，在市场出现新的普遍可得的被涵盖门诊药品时向国务卿进行报告。

（ⅱ）供应商应每月不少于一次向国务卿更新被涵盖门诊药物的受调

查零售价格。

（ⅲ）该项合同的有效期应当为两年。

（E）**各州对信息的获取**。本项下关于受调查零售价格的信息，包括关于单成分药品的可应用信息，应当每月向州有关部门提供。国务卿应当制定并实施一项措施为各州被赋予州计划行政管理或者行政管理监督职能的相关机构提供获得第1902条第（a）款第（5）项下的受调查零售价格的渠道。

（2）**州年度报告**。各州应当每年向国务卿报告下列信息：

（A）有关被涵盖门诊药品的州计划下的支付情况；

（B）该计划下针对被涵盖门诊药品的分配费用情况；

（C）依据该计划的多来源传统药物的使用率。

（3）**年度州业绩排名**。

（A）**对比分析**。每年，国务卿应当就其取定的各州处方中最常见的50种本编下的药物的［依据第（1）项收集的］全国零售价格数据进行比较。

（B）**信息的获得**。国务卿应当向议会以及各州提供根据第（A）目制定的有关年度业绩排名的充分的信息。

（4）**拨款**。在任何财政部没有划拨用于其他目的的资金中，2006—2010财政年度应当有500万美元划拨至美国卫生与人类服务部用于实施该次条。

（g）**药品使用审查**。

（1）**总则**。

（A）为了满足第1903条第（i）款第（10）项第（B）目的要求，州应当不迟于1993年1月1日提供一项针对被涵盖药品的药品使用审查方案，以保证处方： （ⅰ）是合适的；（ⅱ）具有医学上的必要性；（ⅲ）不会造成不良的医学后果。该方案应当被用来警示药剂师和医生，鉴别并减少医生、药剂师以及患者的欺诈、滥用、过度使用以及不当或者不具备医学上必要性的护理的情形或者与特定药品或药品组相关联的上述情形，以及对药物的潜在的或实际存在的严重负面反应。警示应当包括治疗的合理性、过度利用和利用不足、对基因产品的合理使用、重复治疗、药物禁忌、药物相互作用、不正确的药物剂量或药物治疗时间、药物过敏反应以及临床滥用或误用。

（B）该项目应当以既定的标准评估药品使用数据，并同以下内容相一致：

（ⅰ）包含以下内容的概略：（Ⅰ）美国医院处方药品信息服务：（Ⅱ）美国药典。药品信息（或者接替其的其他刊物）；（Ⅲ）DRUGDEX信息系统。

（ⅱ）经同行评审的医学文献。

（C）从1991—1993年，国务卿应当遵照第1903条项下的程序，应当支付给各州相当于州计划数额75%的金额，只要国务卿认定应当将其用于与本次条相一致的药品使用审查。

（D）不应当要求各州对配发给护理中心的居民的药品进行额外的药物审查，这些护理中心应当与第1919条（现在位于《美国联邦法规》第42编第483.60条①）的药物治疗方案审查程序相一致。

（2）**方案的说明**。每项药品用途审查应当符合对被涵盖药物的下列要求：

（A）**准药品审查**。

（ⅰ）州计划应当在处方填写或向受益人发出前应当对药物治疗进行审查，尤其是在销售时或分发时。该项审查应当包括筛选由于重复治疗带来的潜在的药物治疗问题、药物禁忌、药物相互作用（包括与非处方药和柜台药的严重相互作用），不正确的药物剂量或药物治疗时间，药物过敏的相互作用以及临床滥用或误用。各州应当使用第（1）项第（B）目中的概略和文献作为进行该项审查的标准。

（ⅱ）作为国家的未来计划的一部分，使用药物审查应根据国家法律规定，由负责接收的药剂师根据本条例制定对个人有益的辅导标准，其中至少包括以下内容：

（Ⅰ）药剂师必须和每一个人领取补助下讨论这个称号或该个人（亲自只要可行，或通过免费长途电话进行访问）谁提出了一个处方，照顾事宜可在药剂师的专业判断下（与国家尊重该等资料的提供法律相一致）行使，药剂师认为重要的包括以下内容：

（aa）药品的名称和说明。

（bb）途径、剂型、剂量、吃药的方法，药物的治疗时间。

---

① 参见第2卷《美国联邦法规》第42编第483.60条。

（cc）对于患者准备和使用的注意事项的特别指示和警告。

（dd）可能遇到的常见的严重不良反应或副作用或相互作用和治疗的禁忌，包括他们自己的禁忌，如果他们遇到，应当需要采取的行动。

（ee）药物治疗的自我监测技术。

（ff）妥善存放。

（gg）处方补充的信息。

（hh）剂量不足时应采取的措施。

（Ⅱ）在此编下，药剂师应当为获取、记录并保持个人获益的相关情况而做出适当的努力：

（aa）姓名、地址、电话号码、出生日期（或年龄）和性别。

（bb）其中重要的个人病历，包括疾病情况或状态，已知的过敏和药物反应，以及药物和有关情况的详细清单。

（cc）药剂师有关个人的药物治疗的意见。

本节的任何规定不得解释为要求药剂师提供咨询，在此规章下当个人获得利益或接受该个人照顾者拒绝这种协商，或要求对要约进行验证，以提供咨询或拒绝该要约。

（B）**药物使用回顾性审查**。该方案应通过其药物索赔申诉机制和信息检索系统［局长批准，根据第 1903 条第（r）款］或其他方式，为使正在进行的申诉数据和其他记录进行检查，以查明欺诈、滥用、总过度使用或医疗上不必要的或不适当的关怀，为医生、药剂师和根据该编获益个人带来好处，或者是有关特定的药品或药品集团。

（C）**应用标准**。在持续地进行中，该方案应当评估药物实效是否违反预设的标准［使用汇编和文献中提到的第 217 条第（1）项第（B）目作为对这种评价标准源］包括但不限于治疗的适宜性，过度利用和利用不足，对通用产品、重复治疗、药物禁忌、药物相互作用、不正确的药物剂量或药物治疗时间，临床滥用或误用，并在适当使用的监测必要时，提出补救战略，以提高护理质量，并节约资金或个人支出计划。

（D）**教育计划**。通过国家药品监督局，该方案应直接或通过经认可的医疗教育机构，国家医疗协会或国家药剂师协会或国家所指定的其他组织使用由治疗问题审查委员会提供的国家药品使用中常见的数据，利用正在进行的教育和宣传活动来教育实践者，在药物治疗的共同问题上，提高他们的开处方或配药的能力。

（3）**国家药品使用审查委员会**。

（A）**建立**。每个州应建立起药品使用审查委员会（以下简称"DUR委员会"），直接或通过与私人机构的合同设立。

（B）**会员资格**。DUR委员会的成员应拥有健康护理的专家，他们应是以下在一个或多个知识领域和专长的专业人士：

（i）临床上所涵盖的适当的门诊处方药物。

（ii）临床上所涵盖的适当的门诊配药及药物监测。

（iii）药物使用的审查、评估和干预。

（iv）医疗质量保证。

DUR委员会的成员应当由1/3，但不超过50%的执业医生许可证的医生和至少1/3①是经过授权的执业药师。

（C）**活动**。在总指数委员会的活动应包括但不限于以下内容：

（i）回顾DUR所界定的第（2）项第（B）目②。

（ii）在第（2）项第（C）目所界定的应用标准。

（iii）在本款下，持续干预医生和药剂师，对治疗的问题或追溯药物使用过程中发现对个人有针对性的评语。干预方案应在适当情况下，包括至少：

（Ⅰ）信息传播足以确保随时可供使用，有关医生和药剂师的职责，权力，标准和依据方面的信息；

（Ⅱ）书面、口头或电子方式提醒具体患者或具体药物（或两者）的信息和建议更改处方或配药的做法，旨在确保患者的隐私信息；

（Ⅲ）旨在精通于药物治疗的专家和已经接受针对性教育的药剂师之间进行面对面的讨论，包括讨论优化处方、配药、药房或保健的做法，并采取行面对面讨论的后续行动；

（Ⅳ）加强对处方和配药人员的审查和监管；

在适当的一段时间之后，委员会应当重新评估，以确定这种干预是否提高了药物治疗的质量，评价干预措施是否成功，并作必要的修改。

（D）**年度报告**。每个国家应责成DUR委员会年度基础上准备一份报告。国家应每年给国务卿提交一份报告，这份报告是对委员会活动的描

---

① 如原文所述。

② 如原文所述。可能为"项"（paragraph）。

述，应包括活动的性质和药品使用的预测和回顾的审查范围，总结所用的干预措施，评估教育干预对护理质量的影响，和评估由于这种方案对成本节约的结果。国务卿应利用这样的报告来评价每个国家药物使用审查计划的成效。

（h）**电子索赔管理**。

（1）**总则**。根据《美国法典》第 35 编第 44 条（有关联邦信息政策协调），国务卿应鼓励各州机构建立销售点式的电子索赔系统，在此篇下其主要手段门诊药品处理索赔，主要目的是为了在线执行、实时的资格验证、索赔数据的收集、索赔的裁决，并由助理药师进行申请和接受付款（和其他获得授权人士）。

（2）**鼓励**。为了执行第（1）项：

（A）在 1991 和 1992 财政年度，根据国家计划发展在第（1）项描述的系统，支出应当接受联邦资金参与并且根据第 1903 条第（a）款第（3）项第（A）目第（i）节（90% 的匹配率），如果该州通过国家竞争性采购程序获得最具成本效益的电信网络及自动资料处理服务器和设备；

（B）如第（A）目所述的在《美国法典》关于申请采购的第 42 编第 433 条以及第 45 编第 307 条和第 205 条，国务卿可准许在该州的提案中要求进行提前规划和执行文件另有规定的竞争性采购代替。

（i）**年度报告**。

（1）**总则**。不迟于每年的 5 月 1 日，国务卿应向财政参议员的委员会提交报告，众议院的能源和商务委员会，议会的老龄化委员会和众议院审查关于本年度前一段财政工作的报告。

（2）**细节**。每份报告应包括细节的信息：

（A）在该编下，单源药和多源药的原料成本的支付包括门诊和非处方药；

（B）所收到的回扣和折扣等多家厂商提供的总价值；

（C）如何比较这种折扣的数额或（or）[①]　其他门诊用药的购买者所享受的折扣的数额；

（D）通货膨胀对此条下的折扣价值的影响；

（E）在此编中涵盖的门诊药物的价格趋势；

---

①　如原文所述。可能为"of"。

（F）联邦和各州政府符合该编下的支出。

（j）**有组织的医疗护理设置的例外。**

（1）由包括符合第 1903 条第（m）款的医疗护理管理组织在内的卫生维护组织负责调配的涵盖门诊医药，不在此项条款的适用范围之内。

（2）州计划应向那些配发门诊用药的医院提供用药处方系统，在该规划中不超过医院的门诊药物采购成本的费用（有政府规划决定具体数额），不在此条的适用范围内。

（3）本款不得被解释为那些由指定机构所支付的门诊药物费用不在按照第（C）目所制定最优药物价格的考虑范围之内。

（k）**定义。**本条下：

（1）**平均生产价格。**

（A）**总则。**不包括第（B）目中所进行的论述，"平均生产价格"是指，对折扣期生产商所拥有的涵盖门诊药物而言，在美国境内由负责将药品配发到各药品零售商的货架上的批发商付给生产商的价格的平均值。

（B）门诊药物的平均生产价格不包括习惯性的对批发商的折扣。

（C）**第 505 条第（c）款所包含的药物。**生产商批准、允许或者用其他方式允许出售的《联邦食品、药品和化妆品法》第 505 条第（c）款所批准的新药申请的药物，适用于平均生产价格的定义。

（2）**涵盖门诊药物。**不包括第（3）项中的论述，"涵盖门诊药物"是指：

（A）以第 1905 条第（a）款第（12）项为目的的处方药中的药物，一种只能以处方形式配发的药物［第（5）项中规定的除外］，和符合如下规定的药物：

（i）由《联邦食品、药品和化妆品法》第 505 条或第 507 条①所规定的，被证明安全性和有效性的处方药，或有该法第 505 条第（j）款所批准的药物；

（ii）（I）那些在《1962 年药品法修正案》生效之前已经商业上使用或者出售的药物，或者在《美国联邦法规》第 21 编第 310.6 条第（b）

---

① 参见第 2 卷《公法》第 75—717 期，第 505 条和第 507 条。

款第（1）项①所规定的与之相同、相似或相关的药物，（Ⅱ）尚未被卫生部认定为"新药"［由《联邦食品、药品和化妆品法》②第 201 条第（p）款规定］的药物，或者由国务院在《联邦食品、药品和化妆品法》第 301 条、第 302 条第（a）款，或第 304 条第（a）款的名义下施行第 502 条第（f）款或第 505 条第（a）款的行动；

（ⅲ）或者（Ⅰ）由《1962 年药品法修正案》第 107 条第（c）款第（3）项所描述的，并且被卫生部认为是其具有令人信服的医疗需求的理由的药物，或者在《美国法典》第 21 编第 310.6 条第（b）款第（1）项所规定的与之相同、相似或者相关的药物，（Ⅱ）那些卫生部尚未在《联邦食品、药品和化妆品法》第 505 条第（e）款规定下发出举行听证会的通知的药物，此类听证会是以卫生部以其没有达到或根本没有它产品商标中所描述、推荐或建议的效用而撤回其申请批准而进行的。

（B）一种生物产品，除了以下的疫苗：

（ⅰ）只可根据处方配药；

（ⅱ）已根据《公共健康服务法》第 351 条取得执照；

（ⅲ）根据该条文授权产生，并生产此类产品。

（C）《联邦食品、药品和化妆品法》第 506 条的胰岛素认证。

（3）**限制性定义**。"门诊药物"不包括作为下列中的一部分或者偶然作为一部分和在同样配置中的任何药物、生物产品或胰岛素（其付费可能在作为费用的一部分可以根据本编做出而且不得直接作为药物直接报销）：

（A）住院的医院服务。

（B）善终服务。

（C）牙科服务，除非该国家计划授权直接偿付给配药牙医的药品是涵盖门诊药物。

（D）医师的服务。

（E）门诊的医院服务。

（F）护理设施服务和中介服务机构为智力障碍人士提供服务。

（G）其他实验室服务和 X 光服务。

（H）肾透析治疗。

---

① 参见第 2 卷《美国联邦法规》第 21 编第 310.6 条。

② 参见第 2 卷《公法》第 75—717 期。

这样的词也不包括食物和药品管理局不要求的全国药物编号的任何药物和产品，也不包括任何用于治疗指示但非正式医疗指示的药物和生物。出于为这种药品、生物产品或胰岛素作最佳定价［如第（c）款第（1）项第（C）目中规定的］的目的，任何除从这段导致的这个术语定义外的药物、生物产品或者胰岛素都应该被当作门诊药物。

（4）**非处方药**。如果州根据本编的医疗援助计划包括第 1905 条第（a）款第（12）项规定的处方药和允许无须处方的药（通常叫作非处方药），如果它们被医师（或者州法律授权的其他人）开出，这样的药物应被视为覆盖门诊药物。

（5）**制造商**。"制造商"指任何实体，它们从事：

（A）生产、配制、繁殖、合成、转换或处方药产品的加工或直接或间接从天然来源物质的提取，或单独由化学合成，或提取和化学合成物；

（B）或者，包装、重新包装、标签、重新标记或分销处方药品。

这些术语不包括药品批发分销商或根据州的法律许可的零售药店。

（6）**接受医疗指示**。"接受医疗指示"是指对被《联邦食品、药品和化妆品法》①批准的覆盖门诊药物的使用，或第（g）款第（1）项第（B）目第（i）节的列入汇编中内容包括或同意的一个或多个引文所支持使用。

（7）**多来源药品、创新者多源药物、非创新者多源药物、单一来源药品**。

（A）**定义**。

（i）**多来源药物**。"多来源药物"是指，对于一个补贴期间，门诊药物［不包括在第（5）项所规定的任何药物］有至少有另外一种别的药品②。这些药物：

（Ⅰ）被评定为治疗等效性（根据美国食品和药物管理局最近出版的"已批准药品和治疗等效评价"）；

（Ⅱ）除第（b）款规定，是药学等效和生物等效性，如第（c）款

---

① 《公法》第 75—717 期；《美国联邦法律大全》第 52 编第 1040 条。

② 如原文所述。《公法》第 109—171 期，第 6001 条第（a）款第（3）项，删除"2 个或更多的药品"，替代为"至少 1 个其他药品"，2007 年 1 月 1 日生效，不考虑最后的规则是否在当天实施修正案。

规定并经美国食品和药物管理局认定；

（Ⅲ）此期间在州出售或销售。

（ⅱ）**创新者多源药物**。"创新者多源药物"指的是指原本在被食物和药品管理局批准的原创新药申请下被投入市场多源药物。

（ⅲ）**非创新者多源药物**。"非创新者多源药物"指的是多源的药物，不是一个创新者多源药物。

（ⅳ）**单一来源药物**。"单一来源的药物"是指由美国食品和药物管理局批准发行门诊药物的生产或原创新药，其中包括新药申请许可下任何交叉许可生产销售或分销商经营的药品。

（B）**例外**。如果食品和药物管理局为了第（A）目第（ⅰ）节第（Ⅰ）次节规定的公开目的，为了让药品治疗等效性评估，因应法规改变要求，第（A）目第（ⅰ）节第（Ⅱ）次节将不会被适用，它们必须如第（C）目规定的具有药学当量和生物等效性。

（C）**相关定义**。在本项下：

（ⅰ）如果同一剂量的产品包括同样数量的活性成分并满足强度、质量、纯度和身份药典或其他适用的标准，那么药品是药学等价的；

（ⅱ）药物具有生物等效性，如果它们不存在一个已知的或潜在的生物等效性问题，或者，如果它们出现这样的问题，它们都表现出符合相应标准的生物等效性；

（ⅲ）如果一种药品出现在公开出版的国务卿选择的全国性清单上，这种药品就被认为在一个州里被销售或营销了。这里假设了清单产品是公众可以在各州通过零售药店一般性地买到。

（8）**补贴时期**。"补贴期"是指对于根据第（a）款协议，一个季度或者其他期限由国务卿指定的，根据该协议支付补贴。

（9）**国家机关**。"国家机构"是指第1902条第（a）款第（5）项指定的，管理或监督国家医疗援助计划实施的机关。

儿科疫苗发放项目

第 1928 条 【《美国法典》第 42 编第 1396s 条】（a）设立程序。

（1）**总则**。为了满足第 1902 条第（a）款第（62）项的要求，各州应当建立儿科疫苗分配计划（该计划可以由州卫生部门管理），该计划应当符合以下规定：

（A）　自 1994 年 10 月 1 日起，每一个疫苗合资格儿童〔由第（b）款规定〕，在接种一个由在该计划中注册的提供者提供的〔由第（c）款规定〕合格的儿科疫苗〔由第（h）款第（8）项规定〕时，有权免费获得接种；

（B）（ⅰ）每个在计划中登记的向疫苗合资格儿童提供儿科疫苗的提供者，自该日起，有权根据该计划获得疫苗，并免除支付疫苗费或运费，以及（ⅱ）依据该计划，没有疫苗分发给该提供者，除非该提供者是一个在该计划中注册的提供者。

（2）**运送足够数量的儿科疫苗使联邦疫苗合资格儿童接种疫苗。**

（A）**总则。**国务卿应当根据第（d）款对为满足第 1902 条第（a）款第（62）项的要求而以州的名义实施的购买和运输疫苗的行为的规定，（或者对于由印第安部落或部落组织管理的向印第安儿童提供的疫苗，直接向部落或组织）免费提供必要数量的合格的儿科疫苗，该数量是自 1994 年 10 月 1 日起为提供对该州所有的联邦疫苗合资格儿童所需疫苗的必要数量。本项规定的行为构成提前拨款法的预算权，代表了依据本项规定的联邦为各州购买和运送疫苗〔或根据第（C）目支付〕的义务。

（B）**疫苗无法提供之特别规定。**在某种程度上，没有足够数量的疫苗可以根据第（d）款购买或交付，国务卿应按照其设立的优先事由提供购买和运输可用疫苗，优先提供给联邦疫苗合资格儿童，除非国务卿认为有其他公共健康的考虑。

（C）**涉及州是制造商的特殊规则。**

（ⅰ）**代替疫苗的支付。**在州生产儿科疫苗的情况下，国务卿不再根据第（A）目之规定代表州提供疫苗，而是应当支付该州和应当代表该州提供的该种疫苗价值相当的款项，但是该款项只有在该州同意将其用于有关儿童免疫接种用途时才可以向该州支付。

（ⅱ）**价值评估。**在根据第（ⅰ）节确定支付一州关于儿科疫苗的数额时，应当以根据第（d）款订立的合同中合格儿科疫苗的实际价格为基础确定。如果超过一个的此类合同生效时，国务卿应在根据每个有关合同中的疫苗数量，经过加权得出这些合同的平均价格的基础上，确定该金额。

（b）**疫苗合资格儿童。**在本条下：

（1）**总则。**"疫苗合资格儿童"是指联邦疫苗合资格儿童〔由第

（2）项定］或者州疫苗合资格儿童［由第（3）项定］。

（2）**联邦疫苗合资格儿童。**

（A）**总则。**"联邦疫苗合资格儿童"是指以下任何儿童：

（ⅰ）医疗补助符合资格的儿童。

（ⅱ）没有参加保险的儿童。

（ⅲ）儿童是指：（Ⅰ）由联邦管理的合格的保健中心［如第1905条第（1）款第（2）项第（B）目所述］或农村卫生诊所［如第1905条第（1）款第（1）项所述］向其提供合格的儿科疫苗的儿童；以及（Ⅱ）没有投保该类疫苗的儿童。

（ⅳ）印第安儿童［如第（h）款第（3）项所述］。

（B）**定义。**在第（A）目中：

（ⅰ）"医疗补助符合资格"涉及儿童时，是指有权根据本编批准的州计划获得医疗援助的儿童。

（ⅱ）"保险"涉及儿童时，是指该儿童：（Ⅰ）依据第（A）目第（ⅱ）节，儿童参加健康保险政策或计划，有权根据健康保险政策或计划获得津贴，包括团体健康计划、预付费健康计划或根据《1974年雇员退休收入保障法》①制定的雇员福利津贴计划；以及（Ⅱ）依据第（A）目第（ⅲ）节第（Ⅱ）次节关于儿科疫苗，儿童有权获得依据医疗保险政策或计划的津贴，但是该津贴不包括儿科疫苗的成本。

（3）**州疫苗合资格儿童。**"州疫苗合资格儿童"涉及州和合格的儿科疫苗时是指该儿童属于州根据第（d）款第（4）项第（B）目的规定为其购买疫苗的儿童群体。

（c）**在计划中注册的提供者。**

（1）**定义。**在本条中，除另有规定外，关于州的"在计划中注册的提供者"是指以下任何医疗提供者：

（A）依据州对提供疫苗过程的规定［符合《公共健康服务法》第333条第（e）款之规定］，具有执照或其他形式的授权，可以提供儿科疫苗的，不考虑提供者是否参加了本编规定的计划；

（B）向州提交第（2）项所述的已生效的提供者协议；

（C）并没有被国务卿或州发现违反该协议或由国务卿或州规定的和

---

① 《公法》第93—406期。

本条一致的其他申请条件。

（2）**提供者协议**。本项所规定的提供者协议是指提供者同意以下条件的协议（符合国务卿要求的方式）：

（A）（ⅰ）在提供合格的儿科疫苗给儿童之前，提供者将询问儿童的父母之一有关确定该儿童是否是一种疫苗的疫苗合资格儿童所必需的问题，但提供者不需要独立核实这些问题的答案。

（ⅱ）提供者将在国务卿指定的一段时间中持续对问题的答复做出的记录。

（ⅲ）提供者将根据要求，依据第1902条第（a）款第（7）项之规定，提供这些记录给州和国务卿。

（B）（ⅰ）依据第（ⅱ）节，提供者将就适当的周期性，用量，适用于小儿疫苗的禁忌遵守相关一览表，该一览表由第（e）款中规定的咨询委员会制定并定期审查和酌情修订，除非提供者依据公认的医疗实践进行医疗判断认为这种规定是不恰当的医疗。

（ⅱ）提供者将遵守州法提供儿科疫苗，包括该法律与任何宗教或其他豁免有关的规定。

（C）（ⅰ）在向疫苗合资格儿童提供儿科疫苗时，提供者将不会收取疫苗的成本费用，一个在计划中注册的提供者根据本条不需要提供向每个该疫苗的免疫针对的儿童提供这种疫苗。

（ⅱ）提供者可以就一个合格的儿科疫苗收费，只要对一个联邦疫苗合资格儿童收取的费用不超过提供疫苗的费用（由国务卿根据实际的地区性的费用确定）。

（ⅲ）提供者不会因该儿童的父母无力支付提供疫苗的费用拒绝向一个疫苗合资格儿童提供疫苗。

（3）**鼓励成为提供者**。本条规定的每个计划，按照国务卿设立的准则应当规定：

（A）为鼓励以下机构成为计划注册的提供者、私人卫生保健的提供者，印第安卫生服务机构，依据《印第安卫生保健改进法》第5编[①]之规定接受资金的卫生保健提供者，和印第安部落或部落组织运营的保健项目或场所；

---

① 参见第2卷《公法》第94—437期，第5编。

（B）当涉及所有疫苗合资格儿童中的很大一部分儿童，其父母讲英语的能力有限时，这些计划登记的提供者能够在语言和人口文化背景方面与所涉人员沟通的，确定该提供者是最合适的。

（4）**州的要求**。除国务卿可以为防止欺诈和滥用及相关目的准许附加的资格限制和条件外，州不得增设除第（1）项规定的使提供者成为在计划中注册的提供者的条件外的其他资格或条件。本条不限制州行使第1915条第（b）款赋予州的权力。

（d）**与制造商的合同谈判**。

（1）**总则**。为履行本条规定的义务，国务卿应与符合本款要求的儿科疫苗制造商协商并签订合同，并通过国务卿实施的其他契约行为最大可能地巩固订约行为，以购买疫苗。国务卿可以签订合同，联邦政府有责任遵守合同支付费用，为履行合同而产生的预算授权不受拨款预付法调整，用于购买和交付儿科疫苗的预算根据第（a）款第（2）项第（A）目之规定执行。

（2）**拒绝签订合同的权利**。国务卿可拒绝签订这类合同，可修改或延长此类合同。

（3）**合约价格**。

（A）**总则**。国务卿根据本款磋商制造商出售和交付的儿科疫苗的价格，应考虑到根据第（4）项第（B）目规定州行使选择权时购买疫苗的数量。

（B）**当前疫苗的折扣价格谈判**。对于根据本款订立的儿科疫苗合同，该儿科疫苗是疾病控制和预防中心根据1993年5月1日生效的《公共健康服务法》第317条第（j）款第（1）项①规定订立一个有效的合同的标准，当为疫苗合资格儿童购买的这些疫苗每剂的购买价格（包括运输成本和根据《1986年国内税收法》第4131条②确立的所有适用的消费税）超过了合同约定疫苗每剂的实际价格，自1993年5月至合同订立前一个月内实际价格由各城市的消费物价指数（所有项目、美国城市平均）的增幅引起增长时，国务卿依据本款不能就该购买价格达成协议。

（C）**新疫苗折扣价谈判**。合同中的儿科疫苗，第（B）目中没有提

---

① 参见第2卷《公法》第78—410期，第317条第（j）款第（1）项。

② 参见第2卷《公法》第83—591期，第4131条。

及的，购买这种疫苗的价格应当是国务卿谈判的折扣价，该折扣价的建立不考虑本目的规定。

（4）**数量和交货条件**。在这样的合同中：

（A）国务卿应提供与第（6）项一致的，代表州（及部落和部落组织）利益，为联邦有资格接种疫苗儿童购买和运送足够数量的儿童疫苗；

（B）每个州，在州的选择下，应被允许根据以第（3）项相一致的，国务卿谈判的价格，通过制造商购买额外的儿科疫苗。（具体的数量，须由各州在谈判之前向国务卿提出）如果：（i）该州同意，该疫苗将用于为那些没有联邦政府疫苗合资格儿童提供免疫；以及（ii）如果国务卿认为必要，该州向国务卿提供有关资料［在时间和方式由国务卿决定，要比根据第（1）项的谈判提前］，确定为该州儿童购买的疫苗数量，并确定每年依据本条及本目购买的疫苗的百分比。

国务卿不得迟于《1993 年综合预算调整法》① 规定的日期 180 天进入初步谈判。

（5）**运费和手续费**。国务卿签订第（1）项中提到的合同必须要满足这些条件：相关制造商同意以国务卿认为适当的方式向国务卿提交报告，足以确其遵守合同的规定，此外，因为本条规定的州计划不包括合格儿科疫苗直接运输，相关制造商同意根据这个计划为州运输疫苗，并且不会收取任何运输费用［除非这些费用范围是第（3）项中建立的价格］。

（6）**确保供应充足疫苗**。国务卿在根据第（1）项谈判时，应谈判儿童疫苗的数量，使得此类疫苗保持充足的供应，以满足意料之外的疫苗需求。国务卿应该在谈判中争取到 6 个月的儿童疫苗数量，过去在谈判的时候要比没有规定之前的数量之外，多 6 个月的疫苗供应量。在本项下，国务卿须考虑有关的该疫苗被开发出来针对的疾病暴发的潜力。

（7）**多个供应商**。在涉及的儿科疫苗的情况下，国务卿须在适当情况下，和每一个达到合同条款要求的条件疫苗供应商订立第（1）项中提到的，设立奖励的合同（包括条款及条件的安全和质量）。关于根据本款订立多份合约，因为根据本项签订的多个合同，国务卿可能根据这样的合同而有不同的合同价格，同时根据第（4）项第（B）目规定的采购规定，国务卿应确定这些合同中的哪些将适用于购买。

---

① 1993 年 8 月 10 日（《公法》第 103—66 期；《美国联邦法律大全》第 107 编第 312 条）。

（e）**儿科疫苗清单的使用**。国务卿应当出于本条中规定的购买、运输、管理儿科疫苗的目的使用由咨询委员会（咨询委员会，由国务卿设立，通过美国疾病控制和预防中心主任运作）设立（并定期审查和酌情修订）的清单。

（f）**免疫法的国家维护的要求**。对于 1993 年 5 月 1 日之前生效的州而言，该法要求一些或者全部健康保险政策或者计划提供儿科疫苗方面的保障。除非该州向国务卿证明该州没有用减少要求的覆盖数量修改或废除这一法律，根据本编的州计划不用遵守本条的要求。

（g）**终止**。本条和第 1902 条第（a）款第（62）项要求，在联邦法律规定下，作为全国卫生保健系统全面改革的一部分，为所有儿童提供免疫服务的时候开始应当停止生效。

（h）**相关定义**。在本条下：

（1）"儿童"是指 18 岁或以下的个人。

（2）"免疫"是指针对疫苗可预防疾病的免疫。

（3）"印度""印第安部落"和"部落组织"的含义，参照《印第安卫生保健改进法》第 4 条[①]的规定。

（4）"制造商"指任何公司、组织或机构，无论是公共或私人（包括联邦、州和地方有关部门、机构和其他机构），该公司生产、进口、加工或在其标签下配发小儿疫苗。"制造"是指生产、进口、加工或配发疫苗。

（5）"家长"包括根据州的法律有作为儿童法定监护人的资格的个人。

（6）"儿科疫苗"指在疫苗名单第（e）款[②]中疫苗。

（7）"计划注册的提供者"的含义见第（c）款。

（8）"合资格儿科疫苗"指第（d）款规定的生效合同中规定的儿科疫苗。

（9）"疫苗符合资格的儿童""联邦疫苗符合资格的儿童"和"州疫苗符合资格的儿童"的含义见第（b）款。

---

① 参见第 2 卷《公法》第 94—437 期，第 4 条。

② 关于依据健康计划进行儿童疫苗成本的持续报道，参见第 2 卷《公法》第 103—66 期，第 13631 条第（d）款。

患有功能性残疾的老年人的家庭和社区护理

第1929条【《美国法典》第42编第1396t条】（a）**家居及社区照顾的定义。** 在本编中，"家居及社区照顾"是指一个或多个提供给经过第（c）款的评估后确定功能失能老人的个人的下列服务。该服务比照的各个社区护理计划进行〔根据第（d）款，建立并定期审查并和一名合格的社区照顾个案经理修订〕：

（1）家庭主妇/家庭健康求助服务。

（2）家务服务。

（3）个人护理服务。

（4）护理服务由注册护士提供，或在其监督之下提供。

（5）缓行漫步服务。

（6）家庭成员个人管理培训。

（7）成人日间照顾。

（8）在有慢性精神疾病的情况下，住院治疗或其他部分，社会心理康复服务，门诊服务（不论是否在设施提供）。

（9）国务卿可能同意的其他以家庭及社区为基础的服务（除食宿等）。

（b）**功能性残疾老年人的定义。**

（1）**总则。** 在本编中，"功能性残疾老年人"是指具有以下特征的人：

（A）是65岁及以上的老年人；

（B）根据第（c）款确定为功能残疾人员的人；

（C）根据第1902条第（f）款的规定〔同样适用于第1902条第（r）款第（2）项〕，正在接受第十六编批准的州计划规定的，或者第1902条第（a）款第（10）项第（C）目里规定的可选择的州里的补充保障收入的福利。

（2）**以前根据豁免涵盖的某些个人治疗。**

（A）对符合下列情况的各州：

（ⅰ）本条规定选举提供家庭和社区服务的时候根据第1915条第（c）款或第1915条第（d）款关于65岁及以上的老年人的规定有豁免的；

（ⅱ）其后中止这种豁免，在终止日期有资格根据获益豁免的个人，以及那些因收入或资源有资格根据计划享受家居及社区照顾医疗援助的人应当被视为功能残疾老人个人，有资格根据豁免保留医疗援助服务，不管本编的其他条款如何规定。

（B）若一州在1986年1月1日至1990年12月31日期间使用过健康保险组织，等于放弃根据第1115条提供的服务，该服务是根据本编规定的州计划为个人残障人士提供的。"功能性残疾老人"在州的选择中，可能包括以下这些人：

（ⅰ）是65岁及以上的老年人或残疾人（按第十六编规定补充保障收入方案确定）；

（ⅱ）被确定为满足按该日期作为申请豁免身体机能测试要求；

（ⅲ）符合在该州适用的第1902条第（a）款第（10）项第（A）目第（ⅱ）节第（Ⅴ）次节规定的资源和收入标准的要求。

（3）**预期收入的使用**。在援引第1903条第（f）款第（1）项确定个人享有家居及社区照顾医疗援助的资格时〔在第1902条第（a）款第（10）项第（C）目中已描述〕，各州可对于个人提前享有长达6个月的医疗费用（可从收入中扣除）提出限定条件。

（c）**功能障碍的界定**。

（1）**总则**。在本条中，符合以下标准即可判定个体具有"功能障碍"：

（A）该人在不经过他人实际帮助的情况下，不能从事以下3种活动中的两种：上厕所、移动、进食；

（B）或者，有老年痴呆症的主要或辅助诊断，并且：（ⅰ）在没有他人帮助和监督时（包括口头提醒或肢体提示）无法进行以下5种日常生活中的至少两种：洗澡、穿衣、如厕、移动、进食，或者（ⅱ）存在认知障碍。在没有他人监管的情况下，他或她会从事严重危害个人及他人健康或安全的不当行为。

（2）**功能障碍的评估**。

（A）**评估标准**。如果一州应年满65岁及以上的并符合第（b）款第（1）项第（C）目规定的老人（或其代表人）的要求，根据本条对其提供家居及社区照顾时，应根据本目进行全面的评估：

（ⅰ）用于判定个体是否有功能障碍；

（ⅱ）基于第（C）目第（ⅰ）节中国务卿所专门设定的统一最小数据库；

（ⅲ）采用了第（B）目中该州所规定的一种方法。

评估不收取任何费用。

（B）**评估工具说明**。该州应指定所应用的评估工具应符合第（A）目第（ⅲ）节的要求：

（ⅰ）是第（C）目规定的工具之一；

（ⅱ）或者，是经国务卿批准的、符合第（C）目第（ⅰ）节中规定的统一最小数据库、共同定义和使用说明的工具。

（C）**评估工具及其数据的具体说明**。

（ⅰ）（Ⅰ）国务卿应在1991年7月1日之前确定核心要素和共同定义的统一最小数据库以应用于从事第（A）目要求的评估，（Ⅱ）建立数据库使用说明；

（ⅱ）不晚于1991年7月1日指定一个或多个与第（A）目说明一致且该州在第（B）目中指定的符合第（A）目规定要求的工具。

（D）**定期审查**。每位残疾老人每12个月须定期进行不少于一次个人资格审查和修订。

（E）**跨学科小组评估**。第（A）目的评估和第（D）目的审查必须由该州指定的跨学科的团队进行，部长应允许该州与下列组织签订合同提供评估和审查：（ⅰ）公共机构；或者（ⅱ）不提供家居及社区护理机构服务，且与提供社区照顾或护理设施服务的实体没有直接或间接的控股或者控制关系或直接、间接附属关系的非公有制组织。

（F）**评估的内容**。跨学科的团队必须：

（ⅰ）在每份评估或审查中确定每个人的功能障碍、家庭和社区护理的需求程度，包括有关个人健康状况、家庭及社区环境、信息支持系统；

（ⅱ）以此类评估或审查为基础确定个人是否存在（或将继续存在）功能障碍。

这种评估或审查的结果将被用于第（d）款第（1）项规定的建立、审查和修订个人社区护理计划。

（G）**上诉程序**。选择根据本条规定提供家庭和社区照顾的州都必须为受到第（F）目规定带来的负面影响的个人提供有效的上诉程序。

（d）**个人社区护理计划（政府间委员会）**。

（1）**个人社区护理计划的定义**。在本条中，个人社区护理计划是指对于一个功能失能老人的个人一个书面计划。该计划：

（A）由一名合格的个案经理，在与该个人或主要照顾者进行面谈后，并在根据第（c）款第（2）项进行的近期综合功能评估的基础上，建立、定期审查和修改；

（B）在州计划家庭和社区护理金额、期限和范围限制内，明确被提供的家庭和社区护理，指定该个人享受的护理及护理提供者的有关信息。

（C）也可以指定该个人要求提供的其他服务。

个人社区护理计划也可以指定特定的供应商（能根据州计划提供家居及社区护理服务），提供第（B）目规定的家居及社区照顾。本条不得解释为授权个人社区护理计划或该州限制特定个人（根据州计划有能力提供家居及社区护理服务的人）提供家居及社区护理。

（2）**合格社区护理经理的定义**。在本条中，"合格社区护理经理"是指一个非营利或公立机构，它应当：

（A）具有建立、定期审查和修订个人社区护理计划，并为老年人提供个案管理服务的经验或培训经历；

（B）负责：（ⅰ）确保提供州计划和个人社区护理计划中规定的家居及社区护理，（ⅱ）每90天至少访问一次家庭或提供护理的场所，（ⅲ）如果不能正确提供服务或其他类似问题发生时，告知老人或主要照顾者如何联系个案经理；

（C）如果是非公立机构，不提供家居及社区护理机构服务，且与提供社区照顾或护理设施服务的实体没有直接或间接的控股或者控制关系或直接、间接附属关系；

（D）明确程序。确保提供个案管理服务的质量，其中包括对等审查程序；

（E）及时完成个人社区护理计划。审查与老年人或主要照顾者讨论新的护理计划；

（F）达到部长设立的其他条件，以确保：（ⅰ）该经理有能力履行职能，（ⅱ）家庭和社区护理计划不会因为该经理出现财政剥削，（ⅲ）该州设立的其他条件。

如果是位于农村的非营利机构，部长可以放弃第（C）目的要求。

（3）**上诉程序**。根据本条规定，选择家庭和社区护理计划的每个州都必须为不同意个人及社区护理计划的个人提供有效的上诉程序。

（e）**付款金额及维护努力上限。**

（1）**付款金额上限。** 不得根据第 1903 条第（a）款的规定向该州该社区的个人及社区护理计划支付该季度的款项。若该季度的医疗援助超过下列情况的 50%：

（A）该季度根据本条规定接受护理的平均人数；

（B）部长根据第十八编规定的延伸护理而决定支付的每日平均款数；

（C）该季度的天数。

（2）**竭力维护。**

（A）**年度报告。** 作为该州根据第 1903 条第（a）款提供家庭和社区护理计划［而不是第 1915 条第（c）款的放弃，或第 1905 条第（a）款第（7）项中的家庭健康护理服务，或第 1905 条第（a）款第（23）项中的个人护理服务］的缴费收据，该州应在每个财政年度开始前，以国务卿同意的形式，向国务卿报告该财政年度向该护理计划提供款项的金额。

（B）**难以维持时的减少付款。** 如果该州在第（A）目中报告的该财政年度金额少于第（A）目中 1989 年报告的金额，国务卿可以减少与两个报告之间差额数相等的金额。

（f）**对于家庭和社区护理的最低要求。**

（1）**要求。** 家居及社区护理必须满足第（K）目规定的个人权利和质量要求。这些要求包括：

（A）提供护理所应具备的条件；

（B）第（2）项中规定的权利。

（2）**规定的权利。** 本项规定的权利如下：

（A）以口头和书面的形式通知将提供的护理、护理可能出现的任何变化的事先被通知权，以及（除非认定不称职）参加护理计划制订或护理变化情况。

（B）不受歧视或报复的投诉权，且应被告知如何向州和地方当局投诉。

（C）对个人和临床资料保密的权利。

（D）隐私和权利拥有人的财产受到尊重。

（E）有权拒绝全部或任何一部分护理，并被告知拒绝这些护理的可能后果。

（F）对自己或家人、住户的护理教育权或培训权。

（G）有权拒绝护理计划中没有规定的，出于控制或方便护理目的的，身体或精神上的虐待、体罚以及任何物理或化学性限制。

（H）口头或书面告知本人权利。

（Ⅰ）护理提供者的最小赔偿指南，以保证为不同严重程度功能障碍的老年人提供可能的及延续的护理服务。

（J）部长设立的其他权利。

（g）**小型社区护理场所的最低要求**。

（1）**小社区护理场所**。本条中，"小型社区护理场所"是指：

（A）能容纳2—8个人的非住宅设施；

（B）或者，容纳2—8个无关成年人的住宅设施，若该个人服务（不仅仅是居住）与居住在该住宅设施有关。

（2）**最低要求**。根据本条规定提供社区护理的小型社区护理场所应当满足：

（A）部长在第（K）目中公布的条件；

（B）符合第1919条第（c）款第（1）项第（A）目、第（1）项第（C）目、第（1）项第（D）目、第（3）项和第（6）项的规定；

（C）在该个人在该场所接受第一次护理的时候，以口头或书面形式通知该个人与该场所有关的法律权利及将提供的护理内容；

（D）满足任何适用州或地方有关证书或执照的要求；

（E）满足任何适用州和地方区划、建设、房屋代码，以及州和当地的消防和安全法规；

（F）设计、建造、安装和维护须保障居民的健康和安全。

（h）**大型社区护理场所的最低要求**。

（1）**大社区护理场所**。本条中，"大型社区护理场所"是指：

（A）能容纳8个人以上的非住宅设施；

（B）或者，容纳8个以上无关成年人，将在该场所提供本条规定的家庭和社区护理的住宅设施。

（2）**最低要求**。本条规定的大型社区护理场所必须：

（A）符合部长在第（K）目公布的条件；

（B）符合第1919条第（c）款第（1）项第（A）目、第（1）项第（C）目、第（1）项第（D）目、第（3）项和第（6）项中适用该场所

的条件;

（C）在该个人在该场所接受第一次护理的时候,以口头或书面形式通知该个人与该场所有关的法律权利及将提供的护理内容;

（D）与适用于护理机构的标准一样,须符合第1919条第（d）款（涉及行政及其他有关事项）第（2）项和第（3）项规定的条件;除非适用第1919条第（d）款第（2）项的条件（涉及生命安全法则）,国务卿应当为该场所设立适用于生命安全的条件。

（3）**披露所有权和利益控制情况,拒绝反复违反者**。社区护理场所必须:

（A）必须披露该场所的所有权或控制利益团体［包括第1124条第（a）款第（3）项中定义的人］;

（B）不能有任何被排除参与该计划的或已经拥有或控制一个或更多社区护理设施的或被发现多次不胜任或达不到第（2）项规定要求的人作为所有人或利益控制人。

（i）**调查和证明程序**。

（1）**证明**。

（A）**州的责任**。每个州计划中,该州都须证明家庭和社区护理提供者符合第（f）款、第（g）款和第（h）款中的要求。国务卿未作规定并不能免除的该州责任。

（B）**国务卿的职责**。国务卿应当证明家庭和社区护理提供者的资质,以及该州社区护理场所符合第（f）款、第（g）款和第（h）款中的要求。

（C）**证明的频率**。每12个月至少证明一次。

（2）**对护理提供者的审查**。

（A）**总则**。对家庭或社区护理提供者的审查必须建立在护理提供者根据第（f）款提供护理的表现的基础上做出。

（B）**特别审查**。国务卿有理由怀疑家庭或社区护理提供者是否符合第（f）款的规定,可以对提供者进行审查,并在此基础上,做出有关提供者在多大程度上符合要求的、独立的、有约束力的决定。

（3）**社区护理场所调查**。

（A）**总则**。对于社区护理场所的审查须建立在审查的基础之上,调查不能预先通知,任何通知调查时间或日期的人将受到不超过2000美元的民事罚款。

第 1128A 条［而不是第（a）款及第（b）款］规定的适用于民事罚款。国务卿应审查调查程序，以确保采取所有合理步骤，避免在计划阶段泄露调查及调查行为本身。

（B）**审查协议**。审查须建立在部长根据第（k）款规定提供的协议基础之上。

（C）**审查小组成员利益冲突禁止**。该州或部长不得任命现任（或已在过去 2 年内担任）被审查的社区护理场所（或场所负责人）的工作人员、顾问，或与被审查场所存在个人或家庭财务联系的人作为审查是否符合第（g）款和第（h）款条件的审查组的成员。

（D）**社区护理场所的确认审查**。部长应在各州根据第（A）目规定进行审查前 2 个月内，对每个州的社区护理场所进行样本现场审查，以便各州有足够时间进行第（A）目的审查。审查时，国务卿应使用和该州相同的协议。如果该州认定个人场所符合第（g）款的要求，而国务卿认为不符合，国务卿的决定将具有约束性并取代该州的决定。

（E）**特别审查**。国务卿有理由怀疑家庭或社区护理提供者是否符合第（g）款或第（h）款的规定，可以对提供者进行审查，并在此基础上，做出有关提供者在多大程度上符合要求的、独立的、有约束力的决定。

（4）**投诉及提供者和场所监测的调查**。每个州和国务卿应有相关程序和足够的工作人员调查护理提供者是否违反第（f）款、第（g）款和第（h）款规定的要求。

（5）**个人忽视、滥用和侵吞财产指控的调查**。该州应当为根据本款规定对家庭或社区护理和社区护理场所进行审查和证明，规定接受、审查和调查个人在护理中忽视、滥用（包括来源不明的伤害）和侵吞财政的指控的程序。该州应当在通知相关个人，并在合适的时机举行听证会以推翻指控之后，做出关于指控准确性的裁决。如果该州发现个人忽视、滥用和侵吞财产，该州应当通知该个人已经做出针对该个人的裁决。该州不得裁决该个人忽视护理，如果该个人出具证明这种忽视是由超出人的控制因素造成的。根据请求，该州应公开调查结果及质疑该结果的简要叙述（或清晰、准确的概要）。

（6）**披露检查和行动的结果**。

（A）**公共信息**。每个州和国务卿应当向公众公布：

（ⅰ）所有根据本款规定进行的，针对家庭或社区护理和社区护理场所的调查、审查和证明的信息，包括对不足的描述；

（ⅱ）护理提供者或护理场所成本报告的副本（如果有）；

（ⅲ）第 1124 条下所有权声明的副本；

（ⅳ）第 1126 条下披露的信息。

（B）**不合格护理通知**。如果该州认为：

（ⅰ）一个家庭或社区护理提供者提供有关个人护理质量不合格，该州应做出合理努力迅速通知：（Ⅰ）该个人的一个直系家属，以及（Ⅱ）根据本条规定接收家庭或社区护理的该个人；

（ⅱ）或者，社区护理的环境是不合格的，该州应做出合理努力迅速通知：（Ⅰ）在该场所接受社区护理的该个人，以及（Ⅱ）该个人的一个直系亲属。

（C）**欺诈控制单元**。每个州应提供该州医疗欺诈控制单元［根据第 1903 条第（q）款的规定设置］公开调查、审查和证明信息。

（j）**社区护理提供者的执行程序**。

（1）**该州授权**。

（A）**总则**。如果该州根据第（ⅰ）款第（2）项或其他条款的规定，认为护理提供者不再符合条件，该州可以终止该提供者参与护理计划并附以民事罚款。本目的任何规定不得解释为限制该州采取补救措施。如果该州认为现在该提供者符合这些要求，但前一段时间没有达到这些要求，该州可以根据第（2）项第（A）目的规定对其认为不符合要求的时间内的护理处以民事罚款。

（B）**民事罚款**。

（ⅰ）**总则**。每个州应当立法规定（无论是法规或规章）以下救济措施：提供者不符合要求时每天的罚款金额及利息。可以应用根据上述罚款金额［或根据第（ⅰ）款第（3）项第（A）目规定进行罚款的金额］组成的资金补偿该个人由于不符合条件的护理所造成的损失。该州还应明确规定补偿的时间及方式、罚款的金额。这些规定应尽量减少处罚行为确认与做出处罚之间的时间，并规定对反复的或不正确的护理失误的从重处罚。

（ⅱ）**截止日期和指南**。每个根据本条规定选择家庭和社区护理的州都必须设立上述第（ⅰ）节中民事罚款救济。国务卿须不晚于 1990 年 7

月 1 日通过规定或其他形式，为各州提供设立上述救济措施的指南，部长没有提供上述指南不应免除各州设立这种救济措施的责任。

（2）**国务卿的职权**。

（A）**对于提供者**。对于家庭或社区护理提供者，国务卿具有本条规定的该州的职权和责任，除非第（C）目规定的民事罚款由第（1）项第（B）目第（ⅰ）节规定的民事救济措施所替代。

（B）**对于其他提供者**。对于社区护理计划的其他任何提供者，如国务卿认为护理提供者不再符合条件，可以根据第（C）目规定终止该提供者参与护理计划并附以民事罚款。如果国务卿认为现在该提供者符合这些要求，但前一段时间没有达到这些要求，国务卿可以根据第（C）目规定对其认为不符合要求的时间内的护理处以民事罚款。

（C）**民事罚款**。国务卿可以处以违规每天不超过 1 万美元的民事罚款。上述罚款将基于第 1128A 条的规定〔而不是第（a）款或第（b）款规定〕进行。国务卿应当明确救济措施的时间、方式及处罚的金额。这些规定应尽量减少处罚行为确认与做出处罚之间的时间，并规定对反复的或不正确的护理失误的从重处罚。

（k）**国务卿的责任**。

（1）**公布中期要求**。

（A）**总则**。国务卿应在 1991 年 12 月 1 日前规定符合第（B）目规定的，针对家庭和社区护理及社区护理场所的中期要求，包括：

（ⅰ）第（c）款第（2）项中的要求（涉及综合功能评估，包括评估工具的使用）、第（d）款第（2）项第（E）目中的要求（关于合格的个案经理资格）、第（f）款中的要求（关于家庭及社区护理的最低要求）、第（g）款中的要求（关于小型社区护理场所的最低要求）以及第（h）款中的要求（关于大型社区护理场所的最低要求）；

（ⅱ）涉及这些要求的调查协议〔根据第（i）款第（3）项第（A）目规定使用〕。

（B）**最低保护**。第（A）目中的中期要求和第（2）项中的最终要求应当确保接受家庭和社区护理的该个人免于在社区护理场所中受到非合格人员实施的忽视、身体和性虐待、财政剥削、不适当的非自愿限制，以及接受健康的医疗服务。

（2）**最终要求**。国务卿应不迟于 1992 年 10 月 1 日公布最终要求。

（A）最终要求。与第（1）项第（B）目一样，涉及合适的、有质量的家庭和社区护理以及符合要求的社区护理场所，且至少包括第（1）项第（A）目第（ⅰ）节中规定的要求；

（B）评估和确保社区护理场所质量的审查协议和方法。

国务卿可以不时修订这些要求、协议和方法。

（3）**不得授权各州**。本款中国务卿的职权不得授权给各州。

（4）**不禁止各州实施更为严厉的条件要求**。本条不得解释为禁止各州实施比部长公布的条件更为严厉的条件要求。

（l）**放弃全州适用**。各州可以根据本条规定放弃第 1902 条第（a）款第（1）项规定的家庭和社区护理要求（涉及全州适用性）。

（m）**医疗援助支出金额限制**。

（1）**金额限制**。用于执行本条目的的医疗援助基金的金额限制为：1991 财政年度 4000 万美元，1992 财政年度 7000 万美元；1993 财政年度 1.3 亿美元；1994 财政年度 1.6 亿美元；1995 财政年度 1.8 亿美元。

（2）**确保服务补贴**。接受联邦家庭和社区护理医疗援助的各州必须根据第（d）款规定的家庭和社区护理计划，向第（b）款描述的该个人提供家庭和社区护理。经国务卿同意，各州可以选择 4 个季度的期限提供社区护理。

（3）**适用限制**。各州可以对第（2）项中的选择期限内对家庭和社区护理做出合理的分类（基于年龄、功能障碍程度以及对护理需求的程度）。

（4）**医疗援助的分配**。国务卿可以在各州根据第（2）项选择的期限内设立联邦医疗援助的限额。限额应当考虑第（1）项中的限制、65 岁以上老年人的人数及 1990 年这些老年人在各州居住的情况。上述老年人，基于最大限度适用的目的，应当是低收入的老年人。

社区援助生活安排服务

第 1930 条【《美国法典》第 42 编第 1396u 条】（a）**社区援助生活安排服务**。社区援助生活安排服务，是指符合第（h）款要求的，由各州根据本编规定提供的［第（d）款中规定］，帮助存在身体障碍个人［第（b）款规定］在该个人自己房屋、公寓、家庭住所或社区提供的援助生活安排服务出租房内进行日常活动的下列一项或多项服务：

（1）个人帮助。

（2）训练和复康服务（有必要帮助该个人增加独立的能力和劳动力）。

（3）24小时紧急帮助（由国务卿定义）。

（4）辅助技术。

（5）适当的设备。

（6）国务卿批准的，除了第（g）款规定的其他服务。

（7）必要的援助服务，以帮助个人参与社区活动。

（b）**存在身体障碍的个人。**"存在身体障碍的个人"指符合部长在1990年7月1日规定中定义的"精神发育迟滞及相关条件"的个人与其家人或保安住在自己家里，且家里有不超过3个其他服务接受者居住，且不考虑是否存在收入社会福利机构的风险性（国务卿定义）的个人。

（c）**选择参与各州的标准。**国务卿应当制定提供社区援助生活安排服务的标准并审查各州提交的参与申请。国务卿应规定在服务的前5年，有2—8个州可以接受联邦提供的财政援助。

（d）**确保质量。**国务卿选择的提供服务的各州，基于继续获得本条规定的服务的联邦援助目的，要设立和维持一个可以确保质量的计划，该计划将规定：

（1）该州将根据本条规定证明并审查服务提供者（审查不预先通知，1年至少一次）；

（2）该州将采取的审查和证明标准包括：（A）服务提供者工作人员的最低资格和培训要求，（B）财务操作标准，（C）消费者投诉程序；

（3）各州应组建由提供者、家庭成员、消费者及邻居组成的监测委员会；

（4）各州应设立报告程序，向公众公开信息；

（5）各州将为每个服务接受人提供持续的健康及幸福程度监测；

（6）各州将根据个人援助计划（国务卿在规定中定义）提供第（a）款定义的服务；

（7）各州修改计划须经过根据《2000年障碍援助权利法》第125条规定设立的国家障碍援助委员会和根据该法第C子编规定设立的保护及辩护系统的审查。

国务卿不得根据本款的规定批准各州继续接受联邦财政援助质量保证

计划，除非该州在采用和实施该计划前举行了听证会。

（e）**维护努力**。国务卿选定的接受联邦财政援助的各州应当维持对现行服务的财政支出，以确保继续有资格获得联邦财政援助。

（f）**排除性服务**。联邦财政援助不得用于提供下列服务：

（1）食宿。

（2）职前、职业或就业辅助成本支出。

（g）**放弃条件**。国务卿可以在认为必要时放弃本编的下列条件：

（1）金额、期限和服务范围的比较。

（2）全州适用性。

（h）**最低保护**。

（1）**公布中期及最终要求**。

（A）**总则**。国务卿应在1991年7月1日前做出规定（在最终规定公布前过渡生效），在1992年10月1日前做出最终法规，分别阐明中期及最终要求，以保护接受社区援助生活安排服务的个人的健康、安全及福利。

（B）**最低保护**。第（a）款中的中期和最终要求应，通过各种方法而不是依赖于第（d）款中的国家许可发放程序和国家质量保证体系，保证：

（i）接受社区援助生活安排服务的个人免于忽视、身体和性虐待，财政剥削；

（ii）社区援助生活安排服务提供者不得使用被判处儿童或顾客虐待、忽视或涉嫌对某人进行身体严重伤害的人员，且须采取合理措施证明工作人员没有被判处儿童或顾客虐待、忽视或涉及对某人进行严重身体伤害的历史；

（iii）实施服务个人或实体不得因为滥用财务安排（如业主租赁挫折）不公正地获利；

（iv）实施服务的个人或实体，或提供此类服务人员的亲属，不得成为顾客购买（或以顾客名义购买）的人寿保险的受益人。

（2）**规定救济措施**。国务卿可以处以违规每天不超过1万美元的民事罚款。上述罚款将基于第1128A条规定［但不是第（a）款或第（b）款规定］进行。

（i）**对资金的处理**。根据本条规定对医疗援助的资金支出应当排除在现行服务的支出之外，包括已放弃的个人接受援助的资金。

（j）**医疗援助支出金额限制**。用于执行本条目的的医疗援助基金的金额限制为：1991 财政年度 500 万美元，1992 财政年度 1000 万美元，1993 财政年度 2000 万美元，1994 财政年度 3000 万美元，1995 财政年度 3500 万美元，之后财政年度的限制由国会规定。

确保覆盖特定低收入家庭

第 1931 条【《美国法典》第 42 编第 1396u－1 条】（a）**第四编第 A 部分的参考说明**。作为本条规定的延续，本编在第四编第 A 部分针对该州的任何说明（或法律中涉及本编的其他规定），或该部分规定的该州的计划，包括计划中收入和资源条件、收入和资源确定方法，将作为 1996 年 7 月 16 日生效的规定或计划的参考说明。

（b）**适用预福利改革资格标准**。

（1）**总则**。第（2）项和第（3）项规定决定医疗援助的条件。

（A）该个人只有达到下列条件才可被视为接受第四编第 A 部分批准的国家计划的援助：（ⅰ）该计划确定的收入和资源标准条件，（ⅱ）在第（a）款下，符合通过第 406 条和第 407 条第（a）款规定的第（c）款要求的条件，1996 年 7 月 16 日前生效；

（B）该计划规定的收入和资源确定方法将被用于确定该个人是否符合该计划的条件。

（2）**各州的选择**。为适用本条规定，各州可以：

（A）降低第四编第 A 部分适用的收入标准，但是不得低于 1988 年 5 月 1 日该计划适用的收入标准；

（B）提高在一定时期内（从 1996 年 7 月 16 日开始）第（1）项中提到的收入或资源标准，但比例不得超过同一时期所有城镇居民消费者价格指数（所有项目、美国城市平均水平）上涨比例；

（C）可使用比 1996 年 7 月 16 日州计划所采用的更为宽松的收入和资源确定方法。

（3）**因不符合工作要求选择终止医疗援助**。

（A）**个人接受现金援助**。如果该个人：

（ⅰ）接受根据第四编第 A 部分设立的该州援助项目的现金援助；

（ⅱ）有资格根据本条规定接受医疗援助；

（iii）有证据证明在该项目中，因为拒绝工作而适用第 407 条第（e）款第（1）项第（B）目规定终止服务，该州可以根据规定终止该个人接受服务的资格，直至由于拒绝工作而终止现金援助的原因结束。

（B）**儿童例外**。第（A）目不得被解释为允许该州终止非家庭之主的未成年儿童根据第四编第 A 部分规定接受该州援助项目的医疗援助。

（c）**转变覆盖规定的对待**。

（1）**由于儿童援助的转变**。针对第（b）款第（1）项第（A）目描述的该个人（以及该个人组成的家庭），第 406 条第（h）款（1996 年 7 月 16 日生效）将采用以该日期之前针对（完全或部分）由于接受第四编第 D 部分儿童或配偶援助而不再具有家庭援助资格一致的方式进行。

（2）**由于雇用收入的转变**。由于雇用收入而不再具有援助资格的，第（b）款第（1）项第（A）目规定的该个人（以及该个人组成的家庭）获得持续医疗援助，见第 1925 条和第 1902 条第（e）款第（1）项的规定。

（d）**放弃**。如果在 1996 年 7 月 16 日对该州生效前，或虽已提交给国务卿，但在《1996 年个人责任和就业机会统一法》①通过前，放弃第四编第 A 部分的规定，并得到国务卿部长的批准，尽管该放弃会影响该个人接受医疗援助的资格，各州可以（但不需要）选择在此放弃过期后，继续适用该放弃。

（e）**各州使用申请书的选择**。本条或第四编第 A 部分不得解释为禁止各州使用相同的申请书接受第四编第 A 部分规定的（福利改革生效日之后的）该州援助项目和本编规定的医疗援助。

（f）**附加建设规则**。

（1）第 1902 条第（a）款第（5）项规定的对于第四编第 A 部分批准的该州援助项目的参考说明，各州可以将其作为（福利改革生效日之后的）该州援助的参考说明，或者本编规定的州计划的参考说明。

（2）第 1902 条第（a）款第（55）项中对第四编第 A 部分批准的该州援助项目的参考说明可以视为对该州援助计划的参考说明。

（3）在适用第 1903 条第（f）款项规定时，收入限制应当同该州根

---

①　1996 年 8 月 22 日（《公法》第 104—193 期；《美国联邦法律大全》第 110 编第 2105 条）。

据第（b）款第（2）项第（B）目规定提高收入或资源标准一致的方式进行。

（g）**和其他规定的关系**。本条的规定同样适用于本法其他规定。

（h）**行政费用增加而转变性增加的联邦配套率**。

（1）**总则**。根据后续条款的规定，国务卿应规定第（2）项中的行政开支应增加国务卿指定的比例。

（2）**行政开支**。本项中的行政开支是指第1903条第（a）款第（7）项中的该州证明资格确认的行政开支不会发生。

（3）**限制**。自1997财政年度适用本款规定而增加的附加联邦资金的总数不得超过5亿美元。国务卿应合理分配各州资金。

（i）**福利改革的生效日期**。本条中福利改革日期是指《1996年个人责任和就业机会统一法》第一编描述的针对各州的生效日期（参照该法第116条①规定）。

管理护理规定

第1932条【《美国法典》第42编第1396u－2条】（a）**各州选择适用管理护理**。

（1）**使用医疗援助管理护理组织和主要护理个案经理**。

（A）**总则**。根据后续项的规定，该州：

（i）可以要求有资格获得医疗援助的该个人参加管理护理实体，作为接受该援助（以及通过实施或安排该援助的实体接受援助）的条件之一，如果：（Ⅰ）该实体及与该州的协议符合本条和第1903条第（m）款或第1905项第（t）款的条件要求，（Ⅱ）符合下列几项的条件要求；

（ii）可能会限制提供者与管理护理实体的协议数量，如果这种限制不对服务造成实质性的损害。

（B）**管理护理实体的定义**。"管理护理实体"是指：

（i）第1903条第（m）款第（1）项第（A）目规定的，为根据第1903条第（m）款规定的协议成员提供或安排医疗援助管理护理组织；

（ii）第1905条第（t）款第（2）项规定的主要护理个案经理。

（2）**特别规则**。

---

①　参见第2卷《公法》第104—193期，第116条。

（A）**有特殊需求儿童的例外**。该州不得根据第（1）项要求 19 岁以下的儿童参加管理护理实体，如果该儿童：

（ⅰ）有资格获得第十六编规定的附加安全收入；

（ⅱ）属于第 501 条第（a）款第（1）项第（D）目描述的情形；

（ⅲ）属于第 1902 条第（e）款第（3）项描述的情形；

（ⅳ）接受第四编第 E 部分的寄养或收养援助；

（ⅴ）或者，寄养或不在家里安置。

（B）**医疗援助受益例外**。该州不得要求一个符合条件的医疗援助受益人［第 1905 条第（p）款第（1）项规定］或根据第十八编规定有资格获得受益的个人参加管理护理实体。

（C）**印第安人加入**。该州不得要求［《1976 年印第安人健康护理促进法》第 4 条第（c）款①定义的］印第安人加入管理护理实体，除非该实体属于下列情形之一（且仅当该实体是根据该计划参加）：

（ⅰ）印第安人健康服务计划。

（ⅱ）一个印第安人部落或部落组织根据合同、授权、合作协议运行的印第安人健康项目，或根据《印第安人自治法》运行的印第安人健康服务计划有紧密联系。

（ⅲ）一个由城镇印第安人组织根据授权或与根据《印第安人健康护理促进法》第五编运行的印第安人健康服务计划的合同，而运行的城镇印第安人健康项目。

（3）**选择范围**。

（A）**总则**。该州必须允许该个人从至少两个符合本条、第 1903 条第（m）款或第 1905 条第（t）款规定的管理护理实体中选择一个。

（B）**该州的选择**。如果该州要求居住在农村地区的该个人参加管理护理实体，该州应考虑该个人的要求，如果该实体：

（ⅰ）允许该个人从不少于 2 个医师或个案经理处接受该援助（当地至少要有 2 个可以提供援助的医师或个案经理）；

（ⅱ）允许该个人在获得适当的情况下从任何其他供应商（根据国务卿的规定设立）获得这种援助。

（C）**某些县属健康组织的对待**。该州应符合第（A）目的要求，

---

① 参见第 2 卷《公法》第 94—437 期，第 4 条。

如果：

（ⅰ）该个人参加的管理互助实体：（Ⅰ）1986 年 1 月 1 日前投入运营，或者（Ⅱ）《1985 年综合预算调整法》第 9517 条第（c）款第（3）项描述的情形［《1990 年综合预算调整法》第 4734 条第（2）项增加相关规定］；

（ⅱ）该个人可以从该实体中的至少 2 个提供者之间进行选择。

（4）**参加、终止和改变参加的程序**。出现第（1）项第（A）目中的情形：

（A）**总则**。该州、参加代理（如有）以及管理护理实体应当允许有资格获得该州计划医疗援助，且已加入该实体的该个人终止（或改变）参加。

（ⅰ）有原因的可以在任何时间［与第 1903 条第（m）款第（2）项第（A）目第（ⅵ）节规定一致］终止（或改变）；

（ⅱ）没有理由的：（Ⅰ）在该个人收到参加通知的 90 天内，以及（Ⅱ）至少每 12 个月后。

（B）**通知终止权**。该州应通知该个人有权在该条件下终止（或改变）参加。该通知应在第（A）目第（ⅱ）节第（Ⅱ）次节规定的参加时间至少 60 天前做出。

（C）**参加优先权**。在执行第（1）项第（A）目规定时，该州应当设立参加优先权，如果该管理护理实体不具有足够的能力允许所有申请参加该实体的该个人参加。

（D）**默认参加程序**。在执行第（1）项第（A）目规定时，该州应当设立一个默认参加程序：

（ⅰ）根据该程序，在该州规定的期限内未参加管理护理实体的该个人应当由该州安排参加不被认为实质违反本条、第 1903 条第（m）款和第 1905 条第（t）款规定的实体；

（ⅱ）要考虑到：（Ⅰ）维持现有的提供者：该个人关系或维持与传统服务受益者关系，以及（Ⅱ）如果不可能维持这样的提供者关系，应当公正在与参加能力相符的实体中公正分配这些该个人。

（5）**信息规定**。

（A）**以容易理解的形式发布信息**。该州、参加代理或管理护理实体应当以易于被有资格获得援助的参加者理解的方式或形式提供一切参加通知和信息化、工具化资料。

（B）**参加人或潜在参加人的信息**。每个管理护理实体，在被请求时，在该组织的服务区域提供下列信息：

（ⅰ）**提供者**。身份、地点、资格以及该提供者参加该组织的资格。

（ⅱ）**参加人权利和责任**。

（ⅲ）**投诉和上诉程序**。为参加人和健康护理提供者提供的针对实体未能提供服务的质疑或上诉程序。

（ⅳ）**涉及的项目和服务信息**。参加者根据与该州和该组织的合同可以得到的，直接提供的或通过转送或事先授权的所有项目和服务。作为主要护理个案经理的任何管理护理实体，根据请求，都应当在该组织的服务区域向参加人或潜在参加人公布第（ⅲ）节中描述的所有信息。

（C）**比较信息**。要求该个人参加第（1）项第（A）目中的管理护理实体的各州应当每年（根据请求），直接或通过管理护理实体，向该个人提供一份清单，该清单应当列明可以参加的（或将可以参加的）管理护理实体以及（以比较形式的表格）列明的该实体的下列信息：

（ⅰ）**效益和成本分配**。实体的效益和成本分配情况。

（ⅱ）**服务区域**。实体的服务区域。

（ⅲ）**质量与绩效**。从本单位的利益的角度而考量的可用的质量与绩效指标的可用程度。

（D）**对于不属于管理式医疗覆盖范围的有关福利的信息**。国家直接通过管理式医疗机构，在个人加入拥有这一头衔的单位之前，以书面并显著的形式通知该新加入者他有权享受但通过单位却享受不到的福利。这些资料应包括新加入者们在何处以及如何获得这些通过单位不可得的福利。

（b）**对受益人的保护**。

（1）**福利详述**。任何根据第 1903 条第（m）款或第 1905 条第（t）款第（3）项与管理式医疗单位订立的合同都应当表明该单位负有责任的条款（或措施）。

（2）**确保应急服务的覆盖范围**。

（A）**总则**。任何根据第 1903 条第（m）款与医疗补助计划管理式医疗组织订立的合同以及根据第 1905 条第（t）款第（3）项与基层医疗个案护理师签订的合同都应要求该组织或护理师：

（ⅰ）不需预先核准或急救护理提供方与组织或护理师的合同关系，

保证急救服务［如第（B）目定义］的覆盖范围；

（ⅱ）像遵守第十八编第 C 部分倡议的应用于医疗保险选择的方针一样，同样遵守遵守第 1852 条第（d）款第（2）项（该条提到了有关后稳定护理的内容）所设立的指导方针。第（ⅱ）节下的要求应当在此条款中所提及的方针被公布之后 30 天内首先适用。

（B）**应急服务的定义**。在第（A）目第（ⅰ）节中，"应急服务"是指关于加入某个组织的一个个人，包括了住院和门诊服务：

（ⅰ）是由在此称号下有资格提供此种服务的提供者提供的；

（ⅱ）需要用来鉴定或稳定紧急医疗状况［如第（C）目所述］的。

（C）**紧急医疗状况的定义**。在第（B）目第（ⅱ）节中，"紧急医疗状况"是指通过一个谨慎的外行人的程度严重（包括剧烈的疼痛）的急性状况来得以显现的医疗状况，这个外行人通常具备卫生和药物的一般知识，能够合理预见如果不立即就医将导致：

（ⅰ）使该人的健康（或者，如果是一个孕妇，则使她未出生的孩子的健康）处于极度危险之中；

（ⅱ）人体机能的严重损伤；

（ⅲ）或者，任何身体器官或部位的严重的功能障碍。

（3）**保护新加入者与服务提供者之间的沟通**。

（A）**总则**。在第（B）目和第（C）目之下，在根据第 1903 条第（m）款而订立的合同中，一个医疗补助计划管理式医疗组织（涉及根据合同加入其中的个人）不应当阻止或相反地限制一个隐蔽着的卫生保健专业人员［如第（D）目所述］对作为该专业人员的患者的个人提出有关该个人的健康状况或者针对该个人的条件或病情而制定的医疗护理或治理的建议，如果该专业人员是按照法律规定的范围在执业，则无论此种护理或治疗是否载于合同之中。

（B）**有关解释**。第（A）目不应解释为要求医疗补助计划管理式医疗组织提供、偿还或保证咨询服务或咨询业务的覆盖范围，如该组织：

（ⅰ）基于道义或者宗教的立场反对提供此种服务；

（ⅱ）当场且通过书面形式确认合适，在投保之前或投保过程中，使准投保人了解保单上的有关此种服务的信息，并在组织对保单上的内容进行了有关此类咨询服务或咨询业务的更改后 90 天内，保证投保人知道此种情况。

本目的所有内容不应解释为影响根据国家法律或根据《1974 年雇员退休收入保障法》① 的披露要求。

（C）**卫生保健专业人员的定义**。在本项下，"卫生保健专业人员"是指根据第（A）目中提到的合同，专业服务范围包括了向专业人士提供服务的内科医师［如第 1861 条第（r）款所述］或其他卫生保健专业人士。本术语包括了足病医生、验光师、脊椎按摩师、心理学家、牙科医生、医师助理、物理治疗家或职业疗法专家以及治疗助理、语音语言病理学家、听力学家、注册或执业护士（包括医生护士、临床护理专家、认证注册护士麻醉师、护士和认证助产士）授权认证的社会工作者、注册呼吸治疗师以及认证呼吸治疗技师。

（4）**申诉程序**。每家医疗补助计划管理式医疗组织都应当建立一套内部申诉程序，在此程序之下，根据这一权利有资格参与州计划的医疗救助的新加入者，或者代表其利益的服务提供商，可以挑战覆盖或拒绝这种援助金。

（5）**足够的能力和服务的证明**。每家医疗补助计划管理式医疗组织都应当向联邦政府和国务卿提供充分的保证（以国务卿确定的时间和方式为准），证明在某个确定的服务领域，该组织有能力在此服务领域为预期的新加入者提供服务，并保证该组织有能力：

（A）向在此服务区域内的预期新加入人群提供一系列适当的服务和预防性初级护理服务；

（B）保持足够数量、结构、地理分布及服务供应商。

（6）**保证新加入者不负有付款的责任**。每家医疗补助计划管理式医疗组织都应当规定，加入这一组织并根据这一权利有资格参与州计划的医疗救助的个人不对下列两项负有义务：

（A）发生破产时该组织的债务；

（B）对该个人提供的各项服务：（ⅰ）如果该组织未能从联邦政府获得该套服务的款项，或者（ⅱ）如果与该组织有合同的、推介的或其他关系的医疗服务人员未能从联邦政府或该组织获得该套服务的款项；

（C）或者，如果该组织直接提供了服务，则与该组织有合同的、推介的或其他关系的提供承保服务的医疗服务人员超过其该得的款项的

---

① 《公法》第 93—406 期；《美国联邦法律大全》第 88 编第 829 条。

所得。

（7）**反对种族歧视**。医疗补助计划管理式医疗组织不应当就参股、赔偿和补偿金，歧视依据现行的州法律、根据执照或证书的范围提供服务的服务提供者，而歧视的原因仅仅是基于执照和证书的内容。本款不应解释为禁止一个组织包含满足该组织的加入条件或者建立与该组织的责任相一致、旨在维护质量和控制成本的任何措施。

（8）**遵从某些妇产健康或心理健康要求**。每家医疗补助计划管理式医疗组织都应当遵守《公共健康服务法》第 27 编第 A 部分第 2 分部的要求，只要这些规定仍可适用并可就发行人的健康保险提供团体医疗保险覆盖。

（c）**质量保证标准**。

（1）**质量评估和改善策略**。

（A）**总则**。如果一个州政府根据第 1903 条第（m）款提供了医疗保健组织管理合同，则该州应当开发并实施一套与本款相一致的质量评估和改善策略。这种策略应包括如下内容：

（i）**准入标准**。即获得医疗服务的标准，使覆盖性服务在合理的时限和方式条件下，确保足够的关怀、初级保健以及专门服务的连续性。

（ii）**其他措施**。护理和服务的其他方面的检查直接关系到护理（包括申诉程序、市场营销及信息标准）质量的提高。

（iii）**监督程序**。监督并评估提供给加入者的护理和服务的质量和适当性的程序，反映了依据合同而加入人群的全部范围，包括利用该数据和信息集向联邦政府提供质量保证数据的要求，国务卿经过与联邦政府的协商，指定了以第十八编第 C 部分或国务卿批准的可选的其他数据。

（iv）**定期检查**。有规律地、定期地对策略的范围和内容进行检查。

（B）**标准**。依照第（A）目的策略应当与国务卿在本条颁布后 1 年内首次建立的标准相一致。此类标准不应当取代较之更严厉的州标准。与依据第 1915 条第（b）款第（1）项而应用的质量保证相关联的指导方针应当在此分布之下应用，直到依据本目设立的质量保证的生效日期之日。

（C）**监督**。国务卿应监督根据第（A）目而建立的战略的发展和实施。

（D）**咨询**。国务卿应与联邦政府协商，实施第（B）目和第（C）目规定的活动。

（2） 对外部管理服务活动的外部独立审查。

（A） 对合同的审查。

（ⅰ） 总则。每一依据第 1903 条第 （m） 款与医疗补助计划管理式医疗组织签订的合同都应当每年 （酌情） 提供一家有资格的独立审查实体的外部独立审查，审查内容包括成果的质量和及时性，该组织依据合同有责任获得的项目和服务。这种审查的规定不适用于国务卿依据第 （ⅱ） 节建立识别方法之前的日期。

（ⅱ） 审查人员的任职资格。国务卿在与有关州政府协商之后，应当建立一套有资格进行第 （ⅰ） 节所述的审查的实体的识别方法。

（ⅲ） 拟定草案的使用。国务卿在与全国州长协会协商之后，应当与一个独立的质量审查组织 （例如质量保证全国委员会） 订立约定，以将草案发展为依据本款在 1999 年 1 月 1 日及该日之后在外部独立审查中利用。

（ⅳ） 审查结果的实用性。依据本目进行的每个外部独立审查的结果都应当对参加的医疗服务人员、加入者和组织的潜在加入者适用，除非结果由于个人患者的身份被公开而无效。

（B） 无重复认证。一州可规定一个医疗补助计划管理式医疗组织被一个私人独立的实体 ［如第 1852 条第 （e） 款第 （4） 项所述或依据第 1852 条第 （e） 款第 （3） 项的外部审查］ 认可的，依据第 （A） 目进行的关于该组织的外部审查活动，不应当被看作是对根据该等条款进行的认证过程的一部分或审查活动的重复。

（C） 人们普遍认为的对医疗保险管理护理组织的服从。在一个州的选择下，如果一个组织根据第 1876 条或者医疗保险选择组织依据第十八编第 C 部分的一个生效合同，以及依据第 1903 条第 （m） 款至少之前两年内有资格成为一个医疗保险管理护理组织，则第 （A） 目中的要求不应当适用于该医疗补助计划管理式医疗组织。

（d） 防止欺诈和滥用。

（1） 禁止联邦政府机构所禁止的与个人的联盟。

（A） 总则。一个管理式医疗实体不得故意实施：

（ⅰ） 任命第 （C） 目描述的人为主管、官员、合伙人或者拥有该实体 5% 以上普通股的实际所有权的人；

（ⅱ） 或者，与本目描述的人有提供就业，咨询或者其他对该实体与国家的合同中约定的义务有重大的实质性的意义的协议条款和服务。

（B）**不服从的后果**。如果一个州发现一个管理式医疗实体未能服从第（A）目中第（ⅰ）节或第（ⅱ）节，则该州：

（ⅰ）应当将该不服从情况通知国务卿；

（ⅱ）可以继续履行与该实体的现行的协议，除非国务卿（与卫生和人类服务部的检察长协商之后）另做指示；

（ⅲ）不可以续约或以其他方式扩大与现有协议的实体的期限，除非国务卿（与卫生和人类服务部的检察长协商之后）提供给国家和国会的一份书面声明中描述的更新或延长该协议存在令人信服的理由。

（C）**人员的定义**。本目中的个人指：

（ⅰ）依据联邦采购规例被禁止、暂停或以其他方式被排除参与采购活动或者依据按照第 12549 号行政命令发布的规程或依据贯彻此项命令而制定的指导方针被禁止参与非采购活动；

（ⅱ）或者，是第（ⅰ）节中描述的人的隶属机构（如该规程所界定的那样）。

（2）**市场营销的限制条件**。

（A）**材料的分发**。

（ⅰ）**总则**。在本编下，一个管理式医疗实体进行活动时，不得通过任何代理人或者直接通过任何国家内的独立承办商发布营销材料：（Ⅰ）未经州政府事先批准；以及（Ⅱ）含有虚假或者重大误导性信息。

第（Ⅰ）次节直到国务卿与州政府协商并与该州共同指定才可以对该州适用。

（ⅱ）**对市场营销材料审核的咨询**。在审查和批准这些材料的过程中，州政府与医疗咨询委员会提供咨询意见。

（B）**服务市场**。一个管理式医疗实体应当依据第 1903 条第（m）款或第 1905 条第（t）款第（3）项订立的合同，向本实体服务领域覆盖范围发放营销材料。

（C）**禁止搭售**。管理式医疗实体，或者该实体的任何代理，都不得试图联合其他保险的销售影响个人加入该实体。

（D）**禁止销售诈骗**。每个管理式医疗实体都应当遵守国务卿规定的有关程序和条件，以保证每个个人加入该实体之前，都能得到足够的、准确的口头和书面材料，借以做出知情的决策：是否要加入。

（E）**禁止"冷叫"营销。**任何管理式医疗实体都不得直接或间接依此权利进行挨户上门、电话或其他"冷叫"营销。

（3）**国家冲突中的医疗风险承包的利益保障。**一个管理式医疗组织不得依据第 1903 条第（m）款与任何州订立合同，除非该州有关官员和国家的雇员与这些组织有关的合同或者默认注册过程中第（a）款第（4）项第（C）目第（ⅱ）节所述的责任，对冲突的利益保障措施至少根据《联邦政策法》第 27 条（《美国法典》第 41 编第 423 条）办公室提供的保障，在反对联邦的利益冲突方面具有同等的责任亦适用于联邦采购官员的有关合同。

（4）**独特的参与诊断的医师的标识的使用。**每个管理式医疗组织都应当要求每位医师根据国家医疗援助计划依此权利向有资格参与医疗救助的参与者提供服务，根据第 1173 条第（b）款都有一个唯一的标识。

（e）**对违规的制裁。**

（1）**由国家强制要求的中间制裁的使用。**

（A）**总则。**一州不得订立或续订根据第 1903 条第（m）款订立的合同，除非该州已经建立了中间制裁，这可能包括第（2）项所述的任何的类型，除了依合同终止的其他医疗保健管理组织，而对一个州可以依此种合同对管理式医疗组织施行制裁，如果该组织：

（ⅰ）未能根据合同向加入者提供必要的医疗必需（依据法律或根据该组织与州之间的合同）项目和服务；

（ⅱ）依此权利向投保人征收的保险费超过允许的数额；

（ⅲ）以加入者的健康状况或者他们参与卫生保健服务的要求为基础歧视加入者的行为，包括驱逐或者拒绝允许一个个人重新加入，除非依此权利允许，或者任何可合理预期的具有否定或阻碍了其与健康状况符合条件的个人或组织，他们的医疗条件或历史表明了未来医疗服务的大幅增长；

（ⅳ）歪曲或伪造提供的信息：（Ⅰ）针对依此权利的秘书或者州，或者（Ⅱ）针对一个加入者、潜在的加入者或者依此权利的医疗服务人员；

（ⅴ）或者，未能遵守第 1903 条第（m）款第（2）项第（A）目第（ⅹ）节适用的规定。

州还可能加重对一个实体，如管理式医疗的中间制裁，如果州国家认定该实体直接或者通过分配给任何代理人或违反第（d）款第（2）项第（A）目第（ⅰ）节第（Ⅱ）次节的独立承包商的营销材料。

（B）**法制建设**。第（A）目第（ⅰ）节不适用于提供堕胎服务，除非一州可以对任何有提供堕胎服务的合同而却不提供此种服务合同所规定的服务的医疗补助管理式组织进行制裁。

（2）**中间制裁**。本项所指的制裁的含义如下：

（A）民事罚款如下：

（ⅰ）除了第（ⅱ）节、第（ⅲ）节，或者第（ⅳ）节条件下，依据第（1）项第（A）目的每项决定的罚款不得超过2.5万美元。

（ⅱ）对于根据第（ⅲ）节或第（1）项第（A）目第（ⅳ）节第（Ⅰ）次节，每项决定不得超过10万美元。

（ⅲ）对于依据第（1）项第（A）目第（ⅱ）节做出的决定，对于违反了本款（超出的金额应从收取的罚款中扣除并退还给有关个人）的行为双倍罚款。

（ⅳ）受第（ⅱ）节的限制，对于依据第（1）项第（A）目第（ⅲ）节做出的决定，向并非由于参加本次款描述的实践而参与近来的每个个人处以1.5万美元的罚款。

（B）临时管理层的任命：

（ⅰ）组织有连续的恶劣行为或者投保人的健康有很大的潜在风险，通过州政府的这一发现，纵观管理式医疗组织的运行；

（ⅱ）或者，以确保该组织的加入者的健康，假如有必要进行临时管理，此时：（Ⅰ）有一个有序的对该组织的终止或者重组，或者（Ⅱ）需要改进来弥补对第（1）项的违反，除非根据本次款临时管理可能并不会终止，知道该州已经决定医疗补助管理式组织有能力保证侵权行为不会再发生。

（C）允许个人参加的管理式医疗实体无故终止招收新加入者，并将有关加入信息通知有终止权的个人。

（D）在国务卿或者州政府通知该实体关于违反第1903条第（m）款或者本条的决定之后，暂停或者不履行依此权利所有个人的加入。

（E）国务卿或者州政府将决定通知实体并且直到国务卿或者州政府对于此决定的基础已被纠正并不太可能再出现满意时，依此权利该实体对个人加入者付款暂停。

（3）**对慢性标准的实体的治疗**。在已经多次未能满足第 1903 条第（m）款及本条的要求的医疗救助管理式医疗组织，国家应当（与其他制裁无关）强制进行第（2）项第（B）目及第（C）目所述的制裁。

（4）**终止合同的权利**。

（A）**总则**。对于一个已多次未满足这一部分或者第 1903 条第（m）款或者第 1905 条第（t）款第（3）项的要求的管理式医疗组织，州政府应当有权力终止与该实体的合同并与其他管理式医疗组织（或允许加入者接受这种依此权利通过管理式医疗实体根据医疗援助的州计划以外）一起接收该组织的加入者。

（B）**合同终止之前开听证会的可用性**。一州不得终止依据第（A）目与管理师医疗实体的合同，除非该实体在合同终止前举行了听证会。

（C）**公告和权利终止的情况下的除名和听证**。一州可以：（ⅰ）通知个人加入者听证会的主题，终止该国与该实体的合同；以及（ⅱ）允许该加入者不说明理由地与该实体解除关系。

（5）**针对州政府强制进行的制裁，对管理式医疗实体的其他保护**。在针对管理式医疗实体进行制裁而非该实体合同的终止前，州应提供与通知还是替及其他适当的程序保护实体，因为州可以提供，但任何州不得规定提供该项所述的依据第（2）项第（B）目制裁与预先管理式医疗组织的听证会。

（f）**付款的及时性**。根据第 1903 条第（m）款的合同，管理式医疗实体应提供该组织应支付的项目和服务所涉及的合约，而医疗保健服务，提供给符合条件的个体医疗机构的根据州计划的医疗补助的援助下，支付与第 1902 条第（a）款第（37）项第（A）目一致的款项，除非医疗保健提供者和该组织就一个备用的付款时间表达成共识。

（g）**以 DSH 付款为目的的患者的识别**。每个根据第 1903 条第（m）款或者第 1905 条第（t）款第（3）项与管理式医疗实体订立的合同都应当要求该实体或者：（1）向州提出报告以确定所需的信息服务，根据合同，医院（以及医院提供此类服务的身份）为目的的依据第 1886 条第（d）款第（5）项第（F）目申请；或者（2）依此权利在发给个人的身份证上协商赞助代码，以使医院识别有权利享受此项待遇的患者。

额外的低收入医疗保险受益人的医疗保险费用
分担的国家覆盖范围

第 1933 条【《美国法典》第 42 编第 1396u－3 条】（a）**总则。**依照第 1902 条第（a）款第（10）项第（E）目第（iv）节，并根据本条之后的条款，通过一个计划的修正案，依照依此权利的州计划应当负责为医疗保险支付医疗救助费用的成本，本条（在本条特指"有资格的个人"）所述的代表所有个人利益的共享，这些个人依照第（b）款被挑选出来接受此种援助。

（b）**有资格的个人的挑选。**州政府应当挑选有资格的个人，并向该批个人提供援助，以本条为依据并符合下列要求：

（1）**一切符合条件的个人都可以申请。**在任一年度期限内，州政府应当允许符合条件的所有个人申请获得援助。

（2）**挑选遵循"先到先得"的标准。**

（A）**总则。**每个年度内（自 1998 年起），从（并在此范围内）依照第（c）款且州政府的会计年度在此年度内终止的分配数量中，州政府应当依申请顺序从申请的个人中挑选合格的个人。

（B）**移后扣减。**在 1998 年之后的年度，州政府在挑选的时候应当给予上一年度最后一个月已经享受此种援助［或第 1902 条第（a）款第（10）项第（E）目所述的其他援助］并仍然符合条件的个人以特殊照顾。

（3）**以分配数量为基础的对个人数量的限制。**州政府应当限制一个年度内的符合条件的个人的数量，以便该年向个人提供的援助的可估计总数与州政府依照第（c）款和州政府会计年度内终止的分配数量保持相等（而不是超过）。

（4）**年度内援助的接收。**在本条下，个人被挑选出来接收一年中某一个月的援助，且如果该个人继续有资格，则该个人有资格接收该年其余各月的援助。本条下的个人被挑选出来接收某年任意时间的援助的事实并不必然导致该个人继续享受下一年的援助。

（c）**配置。**

（1）**总量配置。**在本条下，每年度可配置的总额如下：

（A）1998 会计年度为 2 亿美元；

（B）1999 会计年度为 2.5 亿美元；

（C）2000 会计年度为 3 亿美元；

（D）2001 会计年度为 3.5 亿美元；

（E）2002—2003 会计年度为 4 亿美元。

（2）**向每个州的分配**。国务卿应提供在第（1）项所述的一个会计年度的总金额中国家执行的首个计划的修正案，在实施第（a）款一致的计划的修正案后，并以国务卿对比例的估计：

（A）相当于在该州依照第 1902 条第（a）款第（10）项第（E）目第（ⅳ）节的个人总数；

（B）依照第（A）目所有有资格的州计算出来的数量总和。

（d）**可适用的行政政策**。依据第 1902 条第（a）款第（10）项第（E）目第（ⅳ）节，一个年度的某季度一州供应的援助：

（1）到此种程度：这种援助不应当超过该州依第（c）款分配的本财政年度时联邦医疗援助比例的百分之百；

（2）这种援助超过该分配的联邦医疗援助的百分比为零个百分点。

（e）**权利的限制**。除本条明确规定外，本条的任何规定不得解释为任何个人的权利建立在第 1902 条第（a）款第（10）项第（E）目第（ⅳ）节所述的援助。

（f）**通过第 B 部分对医疗保险项目的费用的覆盖**。在每一会计年度，国务卿应为根据第 1841 条转移至联邦补充医疗保险信托基金提供的付款，财政部根据第 1903 条第（a）款并根据本条的规定关于医疗援助的金额应相当于依据本条此种转让应从这些以第 1839 条的目的为基础的信托基金的支出总额处理。

（g）**特殊规则**。

（1）**总则**。在第（2）项所述的每一时段内，州政府应当依据第（3）项挑选合格的个人，并向其提供援助，与依据 2003 年度生效的本条有关条款一致，除非根据此目的：

（A）参照本条的前款，无论财政的还是历法的，都应当被视为对该期限的引用；

（B）依第（c）款，本时期的分配总额应为第（2）项所述该时期的数额。

（2）**描述中的时期和总拨款金额**。在本款下：

（A）2004 年 1 月 1 日到 2004 年 9 月 30 日，总拨款金额为 3 亿美元；

（B）2004 年 10 月 1 日到 2004 年 12 月 31 日，总拨款金额为 1 亿美元；

（C）2005 年 1 月 1 日到 2005 年 9 月 30 日，总拨款金额为 3 亿美元；

（D）2005 年 10 月 1 日到 2005 年 12 月 31 日，总拨款金额为 1 亿美元；

（E）2006 年 1 月 1 日到 2006 年 9 月 30 日，总拨款金额为 3 亿美元；

（F）2006 年 10 月 1 日到 2006 年 12 月 31 日，总拨款金额为 1 亿美元；[①]

（G）2007 年 1 月 1 日到 2007 年 9 月 30 日，总拨款金额为 3 亿美元；[②]

（H）[③] 2007 年 10 月 1 日到 2007 年 12 月 31 日，总拨款金额为 1 亿美元；[④]

（I）[⑤] 2008 年 1 月 1 日到 2008 年 9 月 30 日[⑥]，总拨款金额为 3.15 亿美元[⑦]；[⑧]

[①] 《公法》第 110—90 期，第 3 条第（b）款第（1）项，删去"和"。

[②] 《公法》第 110—90 期，第 3 条第（b）款第（1）项，删去"时间"同时用"；和"取代。

《公法》第 110—173 期，第 203 条第（b）款第（1）项，删去"和"。

[③] 《公法》第 110—90 期，第 3 条第（b）款第（1）项，加入第（H）目，2007 年 9 月 30 日生效。

[④] 《公法》第 110—173 期，第 203 条第（b）款第（3）项，删去"时间"同时用"；和"取代。

＊《公法》第 110—275 期，第 111 条第（b）款第（1）项第（A）目，删去"和"。

[⑤] 《公法》第 110—173 期，第 203 条第（b）款第（3）项，加入第（Ⅰ）次节，2007 年 12 月 29 日生效。

[⑥] 《公法》第 110—379 期，第 111 条第（b）款第（1）项第（B）目第（ⅰ）节，删去"6 月 30 日"同时用"9 月 30 日"取代，2008 年 7 月 15 日生效。

[⑦] 《公法》第 110—275 期，第 111 条第（b）款第（1）项第（B）目第（ⅱ）节，删去"2 亿美元"同时用"3 亿美元"取代，2008 年 7 月 15 日生效。

《公法》第 110—379 期，第 111 条第（b）款第（1）项第（B）目第（ⅰ）节，删去"3 亿美元"同时用"3.15 亿美元"取代，2008 年 10 月 8 日生效。《公法》第 110—379 期，第 2 条第（2）项，删去"1 亿美元"同时用"1.3 亿美元"取代，2008 年 10 月 8 日生效。

[⑧] 《公法》第 110—275 期，第 111 条第（b）款第（1）项第（B）目第（ⅲ）节，删去"时间"用"；"取代。

（J）① 2008 年 10 月 1 日到 2008 年 12 月 31 日，总拨款金额为 1.3 亿美元②；

（K）③ 2009 年 1 月 1 日到 2009 年 9 月 30 日，总拨款金额为 3.5 亿美元；

（L）④ 2009 年 10 月 1 日到 2009 年 12 月 31 日，总拨款金额为 1.5 亿美元。

（3）**有关始于 1 月 1 日时间段的规则**。对于第（2）项第（B）目、第（D）目、第（F）目、第（H）目、第（J）目、第（L）目⑤中描述的任何特定时期，适用以下条款：

（A）该具体期限应作为即刻在该年度期间符合条件的依据第（b）款第（2）项继续接受治疗之前并接受了该期间最后一个月的援助的个人，该个人应被视为选择了指定的期间（在此期间内无须完整填写援助申请）。

（B）该特定期间依据第（b）款第（3）项所设的限制应当同紧接着的前一时期依据本款所设的限制相同。

（C）该特定期间依据第（c）款第（2）项设定的比率应当同紧接着的前一时期依据本款所设的比例相同。

针对老年人的全面护理方案

第 1934 条【《美国法典》第 42 编第 1396u－4 条】（a）州的选择权。

（1）**总则**。在本条下，一州可选择根据针对老年人的全面护理方案（以下简称 PACE）项目服务向符合 PACE 项目条件且有权接受医疗援助

---

① 《公法》第 110—275 期，第 111 条第（b）款第（1）项第（C）目，加上第（J）目，2008 年 7 月 15 日生效。

② 《公法》第 110—379 期，第 2 条第（2）项，删去"1 亿美元"同时用"1.3 亿美元"取代，2008 年 10 月 8 日生效。

③ 《公法》第 110—275 期，第 111 条第（b）款第（1）项第（C）目，加上第（K）目，2008 年 7 月 15 日生效。

④ 《公法》第 110—275 期，第 111 条第（b）款第（1）项第（C）目，加上第（L）目，2008 年 7 月 15 日生效。

《公法》第 110—275 期，第 111 条第（b）款第（2）项，删去"或第（F）目"同时用"第（H）目、第（J）目或第（L）目"取代。

⑤ 《公法》第 110—90 期，第 3 条第（b）款第（2）项，删去"或第（F）目"插入"第（F）目或第（H）目"。

的个人提供医疗援助，此类个人不必满足第十八编第 A 部分和第 B 部分的要求，PACE 项目下的个人面临州的选择时：

（A）该个人应仅通过本项目依计划获得福利；

（B）PACE 的项目提供者应依据 PACE 项目的协议接收付款。

一州可对满足 PACE 项目协议下的 PACE 项目的人数进行数量限制。

（2）**PACE 项目的定义。** 在本条下，"PACE"是指符合下列要求的针对老年人群的广泛的项目：

（A）**操作。** 对该项目进行操作的实体称作 PACE 项目的供应商［如第（3）项定义］。

（B）**全面福利。** 该项目依照 PACE 项目协议和依照本条向有资格参与 PACE 项目的个人提供全面的卫生保健服务。

（C）**转换。** 在依本条加入组织且加入行为因任何原因（包括该个人不再有资格参与 PACE 项目，PACE 项目协议终止，或其他情况）停止的个人，项目向该个人提供援助并通过适当的转介服务获得必要的转换，个人的医疗记录提供给新的供应商。

（3）**PACE 供应商的定义。**

（A）**总则。** 在本条下，"PACE 供应商"指：（ⅰ）依据第（B）目，为（或者是独立的部分）一个公共实体或私人的，依据《1986 年国内税收法》第 501 条第（c）款第（3）项①以慈善为目的而组织起来的非营利性实体；以及（ⅱ）就其运作的 PACE 项目已经订立了 PACE 项目协议。

（B）**对私人非营利供应商的处理。** 第（A）目第（ⅰ）节不适用于：（ⅰ）从属于依据第（h）款的示范项目的豁免的实体；以及（ⅱ）根据第 4894 条第（b）款的有关平衡预算法的报告的日期提交之后，除非国务卿决定，本条第（2）项第（A）目、第（B）目、第（C）目、第（D）目中所述的结果都是真实的。

（4）**PACE 项目协议的定义。** 在本条下，"PACE 项目协议"指，对于一个 PACE 供应商，与本条和第 1894 条（若适用）以及发布这些编的协议，在 PACE 供应商、国务卿以及依据本条的国家管理的负责 PACE 项目运作的代理处。

（5）**有资格参与 PACE 项目的个人的定义。** 在本条下，"有资格参与

---

① 参见第 2 卷《公法》第 83—591 期，第 501 条第（c）款第（3）项。

PACE 项目的个人"指符合下列条件的个人：

（A）55 岁或者以上年龄；

（B）依据第（c）款第（4）项，由依据第（c）款决定的护理水平的医疗护理设施服务的覆盖面计划的要求；

（C）居住在 PACE 项目的服务区域之内；

（D）符合其他可根据本方案的 PACE 项目协议可被强制的依据第（e）款第（2）项第（A）目第（ii）节的资格条件。

（6）**PACE 协议**。在本条下，"PACE 协议"是指针对老年人的广泛护理的程序的协议（简称 PACE），正如安乐公司发布的那样，自 1995 年 4 月 14 日，或可能在国务卿与安乐公司间达成共识的其他后续协议。

（7）**PACE 豁免项目示范的定义**。在本条下，"PACE 豁免项目示范"是指从属于下列任何片段（在它们被废止前有效）的演示程序项目：

（A）《1983 年社会保障法修正案》（《公法》第 98—21 期）第 603 条第（c）款，正如《1985 年综合预算调整法》（《公法》第 99—272 期）第 9220 条扩展的那样。

（B）《1986 年综合财政预算法》（《公法》第 99—509 期）第 9412 条第（b）款。

（8）**国家管理机构的定义**。在本条下，"国家管理机构"是指，对于一州内 PACE 项目的运作，该州（可能负责该州内依此权利的计划的实施）的代理处依据本条以及第 1894 条在州内负责实施 PACE 项目的协议。

（9）**试用期的定义**。

（A）**总则**。在本条下，"试用期"是指对于依据 PACE 项目协议由 PACE 供应商实施的 PACE 项目，依据该项目协议的前 3 年合同期。

（B）**以前实施 PACE 示范豁免项目的实体的处理**。每一个合同年（包括本条有效期之前的一年）内，在该年一个已经实施了 PACE 示范豁免项目的实体应当依据第（A）目被认为是一个合同年，在此期间该实体作为一个 PACE 供应商依据 PACE 项目协议实施了 PACE 项目。

（10）**规则**。在本条下，"规则"是指依据第（f）款实施本条及第 1894 条而颁布的最终的或临时最终法规。

（b）**福利的范围、受益人的保障措施**。

（1）**总则**。在 PACE 项目协议下，PACE 供应商应当：

（A）向有资格参与 PACE 项目的个人，无论其来源和直接付款或与其他实体的合同，至少：（ⅰ）第十八编（对于依照第 1894 条参与的个人）覆盖的所有条款和服务以及本编下的所有条款和服务，但不包括任何限制或者以金额、期限或范围、无免赔额、共付、共同保险或其他费用分担，否则将依此权利分别适用，以及（ⅱ）所有其他条款和服务的法规规定，以 PACE 协议的要求为基础；

（B）向此类加入者提供必要的条款和服务的覆盖：全天、全年；

（C）向此类加入者提供通过广泛的有关各种学问的健康与社会服务交付，而这将依照规定集成敏锐的且长期的护理服务；

（D）指定涵盖的项目，该实体将不直接提供条款与服务，并通过满足法规要求的合同安排此类条款与服务的交付。

（2）**质量保证、患者保护措施**。PACE 项目协议应当要求 PACE 供应商包含至少：

（A）按照规定的一个质量保证与改进的书面计划，以及修订该计划的程序；

（B）按照规定和依此权利的其他要求以及特以患者的保护为目的的联邦和州的法律的参与者（包括患者的权利和申诉、上诉程序的法）权利的书面保护措施。

（3）**由非合同内科医生和其他实体提供的医疗保险服务的处理**。

（A）**对于非合同内科医生和其他实体提供的医疗保险服务的医疗保险优势规定的应用**。第 1852 条第（k）款第（1）项（有关反对 MA 组织对非合同医生及其他实体关于第十八编所涉及的服务的平衡计费的限制）不适用于 PACE 供应商，有资格参与 PACE 项目的个人，以及不具有合同或其他建立对个人以及以相同方式应用于 MA 组织的服务付款数额的医生及其他实体，加入此类实体的个人，以及本条提及的内科医生及其他实体。

（B）**涉及非合同的服务供应商相关的条款**。对于依据第十八编负责提供有关根据非合同供应商所提供的服务的条款，见第 1866 条第（a）款第（1）项第（O）目。

（4）**参照本编下有关服务的条款而不是第十八编**。对于涉及供应商的参与，在州计划的本编下，依合同或以法律建立的这样的计划涵盖的服务供应商应支付款项的其他协议规定的限制（但不依照第十八编），有关提供给加入者服务的证据法律条文，见第 1902 条第（a）款第（67）项。

（c）**适格决定**。

（1）**总则**。以下决定；

（A）个人是否有资格参与 PACE 项目应依据并与 PACE 项目协议保持一致；

（B）有资格依此权利参与医疗援助的个人（或者无资格，可以被认为）应由国家管理机构认定。

（2）**条件**。除非个人的健康状况已被秘书或者国家管理机构认定，则个人（关于依本条的报酬）不是 PACE 项目的合格参与者，依照规定等同于已参与 PACE 示范豁免项目的个人的健康状况。此种决定应当根据健康状况和作为相关指标（例如医疗诊断和日常生活，辅助性日常活动以及认知障碍），这是一个统一的由 PACE 供应商收集的有关潜在合格的个人的最小数据。

（3）**每年换发新证的资格**。

（A）**总则**。根据第（B）目，第（a）款第（5）项第（B）目描述的针对个人的决定每年至少应被重新评估一次。

（B）**例外情况**。第（A）目所述的年度重新评估的要求在国家管理机构认定有没有改善或个人的状况由于慢性疾病的严重程度出现重大变化的合理预期内或者受损程度周期规则设计的个别功能条件下可以被放弃。

（4）**适格的继续**。适合的 PACE 项目的个人参与者可被认为可继续保有原来的身份尽管该个人可能不再符合第（a）款第（5）项第（B）目的要求，如果依照规定，在继续下一个 PACE 计划覆盖的个人合理情况下，预计将在随后的 6 个月期间内满足上述要求。

（5）**加入、除名**。

（A）**志愿者可在任何时候除名**。PACE 的合格参与者的加入与除名应依照规定和 PACE 项目协议进行且应允许加入者不计原因地在任何时候除名。

（B）**除名的限制**。

（ⅰ）**总则**。国务卿依本条及第 1894 条发布的规定及 PACE 项目协议，都应假设 PACE 项目可能并不对合格加入者进行除名，除非：（Ⅰ）拒绝及时支付保险费（若可行）；或者（Ⅱ）卷进破坏性或危险性行为，如此类规定（那些同国家管理机构密切协商发展出来的）定义。

（ⅱ）**固执的行为不得除名**。除非颁布的法规允许的条件下实施第

（ⅰ）节、第（ⅱ）节，PACE 项目不得因该加入者卷入了固执行为而对合格的参加者除名，如果该行为涉及的是个人的精神或身体状况。对于前句所称的"固执行为"，包括重复的不配合医嘱以及多次未赴约。

（ⅲ）**对于被提议的非随意性除名的定期审查**。一个被提议的除名，不同于自愿除名，在该提议的除名生效前，应进行定期审查并有秘书或国家管理机构（若如果可行）做出最终决定。

（d）**对 PACE 供应商的付款**。

（1）**总则**。依本条及 PACE 项目协议的 PACE 供应商，除非依本条或依规定提供的，国家应当为依据本条的协议合格的每一个符合条件的 PACE 项目的个人计算未来每月的付款额。

（2）**按人收费的数额**。该按人头计费的数额，根据本款适用的合同，为一年提供者应当在年度 PACE 项目协议中规定的数额。此种款项应是一个数量，根据协议规定，比原本根据州计划提出的如果个人未能依次登记，应考虑调整步伐并保证参保金额是由秘书适当决定的。根据本条款，应当依据 1894 条对依本条加入 PACE 项目的个人接收款项。

（e）**PACE 项目协议**。

（1）**要求**。

（A）**总则**。国务卿与国家管理组织密切协商，应建立进入、延长和终止 PACE 项目协议的程序，各实体的 PACE 项目的实施应满足本条和第 1894 条以及规定所指的供应商的要求。

（B）**数量限制**。

（ⅰ）**总则**。国务卿应依协议并依本条及《1986 年综合预算调整法》第 9412 条第（b）款不允许 PACE 供应商超过：（Ⅰ）在本条颁布之日后，40 个；或者（Ⅱ）每个此日期的此后的同期，依此目的数值限制在前一年的基础上加上 20 个。

第（Ⅱ）次节不应不考虑作为以前的同期其计至协议生效之日的实际数目。

（ⅱ）**对某些私人的非营利性供应商的处理**。第（ⅰ）节中的数量限制不应适用于下列 PACE 供应商：（Ⅰ）依据第（h）款在示范豁免项目下运行；或者（Ⅱ）在此种豁免下运行且后来按照第（a）款第（3）项第（B）目第（ⅱ）节符合 PACE 供应商的身份。

（2）**服务区域及适格**。

（A）**总则**。PACE 项目协议：

（ⅰ）应指定该项目的服务区域；

（ⅱ）可向个人提供额外的要求以使其符合成为 PACE 参与者的资格；

（ⅲ）在一年的合同期内应有效，但可能会在一方不注意的情况下终止或延长附加合同年，并受国务卿和国家管理机构在任何时候有理由（根据该协议）的终止；

（ⅳ）应要求 PACE 供应商满足可用的州和地方法律和要求；

（ⅴ）需载有当事人可以约定的额外的条款及条件，只要这些条款和条件与本条规定相一致。

（B）**服务区域的重叠**。依照第（A）目第（ⅰ）节及 PACE 协议指定服务区域时，国务卿（与国家管理机构协商后）可以排除指定已经依照 PACE 协议覆盖了的区域，以避免不必要的重复服务，并避免损害现有方案的金融的和服务的可行性。

（3）**数据的收集、结果测量的发展**。

（A）**数据的收集**。

（ⅰ）**总则**。依据 PACE 项目协议，PACE 供应商应：

（Ⅰ）收集数据；

（Ⅱ）保持，并为国务卿和国家管理机构提供对有关项目的记录的方便，包括相关的金融，医疗的以及人事的记录；

（Ⅲ）服从于国务卿和国家管理机构的此类报表，只要国务卿认为（与国家管理机构协商）有必要监督该 PACE 项目的运作，支出和有效性。

（ⅱ）**试用期的要求**。在 PACE 项目（依本条或依据 PACE 示范豁免项目）开始运行的前 3 年，PACE 供应商应提供此类额外数据，只要国务卿指定规定以进行第（4）项第（A）目要求的监督。

（B）**结果测量的发展**。依照一个 PACE 项目协议、PACE 供应商、国务卿及国家管理机构都应共同合作改进和实现关于 PACE 项目参加者的健康状况和生活质量的结果测量。

（4）**监督**。

（A）**在试用期的密切监督**。在试用期〔如第（a）款第（9）项定义〕，对于 PACE 供应商实施的 PACE 项目，国务卿（与国家管理机构协商）应对 PACE 项目的操作进行全面的年度审查，以确保符合本条和规定的要求。此种审查应包括：

（ⅰ）对项目现场的到场访查；

（ⅱ）对供应商的会计的稳定性进行全面的评估；

（ⅲ）对供应商的项所有参与者提供全部 PACE 服务的能力的全面评估；

（ⅳ）对该实体实质遵照本条及规定的所有重大要求的深入分析；

（ⅴ）国务卿或国家管理机构认为有必要或合适的任何其他因素。

（B）**持续的监督**。试用期之后，只要合适，国务卿（与国家管理机构协商）应继续进行此种对 PACE 供应商及对 PACE 项目运行的审查，将供应商依据本条或规定的行为水平和对所有重要要求的遵守考虑进去。

（C）**公布**。依本项审查的结果应即刻向 PACE 供应商公布，连同关于供应商改进情况的推荐材料，并依要求向公众开放。

（5）**PACE 供应商协议的终止**。

（A）**总则**。依规定：

（ⅰ）国务卿或国家管理机构可因故终止 PACE 项目协议；

（ⅱ）PACE 供应商可在合理通知国务卿秘书及国家管理机构及加入者之后终止此种协议。

（B）**终止的缘由**。依据建立终止 PACE 项目协议程序的规定，国务卿或国家管理机构可因以下原因同 PACE 供应商终止 PACE 项目协议：

（ⅰ）国务卿或国家管理机构决定：（Ⅰ）向加入者提供的护理的质量存在重大缺陷，或者（Ⅱ）供应商未能实质上遵从依本条或第 1894 条的项目或供应商的条件；

（ⅱ）在收到此种决定的书面通知后 30 日内，该实体未能发展并成功开始实施纠正缺陷的计划，或者未能继续实施此种计划。

（C）**终止和过渡程序**。PACE 供应商协议依本项终止的实体应执行依第（a）款第（2）项第（C）目要求的过渡程序。

（6）**秘书的监督、强制性权力**。

（A）**总则**。依规定，如果国务卿认定（与国家管理机构协商后）PACE 供应商未能实质遵守本条或规定的要求，国务卿（以及国家管理机构）可采取如下的任何行动：

（ⅰ）及时实施纠正措施计划为基础决定 PACE 项目协议的继续

履行。

（ⅱ）依本条或第 1894 条并依 PACE 项目协议就该供应商提供的 PACE 项目服务抑制部分或全部进一步付款，直到所有缺陷已被纠正。

（ⅲ）终止该协议。

（B）**中间制裁的申请。**依规定，国务卿可以针对 PACE 供应商分别提供第 1857 条第（g）款第（2）项［或者 1999 年 1 月 1 日的时期，第 1876 条第（i）款第（6）项第（B）目］或者当供应商违反了第 1857 条第（g）款第（1）项［或此时期的第 1876 条第（i）款第（6）项第（A）目］或第 1903 条第（m）款第（5）项第（A）目所描述的类型时的补救办法的申请（涉及协议，加入者以及分别依据第 1894 条或本条的要求）。

（7）**终止或制裁的强制执行的程序。**依规定，第 1857 条第（h）款［或者 1999 年 1 月 1 日，第 1876 条第（i）款第（9）项］应适用于依据本款终止和制裁的 PACE 项目协议和供应商，同样的方式合同和医疗保险＋选择组织适用于依第十八编第 C 部分（或依第 1876 条的合格组织的该时期）的合同。

（8）**PACE 供应商身份申请的及时考虑。**考虑时，申请应当被认为被认可了的，除非国务卿在该申请提交后的 90 天内，既未书面拒绝该申请，也未书面通知申请人需要额外的信息以确保对该申请做出最终决定。在国务卿收到此种额外信息之日后，该申请应被视为通过，除非秘书在该日期之后的 90 日内拒绝了该申请。

（f）**规定。**

（1）**总则。**秘书应当发布过渡终局或者终局规定，以实施本条及第 1894 条。

（2）**PACE 协议的使用。**

（A）**总则。**在公布此类章则时，国务卿应该在与本条的规定相一致的范围内，依据 PACE 草案，遵照 PACE 豁免示范项目的要求。

（B）**灵活性。**适应某些依本条或第 1894 条的特定组织（如位于农村的或者那些认为根据国家许可法的要求使用非员工内科医师是合适的组织）的需要，为了在 PACE 服务递送模式中保证合理的灵活性，国务卿（与国家行政管理组织密切磋商）可修改或废除 PACE 草案中的条款，只要这样的修改或者废除不会损害且与本条的基本原理、目标及要求相矛盾，但是不得修改或废除下列条款：

（ⅰ）以有资格的要求建造时的护理设施的护理水平老年人个人为中心。

（ⅱ）全面的，完整的急性、长期护理服务的递送。

（ⅲ）以各学科间团队协作的方式运行护理管理和服务的递送。

（ⅳ）以人头计算的完整的，允许供应商合伙经营从公共或私人项目或个人处获得的付款。

（ⅴ）金融风险供应商的消费。

（C）**在示范状态下运行对要求的修改或者废除的继续。** 假如一个在示范权威的指导下运行的 PACE 项目有契约性的或其他运行方面的安排，没有其他公认的有效监管且在 2000 年 7 月 1 日有效，国务卿秘书（与国家行政管理组织密切磋商并经其同意）应当允许此类组织继续进行此类安排，只要国务卿和州认为该安排与 PACE 项目[①]的目标一致。

（3）**对某些额外的受益人和项目的保护的申请。**

（A）**总则。** 根据第（B）目在发布此类的规程时，国务卿可以使用关于 PACE 项目，供应商及安排的第十八编第 C 部分（或者对于 1999 年 1 月 1 日前的时段，适用第 1876 条）的要求以及第 1903 条第（m）款和第 1902 条的与保护受益人和项目完整有关的按照此第 C 部分的适用于医疗保险选择组织的内容（或者在此时段内依据第 1876 条订立的风险分担合同有资格的组织）依据第 1903 条第（m）款的预付人头税协议的医疗补助管理式医疗组织。

（B）**注意事项。** 在发布此类规则时，国务卿应：

（ⅰ）考虑到依本条并依据第十八编第 C 部分（或者对于 1999 年 1 月 1 日前的阶段依照第 1876 条）和第 1903 条第（m）款的服务的人口和提供的福利。

（ⅱ）不包括与依据本条实施 PACE 项目相冲突的任何要求；

（ⅲ）不包括限制依据本编或第十八编有资格享受福利的加入者的比例的任何要求。

（4）**解释。** 本款的任何内容都不得被解释为防止秘书涵盖法规的规定，保证依本条加入一个 PACE 项目的个人的健康和安全，即除了依据第（2）项和第（3）项之外的其他款的描述。

---

① 关于放弃行使权利的灵活性，参见第 2 卷《公法》第 106—554 期，第 903 条。

（g）**放弃要求**。在依据本条实施一个 PACE 项目时，本编（以及与此类要求相关的章则）的下列要求不得适用：

（1）第 1902 条第（a）款第（1）项，与在一州内所有区域提供 PACE 项目或 PACE 项目服务相关的要求。

（2）第 1902 条第（a）款第（10）项，当该编与不同人类种群之间的服务的相似性相关的情况下。

（3）第 1902 条第（a）款第（23）项和第 1915 条第（b）款第（4）项，与依据一个 PACE 项目选择供应商的自由相关。

（4）第 1903 条第（m）款第（2）项第（A）目，只要该条对 PACE 供应商接收按人头预付的款项做出限制。

（5）本编下的其他条款中，如《1997 年平衡预算法》[①]增加或修订的那样，由国务卿来决定对于依据本编实施 PACE 项目来讲不适用。

（h）**营利性实体的示范工程**。

（1）**总则**。为了演示一个私人、营利性实体的 PACE 项目的运作，国务卿（与国家管理机构密切协商）应当同意弃用依第（a）款第（3）项的要求，即 PACE 供应商可以不是营利性私人实体。

（2）**类似的条款和条件**。

（A）**总则**。除了第（B）目和第（1）项提供的之外，供应商依据本次条运作一个 PACE 项目的条款和条件，应当与非营利性私人组织作为 PACE 项目供应商相同。

（B）**数值的限制**。依据本款允许的限制的项目的数量，不应当多余 10 个。依据本款的豁免项目不应当被认为是违反了第（e）款第（1）项第（B）目规定的数值限制。

（i）**收入的后资格处理**。州政府可以依据本条向加入 PACE 项目的个人提供收入的后资格处理，以与州政府处理个人依据第 1915 条第（c）款接收的服务后资格收入相同的方式。

（j）**其他规定**。本条或第 1894 条的任何内容不应被解释为防止 PACE 供应商进入与其他政府的或非政府的付款人的关于对有资格加入 PACE 项目且依据十八编第 A 部分无资格享受福利，或者依据第 B 部分加入的或者依本编有资格参与医疗救助的个人的合同。

---

① 《公法》第 105—33 期；《美国联邦法律大全》第 111 编第 329 条。

与医疗保险处方药物利益相关的条款

第 1935 条【《美国法典》第 42 编第 1396u – 5 条】（a）**与联邦医疗保险处方药低收入补贴**①，**联邦医疗保险处方援助过渡以及医疗成本分担**②**相关。**依据第 1902 条第（a）款第（66）项及本编的州计划的条件下，在收到依据第 1903 条第（a）款第（e）款的任何联邦财政援助时，州政府应当：

（1）**过渡性处方药物援助的核查信息。**州政府应当向国务卿提供信息来实施第 1860D – 31 条第（f）款第（3）项第（B）目第（i）节的内容。

（2）**低收入补助资格的确定。**州政府应当：

（A）根据第 1860D – 14 条确定保费和费用分担补贴的资格；

（B）在此类资格建立时将此种决定通知国务卿；

（C）另外向国务卿提供除了第十八编（包括第 1860D – 14 条）第 4 子部分外，在实施第 D 部分时可能要求的信息。

（3）**对资格、加入条件以及医疗保险费用分担的受益者的筛选。**作为依据第（2）项为个人进行资格确定的一部分，州政府应当决定个人参加第 1905 条第（p）款第（3）项所述的医疗保险费用分担的医疗救助的资格，并且，如果该个人有资格参与任何医疗保险费用分担，依据州计划（或者依据此种计划的启用条款）对该个人进行登记加入。

（4）③ **以医疗保险储蓄项目为目的的由社会保障局传送数据的考虑。**州政府应当接受依据第 1144 条第（c）款第（3）项传送的数据，并按照与依据申请者直接提交的医疗保险储蓄项目（如依本条定义）构成申请福利的开始的数据相同的方式进行。个人对低收入补助项目（数据已经由此获得）的申请的数据，依据医疗保险储蓄项目应当构成此类利益的申请的归档日期。

---

① 《公法》第 110—275 期，第 113 条第（b）款第（2）项，删去"和"，**2010 年 1 月 1 日生效。**

② 《公法》第 110—275 期，第 113 条第（b）款第（2）项，插入"医疗保险费用分担"，**2010 年 1 月 1 日生效。**

③ 《公法》第 110—275 期，第 113 条第（b）款第（2）项，加入第（4）项，2010 年 1 月 1 日生效。

（b）**定期的联邦行政费用补贴**。即一州在实施第（a）款时支出的数额，依据第 1903 条第（a）款的适当条款是可补偿的支出。

（c）**联邦医疗保险处方药物花费双重资格者的假定**。

（1）**相控式的各州的贡献**。

（A）**总则**。50 个州中的每一个及哥伦比亚特区从 2006 年 1 月起每月都应当依据本款向下列产品的秘书提供款项：

（i）该州该月依据第（2）项第（A）目的计算数量；

（ii）该州该月的拥有全福利双重资格的个人［如第（6）项定义］；

（iii）第（5）项中规定的该月的因素。

（B）**付款的形式和方式**。依据第（A）目的付款应当以秘书规定的方式进行，与依据进入第 1843 条的协议的州政府付款相同的方式，除非所有此种付款都应存入联邦补充医疗保险信托基金的医疗保险处方药物账户。

（C）**承诺**。如果州政府未能依据第（A）目规定的数量付给国务卿款项，利息应当依据第 1903 条第（d）款第（5）项提供的比率累积。所欠的数量以及所使用的利息应当立即与依据第 1903 条第（a）款到第（e）款另外支付给州政府的款项相抵销，并与《1996 年联邦索赔收集法》及可适用的规程相一致。

（D）**数据匹配**。国务卿应当以计算第（A）目的数量为目的，完成对于鉴定和计算全福利双重符合的个人的数量必需的周期数据的匹配。

（2）**数额**。

（A）**总则**。依第（1）项所述的州一年中一个月计算出来的数量等于：

（i）以下产品的 1/12：（I）在基础年份第 D 部分涉及的一州的全福利双重资格个人［如第（3）项所计算］药物的人均医疗支出，以及（II）相当于减去适用于该州在该月所在的财政年度的联邦医疗援助的百分比［如第 1905 条第（b）款定义］的百分之百；

（ii）每年（从 2004 年开始知道并包括所涉及的年份）都依据第（4）项对该年的可用增长系数的规定有所增加。

（B）**注意事项**。国务卿应当在每年 10 月 15 日（从 2006 年开始）前，将该州该年依据第（A）目计算的数额通知第（1）项所述的各州。

（3）**基础年份全福利双重符合个人第 D 部分所涉药物的人均医疗**

支出。

（A）**总则**。就第（2）项第（A）目的目的而言，一州的"基础年份全福利双重符合个人的第 D 部分所涉药物的人均医疗支出"等于下列项目的加权平均数［如依据第（C）目所计算］：

（ⅰ）依据第（B）目确定的 2003 年处方药物的人均医疗支出总额；

（ⅱ）2003 年依据人均管理式护理计划提供给每个全福利双重符合个人的处方药物福利的估计精算价值，如国务卿利用此数据认为合理的那样。

（B）**处方药物的人均医疗支出总额**。

（ⅰ）**总则**。在本编下，对于依本目 2003 年覆盖了门诊药品的州，2003 年的处方药物的人均医疗支出总额与包括配剂费用在内的支出相等，此支出决定了每个全福利双重符合个人未通过管理式医疗护理计划获得该类药物的医疗援助。

（ⅱ）**测定**。在测定依据第（ⅰ）节的数额时，国务卿应：

（Ⅰ）利用医疗统计信息系统（MSIS）的数据及其他可用数据；

（Ⅱ）不包括由于覆盖门诊患者处方药物所用的支出，该药物不被第 D 部分所述药物［如第 1860D－2 条第（e）款定义］所覆盖，包括第 1927 条第（d）款第（2）项第（K）目描述的药物；

（Ⅲ）减去此部分的产品及调节因子［第（ⅲ）节中描述的那样］的支出。

（ⅲ）**调节因子**。本节中一州的调节因子，等于该州 2003 年的下列比率：（Ⅰ）依据第 1927 条根据协议的付款总数；以及（Ⅱ）依本编第（ⅰ）节中提到的覆盖门诊患者药物的支出总额。

此因子应当基于州政府在医疗补助财政管理报告（CMS－64 形式）中报告的信息确定，该报告涵盖了国务卿可能要求的 2003 年第四季度及类似的数据。

（C）**加权平均数**。第（A）目的加权平均数应当影响下列各项确定：

（ⅰ）对于第（A）目第（ⅰ）节，第（ⅱ）节中未述的全福利双重符合个人 2003 年的平均数；

（ⅱ）对于第（A）目第（ⅱ）节，该年度的通过医疗补助管理式护理计划接收了 2003 年门诊者医疗援助的全福利双重符合个人的平均数。

（4）**可用的增长系数**。依据本项的可用增长系数：

（A）2004、2005、2006 年，是平均每处方药支出占有量（正如基于最近国民医疗保健支出项目在该年确定的那样）的年度百分比变化（从前一年到该年）；

（B）连续的一年，是该年第 1860D－2 条第（b）款第（6）项指定的每年的百分比的增加。

（5）**因数。**依据本项一个月的因数是：

（A）2006 年为 90.00%；

（B）2007 年为 88.33%；

（C）2008 年为 86.66%；

（D）2009 年为 85.00%；

（E）2010 年为 83.33%；

（F）2011 年为 81.66%；

（G）2012 年为 80.00%；

（H）2013 年为 78.33%；

（I）2014 年为 76.66%；

（J）2014 年 12 月之后，为 75.00%。

（6）**全福利双重符合个人的定义。**

（A）**总则。**在本条下，"全福利双重符合个人"是指一个州内一个月中的下列个人：

（ⅰ）依据第十八编第 D 部分，或者依据本编第 C 部分的 MA－PD 计划的处方药物计划获得该月第 D 部分覆盖药物；

（ⅱ）州政府依本编并按照第 1902 条第（a）款第（10）项第（A）目或第 1902 条第（a）款第（10）项第（C）目，依照本月医疗援助计划确定有资格享受全福利的个人，由于第 1902 条第（f）款，或者依本编任何有资格获得全福利医疗援助的其他类别，如国务卿确定的那样。

（B）**需要医疗补助者及其他要求花掉的个人的处理。**在个人被州政府依据第 1902 条第（a）款第（10）项第（C）目或者由于第 1902 条第（f）款确定为有资格参加医疗援助的情况下，应用第（A）目，如果此项医疗援助在该月任何时段提供，该个人应当被视为符合第（A）目第（ⅱ）节任何月份的要求。

（d）**处方药收益的协调。**

（1）**理疗保险作为主要的付款方式。**关于第（c）款第（6）项第（A）

目第（ii）节所描述的符合第 D 部分条件的合格个人［如第 1860 D - 1 条第（a）款第（3）项第（A）目定义］尽管在本编下的其他条款中，关于此类药物的医疗救助不再可用（或者说是分担关于此种药物的任何费用），并且关于此类药物的医疗救助规则也将不再适用。在本编计划下，关于此类药物收益的条款不应被认为是关于看护和服务的条款。任何付款都不得不依照本项规定依据第 1903 条第（a）款的处方药物为其提供医疗援助。

（2）**一些不在此列的药物的范围**。在本编关于门诊药（不同于第 D 部分所涉及的药物）下，那些加入了第十八编第 D 部分下的处方药计划或者在本编第 C 部分下的 MA - PD 计划的接受医疗救助的个人。州政府可以选举提供此种医疗援助，以与在其他方面不完全符合全福利双重符合条件的个人或通过这样的计划的安排规定的方式。

（e）**区域疗法**。

（1）**总则**。在一州内：

（A）本条之前的条款不适用于这些州的居民；

（B）如果某州起草并提交了第（2）项（关于向第 D 部分符合条件的个人提供医疗救助的条款）中所涉及的计划给秘书，则其他州可根据第 1108 条第（f）款［如增加第 1108 条第（g）款］中确定的数额增加到在第（3）项中详细规定的经济繁荣时期的数额。

（2）**计划**。国务卿应确定某个计划是本项所述，如果该计划：

（A）向符合第 D 部分条件的低收入人群提供关于涉及第 D 部分药物［如第 1860D - 2 条第（e）款定义］条款的医疗救助；

（B）提供州政府接收的额外数量的由于本款的运行只应在此援助及相关行政支出的保险，且仅为第（3）项第（A）目确定的州政府在任意财政年度应用于此类行政支出的数额的 10%；

（C）符合国务卿规定的其他标准。

（3）**增加金额**。

（A）**总则**。某州在此条款中详细规定的年金额应当等于产出：

（i）第（B）目中规定的总金额；

（ii）比率（如国务卿估计）：（I）有权受益于第 A 部分或加入了第 B 部分的人群和居住在某州的人群（如由秘书在年初确定的由最近获得的数据为基础所得到的）的数字，比（II）所有州提交的如第（2）项所述的计划的总和。

（B）**总金额**。本目中详细描述的总金额为：

（ⅰ）2006 年后 3 个季度，等于 2812.5 万美元；

（ⅱ）2007 财政年度，等于 3750 万美元；

（ⅲ）或者，以后年度，等于在第 1860D－2 条第（b）款第（6）项详细规定的所涉及的年增长率所增加的本目详细规定的之前年份的总金额。

（4）**报告**。国务卿应向国会提交关于本款申请的报告，并可以在报告提出秘书认为适当的建议。

医疗整合计划

第 1936 条 【《美国法典》第 42 编第 1396u－6 条】（a）**总则**。特此建立医疗补助的完整计划（在本条中简称为"计划"），国务卿将通过加入与本条实体一致的合同的方式促进计划的完成，以实现第（b）款所述的行动。

（b）**活动描述**。本款所描述的活动如下：

（1）对个人或装备物品或服务（不管是建立在医疗费、风险还是其他基础上）的实体的审查，该审查的付款依据本编（或者第 1115 条核准的对该计划的任何启用）核准的州计划，来决定是否发生了或可能发生欺骗、浪费或者滥用权力，或不管依据本编这种行为是否依本编的条款未遇见的形式有导致资金浪费的可能性。

（2）依据依本编的州计划，对条目的付款要求或提供服务，或者行政服务的提供的审计，包括：

（A）成本报告；

（B）咨询合同；

（C）第 1903 条第（m）款的合同风险。

（3）审查接受本编下联邦基金的个人或实体的超支情况。

（4）① 教育或训练，包括国务卿可能在这些国家、州、地区设立的会议，州、地方官员、雇员或本编下对州计划负有管理或者监督责任的独立

---

① 《公法》第 110—379 期，第 5 条第（a）款第（1）项第（A）目，删去"关于教育"同时用"依据本编，教育或训练，包含国家会议、州会议或地区会议当部长建立时，关于州或当地的人员、员工或独立承包人的行政管理或国家计划的行政管理"，好像在第 1936 条中《社会保障法》颁布时生效，被加入到第 6034 条第（a）款中的《2005 年赤字削减法》（《公法》第 109—171 期；《美国联邦法律大全》第 120 编第 74 条）。

的承包商、服务行业的从业人员、管理医疗保健实体、利益相关者、其他事关付款的完整性和服务质量的个人。

（c）**符合资格的实体和合同的要求。**

（1）**总则**。如果实体满足第（2）项及第（3）项的规定，则有资格进入下一个合同，可以开展计划所述的任何活动。

（2）**资格要求**。本项要求如下：

（A）实体已经证明有能力开展第（b）款所述的活动。

（B）在进行此类活动时，实体同意与卫生和人类服务部检察长、总检察长及其他执法机构酌情合作，进行对与本编及其他条件下起于此类活动的相关的欺骗和滥用权力的调查和威慑。

（C）实体符合一般适用于联邦采购的、利益冲突等的标准。

（D）实体符合国务卿可能强加的此类其他要求。

（3）**缔约要求**。实体已按照国务卿通过规则建立的程序与秘书定了协约，除非此类程序应当包括下列内容：

（A）鉴定、评估及分辨组织间利益冲突的程序，该程序一般适用于联邦采购。

（B）将用的竞争规程：

（i）依据本条进入新合约时；

（ii）当依据《1996 年健康保险流通和责任法》第 202 条第（b）款订立可能导致责任免除的合约时；

（iii）国务卿认为合适的任何其他时间。

（C）依据本条的合同可能被续签而不管要求竞争的法律条款的要求的程序，如果订约者已经符合或者超出了符合当前合同建立的性能需求。

国务卿可以不管发布的最后规则进入此类合同。

（4）**对订约者责任的限制**。国务卿应当依照规程对依据项目协议实施的合同提供订约者责任的限制，此类规程应当在国务卿认为合理的范围内，利用与第 1157 条包含的相同或类似的标准和其他实质性和程序性的条款。

（d）**项目完整性的综合计划。**

（1）**5 年计划**。关于从 2006 财政年度开始的 5 个财政年度计划，其后的该计划的每个时间段，国务卿都应当建立一个综合的计划通过与欺骗、浪费和滥用权力做斗争来确保依本编项目的完整性。

（2）**咨询**。每个依据第（1）项建立的 5 个财政年度计划都应当由国务卿与首席检察官、联邦调查局局长、美国总审计长、卫生和人类服务部监察长以及国家官员等协商后发展，并对于依据本编的州计划的控制供应商的欺骗和滥用权力负责。

（e）**拨款**。

（1）**总则**。在美国财政部为做其他拨款的任何款项中，依据本条有适当的款项来实施医疗补助完整项目，而不做进一步的拨款：

（A）2006 财政年度，为 500 万美元；

（B）2007 和 2008 财政年度均为 5000 万美元；

（C）之后的每个财政年度，为 7500 万美元。

（2）[①] **可用性以及使用资金的权利**。

（A）**可用性**。依照第（1）项的拨款数额应当保持可用直到消耗完毕。

（B）**使用参加者在接受教育，培训或咨询活动中的交通资金和旅行花费的权利**。

（i）**总则**。国务卿可能使用依照第（1）项的拨款数额来支付交通和旅行费用，包括每代的生活津贴，以《美国法典》第 5 编第 57 章第 1 子章赋予代理商的雇员的权利的利率为准，当第（b）款第（4）项所述的个人远离住所或惯常经营场所参加教育，培训或根据该分章进行的咨询活动。

（ii）[②] **公众披露**。国务卿应当向公众公开医疗保险和补助服务中心的网站：（Ⅰ）依据第（b）款第（4）项的要求进行的每场协商的资金花费的总额；以及（Ⅱ）每场协商花费的资金数额中的交通和旅行费用。

依据第（1）项拨付的款额应当在花费完毕前保持可用。

（3）**CMS 专注于保护医疗补助项目完整性的工作人员的增加**。从第（1）项拨付的数额中，国务卿应当将全职员工增加 100 名，他们的职责只包括通过向各州提供有效的支持和协助来与供应商的欺骗和滥用权力做

---

① 《公法》第 110—379 期，第 5 条第（a）款第（1）项，删去第（2）项用第（2）项第（A）目和第（B）目第（i）节取代，在《1936 年社会保障法》中生效，同样被加入到《2005 年赤字削减法》第 6034 条第（a）款（《公法》第 109—171 期；《美国联邦法律大全》第 120 编第 74 条），对于之前的第（2）项，参见第 2 卷《公法》第 110—379 期，附录 J，作废的条款。

② 《公法》第 110—379 期，第 5 条第（b）款第（1）项，加入第（ii）节适用于会议管理依据 2008 年 10 月 8 日后来自权威的《社会保障法》第 1936 条第（b）款第（1）项［《美国法典》第 42 编第 139 u–6 条第（b）款第（4）项］。

斗争，来保护依本条建立的医疗补助项目的完整性。

（4）**年度报告**。不迟于每财政年度（从 2006 财政年度开始）末 180 天前，国务卿应当向国会提交一份报告，报告中确定：

（A）依据第（1）项拨付的资金的用途；

（B）利用此类资金的效力。

州福利计划的灵活性

第 1937 条【《美国法典》第 42 编第 1396u - 7 条】（a）**州在提供基准福利上的选择权**。

（1）**权力**。

（A）**总则**。不管本编的其他条款，一州在作州计划修正案的选择时，可以依本编向一个或多个组织内部由州通过平均登记确定的个人提供医疗援助。

（ⅰ）第（b）款第（1）项所述的基准覆盖或第（b）款第（2）项所述的基准平等覆盖；

（ⅱ）对于依据第 1902 条第（a）款第（10）项第（A）目的州计划覆盖的任何 19 岁以下的少年儿童，环绕式处理福利到基准覆盖或者包括第 1905 条第（r）款所述的早期和定期筛选，诊断以及治疗服务的基准平等覆盖。

（B）**限制**。州可能只对依据第（A）目的有资格的个人类别行使选择权，该类别已依据州计划或者在本条制定之前建立。

（C）**环绕式处理福利的选择权**。第（A）目所述的覆盖的情况下，一州依据其选择，可以根据州政府确定的形式提供环绕式福利或附加福利。

（D）**医疗援助的处理**。依本款对此覆盖的金额的支付应当被认为是第 1905 条第（a）款第（3）项所述的其他保费的支付。

（2）**申请**。

（A）**总则**。除非如第（B）目所述的那样，州政府可以要求一个组里的全福利个人［如第（C）目定义］依据本编通过第（1）项第（A）目所述的覆盖的登记获得福利。一州可以将前句应用到一个或者多个此类个人的组中。

（B）**申请的限制**。一州可能不会要求一个个人依据第（A）目通过第（1）项第（A）目所述的覆盖的登记获得福利，如果该个人属于下列个人类别中的一种：

（ⅰ）**强制怀孕的妇女**。该个人是依据根据第 1902 条第（a）款第

（10）项第（A）目第（ⅰ）节的州计划被要求覆盖的孕妇。

（ⅱ）**盲人或者残疾的个人**。依据州计划有资格参加医疗援助的以眼盲或残疾（或者被认为是盲人或残疾人）为基础的个人，不管该个人依据第十六编以眼盲或残疾为基础是否有资格享受补充的安全收入福利，以及以第 1902 条第（e）款第（3）项为基础有资格参加医疗援助的个人。

（ⅲ）**双重符合**。个人有资格依据十八编的任何部分享受福利。

（ⅳ）**善终的绝症患者**。个人最终患病且依据本编享受福利善终服务。

（ⅴ）**以制度化为基础的合格者**。个人是一家医院的住院患者、护理设施、针对智力障碍者的中介服务设施或者其他医疗机构，并且被要求，作为一个州计划下接受该机构的服务中所花费的医疗保健费用的条件，是个人收入中的个人需要所必需的少量部分。

（ⅵ）**医学体弱和特殊个体的医疗需求**。该个人在医学上身体孱弱或者有特殊医疗需要（与国务卿的规定一致）

（ⅶ）**有资格参加长期护理服务的个人**。以第 1917 条第（c）款第（1）项第（C）目描述的长期护理服务医疗援助医疗条件为基础有资格的个人。

（ⅷ）**被寄养的接受儿童福利服务的儿童以及接受寄养或收养援助的儿童**。该个人是关于向谁提供援助或者依据第四编第 B 部分援助如何对寄养儿童可用，以及不考虑年龄，依据本编第 E 部分，对于谁收养或寄养护理援助可用。

（ⅸ）**对困难家庭的暂行援助法以及第 1931 条规定中的父母**。以依据按照第四编第 A 部分〔正如依据第 1931 条第（ⅰ）款在当日或之后生效之日起生效的福利改革〕注资的州计划适任接受援助该个人有资格享受医疗援助。

（ⅹ）**乳腺癌或宫颈癌项目中的女性**。该个人是由于第十八编第 1902 条第（a）款第（10）项第（A）目第（ⅱ）节和第 1902 条第（aa）款接受医疗援助的妇女。

（ⅺ）**有限服务的受益者**。该个人：（Ⅰ）以第七编第 1902 条第（a）款第（10）项第（A）目第（ⅱ）节为基础有资格享受医疗援助；或者（Ⅱ）不是一个有资格的外国人。（如《1996 年个人责任和工作机会调节法》第 431 条定义）并且对于紧急医疗状况根据第 1903 条第（v）款享受必需的护理和服务。

（C）**全福利资格个人**。

（ⅰ）**总则**。在本项下，遵从第（ⅱ）节，"全福利资格个人"是指在一州的一个月中，被州政府认为有资格参加第 1905 条第（a）款定义的所有服务的医疗援助的个人，该服务依据第 1902 条第（a）款第（10）项第（A）目依据本编在当月的周计划中被覆盖或者依据其他依据本编的所有服务的有资格参加医疗援助的类别，如国务卿确定的那样。

（ⅱ）**需要医疗补助者及需要一定费用的人口的排除**。此术语不应当包括被州政府确定有资格依据第 1902 条第（a）款第（10）项第（C）目或者第 1902 条第（f）款或者相反章节享受医疗援助的个人，基于对用于医疗或其他不久护理费用的收入的减少。

（b）**基准福利计划**。

（1）**总则**。在第（a）款第（1）项下，以下每项覆盖都应被认为是基准覆盖：

（A）**联邦雇员健康福利计划，平等的健康保险覆盖**。标准蓝十字/蓝盾服务的首选供应商选择的福利计划，如《美国法典》第 5 编第 8903 条第（1）项所述。

（B）**州的雇员覆盖**。一个对涉及的州的雇员提供且广泛可用的健康福利覆盖。

（C）**通过卫生维护组织提供的覆盖健康保险覆盖计划**。

（ⅰ）由一个健康保健组织［如《公共卫生署法》第 2791 条第（b）款第（3）项定义］提供；

（ⅱ）拥有最大的商业保险，这类保险覆盖的非医疗补助由此种登记计划中所涉及的州卫生维护组织提供。

（D）**国务卿应允的覆盖**。任何国务卿决定的其他健康保险福利，向州政府提出申请，为被建议提供此类覆盖的人口提供合理的覆盖。

（2）**基准平等覆盖**。根据第（a）款第（1）项的目的，符合下列要求的覆盖应当被认为是基准平等覆盖：

（A）**包含了基本服务**。该覆盖包括了对于下列各基本服务类别的条目和服务的福利：

（ⅰ）住院患者和门诊患者的医院服务。

（ⅱ）外科医生的外科和医疗服务。

（ⅲ）实验室和 X 射线服务。

（ⅳ）健康婴儿和健康儿童的护理，包括年龄相适应的预防接种。

（ⅴ）其他秘书指定的适当的预防性的服务。

（B）**总精算价值相当于基准套装**。该覆盖范围有一个总的精算值，该精算值至少相当于第（1）项描述的基准福利套装之一。

（C）**大量的包括基准精算套装的额外服务的精算价值**。关于以额外服务为基准的受第（B）目的封装提供以下每个类别，覆盖范围的精算值至少等于此类套餐服务类别的覆盖精算价值的 75％：

（ⅰ）处方药物的覆盖。

（ⅱ）心理健康服务。

（ⅲ）视力服务。

（ⅳ）听觉服务。

（3）**精算价值的决定**。基准福利套装覆盖的精算价值应当基于已编制的精算报告中的精算意见：

（A）通过美国精算师学会的会员的个人；

（B）使用广泛接受的精算原则和方法论；

（C）利用一套标准的利用和价格因素；

（D）使用一个标准化的作为所涉及的人口的代表的标准化人口；

（E）通过比较不同覆盖（或者服务的类别）的价值运用来应用相同的原则和因素；

（F）不考虑任何覆盖面在传送方式或花费控制或使用手段的不同；

（G）考虑一个州依据本编通过考虑提供的福利覆盖精算价值的增加减少福利的能力，是依据这样的报道对成本分摊的限制的结果。

准备意见的保险精算师应当依据第（C）目和第（D）目来选拔并确定。

（4）**农村卫生服务的诊所和 FQHC 服务的覆盖**。不管本条之前的条款，一州可能不依据本编通过登记一个具备基准覆盖或者基准平等覆盖的个人提供医疗援助，除非：

（A）该个人通过此覆盖或相反的第 1905 条第（a）款第（2）项第（B）目、第（C）目所述的服务拥有使用权；

（B）对此类服务的支付与第 1902 条第（bb）款相一致。

健康选择的说明

第 1938 条【《美国法典》第 42 编第 1396u－8 条】（a）权利。

（1）**总则**。不管本编的其他条款，国务卿应当建立一个示范项目，在这之下国务卿可以依据州计划根据本编（包括依据第 1115 条的遍及全州的弃用而运行的计划）提供为与本条相一致的第（C）目规定的替代效益的对于国家规定的其他一个或多个地理区域内的有资格的人口群体的福利。一个专门的"国家示范项目"的条款。

（2）**最初示范**。

（A）**总则**。依本条的示范项目应当在 2007 年 1 月 1 日开始。在本项目的最初 5 年时间内，国务卿不应当应允 10 个以上的州依本条实行示范项目，且每一州的示范项目覆盖该州确定的 1 个或者以上的地理区域。该 5 年时间过后：

（ⅰ）除非国务卿发现，考虑到成本高效益，管理质量以及其他国务卿确定的标准，州政府之前应用的示范项目如果不成功，此种示范项目就可以在该州内延长使用或者永久使用；

（ⅱ）除非国务卿发现，考虑到成本高效益，管理质量以及其他国务卿确定的标准，所有的州的之前应用的示范项目如果不成功，其他的州可以实施该州的示范项目。

（B）**审计总署的审计报告**。

（ⅰ）**总则**。在不迟于第（A）目所述的 5 年时间过后的 3 个月，总审计长应当向国会提交一份评估在此期间内依据本条实施的示范项目的报告。

（ⅱ）**拨款**。在财政部未作其他用途的所有资金中，有拨付给总审计长的款项，在 2007—2010 财政年度间实施第（ⅰ）节的资金为 55 万美元。

（3）**批准**。国务卿不应依据第（1）项批准一个州的示范项目，除非该项目包括下列内容：

（A）创建患者的医疗护理的高额费用的意识。

（B）为了寻求预防性护理服务而向患者提供奖励。

（C）减少不适当使用的医疗服务。

（D）让患者能够为健康结果负责任。

（E）提供入学辅导员和继续教育活动。

（F）提供包括健康机会、交易账户、电子管理而非现金交易在内的各项事务。

（G）提供与本条一致的有权接近谈判供应商的支付比率。

本条不得被解释为组织为患者获得适当的预防保健的国家奖励的示范程序［如《1986 年国内税收法》第 223 条第（c）款第（2）项第（C）目定义］例如为个人健康的其他账户的捐款证明预防措施。

（4）**对于全国范围无要求。**本条或者其他法律条款的任何内容都不得被解释为要求一州必须以一个遍及全州的基础为依托提供州示范项目的实施。

（b）**合格的人口群组。**

（1）**总则。**一州依据本条的示范项目应当指定与第（2）项和第（3）项相一致的合格人口群组。

（2）**示范时期开始的时候的适任的限制。**在依据本条的示范项目的最开始 5 年，一州的示范项目不应当适用于下列任何个人：

（A）年龄在 65 岁或者以上的个人。

（B）残疾的个人，无论他们依据本编享受医疗援助的资格是否基于该残疾。

（C）依本编仅仅因为她们是（或者在之前的 60 天内）孕妇而有资格享受医疗援助的个人。

（D）有资格享受医疗援助的时间不超过连续 3 个月的个人。

（3）**额外的限制。**一个州的示范项目不应当应用于任何第 1937 条第（a）款第（2）项第（B）目所述的个人类别中的个人。

（4）**限制。**

（A）**州的选择。**本款不应被解释为防止一州对资格进行进一步的限制。

（B）**对于医疗保险管理式医疗组织的成员。**在州向作为医疗保险管理式医疗组织的成员并有资格的个人提供服务时，此类个人参加州示范项目的情况，仅限于该州向国务卿提供满意度的保证，该组织满足下列条件：

（ⅰ）此类个人加入组织的且参加项目的人数绝不超过加入该组织的总人数的 5%。

（ⅱ）参加该组织并不与此类加入者在其他组织中的比例明显不相称的该组织的加入者的比例。

（ⅲ）州政府提供了一个适当地对组织的人均支付的调整，作为此类参股的部分账款，考虑到在参与的加入者和不参与的加入者之间可能用到的健康服务的差别。

（5）**自愿参加**。仅当该个人自愿加入时，一个合格的个人可以被接收到一个州示范项目中。除非在这种国务卿指明的困难情况下，此类加入应在 12 个月内有效，但可延长 12 个月，每月的延长都要取得个人的同意。

（6）**1 年时间的重新加入的中止**。一个合格的个人因任何原因被从一个依据本条施行的州的示范项目中除名，在始于除名生效之日的该一年的时段结束之前不得被允许加入此项目。

（c）**选择性福利**。

（1）**总则**。依本条提供的选择性福利应当依据本款，至少包括：

（A）一年内对医疗支出的条目和服务的覆盖，对于该覆盖福利被依据本编在后一年度扣除第（2）项已得到满足；

（B）对健康机遇账户的贡献。

第（A）目的任何内容都不得被解释为防止一州提供防止性护理［参考第（a）款第（3）项］不论年度的扣除的选择性的福利覆盖。

（2）**年度的扣除**。第（1）项第（A）目中所述的年度扣除的数量应当至少为年度化的依据第（d）款第（2）项第（A）目第（ⅰ）节向健康基于账户贡献的数目的 100%，但不超过 110%，不管第（d）款第（2）项第（C）目第（ⅰ）节第（Ⅱ）次节所述的任何限制。

（3）**获取谈判供应商的支付率**。

（A）**有偿服务的参加者**。在个人参加州示范项目且未参加医疗保险管理式医疗组织的情况下，该个人可以从以下各项获得示范项目医疗保险服务：

（ⅰ）依本编的任何参与的供应商将适用于此类服务，如果第（1）项第（A）目所述的可扣除额不可用；

（ⅱ）或者，任何其他以相同的支付率的不超过对于此服务可适用的支付率的 125% 供应商，通过依据本编参加的供应商如果第（1）项第（A）目所述的可扣除额不可用。

（B）**医疗补助管理式护理计划下的处理**。个人参加一个州的示范项目且加入一个医疗补助管理式护理组织，该州应当与该组织订立一个协议，依该协议该个人可以从第（A）目第（ⅱ）节所述供应商处获得示范项目医疗补助服务，不超过依据该项可能征收的支付率。

（C）**计算**。第（A）目和第（B）目所述的支付率应当被计算进去，不考虑任何依据第 1916 条和第 1916A 条将实用的费用分担。

（D）**定义**。在本项下：

（ⅰ）"示范项目医疗补助服务"是指关于一个参加州示范项目的个人，该个人若非申请第（1）项第（A）目所述的可扣除额，将被依据本编提供医疗援助的服务。

（ⅱ）"合约医疗护理提供者"是指：

（Ⅰ）对于第（A）目所述的个人，与州政府就向一州计划有资格享受福利的个人提供服务的条款订立了参与协议的健康护理供应商；

（Ⅱ）或者，对于第（B）目所述参加一个医疗补助管理式护理组织的个人，就该组织依据加入者提供服务的条款订立了协议的健康护理供应商。

（4）**对随后的福利不产生影响**。除非如第（1）款第（2）项所述，对有资格的个人的选择性的福利应当包括否则将向个人提供的包括与此类福利相关的费用分担的福利。

（5）**压倒性的费用分担以及选择性福利的可比性要求**。本编与福利（包括第 1916 条和第 1916A 条）相关的费用分担条款不应适用于依据第（1）项第（A）目的年度可扣除额的福利。第 1902 条第（a）款第（10）项第（B）目（与可比性相关）的此类条款不应在本款中涉及。

（6）**医疗救助处理**。在第（d）款第（2）项第（D）目和第（E）目下，依据本条（包括对健康基于账户的贡献）的选择性福利的支付应当被认为是以第 1903 条第（a）款为目的的医疗援助。

（7）**分层扣税和费用分担的使用**。

（A）**总则**。一州：（ⅰ）可基于所涉的家庭的收入依据第（1）项第（A）目的年度的使可扣除额数目多样化，只要它不使高收入家庭优于低收入家庭；以及（ⅱ）可使现款支付的最大费用分担〔如第（B）目定义〕的总数多样化，基于所涉的家庭的收入，只要它不使高收入家庭优于低收入家庭。

（B）**现款支付费用分担最大值**。在第（A）目第（ⅱ）节下，"现款支付费用分担最大值"是指，对于一个个人或一个家庭，依据第（1）项第（A）目的该个人或家庭的年度可扣除水平的数目，超过了个人或家庭的健康机遇账户的余额。

（8）**雇主贡献**。本条的任何内容都不应被解释为防止雇主提供包括第（1）项第（A）目所述的对依据本条被提供选择性福利的个人的覆盖的健康福利覆盖。

（d）**健康机遇账户**。

（1）**总则**。在本条下，本款要求：

（2）**贡献**。

（A）**总体**。任何贡献不得被考虑进健康机遇账户，除非：（ⅰ）依本编的州的贡献；以及（ⅱ）其他个人和实体的贡献，例如慈善机构。如依据第1903条第（w）款所述。

（B）**州的贡献**。一州应当确定依据第（A）目第（ⅰ）节应存入健康机遇账户的贡献的数目。

（C）**对年度州提供和允许抢劫的账户余额的最大值贡献的限制**。

（ⅰ）**总则**。一州：（Ⅰ）可对依据第（A）目第（ⅰ）节一年内存入健康机遇账户贡献的最大值强加限制；（Ⅱ）可限制对余额达到了州规定的水平的账户的贡献；以及（Ⅲ）适用于第（ⅱ）节和第（ⅲ）节以及第（D）目第（ⅰ）节的条款，不代表个人或家庭向健康机遇账户提供第（A）目第（ⅰ）节所述的贡献，此贡献（包括州和联邦的份额）的数目在年度的基础上超过，每个成人（或家庭成员）2500美元，儿童（或家庭成员）1000美元。

（ⅱ）**美元限制的文件编索引**。对于2006年以后的年份，第（ⅰ）节第（Ⅲ）次节规定的美元数目应当由国务卿逐年增加一个所有城市消费者的消费者价格指数反映医疗护理组成部分年度增加百分比。

（ⅲ）**调整预算中立**。一州可提供对美元的超过第（ⅰ）节和第（ⅲ）节〔如依据第（ⅱ）节增加〕规定的限制，对于确定的个人，如果该州向国务卿提供了满意度保证：以其他方式向其他个人贡献将减少的方式，总额不超过提供的贡献，否则根据本目规定的准许的总额的贡献。

（D）**联邦匹配的限制**。

（ⅰ）**州的贡献**。一州可依据第（A）目第（ⅰ）节向健康机遇账户贡献超过第（C）目第（ⅰ）节第（Ⅲ）次节所述的限制的数目，但是没有任何一个联邦财政参与应当依据第1903条第（a）款关于超过此限制被提供的贡献。

（ⅱ）**私人贡献无 FFP。**任何的联邦财政参与不应被依据第1903条第（a）款关于第（A）目第（ⅱ）节所述的贡献提供给一个健康机遇账户。

（E）**不同配比的适用。**国务卿应当制订方案，以在依据第1903条第（a）款的联邦配比的、用于医疗保健的健康机会账户支出超过联邦医疗的援助比例时，州可以依据该条关于此支出的高配比规定获得补偿。

（3）**适用。**

（A）**一般适用。**

（ⅰ）**总则。**根据本项的后续款项规定，在州政府的指定下，"健康机会账户"中的资金可以用于支付上述医疗保健开支。

（ⅱ）**一般限制。**根据第（B）目第（ⅱ）节的规定，在任何情况下，上述账户不得用于支付非《1986年国内税收法》第213条第（d）款所界定的医疗保障的健康保障支出。

（ⅲ）**州限制。**各州可以在适用第（ⅰ）节上限制以下情形的支出：（Ⅰ）物品或服务的提供者获得州许可或者授权提供物品或服务的，因为发现提供者有不符合质量标准或犯有一项或多项欺诈或滥用行为，不论与该项还是其他健康福利计划方面，可以基于此而拒绝向提供者支付；以及（Ⅱ）在州发现物品和服务不是医疗上适当或必要的情况下。

（ⅳ）**电子提款。**州示范项目应提供方案，既可以使用电子系统为上述目的从账户中提款，又不允许从账户中提取现金。

（B）**健康机会账户不符合公共利益资格后的保有。**

（ⅰ）**总则。**纵使有其他法律规定，如果一个健康机会账户的账户持有人因为收入或资产增加而不具有该项下利益资格：

（Ⅰ）不得根据第（2）项第（A）目第（ⅰ）节向账户额外分配；

（Ⅱ）根据第（ⅲ）节的规定，账户余额应减少25%；

（Ⅲ）根据本目的后续规定，账户自个人不具有同样条件下的上述提款利益资格之日起3年内对账户持有人有效，如同账户持有人具有上述利益资格一样，上述提款以第（c）款第（6）项的医疗救助对待。

（ⅱ）**特殊规则。**根据本目规定从账户中的提款：（Ⅰ）应当对用于健康保险范围的购买有效；以及（Ⅱ）根据第（ⅳ）节规定，对于州指定（州可以指定，由国务卿批准）的额外支出（如职业培训和费用开支）也可有效（在于州的选择）。

（ⅲ）**作为个人出资管理的 25% 的储蓄例外**。第（ⅰ）节第（Ⅱ）次节规定不适用于归为第（2）项第（A）目第（ⅱ）节所述出资的账户部分。为上述出资会计目的，自健康机会账户的提款应首先归为第（2）项第（A）目第（ⅱ）节所述出资。

（ⅳ）**非健康的提款（账户支付）**。不得根据第（ⅱ）节第（Ⅱ）次节的规定提款，除非账户持有已参加本条中的项目至少 1 年。

（ⅴ）**没有延续覆盖要求**。健康机会账户的账户持有人，依本编丧失医疗救助资格后，不需要购买高扣减或其他保险以维持或使用该账户。

（4）**管理**。各州可以通过第三方管理员的受益和合理支出来协调健康机会账户管理，该管理者受益应该根据第 1903 条第（a）款第（7）项规定的其他行政支出的方法由州来补偿。

（5）**待遇**。健康机会账户中的金额或出资不得视为以确定本编利益资格为目的的收入或资产。

（6）**未授权的提款**。各州可以设立程序：

（A）以惩罚或开除从健康机会账户中非法提款的个人；

（B）以收回源自不合格提款的损失。

直接影响医疗补助项目的相关法律①

第 1939 条 【《美国法典》第 42 编第 1396v 条】（a）授权或要求覆盖额外人员。有法律规定使额外人员成为具有本编医疗援助资格的人员，见如下：

（1）**对有子女家庭补助计划（AFDC）**。

（A）该法第 402 条第（a）款第（32）项（不是给付对象而视为受援助人的人员）。

---

① 《公法》第 108—173 期，第 103 条第（a）款第（2）项第（A）目，修改了之前的第 1935 条作为第 1936 条，2003 年 12 月 8 日生效。

《公法》第 109—171 期，第 6034 条第（a）款第（1）项，修改了之前的第 1936 条作为第 1937 条、第 6044 条第（a）款，修改了之前的第 1937 条作为第 1938 条，2006 年 3 月 31 生效，以及第 6082 条第（a）款第（1）项，修改了之前的第 1938 条作为第 1939 条，2006 年 2 月 8 日生效。

（B）该法第 402 条第（a）款第（37）项（因为收入增加而失去 AFDC 资格的人员）。

（C）该法第 406 条第（h）款（由于子女或配偶支持的增加收入而失去 AFDC 资格的人员）。

（D）该法第 482 条第（e）款第（6）项（参与工作补充项目的人员）。

（2）附加（社会）保障收入（SSI）。

（A）该法第 1611 条第（e）款（夫妻分享住宿设施的待遇）。

（B）该法第 1619 条（尽管有严重的医疗损失却执行实质上有报酬活动的人的利益）。

（C）该法第 1634 条第（b）款〔保留因为 1983 年精算换算公式改变而失去 SSI 利益的残疾的鳏寡之利益地位〕。

（D）该法第 1634 条第（c）款〔由于本法第 202 条第（d）款享有儿童保险利益而失去 SSI 利益资格的人员〕。

（E）该法第 1634 条第（d）款〔由于本法第 202 条第（e）款或第（f）款提前享有鳏寡保险利益而失去 SSI 利益资格的人员〕。

（3）寄养照顾和收养补助。该法第 472 条第（h）款和第 473 条第（b）款（关于寄养和收养儿童的儿童医疗补助）。

（4）难民援助。《移民和国籍法》[①] 第 412 条第（e）款第（5）项（关于给某些难民的医疗援助）。

（5）[②] 其他。

（A）《公法》第 93—66 期，第 230 条（某些基本的人员的医疗援助的推定资格）。

（B）《公法》第 93—66 期，第 231 条（医疗机构中某些人的医疗援助的推定资格）。

（C）《公法》第 93—66 期，第 232 条（某些盲人和残疾人医疗贫困者的医疗援助的推定资格）。

（D）《公法》第 93—233 期，第 13 条第（c）款（某些人员接受强制性州补充给付的医疗援助的推定资格）。

---

① 参见第 2 卷《公法》第 82—414 期。

② 参见第 2 卷《公法》第 93—66 期，《公法》第 93—233 期，《公法》第 82—414 期。

（E）《公法》第 94—566 期，第 503 条（某些人员的医疗援助的推定资格，这些人享有补充保障收入利益而非在社会保障利益中生活成本增加）。

（F）《公法》第 96—272 期，第 310 条第（b）款第（1）项（某些退伍军人事务部养老金领取者的持续医疗补助资格）。

（b）**额外的州计划要求**。本编认可的建立额外的州计划要求的其他法律规定，见如下：

（1）该法第 1618 条（关于某些州补充项目的操作要求）。

（2）《公法》第 93—96 期，第 212 条第（a）款①（关于州补充 SSI 利益项目的强制性最低要求）。

获取金融机构所持信息以验资②

第 1940 条【《美国法典》第 42 编第 1396w 条】（a）**授权或要求覆盖额外人员**。有法律规定使额外人员成为具有本编医疗援助资格的人员，见如下：

（1）**总则**。根据本条规定，各州应实行第（b）款所述的验资项目，以确定或再确定个人享有本编下州计划的医疗援助资格。

（2）**提出计划**。为了满足第（1）项的要求，各州应该：

（A）不迟于与第（3）项一致的由国务卿指定的截止期限，呈交本法下的州计划修正案，修正案描述州欲如何实施验资项目；

（B）在设定的提交该计划修正案的截至日后 6 个月或合理决定和新决定做出时为执行该项目做准备。

（3）**启用**。

（A）**一般规定**。

（i）**当前验资示范州的实施**。国务卿应要求这些由第（C）目（据此，验资项目已经在本条通过前适用）指定的州在 2009 会计年度末实施该条的验资项目。

（ii）**其他州的实施**。国务卿应该要求其他州根据该款提交和执行验

---

① 参见第 2 卷《公法》第 93—66 期，第 212 条第（a）款。

② 《公法》第 110—252 期，第 7001 条第（d）款第（1）项，第 1940 条增加本条，2008 年 6 月 30 日生效。

资项目，目的是导引该项目的适用，所有其他州参与项目者在整体上大约，但不少于如下的比例。整体上，在会计年度末，所有其他州在整体上的参与比例应：

（Ⅰ）在 2009 会计年度末达到 12.5%；

（Ⅱ）在 2010 会计年度末达到 25%；

（Ⅲ）在 2011 会计年度末达到 50%；

（Ⅳ）在 2012 会计年度末达到 75%；

（Ⅴ）在 2013 会计年度末达到 100%。

（B）**约定**。国务卿应该与根据第（A）目第（ⅱ）节选定的州协商，并考虑在该州实行验资项目的可行性。

（C）**州指定**。可以本目指定的州是加利福尼亚州、纽约州和新泽西州。

（D）**解释**。第（A）目第（ⅱ）节不得解释为对州要求和国务卿批准的组织，（应理解为）验资项目的提前实施，否则就按照上述次级段落设立的截止期限实施。

（4）**属地适用除外**。本条只适用于 50 个州和哥伦比亚特区。

（b）**验资项目**。

（1）**总则**。在本条下，验资项目意味着在第（2）项所属项目下，州：

（A）要求基于老年、盲、残疾而根据本编的州计划下的医疗援助的每名申请人或受援助人（以及任何依法要求其资产披露以确定申请或受援该补助的资格的其他人）提供其授权，以使州从任何金融机构［《财产隐私权法》第 1101 条第（1）项所述］获取［根据前述法第 1115 条第（a）款的费用补偿要求，但对申请人或受援助人无费用］机构持有的关于申请人或受援助人（以及可适用的任何其他人）的任何财务记录［该法第 1101 条第（2）项所述］只要州认定该记录对确定该医疗援助的资格有关联（金额上或程度上）；

（B）使用第（A）目中的授权去核实申请人或受援助人（以及可适用的任何其他人）的财力，以确定或再确定州计划的医疗援助的申请人或受援助人的资格。

（2）**项目描述**。本项描述的项目是与《社会保障法》第 1631 条第（e）款第（1）项第（B）目第（ⅱ）节中行政长官使用的方法一致的核实个人资产的项目。

（c）**授权期限**。纵使《财产隐私权法》第 1104 条第（a）款第（1）项规定，州依据第（b）款第（1）项的授权持续有效：

（1）对根据本编的州计划下的医疗援助的申请人的申请做出最后的不利决定；

（2）受援助人的该医疗援助资格中止；

（3）申请人或受援助人以书面通知向州［或其他可适用的第（b）款第（1）项所述的人］明示撤回授权。

（d）**《财产隐私权法》要求的处理**。

（1）州根据第（b）款第（1）项获取的授权视为符合《财产隐私权法》为第 1103 条第（a）款的要求，而无须提供给金融机构，尽管该法第 1104 条第（a）款有规定。

（2）《财产隐私权法》第 1103 条第（b）款的认证要求不适用于州依据第（b）款第（1）项所授权的要求。

（3）涉及合理的财务记录的说明，州依第（b）款第（1）项所授权的要求视为符合《财产隐私权法》第 1104 条第（a）款第（3）项和第 1102 条的要求。

（e）**披露要求**。州应该通知人们依照第（b）款第（1）项第（A）目的授权期限和范围提供授权。

（f）**拒绝或撤销授权**。如果依据本编的州计划的医疗援助的申请人或受援助人［或任何其他第（b）款第（1）项所指的可适用的人］拒绝提供或撤销依据第（b）款第（1）项第（A）目为州自金融机构获取财务记录的申请人或受援助人（或可适用的其他任何人）授权，州可以据此认定申请人或受援助人不具有医疗援助资格。

（g）**作为合同人**。为了本条验资项目的实施，州可以选择并参与一个公共或私人单位的合同，该单位符合州认为适当并与有关一般合同规定和第 1903 条第（i）款第（2）项的规制一致的标准和资格。在履行该合同的活动中，上述单位应该遵守信息使用和披露方面与州同样的要求和限制，如果州直接履行该活动。

（h）**技术支持**。国务卿应该为州提供技术支持以帮助本条中验资项目的实施。

（i）**报告**。执行本条中的验资项目的州应该在上述时间，以上述格式，向国务卿提交有关该项目并载有国务卿认为合适的信息的报告。

(j) **项目费用处理**。纵使有其他法律规定,州在执行该项目中的合理费用应该作为第 1903 条第 (a) 款的目的,与该条第 (7) 项所指的州支持同样处理。

公共医疗补助的促进基金①

第 1941 条【《美国法典》第 42 编第 1396w－1 条】 (a) **覆盖额外人员的授权和要求**。国务卿应该依照本编规定建立医疗补助改进基金 (在本条称为"基金"),该基金由国务卿用于提供医疗保险和医疗补助服务中心的医疗补助项目的管理,包括监管合同和合同人和评估示范项目。为本次条下活动的支付不包括用于其他活动的支付。

(b) **资金**。

(1) **总则**。可由基金从基金支持的资金:

(A) 在 2014 会计年度为 1000 万美元;

(B) 从 2015—2018 会计年度为每年 1.5 亿美元。

(2) **资金限制**。基金可用的总额应该事先拨付,除非基金的责任金额总额不超过第 (1) 项中的基金可用总额。国务卿可以从基金中划定责任现金,并只有在基金需足量资金用于符合前句义务时,国务卿决定 (医疗保险和医疗补助服务中心总精算师和主管预算官员保证) 责任现金可供使用。

---

① 《公法》第 110—252 期,第 7002 条第 (b) 款,1941 年增加本条,2008 年 6 月 30 日生效。

第二十编　街区授权各州进行社会服务[①]

本编目的、拨款授权

第 2001 条【《美国法典》第 42 编第 1397 条】 为了把对各州社会公益服务的联邦资助合并成统一的拨款，提高各州在使用社会公益服务拨款上的灵活性，以及鼓励各州根据州情切实可行地提供旨在实现以下目标的服务：

（1）实现或保持经济自立以预防、减少或消除依赖性；

（2）实现或保持自足，包括依赖性的减少或预防；

（3）预防或纠正儿童和不能保护自己权益的成年人被忽视、虐待或剥削；

（4）预防或减少社区照顾、家庭照顾或者其他缺乏集中性的不当机构照顾；

---

①　《社会保障法》第二十编由社区服务办公室、儿童和家庭管理局、健康和人类服务部负责执行。

第二十编参见《美国法典》第 42 编第 7 章第 20 子章第 1397—1397f 条。

健康和人类服务部部长有关第十二编的规章参见《美国法典》第 45 编第 A 子编第 96 部分。

关于接受联邦财政援助的州和当地政府的统一审计要求，参见第 2 卷《美国法典》第 31 编第 7501—7507 条。

关于单独的第二十编，参见第 2 卷《公法》第 79—396 期，第 17 条第（p）款；关于证明计划，参见第 17 条第（q）款。

在联邦援助计划中反对种族歧视的禁令，参见第 2 卷《公法》第 88—352 期，第 601 条。

关于对某些符合条件的个人给予津贴的权利，参见第 2 卷《公法》第 99—425 期，第六编。

关于从某些个人的某些支付收入和财产中排除，参见第 2 卷《公法》第 100—383 期，第 105 条第（f）款第（2）项和第 206 条第（d）款第（2）项；关于不受《公法》第 100—383 期影响的待遇，参见《美国法典》第 31 编第 3803 条第（c）款第（2）项第（C）目。

关于从可计算收入和财产中依据联邦检验方式计划排除的支付处理的代理人安排，参见第 2 卷《公法》第 101—239 期，第 10405 条。

(5) 当其他方式的照顾不适当时进入或转入机构护理, 或在机构中为个人提供服务;

在每个财政年度批准拨付给各州有助于执行本节宗旨的款项。

对各州的拨款

第 2002 条【《美国法典》第 42 编第 1397a 条】 (a) (1) 在符合本编规定的条件下, 各州按照本编规定, 每个财政年度有权获得与其在该财政年度分配额同等的拨款数额, 用于该州旨在于第 2001 条所列目标的社会公益服务。

(2) 在第 (1) 项下:

(A) 在第 2001 条所列目标的社会公益服务包括但不限于: 幼儿看护服务、儿童和成年人保护性服务、寄养儿童和成年人的看护服务、与家庭管理与维持有关的服务、成人日托服务、运输服务、家庭计划服务、培训及相关服务、就业服务、信息、推荐及咨询服务、备餐、送餐及健康支持服务和旨在于满足儿童、老年人、智障儿童、盲人、情绪困扰者、身体残障者及酗酒者和吸毒者特殊要求的适当的组合服务。

(B) 为这些服务的财政支出可以包括以下支出:

(ⅰ) 行政事务 (包括计划和评估);

(ⅱ) 人员培训及与提供那些服务有直接关系的再培训 (包括通过提供给教育机构财政拨款, 在这些教育机构内进行的短期和长期培训或对进入这些教育机构的学生的直接财政资助);

(ⅲ) 通过拨款给《1954 年国内税收法》第 501 条第 (c) 款第 (3) 项①规定下的非营利性组织或具有社会服务专长的个人举办的会议或研讨会和培训或再培训, 或者对个人参加这种会议、研讨会和培训或再培训进行的财政资助 (本节适用于所有参与提供这些服务的人)。

(b) 国务卿应当根据《美国法典》第 31 编第 6503 条②的规定, 从各州的分配额中拨款给各州用以在本编的规定下使用。

(c) 各州在任何财政年度里从其分配额中收到的拨款必须在该财政年度内或下一个财政年度使用。

---

① 参见第 2 卷《公法》第 83—591 期, 第 501 条第 (c) 款第 (3) 项。

② 参见第 2 卷《美国法典》第 31 编第 6503 条。

（d）依据第 2003 条任一财政年度州可以将转移依据其他联邦法律有其他用途的款项 10% 的股份支持健康服务、健康促进和疾病防治，或者低收入家庭的能量援助（或者所有这些行为的组合）。依据联邦法律规定分配给一州的数量参照前一句的内容，并且一州转移来支付本编中目的的数量应该被算在内，如果依据本编支付给该州但是不应该影响到该州依据本编分配的计算。州应该将所有这些资金的转移告知国务卿。

（e）各州可以把第（a）款所规定数额的一部分用于向公共或私人实体购买各州认为有助于发展、实施或管理本编所资助项目的技术支持。

（f）各州可以把本编所提供的资金用于向家庭提供代金券作为旨在于完成前条所规定目标的服务，这些家庭包括：

（1）由于提供援助的期间限制而丧失第四编第 A 部分规定的州资助项目援助资格的家庭；

（2）依据第四编第 A 部分州计划资助的拒绝现金援助的家庭儿童成员：（A）计划中的援助接受者，以及（B）在孩子出生后 10 个月的期间内接受过这种援助的人。

分　　配

第 2003 条【《美国法典》第 42 编第 1397b 条】（a）在任何财政年度，对波多黎各、关岛、维尔京群岛和北马里亚纳群岛各个司法管辖区的分配额应为其在第（c）款中依据本法第 2002 条第（a）款第（2）项第（C）目（在本条①通过前生效）在 1981 财政年度每一个具体的辖区分配制定承担的具体数量的相同比例的数量 29 亿美元。1989 财政年度和其后的每一个财政年度美属萨摩亚群岛的分配额应该与那一年分配给北马里亚纳群岛数量，和美属萨摩亚群岛人口占北马里亚纳群岛人口的比例相同，依据在确定分配额时最近能够提供的数据来确定。由于美属萨摩亚 1989 财政年度的分配额以及随后每年对美属萨摩亚的分配额所占比重须与当年对北马里亚纳群岛的分配额比重一致。

（b）除了波多黎各、关岛、维尔京群岛、美属萨摩亚群岛和北马里亚纳群岛各个司法管辖区，每财政年度对各州的分配额应与以下数量保持一致：（1）在第（c）款中的具体数量；减去（2）依据第（a）款该财

---

① 1981 年 8 月 13 日（《公法》第 97—35 期；《美国联邦法律大全》第 95 编第 357 条）。

政年度这些辖区分配的总数量；

　　依据该州在所有州的人口承担的人口数量（除了波多黎各、关岛、维尔京群岛、美属萨摩亚群岛、北马里亚纳群岛）由国务卿（基于商务部能提供的最近的数据）在前一个财政年度的第 3 个月第 1 天前决定或发布。

　　（c）第（a）款和第（b）款的具体数量为：

　　（1）1982 财政年度为 24.00 亿美元；

　　（2）1983 财政年度为 24.50 亿美元；

　　（3）1984、1985、1986、1987 和 1989 财政年度为 27.00 亿美元；

　　（4）1988 财政年度为 27.50 亿美元；

　　（5）1990—1995 财政年度为 28.00 亿美元每年；

　　（6）1996 财政年度为 23.81 亿美元；

　　（7）1997 财政年度为 23.80 亿美元；

　　（8）1998 财政年度为 22.99 亿美元；

　　（9）1999 财政年度为 23.80 亿美元；

　　（10）2000 财政年度为 23.80 亿美元；

　　（11）2001 财政年度及之后的每一个财政年度为 17.00 亿美元。

州的管理

　　第 2004 条【《美国法典》第 42 编第 1397c 条】 各州在任何财政年度里支出其根据第 2002 条收到的拨款前，应当报告根据本编将收到的拨款的预期用途。报告包括受资助活动的类型和受援助的个人类型或特征等信息。报告应当呈递给国务卿并在该州内公开以便任何人（包括任何联邦州或其他公共机构）在报告写作期间及完成时发表评论。报告应当随时修订以便有必要反映根据本编规定所资助活动产生的实质性变化，并且任何修订应该满足前文的要求。

授权使用的限制

　　第 2005 条【《美国法典》第 42 编第 1397d 条】（a）除了第（b）款的规定外，各州根据本编规定获得的款项应该用于为履行本编宗旨做出的安排，不得被该州或其他任何个人用于以下目的：

　　（1）为了土地的购置或改良、建筑或其他设施的购置、建造或永久改进（除了较小修葺）；

（2）为生活花费提供现金援助或提供食宿（不包括康复期间的生存成本、社会服务中完整但是附属的短期房间和食宿，或者保护服务提供的临时紧急庇护）；

（3）社会服务中的所有个人工资援助（不包括儿童日间护理服务的规定中雇用的福利接受者的工资援助）；

（4）医疗护理规定（不包括家庭规划服务、康复服务或者酗酒或药物依赖的个人首次解毒治疗）除非依据本编社会服务中完整但是附属部分；

（5）社会服务（除了对于酗酒或药物依赖者提供的服务或康复服务）所有医院雇员、有经验的护理设施、中级护理设施或者所有生活在这种机构的个人；

（6）该州通常对其居民提供无成本和不关注收入的所有教育服务的规定；

（7）所有儿童日间护理服务，如果这些服务不符合州和当地法律的使用标准；

（8）现金援助服务的相关规定（除了本条中规定的其他的服务）；

（9）提供的以下所有援助项目或服务（不包括紧急状态下的项目或服务）：（A）个人或者实体在被排除期间内依据本编或第五编、第十八编，或第十九编按照第1128条、第1128A条、第1156条，或第1842条第（j）款第（2）项，或者（B）医生医疗指导或者开处方。当医生依据本编或第五编、第十八编或第十九编被排除期间按照第1128条、第1128A条、第1156条或第1842条第（j）款第（2）项并且当有人正在接受这种项目或者服务指导或者有理由指导排除规定（在想这个人进行了合理通知的合理期间之后）；

（10）或者，与《1997年安乐死资助限制法》①不一致的行为。

（b）国务卿可以放弃第（a）款第（1）项和第（4）项中包含的限制，依据这个州放弃这样一项的要求，如果他认为这个要求描述的证明符合项放弃的特殊条件且允许这项放弃将取决于这个州执行本编目的的能力。

---

① 《公法》第105—12期；《美国联邦法律大全》第111编第23条。

报告与审计

第2006条【《美国法典》第42编第1397e条】（a）各州需报告此次条下可用资金资助的各项活动。每年都需准备报告最近的完整的财政年度，其形式和内容［包括但不局限于第（c）款里的信息］可以使各州觉得有必要准确地描述这些活动来确保完整地记录这些资金的去向，并确定资金的使用范围与第2004条保持一致。各州需确保此条要求的报告备份可以接受本州内的公共检查并传一份备份给国务卿。如有需要，备份也需提供给所有对其感兴趣的政府代理，每个此类的代理可以把他们对此报告的观点汇报给国会。

（b）各州需至少每两年审查此编下收到的资金花费情况。此类州审计需由独立于任何管理此子款资助的活动的代理的实体进行操作，并遵循普遍接受的审计原则。在每次完成审计后的30天内，各州需向州立法机构和国务卿上交此审计的备份。各州需付还给合众国最终与此编不一致的花费，否则国务卿可以将此编下本州应得的资助抵销此花费。

（c）在第（a）款下，各州准备的和传送的每份报告需将以下内容写在前面（关于报告所包括的财政年度）：

（1）用本编下可用资金全部或部分支付的人数，分别表示接受此类服务的儿童和成人数目，并分成案例来反映所包含的服务及环境类型；

（2）提供此类服务的花费，分别表示每一类服务在每个儿童接受者和成人接受者上的花费；

（3）应用于决定服务合格性的标准（例如，收入合格性指导、弹性费用尺度、政府协助利益的效果和学校或培训项目的录取条件）；

（4）提供服务的方式。分别表示政府代理和私人代理所提供的服务，并分成案例来反映所包含的服务以及环境类型。

各州准备此款所要求的信息而使用的服务，国务卿需对其进行统一定义，并提供此类其他必要的或合适的准备，以确保与此款一致将不会对各州造成过重负担。

（d）关于要求各州解释联邦政府津贴的其他规定，参见《美国法典》第31编第6503条[①]。

---

① 参见第2卷《美国法典》第31编第6503条。

额外授权

第 2007 条【《美国法典》第 42 编第 1397f 条】（a）权利。

（1）**总则**。除了第 2002 条下的支付的款项，各州需被赋予以下内容：

（A）各州需对州内每一个合格的授权地区提供此条下的两项津贴；

（B）对州内每一个合格的企业团体提供此条下的一项津贴。

（2）**津贴数额**。

（A）**授权津贴**。此条下对各州内合格的授权地区的每一项津贴数额需：

（ⅰ）如果是在特定的城市区域，5000 万美元，并乘以此州本地区内的居住人口比例；

（ⅱ）或者，如果是在特定的农村区域，2000 万美元，并乘以相应的人口比例。

（B）**企业津贴**。此条下对各州内合格的企业团体的津贴数额应达到 2.8 亿美元的 1/95，并乘以此州本团体内的居住人口比例。

（C）**人口数决定**。国务卿应在最近的 10 年的人口普查的有效数据基础上确定人口数已达到此项的要求。

（3）**津贴的时间选择**。

（A）**合格的授权区域**。关于每一个合格的授权区域，国务卿需要：

（ⅰ）按照《1986 年国内税收法》第一章第 U 次章第一部分，在区域指定的当天，对区域所在的各州提供此条下的一项津贴；

（ⅱ）在区域指定后的第一个财政年度的第一天，对各州提供此条下的一项津贴。

（B）**合格的企业团体**。关于每一个合格的企业团体，国务卿需按照《1986 年国内税收法》① 第一章第 21 次章第一部分，在团体指定的当天，对团体所在的各州提供此条下的一项津贴。

（4）**提供资金**。国务卿为提供此条下的津贴，需有 10 亿美元。

（b）**项目选择**。可以参考第 2005 条第（a）款。

（1）为了预防和补救忽视及虐待儿童，各州可以用此条下已付的数

---

① 《公法》第 83—591 期。

额对各种实体提供津贴或建立合同，来提供居住或非居住的药品和酒精预防及治疗项目，此类项目为怀孕妇女，母亲以及她们的孩子提供全面的服务。

（2）为了预防帮助弱势成人和弱势孩子达到和保持自足自给，各州可用此条下已付的数额对以下组织提供津贴或建立合同：

（A）为弱势成人和弱势青少年提供培训和在建筑、重建、改良可住房屋、公共基础设施和社区设施领域内提供就业的营利性和非营利性组；

（B）为使这些实体提供短期的创业和自我就业的培训课程，以及其他的将会提升个人自我就业和社区利益的培训的一些非营利性的组织，社区大学和大专院校。

（3）各州可以用此条下已付的数额对非营利性的社区组织提供津贴或建立合同，以使得这些组织可以在校外的时间里提供计划的活动以提升或保护儿童以及家庭的利益，包括在晚上和周末开放校园供指导和学习。

（4）为了帮助弱势成人和青少年达到和保持经济自立，各州可以用此条下已付的数额：

（A）资助计划的服务以促进合格授权区域和合格企业团体的社区和经济发展，例如技能培训、就业咨询、运输服务、房屋咨询、财政管理和商业咨询；

（B）为弱势家庭和个人提供紧急和过渡避难所；

（C）或者，支持那些为提升房屋所有权、教育或其他为低收入家庭和个人的经济独立而采取措施的项目。

（c）**津贴的用途。**

（1）**总则。**参考此条第（d）款，收到此条下关于一个地区的津贴的各州需用此津贴：

（A）为达到第2001条第（1）项、第（2）项、第（3）项前所指的目标的服务；

（B）与此地区的战略性计划保持一致；

（C）为此津贴所覆盖的区域的居民带来利益的活动。

（2）**技术协助。**各州可以用第2002条第（e）款所描述的方式使用此条下一定数额的津贴。

（d）**一定数额的汇款。**

（1）**指定结束后的津贴部分。**按照《1986年国内税收法》第一章第

U次章第一部分，区域指定需在此财政年度结束前结束，在财政年度期间，关于指定的区域在此次条下已付一定数额的各州需向国务卿汇款，此汇款数额应与此区域已付款数额相同，并乘以指定结束后本财政年度剩余的部分。

（2）**对各州赔付的数额和两年内不具有强制作用的数额**。各州需向国务卿汇款，汇款数额与对此州在此条下赔付的数额一致，在以付款日期为开始的两年期的期限前不具有强制作用。

（e）**剩余资金的再分配**。

（1）**汇款数额**。第 2003 条第（c）款规定的针对任何一个财政年度的增长数额与依照此条第（d）款的财政年度期间的汇款数额一致。

（2）**未对各州赔付的数额**。第 2003 条第（c）款规定的针对 1998 财政年度的增长数额与 1997 财政年度末还未对任何州赔付的此条下的可用津贴额一致。

（f）**定义**。在本条下：

（1）**合格的授权区域**。对于一个州来说，"合格的授权区域"满足下列条件的区域：

（A）《1986 年国内税收法》第一章第 U 次章的第一部分下已经被指定的授权区域（而不是被国务卿）；

（B）关于生效的指定；

（C）对于一个合格计划的战略性计划；

（D）州内的部分或者全部。

（2）**合格的企业社区**。对于一个州来说，"合格的企业社区"满足下列条件的区域：

（A）依据《1986 年国内税收法》第 1 章第 U 子章第 1 部分指定为企业社区（而不是被国内部长指定）；

（B）这个指定是生效的；

（C）这个战略计划是一个合格计划；

（D）这个战略计划的部分或全部都是符合州的要求。

（3）**战略性计划**。对于一个区域，"战略性计划"指《1986 年国内税收法》第一章第 U 次章第一部分下的计划，包括此区域的指定申请。

（4）**合格计划**。对于一个区域，"合格计划"是指满足下列条件的计划：

（A）包括此区域提出的活动的详细描述，此条下提供的资金将会资助此区域；

（B）包括承担的义务，此条下提供给任何州的资金将不会被用于取代联邦或非联邦的经费，以资助达成此条目的的服务和活动；

（C）与当地政府或此区域的司法机构发展合作；

（D）任何州将不会用第（b）款所描述的方式使用此条下为此区域提供的数额，并解释不使用的原因。

（5）**农村地区**。《1986年国内税收法》第1393条第（a）款第（2）项①对"农村地区"已有解释。

（6）**城市地区**。《1986年国内税收法》第1393条第（a）款第（3）项②对"城市地区"已有解释。

---

① 参见第2卷《公法》第83—591期，第1393条第（a）款第（2）项。

② 参见第2卷《公法》第83—591期，第1393条第（a）款第（3）项。

第二十一编　州儿童医疗保险计划[①]

宗旨、州儿童医疗计划

第 2101 条【《美国法典》第 42 编第 1397aa 条】（a）**宗旨**。本编目的在于为各州提供资金，使各州能够以与其他的儿童医疗福利保险方式相协调的、有效的和效率较高的方式为未参加保险的低收入儿童发展全新的儿童医疗服务和增加儿童医疗服务的项目。这种援助首要目的在于使儿童能够通过以下方式获取医疗福利保险项目：

（1）获取满足第 2103 条规定条件承保项目；

（2）或者，根据第十九编，通过联邦医疗援助计划提供福利金或者以上两种方式结合。

（b）**联邦儿童医疗计划要求**。各州只有按照第 2106 条的规定向国务卿提交以下计划后，各州才有资格获取拨款：

（1）计划中要详细说明该州在本编条款规定下将如何使用根据本编规定获取的资金为急需儿童提供儿童医疗服务；

（2）根据第 2106 条，计划已经获得批准。

（c）**联邦授权**。本编在拨款法之前成立预算主管机构，根据第 2104条，代表联邦政府履行向州提供拨款的义务。

---

① 第二十一编参见《美国法典》第 42 编第 7 章第 21 子章第 1397aa—1397jj 条。

在联邦援助的计划中反对歧视的禁令，参见第 2 卷《公法》第 88—352 期，第 601 条。

关于 SCHIP 和州儿童健康保险计划的内容，参见第 2 卷《公法》第 106—113 期，附件 F 第七编第 704 条。

关于公共医疗补助扩展 SCHIP 成本减少第二十一编份额要求的排除的内容，参见第 2 卷《公法》第 106—554 期，第 1 条第（a）款第（6）项［第 802 条第（c）款］。

关于通过一个交换和州公共医疗补助、CHIP 和健康津贴计划的登记流程，参见第 2 卷《公法》第 111—148 期，第 1418 条。

（d）**生效日期**。各州为儿童医疗服务提供的保险承保期间开始于 1997 年 11 月 1 日前的，各州无权获得第 2105 条规定下的拨款。

各州儿童健康计划的基本内容、准入资格、宣传

第 2102 条【《美国法典》第 42 编第 1397bb 条】（a）**基本情况与内容**。各州的儿童医疗计划应该包含以下内容并满足本编所规定条件：

（1）各州儿童，包括医疗服务对象的低收入家庭的儿童和根据收入和其他相关因素划定的其他类型的家庭的儿童，当下有可抵免的保险额度。[由第 2110 条第（c）款第（2）项所确定的]；

（2）各州当前为政府医疗保险范围之外的儿童提供或获取可抵免医疗保险所做出的努力，其中包括为认定和登记有资格参与公共医疗保险计划或公共及个人共同医疗保险计划的儿童所采取的措施；

（3）为增加具有可抵免医疗保险儿童的保险，该医疗计划将如何规划以与以上努力相协调；

（4）为儿童医疗服务对象的低收入儿童提供的计划内的儿童医疗援助，包括认定的提供保险的方式和保费利用的控制系统；

（5）和第（b）款相一致的资格标准；

（6）和第（c）款相一致的宣传活动；

（7）以下所使用的方式（包括监督方式）：（A）确保治疗的质量与适当性，尤其是健康婴儿保健、健康儿童保健和医疗计划内提供的免疫服务，以及（B）确保能享受到提供的服务，包括急诊服务。

（b）**资格认定标准和方法的基本说明**。

（1）**资格认定的标准**。

（A）**总则**。计划应该包括对标准的说明，这些标准用来确定低收入家庭儿童享受计划下的儿童医疗援助的资格。这样的标准可能包括（一定程度上和本编相协调）与计划服务的地理区域、年龄、收入和资源（包含任何与收入的抵减和资源的处理有关的标准）、住所地、无劳动能力状况（只要与该状况有关的标准不限定资格）、其他医疗保险投保与保险范围和资格的有效期间。这些标准不能因为诊断的方式而区别对待。

（B）**资格认定标准的限制**。那些资格认定的标准：

（ⅰ）针对特定的低收入家庭儿童群体，不应该涵盖只有较高收入家庭的儿童而没有较低收入家庭的儿童的群体；

（ii）不能因某儿童已经存在疾病而否定其资格。

（2）**方法**。计划应该包括对认定、延续资格和登记的方法的说明。

（3）**资格的审核和其他医疗保险相协调**。计划应该包括一项程序说明，以保证：

（A）通过初始和后续的审核，只有定向的低收入家庭的儿童才能享受到联邦儿童医疗计划规定的儿童医疗服务；

（B）通过审核，如儿童符合第十九编规定的联邦医疗补助计划内的医疗补助条件，应该登记到联邦医疗补助计划享受该医疗补助；

（C）联邦儿童医疗计划提供的保险不能替代群体医疗计划；

（D）儿童医疗服务适用于各州低收入的印第安人家庭的儿童〔由《美国法典》第 25 编第 1603 条第（c）款、《印第安健康护理促进法》第 4 条第（c）款①所确定〕；

（E）其他的为低收入家庭儿童提供可抵免保险的公共和个人项目相协调。

（4）**不得授权**。本编任何条款不得被解释为授权个人在各州儿童医疗计划内提供儿童医疗服务。

（c）**宣传和协调**。各州儿童医疗计划应该包括一系列程序用于实现：

（1）**宣传**。对有可能有资格申请该计划内的儿童医疗服务或其他公共或个人医疗保险项目的儿童的家庭进行宣传，通知那些家庭可以申请的计划并协助他（她）将儿童登记到计划内。

（2）**和其他医疗保险项目相协调**。将本编下的各州儿童医疗计划的管理与其他公共或个人医疗保险项目相协调。

儿童医疗保险的承保条件

第 2103 条【《美国法典》**第 42 编第 1397cc 条**】（a）**必需的医疗保险范围**。本计划中，以第 2001 条第（a）款第（1）项所确定的方式用于低收入家庭儿童的儿童医疗补助，在和第（c）款第（5）项相一致的情况下，应当包括以下保险类别：

（1）**基准保险**。指医疗保险承保范围至少和第（b）款规定的基准福利套餐提供的保险相当。

---

① 参见第 2 卷《公法》第 94—437 期，第 4 条。

（2）**基准相当保险**。指满足以下条件的医疗保险：

（A）**包含基本的服务**。指该保险为第（c）款第（1）项规定的各个基本服务类别中的项目和服务提供保险金。

（B）**总共精算的价值与基准套餐相当**。指保险包含一个总共精算的价值，该价值在精算上至少与基准福利套餐之一的价值相当。

（C）**基准套餐中包含的额外服务的实际精算价值**。对于第（c）款第（2）项规定下的每个额外服务的类型，根据第（B）目所使用的基准福利套餐承保，保险提供的精算价值相当于基准福利套餐中服务类别保险精算价值的75%。

（3）**目前以州为基础的综合保险**。指第（d）款第（1）项规定的已经存在的以州为基础的综合项目下的医疗保险。

（4）**国务卿批准的保险类别**。任何其他经某州申请，由国务卿决定和批准的保险类别，这些保险目的在于为应该享受保险的定向低收入家庭儿童的人群提供适当的保险。

（b）**基准福利套餐**。"基准福利套餐"是指：

（1）**FEHBH相当的儿童医疗保险**。蓝十字和蓝盾的标准更倾向于有利于计划的提供者选择服务，这项服务在《美国法典》第5编第8903条第（1）款中有描述。

（2）**各州雇员保险**。一种由各州提供的一般只涉及该州雇员的医疗保险计划。

（3）**卫生维护组织提供的保险**。该医疗保险计划是指：

（A）由某个卫生维护组织［由《公共健康服务法》第2791条第（b）款第（3）项①所确定］所提供的；

（B）相关州中的卫生维护组织所提供的具有大量受保的、商业性的、非联邦医疗补助投保生命险的人员的保险计划。

（c）**服务的种类、保险精算价值的确定**。

（1）**基本服务的种类**。就本条而言，本项所规定的基本服务类型包括：

（A）住院和门诊服务。

（B）医师外科和医疗服务。

---

① 参见第2卷《公法》第78—410期，第2791条第（b）款第（3）项。

（C）实验室和 X 光射线服务。

（D）健康婴幼儿保健，包括适龄儿童疫苗。

（2）**额外服务的类别**。就本条而言，本项所称的额外服务的类别包括：

（A）处方药品保险。

（B）视力服务。

（C）听觉服务。

（3）**其他服务类别的对待**。本款任何款项不得被解释为各州儿童医疗计划不向第（1）项和第（2）项规定的服务类别之外的其他服务的类型提供保险福利。

（4）**精算价值的确定**。基准福利套餐及州儿童医疗计划为此提供的保险、基准福利套餐中对任何额外服务类型的保险及州儿童医疗计划为此提供的保险的精算价值应该以一种精算的态度在精算报告中详细列明，这种精算报告的制作应该满足下列条件：

（A）由美国精算师协会的个人会员完成；

（B）采用一般公认的精算原则和方法；

（C）采用一个标准化的利用的集合和价格系数；

（D）采用一组标准化的由私人承保的具有典型代表的儿童群体，这些儿童的年龄与州儿童医疗计划承保的儿童年龄一致；

（E）不同的保险（或服务类别）价值相互比较时，应用相同的原则和系数；

（F）不考虑保险基于使用交付方法或成本控制或利用的方法产生的任何差异；

（G）将各州减少保险金的能力考虑进去，这种减少是基于考虑到各州儿童医疗计划中的对保险成本分摊的限制，导致该保险精算价值的提升。

准备意见的精算师应当在备忘录中精选和明确在第（C）目和第（D）目中将会使用的标准化的集合和特定的人群。

（5）**禁止保险的解释**。本条不得被解释为要求任何在州计划下所提供的医疗福利保险为本编所禁止付款的项目或服务承保，尽管一些基准福利套餐包括这些项目或服务的保险。

（d）**关于目前州立综合保险的规定**。

（1）　**总则**。本项中某个计划在满足以下条件时，属于儿童医疗保险：

（A）　包括一系列福利性的保险；

（B）　由各州管理或当接受州资助时，由该州监督；

（C）　由纽约、佛罗里达或宾夕法尼亚州提供的；

（D）　在本编生效日前提供的。

（2）　**修改**。各州可以不时修改前项中规定的计划，以便使其持续满足第（A）目规定的条件，并且减少该计划下保险的精算价值时，不得低于以下两种价值的较低者：

（A）　本编规定通过之日起计划中保险的精算价值；

（B）　或者，修改之日起评估的第（a）款第（2）项第（B）目中的保险精算价值。

（e）　**成本分摊**。

（1）　**类型、一般条件**。

（A）　**类型**。与本款相一致，各州儿童医疗计划应该包括保险费数额、可抵扣数额、共同保险和其他规定的成本分摊数额的规定。任何这种费用应该根据公共计划进行利用。

（B）　**较低收入家庭儿童的保护**。州儿童医疗计划只能在定向低收入家庭儿童的家庭收入的基础上对保险费用、可抵扣数额、共同保险和其他规定的成本分摊进行改变，并且不得使较高收入家庭儿童比较低收入家庭儿童更优惠。

（2）　**预防服务或妊娠相关援助不得成本分摊**。州儿童医疗计划不得将可抵扣、共同保险或其他规定的成本分摊应用到第（c）款第（1）项第（D）目规定服务类型的服务保险金上或与妊娠相关的服务上。

（3）　**保险费和成本分摊的限制**。

（A）　**儿童所在家庭的收入低于贫困线的150%**。对于定向的低收入家庭儿童所在家庭的收入处于或低于贫困线的150%，各州的儿童医疗计划不得收取：

（ⅰ）　注册费、保险费或者相似的费用。超过按照第1916条第（b）款第（1）项执行建立的标准的每月费用的最大数量（对于该条中规定的个人）；

（ⅱ）　扣减、成本共担或者超过正常的数量类似的费用［根据第1916条第（a）款第（3）项中的规章确立的，加上国务卿认为合适的有通货膨胀或者其他原因的这种适当的调整〕。

（B）**其他儿童**。第（A）目规定外的其他儿童，适用第（1）项第（B）目和第（2）项的规定，州儿童医疗计划收取的任何保险费、可抵扣费用、成本分摊和相似费用应该根据收入按比例递减，除非所有定向的低收入家庭儿童所在家庭每年全部的成本分摊总费用在当年不超过该家庭收入的 5%。

（4）**与联邦医疗补助的关系**。当定向的低收入家庭儿童以保险的方式接受第 2101 条第（a）款第（2）项规定的联邦医疗补助提供儿童医疗补助时，本款不得被解释为影响有关低收入家庭儿童的注册费、保险费、可抵扣费用、成本分摊和其他类似费用的使用规则。

（f）**特定条件的使用**。

（1）**先存病症排除使用的限制**。

（A）**总则**。根据第（B）目，州儿童医疗计划不允许在计划中提供保险福利时使用任何先存病症排除。

（B）**团体医疗计划和团体医疗保险**。如果州儿童医疗计划通过支付款项或与某个团体医疗计划或团体医疗保险缔结协定提供福利，则该计划可以许可适用先存病症排除，但仅在《1974 年雇员退休收入保障法》[①]第一编第 B 次编第七部分和《公共健康服务法》[②] 第二十七编所适用的规定范围内。

（2）**符合其他条件**。当有关的医疗保险签发人提供团体医疗保险时，本条所规定的保险应当满足《公共健康服务法》第二十七编第 A 部分第 2 子部分所规定的条件。

拨款额

第 2104 条【《美国法典》第 42 编第 1397dd 条】（a）**拨款、总拨款额**。为了按照本条向各州提供拨款，根据第（d）款的规定，在以下财政年度里从国库中拨出未被他用的款项：

（1）1998 财政年度，42.95 亿美元；

（2）1999 财政年度，42.75 亿美元；

---

① 《公法》第 93—406 期。

② 《公法》第 78—410 期。

（3）2000 财政年度，42.75 亿美元；

（4）2001 财政年度，42.75 亿美元；

（5）2002 财政年度，31.50 亿美元；

（6）2003 财政年度，31.50 亿美元；

（7）2004 财政年度，31.50 亿美元；

（8）2005 财政年度，40.50 亿美元；

（9）2006 财政年度，40.50 亿美元；[①]

（10）2007 财政年度，50.00 亿美元；[②]

（11）2008 和 2009 财政年度，50.00 亿美元。[③]

（b）**50 州和哥伦比亚特区的拨款额**。

（1）**总则**。根据第（4）项和第（d）款的规定，国务卿应当将某个财政年度里第（a）款规定的可利用拨款数额减去第（c）款规定的当年的拨款数额〔因此是不考虑第（4）项的规定而确定的〕和以下比率相同的比例分配给各个州（而不是该项中规定的某个州），并且根据本编规定已具有获得批准的儿童医疗计划：

（A）（ⅰ）第（2）项中规定的该州该财政年度中儿童的数量，以及（ⅱ）该州的州费用系数〔根据第（3）项所确定〕；

（B）第（A）目中所计算的乘积的总和。

（2）**儿童的数量**。

（A）**总则**。本项所指某州儿童的数量：

（ⅰ）在 1998 和 1999 财政年度里，等于当年该州中无医疗保险的低收入家庭的儿童数量；

（ⅱ）在 2000 年，等于：（Ⅰ）当年该州中无医疗保险的低收入家庭的儿童数量的 75%，加上（Ⅱ）当年该州中低收入家庭的儿童数量的 25%；

（ⅲ）在接下的每一年里，等于：（Ⅰ）当年该州中无医疗保险的低

---

① 《公法》第 110—173 期，第 201 条第（a）款第（1）项第（A）目第（ⅰ）节，删除"；并且"。

② 《公法》第 110—173 期，第 201 条第（a）款第（1）项第（A）目第（ⅰ）节，删除"此期间"并且替代为"；并且"。

③ 《公法》第 110—173 期，第 201 条第（a）款第（1）项第（A）目第（ⅰ）节，增加第（11）项，2007 年 12 月 29 日生效。

收入家庭的儿童数量的 50％，加上（Ⅱ）当年该州中低收入家庭的儿童数量的 50％。

（B）**儿童数量的确定**。为了第（A）目的施行，某州某个财政年度里低收入儿童数量（和无医疗保险的低收入儿童数量）应当根据该财政年度所在历年开始前的最近 3 年的人口普查局流动人口调查的 3 月补录的报告和界定，在数学平均数的基础上进行确定。

（3）**不同地理区位医疗费用的调整**。

（A）**总则**。为了第（1）项第（A）目第（ⅱ）节的施行，某个财政年度里某州的州费用系数等于：

（ⅰ）0.15；

（ⅱ）0.85 乘以下比率：（Ⅰ）该年度该州的雇员年均收入［根据第（B）目来确定］，除以（Ⅱ）50 个州和哥伦比亚特区的雇员年均收入。

（B）**雇员年均收入**。第（A）目中的一个财政年度里某州或所有州"雇员年均收入"根据劳动部劳动统计局在该财政年度所在年份开始前的最近 3 年的报告，等于该州或 50 个州和哥伦比亚特区的公共卫生服务行业雇员的年均收入。

（4）**州拨款额的下限和上限**。

（A）**总则**。2000 年以及以后每个财政年度里为第（b）款的州［在第（D）目中确定］拨款的比例应当遵从下述的下限和上限：

（ⅰ）**200 万美元最低限额**。200 万美元除以根据本款在该财政年度里可用的此类拨款的总额。

（ⅱ）**每年少于前一财政年度 10％拨款比例的底线**。即前一财政年度该州比例的 90％ 的下限。

（ⅲ）**低于 1999 年拨款比例 30％ 的递减下限**。即 1999 年该州比例 70％ 的下限。

（ⅳ）**高于 1999 年比例的 45％ 渐增上限**。即 1999 年该州比例的 145％ 的上限。

（B）**调和**。

（ⅰ）**通过设定每年最高的增加比例为各州确立一个比例增长上限以消除任何赤字**。在某种程度上，第（A）目的施行会导致为第（b）款下各州总的拨款比例超过 1，国务卿应当在这些比例当中为所有第（b）款中的州在该财政年度里设定一个最大的增长比例，以使总拨款比例等于 1。

（ii）**通过成比例增加分配多出的款项**。在某种程度上，第（A）目的施行会导致为第（b）款下各州的总的拨款比例小于 1，对第（b）款各州拨款的比例［在适用第（A）目第（i）节，第（ii）节和第（iii）节之前计算得到］应当通过比例的方式［但不应当超过第（A）目第（iv）节设定的增长上限］增加，以使这些数额等于 1。

（C）**解释**。本项不得被解释为适用于（或考虑）第（f）款规定的重新分配拨款的数额。

（D）**定义**。在本项中：

（i）**拨款的比例**。"比例"指涉及某财政年度里第（b）款中各州的拨款时，在该财政年度里根据本条对该州拨款的数额除以该年根据本款规定可利用这类拨款的总数额。

（ii）**第（b）款中的州**。"第（b）款中的州"是指 50 个州其中之一或哥伦比亚特区。

（c）**对各属地的拨款**。

（1）**总则**。根据第（d）款，国务卿应当将某个财政年度里第（a）款规定的可利用拨款数额中的 0.25% 拨付给第（3）项下的各自治邦和属地，并以和第（2）项确定的百分比相同的比例在每个自由邦和属地之间进行分配。

（2）**百分比**。本项为以下属地明确了百分比：

（A）波多黎各占 91.6%；

（B）关岛占 3.5%；

（C）维京群岛占 2.6%；

（D）美属萨摩亚群岛占 1.2%；

（E）北马里亚纳群岛占 1.1%。

（3）**自由邦和属地**。在本项中描述的任何一个自由邦和属地在此标题下都有一项州立的儿童健康计划：

（A）波多黎各。

（B）关岛。

（C）维京群岛。

（D）美属萨摩亚群岛。

（E）北马里亚纳群岛。

（4）**额外拨款**。

（A）**总则**。除了按照第（1）项进行拨款外，国务卿应当第（B）目中规定的拨款数额以第（2）项确定的适当百分比分配给第（3）项中的每个自由邦和属地。

（B）**拨付**。为了根据第（A）目提供拨款，特从国库中拨出未作他用的款项①。

（d）**额外拨款以消除资金短缺**。

（1）**给付、拨款权限**。为了提供额外的土地来弥补第（2）项中所描述的州土地缺失的情况，2006 财政年度大约有 2.38 亿美元国库之外的财政补贴。

（2）**资金短缺州的界定**。为了第（1）项的施行，本款规定某资金短缺的州是指国务卿根据 2005 年 12 月 16 日前可以得到的最新的数据，概算出某个具有本编批准的州儿童医疗计划的州计划下预计费用在 2006 年将会超过以下数额的总和：

（A）该州在 2004 年和 2005 年分别得到的拨款在 2005 年年底没有花费的数额；

（B）根据第（f）款，如何有的话，将在 2006 年重新分配给该州的数额；

（C）该州在 2006 年得到的拨款数额。

（3）**拨款**。除了根据第（b）款和第（c）款提供的拨款外，依据第（4）项，国务卿应当将从 2006 年第（1）项规定的可利用的其他拨款的数额中分配：

（A）给第（2）项所确定的每个资金短缺州一定的数额，并且由国务卿概算出这些拨款数额将会消除该项中该州预计的资金短缺；

（B）给每个第（c）款第（3）项所规定的自由邦或属地第（1）项规定拨款数额的 1.05%［不考虑第（f）款的规定］，并按照第（c）款规定的自由邦或属地的拨款比例分配。

（4）**额外拨款的利用**。依据本款得到的额外拨款只能在根据本编已获批准的某州计划名义下，用于定向的低收入家庭儿童的儿童医疗补助。

---

① 《公法》第 110—173 期，第 201 条第（a）款第（1）项第（B）目，删除"2007 财政年度"并且替换为"2007—2009 财政年度中的每个财政年度"，2007 年 12 月 29 日生效。

（5）**1 年有效期、未花费的额外拨款不得重新分配**。不管第（e）款和第（f）款的规定，在 2006 年根据本款某州获得的拨款数额只能在 2006 年 9 月 30 日前可被该州用于开支花费。该日期到达时，这些拨付的未经花费的任何款项不得根据第（f）款进行重新分配，而应当于 2006 年 10 月 1 日，收缴回国库。

（e）**给付款项的 3 年有效期**。依据本条给州下一财政年度给付款项，可以在该州下一财政年度年末仍然有效；除了依据第（f）款给州返还的款项应该在下一财政年度适用。

（f）**重新分配未使用款项的程序**。某些州在某一财政年度里，按本条规定接受拨款但并未在第（e）款规定的拨款支出的有效期内支出所有的拨款额，部长应该确定一套合适的程序将款项重新分配给在那些在本条下已经充分利用这些拨款的州。

（g）**1998 年、1999 年、2000 年、2001 年拨款有效期的延展和重新分配的规则**。

（1）**重新分配的数额**。

（A）**总则**。就某个州根据第（b）款或第（c）款在 2000 年年底为 1998 年，或在 2001 年年底为 1999 年，或在 2002 年年底为 2000 年，或在 2003 年年底为 2001 年，延展其所有的拨款而言，国务卿应当根据第（f）款的规定［通过适用第（2）项和第（3）项的规定在各个年份分别确定，在 1998 年、1999 年、2000 年、2001 年来自其他州的拨款］，将以下数额分配给该州：

（i）**州**。就 50 个州其中之一或哥伦比亚特区而言，涉及：

（I）1998 年的拨款，州根据本编在 1998 年、1999 年、2000 年的支出超过根据该州根据第（b）款在 1998 年收到的拨款；

（II）1999 年的拨款，州根据本编在 1999 年、2000 年、2001 年的支出超过根据该州根据第（b）款在 1998 年收到的拨款；

（III）2000 年的拨款，第（C）目第（i）节确定的数额［减去当年第（ii）节规定的数额总和］乘第（C）目第（ii）节确定的该州的数额与第（C）目第（iii）节确定的数额的比率；

（IV）或者，2001 年的拨款，第（D）目第（i）节确定的数额［减去当年第（ii）节规定的数额总和］乘第（D）目第（ii）节确定的该州的数额与第（D）目第（iii）节确定的数额的比率。

（ⅱ）**属地**。对于第（c）款第（3）项中规定的领土，承担第（2）项第（B）目第（ⅰ）节第（Ⅰ）次节中规定的总数量的 1.05% 的数量，作为 1998、1999、2000 或 2001 财政年度的份额，第（c）款中的份额（根据实际情况）依据该款适用于这个财政年度的这种份额。

（B）**支出规则**。根据本项重新分配给某个州的数额：

（ⅰ）不应当包括在该州根据本条规定在任何财政年份的拨款决算内；

（ⅱ）不考虑第（e）款的规定，在 2004 年年底前，关于 1998 年、1999 年或 2000 年数额仍然可被该州用于支出；

（ⅲ）不考虑第（e）款的规定，在 2005 年年底前，关于 2001 年的数额仍然可被该州用于支出；

（ⅳ）根据有效的国务卿规章，在某一年的拨款中可以被延展。

（C）**用于计算 2000 年重新分配的数额**。为了第（A）目第（ⅰ）节第（Ⅲ）次节的施行：

（ⅰ）本节中所指数额是指第（2）项第（B）目第（ⅰ）节第（Ⅰ）次节在 2000 年确定的数额减去根据第（2）项第（A）目第（ⅲ）节仍然可利用数额的总和；

（ⅱ）本节为某州确定的数额是指在 2000 年、2001 年和 2002 年根据本编规定该州的支出超过根据第（b）款规定中在 2000 年该州的拨款；

（ⅲ）本节所确定的数额指 2000 年有权依据第（A）目从拨款中进行重新分配的所有州，根据第（ⅱ）节中确定的数额的总和。

（D）**用于计算 2001 年重新分配的数额**。为了第（A）目第（ⅰ）节第（Ⅳ）次节的施行：

（ⅰ）本节中所指数额是指第（2）项第（B）目第（ⅰ）节第（Ⅰ）次节在 2001 年确定的数额减去根据第（2）项第（A）目第（ⅳ）节仍然可利用数额的总和；

（ⅱ）本节为某州确定的数额是指在 2001 年、2002 年和 2003 年根据本编规定该州的支出超过根据第（b）款规定中在 2001 年该州的拨款；

（ⅲ）本节所确定的数额指 2001 年有权依据第（A）目从拨款中进行重新分配的所有州，根据第（ⅱ）节中确定的数额的总和。

（2）**1998—2001 年未支出部分有效期的延展**。

（A）**总则**。尽管有第（e）款的规定：

（ⅰ）**1998 年拨款**。根据本条的规定在 1998 年拨付给某州的款项在 2000 年年底并未被该州花费的部分，根据第（B）目确定的 1998 年的数额在 2002 年年底前仍然可被该州支出或 2001 年的数额在 2004 年年底前仍然可被该州支出。

（ⅱ）**2001 年拨款**。根据本款的规定在 1999 年拨付给某州的款项在 2001 年年底并未被该州花费的部分，根据第（B）目确定 1999 年的数额在 2004 年年底前仍然可被该州支出。

（ⅲ）**2000 年拨款**。根据本条的规定，在 2001 年拨付给某州的款项在 2002 年年底未被该州花费的部分，则其中的 50% 在 2004 年年底前仍然可被该州支出。

（ⅳ）**2001 年拨款**。根据本条的规定，在 2001 年拨付给某州的款项在 2003 年年底未被该州花费的部分，则其中的 50% 在 2005 年年底前仍然可被该州支出。

（B）**依然可用作支出的数额**。根据本目的规定，在某年为某个州确定的数额等于：（ⅰ）根据第（e）款的规定，该年份来自于拨款的可用作重新分配的总数额，超出该年份根据第（1）项的规定重新分配的总数额的部分；乘以（ⅱ）该年该州未花费的数额除以第（ⅰ）节第（Ⅰ）次节规定的总数额得到的比率。

（C）**将 1998 年留存拨款的最多 10% 用作宣传活动**。尽管第 2105 条第（c）款第（2）项第（A）目有规定，第（A）目第（ⅰ）节规定的任何州在 1998 年可以将依据第（B）目所得到用于支出的拨款的最多 10% 用于经国务卿批准的宣传活动。

（3）**数额的确定**。为了计算第（1）项和第（2）项规定的和 1998、1999、2000 或 2001 年相关的拨款数额，国务卿应当分别在 2000 年 12 月 15 日、2002 年 11 月 30 或 2003 年 11 月 30 前使用各州报告的数额，视情况而定是否经国务卿批准。

（h）**解决 2007 年资金短缺的特别规则**。

（1）**2004 年未使用的拨款的重新分配**。

（A）**总则**。尽管第（f）款有另外规定，根据第（C）目和第（D）目的规定，在 2007 财政年度每个月初，国务卿应当根据第（b）款规定将 2004 财政年度的拨款到 2006 财政年度底未被花费的部分，重新分配给第（B）目中明确的某个资金短缺州。国务卿确定的数额将消除该州在该月份的资金短缺。

（B）**资金短缺州的界定**。就本项而言，本目中所称资金短缺州是指国务卿以月份为基础根据可以得到的当月最新的数据①，概算出某个具有本编批准的州儿童医疗计划的州在该计划下预计费用在 2007 年将会超过以下数额的总和：

（ⅰ）该州在 2005 年和 2006 年分别得到的拨款在 2006 年年底没有花费的数额；

（ⅱ）该州在 2007 年得到的拨款数额。

（C）**在自我发现资金短缺的州中将资金按次序重新分配**。部长应该第（A）目下对有效的资金进行重新分配，将这些资金重新分配给第（B）目下描述的资金短缺的州，本编中的这些州意识到在 2007 财政年度资金是每月短缺的。部长应该在只在本项下进行再分配，以第（b）款下的 2004 财政年度没有利用的拨款为标准。

（D）**比例规则**。如果某月第（A）目中可用于重新分配的数额少于当月确定的预计短缺总数额，则要在该目中对每个资金短缺州所计算的数额应当按比例减少。

（2）**通过对 2005 年年未使用的拨款重新分配来填补 2007 年部分资金短缺**②。

（A）**总则**。根据第（C）目、第（D）目和第（5）项第（B）目的规定，在 2007 年 3 月 31 日后的 2007 年的每个月初，国务卿应当将依据第（3）项规定可用于重新分配的款项，根据第（f）款重新分配给第（B）目确定的每个资金短缺州。这些国务卿确定的款项将消除当月该州的资金短缺。

（B）**资金短缺州的界定**。就本项而言，本目中所称资金短缺州是指国务卿③以月份为基础，利用可以得到的截至 2007 年 3 月 31 日的最新的数据，概算出某个具有本编批准的州儿童医疗计划的州在该计划下预计费

---

① 《公法》第 110—28 期第 7001 条，删除"受限于第（4）项第（B）目"，2007 年 5 月 25 日生效。

② 《公法》第 110—28 期，第 7001 条第（a）款（1）项，删除"减少的剩余"并且替换为"短缺"，2007 年 3 月 25 日生效。

③ 《公法》第 110—28 期，第 7001 条第（b）款（2）项，删除"按照第（4）项第（B）目和"，2007 年 3 月 25 日生效。

用在 2007 年将会超过以下数额的总和：

（ⅰ）该州在 2005 年和 2006 年分别得到的拨款在 2006 年年底没有花费的数额；

（ⅱ）根据第（1）项，如果有的话，将要重新分配的数额；

（ⅲ）该州在 2007 年得到的拨款数额。

（C）**在自我发现资金短缺的州中将资金按次序重新分配**。在自我发现资金短缺的州中将资金按次序重新分配——部长应该第（A）目下对有效的资金进行重新分配，将这些资金重新分配给第（B）目下描述的资金短缺的州，本编中的这些州意识到在 2007 财政年度资金是每月短缺的。部长应该在只在本项下进行再分配，以第（b）款下的 2004 财政年度没有利用的拨款为标准。

（D）**比例规则**。如果根据第（3）项某月可用于重新分配的数额少于根据第（A）目确定的当月预计短缺总数额，则要在该目中为每个资金短缺州所计算的数额应当按比例减少。

（3）**个别州在 2007 年上半年结束前未使用完 2005 年收到的拨款的处理**。

（A）**州的认定**。国务卿根据在 2007 年 3 月 31 日前能够得到的最新数据：

（ⅰ）应当认定出那些在 2005 年收到拨款，但在 2007 年 3 月 31 日前尚未全部使用的州；

（ⅱ）对于每一个这样的州，应该估算出：（Ⅰ）在该日期前未使用拨款的部分，以及（Ⅱ）该州是否是第（B）目所指的州。

（B）**拥有超过所需 200% 资金的州**。本目中所称州是指国务卿根据在 2007 年 3 月 31 日前能够得到的最新数据，认定在该日期之前该州据本编收到的可利用的拨款总额至少等于根据本编规定该州在 2007 年总预算支出的 200% 。

（C）**个别州未利用的拨款部分的重新分配和限制**。

（ⅰ）**总则**。尽管第（e）款的有其他规定，根据第（A）目第（ⅰ）节和第（B）目的规定，某州在第（ⅱ）节中得到的可利用数额在 2007 年 4 月 1 日起不能再用于支出，应当根据第（2）项的规定进行重新分配。

（ⅱ）**可利用数额**。为了第（ⅰ）节的施行，可利用的数额在本节是指以下较少者：（Ⅰ）第（A）目第（ⅱ）节第（Ⅰ）次节中所规定数额的 50%；或者（Ⅱ）2000 万美元。

（4）① **对 2007 年其余资金短缺州的额外拨款。**

（A）**总则。** 国务卿应当从根据拨款法先前提供的款项中，拨付给第（B）目所界定的其余各个资金短缺州，国务卿确定的这些款项将会消除本款规定的 2007 年预计资金短缺。

（B）**其余资金短缺州的界定。** 为了第（A）目的施行，其余资金短缺州是指国务卿根据可以得到的本项获得通过前的最新数据，概算出某个具有本编批准的州儿童医疗计划的州在该计划下的预计联邦支出在 2007 年将会超过以下数额的总和：

（ⅰ）该州在 2005 年和 2006 年收到的拨款在 2006 年年底前将不会被使用的数额；

（ⅱ）2007 年该州收到拨款额；

（ⅲ）如果有的话，根据第（1）项和第（2）项的规定，该州在 2007 年收到的重新分配的数额。

（5）**追溯调整。**

（A）**总则。** 部长应该依据第（1）项、第（2）项、第（3）项、第（4）项调整评估和决策作为数量的重要基础，不能晚于 2007 年 9 月 30 日，以美国医保与医助服务中心表 64 或表 21 作为案例会得到不部长的支持，但是在第（3）项第（C）目第（ⅱ）节中描述的可申请数量决不能超过部长以 2007 年 3 月 31 日以来的最新数据为依据所决定的数量。

（B）**追溯调整的资金只来源于 2005 年未被使用的拨款。** 尽管有第（e）款和第（f）款的其他规定，在某种程度上，为了第（1）项、第（2）项和第（3）项②的施行，国务卿确定有必要调整预算和做出的决算。国务卿只能把依据第（b）款的规定，在 2007 年年底未被使用的 2005 年的拨款作为额外拨款提供给第（2）项第（B）目规定的各州［不考虑未被使用的拨款是否来源于第（3）项第（B）目规定的各州］。

（C）**解释规则。** 本款任何条款不得被解释为：

---

① 《公法》第 110—28 期，第 7001 条第（a）款第（2）项，修改（4）项，2007 年 3 月 25 日生效。第（4）项以前的版本，参见第 2 卷《公法》第 110—28 期，附件 J，已经废弃的规定。

② 《公法》第 110—28 期，第 7001 条第（b）款第（3）项，删除"和第（3）项"并且替换为"第（3）项和第（4）项"，2007 年 3 月 25 日生效。

（ⅰ）授权国务卿把第（3）项第（B）目下的各州在 2006 年或 2007 年根据第（b）款得到拨款作为额外款项提供给第（2）项第（B）目下的各州，以消除这些州在 2007 年的资金短缺；

（ⅱ）或者，限制国务卿依据第（b）款的规定，将 2007 年年末未被使用的 2005 年的款项重新分配的权力，其中这些款项在适用第（B）目后，根据第（f）款的规定可以用于重新分配。

（6）**1 年的有效期、不得再次分配**。尽管有第（e）款和第（f）款的其他规定，根据本条的规定，在 2007 年再分配或拨付①给某州的只能在 2007 年 9 月 30 日前可被该州用于支出，并且在该日期前任何未使用的再分配的或拨付的款项不得再根据第（f）款进行再分配②。前句不得被解释为限制劳动部部长根据第（5）项对依据第（1）项、第（2）项、第（3）项和第（4）项③所做的决算进行调整的能力。

（7）**州的定义**。在本款中，"州"是指在 2007 年根据第（b）款接收拨款的州。

（i）④ **各州 2005 年未利用拨款的重新分配和 2008 年预计的资金短缺**。

（1）**总则**。尽管第（f）款有另外规定，根据第（3）项和第（4）项的规定，在 2008 财政年度每个月初，国务卿应当将在 2005 年依据第（b）款规定的拨款在 2007 年年底未被花费的部分，重新分配给经第（2）项中明确的 2008 年某个资金短缺州。国务卿确定的数额将消除该州在该月份的资金短缺。

（2）**2008 年资金短缺州的界定**。本项中所称 2008 年资金短缺州是指

---

① 《公法》第 110—28 期，第 7001 条第（b）款第（4）项第（A）目第（ⅰ）节，插入"或者分配"，2007 年 3 月 25 日生效。

② 《公法》第 110—28 期，第 7001 条第（b）款第（4）项第（A）目第（ⅱ）节，插入"或者分配"，2007 年 3 月 25 日生效。

③ 《公法》第 110—28 期，第 7001 条第（b）款第（4）项第（B）目，删除"和第（3）项"并且替换为"第（3）项和第（4）项"，2007 年 3 月 25 日生效。

④ 《公法》第 110—92 期，第 136 条第（e）款；增加第（i）节，并且第 136 条第（e）款，规定本款应该在《公法》第 110—92 期，第 106 条第（3）项中指定的日起生效 2007 年 11 月 16 日，或者，如果更早，2008 财政年度和之后的一个或者多个财政年度内《社会保障法》第二十一编中的儿童健康保险计划提供资金的法律实施之日。

《公法》第 110—173 期，第 201 条，延伸的 SCHIP 从 2009 年 3 月 31 日；第 201 条第（e）款废除第 136 条第（e）款。关于延伸资金的有效期，参见第 2 卷《公法》第 110—173 期，第 201 条第（a）款第（2）项。

国务卿以月份为基础，利用可以得到最新的数据，概算出某个具有经本编批准州儿童医疗计划的州在该计划下预计费用在 2008 年将会超过以下数额的总和：

（A）该州在 2006 年和 2007 年分别得到的拨款在 2007 年年底没有花费的数额；

（B）该州在 2007 年得到的拨款数额。

（3）**在自我发现资金短缺的州中将资金按次序重新分配**。部长应该第（1）项中对有效的资金进行重新分配，将这些资金重新分配给第（2）项中描述的资金短缺的州，本编中的这些州意识到在 2008 财政年度资金是每月短缺的。部长应该在只在本款下进行再分配，以第（b）款下的 2005 财政年度没有利用的拨款为标准。

（4）① **比例规则**。如果根据第（1）项规定，可用于重新分配的数额少于根据该项下确定的当月预计短缺总数额，则在当月依据该项为每个 2008 年资金短缺州所计算的数额应当按比例减少。

（5）**追溯调整**。为执行本款的规定，劳动部部长有必要依据各州在 2007 年 11 月 30 日前的报告，对预算和决算进行调整，并视情况由国务卿批准。

（6）**1 年有效期、不得再次分配**。尽管有第（e）款和第（f）款的其他规定，根据本款的规定，在 2008 年再分配或拨付给某州的款项只能在 2008 年 9 月 30 日前可被该州用于支出，并且在该日期前任何未使用的再分配的或拨付的款项不得再根据第（f）款进行再分配。

（j）② **2008 年为消除资金短缺的额外拨款**。

（1）**拨付、拨款权力**。为了提供第（3）项第（A）目和第（B）目的额外款项，特从国库里拨出未作他用的款项，这些款项在 2008 年不得超过 16 亿美元。

（2）**资金短缺州的界定**。为了第（3）项的施行，本款所称资金短缺州是指，在相关财政年度里，国务卿根据在 2007 年 11 月 30 日前可以得

---

① 《公法》第 110—28 期，第 7001 条第（a）款第（2）项，全部修改第（4）项，2007 年 3 月 25 日生效，以前的第（4）项内容，参见第 2 卷《公法》第 110—28 期，附件 J，已废除的规定。

② 《公法》第 110—173 期，第 201 条第（c）款，增加第（j）款，2007 年 12 月 29 日生效。

到的最新的数据，概算出某个具有本编批准的州儿童医疗计划的州在该计划下预计联邦部分费用在 2008 年将会超过以下数额的总和：

（A）该州在 2006 年和 2007 年分别得到的拨款在 2007 年年底没有花费的数额；

（B）根据第（i）节的规定，如果有的话，在 2008 年重新分配给该州的数额；

（C）该州在 2008 年得到的拨款数额。

（3）**拨款**。除了依据第（b）款和第（c）款提供的拨款外，国务卿应当根据第（4）项的规定，将据第（1）项规定 2008 年可利用的额外拨款的数额拨付。

（A）给第（2）项第（B）目规定外的每个资金短缺州，国务卿决定的数额将会消除在该项中该州预计的资金短缺；

（B）给第（c）款第（3）项中的每个自由邦或属地，数额相当于第（c）款第（2）项规定各自由邦或属地的百分比乘以依据第（A）目为确定的为每个资金短缺州提供数额总数的 1.05%。

（4）**比例规则**。如果依据第（1）项可利用的额外拨款额少于根据第（3）项第（A）目和第（B）目确定的数额的总和，则依据该次款计算的数额应当按比例减少。

（5）**追溯调整**。为执行本款的规定，国务卿依据各州在 2008 年 11 月 30 日前的报告，可以调整预算和做出的决定。报告视情况，经国务卿批准。

（6）**1 年有效期、未使用的额外拨款不得再次分配**。尽管第（e）款和第（f）款有其他规定，根据本款的规定，在 2008 年再分配或拨付给某州款项按第（5）项的规定只能在 2008 年 9 月 30 日前可被该州用于支出，并且在该日期前任何未使用的再分配的或拨付的款项不得再根据第（f）款进行再分配。

（k）① **各州 2006 年未利用拨款的重新分配和 2009 年年中预计的资金短缺**。

（1）**总则**。尽管第（f）款有另外规定，根据第（3）项和第（4）

---

① 《公法》第 110—173 期，第 201 条第（c）款，增加第（k）款，2007 年 12 月 29 日生效。

项的规定，在 2009 财政年度每个月初，国务卿应当将在 2006 年依据第（b）款规定的拨款在 2008 年年底未被花费的部分，重新分配给经第（2）项中明确的 2009 年某个资金短缺州。国务卿确定的数额将消除该州在该月份的资金短缺。

（2）**2009 年资金短缺州的界定。** 本款中所称 2009 年资金短缺州是指国务卿以月份为基础，利用可以得到该月份前最新的数据，概算出某个具有经本编批准州儿童医疗计划的州，在该计划下联邦部分的预计费用在 2009 年的前两个季度将会超过以下数额的总和：

（A）该州在 2007 年和 2008 年分别得到的拨款在 2008 年年底没有花费的数额；

（B）该州在 2009 年得到的拨款数额。

（3）**在自我发现资金短缺的州中将资金按次序重新分配。** 部长应该第（1）项中对有效的资金进行重新分配，将这些资金重新分配给第（2）项中描述的资金短缺的州，本编中的这些州意识到在 2009 财政年度资金是每月短缺的。部长应该在只在本款下进行再分配，以第（b）款下的 2006 财政年度没有利用的拨款为标准。

（4）**比例规则。** 如果依据第（1）项可利用的重新分配数额少于根据该项确定的月预计短缺数额的总和，则依据该项在当月为每个 2009 年资金短缺州计算的数额应当按比例减少。

（5）**追溯调整。** 为执行本款的规定，国务卿依据各州在 2008 年 5 月 31 日前的数额，可以调整预算和做出的决定。报告视情况，经国务卿批准。

（6）**有效期、不得再次分配。** 尽管第（e）款和第（f）款有其他规定，根据本款的规定，在 2009 年的前两个季度再分配或拨付给某州款项只能在 2009 年 9 月 30 日前可被该州用于支出，并且在该日期前任何未使用的再分配的或拨付的款项不得再根据第（f）款进行再分配。

（1）[①] **在 2009 年前两个季度，用于消除资金短缺的额外拨款。**

（1）**拨付、拨款权力。** 为了提供第（3）项第（A）目和第（B）目下额外款项，特从国库里拨出未作他用的款项，这些款项可能有必要，在

[①]　《公法》第 110—173 期，第 201 条第（c）款，增加第（1）项，2007 年 12 月 29 日生效。

2009 年的前两个季度不得超过 2.75 亿美元。

（2）**资金短缺州的界定**。为了第（3）项的施行，本项所称资金短缺州是指，在相关财政年度里，国务卿根据可以得到的最新的数据，概算出某个具有本编批准的州儿童医疗计划的州在该计划下预计联邦部分费用在 2009 年前两个季度里将会超过以下数额的总和：

（A）该州在 2007 年和 2008 年分别得到的拨款在 2008 年年底没有花费的数额；

（B）根据第（k）款的规定，如果有的话，在 2009 年重新分配给该州的数额；

（C）该州在 2009 年得到的拨款数额。

（3）**拨款**。除了依据第（b）款和第（c）款提供的拨款外，国务卿应当根据第（4）项的规定，将第（1）项规定下 2009 年的前两个季度可利用的额外拨款的数额拨付：

（A）给第（2）项中未在第（B）目规定的每个资金短缺州，这些国务卿决定的数额将会消除在该项中该州预计的资金短缺；

（B）给第（c）款第（3）项中的每个自由邦或属地，数额相当于第（c）款第（2）项规定各自由邦或属地的百分比乘以依据第（A）目为确定的为每个资金短缺州提供数额总数的 1.05%。

（4）**比例规则**。如果依据第（1）项可利用的额外拨款额少于根据第（3）项第（A）目和第（B）目确定的数额的总和，则依据该款计算的数额应当按比例减少。

（5）**追溯调整**。为执行本款的规定，国务卿依据各州在 2009 年 5 月 31 日前的报告，可以调整预算和做出的决定。报告视情况，经国务卿批准。

（6）**有效期、未使用的额外拨款不得再次分配**。尽管第（e）款和第（f）款有其他规定，根据本款的规定，在 2009 年再分配或拨付给某州的款项按第（5）项的规定只能在 2009 年 5 月 31 日前可被该州用于支出，并且在该日期前任何未使用的再分配的或拨付的款项不得再根据第（f）款进行再分配。

对各州的拨款

第 2105 条【《美国法典》第 42 编第 1397ee 条】（a）支付。

（1）**总则**。根据本条以下条款的规定，在每个季度里国务卿应当从第 2104 条规定各州拨款份额中拨款给具有本编所批准的计划的各州一定的款项，每个季度的数额相当于支出乘以增强的联邦医疗补助百分比〔或在第（D）目第（ⅳ）节规定的情况下，较高数额的 75％ 或者总和乘以增强的联邦医疗补助百分比加上 5 个百分点〕：

（A）为了通过医疗补助的方式，在计划内为定向的低收入儿童提供儿童医疗补助的，此时拨款是通过第 1905 条第（b）款第四句规定一个加强联邦医疗补助百分比为基础提供的；

（B）保留；

（C）为通过提供满足第 2103 条规定的医疗福利保险的方式，在计划内向定向的低收入家庭儿童提供儿童医疗补助的；

（D）只是在某种程度上被许可与第（c）款保持一致：（ⅰ）为了支付其他为了定向的低收入家庭儿童的儿童医疗补助，（ⅱ）为改善儿童健康，在计划内创立新医疗服务的支出，（ⅲ）在计划内为进行第 2102 条第（c）款第（1）项规定宣传活动的支出，（ⅳ）非英语母语的个人在本编中的登记、保存和使用服务中提供的翻译和传译服务。

（b）**增强 FMAP**。以第（a）款为目的，"增强 FMAP"对于一个财政年度里的州来说，等于州增加的联邦医疗救助的比例〔在第 1905 条第（b）款第一句中定义〕：（1）州增长的比例等于联邦医疗救助比例的 30％；（2）小于 100％；增强 FMAP 在任何情况下都不能超过州的 85％。

（c）**对于付款和开支的限制**。

（1）**一般限制**。在本编下向州提供的资金应该只能用于实现本编中的目的（在第 2101 条有描述，可能没有包含未怀孕和无子女的成年人）和此资金所提供的任何健康保险所覆盖的面，包含因为流产而需要挽救的母亲或者由于强奸或乱伦而造成的怀孕。以前一句为目标，监护人（这个概念被定义是为了执行第 1931 条）不应该被看作是无子女的成年人。

（2）**对于没有用于医疗或健康保险救助开支的限制**。

（A）**总则**。除了本项中所提到的，在第（a）款下为一财政年度付款的数量，用于第（1）项第（D）目中描述的开支和其他目标，应该不能超过本款第（1）项第（A）目、第（C）目、第（D）目中开支总数量的 10％。

（B）**豁免授权成本效益的替代方案**。第（A）目下，对于第（a）款第（1）项第（D）目中所描述的开支的限制不能应用于州为了满足部长而建立的：

（ⅰ）通过这样的支出使提供有针对性的低收入家庭儿童的覆盖率满足第 2103 条的要求；

（ⅱ）这样覆盖的成本不大于每个儿童的基础平均成本，以及第 2103 条中提供的覆盖成本；

（ⅲ）这样的覆盖是通过基于社区的医疗卫生服务系统提供的，例如通过与《公共健康服务法》第 330 条下的卫生中心接受资金建立联系，或者与第 1886 条第（d）款第（5）项第（F）目或第 1923 条中的收到不成比例的股份调整支付的医院建立联系。

（3）**放弃购买的家庭覆盖面**。在第（a）款第（1）项中，购买州中根据家庭健康计划或医疗保险覆盖面所确定的家庭消费覆盖面，包括针对低收入家庭儿童的覆盖面。为了部长满意，州购买：

（A）为这些覆盖面支付的是划算的，这些数量是州即将为低收入家庭儿童支付所获得的相对覆盖面；

（B）这样的覆盖面不应该被提供，如果它将取代为了儿童而不是家庭消费的健康保险的覆盖面。

（4）**使用非联邦资金来满足州的要求**。由联邦政府提供的数量，或服务协助，或给重要范围的补贴，不应该作为在第（a）款下决定非联邦资金数量的因素。

（5）**收据的抵消归因于保费和其他分摊费用**。以第（a）款为目的，该计划下支出的数量应该以州的最小数量或收到其他成本共享者收到的数量为标准减少。

（6）**防止重复支付**。

（A）**其他健康计划**。在本条下，不应该为了儿童健康救助的开支给州拨款，这个计划中救助的目标是低收入水平的儿童，一个私人保险公司｛由部长依据规则定义的包括一组健康计划［在《1974 年雇员退休收入保障法》第 607 条第（1）款①中被定义］、一项服务计划、一个保持健康的组织｝本来有义务提供此类援助，但规定的保险又限制或排除了这种义务，因为在此计划中个人有资格享有或可以被提供儿童健康救助。

---

① 参见第 2 卷《公法》93—406 期，第 607 条第（1）款。

（B）**其他联邦政府项目**。除了第（a）款第（1）项第（A）目、第（B）目或其他法律规定中提供的，不应该为了儿童健康救助的开支给州拨款，这个计划中救助的目标是低收入水平的儿童，这项拨款可以合理地、迅速地在联邦操作或自主的健康保险项目下实施（一致由规则决定），而不是由印度卫生服务署和投资的健康保险项目操作，正如部长所定义的。以此项为目的，与第 1903 条第（d）款第（2）项中过度支付规则相同的规则应该被应用。

（7）**对于流产付款的限制**。

（A）**总则**。在本条下，不应该为了州计划下的数量扩展向任何流产付款或提供购买协助，在健康覆盖面全部或部分中包含着流产的覆盖面。

（B）**例外情况**。第（A）目不能应用于流产，除非因为流产而需要挽救的母亲或者由于强奸或乱伦而造成怀孕的情况下才能使用。

（C）**重建规则**。在本条下，没有什么东西可以建设成为影响州，地区或私人或整个州，地方或私人资金（不是州计划下扩展的资金）的任何流产或健康好处的覆盖面，包括流产的覆盖面。

（d）**保养的努力**。

（1）**医疗资格标准**。在第（a）款中没有付款可以支付给州儿童健康计划提供的儿童健康救助服务，如果实施收入和资源的标准与方法，旨在决定儿童在第十九编的州计划中取得医疗救助的资格，这些标准比 1997 年 6 月 1 日生效的标准更加严格。

（2）**为了某些国家资助的医疗保险计划扩大拨款数量**。

（A）**总则**。在一个财政年度（以 1999 财政年度为开始）里应该减少分配给州的数量：（ⅰ）上一财政年度中州儿童所有健康保险开支的总和；少于（ⅱ）1996 财政年度支出的总和。

（B）**州儿童健康保险支出**。州儿童健康保险支出意味着：

（ⅰ）在本编中州共享支出。

（ⅱ）在第十九编中州共享支出，这些支出在第 1905 条第（b）款第四句中有利于增强 FMAP。

（ⅲ）现存的综合的以州为基础的项目中健康福利覆盖面下的州支出在第 2103 条第（d）款中被描述。

（e）**提前给付、回顾调整**。部长可能在本条下进行每一季度给付，依据州或其他调查机构所提供的找到所需的提前评估开支的给付，并可能减少或增加所需的给付来调整上一季度的超额支付和支付不足。

（f）**灵活的权利提交**。在本条或第 2104 条第（e）款和第（f）款中，没有什么可以作为阻止州要求在这一季度支出遭受和上一季度支出相同的标准被建立。

（g）**州的选择**。

（A）**总则**。尽管有其他法律条款，在第 2104 条中，一个合格的州［在第（2）项定义］为了 1998、1999、2000、2001，或 2004、2005、2006、2007、2008 或 2009 财政年度①［在第（e）款和第（g）款下本条仍然有效］在第十九编中的给付，可能依据第（B）目选择使用不超过分配额的 20%，而不是为了本编下的支出。

（B）**给州的给付**。

（i）**总则**。在符合条件的州已经选择的第（A）目中描述的关于此子段下资金有效利用的情况中部长应该在每一季度给州支付一定的数量，这个数量等于在第十九编应该给州额外支付的数量，关于第（ii）节中如果用来提高 FMAP［在第（b）款中已经决定］的支出已经取代了联邦医疗救助的比例［在第 1905 条第（b）款被定义］。

（ii）**描述支出**。以本目为目的，在本节中描述的支出是在本款实施后所形成的，在那个期间，第（A）目下的资金可以被合格的州所使用，为了向第十九编中年龄未到 19 岁的个人或家庭收入超过贫困线 150% 的个人提供医疗救助。

（iii）**确定预算中立的豁免没有影响**。在合格的州使用本款下的支付数量为了第（ii）节中描述的为了得到州同意而放弃的支出，放弃的预算中立将不考虑这样的支付数量。

（2）**合格的州**。在本款中，"合格的州"是指在 1997 年 4 月 15 日以后，关于第 1902 条第（a）款第（10）项第（A）目中有资格获得医疗

---

① 《公法》第 110—92 期，第 136 条第（d）款，删除"或 2007 年"插入"2007 年或 2008 年"，为了在《公法》第 110—92 期，第 106 条第（3）款的具体日期 2007 年 11 月 16 日生效，如果更早的话，法律的实施会为 2008 财政年度提供资金，同时为《社会保障法》第二十一编中的儿童健康保险项目在一个财政年度中提供不止一个结果。

《公法》第 110—173 期，第 201 条第（b）款第（1）项，删除"或 2008 年"，替代为"2008 年或 2009 年"，2009 年 3 月 31 日生效。

救助的一个或多个针对儿童（而不是成年人）的类别，"合格的州"意味着有贫困线至少 184% 的收入资格标准；或者在第 1115 条关于第十九编中于 1994 年 8 月 1 日或 1995 年 7 月 1 日第一次实施的一个影响全州范围的弃权情况下，"合格的州"意味着有贫困线至少 184% 的针对儿童的收入资格标准；或者在第 1115 条关于第十九编中于 1994 年 1 月 1 日第一次实施的一个影响全州范围的弃权情况下，"合格的州"意味着有贫困线至少 184% 的针对缺少健康保险儿童的收入资格标准；或者在第 1115 条关于第十九编中于 1993 年 10 月 1 日第一次实施的一个影响全州范围的弃权情况下，"合格的州"意味着有贫困线至少 184% 的针对儿童的收入资格标准；在 1998 年 7 月 1 日以后，"合格的州"意味着在第 1902 条第（a）款第（10）项第（A）目中有一项针对儿童的资格收入标准，或者在第 1115 条下有一个影响全州范围的关于第十九编中有贫困线至少 184% 的弃权生效。

（3）**解释**。第（1）项和第（2）项中，没有可以作为修改本编中州儿童健康计划实施的申请要求的东西。

儿童医疗计划的提交、批准和修订程序

第 2106 条【《美国法典》第 42 编第 1397ff 条】（a）**启动计划**。

（1）**总则**。作为根据第 2105 条接受拨款的一个条件，某州应当向国务卿提交一份满足本编相关条件的州儿童医疗计划。

（2）**批准**。除了国务卿援引第（e）款的规定外，根据第（1）项提交的州计划：

（A）为了本编的施行，应当被批准；

（B）应当在计划载明的季度开始时生效，但任何情况下不得早于 1997 年 10 月 1 日。

（b）**计划的修订**。

（1）**总则**。某个州可以在任何时候通过提交一份计划修订案，对该州儿童医疗计划进行全部或部分修改。

（2）**批准**。除了国务卿援引第（e）款的规定外，依据第（1）项提交的某个州计划的修正案：

（A）为了本编的施行，应当被批准；

（B）应当根据第（3）项的规定具有效力。

（3）**修正案的生效日期**。

（A）**总则**。根据本项以下的条款，某州计划的修正案应当在修正案中载明的一个或多个日期生效。

（B）**和准入资格或保险金有关的修正案**。

（ⅰ）**通知的要求**。任何涉及消除或限制计划内资格或保险金的计划修正案，除非该州证明其已经根据适用的州法律确定的方式对改变进行了公告，否则修正案不得生效。

（ⅱ）**及时传交**。任何涉及消除或限制计划内资格或保险金的计划修正案，除非修正案在60日内传交给国务卿，否则计划在60日后无效。

（C）**其他修正**。第（B）目规定之外的其他任何修正，在某州的一个财政年度里生效后，除该修正案已经提交给国务卿，否则该修正案在该年过后不得具有效力。

（c）**计划和计划修正案的批准**。

（1）**立即审核计划提交案**。国务卿应当立即审核各州根据本条提交的计划和计划成本修正案，以便确定它们是否在实质上符合本编规定的条件。

（2）**90日的批准期限**。某个州计划或计划修正案被默认批准，除非国务卿在收到计划或修正案后的90日内以书面的方式通知该州计划或计划修正案不被批准，或指明需要的其他信息。

（3）**纠正**。在某个计划或修正案没被批准的情况下，国务卿在不批准对某州采取财政制裁之前，应当给该州一个合理的纠正机会。

（d）**项目的运行**。

（1）**国务卿**。州应当根据根据第（c）款被批准的计划（和任何修正案）和本编规定的条件，对项目进行管理。

（2）**违反行为**。国务卿设立一套实行本编规定条件程序，如出现实质性违反本编规定条件，可以对资金进行扣留。如根据本款，对某州采取强制执行诉讼，国务卿基于此诉讼在对该州采取财政制裁前，应当给该州一个合理的纠正机会。

（e）**继续批准**。一项关于州儿童健康计划的批准应该持续有效，除非州在第（b）款下修改计划，或者部长在第（d）款下发现了大量不顺从本编要求的计划。

战略目的和绩效目标、计划的管理

第 2107 条【《美国法典》第 42 编第 1397gg 条】（a）**战略目的和绩效目标**。

（1）**规定**。州的儿童医疗计划应当包括以下规定：

（A）战略目的；

（B）绩效目标；

（C）各州已经设立的绩效指标，用于向计划内的定向低收入家庭儿童提供儿童医疗补助，除此之外，还用于最大限度为其他低收入家庭的儿童和州内的一般儿童提供医疗福利保险。

（2）**战略目的**。州计划应当确定具体的，与提高定向低收入家庭的儿童和其他低入家庭的儿童中信用保险的广泛度相关的战略目的。

（3）**绩效目标**。为了每个已经确定的战略目标，州计划应当明确一个或多个绩效目标。

（4）**绩效指标**。州计划应当规定计划内的绩效如何：

（A）通过客观的、独立的可证实的方式来衡量；

（B）通过与绩效目标相比较，以确定州在本编下的绩效。

（b）**记录、报告、审计和评估**。

（1）**数据收集、记录、和报告**。某个州的儿童医疗计划应当包括一项保证，确保该州将会收集数据、保持记录和不时地以国务卿要求的标准方式报告给国务卿，以便国务卿能够监督州项目管理和履行以及根据本编评估和比较州计划的有效性。

（2）**州的评定和研究**。州的儿童医疗计划应当包括州计划每年根据 2108 条第（a）款的规定进行的评定和报告以及根据第 2108 条第（b）款要求进行的评估的规定。

（3）**审计**。为了审查或审计的目的，某个州计划中应当包括一项保证，确保该州赋予国务卿权限以使用与计划有关的任何记录和信息。

（c）**项目发展程序**。州计划中应当包括以便使公众参与计划的设计和执行的程序以及确保公众待续参与方法的规定。

（d）**项目预算**。州儿童医疗计划应当包括计划预算的规定。规定在必要时应当定期进行更新，并且还应包括资金预计用途和非来源于联邦部分的预计支出的明细，其中包括任何由受益人分摊成本的条件。

（e）**某些一般条款的适用**。本法以下各条应当按照适用于第十九编的方式适用于本编规定下的各州：

（1）**第十九编的条款**。

（A）第 1902 条第（a）款第（4）项第（C）目（与利益冲突的标准相关）。

（B）第 1903 条第（i）款第（2）项、第（16）项和第（17）项（与付款的限制有关）。

（C）第 1903 条第（w）款（关于提供者的税与捐赠的限制）。

（D）第 1920A 条（与儿童的推定资格相关）。

（2）**第十一编的条款**。

（A）第 1115 条（与减免权力有关）。

（B）第 1116 条（与行政与司法审查有关），但须与本编一致。

（C）第 1124 条（关于披露所有权及相关信息）。

（D）第 1126 条（与披露某些犯罪个人信息有关）。

（E）第 1128A 条（与民事罚款处分有关）。

（F）第 1128B 条第（d）款（与对某些附带费用的刑事处罚有关）。

（G）第 1132 条（与索赔申请的期间有关）。

（f）**减免权力的限制**。尽管第（e）款第（2）项第（A）目和第 1115 条第（a）款中有规定，对于减免性的、实验性的、引导性的或示范性的项目可能会使依据本编得到的资金用于儿童健康医疗补助或未怀孕的、无子女的成年人或其他相关不应该被认为是无子女的成年人的相关守护者（这个概念的定义是为了提出第 1931 条）的，部长可以不予批准。

<h3 style="text-align:center">年度报告、评估</h3>

第 2108 条【《美国法典》第 42 编第 1397hh 条】（a）**年度报告**。根据第（e）款，州可以：

（1）根据本编规定，在每个财政年度里评定州计划的运作，包括在减产未保险低收入家庭儿童方面取得的进展；

（2）在结束的财政年度后的 1 月 1 日前，向国务卿报告评定的结果。

（b）**州评估报告**。

（1）**总则**。在 2000 年 3 月 31 日前，每个具有州儿童医疗计划的州应当向国务卿提交一份包括以下内容的评估报告：

（A）对州计划在增加信用医疗保险的儿童数量的有效性方面的评定。

（B）对州计划组成部分有效性的规定和分析，包括：

（ⅰ）受州计划资助的儿童和家庭的规格参数，包括儿童的年龄、家庭收入和受资助的儿童在州计划前和在州计划中的资格失效后能够获得的或受保的其他医疗保险；

（ⅱ）提供的医疗保险的质量包括提供的福利的类型；

（ⅲ）由州提供的补助数额和等级（包括支付任何保险费的全部或部分）；

（ⅳ）州计划的服务区域；

（ⅴ）州计划下儿童保险的期限；

（ⅵ）为了提供儿童医疗补助，州在医疗福利保险和其他方式的选择；

（ⅶ）州计划中使用的非联邦资金的来源。

（C）在一州内，其他为儿童提高质优价廉的个人或家庭医疗保险的可利用性的公共和私人项目有效性的评定。

（D）州在协调本编规定的计划与其他提供医疗保健和医疗保健资金，包括联邦医疗补助制度和母亲与儿童医疗服务的公共和个人项目中的活动的审核和评定。

（E）对那些能够对易得的、价廉的、高质量的医疗保险和医疗保健提供给儿童的服务产生影响的变化和趋势的分析。

（F）对州所开展的旨在于改善儿童医疗保险和医疗保健可利用性的任何计划的规定。

（G）对改善本编下项目的建议。

（H）州和国务卿认为适当的其他任何事项。

（2）**国务卿的报告**。国务卿应当根据各州据第（1）项提供的评估报告，在 2001 年 12 月 31 日前向国会提交一份报告并进行公开，报告中包括国务卿认为适当的任何结论和建议。

（c）**联邦评估**。

（1）**总则**。国务卿应当通过直接或通过合同或中间机构协议的方式，制作一份独立的针对具有获批准的 10 年州的评估报告。

（2）**州的选择**。为了根据本款制作评估报告而选择州，国务卿应当选取 10 个州，这 10 个州使用不同的方式提供儿童医疗补助，代表不同地理区域并且包括很大部分的未保险儿童。

（3）**包含的事项**。除了第（b）款第（1）项规定的部分，根据本款制作的评估报告还应包括以下事项：

（A）目标人群的调查（被登记者、除名者以及根据本编规定适格于项目但并未被登记的个人）。

（B）关于儿童有效果的和无效果的宣传和登记实践的评估（适用于根据本编的项目和根据第十九编的联邦医疗补助）和对登记壁垒和有效宣传和登记实践的认定，其中登记实践包括那些已经成功对很难接近人群进行了登记，比如根据第十九编的规定医疗补助适格的儿童，但之前并未被登记到该编的医疗补助项目。

（C）对第十九编规定的联邦医疗补助项目下州医疗补助资格认定实践和程序在多大程度上对于该项目下的儿童登记是一个壁垒，和前一个项目与本编下的项目的协调（协调的缺失）在多大程度上影响儿童在两个项目下的登记进行评估。

（D）对资源利用、登记和保险保留的成本分摊的效果进行的评定。

（E）除名和其他保留事项的评估，例如转为个人保险、不支付保险费或重新认定中的障碍。

（4）**提交到国会**。国务卿应当在 2001 年 12 月 31 日前，将根据本款制作的评估报告的结果提交给国会。

（4）**提交到国会**。部长应该在 2001 年 12 月 31 日前，将根据本条编制的评估报告的结果提交给国会。

（5）**提供资金**。从美国国库拨款而不是其他地方，在本款下，以指导授权评估为目的向 2000 财政年度拨款 1000 万美元。根据本项拨款金额对于 2002 财政年度的支出仍然有效。

（d）**检查员进行常规的审计和美国审计总署审计报告**。

（1）**审计**。以 2000 财政年度为开始，且在其后每 3 个财政年度，部长应该通过卫生和人类服务部监察长从第（2）项描述的州中进行抽样检查，是为了：

（A）决定本编计划下参保人的数量，这些人是第十九编中有资格接受医疗补助的人［而不是第 1902 条第（a）款第（10）项第（A）目第（ⅱ）节第（ⅩⅣ）次节中作为选择目标的低收入儿童］；

（B）评估为了减少没有保险的低收入儿童的数量而采取的措施，包括第 2107 条第（a）款州儿童健康计划中为了实现战略目标和绩效目标而实施的措施。

（2）**州的描述**。在本项中描述的那些都支持本编中所描述的州儿童健康计划的州作为计划的一部分，没有提供第十九编中的州医疗项目的健康覆盖面。

（3）**来自于总审计局的监督和报告**。美国联邦政府审计长应该监督本款下财政年度中的审计管理，同时还应该向国会提交上一财政年度的审计管理结果报告，不能晚于每一个财政年度的 3 月 1 日。

其他规定

第 **2109** 条【《美国法典》第 **42** 编第 **1397ii** 条】　（a）相关的其他法律。

（1）**HIPPA**。第 2101 条第（a）款第（1）项规定的健康待遇覆盖〔和第 2105 条第（c）款第（2）项第（B）目中豁免令规定的覆盖〕应该被作为《1974 年雇员退休收入保障法》① 第一编第 B 次编第 7 部分、《公共健康服务法》第二十七编和《1986 年国内税收法》② 第 K 次编中所说的值得赞扬的覆盖。

（2）**ERISA**。本款不应该被解释成影响或者修改《1974 年雇员退休收入保障法》第 514 条（《美国法典》第 29 编第 1144 条）有关〔《美国法典》第 42 编第 300gg－91 条第（a）款第（1）项〕的健康方案〔《公共健康服务法》第 2791 条第（a）款第（1）项③中解释的〕的内容。

（b）**对有关没有健康保险覆盖的儿童的现有的从州到州数据人口调查的调整**。

（1）**总则**。商务部长可以进行拨款调整对这个调查局实施的每年的现有的人口调查以便产生统计学上可以信赖的关于没有健康保险覆盖的低收入儿童的数量的每年的州数据，以便于可以侦测到为参加保险的儿童比例的变化。现有的人口调查应该产生本款中的按照家庭收入、年龄和种族或者种族地位分类的儿童数据。产生这种数据进行的调整可以包括，如果

---

① 《公法》第 93—406 期。
② 《公法》第 83—591 期。
③ 参见第 2 卷《公法》第 78—410 期，第 2791 条第（a）款第（1）项。

恰当的话，扩大在州样本单元中使用的样本数量，扩大一个州中的样本单元的数量和适当的修改要素。

（2）**拨款**。在美国财政部的资金之外不以其他方式拨款，在 2000 财政年度和之后的每个财政年度内为执行本款拨款 1000 万美元（不包括 2008 财政年度，为执行本款内容拨款 2000 万美元，在用光之前不再提供）[①]。

定　义

第 2110 条【《美国法典》第 42 编第 1397jj 条】（a）**儿童医疗补助**。就本编而言，"儿童医疗补助"是指为定向的低收入家庭儿童全部或部分医疗保险金所拨付的款项。根据各州计划的规定，包括为以下项目拨付的款项［如出现第 2105 条第（a）款第（1）项第（D）目第（i）节所规定的情形，也包括为提供以下服务产生的全部或部分费用的拨款］：

（1）住院服务。

（2）门诊服务。

（3）内科服务。

（4）外科服务。

（5）诊所服务（包括卫生所服务）和其他流动性医疗服务。

（6）处方药品和生物制品以及处方药品和生物制品的管理，但此种药品和生物制品是为了促使或协助引起人的死亡、自杀、安乐死或无痛苦死亡的除外。

（7）非处方药品。

（8）实验和放射服务。

（9）产前保健和孕前计划生育服务和日用品。

（10）住院患者心理医疗服务，除了第（18）项规定的服务，但应包括州立精神病院提供的服务和居家或其他为治疗目的规划和建造的全天候服务。

（11）门诊精神医疗服务，除了第（19）项规定的服务，但应包括州立精神病院提供的服务和以社区为基础的服务。

----

① 《公法》第 110—173 期，第 205 条，插入"除 2008 财政年度外，拨款 2000 万美元执行本款，在花光之前不再提供"，2007 年 12 月 29 日生效。

（12）耐用医疗设备和其他与医疗有关的或矫正设备（例如假肢器官、移植器官、镜片、助听器、牙科设备和矫正设备）。

（13）即抛型医疗用品。

（14）以家庭和社区为基础的医疗保健服务和相关的辅助性的服务（如家庭医疗护理服务、家庭医疗协助服务、个人保健服务与日常生活和家务协助服务、全天候保健服务、假期保健服务、家庭成员培训和未成年人矫正）。

（15）在家庭、学校或其他环境中的护理服务（如护理医师服务、助产护士服务、高级执业护士服务、儿科护士服务和呼吸保健护理）。

（16）有必要挽救母亲生命的堕胎或怀孕是由于强奸或乱伦导致的。

（17）牙科服务。

（18）针对酗酒和滥用药物等的住院治疗服务和住所治疗服务。

（19）针对酗酒和滥用药物等的门诊治疗服务。

（20）病例管理服务。

（21）病例协调服务。

（22）对具有说话、听力和语言障碍的个人提供物理治疗、职业治疗和服务。

（23）晚期患者护理。

（24）被各州法律认可的任何其他医疗的、诊断的、检查的、预防的、滋补性的、补救性的、治疗的或恢复性的服务（不管是在设施内、居所、学校或其他环境中），并且服务是：

（A）根据医生或其他有资格证或注册的执业医师在州法明确的执业范围内指示的或提供的；

（B）根据医生的全程监督或指示下执行的；

（C）或者，由州或地方政府运营的或州法许可的并在许可范围内运营的医疗保健设施提供的。

（25）个人医疗保险的保险费。

（26）医疗交通费用。

（27）为了使合格的低收入家庭个人更容易热爱基本的和预防性的医疗保健服务而提供的协助服务（如交通、翻译和宣传服务）。

（28）不被本条排除的任何其他医疗保健服务或经国务卿明确的项目。

（b）**定向的低收入家庭儿童界定**。在本编下：

（1）**总则**。根据第（2）项，"定向的低收入家庭儿童"是指：

（A）被各州确定为有资格参与州计划中的儿童医疗补助的儿童。

（B）（ⅰ）一个低收入家庭的儿童；

（ⅱ）或者，以下家庭的儿童：（Ⅰ）儿童所在家庭收入（根据州儿童医疗计划确定）超过联邦医疗补助适用的收入水平［由第（4）项所明确］，但是没有超过联邦医疗补助适用的收入水平的 50 个百分点，（Ⅱ）儿童所在家庭的收入（同样是根据州儿童医疗计划确定）没有超过联邦医疗补助计划适用的收入水平［第（4）项中解释的，但是如果"1997 年 7 月 1 日"被替换为"1997 年 3 月 31 日"］，或者（Ⅲ）儿童所在州没有明确联邦医疗计划所适用的收入水平。

（C）没有资格参与第十九编规定的医疗补助，或者根据第（5）项，没有参与团体医疗计划或医疗保险的儿童（这些项目由《公共健康服务法》第 2791 条所规定）。

（2）**例外儿童**。定向的低收入家庭儿童不包括：

（A）公共部门的少年犯或机构中治疗精神病的儿童；

（B）或者，根据某个州医疗福利计划，由于某个家庭成员受雇于某个公共机构因而有资格享受医疗福利保险的家庭中的儿童。

（3）**特殊规定**。当某儿童参与根据 1997 年 7 月 1 日期前已经运作的，并且不是根据州收到的联邦资金资助的医疗保险计划，则该儿童不得被认定为是第（1）项第（C）目所规定的儿童。

（4）**联邦医疗补助适用的收入水平**。联邦适用的收入水平是指在 1997 年 3 月 31 日前，根据第十九编的州计划［包括根据国务卿的豁免授权或根据第 1902 条第（r）款第（2）项］为依据第 1902 条第（1）项和第（2）项或第 1905 条第（n）款第（2）项的规定（由州选择）有资格接受医疗补助的儿童明确的该儿童年龄段的有效收入水平（以贫困线的一定百分比来表示）。

（c）**其他定义**。在本编中：

（1）**儿童**。儿童是指不满 19 岁的个人。

（2）**信用医疗保险**。"信用医疗保险"中的"信用保险"来自《公共健康服务法》［《美国法典》第 42 编第 300gg 条第（c）款］第 2701 条第（c）款，包括根据本编规定或根据第 2105 条第（c）款第（2）项第

（B）目的同意的豁免授权，满足 2103 条规定条件的提供给定向低收入家庭的儿童的保险。（有关直接的服务豁免）

（3）**团体医疗计划、医疗保险等**。"团体医疗计划""团体医疗保险"和"医疗保险"的含义与《公共健康服务法》第 2791 条中的含义相同。

（4）**低收入**。"低收入家庭儿童"是指儿童所在家庭的收入处于或低于根据家庭大小设置的贫困线的 200%。

（5）**贫困线的界定**。"贫困线"与《社区服务法》第 673 条 [《美国法典》第 42 编第 9902 条第（2）项]① 对该术语解释意义一致。

（6）**先存病症的排除**。"先存病症的排除"和《公共健康服务法》第 2701 条第（b）款第（1）项第（A）目对该术语解释的意义一致。

（7）**州儿童医疗计划、计划**。除非条款中另有规定，"州儿童医疗计划"和"计划"是指根据第 2106 条获批准的一个州儿童医疗计划。

（8）**未保险儿童**。"未保险儿童"是指没有获得信用医疗保险的儿童。

---

① 参见第 2 卷《公法》第 97—35 期，第 673 条第（2）项。

后　记

20 世纪 90 年代初，中国开始构建社会保障制度。经过七八年的努力，到 20 世纪末 21 世纪初，社会保障制度经历了一个政策密集发布和制度快速建设的历史时期，各项社会保障制度逐步建立起来。进入 21 世纪以来，社会保障制度建设进入快速成长期。截至目前，中国已经建立起覆盖人数和支付规模相当可观的社会保障制度，取得了令世人瞩目的伟大成就。但总体来看，中国社会保障制度相关法律体系仍需要不断完善和调整，亟须借鉴国外一些国家社会保障法律法规作为参考。

2009 年 12 月，中国社会科学院世界社保研究中心受中华人民共和国人力资源和社会保障部基金监督司（现中华人民共和国人力资源和社会保障部社会保险基金监督局）委托，牵头分别组建了中国社会科学院世界社保研究中心项目组和中国政法大学项目组，共同完成了部分国家的社会保障法律的翻译工作。此后的半年多时间里，在人力资源和社会保障部基金监督司的领导下，两个项目组共十余人，多次开展交流活动，密切合作，互通有无，团队成员付出极大的努力，初译了筛选的相关国家社会保障法律文件。后期又通过几次封闭式研讨，对中英文逐句对照校对，规范了大量的法律词汇和社会保障专业词汇，最终翻译国外社会保障法律共 16 部。但由于经费等原因，这些翻译稿件一直没有公开出版发行。

几年来，中国社会科学院世界社保研究中心越来越认识到，了解和借鉴国外社会保障法律法规具有极大的理论和现实意义。因此，2015 年 7 月再次启动该项工作，增选翻译了多部经典的国外社会保障法律并顺利完成。对本译丛的出版起关键性推动作用的是，2015 年 4 月在北京郊区开会时得到了中国社会科学院科研局局长马援同志的支持，从而纳入中国社会科学院创新工程学术出版资助项目之中，获得近百万元的资助，使这套几百万字的译丛"起死回生"。从那时到现在，两年多时间过去了，终于迎来了付梓面世的这一刻。应该说，20 世纪建立社会保障制度至今尚未有专业翻译出版的国外社会保障法律的丛书，这套译丛的出版填补了这一空白。为此，对中国社会科学院的支持、对马援局长的伯乐精神表示衷心感谢！

本译丛的出版历时两期、跨度长达 8 年，如今能够顺利出版发行，实属不易。这不仅是翻译团队成员努力的结果，与政府、学界和企业界等各方的大力支持也分不开。

其一，要感谢中华人民共和国人力资源和社会保障部原副部长、中国社会保险学会会长胡晓义先生的支持和指导，是他在 2009 年催生了这个宏大的翻译项目。还要感谢人力资源和社会保障部基金监督司原司长陈良先生，在他的直接指导下，这个项目才得以集中社会力量进入实际操作层面。另外，还要重点感谢基金监督司林志超处长，他在 2009 年启动的第一期翻译工作时，多次亲自组织团队成员进行封闭式研讨，并提出了很多建设性意见；在此期间，翻译团队还得到了胡玉玮和肖宏振等专业人士的大量建议，这些都为第二期翻译工作的顺利开展奠定了坚实的基础。

其二，要感谢中国证券投资基金业协会的支持。由于这套译丛是开放式的，不断增加新的翻译内容就意味着需要不断地增加出版经费。在中国证券投资基金业协会的倡议和资助下，增加了新的法律文件翻译，为此，这里要感谢洪磊会长和钟蓉萨副会长的支持，钟蓉萨副会长还在百忙中多次询问这个项目的进展情况。黄钊蓬、靳珂语、胡俊英和姚竣曦等其他同志都积极参与了翻译和出版的协调工作，为此，他们付出了大量汗水。

其三，要感谢中国社会科学出版社赵剑英社长的支持。重大项目出版中心王茵主任多次抽出宝贵时间参加翻译合同的草拟和协调工作，为本译丛的顺利出版花费了大量时间。重大项目出版中心王衡女士，作为主要协调人和责任编辑，与译丛出版所涉及的多个单位和部门做了大量沟通工作，使得出版工作顺利开展。

其四，要感谢中国政法大学的胡继晔教授的热情参与和敬业精神。胡继晔教授既是社会保障专家，在法律研究上也颇有造诣，与他合作，使得整个翻译团队工作效率更高，水平大幅提升。在他的指导下，中国政法大学项目组所有成员保质保量的完成了大量翻译工作，为出版工作争取了宝贵时间。

其五，感谢西北大学的校译团队，他们的教学和学习任务重，却欣然承担了《美国社会保障法》三卷 200 多万字的校译工作，专业又高效。这支团队由西北大学公共管理学院社会保障学系系主任许琳教授率领，唐丽娜副教授负责，成员有朱楠副教授、杨波老师，以及硕士研究生高静瑶、贺文博、杨娜和赵思凡。感谢校译者们的辛勤付出。

最后，还要感谢中国社会科学院世界社保研究中心团队的诸多同事。从 2009 年开始，中心副秘书长齐传钧博士就一直负责这个项目的组织和联络工作，后来，张盈华博士也加入进来。房连泉博士和高庆波博士等为这个项目也做出了很多努力，包括董玉齐和闫江两位同志。因此，对中国社会科学院拉丁美洲研究所和中国社会科学院美国研究所的支持表示感谢，同时也要感谢拉美所的吴白乙和王立峰两位老同事，以及美国所的孙海泉、郭红和陈宪奎等同事。

这套译丛是开放式的，目前出版了六卷，即将出版的还有两卷德国的社会保障法律。之后，这套译丛将不断"扩容"，尤其那些具有重要意义的社会保障法律，欢迎业内同行踊跃推荐。愿这套译丛成为中国社会保障工作者案头的一部重要工具书。

翻译社会保障法律不仅需要较高的外语翻译水平，还需要具有社会保障专业知识和法律知识，所有这些对翻译者和校对者都是极大的挑战和考验。因此，尽管所有参与者付出了极大的艰辛和努力，但由于时间、水平和理解等诸多方面的原因，本译丛中存在的错误、遗漏和不当之处在所难免，敬请读者批评指正。

郑秉文

中国社会科学院世界社保研究中心主任

中国社会科学院美国研究所所长

2017 年 6 月 12 日